btb

Buch

Mit dem 1990 erschienenen *Sirius* entschloß sich Walter Kempowski zum ersten Mal dazu, einen Ausschnitt seiner Tagebücher zu veröffentlichen. Er suchte sich dafür das Jahr 1983 heraus, das Jahr seiner »Hundstage« und konterkarierte die Aufzeichnungen mit Kommentaren, Einwürfen und Richtigstellungen aus dem Erscheinungsjahr.

Es sind nicht in erster Linie öffentliche Großereignisse oder politische Entwicklungen, die in diesen Tagebüchern ihren Niederschlag gefunden haben; Kempowskis Neugierde richtet sich wie immer auf die Alltagserfahrungen im Mikrokosmos, der ihn umgibt. *Sirius* gestattet einen intimen Einblick in Kempowskis Schaffensprozeß, seine Methode, Stoffe zu finden und zu verarbeiten; es wird von Begegnungen mit anderen Schriftstellern und mit Kritikern berichtet, von merkwürdigen Lese- und Reiseerfahrungen, kurz: von der Bürde, ein Erfolgsschriftsteller zu sein.

Autor

Walter Kempowski zählt seit vielen Jahren zu den bedeutendsten und produktivsten Autoren der deutschen Gegenwartsliteratur. Bekannt wurde er durch seine frühen Romane (Tadellöser *und* Wolff, *Aus großer Zeit*). Mit seiner monumentalen Collage *Das Echolot,* die er 1993 begann und die mit dem 2005 erschienenen Band *Abgesang '45* ihren Abschluß fand, gelang ihm ein sensationeller Erfolg, der von der Kritik im In- und Ausland gefeiert wurde.

Walter Kempowski

Sirius

Eine Art Tagebuch

btb

Mixed Sources
Product group from well-managed
forests and other controlled sources

Cert no. GFA-COC-1223
www.fsc.org
© 1996 Forest Stewardship Council

Verlagsgruppe Random House FSC-DEU-0100
Das FSC-zertifizierte Papier *Munken Print* für Taschenbücher aus
dem btb Verlag liefert Arctic Paper Munkedals AB, Schweden.

1. Auflage
Genehmigte Taschenbuchausgabe Januar 2006,
btb Verlag in der Verlagsgruppe Random House GmbH, München
Copyright © 1990 by Albrecht Knaus Verlag,
in der Verlagsgruppe Random House GmbH, München
Umschlaggestaltung: Design Team München, unter Verwendung einer
farbigen Zeichnung von Renate Kempowski
Druck und Einband: Clausen & Bosse, Leck
MM · Herstellung: AW
Printed in Germany
ISBN-10: 3-442-73419-3
ISBN-13: 978-3-442-73419-1

www.btb-verlag.de

Für Manfred Dierks

Januar 1983

Nartum So 2. Jan. 1983 trüb, stürmisch

Wir begingen den Altjahrsabend diesmal ganz traditionell, mit Kappen, Berliner Pfannkuchen und Scherzartikeln, wobei uns das für dieses Brauchtum nötige Brockhauswissen stets zur Seite stand: Bleigießen und Knallbonbons zur Zukunftserforschung, Raketen zur Austreibung von Dämonen. Zum Kotzen! Aber: ohne Folkloristisches kann ich so was überhaupt nicht mehr ertragen.
Wie macht man das eigentlich, «feiern»? Das heißt doch wohl «saufen», oder?
Wir empfingen die Gäste mit Hallo. Jeder setzte einen Papphut auf, und dann gaben wir uns in der Halle bei Kerzenlicht einem «Prasnik» hin, wie wir das im Zuchthaus nannten. In Bautzen bestand der Prasnik aus einer doppelten Portion Brot, in Nartum gab es Räucherfisch, Pfeffermakrelen und natürlich Lachs, mit scharf-süßer Meerrettichsahne, einen herrlichen Obstsalat, mit Rum angemacht, Gänsebrust und die berühmte Fleischbrühe von Hildegard, mit der man Tote wieder fit kriegt. So was sollten sie in Krankenhäusern austeilen!
Den Tischwein (zwei Kisten) hatte ich von Knaus zu Weihnachten bekommen. Ich verstehe ja nichts von Wein, und ich bin immer neugierig, was die Gäste zu meinem «Keller» sagen. Das Urteil fiel günstig aus. Auf seinen Verleger läßt man nicht gern was kommen.
– Ich selbst rühre das Arsen-Zeug nicht an, ich trinke solides Bier und Steinhäger. Das Bier hat leider keine «Blume», weil wir unsere Gläser mit Pril spülen, schmeckt also absolut widerlich. Außerdem heißt es, daß der Hopfen ebenfalls mit Arsen behandelt wird. Die Reklame mit den blankgeputzten Kupferbehältern und den drei «Königstreuen», und das Wort «Reinheitsgebot» halten mich bei der Stange. Daß die EG-Beamten das Reinheitsgebot aufheben wollen, erbittert mich.

Altjahrsabend 1982

1990: *Hildegard sagt, daß sie kein Spülmittel benutzt. Merkwürdigerweise fällt der Schaum aber trotzdem zusammen.*

※

Zum Essen wurden Balladen aufgesagt.

> Das Wasser rauscht', das Wasser schwoll,
> Ein Fischer saß daran,
> Sah nach der Angel ruhevoll,
> Kühl bis ans Herz hinan.

Um entsprechende Vorbereitung hatte ich die Gäste gebeten. Herr von Ribbeck, die Timotheus-Angelegenheit, der Erlkönig usw. Im Grunde alles recht unerträglich. Aber im Bewußtsein der historischen Distanz eben doch unterhaltlich.
Ich erinnere mich noch genau, wie der Student Peter in Bautzen den «Heideknaben» aufsagte oder besser auf-schrie, das hat uns damals sehr beeindruckt.

> «Er zog ein Messer!» – «War das, wie dies?»
> «Ach ja, ach ja!» – «Er zog's?» – «Und stieß »...

Als pervers aber muß ich es bezeichnen, daß der Deutschlehrer uns noch im Stalingradjahr die «Bürgschaft» auswendig lernen ließ. Zwischen Räucherfisch und Bleigießen las ich aus dem «Neuling»* ein paar Seiten. Leider schweigen die Gäste sich – obwohl hochqualifiziert – hinterher aus. Die Uhr tickte, und ich schwieg ebenfalls, leicht aufkochend. Vielleicht dachten sie: Er ist sowieso schon so erregt, bloß nicht noch reizen. Es wurde also peinlich, was mich noch mehr «reizte». Ich kenne dieses Schweigen vom Familienkreis her. Da heißt es auch immer nur: Sehr schön! wenn ich mich mal produziere.
Meine Silvestergereiztheit wurde diesmal ohne weiteres hingenommen. Man hat sich wohl daran gewöhnt: So ist er nun mal. Ich hab'

---

* «Neuling» = später «Herzlich willkommen» (HW)

schon gedacht, ob die Wut, die sich jeden Altjahrsabend bei mir einstellt, vielleicht von den Gewürzen im Glühwein herrührt, von dem ich dann leider doch das eine oder andre Glas trinke! – Es spielt gewiß auch der Gedanke eine Rolle, bis Mitternacht feiern zu müssen, das empfinde ich als eine Art Freiheitsberaubung.
Spät am Abend sorgte der senfgefüllte Berliner für jene Stimmung, die jede lustige Gesellschaft zu Silvester erwartet, obwohl ein senfgefüllter Berliner in einem Kreis wie dem unsrigen, grünbewegt und sozialbewußt, als Sünde empfunden wird, «wo doch in Indien Millionen von Kindern hungern!».
Die herumgereichte Polaroidkamera machte ebenfalls Laune. Wie man sich ausnimmt, kann man ja nicht oft genug zu sehen kriegen.
Die Standuhr schlug zwölf, die Atomuhr im Fernsehn ebenfalls, die Raketen wurden vom Wind verweht, die Hunde verkrochen sich vor der Knallerei, und ich ging zu Bett und hörte in meinem Recorder, auf dem Rücken liegend, die Hände wie auf dem Sterbebett gefaltet, den «Heiligen Dankgesang eines Genesenden an die Gottheit».
Die andern feierten noch bis vier Uhr früh, ihr Lärm drang zu mir herauf. Sie waren wohl von Herzen froh, daß sie mich los waren.
Unsere Eltern pflegten zu weinen, wenn es zwölf schlug, unsereiner atmet auf.

*

Als Tischdame hatte ich mir die kleine Stephanie ausgesucht. Das gab dem Altjahrsabend einen gewissen Schmelz. Ich bekam von ihr ganz unvermutet einen trocknen, ja rissigen Kuß, von ihrer vollblütigen Mutter einen feuchten.

Nartum Mo 3. Jan. 1983

Traum: Ich stehe an einem Spielautomaten und sehe, daß ich wieder nichts gewonnen habe.
«Das ist ja direkt komisch», sage ich: «Wieder keinen einzigen Pfennig!»

Ein Gast rät mir, die Kassette herauszuziehen. Und da sehe ich ein kleines Fach mit hundert goldenen Herzchen.

*

Am Nachmittag kamen drei ehemalige Schülerinnen zu Besuch. Ich war «von den Socken», wie die sich entwickelt hatten, niedliche Figürchen, absolut knackig. Die eine von ihnen war ein Problemfall gewesen, um die ich mich besonders gekümmert hatte, mit Hausbesuchen und so weiter. Es gibt ja Lebensläufe, bei denen einem die Spucke wegbleibt.
Ich freute mich über den Besuch und fand ihn gleichzeitig lästig. Etwas kicherig waren sie und nicht sehr mitteilsam. Als ich sie fragte: «Erinnert ihr euch noch ans erste Schuljahr?» sagten sie: «Immer mit die Lobesmarken...»

1990: *Lobesmarken, das waren kleine runde Pünktchen, die ich den Kindern mit Schwung auf die Wange klebte, so als wollte ich sie ohrfeigen. Sie nennen sich «Zweckform-Markierungspunkte» und sind in zehn Farben und drei Größen zu haben. Ich bin den kleinen bunten Dingern von Herzen zugetan und habe sie auch jetzt noch ständig vorrätig, obwohl ich sie für meine Arbeit nicht benötige. Ihr bloßer Besitz beruhigt mich, die Möglichkeit, wenn Chaos sich einstellen sollte, mit ihrer Hilfe ordnend eingreifen zu können.*
In der DDR, so hörte ich neulich, kriegen Kinder einen Tadelstrich, wenn die Eltern vergessen, das Diktat zu unterschreiben.

Im allgemeinen kriege ich nur selten ehemalige Schüler zu sehen, auf der Straße erkenne ich sie meistens nicht. Neulich beim Hemdenkauf in Zeven: «Aber ich bin doch die Diane!» Sie behauptete, von mir niemals eine der besagten «Lobesmarken» bekommen zu haben, was ich einfach nicht glauben kann. Wie Konfetti habe ich diese kleinen Papierdingerchen – ganz unpädagogisch – über Gute und Böse ausgestreut. Wenn es tatsächlich stimmt, was sie gesagt hat, dann hätte ich einen nicht wiedergutzumachenden Schaden angerichtet. Arme Schüler! Arme Lehrer!

Ehemaligen Schülern zu begegnen, ist immer peinlich. Vielleicht aus demselben Grund, aus dem man weggguckte, wenn man einem ehemaligen Lehrer begegnete. Obwohl man in der Schule nichts vom Baum der Erkenntnis zu essen kriegte, verbarg man sich doch vor den Göttern. Es sind die Blößen, die man sich gegeben hat.
«Kempowski suchte zu täuschen.»
So etwas hängt noch lange im Raum.
Der tragisch-deplaziert wirkende Lehrer auf Schülertreffen, die Schulterklopferei. Dem Lehrer ein Bier spendieren, damit er auch mal was hat... Aus Gnade und Barmherzigkeit nimmt man ihn auf, und die Gespräche gehen über ihn hinweg.
«Aus Ihnen ist ja doch noch was geworden», sagte mal ein Lehrer zu meinem Vater kurz vor seinem Tod.
Da die Mädchen absolut nicht zum Sprechen zu bewegen waren, nutzte ich die Gelegenheit und befragte sie über ihre Vision von Zukunft. Ich dachte, sie würden von vergifteter Atmosphäre reden, no future, so in diesem Stil. Nichts da! Ein Häuschen mit Garten war ihr Wunsch.
Ich hatte als Kind eine sonderbare Idealvorstellung von meinem Leben: Ich wollte im Bett liegen, Dick-und-Doof-Filme sehen und dazu Marmeladenbrote essen. Heute könnte ich mir das leisten.

1990: *Noch zu dem System von Ermutigungsgeschenken, das ich mit der Zeit entwickelt hatte: Ich verteilte neben den Lobesmarken auch «Gut»-Scheine (im Gegensatz zu «Bös»-Scheinen, die es bei mir natürlich nicht gab). So was nennt man Bonbonpädagogik, und das ist natürlich schärfstens abzulehnen. Übrigens kam kein Kind auf die Idee, die «Gut»-Scheine einzulösen, es war ja auch mehr ein Witz, was sie im Gegensatz zu ihren Eltern sofort verstanden.*
Ich habe in einem Lexikon nachgeschlagen, was es mit dem Lob auf sich hat. Demnach hätte ich mich schlimmstens an den Kindern vergangen.

Abgesehn davon, daß ich als Kind, wenn ich mich ruhig und «gesittet» verhielt, zur Belohnung die Puddingschüssel auslecken

Ein Bogen meiner famosen Gutscheine, selbst gezeichnet! Es gab achtzig verschiedene, z. T. waren sie sogar koloriert. Ich verteilte sie unter Gerechte und Ungerechte.

durfte, ist mir aus der Kindheit nur ein einziges bedeutungsschweres Lob in Erinnerung geblieben. Meine Mutter heizte gerade den Badeofen an, ich stand bei ihr und sagte seufzend, aus mir werde wohl nie was Rechtes werden (vier Jahre alt). Da sagte meine Mutter: «Du wirst einmal ein tüchtiger Kaufmann.» Die Gewißheit mit der sie das sagte, machte mich geradezu selig.

*

Literatur: Grimms Märchen, aus den «Büchern der Rose», Herausgegeben von Thilo-Luyken, mit Bildern von Dora Polster. Ich besaß das Buch schon als Kind, meine Mutter las daraus vor, wenn ich abends in meinem Grießbrei Kanäle grub, und nun bekam ich es zu Weihnachten von einer Leserin zugeschickt, und ich freue mich über die Erinnerungen, die mir beim Ansehen der Bilder kamen. –

Rucke di guck, Blut ist im Schuck!

Es beginnt mit dem «Marienkind». Die Sache von der 13. Kammer, die das Kind trotz des Verbotes betritt. In diesem Fall ist es die Dreieinigkeit, die es in der Kammer zu sehen gibt. In andern Märchen sind es geschlachtete Menschen («Fitchers Vogel» und «Blaubart»). Ich habe dieses Motiv im «Kapitel»* verwendet. – Von den «Wichtelmänner»-Märchen ist mir besonders das dritte immer das liebste gewesen. Die Sache mit dem Wechselbalg:

> Nun bin ich so alt
> wie der Westerwald,
> und hab nicht gesehen,
> daß jemand in Schalen kocht.

* «Kapitel» = Ein Kapitel für sich

Man behält immer das im Gedächtnis, was einem rätselhaft ist: Ein Wechselbalg, was ist das, und in Eierschalen Wasser kochen? Wie schön, daß man selbst nicht vertauscht wurde, als Kind und: Was Wichtelmänner wohl mit geraubten Kindern anfangen?

Nartum   Di 4. Jan. 1983

T: Ich komme mit meinem Auto nicht recht vorwärts, der Wagen schleicht dahin. Hinter mir ein Baggerführer, wird schon ganz unruhig, weil er mich nicht überholen kann. Ich denke: Gleich nimmt er dich auf die Schippe. – Da halte ich eine große Puppe vor mir auf dem Schoß, sie hat das Gesicht meiner Mutter, und ich drehe an zwei Kurbeln, die seitlich aus ihrem Leib herausstehen, und damit drehe ich das Auto vorwärts. (Der Traum will mir vermutlich sagen: Du vermarktest deine Mutter. Alter Freund!)

※

Ein sogenannter Spaziergang war fällig. Es regnete, und ich mußte gegen den Wind anstiefeln. In den Pfützen schwammen die schmutzigen Überreste der Silvesterknallerei, und die schwarzen Plastikplanen, die die Bauern auf dem Feld liegenlassen, knatterten im Wind. Den Hunden, die ich durch allerlei Finten versucht hatte abzuhängen, macht solches Wetter nichts aus, sie wälzen sich in den Pfützen und fühlen sich noch wohl dabei. Manchmal laufen sie mir weg. Früher hab' ich dann hinterhergepfiffen und geschrien. Das laß ich nun, sollen sie weglaufen, sollen sie sich eine Ladung Schrot einfangen. Wer nicht hören will, muß fühlen.
Glücklicherweise begegnet mir niemand. Als erwachsener Mensch von einem Jäger am Ohr gezogen zu werden, warum man die Hunde nicht anleint und was man hier zu suchen hat, ist auch nicht gerade angenehm. Der hiesige Jäger hat sich erst vor zwei Jahren in Nartum angesiedelt, und wir wohnen hier schließlich schon seit zwanzig Jahren. Ich stellte mir vor, daß dieser Mensch plötzlich hinter einem Baum hervortritt, wie ein Unhold, und malte mir aus, wie ich darauf reagiere: Wenn er zum Beispiel nicht «guten Tag»

sagt und gleich damit anfängt, mich auszulümmeln, ihn anschrein: «Wer sind Sie überhaupt? Können Sie sich nicht vorstellen? Was bilden Sie sich überhaupt ein?»

Ich schrie meine Argumente und leider auch Beschimpfungen in den Wald, um sie für den Ernstfall zu üben, und die Hunde guckten mich recht blödsinnig an. Sehr quälend war es, daß ich in einer Art Gehirnautomatismus die Polowetzer Tänze vor mich hinsummen mußte, den ganzen Spaziergang über.

Ein Gutes hatte der Spaziergang. Ich konnte am Nachmittag sagen: Ich war schon.

*

So stellte ich mir die geraubten Goldschätze der Azteken vor, die von den Spaniern eingeschmolzen wurden.

Lit: Der treue Johannes. Nicht die falsche Beschuldigung, die Untreue des Königs, sondern das prachtvolle Schiff mit den goldenen Kleinodien und vor allem das fuchsrote Pferd, das «dahergesprengt» kommt. Und daß die Prinzessin «Jungfrau vom Dache» heißt.

TV: Allerhand Wintersport: Das Skifliegen, eine Art höhere Schummelei, denn nur durch den speziellen Bau der Schanze wird das Fliegen möglich.

Nartum   Mo 10. Jan. 1983

Inzwischen ist hier wieder ein Literaturseminar «gelaufen», wie man so sagt, das sechste dieser Art. Die Organisation klappte, es gab keine sogenannten «Pannen», wenn man mal davon absieht, daß eine Dame sich aus Rothenburgsort (Hamburg!) meldete,

warum sie denn nicht abgeholt wird, sie wartet schon die ganze Zeit.*
Der übliche frostige Anfang, die gewohnte Euphorie am Schluß. Wir sind so routiniert in der Bewirtung von Menschenmassen, daß die Leute, wenn sie hier eintreffen, unsere Gelassenheit mißdeuten: «Gott, die haben wohl ganz und gar vergessen, daß wir heut' kommen?»
Diesmal stellten sich 55 Literatenthusiasten ein, das gab ein fröhliches Gequirle.

>Es gibt einen Dichter in Nartum.
>Den Namen, den muß ich nicht dartun.
>Er sammelt die Fakten
>in ganz dicken Akten
>und schreibt, was die Ahnen im Jahr tun.

Diesen Limerick schrieb mir Wolfgang Bager vom «Südkurier».
Ein anderer Teilnehmer, Herr Grassmann, hat mir seine Tagebucheintragungen geschickt.

5.1.83 – Fahrt zu Walter Kempowskis Literaturseminar... Ich bin bei Familie Stanke untergebracht... Ein kurzer Fußweg zu dem am Dorfrand gelegenen Haus Kreienhoop. Dort werden wir von Kempowskis Freund und Faktotum Nikolaus Walther empfangen und nach Wechseln der Schuhe – Hausschuhe sind mitzubringen! – in einen größeren Raum geführt, der mit zwei Fluren an den alten Kern des Hauses angebaut zu sein scheint. Überall Bücher und Rostocker «Devotionalien».
Nach und nach versammeln sich ca. 50 Damen und Herren zwischen 14 und 70. Die jüngere Generation überwiegt etwas, die Damen sind weit in der Überzahl. Wir sitzen im offnen Karree um K. Aus den großen Fenstern geht der Blick in die offene, weite Landschaft.

Die Sache mit den Hausschuhen, von denen Herr G. schreibt, hat mich in den Geruch eines Spießers gebracht. Aber man stelle sich vor: Fünf Tage lang gehen fünfzig Menschen dauernd raus und rein, und draußen regnet's! Vielleicht sollte man das Seminar

---

* Unser Bahnhof heißt »Rotenburg«.

japanisch aufziehen, in Socken rumlaufen und dann im Schneidersitz auf Matten sitzen. So was würde mir als exotische Anleihe beim Buddhismus sicher hoch angerechnet werden.
Weiter unser Berichterstatter:

Eva Demski

6. 1. 1983 Abends liest Eva Demski, Schriftstellerin und Mitarbeiterin des Hessischen Rundfunks aus ihrem noch unveröffentlichten Roman, der sich mit ihrem verstorbenen Mann – Apo-Anwalt – und der Apo-Szene befassen wird. Eine m. E. zu lang geratene Schilderung des Todes und dem was unmittelbar folgte, Arzt, Leichenbesorger, Kriminalbeamte etc. Während die Demski mich in der Lesung und Aussprache wenig beeindruckt hat, übt sie in kleiner Runde auf mich eine sehr starke Anziehungskraft aus.

1990: *Eva Demski hat für ewig einen Platz in meinem Herzen, weil sie sich als Mitarbeiterin des Hessischen Rundfunks schon sehr früh für mich eingesetzt hat. Sie kam 1972 mit einem Fernsehteam nach Nartum, das aus sechs Männern bestand, Riesenkerlen, ihren «Mädels», wie sie sagte. Sie selbst wurde «Bub» genannt. – Ich sag' immer «Evachen» zu ihr, bisher hat sie sich noch nicht darüber beschwert.*

Dieter Wellershoff

7. 1. 1983 – 9.30 Uhr: Ein kleines Stück auf dem Klavier und ein Chamisso-Gedicht werden von Teilnehmern vorgetragen.
Übung: Beschreibung eines Gegenstandes aus der frühen Kindheit. Sehen! hören! riechen! Ich denke an die Waschkommode im Schlafzimmer. Vom einzelnen Gegenstand zieht die Erinnerung immer weitere Kreise. Bilder wachsen in einer Handlung zusammen. Beim Feilen besteht die Gefahr, daß Ursprüngliches verlorengeht.
Nachmittags fahren wir nach Worpswede.
Abends liest Wellershoff. Er läßt mich unbeeindruckt.
(Grassmann)

Bei diesen Zeichnungen und allen folgenden handelt es sich um Selbstporträts.

Es handelt sich bei der erwähnten Übung um das «eidetische Schreiben», um die Reproduktion von Gedächtnisfotografien. Aldous Huxley beschreibt das eidetische Phänomen als einen Idioten, der in seinem Gehirn unablässig Fotos hinblättere. Von Benn werden die visuellen Gedächtnisfotografien, wenn ich nicht irre, «endogene Bilder» genannt. – Die kleinen Texte, die bei dieser Übung spontan entstehen, sind sehr reizvoll. Meist ist es den Teilnehmern gar nicht bewußt, wie gut das ist, was sie da geschrieben haben. Und traurig ist es, daß sie mir unentwegt Manuskripte schicken, in denen sich nicht ein einziges «endogenes Bild» finden läßt.

8.1.1983 – Vortrag: Stoffbewältigung. Es lebe der Zettel! K. zeigt und erläutert eine Arbeitstafel zu «Tadellöser & Wolff». Danach: Zur Entspannung Preisraten von Autoren nach Dias. Abends Lesung von Paul Kersten und Vorführung eines Films über einen geisteskranken Lyriker. Unbeeindruckt. (Grassmann)

Paul Kersten

Beim Raten von Autorenporträts wurde Tolstoi mit Knut Hamsun verwechselt, Albert Camus mit Hermann Hesse. Selbst ein so charaktervoller Typ wie Uwe Johnson mit seiner «fundamentalen» Glatze (Robert) wurde nicht erkannt. (Hildegard bezeichnet sie übrigens als «rücksichtslos»). – Nur wenige machten null Fehler bei diesem Quiz, obwohl ich oft recht weit ging mit meinen Hilfen, mancher schrieb ab wie ein Pennäler, was ich wie ein Pauker zu unterbinden suchte. Im übrigen war die Stimmung ausgelassen, eine Art familiäres Gruppengefühl stellte sich ein. Vielleicht lag das daran, daß sie hier in einem Privathaus als private Gäste akzeptiert werden.

Lobesmarken verteilte ich in diesem Seminar nicht, dafür aber kleine Seifenstückchen, die ich bei Lesereisen in Hotels mitgehen heiße. Dieses Einkassieren von Seife verbindet mich mit Karasek, der da auch nicht widerstehen kann, wie er mir sagte.
Als Preis für das Autorenraten verschenkte ich Bücher, die ich hier schon länger liegen habe, eingeschweißte Zusendungen von Verla-

gen. Wobei es mich ärgerte, daß einer sein Buch achtlos liegenließ. Ich kassierte es und werde es das nächste Mal wieder verschenken.

*

Am letzten Abend ließ ich mich, von etlichen Steinhägern animiert, dazu verleiten, Volkslieder auf dem Klavier zu spielen. Von «Heidschi Bumbeidschi» bis zum «König von Thule». Damen und Herren umstanden mich und sangen mit:

> All mein Gedanken, die ich hab',
> die sind bei dir,
> Du auserwählter, ein'ger Trost,
> bleib' stet bei mir.
> Du, du, du sollt an mich gedenken!
> Hätt' ich aller Wunsch Gewalt, –
> von dir wollt' ich nicht wenken!

Ich spielte auch das Ännchen von Tharau und zum Schluß sogar das Deutschlandlied, und da hörte ich einen Herren sagen: «Das ist ja erschütternd!» Ein junger Mann mit Zigarre meinte hingegen: «So was kann man doch heute nicht mehr machen...»
Ich weiß nicht, wer sich wohler fühlte in dieser Nacht, die Gäste oder ich. Überhaupt, die alte Erfahrung: Wenn man freundlich ist zu Menschen, dann schmelzen sie dahin... Da bedarf es keiner Lobesmarken. Und wenn man welche austeilt, ist das auch nicht verkehrt.
Die äußerst resche Jugend, die diesmal zahlreich vorhanden war, wollte wissen, was das denn für schöne Lieder gewesen seien, die ich auf dem Klavier gespielt hätte? Die kennen russische, afrikanische und israelische Lieder, deutsche Volkslieder kennen sie nicht. Vielleicht ist das völlige Verschwinden der alten «Weisen» noch eine Spätfolge der Nazizeit? «Wach auf, meins Herzens Schöne...» in einer Jugendherberge gesungen, nach ledrigen Jagdwurstbrötchen oder Erbsensuppe – das ist so ziemlich das letzte.

*

Es waren auch verschiedene Journalisten da, die wollten es gern ganz genau wissen. Ihre Berichte waren im ganzen wohlwollend. Hier ein Auszug aus der «Westfälischen Rundschau» (Norbert Bicher):

Der Arbeitsplatz des Autors, ein vielleicht fünfzehn Meter langer Schlauch, eine Mischung aus Archiv und Museum. Spielzeug aus den Vorkriegsjahren leistet einem Bundesverdienstkreuz und einem Bambi Gesellschaft.

1990: *Das Bundesverdienstkreuz, das hier dem Spielzeug «Gesellschaft leistet», wird gern angeführt, um mich als staatsfrommen Bürger zu kennzeichnen. Ein linkischer Veranstalter – es war in Berlin, bei einer Tagung ausländischer Germanisten – hat kürzlich gemeint, ich sei wohl so ziemlich der einzige Autor mit Bundesverdienstkreuz. Du lieber Himmel! Die Wohmann und Bienek haben es auch, Reiner Kunze bekam gar den Bayerischen Verdienstorden!*
Mir wurde das Bundesverdienstkreuz in Hannover von einem Staatssekretär in die Hand gedrückt, ganz ohne Brandenburgisches Konzert, und bisher habe ich nur Scherereien deswegen gehabt.

Das Bambi bekam ich für den Film «Tadellöser & Wolff». Schlichtere Besucher erkundigen sich, ob es aus purem Gold sei?
Orden und Preise üben eine beruhigende Wirkung aus in dumpfen Stunden des Selbstzweifels... Ich kann nicht gerade sagen, daß ich mich über Ehrungen ärgere. Sie gehören zu unserm Demokratiespiel, wie andererseits die Demonstrationen.

※

Zurück zum Literaturseminar: Merkwürdig zu lesen, wie mich andere Menschen sehen:

Der zunächst distanziert wirkende, eher höflich als herzlich sich gebende Schriftsteller...

schreibt der oben zitierte Norbert Bicher, und sonderbar, daß es Teilnehmer gibt, die meine Verbindlichkeit mißverstehen. Diesmal waren es zwei zigarrerauchende Studenten, die das Seminar kostenlos besuchten, sie äfften mich im Hintergrund nach. Am liebsten hätte ich sie rausgeschmissen, aber dann hätte ich mich ins Unrecht gesetzt. «So können Sie doch mit der Jugend nicht umgehen, Sie als Pädagoge!» Nachäffen? So was muß man aushalten.

> Es gibt einen Dichter in Nartum.
> Mit fachmännischem Lob er nicht spart, drum
> gibt es 'ne Seife
> für literarische Reife.
> Autoren duften so smart nun.
>
> W. BAGER

Nartum   Sa 15. Jan 1983   Regen

T: Endloser Traum. Zunächst ging es darum, daß meine besten Freunde glaubten, ich hätte irgendwelche Kinder umgebracht. Sie schnüffelten auf meinem Schreibtisch herum, in den Zettelkästen. Einige Brillen wurden vorgewiesen, die in der Waschmaschine gereinigt worden waren. – Dann ein langes Baden von einer Eisscholle aus, dann im schneebedeckten Wasser. – Schließlich die Begegnung mit drei Mädchen und einem wie ein Geheimrat aussehenden Säugling. Ich notierte mir die Adressen der Mädchen und bekam heraus, daß ich den ganzen vorigen Sommer über im Nachbarort herumgesessen hatte.

✳

Gestern hatte ich eine Lesung in Braunschweig. Ich fuhr etwas früher hin, um in den Antiquitätenläden nach farbigen Fenstern für den Turm zu suchen. Ich traf mich mit Andrea, die mir bei der Suche helfen sollte. Leider brachte sie ihren Freund mit. Zu dritt durch die Straßen gehen, das bedeutet, entweder vorauslaufen oder hinterher, oder, wie in diesem Fall, beides gleichzeitig, was dazu führte, daß ich den Kantstein hinauf- und hinunterstolperte, also schließlich völlig erledigt war.

Glasfenster fand ich nicht, dafür aber ein Zigarettenbilderalbum, das ich als Kind besessen hatte: «Märchen der Völker». Ich habe mich sofort an *alle* Bilder erinnert. Manche geben etwas mehr her als bloße Erinnerung: Der Dilldapp, durch dessen bloße Erwähnung ich in Bautzen einen Freund gewann. «Bobby Box», ein amerikanisches Märchen, in der Nazizeit besonders interessant, und natürlich Don Quixote, von dem ich als Kind noch nichts gehört hatte. Mir kam die Idee, die kleine Bibliothek, die ich als Kind in Rostock besessen hatte, zu rekonstruieren, Franz-Schneider-Verlag-Sachen, die muß es in Antiquariaten doch noch geben?

Der Dilldapp freut sich über das Gold, das ihm der Esel beschert

*

1990: *Als ich im Januar zum erstenmal wieder in Rostock war, übergab mir ein Herr in der Hotelhalle zwei Bände «Durch die weite Welt», die mit meinem Stempel versehen waren. Er hatte sie 1948 in einem Antiquariat gekauft.*
Ich müßte eine Anzeige aufgeben: Achtung! Hausrat Kempowski! Wer hat Bücher oder Bilder ersteigert? Möchte sie gern zurückkaufen. Vielleicht findet sich das «Herbstbild mit dem kleinen Fehler» wieder ein? Wir haben nicht einmal mehr ein Foto davon. Auch nicht von den Kapitänsbildern, die nun bestimmt niemand mehr herausrückt.

Die Lesung fand in einem Museum statt. Das Publikum saß in mehreren Etagen unter und über mir und applaudierte zwar nicht gerade «frenetisch», wie mein Bruder gesagt hätte, aber doch freundlich. Ich bin ihr Mann!

Heute früh der übliche Rundgang durch den Dom, den haben sie jetzt absolut unter Kontrolle. Ich finde, alten Bauten sollte man ein bißchen Schmutz und Unordnung gönnen. Auf den Breughel-Bildern die pinkelnden Hunde in Kirchen (das muß ja nicht gerade sein). – Ich stand eine Weile vor dem Imervardkreuz. Vor seelischen Erschütterungen bewahrten mich Neugierige, die gern gewußt hätten, was es da zu sehen gibt. – Die Nazi-Fresken hat man übermalt. Sie müssen von unüberbietbarer Roheit gewesen sein, so ähnlich wie die Verunstaltungen im Straßburger Münster, über dessen Altar man ja wohl eine Hakenkreuzfahne gelegt hatte...
Daß *Braun*schweig ausgerechnet die Postleitzahl 33 hat, ist ja fast tragisch. Und daß ausgerechnet diese Stadt Hitler naturalisierte... – Die Sprengung des Braunschweiger Schlosses nach 1960 ist ein würdiges Gegenstück zur Beseitigung des Berliner Stadtschlosses durch Ulbricht. Aber: Wenn sie auch das Schloß gesprengt und Hitler eingebürgert haben: In Braunschweig bekam ich, seligen Angedenkens, den wundervollen Raabe-Preis. Und außerdem wurde ich in dieser Stadt immer freundlich empfangen.

※

Danach sah ich mir im Kunstmuseum einige Gemälde von Rembrandt an. Ich wurde dabei gestört durch eine Gruppe geistig Behinderter, die von ihrer Betreuerin hierhergeführt wurden, die sollten sich auch mal an Höherem erbauen.
«Hans, komm her, laß das!»

※

Lit: Herta Müller, «Niederungen», Rotbuch Verlag. Die Rumänien-Deutschen gehören, wie die Erzgebirgler, zu den besseren Deutschen. So kommt es mir jedenfalls vor. Denen möchte ich gern etwas Freundliches sagen, aber was?

1990: *Über Ceaucescus grotesken Aufwand hätte man gern Näheres gehört. Er war der Göring des Ostblocks, nur nicht so dick. – Sein (vor)letzter Auftritt auf dem Balkon: Ob er nicht richtig hört, was ist denn das für ein Gebrüll? Aufhören, ihr* *bösen Menschen! Und hinter ihm hastet ein Geheimdienstmensch hin und her: Los weg! Der hat die Zeichen der Zeit bereits erkannt. – Wie der Frau C. die Hände gefesselt wurden und daß der Conducator in die Knie gesunken war, an der Wand, das wird im Gedächtnis bleiben.*

Lit: Grimms Märchen. Der Wolf und die sieben jungen Geißlein. Daß sich das siebte in der Wanduhr versteckte und der Ausdruck «Wackersteine».
Den Illustratoren macht es Schwierigkeiten, der alten Geiß die Schere in die paarhufige Pfote zu drücken.
Über Ziegen sind auf dem Land unendlich viele, meist komische Geschichten zu hören, viel mehr als über Schafe, von denen man nur erfährt, daß sie «die Wäsche von der Leine fressen». Eine Ziege hier in der Nachbarschaft, die leidenschaftlich gern Kaffeesatz fraß, ließ sich nur melken, wenn die Bäuerin den Hut ihres Mannes aufsetzte.

Stuttgart Mo 17. Jan. 1983

Ich flog in einer taumelnden Propellermaschine nach Stuttgart, hatte erhebliche Ängste, aber nicht wegen des Runterfallens, sondern wegen der Enge und der Luftsprünge. Jedesmal schwöre ich mir: Das war das letzte Mal, daß du mit einem solchen Vehikel geflogen bist! Aber man weiß ja nicht vorher, daß es sich um eine Propellermaschine handelt, man rechnet doch nicht mit einem solchen Akrobatenstück!

1990: *Inzwischen habe ich mitgekriegt, daß man Propellermaschinen an der vierstelligen Flugnummer erkennen kann.*

Auch in dieser Steinzeitmaschine wurde das Prinzip des guten Service aufrechterhalten. Es schien die Stewardeß nicht zu stören, daß die beschwipsten Gäste sich wie auf der Achterbahn benahmen: Bei jedem Luftloch «hö!» riefen, die Bierdosen in die Höhe.

Ich litt besonders unter einem Herrn von der Industrie, der eine Pfeife unter Dampf hielt. Das gurgelte und schwadete! Ich war wie betäubt.
Das Humorgegröle der deutschen Männer geht durch alle Klassen der Gesellschaft. Wie sich das wohl im besetzten Paris ausgenommen hat.

*

Mit dem Taxi fuhr ich in die Stadt. Der Fahrer wunderte sich über die vielen Menschen: Was die hier alle herumzulaufen hätten, die müßten doch eigentlich arbeiten?

*

In dem wundervollen «Zeppelin»-Hotel erholte ich mich. Hier kennt man noch den Unterschied zwischen heißer Schokolade und Kakao! Ich bestellte mir eine Portion Kakao und einen Espresso, mixte das und hängte mich vor den Fernseher.

*

Lesung in einer Buchhandlung. Kolossal voll. Es mußten sogar Leute weggeschickt werden. Eine solche Überfülle ist schmeichelhaft, macht aber auch angst: Wirst du sie nicht enttäuschen? und: Wirst du sie halten können? – Beim Lesen denkt man: Und dieses belämmerten Textes wegen sind sie nun eine Stunde mit der Bahn gefahren. – Damit ich sie um Gottes willen nicht langweile, präpariere ich das Buch vorher auf erzählerische Höhepunkte hin, streiche Zwischentexte weg usw. Grass sagte mal zu mir: «Du liest ja wie ein Conférencier!» Womit er leider recht hatte. – Mein Tonfall wurde schon mit dem «Tierfreund» vom Schulfunk verglichen. In Bayern können sie gar nicht begreifen, daß ein Mensch von Natur aus ein so reines Hochdeutsch spricht, da kriege ich noch einen Applaus obendrauf. Und in Schwaben halten sie mich für einen Exoten. Die denken wahrscheinlich, daß es bei uns im Norden noch Auerochsen gibt. Im übrigen mache ich mir einen Spaß daraus, manche Wörter extra verrückt auszusprechen, so das

Qu wie Adorno es tat, und dann sage ich natürlich «Alko*holl*». Das interessiert die brennend. Aber keiner muckst sich.

Hinterher zwei liebe, aber leider speichelsprühende Heimat-Rostocker – «Schreiben Sie mal wieder ein Buch über Mecklenburg?» – und ein Knastkamerad, der mich duzte, obwohl ich ihn noch nie in meinem Leben gesehen habe. «Was macht dein Bruder?» Diese Kameraderie ähnelt ein wenig den Traditionstreffen der deutschen Wehrmacht. – Ich gelte unter den «Ehemaligen» als hochmütig. Das Geheimnis meiner Arroganz: Ich wollte im Zuchthaus meine Ruhe haben (und hinterher auch).

1990: *Erst jetzt treten die politischen Gefangenen der DDR in das Bewußtsein der westdeutschen Öffentlichkeit. Aber von uns Gefangenen «der ersten Stunde» wird kein Aufhebens gemacht. Die Journalisten beginnen ihre Zeitrechnung mit 1956 (Loest: «Wir 56er...»). 1956 hatte ich meine acht Jahre schon hinter mich gebracht. – Die Heldensuche hat sich an Janka festgebissen. Daß es in der Ostzone auch stalinistische Lager gegeben hat, war so gut wie unbekannt, und die Massengräber mit den Überresten der Verhungerten, die man jetzt so nach und nach findet, macht man schnell wieder zu. Das Ausbleiben von Entrüstung, Klage und Trauer. Ich habe schon 1969 in meinem «Block» von den Toten erzählt, damals hat das wohl niemand geglaubt. In Deutschland rangiert engagierter Glaube höher als Zeugenschaft. – «Plündern?» fragte mich mal eine Studentin, «was ist das überhaupt...plündern...» Millionen von Menschen könnten es ihr haarklein beschreiben und beschwören – sie würde es trotzdem nicht für wahr nehmen.*

TV: Die Nigerianer weisen zwei Millionen Ghanaer aus. Man sieht die bunten Crowds an der Peer stehen, mit Sack und Pack. Polizisten schlagen mit Stöcken auf sie ein. Jemand hat mir erzählt, daß es in Nigeria sechsspurige Autobahnen gibt, die im Nichts enden. Geld sei nicht das Problem, sagten die Nigerianer während des Ölbooms. Das Problem sei: wohin damit!

Gosselck hat hübsche Geschichten erzählt von afrikanischen Delegationen bei Betriebsbesichtigungen. Die konnten gar nicht verstehen, daß man ihnen da nicht zehn Tonbandgeräte vom Band holt und schenkt.

Lit: König Drosselbart – ärgerlich und verstimmend. – Dann den klugen, offenbar humorlosen Hartung: wie der den Walser (Robert!) schulmeistert! Wir sollten auf den Knien liegen vor Dankbarkeit, daß wir auch Geister wie Walser, Morgenstern, Gottfried Keller, ja – und Wilhelm Busch haben.

Musik: Bach ist schwerer auswendig zu lernen als Mozart. Wie kommt es? – Ob es wohl ein Buch über Fehlerkunde gibt? Wieso man sich immer an derselben Stelle verspielt?

Stuttgart/Nartum Di 18. Jan. 1983

Ich lernte nach der Lesung, beim Signieren, eine Rechtsanwältin kennen, die mir heute morgen beim Frühstück Gesellschaft leistete. Eine «gepflegte Frau», die Frontzähne überkront und Perlen auf den Ohrläppchen, Kostüm. Mit ihr machte ich einen unglaublich kompletten Eindruck. Die Herren am Frühstücksbüfett ließen die Schlipse über den Kaßler schleifen, als wir durch die Schwingtür traten.
Wir hatten einen schönen Platz, rührten in der Kaffeetasse und sahen zum Bahnhof hinüber, was da für Leute raus- und reingehen. Ich dachte: Wenn jetzt in diesem Augenblick eine Sprengladung gezündet wird, von Terroristen, dann bin ich ein erstklassiger Zeuge. Meine Gesprächspartnerin war baff wegen meiner halblaut gemurmelten Selbstgespräche, besonders meine freundlichen Flüche interessierten sie. Daß ich das Brötchen eintauchte in den Kaffee, fand sie weniger schön. Und ich liebe das sehr! Butterbrötchen mit etwas Salz in süßen Kaffee stippen, darauf kann ich nicht verzichten. Für meine Eselsbrückensammlung lieferte sie mir das folgende Gedicht:

§ 249 BGB

Ein Radfahrer der's eilig hat
fährt durch die Straßen einer Stadt.
Er achtet nicht des Wegs genau
und fährt so gegen eine Frau,
die in dem Umstand sich befindet,
der Hoffnung auf ein Kind begründet.
Der Anprall und der jähe Schreck
nimmt ihr die Kindeshoffnung weg.
Hat nun, so lautet meine Frage,
der Radfahrer im Fall der Klage,
die auf Ersatz des Schadens geht,
als Schuldiger in Schadensfällen
den Zustand wiederherzustellen?

Für mein «Zukunftsprojekt» war bei dieser Dame wenig zu holen. Sie kaute im wesentlichen die gestanzten Medienmeinungen wieder. – Unser Wohlbehagen aneinander und die Bedeutsamkeit, die man uns zumaß, wurde noch dadurch erhöht, daß die ganze Zeit über ein Zeichner an unserm Tisch saß, der mich porträtierte.

Nach dem Frühstück gingen wir ins Museum, wo wir auf eine Lehrerin stießen, die mit ihren Schülern einen sogenannten Unterrichtsgang machte. Da sie alles sehr gut erklärte, schlossen wir uns an und nassauerten ein wenig. An einer gotischen Plastik, Jesus mit Johannes, der «an seiner Brust liegt», demonstrierte sie das handwerkliche Geschick der mittelalterlichen Bildhauer. Sie zeigte den Schülern, daß die Jesusfigur hohl sei, damit sich das Holz nicht verzieht. Die Schüler durften hinter die Plastik treten und in das Loch reinfassen. Ich tat's auch.

Danach gingen wir die lange Fußgängerzone hinauf, hinunter, ich immer in halblauten Selbstgesprächen, denen die Dame verblüfft lauschte.

In einem Elektrogeschäft kaufte ich für Hildegard zu Weihnachten einen karamelfarbenen Eierkochapparat, mit dem man unter Verwendung von sehr wenig Wasser sechs Eier kochen kann, weich,

halbweich oder hart, je nachdem, wie man es an der Seite einstellt. (Hildegard: «Den hast du schon im Januar gekauft?» Ja. Sonst fühle ich mich das ganze Jahr über so gehetzt.)
Mir selbst kaufte ich einen Rasierapparat von Braun. Mein alter stammt von 1956, er funktioniert noch immer, aber irgendwann muß er ja mal ausgedient haben. Eine Dame neben mir kaufte ebenfalls einen Rasierapparat, wohl ein Geburtstagsgeschenk für ihren Mann. Sie beanstandete die aufgeringelte Schnur, ob es nicht auch einen gäb', wo die Schnur «ordentlich» wär'.
Mich interessierte, wieso die beiden Systeme immer noch nebeneinander existieren, die runden Scherköpfe und die geraden, eines der beiden Prinzipien müsse sich doch irgendwann einmal durchsetzen. – Der Verkäufer meinte, Männer wären unglaublich konservativ, wer einmal mit den runden Scherköpfen angefangen habe (Philips), der kaufe immer wieder dasselbe System. – So ist es wohl, denn ich könnte mich totschlagen lassen für die Firma Braun. Es ist mir völlig unverständlich, wie man eine Maschine mit rundem Scherkopf kaufen kann. Das hat was mit dem Rütlischwur zu tun. – In Hamburg gibt es ein Geschäft das auf Rasierapparatersatzteile spezialisiert ist. Womit die Leute ihr Geld verdienen! DDRler würden das nicht glauben. Der Händler hat in einer Vitrine vorsintflutliche Modelle ausgestellt, wie im Schreibmaschinengeschäft die alten Mignons und Adlers.
Mit Rasiercreme kann ich mich nicht befreunden. Nach meiner Entlassung, in Hamburg, wollte ich die Ausgabe eines Rasierpinsels sparen und versuchte es mit dem Staubpinsel meiner Mutter!

*

Die juristische Dame wollte unbedingt, daß ich in ihrer Wohnung einen Kaffee trinke. Vermutlich sollte ich mir ihre Kakteen ansehen. Wir fuhren also unter meinen sanguinischen Selbstgesprächen bis ans andere Ende der Stadt, durch Staus aufgehalten. Und als wir dann endlich dort waren, mußten wir sofort wieder umkehren, weil ich sonst das Flugzeug nicht gekriegt hätte. Ich war ihr trotzdem dankbar, denn in einem Auto sitzt man ja ganz bequem. Sie selbst wunderte sich, daß sie sich keine Minute mit mir gelang-

weilt hatte. Was muß die für Männer kennengelernt haben! Sie warf sich vor, daß sie noch nie eine Zeile von mir gelesen hatte. Daß man sich so wenig Zeit nimmt, sagte sie, und sich so selten mal was gönnt. Einfach mal ausbrechen! – Ab sofort wird also der Absatz meiner Bücher in Stuttgart in die Höhe schnellen.
Im Antiquariat kaufte ich zur Vervollständigung meiner Erinnerungsbibliothek das Buch «So schön ist's nur im Försterhaus» von Erich Kloss, Teil eins einer vierbändigen, ziemlich läppischen Buchreihe aus dem Franz-Schneider-Verlag. Ich kann heute ohne Übertreibung sagen, daß die Bücher von Kloss einen wesentlichen Anteil an meiner Entscheidung hatten, aufs Land zu gehen.

*

TV: Streit in Berlin über eine Klarinettistin, die die Philharmoniker aus prinzipiellen Gründen nicht wollen. Man hört die Leute fragen: Ist sie hübsch? Talkshows reißen sich um sie. – Bei Konzertsendungen verweilt die Kamera gern nachdenklich auf den Damen. Eine junge Geigerin mit langem blonden Haar (verheiratet, zwei Kinder) gibt eben wesentlich mehr her als ein Fagottist mit Spitzbart. – Das ekelhafte Pathos der Dirigenten, die, wie Adorno sagt, dem Orchester die Partitur vortanzen. Karajan geht ja noch! Da hat mir Knappertsbusch mit seinen achtzig Jahren mehr imponiert, der, sitzend, Einsätze und Dynamik nur andeutete. Dirigenten können ja aussehen wie sie wollen, wenn sie da die Leiden der Meister vormimen, aber man sollte sie nicht in Großaufnahme zeigen. – In alten Furtwängler-Wochenschauen Geiger mit Hitlerbärtchen. In Chicago sah ich mal eine Trompetistin. Ein männlicher Harfenist.
1943, bei einem Besuch in Stettin, ging ich in ein Musikaliengeschäft und ließ mir Dirigentenstäbe zeigen.

Lit: Weiter in den Aufzeichnungen von Rudolf Hartung. Mein Gott, wen er da alles erwähnt. Bin mal neugierig, ob er mich auch eines Wortes würdigt – «indiskutabel» oder so was. Ich ertappe mich manchmal dabei, in alten Lexika nach «mir» zu suchen.

Nartum Sa 22. Jan. 1983

T: Häßliche Sache. Ich bin noch immer eingesperrt, in einen Keller. Kinder zeigen auf mich. – Draußen wirft einer eine Waschschüssel in den blauen Himmel.

*

Geburtstag meines «morfars» (Muttervaters), wie die Dänen sagen. 120 Jahre alt wäre er heute geworden. Er starb 1947 an seinem 85. Geburtstag. Ein ehrenwerter Mann, der an seiner Religion litt, wie Onkel Walter immer sagte. Bei meinen Klassenkameraden konnte ich mit ihm Eindruck machen: «Auf deinen Großvater kannst du stolz sein», sagten sie. Auf der Strandpromenade wurde er für den Prince of Wales gehalten. – Robert hat ihn mal ganz originell charakterisiert.

Großvater Wilhelm Collasius

Ich habe nicht den Eindruck gehabt, daß Großvater Collasius großzügig gewesen wäre. Im Gartenanzug lief er in die Stadt zum Einkaufen – damals «ging» so was nicht –, und die Birnen aus seinem Garten, die «Gute Luise», verkaufte er dem Kaufmann Buckreuß.
Das Samtjackett, das er trug, ja das kann man vielleicht als einen Anflug von Großzügigkeit bezeichnen, aber das hatte er sich wohl aus praktischen Erwägungen gegönnt, das war warm und angenehm zu tragen.
Daß er einen Bart hatte, war auch Sparsamkeit, da brauchte er sich nicht zu rasieren, dies ewige Klingenwechseln.
Und nach meinem Dafürhalten war er ein Feinschmecker. Wenn Dorsch auf den Tisch kam, mit der sogenannten holländischen Soße, Petersiliensoße oder was das war: Großvater Collasius hat den Kopf gegessen, und er hat die Augen ausgelutscht, und das tut nur ein Feinschmecker. Und die Hamburger «Gekochte» (Wurst) – das kannst du mir glauben, daß die gut war.

Soweit der liebe Robert, ohne dessen Informationen ich meine Romane nicht hätte schreiben können.

Im Januar 1943 feierten wir in Hamburg seinen 80. Geburtstag. Die Damen in Chinaseide, die Herren im Frack. Likör gab es und Bohnenkaffee. Onkel Walter mit den roten Biesen des Generalstäblers und mein Vater als Hauptmann der Landwehr. «Allround! allround!» wurde gerufen, und die Lage wurde erörtert, Stalingrad! Mein Schwager, der Däne, wurde hinausgeschickt.

Im Sommer 1943 besuchte ich meinen Großvater, da erlebte ich es, wie er den Kirchenvorsteher der Kapellgemeinde auf der Straße traf. Die beiden Männer sanken einander in die Arme und vergossen Tränen. Das Gespräch der beiden Erwachsenen kapierte ich nicht recht, «Bekennende Kirche», es ging um die Nazis, das ist sicher. Vierzehn Tage darauf erlebte Hamburg das apokalyptische Strafgericht, auch die Kapellgemeinde verschwand von der Erdoberfläche und das schöne Haus meines Großvaters, das er sich vom Erlös eines einzigen Jahres kaufte, «damals, als die Japaner alle dunkelblaue Anzüge tragen wollten» (siehe T & W).

Das ausgebrannte Haus meines Großvaters in Wandsbek

1990: *In den 50ern baute die Kapellgemeinde ihre Kirche unter größten Opfern wieder auf, am Billhörner Röhrendamm, wenn ich nicht irre, aus zurechtgeklopften Ziegeln usw. Und als die Kirche eben fertig war, wurde ihr Abriß angeordnet, weil die Straße verbreitert werden sollte.*

Bei den Angriffen auf Hamburg bin ich um ein Haar zu Tode gekommen. Einer meiner drei Tode war das: Hamburg 1943, Berlin 1945 und Bautzen 1952.

❋

Lit: Grimms Märchen. Rapunzel, die Zopfkletterei. Und das Tischlein deck dich, von dem es in der Volksschulzeit einen herrlichen Puppentrickfilm gab. Ulli Haase konnte die ruckartigen Bewegungen der Puppen nachmachen. – Am Aschenputtel hat mich als Kind besonders das Zurechthacken der Füße interessiert. Das Rapunzel hat, wie viele Märchen, einen künstlich wirkenden Schluß, irgendwie angehängt. Die Idee, die dem Märchen zugrunde liegt, oder die Atmosphäre, die von ihm ausgeht, ist schöner als das Märchen selbst. Das gilt auch für Jorinde und Joringel.

Weiter im Hartung gelesen und nach einigem hitzigen Vor- und Zurückblättern beinahe meinen Namen gefunden: «Kempinski» stand da. Im Lexikon stehe ich zwischen «Kempo» (traditionelle Art des chin. Boxens, bei dem Fußtritte erlaubt waren) und Kempten.

Nartum Do 27. Jan. 1983

Das Wintersemester nähert sich dem Ende. Gestern und vorgestern waren Oldenburger Studenten hier bei uns zu einem Blockseminar, kleine und große, männliche und vor allem weibliche, schöne und weniger schöne. Ich ließ sie auf meine Kosten mit einem Bus herkarren. Es ging um meine Fibel, wie man mit ihr arbeitet. Ich sah sie mir bei dieser Gelegenheit nach langer Zeit mal wieder richtig an, das heißt praxisbezogen. Gearbeitet habe ich ja noch nie damit. Verkauft wurden bisher 30000 Stück, es hätten also tausend Schulklassen danach das Lesen gelernt? Das ist nicht zu glauben. Meine Fibel gehört zu den weniger scheußlichen «Erstlesewerken», sie ist ein richtiges Buch, kein Zurichtungsinstrument. Mit einer Fibel zu arbeiten, das bedeutet, warmes Leben in eine eiserne Jungfrau zu sperren. Ein Pädagoge sollte nur frei unterrichten, das heißt, mit den Kindern selbst eine Eigenfibel schreiben, an ihren Erlebnissen orientiert. – Wenn ich nichts geleistet habe in meinem Leben, immerhin habe ich etwa dreihundert Kindern das Lesen und Schreiben beigebracht (wenn auch mit Lobesmarken und fragwürdigen Spaß-Gutscheinen), und ich habe sie «gewähren lassen» dabei, und nicht versucht, ihr Bewußtsein zu ändern.

Manfred Limmroth hat die Fibel nicht nur illustriert, er hat den Text durch viele originelle Einfälle bereichert.

Die zwanzig schweigsamen Studenten tauten erst auf, als ich sagte: «Sie dürfen die Fibel behalten.»
Eine Märchenbefragung ergab, daß den zwanzig Studenten insgesamt nur vier Märchen bekannt sind.

*

Aus dem Pädagogik-Lexikon über Lob und Anerkennung:

Nun ist es vor allem nötig, daß die Zöglinge in dem Bewußtsein erhalten werden, wie das Lob nur ein Zeichen der Achtung ist, deren sie sich wert gemacht haben und die Achtung selbst nur eine Folge ihres pflichtmäßigen Verhaltens; daß also das letzte und eigentliche Ziel ihres Strebens nicht einmal die Achtung anderer sein darf, geschweige das äußere Lob, sondern nur die Erfüllung ihrer durch Gottes Gebot ihnen auferlegten Pflicht.
(G. Baur in «Encyklopädie des gesammten Erziehungs- und Unterrichtswesens», Gotha 1881, 4. Bd.)

Diesen höchsten Worten gegenüber nimmt sich ein Lob sehr sonderbar aus, das ich mal in der Schule erhielt, es ist das einzige Schullob, das mich je erreicht hat. Ein Lehrer sagte zur Klasse gewandt: «Ein dummes Luder ist der Kempowski jedenfalls nicht.»

Telefon: Der Anruf eines Mannes, der mit unserer Nationalhymne nicht zufrieden ist. Er fragt, ob er mir den Entwurf einer neuen, von ihm selbst verfaßten Hymne schicken darf.
In der Post ein 16-Seiten-Brief eines Lesers, der sich sehr eingehend über «Aus großer Zeit» äußert. Dem Brief liegen Zeichnungen seiner zehnjährigen Tochter bei, Axel Pfeffer vor seiner Hundehütte. Ich mußte mich sehr zurückhalten, um nicht sofort zu Hildegard zu rennen und ihr alles vorzulesen und zu zeigen. Wahr ist, daß ich fast niemals «böse» Briefe bekomme. Soll ich mich darüber aufregen?

Nartum Fr 28. Jan. 1983

Ich wurde heute früh vom Bellen der Hunde wach, sieben Uhr! Der Eilbote stand vor der Tür und übergab mir einen Brief aus der DDR, in dem sich R. bedankt für das Weihnachtspaket. – Ich legte mich wieder hin und hatte einen lebhaften Traum.

T: Schöner Traum, sexuell irgend etwas Angenehmes, sehe wie Männer von Frauen bewacht werden. Ich ärgere mich nur über die langen Zwischentitel, die immer dann eingeblendet werden, wenn es «interessant» wird. Danach sehe ich obszöne Flaschen, normales Etikett, auf denen von innen, also durch den Schnaps hindurch, reizlose Schweinereien zu sehen sind. – Die angenehmen erotischen Gedanken nahm ich mit in den Tag hinein. Noch jetzt, gegen Mittag, klingen sie nach.

*

In der heutigen Ausgabe der «Zeit» sind die Interviews abgedruckt, die ich im letzten Jahr mit Prominenten über den Jahrestag der «Machtergreifung» machte. Bevor ich damals losfuhr, bekam ich von der Redaktion Anstandsunterricht erteilt. Man könne bei diesen Leuten nicht einfach anrufen, ob ihnen der Besuch genehm sei. Erst müsse man einen Brief schreiben, ob man sie anrufen darf. Der junge Herr von Randow – wie KF auch ein Sohn – wurde mir

beigegeben, der besorgte die Fahrkarten, bediente das Tonbandgerät und machte Fotos. Die Tonbänder wurden in der Redaktion abgeschrieben, eine Vorzugsbehandlung, die nicht jedem Autor eingeräumt werde, hieß es.
«Sie haben in der Zeitung nicht nur Freunde...»
(Ich kann auch nicht jeden leiden.)

*

Beim Hitler-Adjutanten Schulze-Kossenz bekam ich Apfelstrudel vorgesetzt (sein Fernseher stand in einer Wandnische hinter einem Gitter), bei Arno Breker eine Orangeade. Marianne Hoppe wollte wissen, ob der Chauffeur «echt» sei, also kein Spitzel oder was? Man kann heutzutage ja nie wissen? Und Friedrich Luft mit seinen hübschen Grübchen wohnt in einem Fontane-Haus. Poser mußte erstmal seine Gekkos füttern, und während ich mit Stresemann sprach, ging vor der offnen Tür eine Frau immer auf und ab, wie ein Uhrpendel. Mein Beethoven-Hörspiel lehnte er als Geschenk ab, er habe die Fünfte Symphonie sowieso schon doppelt und dreifach. Bei Baudissin, dessen Namen ich leider sehr französisch aussprach, standen die Töpferarbeiten herum, die er nach dem Krieg verfertigt hat, um als entlassener Offizier über die Runden zu kommen, und Berta Drews besitzt einen Kamin, in dem man ein ganzes Kalb braten kann. Eschenburg hatte kleine Winterhilfswerk-Abzeichen im Adventskranz, und Beuys malte mir seinen Hut in mein Poesiealbum. Sein Zimmer ist mit Leder ausgeschlagen, und einen alten Kühlschrank benutzt er als Kommode. Bei Löwenthal stand ein giftgrüner Plastikspringbrunnen auf dem Tisch, und Will Quadflieg besitzt drei Hunde, von denen einer, wie mir warnend mitgeteilt wurde, sehr bissig sei. All diese Leute waren ganz außerordentlich liebenswürdig. Carl Raddatz fragte zum Schluß: «...und *wie* heißen Sie?» und Koeppen wollte wissen: «So, und Sie schreiben auch?» Carl Raddatz spielte es bühnenreif vor, wie das im Januar 1933 gewesen ist, mit Marschtritt der Kolonnen und allem drum und dran, das Gebrüll und Goebbels natürlich, wie der sprach.

TV: «Zum Beispiel Kaltenkirchen». Machtergreifung auf dem Land. 65 Prozent waren für Hitler, und am 30. Januar haben dort die Kirchenglocken zu Dankgottesdiensten aufgerufen.

Lit: Vollständige Ausgabe der Grimmschen Märchen in der Urfassung mit umfangreichem Anhang. (Friedrich Panzer, Wiesbaden). Daß die meisten der als urdeutsch empfundenen Märchen aus Frankreich stammen. – Was den König Drosselbart betrifft, so heiße er eigentlich «Bröselbart», weil die Brotbrösel vom Essen in seinem Bart hängenbleiben. Hier war vor einiger Zeit ein junges Dichterehepaar zu Besuch. Die junge Frau drückte ihrem Liebsten nach dem Essen den Schnurrbart aus! Inzwischen sind sie geschieden.

Nartum Sa 29. Jan. 1983

Nach langem Hin und Her habe ich mich nun doch entschlossen, den Turm zu bauen. Er ist als das männliche Gegenstück zu Hildegards Pavillon gedacht. Ich habe den Auftrag heute früh definitiv erteilt, und zwar nicht für die sechseckige Holzkonstruktion, sondern für die ursprünglich geplante runde Ausführung in Stein. Er soll keine Fenster haben, außer einigen Buntglasfenstern. Das Licht wird, wie es sich gehört, von oben durch eine Kuppel kommen, die man elektrisch öffnen und schließen kann. Den Einbau von Aquarien ringsherum habe ich fallenlassen, schweren Herzens. Die alte Idee aus Bautzen! Das würde auf die Dauer zu viel Arbeit machen. Außerdem sollte man Lebewesen nicht als Dekoration verwenden. Was man mit Blumen so alles macht, ist schon schlimm genug. Im Turm Fische und im Pavillon Vögel, so hatte ich mir das ausgedacht.

*

Die letzten Tage benutzte ich dazu, im Archiv Ordnung zu schaffen. Da stapeln sich die Einsendungen. Das Bio-Archiv ist an sich unproblematisch und nicht sehr arbeitsaufwendig. Pro Tag kommen etwa zwei Sendungen, das ist leicht zu verkraften.

Biographien sind meine liebste Lektüre, und es sind meine schönsten Stunden, im Archiv zu sitzen und mich mit Lebensläufen zu beschäftigen. Manchem Einsender ist absolut egal, was mit seinem Manuskript geschieht, andere möchten es sofort gedruckt sehen. Es gibt mehrbändige, vom Buchbinder fest eingebundene und mit Golddruck versehene Lebenserinnerungen, und es gibt Schnellhefter mit Durchschlagpapier. Mancher will nach drei Monaten alles zurückhaben: «Meine Söhne sagen: Papa, wie konntest du das tun?» Einer hat seine Orden beigelegt. Flüchtlingsberichte, meistens von Frauen, manche mit Kartenskizzen, andere sogar mit Wehrmachtsbericht-Auszügen: zur besseren Orientierung. Es gibt umfangreiche Familienchroniken oder auch nur einzelne Briefe. Manche Einsenderinnen machen sich Gedanken, was mich sonst noch alles interessieren könnte, die schicken immer wieder Nachträge. – Alles wird sorgsam aufgenommen und nach Möglichkeit sogar verzettelt.

...müssen wir Ihnen leider mitteilen, daß Ihr Sohn am 16. März 43 am Ilmensee in treuer Ausübung seiner Pflicht für Führer und Vaterland gefallen ist...

Im Bildarchiv lagern jetzt ca. 200 000 Fotos. Sie machen etwas mehr Arbeit als die Biographien, sie müssen regelrecht gepflegt werden.
«Was wollen Sie mit all diesen Bildern?»
Mit einer solchen Frage kann ich nichts anfangen. Die bloße Bewahrung vor der Vernichtung gibt der Sammlung schon einen Sinn. Genausowenig kann ich sagen, wozu die Sammlung von Biographien und Tagebüchern dienen wird. Bisher ist es noch immer so gewesen, daß ich mit dem, was ich aus subjektiver Getriebenheit tat, etwas Sinnvolles anfangen konnte. Nichts schöner, als eine Biographie lesen, und wundervoll, alte Fotos anzusehen. Die schönsten Fotos suche ich heraus und lege sie unter selbstgeschnittene Passepartouts.

1990: *Inzwischen hat sich ganz von selbst ein Projekt ergeben, in das ein großer Teil der zeitgenössischen Berichte eingehen könnte: Das «Echolot», ein kollektives Tagebuch von*

1943–1949. Damit werde ich mich wahrscheinlich den Rest meiner Tage beschäftigen.

Nartum So 30. Jan. 1983

T: Eine Verfolgungssache in einem großen Haus. Mir gelingt es, meinen Verfolger, einen älteren Mann, einzuschließen. Ich versuche, durch ein Fenster zu entkommen. Die Gardine hindert mich, ich bleibe hängen und denke: Nun kommt der Kerl gleich, er hat sich gewiß schon befreit. Er wird mich mit Benzin übergießen und anzünden.

*

Das Wintersemester ist nun zu Ende, mit der Fahrerei hin und her und den Blockseminaren hier bei uns. Der Terminkalender ist, was die nächsten Wochen angeht, blütenweiß.
Heute konnte ich endlich mit dem «Neuling» weitermachen. In den letzten Wochen war das wegen der Lesungen nicht möglich. Ich schrieb den Lübeckbesuch, der noch fehlte. Damit wird eine Erzählbrücke zu «Aussicht» und «Gold» hergestellt.

*

Hildegard meint, sie sei innerlich etwas ausgemürbt. – Sie holte ihre Mutter vom Flughafen ab, die acht Wochen in Australien gewesen ist.
«Wie war's?»
«Schön.»
Ich aß bei Köhnken in der zu meinen Ehren eingerichteten «Dichterecke» ein Schweineschnitzel mit Bratkartoffeln und machte Notizen in mein Tagebuch.
«Lassen Sie das Essen nicht kalt werden», sagte die Kellnerin.

*

Leider kam nach Tisch – unangemeldet! – ein Bus voll Menschen. Irgendeine Kirchensache war das. Ob sie mal eben das Haus sehen

könnten?, fragte die Frau, die die Sache leitete. Ich brauchte mich auch gar nicht zu bemühen, sie wär schon einmal hiergewesen. Ich saß gerade mit der Töpferin zusammen, besprach mit ihr den Rostocker Kachelfries für die Außenmauer des Turms. Das war schon grotesk: Die Menschen strömten an uns vorbei durchs Haus. So eine Art Wasserrohrbruch, oder wie in amerikanischen Filmen, wenn der Staudamm bricht, und wir saßen und «ließen uns nicht stören», und waren ebenfalls zur Besichtigung freigegeben. Museum mit lebendem Autor. Ich dachte, wie schön für diese Menschen, daß sie mal etwas Originelles zu sehen kriegen: Ein Schriftsteller verhandelt mit einer Künstlerin.
«Wo haben Sie bloß die ganzen Möbel her?» wurde ich gefragt. Und ob die Aussicht eines Tages mal zugebaut wird. Eine jüngere Frau wollte sogar wissen, ob ich nicht weltfremd werde, wenn ich mich so in diese «Üdülle» vergrabe. Angesichts der vielleicht sechzig Menschen, die hier durchliefen, eine groteske Vorstellung. Zum Schluß – «Nun wollen wir den Herrn Kempowski auch nicht länger stören!» – fragten sie nach Freiexemplaren. Schriftsteller bekämen doch immer so Freiexemplare, die sie dann verschenkten? Bei der Besichtigung von Bleistiftfabriken oder bei Blendax wollen die Leute auch immer was mitnehmen. – Später, wenn alles vorbei ist, wird's hier für Besuchergruppen Filzschuhe geben und Ansichtskarten mit meiner Totenmaske. Die müssen sie dann aber kaufen! Außerdem werde ich den Kindern sagen, sie sollen Eintritt nehmen.

*

Die neue Wirtin von KF meldete sich, sie sagte, sie will ein Auge darauf haben, «daß der Junge tüchtig lernt».

*

TV: «Mephisto», ein Film nach dem Klaus-Mann-Roman. Die fehlende Ähnlichkeit mit den historischen Personen (Göring!). Man denke an Chaplins «Diktator», wie da alles stimmt. Übrigens glaube ich, daß Hitler von allen Nazigrößen am leichtesten nachgeahmt werden kann. Ein Mann, der seine eigene Karikatur war. – Danach gab es Feuchtwangers «Geschwister Oppermann» von Monk. Ein jüdischer Betrieb wird «arisiert». Besonders gut ein verblasener Schöngeist, der sich dauernd durch die Haare fährt und die Apokalypse zitiert. (So ungefähr war Cornelli gedacht.) – Es gab auch eine Dokumentation über den 30. Januar von Erwin Leiser: «Vor 50 Jahren war alles dabei.» Ich war permanent am Umschalten.

Zum 50. Jahrestag der sogenannten Machtergreifung eine Äußerung aus dem Archiv:

Wir saßen gerade beim Mittagessen. Es war der 30. Januar 1933. Strahlend blauer Himmel. Es gab Schweinebraten mit Rotkohl. Mein Lieblingsgericht, das es sonst eigentlich nur sonntags gab. Aber es war ja Feiertag, und was für einer. Das Radio brachte die Meldung, daß der Reichspräsident Hindenburg den Führer der stärksten Partei, Adolf Hitler, zum Reichskanzler ernannt hatte.
Mein Vater öffnete die Balkontür im Wohnzimmer unseres Hauses und jubelte sein «Sieg Heil!» auf die Straße, während ich auf dem Klavier das Horst-Wessel-Lied intonierte.

Ein SA-Mann der ersten Stunde

Meiner Mutter, die zuvor das Hitlerbild mit einem Blumenstrauß geschmückt hatte, rannen vor Freude und Rührung die Tränen über die Wangen.
Eckart E.   217

Ich selbst kann mich erinnern, daß ich mit gebrochenem Bein in einer Kinderkarre saß und den Vorbeimarsch der SA-Kolonnen abnahm. Angeblich hätte ich den vorüberziehenden Männern «Heil Moskau!» zugerufen, wird erzählt. Aber das ist wohl eine Legende.

Meine Mutter mit uns dreien in den Warnow-Wiesen

Nartum Mo 31. Jan. 1983

Heute habe ich nur wenig arbeiten können, so ein bißchen hier ausbessern und dort ausbessern. Fummeleien also, die nötig sind, mich aber nicht weiterbringen. Ich stahl dem lieben Gott den Tag. Nach Tisch ein tiefer Fieberschlaf.

※

Die Häufung der Anti-Nazi-Kintopps in diesen Tagen ist schon fast komisch. So was kann auch nach hinten losgehen: Überfütte-

rung erregt Überdruß. – Wie die jungen Filmemacher sich die Nazis vorstellen. Bei den Älteren entzündet sich Widerspruch gegen WK II-Filme oft an technischen Einzelheiten: «1943 gab's doch keine Schulterriemen mehr!!» Das soll heißen: Wenn das noch nicht mal stimmt, dann geht es bei allem anderen auch nicht mit rechten Dingen zu. Die Hollywood-Regisseure leisten sich die unglaublichsten Schnitzer. Orden auf der falschen Seite, General mit Mütze auf dem Kopf am Kartentisch. Als ob es keine Fotos mehr gäbe von damals!
Wir Älteren haben, anders als die junge Generation, stets das Vor- und Nachher zur Orientierung parat. Uns vergrätzt es, daß wir klüger sind als die Filmemacher. Die Jüngeren werden in den Polit-Kostümfilmen viel Komisches entdecken, andere werden deshalb abschalten, weil es sie «nicht mehr betrifft». «Opas Krieg, wie es heißt. Schließlich bleibt ein Rest von Musterschülern, die es anscheinend nur in Deutschland gibt. Sie absolvieren das Kino aus Ablaßgründen.

1990: *Während der Dreharbeiten zu «Tadellöser & Wolff» ging ich mit einem Statisten über die Straße. Er trug die Uniform eines Majors von der Wehrmacht, mit Hoheitsadler auf der Brust und EKI und allem Drum und Dran. Da hat niemand aufgeschaut. Das war 1974, mitten in Hamburg.*
Am wirkungsvollsten und daher sehr aufklärerisch sind immer noch zeitgenössische Dokumente, wenn sie behutsam und kundig kommentiert werden. Wie einprägsam und Abscheu erregend sind die wenigen Meter Film von Judenerschießungen, die erhalten sind, und wie geschmacklos die nachgestellten Exzesse in Spielfilmen.

※

Die Erinnerung eines Kaufmanns über die «Machtergreifung» aus dem Archiv:

Ich war nun ohne Beschäftigung. Ich gab Geld in eine kleine Fabrikation von Patentartikeln. Es wurden Bleistiftspitzer und Taschenkleiderbürsten hergestellt. Der Umsatz war aber nicht befriedigend. Das hineingesteckte Geld habe ich unter großen Schwierigkeiten wiederbekommen.

Eines Tages lud mich Karl H., Geschäftsführer einer Kartonagenfabrik, zum Besuch einer öffentlichen Versammlung der NSDAP ein. Hier erlebte ich meine erste Saalschlacht und erlebte, wie die SA den Saal in kurzer Zeit von der randalierenden Kommune säuberte. Am selben Abend meldete ich mich als Mitglied an.

Als Adolf Hitler am 31. Januar 1933 ans Ruder kam, haben wir am Rathaus und am Ständehaus unsere Fahnen gehißt, und zwar zweimal, da sie das erste Mal von der Kommune heruntergerissen worden waren. Dann gings die Ostra-Allee entlang nach dem Schützenplatz zur Besetzung des Volkshauses. Hier meldeten sich täglich Hunderte von Kommunisten, die in die SA aufgenommen werden wollten... 100

Der 30. Januar in München

Februar 1983

Nartum   Di 1. Feb. 1983

Wetter: Die übliche norddeutsche Frühjahrssauerei.

*

T: Hitler fährt mit einem geldschrankartigen Fahrstuhl aufwärts. Wir laufen die Treppen hinauf, von Stockwerk zu Stockwerk, und müssen ihn jedesmal grüßen und gegen eventuelle Angriffe schützen. Von einem Stockwerk zum andern werden es weniger, die ihn erwarten. Am Schluß bin ich es nur noch allein. Die Türen schieben sich auseinander, er tritt auf mich zu und küßt mich. Ich bin sein letzter Getreuer.
Ob man mich für diesen Traum verantwortlich machen wird?

*

Morgens am «Neuling» gearbeitet. Die verschiedenen Reisen, die der Protagonist unternimmt – Lübeck, Locarno, Kopenhagen –, müßten wie Fluchtversuche wirken. Jeder dieser Unternehmungen liegt ein anderes Motiv zugrunde. Lübeck soll Verbindung zur Chronik herstellen, Locarno ist ein Variationskapitel zum Thema «Liebe», Kopenhagen schließt die Tadellöser-Thematik ab.
Ich hatte darüber hinaus eine Reise nach Lindau geplant, um das Umherirren noch deutlicher zu machen; das ergab aber Doppelungen zu «Locarno», der Text wurde wieder herausgenommen.

1981: *Acht Tage Lindau am Bodensee. Viermal am Tag das Schiff ausfahren sehen – «beide Maschinen volle Kraft voraus!» – und wie es wieder hereinkommt mit Ausflüglern und mit Männern, die eine Thermosflasche in der Jackentasche stecken haben und ein altes Fahrrad führen.*

In den Straßen herumlaufen und jubelnde Schaufensterpuppen ansehen in Freizeitkleidung, die man nicht anziehen würde, um nicht wie eine Schaufensterpuppe auszusehen. Dann schon lieber im Spielwarengeschäft einen kleinen Laster kaufen, den man als Kind sich vergeblich gewünscht hatte: Märklin.
Die lärmenden Verbreiterungsarbeiten auf der Promenade begutachten: Überall regt sich Bildung und Streben. Wenn die mal fertig sein würde, dann würde das hier großartig sein.
Drüben das Schweizer Ufer, das lag hinter Regenwolken. Hier auf dieser Promenade hatten mal andere Menschen gestanden, das war noch gar nicht so lange her, die hatten hinübergeschaut, und das Ufer da drüben war vielleicht sogar zu sehen gewesen, aber es war unerreichbar! Im Hinterzimmer eines Friseurs, auf geheimste Klopfzeichen einen Ortskundigen treffen, der illegale Pfade kennt: Und drüben dann abgewiesen werden?...

※

Nachmittags im Archiv. Fotos passepartouriert.
Am Spätnachmittag Postmassen. Ein Jüngling schickt mir ein Romanmanuskript. Er habe zwar noch nichts von mir gelesen, aber es würde ihn sehr freuen, wenn ich ihm schriebe, was ich von seinem Text halte. – Was soll man dazu sagen? Das Ms. zu lesen kostet drei bis vier Tage, die Antwort formulieren (eine Art Gutachten!) mehrere Stunden. Das muß dann auch noch getippt werden. Und wenn es zu negativ ausfällt, verfolgt er mich mit seinem Haß. Er wird es nicht verstehen, daß ich ihm nicht antworte. (Rückporto hat er auch nicht beigelegt.)
Frau Lenz erzählte, sie kriegten derartig viele Ms. eingesandt, daß das Verpacken und Zurückschicken körperlich schwere Arbeit sei.
Dichterinnen haben oft eine Art Schülerin ständig in ihrer Nähe, die sie bemuttern. Bei mir hat sich noch keine Schülerin eingestellt. Vor mir, dem ekelerregenden Schulmeister, schrecken sie zurück. Mein knöcherner Finger ist gefürchtet.
Eine Dame aus Höxter schickte mir für meine Eselsbrücken-Sammlung einen originellen ABC-Merkvers:

A b c d e
der Kopf tut mir weh,

f g h i k
der Doktor ist da,

l m n o
jetzt bin ich froh,

p q r s t
es ist wieder gut, juchhe!

u v w x
jetzt fehlt mir nix,

y z
jetzt geh ich ins Bett.

Der folgende Merksatz wird den Kindern in der Volksschule sicher nicht beigebracht worden sein:
Albrecht **B**rachte **C**lementine **D**urch **E**inen **F**instern **G**ang **H**inunter **I**n **K**eller **L**egts **M**ädchen **N**ieder **O**kulierte **P**okulierte **Q**uetschte **R**ammelte **S**temmte **T**ippte **U**nd **V**ögelte **W**ohl **X**mal **Y**m **Z**wielicht.

*

Um den Zusammenhang innerhalb der «Chronik» nicht zu verlieren, las Hildegard mir abends aus der «Aussicht» vor, die Hunde lagerten sich, und ich legte die Beine hoch. Es ist mir ein Rätsel, wieso dieses Buch kein größerer Erfolg wurde. Hildegard findet es «gar nicht so schlecht». Bei ihrem Vorlesen stört es mich, daß sie meist schon nach zwei Seiten einen Gähnkrampf kriegt. Neuerdings gähnen sogar die Hunde, wenn ich mit dem Ms. erscheine.
Die armen Dichtergattinnen! Als Dichterwitwen rächen sie sich an der Nachwelt.

*

Im TV immer dieselben Themen, wie eine Gebetsmühle werden sie abgeleiert. Umweltzerstörung, Emanzipation, Arbeitslosigkeit, Ausländerprobleme. (Besprochen werden sie, aber nicht gelöst.)

Wenn sie die Probleme schon nicht lösen können, dann wollen sie sie wenigstens beschwören. Im Augenblick herrscht Stalingrad vor, auf allen Kanälen.

«Stalingrad 40 Jahre danach» von Ludwig Paeschke und Dieter Zimmer. «Überlebende berichten.» Der Film war recht zu Herzen gehend. Die gefangengenommenen deutschen Soldaten, in endlosem Zug, übers Eis rutschend, noch mit viel Gepäck. Sie lachen in die Kamera hinein: «Geschafft! Für uns ist der Krieg zu Ende!» Ja, aber dann ging das Sterben erst richtig los. In Rostock damals zählten Mutters Kränzchenschwestern auf, wer alles in Stalingrad geblieben ist. Und jeden Tag das Ratespiel abends, beim Abendbrot: «Weißt du, wer gefallen ist?» Kunstpause. «Der Sohn von Kaufmann Baade.» Der Betreffende stieg im Erinnern wie ein Schemen auf, man sah ihn einmal über die Straße gehen und in ein Haus treten. Je näher man den Toten kannte, desto größer die Sensation.

Als Kontrastprogramm sah ich im TV «Die Filzlaus». Großartig synchronisiert, ich habe Tränen gelacht (trotz Stalingrad). Jacques Brel als Hemdenvertreter, ihn stört das Tropfen eines Wasserhahns, als er sich erhängen will. Ventura als Attentäter, der wegen des Hemdenvertreters nicht zu Schuß kommt. – In Deutschland wird so was als «Klamotte» bezeichnet. Außerdem: Über einen Selbstmörder darf man sich nicht lustig machen.

Vorher im III. noch etwas über die Antarktis. Ich hab' immer gedacht, wenn Amundsen die norwegische Fahne aus Gründen falscher Berechnung oder aus Versehen zwei Meter neben dem Südpol aufgestellt hätte, anstatt direkt darauf, und wenn das vielleicht erst jetzt herauskäme, dann könnte ihm die Entdeckung des Südpols noch aberkannt werden.

Daß die Erdachse schlenkert, und daß es Pinguintanten gibt, die sich aushilfsweise auf die Eier setzen, wenn die Mutter mal woanders hinmuß. Der Traum von einer jungfräulichen Erde, als die Arktis noch von Farnwäldern bedeckt war, durch die schnaubende Riesensaurier krochen. Und der Wunsch, daß es wieder dahin kommt. – Erinnerungen an einen SF-Roman, den ich vor Jahren mal gelesen habe, in dem ganz Europa von Schnee und Eis bedeckt ist. Es beginnt damit, daß es monatelang schneit. Die Forscher sitzen in einer Art Raumschiff, das sich mit 200 km/h durch den haushohen Schnee schmilzt.

*

1990: *Im «Spiegel» die private Wanderschaft von Messner und seinem Kollegen zum Südpol. Die Beschaffenheit des Eises, und daß sie es wahrscheinlich nicht vollbringen, aber dann doch. Man wird ihre Wanderschaft vergessen. In die Geschichte eingehen kann nur, wer erfriert oder verhungert. Scott. Und das muß dann obendrein auch noch zur rechten Zeit am rechten Ort geschehen. – Da war der Film über die in Kanada gefundenen Leichen der Expedition Franklin von 1846 schon interessanter («Der eisige Schlaf»). – Solschenizyn schreibt, daß die Mammute, die man im sibirischen Eis gefunden hat, deshalb nicht nach Moskau gebracht wurden, weil die Strafgefangenen sie aus Hunger sofort verzehrten.*

Mit den Hunden eine Dorfrunde gemacht. In der Ferne das Rollen der Autobahn. In der alten Schule war noch Licht, oben, im Giebel, wo ich früher meine Bibliothek hatte. Es ist kein Heimweh mehr übriggeblieben. – Am Fußballplatz begegnete ich einem Mann mit großem Hund an der Leine. Es gab einen wüsten Auftritt. Was hat der Mann hier auch nachts herumzulaufen.
Ein polnischer Filmregisseur behauptete, Nartum sei gar kein Dorf, Nartum sei ein Vorort von Bremen. In Dörfern gäb's keine Straßenbeleuchtung. – Und doch ist es so. Die Lampen haben einen sonderbaren Defekt. Wenn man sich ihnen nähert, gehen sie aus. Hildegard meint: Das zu reparieren koste wahrscheinlich Milliarden. – Sie hustete heute genau 3 Minuten und 14 Sekunden. Wahrscheinlich hatte sie sich verschluckt.
Mitternacht. Noch ein bißchen herumgepusselt, Klavier gespielt, Zeitungen weggeschmissen und dann aufseufzend ins Bett: Tagebuch schreiben. Warum? Wahrscheinlich, um festzustellen, wo ich meine Zeit gelassen habe.

Nartum Mi 2. Feb. 1983 Sturm/Schnee

Heute früh kam eine Schulklasse mit Müttern. Den «Tadellöser» hatten sie vorher gelesen, ächzend und stöhnend, wie ich vermute. Nun sollten sie mich «fragen». Weil dies nicht geschah, erzählte ich allerlei Wahres und Unwahres aus meinem Leben. Das quasselt so aus mir heraus, ich kann das wie einen Wasserhahn an- und abdrehen, und die Leute finden es herrlich. Eine der Mütter fragte wie ich es aushalte hier auf dem Lande, ob ich mich nicht zu sehr abschließe von der Menschheit? Ich knallte der armen Frau Kafka und Benn vor den Latz, daß man also nicht gerade nach Rio zu fahren braucht, um Weltkenntnis zu erwerben. Mir würde es allerdings gefallen, wenn ich mal wieder in die DDR reisen dürfte... Und da waren es dann die Schüler, die das unverständlich fanden. Ein Jüngling sagte, nein, in die DDR fährt er nicht, das sei ihm zu teuer. Dem begleitenden Lehrer war das peinlich, der warb bei mir um Verständnis: Das sei so wahnsinnig langweilig in der DDR. Das hätten ihm Kollegen erzählt. Jugend wolle doch was erleben. – Ein Mädchen: Woher ich all die Bücher habe. Und das war's dann so ziemlich. Die Verblödung unseres Volkes macht sichtlich Fortschritte. Wozu der Innenhof da ist, wollte eine dicke Frau wissen.
Zwei Stunden des Lebens verloren.

*

Am «Neuling» gearbeitet, die Kopenhagenreise. Im Juli 1956 sah ich meine Schwester zum erstenmal wieder. Die gute Milch, die herrliche Butter und die drei süßen Töchter. Bei meiner Schwester entdeckte ich ungeahnte Schätze: Briefe meiner Mutter von 1943–1949 und 13 Fotoalben. Meine Schwester war es ja gewesen, die in unserer Familie fotografiert hatte. Und alle Fotos hatte sie damals mit nach Dänemark genommen. – Das zentrale Anliegen meines Schwagers war es, mir das Widerstandsmuseum zu zeigen, und das hätte ich wohl nicht gedacht, daß die Deutschen sechs Millionen Juden vergast haben? Anders als die Norweger, die den Schlachtkreuzer «Blücher» versenkten und sich wehrten, als die

«Akrobatik» nannten das die Kinder

Die ersten Kinder, die ich zu sehen kriegte

Nach acht Jahren Zuchthaus, etwas unterentwickelt

Meine Schwester Ulla, die alle Fotos gerettet hat

Deutschen ihr Land besetzten, denken die Dänen wohl, daß sie ihre Ehre verloren haben, und das lassen sie uns büßen.
Seit 1943 verfolgen mich nun schon die deutsch-dänischen Nazischulddebatten. Zum Kotzen. Am besten, man ließe sich vor einem internationalen Tribunal sakral abschlachten. Vielleicht hat's dann ein End'. Meine Zuchthauszeit wird als Sühneopfer nicht akzeptiert. Zur Erbsünde kommt für uns noch die Erbschuld hinzu.

*

Für Oldenburg den Vortrag über das Collage-Prinzip in meinen Arbeiten konzipiert.

1. Schon in Block I (Vorform) die Relativierung eigner Erlebnisse durch die Beigabe von Erlebnissen anderer Häftlinge: etwa Lilje, Dreyfus, Casanova.
2. Schlagertexte und anderes in T & W und «Gold».
3. «Zeit» und «Kapitel», die beide als Großcollagen gearbeitet sind, von vorn bis hinten (Fremderzähler, Statements usw.).
4. Die Chronik als Collage von Romanen und Sachbüchern.

*

TV: Nachdem die sogenannte «Machtergreifung» oder «Machtübernahme» – von meiner Mutter auch «Umwälzung» genannt – als Medienblase vorüber ist, kommt nun Stalingrad an die Reihe. Heute wurde eine Dokumentation von Sporrer gesendet. Schreckliche, traurige Aufnahmen: Sechs zusammengetriebene Landser, denen man zuvor die Mäntel abgenommen hat, im Froststurm, zur Demonstration für die ausländische Presse.
Wie weit die Presse in ihrer Informationsgier gehen darf, wird nicht diskutiert. Exekutionen zu filmen, anstatt gegen die Mörder einzuschreiten? Wenn sie sich schon nicht trauen, dann sollten sie lieber gar nicht erst hingehen.

Im Militärarchiv fand ich das Sonett eines Kriegsberichterstatters, das der am 3. Februar 1943 verfaßt hat. Ich nehme nicht an, daß es schon irgendwo publiziert wurde:

Stalingrad

Das Schweigen schwelt in schweren Schwadenfahnen.
Der Donnerschlag der Hölle ist verstummt –
Das Angesicht des Grauens bleibt vermummt
Wo Heldentum und Kühnheit ewig mahnen.

Aus Trümmern aber bricht der Glanz der Waffen
Und kündet groß der Toten Tatenruhm.
Dem Vaterland erstand ein Heiligtum,
Von General und Grenadier erschaffen.

Gigantisch flammt des Opfergangs Fanal,
Dem Volke Vorbild und Gesetz zu künden.
Es brennt ein heilig Feuer fern im Gral,

In letzter Läuterung uns zu entzünden,
Titanisch uns im Willen zu erheben:
Für Deutschland alles und sein künftig Leben!

OTTO PAUST*

Eine andere Sprache spricht der Brief des Obergefreiten Otto, den er am 13. Januar 1943 an seine Frau und seinen Sohn schreibt:

... Erschreckt bitte nicht, vielleicht ist das der letzte Brief für lange Zeit. Wir wollen es nicht hoffen, doch ist unsere Lage im Augenblick sehr ernst. – Auf alles sind wir vorbereitet. Doch unser Schicksal liegt nicht in unserer Hand. Wenn die Stunde kommt, dann wollen wir nicht unvorbereitet den schweren Weg gehen. Habt darum auch Vertrauen und tragt alles, auch das Schwerste mit Fassung. Ich habe Euch beide geliebt, mehr als alles auf der Welt. Wenn ich nicht wiederkommen sollte, dann bewahrt mir ein treues Andenken.*

*

Die Amerikaner mit ihren Freiluftkralen, den sogenannten «Rheinwiesen-Lagern», in denen sie monatelang Hunderttausende von Gefangenen unter freiem Himmel ohne Decken und Zelte

* Quelle: Militärarchiv Freiburg

verkommen ließen. Da sind damals noch Tausende ohne Not verreckt. Die Rache der Sieger. Eisenhower: «Die deutschen Kriegsgefangenen sind schwer zu bestrafen.»
Überhaupt: Eisenhower!
In meinem Archiv habe ich Berichte über die höllischen Zustände, die in diesen Lagern herrschten. Ein Mann aus Norddeutschland schreibt am 1. Juli 1945 in sein Tagebuch:

Wickrathsberg
Zwischen den Löchern, in denen immer zwei bis vier Mann hausen, taucht hin und wieder einmal ein kleines Zelt auf. Einige hatten auch einmal eine Decke als Bespannung und Regenablauf über ihrem Loch, wenn sie zum Zudecken noch Mantel oder Decke besaßen. In unserer Nähe hatten sich einige gewiefte Praktiker eine richtige Erdhütte aus vorgeformten und in der Sonne getrockneten Lehm«steinen» gebaut. Aber dazu gehörten Holzabstützungen, für mehrere Tage ein Spaten und manches andere, das wir und die allermeisten nicht besaßen. So kauerten wir in dauerndem Elend in unserem Loch und warteten und warteten. Ja, worauf wir wohl warteten? Auf die nächste Störung, auf Verpflegungsempfang, auf den Termin zum Revierbesuch. Unnötige Spaziergänge durch das Camp konnte ich mir nicht leisten mit meinen defekten Schuhen, die schlenkernden Beine konnte ich ohnehin nicht mehr sicher regieren. Wer hat noch heile Hosenträger? Viele liefen zur Schonung der Schuhe auch bei matschigem Boden barfuß. Das war mir jedoch zu riskant, denn wie viele Rasierklingen lagen im Dreck, die eine neue Ursache von scheußlichen Wunden werden konnten.
Schasset 30

Zu diesem Zeitpunkt saß der Mann schon zwei Monate unter freiem Himmel!
Auch in Frankreich und Belgien gab es solche eingezäunten Menschenzoowiesen. Auch dort gab es keine Zelte, Decken, Mäntel. Fünf Monate die Wäsche nicht wechseln können, das war noch das wenigste. Vierzehn Tage nach Kriegsende wäre eine Versorgung mit Lebensmitteln, Decken und Zelten wohl schwer zu organisieren gewesen, aber fünf Monate?

1990: *Im letzten Herbst erschien ein Buch über diese Lager, Verfasser ist ein Kanadier. – Im Lexikon werden diese Lager –*

beispielsweise unter «Kreuznach» – *nicht erwähnt. Auch unter «Bautzen» wird kein Zuchthaus registriert.*

Nartum Do 3. Feb. 1983

T: Ich werde als junger Pfarrer an eine verlotterte Kirche versetzt und halte die Liturgie auf lateinisch. Nur einige wenige krächzende Stimmen antworten meinem wohltönenden: Sursum corda! – Als ich die Epistel lesen will, fehlt die Bibel.

※

Ein wirrer Tag. Ich erwachte von mehrmaligem Türklingeln. Als ich aufstand, fuhr jemand fort. Nie werde ich erfahren, wer uns hier um acht Uhr in der Frühe sprechen wollte und warum. – Danach rasierte ich mich und rieb mir mein Gesicht mit Massageöl ein! Ziemlich sofort fing die Haut an zu brennen und rot aufzuquellen. Ich verbarg mich, um nicht noch Heiterkeit zu erregen.

※

Den ganzen Tag im Archiv gearbeitet.
Vorm Schlafengehen noch zum Schwimmen gefahren, zu Frau B. Die Tür ihres Wüstenrot-Bungalows ist ein wenig zu bombastisch geraten, mit Kupfer beschlagen, wie an einem ägyptischen Grabmal. – Sie selbst ist von Schönheitssalben geradezu weich gewalkt. Flatternd und mit hoher Stimme redend kommt sie mir entgegen und umflattert mich, bis ich im Bad bin, wo sie mir dann einschärft, daß ich mich vor dem Schwimmen duschen muß, da die Anlage sonst vertalgt.
Beim Schwimmen biete ich kein sehr sportliches Bild: Badekappe, Antichlorbrille, Ohropax. Deshalb lege ich auch Wert darauf, dieses Etablissement nur aufzusuchen, wenn sichergestellt ist, daß sich niemand anders in dem Becken befindet. – Ein solches Schwimmbad unterscheidet sich nicht von einer Fitneßmaschine. Das Hamsterradprinzip. Da wäre meine Schwimmgang-Erfindung komfortabler.

In der Zeitung wird von einem tschechischen Ehepaar berichtet, das einem Boxerhund durch Stromstöße auf die Zunge das Sprechen beibringen wollte. Warum rege ich mich darüber auf? Die tägliche Folter der Tierversuche, die gefesselten Äffchen, diese Menschenbrüder mit ihren ernsten Augen, wie sie uns ansehen. – Die verfluchte Menschheit. Der Luftwaffenarzt, der sich zu dem im Eiswasserbecken schwimmenden russischen Häftling hinunterbeugt: Nicht um ihn zu trösten! Die konsternierten Hühner in den «Hühner-KZ» und die ausgesetzten Hunde.
Widerlich finde ich auch das Springreiten. Ich habe gehört, daß die Trainer den Pferden mit einem Knüppel an die Beine hauen, damit sie Angst vor der Stange kriegen und höher springen. Herrlich, wenn die Reiter dann runterfallen. Herrlich jämmerlich, menschengemäß. – Auf den Rücken gelegte Schildkröten, die darauf warten, mit der Machete aus dem Panzer herausgeschält zu werden, noch rudern sie mit den Beinen. Und die Kälber! Nie in meinem Leben werde ich Kalbfleisch essen.

TV: Abgesehen von Stalingrad war heute im wesentlichen Eiskunstlauf zu sehen. Wenn die Künstler auf den Podex fallen, bleibt Eisstaub daran haften. Daß sie bei der Pirouette nicht schwindlig werden? Diese Frage wird Eiskunstläufern wahrscheinlich genauso oft gestellt wie mir die Frage: «Schreiben Sie alles mit der Hand?» – Während ich mir Doppelaxel und Rittberger ansah, mußte ich an die gefangenen Landser in Stalingrad denken, wie sie übers Eis rutschten. Das Nebeneinander von Leben und Sterben.
Das Vergnügen wird ausgelassener durch das Bewußtsein von Grauen, und das Schlimme wird noch schlimmer, wenn man dran denkt, daß die Leute zur gleichen Zeit anderswo im Caféhaus sitzen.

1990: *Die Gleichzeitigkeit ist der didaktische Ansatzpunkt für das Projekt «Echolot». In Bautzen hat mich die Vorstellung nicht gestört, daß die Lieben in der Heimat inzwischen vielleicht an die Ostsee fahren. Ich sah mir gerne «Groh-Karten» an und freute mich darüber, daß die Leute ihr Leben draußen* *genießen. – Duyns erzählte ähnliches von Krebskranken, die im Sterben liegen. – Das Leiden soll einem niemand streitig machen.*

Zurück zum Eiskunstlauf: Indiskrete Kameras und ungerechte Schiedsrichterinnen. Und hinterher nehmen die Sportler Blumensträuße in Plastik entgegen, und dann werden sie von der Sado-Mutti in den Arm genommen und ziehen die Rotze hoch. Und über ihnen wird eingeblendet: 5,6; 5,6; 5,5... Und dann denken sie – lächelnd! – an ihre Achillessehnen, ob die das nächste Mal noch mitmachen? Und an die Standpauke, die ihnen der Trainer halten wird, und daran, daß alle Anstrengung umsonst war – und da sind wir dann wieder bei Stalingrad.

Lit: Hartung, «In einem anderen Jahr». Er regt sich darüber auf, daß Hannah Arendt die Verhältnisse in der DDR «schlicht und bündig» als «kommunistische Diktatur stalinistischer Prägung» beschreibt (S. 50).

Nartum/Hamburg   Fr 4. Feb. 1983

Wetter: Isländischer Sommer.

*

Gestern abend hatte ich die Standuhr, die mal wieder «vorging», angehalten, um sie von der richtigen Zeit einholen zu lassen. Heute früh wach ich auf und denke: Du hast gestern vergessen, die Uhr wieder in Gang zu setzen. Ich gehe hinunter, und da zeigt die Uhr genau die richtige Zeit an, ich brauche nur das Pendel anzustoßen. Ein Wunder? Nein, Zufall. Aber ein höchst sonderbarer.

*

Ich war in Hamburg beim Architekten wegen des Turms. Er klagte über einen pingeligen Volksschullehrer, der grade von ihm wissen wollte, welche Art von Nägeln in der Holztäfelung verwendet werden. «Nie wieder bau' ich für einen Lehrer!» sagte er. Anson-

sten kam es zu keinem rechten Gespräch, da wir ständig durch das Telefon gestört wurden. Was er wohl sagen würde, wenn ich hier, in Nartum, bei seinen Besuchen dauernd telefonierte. Seine Stunde kostet nach «Preugo» oder wie das heißt, 110 Mark, hat er mal gesagt. Und meine Stunden?
Architekten sind nicht zu beneiden. Das Preugo ist ihnen zu gönnen. Vom Bauherrn kriegen sie was auf den Deckel und von den Handwerkern auch. – Mein Großvater in Wandsbek ließ sich eine Ausbauchung in die Hauswand schlagen bzw. mauern, weil er sonst das Mahagonibüfett nicht hätte stellen können.

∗

Danach vom Architekten Krauss zu Knaus. Ich bat den Taxifahrer (mit klopfendem Herzen!), die Schlagermusik abzustellen. «Wieso?» sagt er, «das müssen Sie begründen, das können Sie doch nicht so einfach verlangen!!» – Bei Knaus wurde ich vor den Schreibtisch genötigt. Wir besprachen:

1. Das Eselsbrücken-Projekt. Isar, Lech, Iller, Inn... Er lobte das Material und meinte, das sei später eines von den Büchern, die der Buchhändler neben der Kasse liegen hat.
2. «Böckelmann II», die Illustrationen von Renate, ob die zu verwenden sind.
3. Vorbereitung der Amerikareise, daß ich mich dort endlich mal zeige.

Von den «Days of Greatness» ist nichts mehr zu hören.* «Ja wissen Sie...», sagt Knaus, wenn ich auf Übersetzungen zu sprechen komme. – Ich habe ihm vorgeschlagen, man könnte auf dem Umschlag der «Eselsbrücken» ein Taschentuch mit Knoten abbilden. «Das werden wir dann sehen...», hieß es.
Auch bei Knaus klingelte ständig das Telefon. Ich betrachtete während der Telefonate mangels Beschäftigung die Petit riens auf seinem Schreibtisch, unter anderem eine ägyptische Sache aus

---

* Days of Greatness (Aus großer Zeit), übersetzt von Leila Vennewitz, erschien bei Knopf in New York 1981

Renates «Böckelmann», Tempera auf Frühstücksbrett

Schiefer, einen Gott oder König, der jetzt auf seinem Schoß Büroklammern liegen hat. Er hätte die Skulptur man lieber in Ägypten lassen sollen. – Hinter ihm, an der Wand, hing die graphische Darstellung meiner «Chronik». Obwohl er sie täglich studieren könnte, kriegt er die Sache immer noch nicht «auf die Reihe», versucht ständig die «Befragungsbücher» abzuspalten. Und wenn ich ihm erkläre, daß die Idee doch wahnsinnig phantastisch wär', die Romane durch Befragungsbücher zu ergänzen und sie in Form und Inhalt auf die Romane einwirken zu lassen, dann hört er irgendwie nicht zu. Oder er fällt aus allen Wolken.

1990: *Noch im Frühjahrskatalog 1989 wird die «Chronik» ohne die «Befragungsbücher» angezeigt.*

Das Essengehen mit dem Verleger ist der Tribut, der dem Autor zusteht: Diesmal aßen wir im Blockhouse von Othmarschen ein Hacksteak mit gebackener Kartoffel.

*

Hinterher ging ich an der Elbe spazieren. Ein sowjetisches Schiff glitt vorüber. Ich kann mich über diese Leute nicht freuen. – Unvergessen bleibt der von einem amerikanischen Kriegsschiffkommandanten ausgelieferte, desertierte sowjetische Matrose.
Eine ältere Dame stoppte mich, ob ich K. sei und so weiter und ob ich bei ihr eine Tasse Kaffee trinken wollte? – Nun, warum nicht. Ein kleines Haus, barackenartig, am Elbufer, Millionenlage, drei Zimmerchen mit Blick auf die Werften. Der Kaffee war ausgezeichnet, und ich signierte immerhin sechs (gelesene!) Kempowskis.

Auf der Autobahn hatte sich gerade ein Verkehrsunfall ereignet, über der Leitplanke stand, hing ein roter Wagen, daneben dampfend ein total demolierter blauer, mit einem Mann am Steuer, dem der Mund offenstand. «Wir müssen ihn rausheben», hörte ich jemanden sagen, während ich mich langsam vorbeischlängelte.
Die großen Autos wirken schon jetzt anachronistisch, fast blödsinnig. Es ist so, als ob ein Graf sich selbst vierspännig zum Milchmann kutschiert.

※

Lit: Für Jury: Monika Maron, «Flugasche». Sie schreibt: «Ich gieße ein Glas Rotwein ein», – man kann ein Glas Rotwein trinken, aber nicht eingießen, «stelle es wie einen Gifttrunk behutsam neben die Rose und lege mich ins Bett wie Schneewittchen in den Sarg.» – Eine andere Stilblüte: «...Weg von meinem Mitleid, das in mir schwappt wie lauwarmes Wasser.»
Es ist übrigens der erste Roman, den ich kenne, der von Umweltverschmutzung handelt.

1990: *Neuerdings schreibt Monika Maron Zurechtrückendes im «Spiegel», und sie macht das großartig. Wie sie Stefan Heym die Meinung gesagt hat, als der die Ossis wegen der Bananen beschimpfte.*

TV: Eiskunstlauf der Damen. Katarina Witt mit ihrem Rekordpopo. Ich hoffe immer, daß sie mal stürzt: das Erhabene und das Lächerliche. Ich nehme an, daß viele Leute denselben schadenfrohen Wunsch haben; aber sie stürzt nicht: Der andere Teil der Menschheit hält gegen. Ob sie nach ihrem Tod seziert wird? Das Gehirn von Einstein hat man kürzlich wiedergefunden. Bei der Witt würde man wohl kaum im Gehirn nachschauen wollen, was für spezielle Windungen sich da ausgebreitet haben. Da würde es vielleicht um das Abnorme ihrer Sehnen gehen.
Beim Paarlauf guckt man sich immer nur die Frauen an.
Maxie Herber und Ernst Baier. Er mit Kletterweste und sie mit Baskenmütze.

1990: *Wie die Witt sich jetzt wohl über ihre regierungsfrommen Statements ärgert. Sie fand doch immer, daß die DDR ein wundervoller Staat ist. Ließ sich sogar filmen, wie sie die Häuser ihrer Heimatstadt bewundert. Doch sie braucht sich nicht darüber zu ärgern, daß sie solchen Quatsch geredet hat, hier wird sie niemand deswegen zur Rede stellen. – Hark Bohm hatte sie für seinen «Herzlich-willkommen-Film» aufs Korn genommen. Sex mag sie gern, hat sie bekanntgegeben, sie pflege beim Geschlechtsverkehr zu dominieren.*

24 Uhr: Das Altern. Die Zähne haben es mir nicht signalisiert, weil ich immer schon Schwierigkeiten mit ihnen hatte, obwohl ich noch die meisten habe. Erster Akt war der zufällige Blick auf meinen Hinterkopf, das schüttere Haar: Das ist nun schon zwanzig Jahre her. Dann die Falten unter den Augen, die karierten Wangen. Dann das Schlaffwerden der Haut unter dem Kinn, der Opitz-Hautlappen und die sich ausbildenden Hängebäckchen. Nun wird seit einigen Wochen auch die Haut am Gesäß schlaff.
Vom Gedächtnis nicht zu reden. Mit Wortfindungsschwierigkeiten ging es los, vielleicht vor zehn Jahren. Nun erzähl' ich schon alles doppelt und dreifach, vergesse allerhand und denke manchmal: Bald wirst du nicht mehr wissen, wo du bist. Wie sagte noch Nahmmacher? «Erst merkt man es selbst, dann auch die anderen, dann nur noch die andern.»

Nartum Sa 5. Feb. 1983

T: Ich träumte, daß ich einen jungen Terroristen gefangen halte, wie eine Geliebte.

*

Mit Frau Schönherr gesprochen. Sie erzählte von der Hungersnot in der Ukraine, 1933. Sie hätten nur überlebt, weil sie eine Kuh in der Kammer verbergen konnten. Ihr Vater hat in der Stadt Brot besorgen wollen und sei «tödlich verunglückt», das heißt, er ward

nie wiedergesehen. – Den kleinen Kindern seien die Gedärme aus dem After ausgetreten. Um sie wieder in den Körper zurückrutschen zu lassen, habe man sie verkehrtrum hochgehalten.
Über sieben Millionen waren es, die Stalin durch administrative Maßnahmen verhungern ließ: Ernte beschlagnahmen, Saatgut wegnehmen, bei Solschenizyn ist das nachzulesen. – Frau Schönherr hat ihre Mutter, die noch in der Ukraine lebt, seit 1944 nicht mehr gesehen.
Während Hitler noch das Messer wetzte, war Stalin schon bei der Arbeit.

1990: *Nun finden sie in der «Zone» die Massengräber. Volkspolizisten heben braune, durchlöcherte Totenschädel aus der Grube. Alle haben davon gewußt, aber sie haben es mit Schweigen übergangen: Bloß nicht an die große Glocke hängen, das könnte ja etwas abziehen von den Opfern der Nazizeit.*
Es ist ein Rätsel, weshalb in der Bundesrepublik nicht halbmast geflaggt wurde: So gering ist das Unrechtsbewußtsein, so leichthin wird deutsche Geschichte abgetan.
So wenig sind es «die Unsrigen», die da verscharrt wurden.

TV: «Hunde wollt ihr ewig leben». Stalingrad als Schnulze. Ein Kriegspfarrer spricht den Verwundeten Mut zu, und Sonja Ziemann zeigt einem Oberleutnant den Weg durch die russischen Linien. In Bautzen hätten wir Sonja Ziemann auch brauchen können, als gute Fee, wie sie von Zelle zu Zelle geht und den Männern übers Haar streicht. Ich habe in den acht Jahren nur drei Frauen zu sehen gekriegt: eine Dolmetscherin, eine sehr dicke Wachtmeisterin und im Torhaus ein Mädchen von draußen, das einen Rucksack voll Strümpfe zum Stopfen brachte. – Das erzwungene Zölibat habe ich nie verwunden, sexuell bin ich ein «kaputter Typ».
Im Radio waren Schlager aus der Nazizeit zu hören: «Das gibt's nur einmal...» Sogenannte Remakes, also schlecht. Es fehlt die Gleichzeitigkeit des Schrecklichen. Dies: Hoffentlich kommt kein Fliegeralarm.

Lit: In alten Schulbüchern. Ein Schulrechenbuch von 1909, «genehmigt durch Verfügung Königl. Regierung zu Wiesbaden». Folgende Aufgabe: «Ida kauft 8 Brötchen, 2 Eierwecke, das Stück zu 5 Pf, und 6 Geleitsbretzeln, das Stück zu 6 Pf. Wieviel Geld erhält sie auf 1 M heraus?» – Ich denke an Lehrer Neumann, bei dem wir die bekannten «Kästen» rechnen mußten, an die schöne saubere Schiefertafel und an den Milchgriffel, der rosa-weiß-schwarz gewürfelt war.

Nartum Mo 7. Feb. 1983

T: Lange Geschichte geträumt, von einem Juden, der sich im Gebälk seines Hauses versteckt. Es ist ein Landhaus, und die Frau ist achselzuckend der Ansicht, daß sie alle Hausangestellten einweihen muß. – Dann wird er abgeholt, nicht verhaftet, sondern von der Wehrmacht irgendwie einvernommen. Sein ovales, aufgeschwemmtes Gesicht, unrasiert. Er soll «gezeichnet» werden, heißt es, und das Auto wartet schon. – Der Frau ist es ganz egal, was mit ihm geschieht. Sie hat das Nötigste getan.

*

Hundert Wildgänse nach Norden. Der Keilzug wurde vom Wind durcheinandergebracht. Während die Leitgans an der Spitze, deutlich abgesetzt, unbeirrt weiter und weiter strebte, geriet der Keil in Unordnung. Eine einzelne Gans flog in der Mitte zwischen den Schenkeln des Keils.

*

Aus Frustration über das gestrige Gespräch bei Knaus fertigte ich eine neue Schautafel über die Chronik an. Ich werde sie fotografieren und vergrößern und mit Erklärungen versehen und von ihm gegenzeichnen lassen.

*

Nachmittags laborierte ich am Magen; dann Gefahr von Zahnschmerz. Allerhand Telefonate. Eine Frau bedankte sich unter Tränen für die Tränen, die sie habe vergießen können über den Tadellöser-Film. Sie wollte wissen, wie es Robert geht, und was das für eine «dolle» Musik gewesen sei. – Eine Frau namens Anita Kempowski aus Allenstein rief an, ihr Großvater habe «Kempo» geheißen und sich aus Protest gegen die Oktoberrevolution «Kempowski» genannt.

*

Mit der Post kam ein Notizbuch der Firma Loeser & Wolff, zum fünfzigjährigen Bestehen der Firma, 1913.

*

Eine Frau Beiermann schickte zwei herrliche Fotoalben. Ich freute mich schon wie ein Kind, rannte durch die Zimmer und zeigte sie Hildegard, da entdeckte ich in dem Brief den Passus, daß sie die Alben wiederhaben will.

*

Hildegard las mir aus «Schöne Aussicht» vor, wie jetzt jeden Abend. Emily auf dem Schoß, Bauschi neben sich. Fehlt nur noch die Katze auf ihrer Schulter und hinter dem Stuhl ein treues Pferd. – Heute war ich von meinem Opus nicht so begeistert. Der ironische Ton hat sich verdünnt, er gleitet zeitweilig ab ins Onkelhafte. Warum hat mir das damals niemand gesagt? Dieter E. Zimmer, Jörg Drews, Geno Hartlaub. Die Verantwortung des Lektors. Aber Ratschläge hätte ich vermutlich nicht akzeptiert: «Kempowski gilt als schwierig.» – Mehr noch als die historische Szenerie, den Eintritt des Nationalsozialismus in die Geschichte Europas, hat mich an «Schöne Aussicht» interessiert, daß Eheleute, die sich eigentlich nicht wollten, trotzdem etwas Ersprießliches zustande bringen. Von «Vernunftehe» kann bei meinen Eltern keine Rede sein, da muß man eher von «Verlegenheitsehe» sprechen. Unvergessen sind die ständigen Streitereien bei Tisch, meistens gingen sie von meiner Mutter aus, daß er nie mit ihr irgendwohin geht. Er schwieg dann.

Beim Schreiben steht man immer in Konkurrenz zu sich selber.

✻

TV: Angeregt durch den Anruf der Frau heute nachmittag, sah ich mir in der Nacht den ersten Teil vom «Tadellöser» noch mal an. Je öfter ich den Film sehe, desto besser kommt er mir vor. Hier wirkt sich Fechners Detailbesessenheit aus. Man entdeckt bei jedem Sehen etwas Neues. – Das ist bei den Kapitelfilmen nicht der Fall. Sie

Bei den Dreharbeiten zu «Ein Kapitel für sich»

kommen mir jedesmal unerträglicher vor. Am schlimmsten ist wohl die Verharmlosung, ja Verblödung des Schreckens. Ich erinnere mich noch, wie schockiert ich beim ersten Ansehen des «Roh-Schnitts» darüber war, daß keinerlei «Russengeschichten» vorkamen. Das war gegen die Erfahrung. Fechner hat das dann noch korrigieren können. Unerträglich die Kirchenszene mit dem einzelnen Russen, dem die bekloppten Deutschen einen Choral entgegenschreien. Der dritte Teil ist vielleicht noch «angängig», wie mein Bruder sagen würde. Und am Schluß stürzen natürlich die Tränen.

Fechner selbst wird allmählich auch bemerkt haben, daß die Kapitelfilme mißglückt sind. Deshalb hat er vermutlich nicht weitergemacht. Im Grunde ist jedoch seine Weigerung, auch die anderen Bücher zu verfilmen, verständlich: irgendwann einmal muß auch der Treueste den Kempowski satt haben.

1990: *Im Februar hat sich das DDR-Fernsehen gemeldet, sie möchten «Aus großer Zeit» in Rostock verfilmen. Das wäre – wie sagt man? – phantastisch.*
Hoffen wir, daß es dazu kommt. Vielleicht sind sie nächstes Jahr schon pleite?

Nartum Do 10. Feb. 1983

T: Auf der Flucht treffe ich das Regiment meines Vaters. Die Leute essen gerade in einer Turnhalle. Ich frage einen Leutnant, wie's meinem Vater geht und ob ich ihn sehen kann.
Die ganze Sache verwandelt sich in ein Gefängnis, Gittertür wird aufgeschlossen, dann stehe ich in einem Wohnzimmer, in dem eine gemütliche Lampe brennt. Neben der Couch, auf der mein Vater mit blutig-schelberndem Kopf liegt, sitzt eine annehmbare jüngere Frau. Ich komme ungelegen.
Ich sage: Guten Tag!
Mein Vater antwortet kaum.
Ich bin verzagt und traurig und denke: Was ist das nur für ein sonderbarer Mensch!
Die beiden sind sichtlich froh, daß ich wieder verschwinde. (Mein Vater lag übrigens von der Frau abgewandt und blätterte in einem Buch. Fahrplan? Oder waren es Geldscheine? Er trug keine Uniform, sondern Zivil.)

*

Gestern war ich mit Hildegard in Hannover, Privatlesung bei Grohns aus dem «Neuling». Die Crème de la crème war geladen. Alle fanden die Lesung wunderbar, und alle wollen was für mein Archiv tun.

Der Museumsleiter von Bremen (Kunsthalle) wundert sich, daß ich in seiner Nähe wohne. «Ich denke, Sie leben in Schleswig-Holstein? – Na, da werden wir Sie ab sofort zu allen Ausstellungseröffnungen einladen.»

1990: *Hab' ich nicht bekommen, nicht ein einziges Mal. Gott sei Dank nicht! Die Bremer – das ist auch so ein Kapitel. Und die Volkswagenstiftung wies meinen Antrag mit einem Formschreiben ab.*

Am Nachmittag führte uns Grohn durch sein Museum, zeigte allerhand Interessantes. Gemälde, auf denen Verbesserungen noch deutlich zu sehen sind, sogenannte «Reuestriche» und eine mich kalt lassende, wertvolle Rokokosache, und daß es ihm gelungen sei, ein Pendant dazu zu kaufen (das mich ebenfalls kalt ließ). Dann den Cranach, der mit Säure bespritzt worden war, nun ganz restauriert. Man kann es aber noch sehen. Herostraten vergreifen sich nur an Porträts. Die Augen werden gewöhnlich als erstes zerkratzt, und der Schoß. Landschaften sind niemals Ziel von Anschlägen.

Zum Lüneburger Altar erzählte er die Geschichte von den Dieben, die damals den Lüneburger Kirchenschatz gestohlen hatten und eingeschmolzen und erwischt wurden, und wie man sie dann hingerichtet hat, auf welch bestialische Weise. Ich mußte an den SS-Mann Sommer (?) denken, wie der den Pfarrer Schneider gefoltert hat. Da rächt sich die Menschenkreatur – so was schmort oft lange.

In Bautzen gesehen, März 1990

(Hildegard: «Diesen Vergleich versteht niemand.»)
Übrigens gibt es noch eine zweite Lüneburger Schatzstory: Die Sache mit dem Ratssilber, das die Stadt im vorigen Jahrhundert verkauft hat, um eine Straße zu bauen.
Grohn steuerte noch etwas zu meinen «Eselsbrücken» bei. Von Goethe stamme die Regel, wie viele Gäste man zu einer Gesellschaft einlädt: «Gäste müssen mehr sein als die Anzahl der Musen (9) und weniger als die der Tugenden (12), damit das Fest gelingen soll.»

*

Auch bei Lesungen gibt es eine ideale Zuhörermenge. Abgesehen von dem Saal, der auf das «feeling» einen Einfluß hat – er darf nicht zu groß und nicht zu klein sein –, geben ca. 180 Zuhörer das beste Auditorium ab. Faustregel: Je mehr Menschen, um so leichter hat man's. Nichts ist ekelhafter, als sieben Leuten was vorzulesen. Man spürt, daß sie dauernd an die Profilierung beim anschließenden Gespräch denken. Sie geben sich nicht hin. Sieben Zuhörer sitzen immer mit gesträubten Haaren da, die nehmen es einem übel, daß sie so dumm waren und gekommen sind. – Die wenigsten Zuhörer hatte ich 1970 in Eutin, sechs Leute, und die meisten in Kiel bei Cordes: 1500. Die große Zahl erklärt sich daraus, daß ich die Ehre hatte, mit Grass und Lenz gemeinsam zu lesen. Das heißt erst Lenz eine halbe Stunde, dann ich eine halbe Stunde («Uns geht's ja noch Gold»), dann Grass eine Stunde (ich glaub aus dem «Butt»). Das anschließende Signieren war peinlich, denn vor meinem Tisch standen nur wenige. Ich zog das hin, indem ich sie lang und breit fragte, wie's ihnen so geht und was sie von Beruf sind.

*

Zufallsfund im Archiv: Unter dem heutigen Datum (vor 50 Jahren) steht da die folgende Geschichte:

Berlin-Schöneberg (10.2.1933)
Noch anderes war in dieser Zeit passiert. Ich war damals erster Vorsitzender der Studentenschaft der Kunstschule Schöneberg. Eines Tages wurde ich auf in der Kunstschule angeklebten Plakaten als Marxist bezeichnet,

der die Studentenschaft nicht länger «führen» dürfe. Die Plakate waren von zwei Kommilitonen mit Hakenkreuzbinden am Arm bewacht. Ein paar Tage später wurde ich unter Androhung von Gewalt aufgefordert, den Vorsitz niederzulegen. Die Nazis übernahmen die Leitung der neuen NS-Studentenschaft. Ebenfalls im Frühjahr 1933 überfiel ein SA-Sturm unter Führung des SA-Sturmführers Otto Andreas Schreiber die Kunstschule Schöneberg. Während des Überfalls holten seine SA-Leute die Mitglieder des Künstlerischen Prüfungsamtes aus der gerade stattfindenden Sitzung und stellten sie auf die Straße, praktisch alle unsere Professoren mit ihrem Vorsitzenden Philipp Frank und dem Brücke-Maler Erich Heckel, der als künstlerischer Beirat fungierte, hißten eine Hakenkreuzfahne auf dem Dach, trieben die anwesenden Studenten zusammen, schlugen einige, die sich zur Wehr setzten, mit Gummiknüppeln, suchten sich jüdisch aussehende Studenten heraus, um sie in der Toilette zu untersuchen, ob sie beschnitten seien. Ein gütiges Geschick hat mich vor diesem makabren Erlebnis bewahrt, indem es mich kurz vor dem Überfall in der U-Bahn zum Straußberger Platz fahren und Holz einkaufen ließ.
Thoma, Helmut *1909 («Zufälle, Zwänge, Möglichkeiten», 1982)   551

※

Standarderzählung meiner Mutter: Daß die Korpsstudenten beim Nähen ihrer Wunden nicht mit der Wimper zucken durften, und daß sie sich ein Haar in die Wunde legten, damit der Schmiß schlecht verheilt und entsprechend «aufquillt». – Ich finde Schmisse ganz schick. Ich mag auch Tätowierungen gern, das ist die andere Seite. Tätowierungen sind die «Schmisse» der einfachen Leute. Beides würde ich mir nicht zulegen.
Tätowierte Männer – tätowierte Frauen.
In Bautzen gab es einen Häftling, der am ganzen Leib farbige Tätowierungen hatte, ein gutartiger Mensch, der möglicherweise auf dem Jahrmarkt auftrat. Im Zuchthaus war ihm die Sache irgendwie peinlich, da war er ja «außer Dienst», und von den andern Häftlingen wurde er verspottet. – Gelegentlich sah man Häftlinge, die sich mit einem Messerchen und mit Salz alte Tätowierungen entfernten. Andere wieder ließen sich im Zuchthaus tätowieren (was übrigens verboten war), den üblichen Anker oder eine nackte Frau.
Ob Ernst Jünger eine Tätowierung hat?

Nartum Sa 12. Feb. 1983

Kostümfest bei Hinrichs in Oldenburg. Dierks kam als Matrose, seine Frau als Teufel. Ich hatte meinen Schützenrock angezogen, mit Hut und Orden. Am liebsten hätte ich noch meine Tuba mitgebracht und ab und zu empfindsame Signale gegeben.

Wenn man sich bei solchen Anlässen zu sehr kostümiert, wird man von der Gesellschaft gemieden. So ging es der Frau des Gastgebers, die sich als Charlie Chaplin verkleidet hatte, und folglich dauernd watscheln mußte. – Der Sohn von Dierks, zehn Jahre alt, trug einen Alten-Mann-Pappkopf. Das sah schrecklich aus und komisch zugleich. Unheimlich! Ich mußte ihn die ganze Zeit ansehen. Und als er es merkte, daß ich über ihn lachte und mich gleichzeitig fürchtete, wurde er unsicher, und das wirkte erst recht furchtbar.

Wie würde Helmut Kohl sich kostümieren?

Wenn ich mich so kostümieren könnte, wie ich wollte, würde ich als Ungeheuer gehen, damit alle Leute Angst vor mir kriegen: dauernd die Zähne fletschen und gefährlich grunzen.

Lit: In einer «Anleitung für das Knabenturnen in Volksschulen ohne Turnhalle» von 1909 geblättert. Eine Fülle von blödsinnigen Ausdrücken: Hangstand vorlings / Seitknieliegehang / Felgaufzug nach dem Anristen / Querstreckstütz.
Die Abbildungen, vollbekleidete Männer auf Reck oder Barren, mit Stein oder «Ger» in der Hand, wirken auf den ersten Blick vielleicht nur komisch. Sie haben etwas Aggressiv-Bösartiges an sich. Wer diesen martialischen Typen die freundlichen Reformpädagogen der Zwanziger gegenüberstellt, sollte eigentlich wissen, auf welche Seite er gehört. Leider überwiegt auch in unserer heutigen,

so modernen Schule das Gewaltsame. Vielleicht deshalb, weil in den Kindern das Martialische ihrer Väter schon angelegt ist.

Nartum / Lübeck Mo 14. Feb. 1983

Heute nacht träumte ich ein Gedicht. Ich notierte es mit halbblinden Augen:

> Das Brett ist schon gerüstet
> den Nagel zu empfangen
> sowie es ihn gelüstet
> in es hineinzugelangen.
>
> Der Hammer naht behende
> schon holt er mächtig Schwung
> so kommt's zum guten Ende
> die Erde ist noch jung.

Es ist deutlich zu merken, wie der Träumer das Gedicht rasch zu Ende bringen will. Die letzten beiden Zeilen verdecken das, was eigentlich gesagt werden soll.

*

Der Grenzgraben

Ich fuhr nach Lübeck, um einige Passagen für HW zu überprüfen. Ob man vor dem Burgtor stehend die großen Kirchen sehen kann zum Beispiel, so wie ich mir das vorstellte.
Ich traf die schöne Birgit und sah mit ihr das Burgkloster an, das sie nun schon seit Jahren renovieren. Leider brechen sie die Gefängniszellen ab. Vielleicht kann ich eine Tür ergattern für den Turm?
Danach fuhren wir zur Grenze, an die Stelle, wo ich damals, im November 1947, über den Graben gesprungen bin. Der Graben, der Zaun, alles ist noch zu besichtigen. Der Todesstreifen war damals noch nicht da.

«Würden Sie bitte mal einen Schritt zurücktreten?»

1990: *Der Gang zur Grenze im April 1989, an meinem 60. Geburtstag, zusammen mit Hildegard und «Presse». Obwohl ich direkt an die Stelle herankam, wo ich damals über den Graben gesprungen bin – es ist so wenig verändert dort, daß man noch die Fußspuren von 1947 zu sehen meint –, fotografierte mich der Fotograf woanders, weil er sonst nicht richtig zu Schuß gekommen wäre, wie er meinte. – Das war im April 1989, und ich sagte in meiner Rede, den 70. Geburtstag möchte ich gern in Rostock feiern.*
Im Januar 1990, als wir dort Aufnahmen für den fälligen DDR-Wiedersehen-Film machten, stellte sich ein Volkspolizist dazu. Der erklärte dem westdeutschen Grenzer, was es mit mir auf sich hat.

Im Caféhaus Niederegger, wo ich mit Birgit dann Marzipantorte aß, gebrauchte die Kellnerin das Wort «wehrsam». Crèmetorte sei wehrsam. Es ist das erste Mal, daß ich dieses Wort in freier Wildbahn höre. Meine Mutter hat es offenbar in Lübeck aufgeschnappt.

*

Mit Birgit zusammen kaufte ich ein Rudergerät, das ich heute vor dem Fernseher bereits ausprobierte. Die Familie amüsiert sich darüber. Ich werde jetzt jeden Abend zur Tagesschau eine Viertelstunde durch die Gegend schippern. Mal sehen, ob mir das guttut. – Ein Standrad wäre für mich nicht in Frage gekommen, schon wegen des Tachometers nicht. Ich fahre ja schließlich für mich und nicht für den Tachometer.

*

Lit: In der Nacht entdeckte ich unter den Büchern, die ich für den Dorfroman herausgesucht habe, eine Schrift aus dem 18. Jahrhundert, mit der die gute Gesinnung der Kinder befördert werden sollte: Die Folgen des Fleißes und der Faulheit / Der unbesonnene Spaß / Traurige Folgen der Wildheit. So heißen etwa die verschiedenen Kapitel. Es ist schwer zu glauben, daß die Leute damals über ein solches Buch nicht lachten.
Im Anhang findet sich ein Kapitel «Von dem Menschen», in dem zwar Muskeln, Knochen usw. erklärt werden, aber nicht die Fortpflanzungsmechanismen. Immerhin wird von der Verdauung so ziemlich alles gesagt, und die betreffende Seite ist als einzige kaum noch lesbar.

Nartum / Hannover Mi 16. 2. 1983

Gegen drei Uhr in der Nacht aufgewacht. Der ganze Körper wellte im Pulsschlag auf und ab. Ich ging schließlich nach unten. Spielte auf der Orgel ein paar Choräle aus dem Bach-Choral-Buch. «O Mensch, bewein' dein' Sünden groß.» Selbst in den einfachsten Sätzen ist er nie simpel, sondern immer interessant.

*

Am Nachmittag war ich in Hannover, um mit Totok über das Archiv zu reden. Ich kann meine Manuskripte in Nartum nicht mehr unterbringen, das verkommt hier. Außerdem soll man die Menschen nicht in Versuchung führen, ein Notizbuch ist schnell in die Tasche gesteckt. Sonderbarerweise ist in all den Jahren noch nie etwas weggekommen.
Totok schlägt vor, das Material im Keller der Landesbibliothek zu lagern und dann zu verrenten. Er meint, die Verrentung könnten sie vom laufenden Etat bezahlen. – Die Aussicht, regelmäßige Einkünfte aus meiner Knochenarbeit zu ziehen, ist verführerisch: Damit wäre die Finanzierung des biographischen Archivs gesichert.
Zum Schluß zeigte Totok mir die Schatzkammer der Bibliothek, allerhand mittelalterliche Handschriften, die zum Teil erst nach dem Krieg durch Hochwasser beschädigt worden sind. Die Tagebücher von Leibniz, kolossal schwer zu entziffern, weil er zwischen seine wissenschaftlichen Notizen auch Persönlichstes gekritzelt hat. Zwanzig Wissenschaftler schaffen pro Jahr eine Seite, so ungefähr. Ob's die Welt weiterbringt? Philosophische Erkenntnisse lassen sich zwar vermitteln, aber nicht umsetzen. Und wenn man's versucht, dann gibt es Katastrophen.

1990: *Die Verlagerung des Archivs: Inzwischen ist zwar alles Papier, das ich je beschrieben habe, in Hannover, aber von der «Verrentung» ist keine Rede. Die Verhandlungen darüber laufen noch immer. Vielleicht denken sie: Das schenkt er uns eines Tages sowieso. – Da haben sie sich in den Finger geschnitten! Lieber würde ich alles nach Rostock geben.*
Darüber, daß ich ihnen auch meine alten Zuchthausschuhe schickte, gab es Gerede. Alte Schuhe? Objekte solcher Art hätten sie in die Landesbibliothek bisher noch nicht aufgenommen.

*

Vorher hatte ich ein ziemlich ekelhaftes Gespräch mit Schülern. Der Lehrer hatte sie ganz offenbar gegen mich aufgehetzt. Es kamen immer dieselben provozierenden Fragen: Was ich gegen die

DDR hab', und wieso ich für den Krieg bin, und so in diesem Stil. Das erinnerte fatal an den Untersuchungsrichter in Schwerin. Der hatte auch diesen leierigen Ton, der den Ostleuten in Kursen beigebracht wird. – Ich hatte mich schon über die eigenartige Begrüßung gewundert. Schon im Lehrerzimmer ging's los, es schaute niemand auf, als ich da, gutgelaunt, unter die Menschheit trat. Zwischen den Thermosflaschenlehrern müssen sich doch auch Germanisten befunden haben? – Auch der Direktor erschien nicht, was sonst bei solchen Anlässen üblich ist. Der wollte sich vor den Kollegen wohl keine Blöße geben. Mit einem Menschen, der nicht erklärtermaßen «links» ist, folglich also für die herrschende Klasse votiert, spricht man nicht. Gruppendynamik nennt man das, Berührungsangst stellt sich ein.
«Herr Kempowski, wissen Sie eigentlich, daß Sie sehr arrogant sind?»
Ich brach das Tribunal nach zwanzig Minuten ab und ging als freier, aber sehr erzürnter Mann davon. Nicht gerade wutschnaubend, aber doch tief durchatmend, verließ ich das Gymnasium. Zwei Mädchen stoppten mich am Ausgang, die versuchten mich zu trösten. Wir gingen in ein Café und aßen Eis, und dabei erzählten sie mir Genaueres über den Lehrer und bestätigten meine Vermutung, daß sie geimpft worden seien. In ein Straflager werden sie wegen dieses konspirativen Gesprächs schon nicht kommen. Ich möchte gern wissen, wie ich in den Geruch gekommen bin, gegen «das Volk» zu sein. Sie vermuten es, und das genügt. Sie sind intolerant, weil sie ahnen, daß sie im Unrecht sind. Luftschloßbauer mit Fallschirm. – In Neuenkirchen ist mir mal was Ähnliches passiert.
Ich verstehe es absolut nicht, daß es Menschen gibt, die mich nicht mögen.

1990: *Heute möchte ich das Gespräch an dieser Schule wohl gerne wiederholen, ich würde mich mit Dias ausrüsten, auf denen die Verrottung der DDR-Städte zu besichtigen ist, und mit Zahlen über die Mißwirtschaft der Kommunisten. Ich würde die Massengräber aufzählen und ihnen beschreiben, wie* *das ist, wenn man in der Zelle sitzt und jeden Morgen den Totenwagen klappern hört. Aber das wäre ganz sinnlos. Sie würden sagen: «Na und? Das haben wir doch schon immer gesagt...» Und die Schüler von damals? Wo sind sie? Diese Leute sind stets im Recht. Unsereiner hat immer verschissen.*

Von den Mädchen konnten noch zwei Zukunftsstorys gezapft werden:

Zukunft?
Es wird noch schwieriger, einen Arbeitsplatz zu kriegen. Ich hoffe, mit Icke zusammenziehen zu können.

Und die andere sagte:

Zukunft?
Ich stell' mir alles ein bißchen dreckiger vor. Am liebsten würde ich einen Managerberuf ergreifen. Mit Haus und Wald, und denn 'n paar Hunde.

*

In der Nacht schrieb ich eine Totenliste. Von den Gestorbenen bleibt nicht viel im Gedächtnis. Ein Wort, eine Geste. Heini Lang, der immer den Kopf so merkwürdig schmiß, Schorsch Ehlers, der im Krieg einen Bauchschuß überlebte und dann das Schicksal hatte, in der Kur tot umzufallen. – Warum dürfen *wir* weitermachen? Ich weiß, daß die Seelen der Toten so lange leben, wie wir von ihnen sprechen. Und sie leben gern noch etwas, da drüben.

Nartum Fr 18. Feb. 1983

T: Im Traum marschierte ich halbmilitärisch neben einem SS-Mann, in langer Kolonne. Irgendwie waren die Nazis wieder an der Macht, und ich äußerte diesem Mann gegenüber den Wunsch, auch in die SS eintreten zu dürfen. Das ließe sich machen, sagte er. Dann rechnete ich aber nach, daß ich ja schon bald sechzig werde, für so was also gar nicht mehr in Frage komme.

> Vorwärts, im Kampf sind wir nicht allein
> Und die Freiheit soll Ziel unseres Kampfes sein...

Als ich aufwachte, mußte ich an die Anwerbungsaktion der SS denken, im März 1945. Wie gut, daß ich damals widerstanden habe, kein Mensch würde mir heute glauben, daß ich unter Druck gehandelt hätte. Die Werber zogen ab, und ich hatte nicht den Stempel: «Freiwilliger der SS» in meinem Wehrpaß. Man stelle sich vor: Dieser Wehrpaß war bis 1948 mein einziger Ausweis! Erst die Amis haben mir das Ding abgenommen.

Lit: Mich beschäftigt immer noch die Sache mit den «Lobesmarken». Mit meinem Lobessystem stehe ich ziemlich nackt da! Heute habe ich jedoch ein tröstliches Wort gefunden bei einem Autor, der Dr. Adolf Matthias heißt. Nachdem er zunächst, wie alle andern großen Pädagogen, über das Lob gewettert hat, daß eine gute Leistung ihre Anerkennung in sich selbst trage usw., sagte er dann aber doch:

> So sehr alles auch gegen Belohnung spricht, so sollte man doch mit einer andren Art von Belohnung nicht so sehr kargen, wir meinen mit Anerkennung guter Leistungen, mag diese Anerkennung nun bestehen in der freudigen Stimmung des Lehrers oder in ausdrücklicher Zustimmung, in unumwundenem Lob, Beifall und in Beweisen des Vertrauens. Das kann dem einzelnen, der ganzen Klasse Freudigkeit, Kraft und arbeitsmutige Stimmung geben. Daß heutzutage in der Schule verhältnismäßig wenig gelobt, aber viel gestraft wird, ist eine Tatsache. Daß die Strafe im Vordergrund des Interesses steht, Anerkennung und Lob aber nicht, das beweist der erste beste Kandidat, der zu unterrichten anfängt und der eher nach Strafvollziehung lechzt und nach den verschiedenen Arten der Strafe fragt und sich umschaut als nach irgendeiner Art der Belohnung.
> Praktische Pädagogik für höhere Lehranstalten, München 1908.

Gewöhnlich bedeutet in unserer Schule das Lob des einen eine Strafe für den andern. So die Stempel unter den Klassenarbeiten, welchen «Platz» der betreffende Schüler mit seiner Drei im Diktat einnimmt. «Der achte von dreiundzwanzig», heißt es dann. Was wohl der achtundzwanzigste von den achtundzwanzig über seinen

gesellschaftlichen Status denkt? Hierher gehört das ganze Punktesystem der Gesamtschulen, das nicht so weit entfernt ist vom Plätzerücken in der alten Landschule.
Nein, ich halte von dem Mutmachen mehr, und ich werde auch weiterhin meine Ermutigungen wie Konfetti über die Leute ausrieseln lassen. Die Folgen, die es hat, wenn ein Unwürdiger damit getroffen wird, sind nicht so schwerwiegend wie die Folgen einer Strafe, die einen Unschuldigen trifft.

Berlin / Nartum Do 24. Feb. 1983

T: Heute nacht, im Traum, bin ich mit Zarah Leander nach Ägypten geflogen.

*

Berlin, SFB. Lesung und Diskussion mit Schülern in der Siemens-Schule. Eine ziemliche Hölle. Die Schüler machten einen irre konfusen Eindruck. Die Atmosphäre war aber nicht feindselig, sondern ganz einfach chaotisch, aus allgemeinem Überdruß oder aus «Frust». Für die gute Vorbereitung des Gesprächs hatte der SFB-Mann gesorgt: Ich sei ein Mann mit Extremvergangenheit, hat er gesagt.
Leider ließ ich mich dazu hinreißen, die Klasse nach Nartum einzuladen. Es hat den Anschein, als wollten sie die Einladung annehmen. Ich dachte irgendwie, daß ihnen die Landluft guttut.

*

Ich bat einen Taxifahrer, mich an der Mauer entlangzufahren. Das redete er mir aus. Warum ich die denn sehen wollte, die wär' doch ganz uninteressant. Vielleicht dachte er, ich würde da einen Nervenzusammenbruch kriegen, und er müßte mich dann ins Krankenhaus schaffen.

1990: *Im September 1989 sprach ich mit Renate darüber, ob wir nicht die Mauer in ihrer ganzen Länge mit der Videokame-*

ra filmen sollten. Schade, daß wir es nicht getan haben! – Nun häufen sich hier bunte Brocken, die mir von Mauerspechten geschickt werden. Daß dieses Bollwerk von Kindern und von Touristen zerbröselt und verscheuert wird, ist eine besondere Pointe der Weltgeschichte.

*

In der Kantstraße kaufte ich alte Fotoalben, und hinter dem Hotel Kempinski «lose» Fotos aus einer Grabbelkiste, ziemlich billig.

Ein unbekannter Mann mit unbekanntem Schicksal

Lit: Katja Behrens, «Die dreizehnte Fee». Eine glatte Sache mit Stolpersteinchen. «Der Arm fing an zu schreien...» Den Bremer Literaturpreis soll sie haben, und auf die Bestenliste mit ihr.

Nartum Fr 25. Feb. 1983

Ein Journalist von «Dagens Nyheter», Hans Axel Holm, lieb und sympathisch. Wir sprachen lange über meine Arbeiten, und er war glänzend informiert. Gegen Mitternacht sagt er plötzlich, mitten im Satz: «So, nun kann ich nicht mehr», und dann fuhr ich ihn ins Hotel.
Die Schweden mögen mich nicht. Ich habe in der DDR unverständlicherweise gegen den Sozialismus gearbeitet, und außerdem bin ich ein «Bürgerlicher», was so viel bedeutet wie «Faschist». Vielleicht fürchten sie auch, daß ich ihnen die Auslieferung der Kriegs-

gefangenen an die Sowjets vorwerfe, 1945. 2500 deutsche Soldaten waren es, plus 500 Balten, also Esten, Letten und Litauer. Sogar Verwundete auf Bahren! Am 15. November 1945 ist das geschehen, und es wurde von einer Allparteienregierung angeordnet, der die Kommunisten nicht angehörten. Oder daß ich mich bedanke für das phantastische Eisenerz, das sie Hitler für seine Panzer geliefert haben. – Alles keine Helden! Unvergessen, wie vor dem Krieg die geschniegelte Intelligenzija aus Dänemark, Schweden und Norwegen (Damen mit Hut) am «Tag des Nordens» Himmler so lieb die Hand gegeben hat. In Lübeck war das, und ich habe Fotos davon. Alle haben sie ihren Kotau gemacht, zu einer Zeit, als Deutsche schon massenhaft in KZs saßen.
Die Besuchertribüne an den Parteitagen in Nürnberg!
Übrigens: Die Kinder der deutschen Botschaftsangehörigen, die in Stockholm die Deutsche Schule besuchen, müssen DDR-Bücher benutzen.
Leider vergaß ich Holm nach schwedischen Eselsbrücken zu fragen. Sie nützen uns hier ja auch nichts.
«Zungenbrecher», das wär' auch mal ein interessantes Thema. In Ulm, um Ulm, um Ulm herum. In Bautzen unterhielt uns der Litauer Josef Kalikauskas mit litauischen Zungenbrechern. Das ist eine Art Volksmusik.

Essen So 27. Feb. 1983

Essen-Oberhausen. Probelesung aus dem «Neuling». Das Honorar war fürstlich, obwohl die Stadt aus dem letzten Loch pfeift, wie man hört. – Eine Frau wollte wissen, woher ich denn meine Kenntnisse über die Gefängnisse hätte, ob ich da Studien getrieben hätte? Und eine Schülerin fragte mich sehr direkt danach, wieviel ich an jedem Buch verdiene. Sie hat ihren Sinn auf das Wesentliche gerichtet.
Zu Hause lief inzwischen der Film «Das Fräulein» weg, mit der wunderbaren Heidelinde Weis, den ich wieder nicht aufgezeichnet habe.

Nartum / Hamburg Mo 28. Feb. 1983

T: Ich habe eine Lesung zu halten und mach' es schlecht und recht. Thomas Mann legt mir seine Hand auf die Schulter und lobt mich, aber, *er* hat *auch* was da, sagt er, das will er jetzt vorlesen. – Im See ist eine kleine Insel. Auf diese Insel setzt er sich, und er liest von dort, ganz so wie Jesus, der auf den See Genezareth entwich wegen des Andrangs. Nur: Es ist kein Andrang. Niemand hört ihm zu.

*

Bertelsmann-Jury in Hamburg, 16 Uhr, Vierjahreszeiten. Junge Autoren sollen gefördert werden (die meisten sind über vierzig). Während unserer Debatten aßen wir ganz vorzügliche kleine Kuchen, Petits fours oder wie sie heißen. – Wenn's an die Beurteilung der Bücher geht, halten Karasek und Martens meistens zusammen, Nino Erné ist immer ganz außer sich, und Monika Sperr schweigt. Sie schreibt ein Buch über Petra Kelly, die ja nun wirklich eine Heilige ist und demnächst zusammenkracht, weil sie sich so für die Menschheit aufopfert.
Ich hab' nicht viel zu melden in diesem Kreis. Ich rede immer so tolpatschig, fange ganz normal an zu argumentieren, das hört sich alles ganz vernünftig an, aber wenn ich dann merke, daß sie mir zuhören, verfranse ich mich. Wie beim Vorspielen auf dem Klavier ist das.
Meistens sind wir uns sowieso einig. Nur bei einzelnen Büchern kommt es unvorhergesehen zu kolossalen Auseinandersetzungen. Das sind sogenannte «Sitzpirouetten», die haben mit den Texten nichts zu tun.
Zu Abend aßen wir in einem französischen Restaurant. Wir fuhren zu viert in einem Taxi, und Karasek sagte zu dem Fahrer, ganz ohne zu fackeln: «Die Musik machen wir mal aus, nicht?» Und bums, der Mann tat's. – Das wurde dann noch eine ganz vornehme Sache. Der französische Wirt bediente selber, das heißt, er sorgte dafür, daß uns seine französische Tochter bediente. Sämtliche Juroren sprachen auf einmal, mitten in Hamburg, vorzüglich französisch.

Ich war versucht, mir in breitem Norddeutsch eine Hansa-Schlachtplatte zu bestellen, mit viel Jagdwurst drauf.
Der Wein mundete den Herrschaften großartig. Ich, «für meine Person», fand, daß das Glas nach Spülmittel roch. – In einer Nische saß der Tagesschausprecher Veigl. (Man nickte einander jovial zu.)
Im Verlag bin ich gewarnt worden: «Seien Sie vorsichtig mit Karasek, der hat das Ohr Augsteins.» Ich weiß nicht, mit was ich vorsichtig sein soll? Ich bin doch ganz harmlos.
Leid tat mir Herr Arnold vom Verlag, der all die Delikatessen, die wir da verzehrten, auf seine Kappe nehmen mußte.

Eine Eselsbrücke konnte ich erhaschen:

>   Amürei
>   Kö und Lei

= Die Lebensstationen von Bach.

*

Spät nachts nach Hause. Ich hörte sechs- und achtstimmige Motetten des 16. Jahrhunderts aus allen vier Lautsprechern, hinter mir blendeten die Leute auf und schscht! sausten sie links und rechts an mir vorbei.
Ich fuhr aus Sicherheitsgründen ziemlich konsequent auf der mittleren Spur. Ein Herr belehrte mich durch Handzeichen: Immer rechts ran, junger Freund! Nicht unfreundlich war dieser Herr, er meinte es gut mir mir. Vermutlich hatte er Staatsbürgerliches im Sinn.

> Kein Ruh noch Rast kann haben ich,
> bis daß ich wieder zu dir komm
> ohn Unterlaß denk ich an dich,
> mein freundlichs Maidlein stet und fromm.

März 1983

Nartum/Hamburg   Mi 2. März 1983

T: Ich liege an der Brust Hindenburgs und höre ihn laut sagen: «Was ich gesehen habe, das habe ich dir gesagt. Was ich aber gehört habe, das hält mein Mund verschlossen.»
Ich denke gerade: Was ist «Hindin» nur für ein sonderbares Wort, ein Wort «dunkler Abstammung» (Moriz Heyne, 1906).

*

Arbeit am «Neuling». Mit dem Mittelteil beschäftigt, Burg Hatzfeld. Überlegungen zur Struktur. – Es muß eine Gegenwelt vorhanden sein, die den Schrecken der Anstalt dialogisiert. Hier die Anstalt, dort das Pastorat; hier die Rabauken, dort das Pastorentöchterchen; die Kramer und Christiane. Dies ist bis in alle Einzelheiten durchzuhalten (Blechteller – Porzellan). – Gedanken an das Endbuch: eine Welt beschreiben, wie sie durch Fliehkraft (zentrifugal) auseinanderstrebt (Die Gelehrtenrepublik!).
Collage-Vorlesung begonnen.

*

Am Nachmittag lieferte ich «Böckelmann II» in Hamburg ab. Renates Zeichnungen wurden leider nicht akzeptiert, weil sie nicht zu «Bö I» passen. Es wird nicht das erste Mal sein, daß sie umsonst gearbeitet hat. Kaffee mit dem Ehepaar Knaus. Frau K. erzählte von Hans Albers, der mal ihr Tischherr gewesen ist. Er habe ihr seine Plattfüße gezeigt. Und Knaus erzählte von Polen, daß er dort in einer verrotteten Schule als Soldat einquartiert gewesen sei, auf Stroh und so weiter, und in der herausgerissenen Bibliothek «Pünktchen und Anton» auf Polnisch gefunden hätte.
Zu Abend aß ich mal wieder Hacksteak mit gebackener Kartoffel im Blockhouse von Othmarschen. Man wird in diesem Lokal nach

fremdländischer Sitte am Eingang abgefangen, um «plaziert» zu werden. Steht da in Hut und Mantel, mit Speichelfluß, herumgestoßen von den forschen Serviererinnen, absolut belämmert. In Amerika, wo sie diese Sitte wohl erfunden haben, gibt's extra Warteräume, mit Telespielen in der Tischplatte. – Ich kümmere mich nicht um die Plazierung, ich laufe einfach zwischen die Tische und setze mich mit deppenhaftem Gesicht dahin, wo es mir paßt. Und wenn sie mich schwer zur Rechenschaft ziehen, dann tue ich so, als ob ich nicht gut hören kann. Die Hand hinters Ohr halten, das wirkt Wunder. Mit Schwerhörigen lassen sie sich nicht gern ein.
Schwerhörige wirken asozial.

*

In der Post der Brief eines Mannes, der 1980 drüben aus politischen Gründen ins Gefängnis kam und dort mit einem Zellengenossen über unsern «Kapitel»-Film gesprochen hat.

*

Mit dem Ruderapparat bin ich ganz zufrieden. Ich bilde mir ein, daß sich das Hemd schon strafft vom Muskelzuwachs. Auf einem Standrad zu sitzen und zu strampeln, käme für mich nicht in Frage.

*

Lit: Ein Buch mit Kaiser-, Bismarck- und Graf-Zeppelin-Verehrungsgedichten von 1913: Zeppelin als Erzieher.

> «Sein Ziel vor Augen, scharf und klar,
> hat er gekämpft seit manchem Jahr
> durch Zweifel, Unheil, trübe Zeiten,
> durch tausend Widerwärtigkeiten...»
> FRITZ VON OSTINI

Mus: Teddy Wilson. Dazu 21 Minuten den Büchergang auf und ab gegangen. «The Man I Love».

Nartum Fr 4. März 1983

TV: «Das siebte Kreuz», ein amerikanischer Film von 1944. – Das ist auch so ein Kapitel: Wenn die Amerikaner Deutsche darstellen! Und dabei gibt es von dieser Sorte so viele da drüben, die könnten es vormachen und sagen, wie und was ein Deutscher ist! Verbiestert und trotzdem immer geradeaus! Vegetarier mit gefletschten Zähnen! – Ich fand schon das Buch unerträglich, aber man darf nichts dagegen sagen, die Seghers ist sakrosankt. Wenn man was gegen die Seghers sagt, fliegt man raus.

1990: *Ihr Buch «Transit» ist lesbar: das vergebliche, zermürbende Warten der Emigranten in Marseille auf ein Visum.* «Transit» gehört zu den wenigen Büchern, die ich im Zuchthaus lesen konnte. – Man sollte parallel dazu das Buch des Amerikaners Fry lesen: «Auslieferung auf Verlangen».

Raddatz ist ein großer Bewunderer der Seghers, der mag ja auch die Wolf. Es ist alles so unverständlich.
Die Seghers hat sich zu Stalins Tod, vor dreißig Jahren, sehr seltsam vernehmen lassen: Als Stalins Herz aufgehört habe zu schlagen, hatten sich «Millionen Menschen verwaist» gefühlt. «Millionen hatten den verloren, auf den sie unter allen lebenden Menschen das größte Vertrauen setzten.» Bei «Männern und Frauen, bei Arbeitern, Bauern, Schriftstellern, bei weißen, gelben und schwarzen Menschen» sei dieses grenzenlose Vertrauen aus «Köpfen und Herzen zugleich» entsprungen: «...denn wahres Vertrauen kommt immer aus beidem.»

Nun, wir haben damals in Bautzen aufgeschrien vor Freude, als diese Kreatur endlich krepiert war. Ich würde gerne wissen, *wie* er gestorben ist. Ob er sich auf dem Boden gewälzt hat und letzte Befehle geröchelt?

※

Hier die Titel der Bücher, die ich im Zuchthaus (illegal) gelesen habe:

Schuld und Sühne
Krieg und Frieden
Die Genesis von Harnack
Die Bibel (mit Apokryphen)
König Lear
Eine Biographie über Vogeler
Verklungene Tage von Arnold Zweig
Die Sonette an Orpheus
Die Hamburgische Dramaturgie
Das Sinngedicht
Heilige Zeichen von Romano Guardini
Die Chorleiterschule von Kurt Thomas

Das war meine Leseration für acht Jahre. Und zu dieser Zeit war Anna Seghers Präsidentin des Schriftstellerverbandes. Trösten wir uns: «Ein Dichter, der liest, ist wie ein Kellner, der ißt» (Karl Kraus). In den acht Jahren habe ich auch keine Musik hören können (außer unserer eigenen) und kein einziges Bild gesehen. Das nenne ich Körperverletzung. Zeitweilig waren Ansichtskarten erlaubt, da standen die Groh-Karten hoch im Kurs, mit ihren kitschigen Heimatmotiven.

1990: *Jetzt im März habe ich mir in Bautzen die Anstaltsbibliothek zeigen lassen, in der Hoffnung, vielleicht noch ein Buch von damals zu finden. Natürlich vergeblich. Es waren auch keine Noten mehr da, die sind, wie ich erfuhr, 1981 verbrannt worden. Schade! Da hätte ich vielleicht noch Notizen gefunden, die ich als Häftling gemacht habe.*

*

Lit: «Tod des Vergil». Ich kenne keine Prosa, die das übertrifft an Genauigkeit und Glanz. Aber: Vor so viel Prägnanz erlahmt das Herze, und das Buch wird weggelegt.

In der Nacht der anonyme Anruf eines Mannes, der mir die Gurgel durchschneiden will. – Aggressionen irgendwelcher Art kriege ich selten zu spüren. Fuchsberger hat mir mal erzählt, daß er täglich die schrecklichsten Briefe kriegt. – Sein schlechtes Image ist mir unverständlich. Das ist doch ein sehr ordentlicher Mann? Nicht umsonst hat ihm der Volksmund den Spitznamen «Blacky» verpaßt.

Nartum Sa 5. März 1983

T: Ich träumte heute nacht, daß ich bei Reagan zu Besuch bin. Wir fuhren ein wenig spazieren, hinter uns Eisenhower in seinem schwarzen Wagen, der uns in einer Kurve überholte und uns dabei die Zunge herausstreckte.

*

Heute jährt sich der denkwürdige Tag zum dreißigsten Mal, an dem die Bestie starb. Stephan Hermlin, von dem mir nicht bekannt ist, daß er ein Wort über uns Häftlinge in Bautzen verloren hätte, schreibt zu diesem Ereignis:

Es wird berichtet, daß bei der Nachricht von Stalins Tod die Lichter Moskaus wie auf geheime Verabredung hin zu erlöschen begannen. Dann erlosch auch die Straßenbeleuchtung. Die Hauptstadt füllte sich mit Schwärze und einem gestaltlosen Wogen, Flüstern, Schluchzen. Die schreckliche Dunkelheit jener frühesten Frühe des 6. März 1953, in der die Nachricht über den Sender ging, legte sich von Moskau aus über alle Länder, über jedes ehrliche Herz. Hinter Millionen Lippen wartete ein Wort, wollte sich ein «Nein» diesem Tode entgegenstellen.
Stalin im Sarg. Dieses Bild ist unbegreiflich. An diesem Bild werden wir vielleicht etwas nie verstehen. Stalin ruht im Regenbogenglanz von Millionen Tränen, im Ruf der Sirenen, im gewitterhaften Aufzucken der Streiks zu seinem Gedenken in Paris, Turin, Hamburg. Die Völker sagen zu ihrem teuersten Toten hinüber: Schlafe ruhig.

Das dollste Ding hat sich bekanntlich Johannes R. Becher geleistet, dessen unvergängliche Verse in der bereits üblich gewordenen Verkürzung seines Poems (im Original sind es 24 Verse!) hier noch einmal wiedergegeben werden sollen.

Danksagung

Es wird ganz Deutschland einstmals Stalin danken.
In jeder Stadt steht Stalins Monument.
Dort wird er sein, wo sich die Reben ranken,
Und dort in Kiel erkennt ihn ein Student.

Dort wirst du, Stalin, stehn, in voller Blüte
Der Apfelbäume an dem Bodensee,
Und durch den Schwarzwald wandert seine Güte,
Und winkt zu sich heran ein scheues Reh.

Wenn sich vor Freude rot die Wangen färben,
Dankt man dir, Stalin, und sagt nichts als: «Du!»
Ein Armer flüstert «Stalin» noch im Sterben
Und Stalins Hand drückt ihm die Augen zu.

Johannes R. war Kultusminister, und er hat gelitten an seiner Aufgabe, wird gesagt.

Nartum   So 6. März 1983

Am Vormittag ging ich im Garten spazieren, immer rundherum. Eine Runde dauert drei Minuten. Mit Ölkreide habe ich auf größere Steine die Namen der Familie geschrieben, also KF. und R. und Hildeg. und auch Robert. Ich habe sie neben den Rundweg deponiert, als Gedächtnisaufforderung. Renate hat auf einen Stein «Phylax» geschrieben, daß ich an den auch mal denken soll. – Die Katzen begleiten mich manchmal ein Stück, auch die Hunde. Daß Vögel wegfliegen, wenn ich komme, beleidigt mich.

*

1990: *Die Steine habe ich sehr bald wieder weggenommen. Nach der zehnten Runde fiel mir zu «Hildeg.» nichts mehr ein. – Sehr störend sind die mich anfliegenden «Ohrwürmer».*

Sobald ich aus dem Haus trete: Zack! fliegt mich eine Melodie an, meist die Nußknackersuite oder «Holidays for Strings». Der Ohrwurm verläßt mich erst wieder, wenn ich reingehe. «Phylax» war unser altdeutscher Schäferhund, ein liebes, etwas grauenerregendes Tier.

Wahlparty mit Dierks', Pastors, Hinrichsens und Frase. Wie zu erwarten war, hat Kohl die Wahl gewonnen. Es gibt unter all meinen Bekannten und Freunden nicht einen einzigen, der für die CDU ist. Im Grunde ist es ja egal, trotzdem wundert es mich. Die SPD bietet doch auch nicht gerade ein makelloses Bild. Diese unverhohlene, ja diebische Freude, wenn Kohl auftritt. Der ist für sie so eine Art komische Figur: Nächste Nummer Dick und Doof, alles, was er sagt, ist «irre», und *wie* er es sagt! Wie er schon aussieht, und eine neue Brille hat er sich machen lassen und die Haare anders schneiden. Diese totale Ablehnung eines Politikers ist irrational und fordert meinen Widerspruch heraus. Die Deutschen wollen einen Zuchtmeister, der sie anschreit und verachtet (wie Schmidt), einen Asketen, der Tacheles redet, sie können mit pfälzischem Gemüt nichts anfangen. – Ich erlaubte mir in unserer Runde die Frage, wen sie denn sonst als Kanzler akzeptierten? Da war dann Schweigen. Seine Vertrauensseligkeit wird ihm vorgeworfen – Strauß imponiert ihnen mit seinen Bosheiten mehr. Mir nicht!

Das höhnische Getue, das die SPD jetzt an den Tag legt. Sie sollten lieber Selbstkritik üben: Die Finanzen ruiniert (für immer!), und die Frage sei erlaubt: Wo ist das Geld geblieben? Da wird man später nicht sagen können: Seht, sie haben uns zwar ruiniert, aber sie haben Tempel gebaut, die Jahrtausende überdauern.

Kohls Kabinett macht allerdings einen grauenhaften Eindruck. Zum Teil hat er Leute zusammengekratzt aus der Vor-Brandt-Zeit. Dollinger! Daß er 3000 Kilometer Autobahn bauen will, hat er sofort verkündet. Dem Interviewer blieb die Spucke weg.

Manche Linken sehen im CDU/FDP-Sieg so eine Art Machtergreifung. Sie denken (hoffen?), daß schon bald die ersten Konzentrationslager eingerichtet werden, damit sie endlich mal Recht kriegen. Hysteriker verkünden, das seien die Zeichen an der Wand, man müsse seinen Paß in Ordnung bringen lassen und Geld in die Schweiz transferieren. Nun gehe gewiß bald das Emigrieren los.

1990: *Inzwischen ist die Staatsverschuldung noch erheblich gestiegen. Ich will mir mal erklären lassen, wie das weitergeht, das kann doch nur in einer allgemeinen Geldentwertung enden? – In irgendeiner Zeitung hat gestanden, daß ein Staat nicht bankrott gehen kann, weil er soundso viele Grundstücke besitzt. Am besten ist es wohl, man besitzt selbst Grundstücke.*
Zur Wahl: Niemand hätte sich träumen lassen, daß unter Kohl die deutsche Einheit wiederhergestellt wird. Und wer hätte gedacht, daß inzwischen in der DDR eine CDU-Regierung ans Ruder gekommen ist!

Nartum / Thedinghausen Mo 7. März 1983

Thedinghausen, Lesung. Ich las den Anfang vom «Neuling». Die Zurückstoßungen, die der Spätestheimkehrer in Hamburg erlebt. Eine realistische Variante zu «Draußen vor der Tür».
Ein Herr wollte wissen, ob damals in Hamburg nicht doch jemand existiert hätte, der mir meine ersten Schritte in der Freiheit erleichtert hat.
Ein anderer fragte: «Warum haben Sie gesessen?»
Ich sagte zu ihm: «Wenn ich nun eine alte Frau ermordet hätte – wie peinlich wäre die Frage dann jetzt für uns alle.»
Im übrigen ist es mir tatsächlich mal passiert, daß ich auf diese Frage sehr gereizt (Kempowski ist schwierig!) geantwortet habe: «Wegen Mord.» – «Ich auch», sagte da der Mann. Es waren die frühen siebziger Jahre, und bei ihm handelte es sich um den Alibikriminellen, mit dem sich die Gesellschaft schmückte. Man hielt sich einen Mörder. Ich selbst war nur durch Zufall auf der Party, galt nicht als Alibi für irgendwas. Der ehemalige politische Häftling zählte nicht, weil er «andersrum» war.

*

Hildegard 1961

Heute vor zwanzig Jahren brachte ich Hildegard für ein halbes Jahr ins Krankenhaus, sie war ganz weit weg, wollte an Kennedy schreiben und solche Sachen. «Endogene Psychose» wurde das genannt, und der Arzt machte ein bedenkliches Gesicht. – Ich saß mit den beiden Kindern in der Küche und wußte nicht, was ich machen sollte. Renate gab ich zu den Schwiegereltern, und KF nahm ich zeitweilig mit in die Klasse, weil niemand ihn beaufsichtigen wollte (Vollbeschäftigung!). Dort saß er still im «Heck», im Laufstall also, und hörte zu, wie ich den Schulkindern den Kreislauf des Wassers beibrachte. Ab und zu schmiß er einen Bauklotz in die Klasse. – Morgens und abends Windeln und all diese Geschichten, und gleichzeitig mußte ich mich auf die zweite Lehrerprüfung vorbereiten.

Der Schulrat, dem ich davon Meldung machte, sagte: «Ihnen bleibt auch nichts erspart.» Der Bürgermeister legte mir sozusagen die Hand auf die Schulter. Der Schwiegervater sagte: Wenn ich mich jetzt scheiden lassen wollte, das könnte er verstehen.

> Seemannsgarn hängt in den bunten Schlingen –
> Papier, das sich im Fasching dreht,
> ein Wolkenpaar, das mir aus schwarzem Himmel
> als Engel gegenübersteht.

Das Gedicht spiegelt die schwierige Situation, in der ich mich damals für einige Monate befand: Aber das war nichts gegen die grauenhaften Visionen, von denen Hildegard geschüttelt wurde. Speziell mit der Sprache hatte sie ihre Probleme, sie drehte alle Wörter um und sah daraus Unheil. Daß zum Beispiel das Wort «ein» umgedreht «nie» lautet, bezog sie auf Gott. Eine Einheit mit Gott gäbe es nie. Der Ortsname «Oberneuland» (wo die Klinik war) wurde in «Jerusalem» umgedeutet.

1963: *Man kann sich mit Hildegard völlig normal unterhalten, aber dann stößt man plötzlich an eine Grenze, es «hakt» aus, und sie geht ihre un-vernünftigen Wege... Wenn ich sie besuche, scheint sie ganz «normal» zu sein. Sobald wir über die Sache sprechen, bezieht sie alles in ihr System ein. «Goethe ist auch Gott», sagt sie, und sie meint, daß Gott nach Ostern, wo der Weltuntergang kommt, sterben muß. «Wenn wir bloß nicht bestraft würden für das Gute, was wir getan haben.» Sie meint, aller Schmerz, den die Menschheit je durchgemacht hat, komme hier in einem Augenblick zusammen und daure ewig.*
Auf den Läufer vor ihrem Bett darf ich nicht treten, da sei der Teufel drin. In allem Schwarzen und Roten sei der Teufel. Die Kombination von Rot und Blau erträgt sie auch nicht.
Sie trug mir auf, Notproviant für die Kinder zu besorgen, wegen des Weltuntergangs.

Ein besonderes Kapitel war die finanzielle Seite dieses Unglücks. Die Versicherung stellte nach vier Wochen die Zahlungen ein, und im Lehrerverein (Gewerkschaft!) wurde ich gefragt, ob das auch wirklich stimmt, daß Hildegard krank ist. Falls es stimmt, will man mir fünfzig Mark geben. – Wenn ich nicht zufällig einen größeren Betrag vom Lastenausgleich bekommen hätte (für den von den Engländern nach dem Krieg versenkten Dampfer «Friedrich»), dann hätten wir uns für Jahre verschuldet.

Hildegard mit Renate, Frühjahr 1963

*

Lit: Wollte heute das George-Gedicht von «Eppich und Ehrenpreis» mal wieder lesen und stieß in dem Buch auf die Zwischenüberschrift: «Waller im Schnee». Mußte sehr lachen.

*

TV: Auf meinem Ruderapparat versonnen rudernd, sah ich einen Film über die Atombombe, die Situation auf dem Bikini-Atoll. Sogenannte Eingeborene, in flatterndem Hawaii-Hemd berichteten davon, daß ihnen damals kein Mensch reinen Wein eingeschenkt hat. Die Rigorosität der Amerikaner ist wirklich staunenswert.

1990: *Mit der Panama-Sache haben sie Glück gehabt. Das war ein Banditenstück zum denkbar günstigsten Zeitpunkt. Menschenverluste 1000:1, ein stolzes Ergebnis. Die Panamesen freuen sich angeblich darüber.*

Nartum Di 8. März 1983

In der Nacht flogen Hunderte von Wildgänsen über unser Haus nach Nordosten.

*

Heute ist es 35 Jahre her, daß ich verhaftet wurde. Morgens um sechs Uhr kamen sie. Ich weiß noch, daß ich ins Klo ging und mich erbrach. – In so einer Situation würde man Schläge nicht spüren, die Lähmung erstreckt sich auch auf das Unwillkürliche. In der Zelle habe ich am ganzen Leib zitternd auf meiner Pritsche gelegen. Das Zittern ließ sich nicht unterdrücken. – Bei den Offizieren, oben, im Untersuchungsbüro, stritt ich alles ab, unten bei einem kleinen Unteroffizier löste sich meine Zunge ziemlich sofort.

1990: *Bienek hat von Gorbatschow seine Rehabilitierung verlangt. Ich könnte mich nicht rehabilitieren lassen. Das hieße ja, etwas von der damaligen Einstellung zurückzunehmen. Ich* *habe doch ganz bewußt gegen die Russen gearbeitet! Die westdeutschen Behörden müßten mich rehabilitieren, die mich damals als Kriminellen einstuften. Eines Tages wird man vielleicht mal die Akten einsehen können. – Der Anstaltsleiter in Bautzen behauptete jetzt bei meinem Besuch, die Akten seien nicht mehr vorhanden. Die wollte er mir wohl wegen der «Beurteilungen» nicht zeigen.*

Lit: «Die Sterne sind Zeugen», von Bernard Goldstein. Ein großartiges Buch über das Leben im Warschauer Ghetto; ich habe es nun schon dreimal gelesen.

Nartum / Melle Do 10. März 1983

Lesung in Melle. Velle, nolle, malle. Ich sollte für meine Fibel werben. Eine Versammlung überbeanspruchter Lehrer saß an den Tischen, trank Bier und rauchte gegen die Decke: Nun soll er mal was zeigen. Dazwischenhin eilten die Kellnerinnen. Alles sehr sonderbar. Ich bin der große Aussteiger, und deshalb lehnen sie mich ab.
Fibel: Eine Junglehrerin entrüstet sich darüber, daß die Fibel-Mutter kein Auto hat. Und: sparen? Nur die Mutter soll sparen? Der Vater nicht? Und wieso soll die Mutter das Öl bestellen, wieso tut der Vater das nicht?
«Er ist zu stolz», sagen sie über mich. «Es geht nicht mit ihm.» Im Grunde alles ganz liebe Leute. Wie ich! Musil spricht von $2 \times 2 = 4$ Menschen. Auch wie ich! Als «Niedrigstirnige» würde *ich* sie nicht bezeichnen (V. Woolf).
Am Abend saß ich dann allein in der Gaststube des Hotels und aß Rührei. Am Nebentisch sprach ein Mann über seine Heimorgel: Die Rhythmusgruppe *treibe* so, da könne er gar nicht mit Gefühl spielen. Hinter mir gluckste ein Aquarium. Tickhaft skandierte ich: velle, nolle, malle. Das war wie ein Defekt im Gehirn.

1990: *Noch zu 1963. Hildegard kam in die geschlossene Abteilung. Ich besuchte sie zweimal die Woche, saß an ihrem Bett,* *und sie schwieg und guckte an die Decke. Und wenn ich weggehen wollte, hielt sie mich zurück. – Einmal hab' ich ihr im Pavillon Klavier vorgespielt. – «Das ist mein Knast», sagte sie. Ohne die dämpfenden Medikamente «Atosil» und «Phasein forte», gegen die heut' überall angemeckert wird, lebte sie längst nicht mehr.*

Nartum / Hamburg Mo 14. März 1983

Auf der Fahrt nach Hamburg sah ich sechs Störche in der Luft.
Ich mag Autobahnen an sich ganz gern. – Nachts, wenn der Wind von Osten weht, höre ich sie. Wanderers Nachtlied fällt mir zwar nicht dabei ein, aber der geschäftige Lärm hat auch etwas Beruhigendes an sich. Wenn sie erst einmal totenstill daliegt, wenn sie nicht mehr brüllt, wenn Gras auf ihr wächst (Arno Schmidt), dann wird es aus sein mit uns. Dann wird es auch keinen Verein mehr geben, der sie denkmalschützerisch erhält. Ein paar Radfahrer werden auf ihr zu sehen sein und ein einsames, mit Holz beladenes Pferdefuhrwerk.
Nachtfahrten, wenn man die Autobahn ganz für sich allein hat.
Ich habe es immer bedauert, daß auf den deutschen Autobahnen kein Einlaß bezahlt werden muß. Man würde ein anderes Gefühl haben bei der Benutzung. Der fehlende Einlaß irritiert mich.

*

«Frühling läßt sein blaues Band wieder flattern durch die Lüfte», steht auf der Einkaufstüte, die eine Frau vor mir herträgt.

*

Lesung in der Freien Akademie. Ein Kellerraum unter der Kunsthalle. Ich sah Drebitsch unter den Zuhörern. Offenbar war er wegen der Verfilmung des «Neuling» gekommen. Merkwürdigerweise habe ich Angst vor ihm. Ich denke immer, ich mache was falsch und verspiele die Chance meines Lebens. Auch Fechner war da.

Ein Herr stellte sich als Rektor der Universität Hamburg vor. Ob ich im Winter Gastvorlesungen halten wolle? Thema egal.
Auch eine mittlerweile wohl neunzigjährige Tante erschien vorm Pult. Sie machte mir aber keine Szene, daß ich die Familie in den Dreck gezogen habe oder so was, nein, sie habe nichts übelgenommen, sagte sie. – Gott sei Dank! Es werden also keine Flüche auf mein Haupt geschleudert.
Hinterher Irritationen wegen des Honorars, auf das ich mich gespitzt hatte. Als Akademiemitglied muß ich natürlich alles kostenlos machen. Ärgerlich!
Die sogenannte Diskussion ergab keine neuen Aspekte. Ob ich ein «Mitspracherecht» (was für ein sonderbares Wort!) bei den Verfilmungen gehabt habe. Nun, dies gab mir Gelegenheit, mich in aller Öffentlichkeit bei Fechner zu bedanken. Irgendwie ist das Ei zwischen uns kaputt, und daß er den «Neuling» macht, ist vielleicht gar nicht wünschenswert. Eine nochmalige wochenlange Zusammenarbeit würde ich wohl nicht ertragen.

※

Des Bieres – kundig eingeschenkt –
wahrhaftig mächtig voll.

※

Von einem Soziologieprofessor wurde erzählt, daß er ein Kind adoptieren will, aber keins kriegen kann, weil es partout ein Arbeiterkind sein muß.

※

Eine Zukunftsbefragung ergattert:

Zukunft?
Erfolgreich möchte ich sein. Ich hoffe, daß ich das schaffe, was ich mir vorgenommen habe. – Wie es in 30 bis 40 Jahren aussehen wird? Ich glaube noch genauso wie jetzt.
Studentin (Volkswirtschaft) *1966

※

In der Nacht nach Hause gerast. Die Hunde standen am Fenster und erwarteten mich; sie nehmen das Auto schon lange vorher am Geräusch wahr. Im Zuchthaus waren wir auch so feinnervig wie Tiere. Ich konnte hören, wenn der Posten an der gegenüberliegenden Seite des Ganges den Spion in der Tür hochschob.
In Schwerin waren die Gucklöcher mit *zwei* Klappen bedeckt. Eine große, durch die man den Gefangenen, so daß er es merkt, in aller Seelenruhe beobachten konnte. Sie hatte ein winziges Loch in der Mitte, das mit einer zweiten Klappe bedeckt war. Der Posten ließ die große fallen, und der Gefangene konnte sich dann in Sicherheit wiegen und denken: So, nun geht er weg! Aber durch die zweite Klappe wurde er weiterhin beobachtet. Das war eine List, die nur bei blutigen Neulingen verfing.

1990: *Im «Hohlspiegel» (Spiegel 13, 1990) haben sie einen Auszug aus dem DDR-«Merkbuch für Strafvollzugsangehörige» veröffentlicht:*
Horchkontrollen dürfen nicht bekannt sein und Strafgefangenen bzw. Verhafteten auch im Ergebnis nicht bekannt werden... Maßnahmen: Geräuschloses Verhalten und Bewegen durch zweckmäßige Fußbekleidung! Unterdrückung des Hustens und Niesens. Zweckmäßige Abhorchstelle wählen – an Rohrdurchführungen, Be- und Entlüftungs- sowie Toilettenanlagen. Keine dem Bereich fremden Gerüche verbreiten (nicht rauchen, Verwendung von Parfüm, Rasierwasser und anderes vermeiden).

Hildegard hatte mir einen Zettel hingelegt mit einem Gruß. Das tut sie öfter, und ich freue mich darüber, aber morgens vergesse ich es zu erwähnen.

Nartum Mi 16. März 1983

Gestern haben die Maurer mit dem Turm angefangen. Sie haben das bereits vorhandene Fundament von Unkraut befreit. Die Ytongsteine werden mit einer Säge zugeschnitten. Noch kann ich über die runde Mauer hinwegsehen.
«Verdammt trockne Luft», sagen die Maurer, ich schleppe Bier.

Der Turm wächst aus dem Nichts. Eine fabelhafte Idee nimmt Gestalt an. Niemand wundert sich darüber.

Telefon: Eine 93jährige Frau rief an, sie hätte von ihren Eltern eine Erfindung geerbt, die auf einen kriegsgefangenen Franzosen zurückginge, von 1870/71, der dafür die Freiheit erlangt habe: Diese Erfindung, die bisher unter Verschluß gehalten worden sei, wolle sie nun preisgeben. Es handle sich um ein Geduldsspiel, das sie selbst in fünf Minuten schaffe, ihre Nichte allerdings in vier. Die Erfindung sei besonders für die minderbemittelten Stände gedacht, die damit beschäftigt werden könnten. Sie selbst wolle pro verkauftem Stück eine Mark haben. Das Geld komme in einen Kasten und werde an arme Kinder verteilt.

Lit: Mit Rührung in der Stuttgarter Hölderlin-Ausgabe die «Spätesten Gedichte» gelesen.

Nartum Do 17. März 1983

T: Ich werde von den Amis gefangengenommen und in ein Lager nach Amerika gebracht. Hier treffe ich einige Kinder, die ich in Breddorf unterrichtet habe, als gefangene Volkssturmkinder wieder. Sie schreiben nach Haus, daß sie nun mit ihrem Lehrer zusammen sind.

*

Telefonat aus Wien mit einem weinenden Mann. – Eine Köchin aus Bremen, sie will mir mal was Gutes kochen.

*

Am Nachmittag kam dann eine schweigsame Berufsschulklasse. Ich zeigte das Haus und stellte ein paar Fragen. Sie wußten nichts von mir. Der Besuch sollte wohl ein Betriebsausflug sein. Wir schweigen uns minutenlang an. – Eine der Schülerinnen auf meine Frage, was sie werden will: Kauffrau. Was die deutsche Sprache so alles hergibt! – Warum ich ihnen das Haus gezeigt habe, wollten sie wissen.

Kein Hinsetzen ohne nochmaliges Aufstehen. – Das nächste Jahr muß ein Jahr der Ruhe werden – so geht es nicht weiter.

*

TV: Im Fernsehen eine Talkshow, in der sich Menschen gegenseitig anschrien. Es ging um den Frieden.

TV: «Dazwischen liegt nur der Atlantik»: Drei Besatzungskinder (Frauen) suchen ihre Väter. Ob er einen Herrn Brown kennt, fragt eine der Frauen den Barkeeper in einem Restaurant. – Ja, das kommt ihm so vor, als ob er den kennt, sagt der Mann. Die eine findet ihren Vater dann tatsächlich, und der ist gar nicht so begeistert darüber. Eine sehr merkwürdige Sache, offensichtlich arrangiert! Und die Damen haben mitgemacht. – Wer hätte nicht damit zu tun, daß er seinen Vater sucht. Und niemand hat ihn je gefunden.

Lit: Weiter mit Hölderlin.

> Die Schönheit ist den Kindern eigen,
> Ist Gottes Ebenbild vielleicht...

Ich suchte Kinderfotos heraus und klebte sie auf Spezialkarton, und dann schrieb ich unglaubliche, allerspäteste Zeilen darunter:

> O! Welche Freude haben die Menschen...

Nartum Fr 18. März 1983

T: Ich träumte, ich sei achtzig und meine Brüder und Schwestern, Kinder und Frau «achteten mich für gering». Ich war rasend vor Wut und schrie schließlich sehr laut: «Dieses Wort will ich nicht wieder hören!» Es handelte sich um das Wort «Buchsbaum», und damit war ich gemeint. In der Buchs (Hose) ein Baum (Penis). Ich sei ein Buchsbaum. Vielleicht lehnte man mich als senilen Lüstling ab?

«Die Schönheit ist den Kindern eigen,
Ist Gottes Ebenbild vielleicht...»

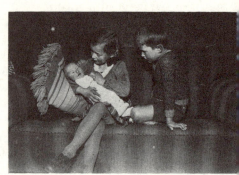

«... Ihr Eigentum ist Ruh' und Schweigen,
Das Engeln auch zum Lob gereicht.» (Hölderlin)

Heimsuchung durch einen Bautzen-Kameraden, dem ich leider sehr viel, wenn nicht gar mein Leben verdanke. Ein Acht-Stunden-Besuch, ich weiß nicht, wie ich das überstanden habe. Ab und zu mal aufstehen und sich recken. Und aalglatt bleiben, damit er sich nicht erhitzt. Das Schlimmste war noch, daß er dauernd über «die da oben» schimpfte. Ob er mich damit meinte? Und dann gab er mir zu verstehen, daß ich ein Nichts für ihn bin und ihm nicht imponieren kann.
Hildegard löste mich zeitweilig ab, nach erprobter Manier, und ich schmiß mich halbe Stunden auf mein Bett und schlug mir vor die Stirn.
Selbst beim Verabschieden konnte er sich nicht losreißen. Stand endlos in der Tür. Dies noch und das noch und: Kennst du den und kennst du den? Und zwischendurch klappte er den Teppich mit dem Fuß auf, ob der echt ist. Es war schrecklich. Als er dann endlich abgefahren war, sanken Hildegard und ich uns in die Arme. Wir hatten Dankestränen in den Augen.
Die Kameradschaft in Bautzen – schade, daß es nicht gelingen will, die menschliche Qualität ins «Leben» hinüberzuretten. Vielleicht, weil sie sich damals in der Gegenwart bewährte, heute hingegen nur noch von einer Vergangenheit lebt, die es nie gegeben hat.

1990, Mitte März: *Ich konnte der Versuchung nicht widerstehen, das Wiedersehen mit dem «Gelben Elend» in Bautzen von einem Fernsehteam filmen zu lassen. Cherry Duyns, der holländische Regisseur, verschaffte die Besuchsgenehmigung, außerdem brachte er Façon in die Sache. Indem ich ihm alles erklärte, sah ich genauer hin.*
Kommt noch hinzu – was ich vorher nicht wissen konnte –, daß die Gespräche mit Duyns eine heilende Beichte für mich waren. Durch sein fast manisches Interesse an mir war ich gezwungen, alles auszusprechen, was sich in mir festgesetzt hatte. Gerade weil er als Holländer mit meiner Vergangenheit eigentlich nichts zu tun hatte, war er der geeignete Gesprächspartner.

Bautzen im März 1990. Die Staatsgewalt nahm mich noch einmal in die Mitte.

Irgendwann kommt der Tag, an dem ich den Laden hier dichtmache. So wie die beiden Schwestern in den USA werden wir leben, von Konserven. Niemandem die Tür öffnen und nie wieder das Haus verlassen.
Einstweilen kann von solchen Entrückungen keine Rede sein. Das Neueste ist, daß mir eine Urlaubsreise droht, Hildegard will mit mir unbedingt nach Burgund fahren. Sie hat sich schon den DuMont-Reiseführer gekauft und steckt Tagesrouten ab. Da nichts dagegen zu machen ist, entschließen wir uns, fröhlich zu sein. Sagen wir getrost: juchhe!

*

TV: Film über Kriegsverbrechen der Alliierten im Westen. Die Sache mit dem Freiluftzoo auf den Rheinwiesen. Noch 1948 verbrannten die Amerikaner Lebensmittel, die sie nicht aufessen wollten oder konnten, das habe ich in Wiesbaden selbst gesehen. Andererseits, und das vergessen wir auch nicht: Die Carepakete und der Marshallplan.

Nartum   Sa 19. März 1983

1969: *Mutters Tod. «Sind alles Kinder...», waren ihre letzten Worte.*

✳

Reisevorbereitungen: Endlose Telefonate, Kunstbände, Karten. Auto waschen. Noch überwiegt Unternehmungslust. Am liebsten würde ich gar nichts einpacken, sondern einfach losfahren. Was man braucht, kann man sich ja unterwegs kaufen. Noch lieber würde ich zu Hause bleiben.
Als Lektüre (zum Entziffern) habe ich mir ein Tagebuch aus dem Ersten Weltkrieg eingepackt, das mir eine Dame nach einer Lesung übergab. Es sind drei kleine Notizbücher, die in einem feldgrauen Futteral stecken. Autor ist ein Vizefeldwebel R. Junge aus Rudolstadt.
Motto:

Meine Mutter

> Wir wollen sein ein einig Volk von Brüdern,
> In keiner Not uns trennen und Gefahr.
> Wir wollen treu sein, wie die Väter waren,
> Eh' in den Tod, als in der Knechtschaft schmachten.

Wie fremd ist uns heute eine solche Einstellung, «Knechtschaft», was für ein Wort. Und doch: Ich gehöre zu einer Generation, für die das Vaterländische noch ein Phänomen ist.

✳

Der Turm wächst. Er wird von innen aufgemauert.

※

Am Abend klingelte es: Ein junger Mann steht vor der Tür (omnia secum!), Oberschülertyp, offensichtlich unter Alkohol. Ob er mich mal sprechen kann. Er ist aus Bremen herbeigetrampt und denkt, wir könnten ihm helfen. Offenbar Rauschgift oder Alkohol, oder beides.

Ein Tower in des Wortes dreifacher Bedeutung

Allerlei christliche Argumente gehen mir durch den Kopf: Von Lazarus zum Samariter hin und zurück. Und: Diesen Menschen kannst du doch nicht im Stich lassen... Hildegard brachte ihn gleich nach oben, er soll sich erst mal richtig waschen, dann kommt er wieder zu Kräften.
«Ja, erst mal waschen», sagte er.
Wir saßen wie auf Kohlen – wenn wir schon mal verreisen wollen! – Das Auto gepackt in der Garage. Ich mußte an Sigrid denken, die damals den Selbstmordversuch bei uns machte. Andererseits: Was haben wir in Frankreich verloren?
Gegen Mitternacht steht er plötzlich auf und geht.

Speyer/Rhodt So 20. März 1983

Am Mittag waren wir in Speyer und aßen dort in einem Café eine sogenannte Hühnerpastete. Schon von fern die heroische Silhouette des Doms: «Da drüben wohnt der Bamberger Reiter», dachte ich. Die Bewunderungsgeräusche Hildegards brachten mich in eine schwierige mimische Lage, als ob der Dom mir gehört, und ich muß das runterspielen.

> ...Mitten aus dem Tiefland der oberdeutschen Rheinebene wächst da dieses von Riesenhand geformte Quaderwerk empor und beschattet höchste Gipfel umgebende Parks, draußen vor der Stadt, nah dem ebenbürtigen Rhein, der nirgends deutscher ist als hier. Lateinisches Kaisertum deutscher Nation! Der Kaiserdom, eine sakrale Wehrburg der weltlichen Macht, wo deutsche Wucht sich einte mit Italiens Glanz. Hier steht nicht ein einzelner Mann hinter dem Ganzen, das Kaisertum ist es, für das der Dom den Zeitgenossen schon als Sinnbild galt.

Dies schrieb 1922 ein konservativer Enthusiast namens Rave. Höchste Gipfel umgebende Parks: Wie weit haben wir uns von dieser Ausdrucksweise entfernt. Und doch: etwas von der Gesinnung, die dahinter sitzt, habe ich bis heute nicht ablegen können, etwas Vaterländisches. Das wird immer dann aktiv, wenn andere dagegen verstoßen.
Vor kurzem ging ich mit einer Studentin durch eine Kirche. Sie wunderte sich darüber, daß die Figuren so komische Attribute in der Hand halten: Ein Rad? Was soll denn das? – Die Grundlagen unseres «christlichen Abendlandes», ohne die unsere Kultur überhaupt nicht zu verstehen ist, gibt es nicht mehr. Sie sind perdu! Im Konfirmandenunterricht hören sie mehr über Israel und die Palästinenser als über Hiob und Johannes. Was die Apokalypse ist, keine Ahnung! Sie (wir!) werden sie kennenlernen.

1990: *Die vollen Kirchen in der DDR: Das war kein Wiederaufleben des Glaubens. Die vielen Kerzen, die überall angezündet wurden, ließen eher auf ein Bedürfnis nach Seelenbalsam schließen. Innerlichkeitsbrausepulver.*
Der SED-Staat wurde nicht durch brennende Kerzen und Gewaltlosigkeit gestürzt, er fiel in sich zusammen, weil er reif war. Die Flüchtlinge waren es, die den Popanz anstießen und zu Asche zerfallen ließen. Die Flüchtlinge waren die Revolutionäre.

Während wir in dem Café saßen, ich überlegte noch, ob ich Stefanie herantelefonieren sollte, der ich im Januarseminar nachts – ziemlich angeberisch – Klavier vorgespielt hatte... «Höchste Gipfel umgebende Parks»! kamen Kinder vorbeimarschiert, eine Art Karneval, als Tiere verkleidet, ein langer Zug. Eine Gruppe stellte einen Lindwurm dar, bemalten Nessel über die Schultern geworfen (Kopf durchgesteckt), hinten klöterte ein Dosenschwanz. Eine Gruppe Marienkäfer, Harlekine: lauter bunte Flicken schuppenartig übereinander. Offenbar wurde der Umzug von verschiedenen Schulen veranstaltet. Hildegard notierte sich einiges, zur späteren Verwendung. Wir kamen uns ganz schlecht vor, weil es in Norddeutschland solche Ursitten nicht mehr gibt.

1990: *Später erfuhren wir, daß dies nichts «Bodenständiges» gewesen ist, sondern von den Lehrern und von der Stadtverwaltung aus Fremdenverkehrsgründen initiiert.*

Die Ausmaße des Kaiserdoms wirkten noch eindrucksvoller auf mich durch ein murkshaftes Paar, das grade getraut wurde. Die beiden kleinen Menschen in dieser riesigen Kirche – das Bild löste in mir Vergleiche aus mit der Zeit der großen Kaiser des Mittelalters, von der allerdings nur deren Glanz nachzuvollziehen ist.

1990: *Um die Geschichte sichtbar zu machen, müßte man die 100 000 Demonstranten von Bonn in Gips nachgießen und stehenlassen auf dem Hofgarten, für alle Zeit, so wie die Armee des chinesischen Kaisers.*

Im Andenkenladen kaufte ich ein kupfernes Modell des Doms. Die Verkäuferin, offenbar eine Studentin, dachte, ich wollte sie verklapsen. Das sei doch nicht ernst gemeint, daß ich das haben will? fragte sie.
Ich kaufte bei ihr außerdem noch eine Broschüre, aus der hervorging, wie schweinemäßig sich die Franzosen im 17. Jahrhundert benommen haben. Der Einfall in die Pfalz, alles anzünden, schafft auch Unsterblichkeit. Was denken die französischen Touristen, wenn sie sich vor dem Heidelberger Schloß fotografieren lassen? Gibt es überhaupt französische Touristen? – Triumphierend zeigte ich Hildegard die Zeichnung des zerstörten Doms, so, als ob sie der

Meinung gewesen wäre, Franzosen seien zu so was nicht fähig. Die «Verbrannte Erde», Ludwig XIV., 1689, Mainz, Worms, Heidelberg!

Der von den Franzosen halbzerstörte Dom

Zu Pfingsten 1689 zündete ihre Brandfackel auch die blühende Reichsstadt Speyer an allen Ecken an. Drei Tage fraß die Flamme verheerend durch die Straßenzüge, dann erfaßte sie auch den Kaiserdom. Der sengenden Glut erlag alles, was brennen konnte. Von der furchtbaren Hitze barst auch ein Teil der Gewölbe. Sie stürzten ein. Andere wurden eingeschlagen. Im Königschor zertrümmerten Marodeure die Monumente, hoben den Boden aus, zerbrachen die Gräber, entehrten die ehrwürdigen Gebeine und raubten die Beigaben der Toten. In die hochragenden Reste der Pfeiler, der Apsis und der Türme waren schon tiefe Löcher gebohrt und Sprengminen angelegt, da kam der Befehl zu raschem Abzug (Klimm).

Obwohl schon zur Hälfte abgebrochen, errichtete man den Dom in alter Form. Kaum war das geschehen (1778), da kamen schon wieder die Franzosen, plünderten Stadt und Kirche,

... zerschlugen und verbrannten die Altäre und machten aus dem Gotteshaus bald Speicher, bald Lazarett, bald Magazin für Holz, Stroh, Salz und Kriegsmaterial (Klimm).

Napoleon beschloß den Abriß des Doms, nur die Vorhalle sollte stehenbleiben und zum Triumphbogen des Imperators ausgestaltet werden.
Wir sahen uns draußen, das Buch in der Hand, die deutlich helleren Quader des wiederaufgebauten Mauerwerks an. Hier draußen war dann auch zu besichtigen, was nicht mehr zu besichtigen war: der Kreuzgang und die Pfalz. Jetzt steht das riesige Gebäude ziemlich nackt in der Gegend. Nur noch die Ostpartie zeigt, wie herrlich die ganze Anlage mal gewesen sein muß.

In einer Seitenstraße fanden wir einen «Flohmarkt», ein altes Theater oder Kino, Bühne und Kronleuchter sind noch zu sehen. Bis zur Decke Gerümpel, fast alles unbrauchbar. Wir kauften von dem offenbar angetrunkenen Besitzer eine aus Zinkblech geformte Turmspitze für die Laube. Hildegard suchte sich eine weiße Terrine aus, die sie «schon immer mal haben wollte».

※

Am Nachmittag waren wir dann in Rhodt zu einem Weinfest. Nana hatte uns eingeladen. Im gesamten Ort wurde das Straßenpflaster aufgenommen, Haufen von Pflastersteinen, wir brauchten eine Zeit, bis wir das Haus fanden. Lustige Leute in einem Hof, für mich Norddeutschen schwer zu ertragen. Ich bin anders eingestimmt, B-Dur statt A-Dur. So hatten wir denn auch keinen Anteil an der Gesellschaft, die den sauren Wein trank als sei das Nektar. – Wir waren Außenseiter, und das drückte auf die Stimmung. Hinzu kam, daß ich den Wein nicht vertrug und nicht einsehen konnte, daß ich auf einer harten Bank im Eingang einer zugigen Garage sitzen soll, wo wir doch in Nartum ein so schönes Haus besitzen.
Ein Tischnachbar erzählte ganz interessant von Polen. Das muß ja unvorstellbar sein dort. – Mir fielen sofort Archivsachen ein, immense Nachkriegsquälereien. Das erleichterte es mir, mich abzukehren von den Sorgen dieser Leute. Geschichtskenntnisse führen dazu, daß man schließlich überhaupt nicht mehr weiß, was man tun oder denken soll. Alles wird relativiert.
Eine Engländerin wollte unbedingt ein Böckelmann-Buch geschenkt haben. Warum sie es sich nicht kauft – der Mann ist Chirurg –, ist schwer zu verstehen. Schon vorher und hinterher wurde dauernd davon geredet, daß sie so hübsche Töchter hat. Du meine Güte! Es gibt so viele Menschen mit hübschen Töchtern. Wenn ich all denen Bücher schenken soll...
Daß die Besucher unbedingt immer etwas haben wollen von mir! Ich hatte 1981 in den Blendax-Werken mit dem Bundespräsidenten und anderen honorigen Leuten eine Veranstaltung zugunsten von «Lesen». Da waren die Gäste auch ganz jiperig auf kostenlose Zahnpasta.

Chalon-sur-Saône Mo 21. März 1983

Ruhige Fahrt von Straßburg bis Belfort. Guten deutschen Bohnenkaffee aus der Thermosflasche und Brote mit Vitam R. Wir sahen uns Straßburg absichtlich nicht an («Was wir verloren haben...»), weil wir ja nach Burgund wollen.
Die Autobahn war absolut leer. Ich fuhr strikt meine hundert, weil ich annahm, die Geschwindigkeit würde an der Mautstelle kontrolliert werden: «Was, jetzt sind Sie schon da? Für diese Strecke braucht man doch mindestens die doppelte Zeit!» Und dann greifen sie zum Telefon und holen die Polizei. Meine Hände zitterten, als ich das Geld aus dem Fenster reichte: Die alten Phobien kommen ganz automatisch.
Mit der Polizei kriegten wir es dann tatsächlich zu tun, wir wurden gestoppt und umstellt. Ein Offizier und zwei Mann, mit Maschinenpistolen. Wir mußten aussteigen.
Ich: «Pourquoi?»
Keine Antwort, nur: «Schnell, schnell, schnell!»
Alle Koffer öffnen, sie wurden durchwühlt, im Auto die Sitze hoch. Ich wollte den Namen des Offiziers wissen, der Mann reagierte nicht. Dann fuhren sie plötzlich und ohne ein Wort der Entschuldigung fort, grußlos, ohne irgendwas. Ich wäre am liebsten sofort wieder nach Hause gefahren. Welcher Teufel hat uns geritten, in Frankreich Kirchen ansehen zu wollen?

*

1990: *Als ich das erste Mal wieder in meiner Zelle stand, hatte ich keine Angst. Sie hätten die Tür ruhig schließen können. Es war so, als ob mich das alles nichts mehr anging. Die Phobien haben sich von den Realitäten abgelöst und in Symbolen eingenistet. Jeder Lift hat für mich bedrohlicheren Charakter als eine Zelle, jede Besenkammer kommt mir gefährlicher vor als der Stehkarzer. Das alte Zuchthaus lag da wie ein abgetakeltes Schlachtschiff. Und es war mir fast so, als täten wir etwas Ungehöriges, als wir es betraten.*

In Chalon kamen wir gegen 17 Uhr an. Das Hotel war schwer zu finden. Ein Herr erklärte uns den Weg auf Deutsch. Er blieb stehen und sah hinter uns her, ob wir auch die richtige Abbiegung nehmen. – Mir kam das glorreiche Jahr 1940 in den Sinn. Intensive Schuldgefühle. Was hatten wir in diesem Land zu suchen?
Royal-Hotel, zwei Zimmer, altmodische Betten. Mal sehen, ob hier Wanzen sind.
Abends im Restaurant des Hotels schön gegessen. Mit der Welt in Einklang.

*

Im französischen TV endlose Diskussionen über einen Punker. Der saß dabei als ein ganz normaler Mensch.

Lit: Das Tagebuch des deutschen Kriegsfreiwilligen von 1914. Er ärgert sich über die Zuchtlosigkeit seiner Kameraden, die in den Dörfern Hühner und Eier requirieren. – Da sich das dann bekanntlich noch einmal wiederholt hat, ist es klar, daß die Franzosen uns nicht lieben. Das wäre ja auch noch schöner!

Chalon-sur-Saône   Di 22. März 1983

Lange, sehr bequeme und geruhsame Sightseeing-Fahrt: Tournus – Mâcon – Cluny – Tournus. Winzige romanische Kirchen in den Dörfern. Vor einigen Jahren seien sie noch dem Verfall preisgegeben gewesen, wurde uns gesagt.
Tournus: Die Abtei St. Philibert. Die fabelhaften dicken Türme am Eingang. Das Innere total leergeräumt, es wirkt so, als

Ein eigenartiger Türbeschlag

ob das Gebäude auf dem Grund des Meeres steht, Vineta. – Dem heiligen St. Philibert sei es eine Herzensangelegenheit gewesen, Sklaven freizukaufen, steht in der Begleitschrift. (So wie der sogenannten «Kohl-Regierung» politische Gefangene aus der DDR).

Ich sah mir sein bräunliches Gebein an, ohne etwas zu empfinden. Leider bekam ich wieder Zahnschmerzen und war daher gezwungen, mich draußen vor der Kirche auf eine Mauer zu setzen. Ich studierte im DuMont-Führer, was sich Hildegard inzwischen in natura ansah. Im Devotionaliengeschäft gab es kein kupferfarbenes Modell der Kirche, aber kleine Heiligenfiguren aus Gips, bunt bemalt, ganz originell.

*

Von Cluny war ich bis zum Ekel enttäuscht. Verrückterweise dachte ich, das Ganze steht noch, und in jeder Straßenkurve dachte ich: Nun taucht es bald auf, das himmlische Jerusalem, und ich sagte dauernd zu Hildegard: Also jetzt freu dich, jetzt sehen wir gleich die Wiege des Abendlandes. – Und dann diese kümmerlichen Reste! – Es tröstete uns nicht, daß die Franzosen also auch mit ihrer eigenen Kultur vandalisch umgegangen sind. – Den Rest der Ruine sollten sie man auch noch in die Luft sprengen: Die Fleischergesinnung der Bürger braucht nicht dokumentiert zu werden, die kennen wir. Was nützt es uns, daß auch Napoleon die Barbareien der Revolutionäre bedauert hat. Und Raddatz: «Wo gehobelt wird, fallen eben Späne? In einer Revolution rollen die Köpfe?» Hier in der Nähe liegt auch das berühmte Taizé, wo junge Menschen sich mystischen Orgien hingeben, Leute, die keine Lust mehr zum Denken haben.

*

Erschöpft wieder im Hotel, wo wir ein wunderbares Filetsteak aßen. Im Grunde haben wir nur wenig Erhebendes gesehen. Einzelne Erhabenheiten machen eher traurig.
Bedrückt.
Die Verwahrlosung in den kleinen Städten und Dörfern, und alles menschenleer. «Provinz», wie es die hier in Frankreich gibt, kennen wir in Deutschland eigentlich gar nicht. Es lebe das föderalistische System!

*

Lit: Weiter in dem Tagebuch von 1914. Die Einschließung von Namur, das Durcheinander bei den deutschen Truppen. Erschießung von französischen Zivilisten, die aus dem Hinterhalt die Deutschen überfallen haben.

Chalon Mi 23. März 1983

Heute fuhren wir nach Dijon in einem komfortablen Eisenbahnzug. Ich dachte an Rommel, wie der hier mit seinen Panzern durch die Gegend gebraust ist.
Die Fassade von Notre-Dame mit den Fratzenköpfen. In der Buchhandlung hatten sie nichts darüber. Ich fotografierte, ließ es dann aber, weil ich mir zu touristisch vorkam. Außerdem denk ich immer, daß das Fotografieren eine ähnliche Wirkung aufs Gestein hat wie saurer Regen.

*

1990: *Sehr merkwürdig ist es, daß ich zwar bei meinem Besuch in Bautzen so ziemlich jeden Stein fotografierte – Duyns meint, ich hätte die objektivierende Wirkung der Kamera gebraucht, um meine Gefühle unter Kontrolle zu halten –, daß aber die Hälfte der Filme unbrauchbar ist. Ich hatte sie falsch eingelegt. – So ähnlich ging es mir in Kahlberg, auf der Frischen Nehrung. Dort hatte ich in der Nähe des Bunkers, neben dem mein Vater umgekommen ist, ein Fläschchen mit Seesand gefüllt, das ich dann sofort verlor.*

Zu Mittag setzten wir uns in ein Lokal, in dem Geschäftsleute ihre Fischsuppe löffelten. Ich kam mir recht deplaziert vor. Als touristischer Glotzonkel zwischen Menschen, die ihrer Arbeit nachgehn. Und außerdem mußte ich immer denken: Sie haben den Einmarsch der deutschen Truppen erlebt. Daß sie uns hier nicht rausschmeißen, ist ein wahres Wunder. – Die ekelhafte Zurschaustellung von Fischen und Krebsen in Bassins, die dann «lebendfrisch» serviert werden. Besonders widerlich die Hummer, denen man die Scheren mit Tesafilm gefesselt hat. Die Gefühllosigkeit der Köchinnen.

Regen, Zahnschmerzen.
Am Abend wieder im Hotel gegessen. Das Tonband, das sie hier abnudeln, könnten sie auch mal wechseln.
Ungewohnt das Fehlen von Cafés, in denen man Kuchen essen kann. Ich würde lieber heut als morgen nach Hause fahren, ich habe hier im Grunde ja gar nichts zu suchen.

∗

Lit: Das Tagebuch von 1914. Der Autor wird plötzlich nach Rußland versetzt. Seine ganze Division wird nach Osten in Marsch gesetzt. Heute wissen wir, daß das der Grund war, weshalb die Marneschlacht verlorenging. – Er requiriert zwei Pferde und einen Wagen und fährt mit den Rucksäcken seiner Kameraden hinterher, in der Nacht, ohne Karte. Geht mit der Taschenlampe vorweg, die Franzosen, auf dem Wagen, folgen ihm. Und dann die Schwierigkeiten, die französischen Bauern mit ihren Pferden wieder loszueisen, in Deutschland, daß sie wieder nach Hause können. – Sehr fair geschrieben, anschaulich und kummervoll zu lesen.
Da sind die Äpfel, die Ernst Jünger 1940 den französischen Gefangenen reichen ließ, ein rechter Trost.

Chalon Do 24. März 1983

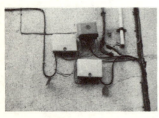
Eine Hauswandstudie

Autun, Vézelay. Straßen leer, Dörfer leer, wie ausgestorben, kein Mensch zu sehen, Fenster und Türen verrammelt. In den Kirchen den Heiligen die Köpfe abgeschlagen, auf den Grabplatten den Königen die Augen ausgekratzt. Allen, ohne Ausnahme! Es muß doch auch *ein* Gerechter unter der «herrschenden Klasse» gewesen sein? Ein Volk von Herostraten.
Auch wenn man sich klarzumachen versucht, in welchem Zusammenhang das geschah und was das wohl für Blindgänger gewesen sind, die das gemacht haben, SA-Typen vermutlich, so ist das alles

doch sehr niederdrückend. Um mir so etwas anzusehen und um entsprechende Erkenntnisse zu sammeln, brauche ich nicht nach Frankreich zu fahren. Ich konnte es nicht ertragen und weigerte mich schließlich, die Kirchen zu betreten.
Hildegard hatte es schwer mit mir. Sie erzählte, daß Touristen in der Kirche einander gefragt hätten, ob das da draußen nicht Kempowski sei? Das richtete mich wieder auf.

*

Am Abend wechselten wir das Restaurant, weil wir die Speisekarte durchhatten und die Tonbandmusik nicht mehr hören wollten. Wir landeten in einem frühlingsweiß gestrichenen Lokal, in dem junge Männer ihre Freundinnen bettbereit machten. Das Essen war recht gut. Gottlob fiel mir erst hinterher die Beschreibung einer unappetitlichen französischen Hotelküche von Görres ein.

*

In der Nacht halfen wir zwei deutschen Mädchen, mit dem öffentlichen Telefon zurechtzukommen. Sie ließen sich ohne weiteres helfen, waren aber beleidigt, daß wir sie als Deutsche erkannt hatten. Ich neige dazu, aus einer gewissen Treuherzigkeit heraus, Landsleute im Ausland zu grüßen. Das haben die deutschen Landsleute aber gar nicht gern. So national sie sich in Bergisch-Gladbach auch gebärden, hier wollen sie unerkannt bleiben. – Da sind mir die selbstbewußten Amitouristen mit ihren Texashüten auf dem Kopf lieber. Und: Ich habe immer Sympathie gehabt für Leute, die in Barcelona Eisbein mit Sauerkraut essen wollen.

Chalon   Fr 25. März 1983

Brionnaise – Semur Chorlieu – Anzy-le-Duc.
Morgen Heimfahrt.
Wir tauschten Geld und beobachteten, wie Straßenarbeiter mit Motorsägen eine große Platane stutzten. Die Neugier war international, die Vorsicht, mit der uns in der Bank das Geld ausgezahlt

wurde, übrigens auch. Da gibt es Warteintervalle. Die tippen die Summe ein, dann muß man warten, und dann kommt das Geld aus dem Keller per Rohrpost. Wie da die Bankräuber wohl auf Kohlen sitzen!

Karlsruhe Sa 26. März 1983

Wir fuhren über Colmar zurück. Unterwegs kauften wir eine große Tonvase für den Garten, eine Art Weinkrug mit Deckel, und vier alte vollplastische Zinnfiguren, irgendwelche Grafen darstellend, denen man nicht die Augen ausgekratzt hat.

✻

Colmar: Der Isenheimer Altar. Die Bilder stehen ganz ungeschützt da. Man kann darauf warten, daß ein Idiot sie mit Salzsäure zerstört. Vor dem Gekreuzigten habe ich mich als Kind immer so gefürchtet! Ich hatte extra ein Lesezeichen in das Buch gelegt, damit ich ihn nicht zufällig aufschlage. – Meine Andacht wurde dadurch beeinträchtigt, daß junge Menschen einander zeigten, daß da drüben Kempowski steht und sich den Isenheimer Altar ansieht. Also: ein Gesicht machen wie der Bundespräsident, wenn ihm neue Melkmaschinen vorgeführt werden. Oder: wie Walter K. aussieht, wenn er den Isenheimer Altar betrachtet.

✻

Am Abend waren wir in Karlsruhe bei Nana. Ah! Deutsches Geld! Sie wollte uns was Gutes tun und lotste uns ins Elsaß, in ein bestimmtes Lokal, in dem es phantastisches Essen geben sollte. Also wieder zurück nach Frankreich, und es war widerlich! Alles, was miserabel sein kann, war auch miserabel, und Hildegard wurde – wie häufig in solchen Fällen – sofort schlecht. Wie kann man auch Muscheln essen!
Auch die Fahrt selbst war ein Fiasko: Um drei Kilometer zu sparen, verfuhren wir uns in ödestem Fabrikgelände.
Eine idiotische Unternehmung, aber lieb gemeint.

Lit: Sofort einen «Spiegel» gekauft und nach alter Sitte von hinten angefangen zu lesen.

Nartum So 27. März 1983

Frankreichtour: Bergauf, bergab, Kirchen angucken, über das Essen meckern, sich schämen. Weniger anstrengend, als zunächst angenommen, obwohl ich erheblich mit meinen verschiedensten Gebresten zu tun hatte: Husten, den ich sonst überhaupt nicht kenne, dazu Atemnot, Kopf-Zahnschmerz und schließlich, noch dazu kommend, Zahnschmerz der alten Art rechts unten. Die Ärzte sagen: Da ist nichts.
Die Entfernungen waren enorm, obwohl wir uns nur im Burgundischen bewegten. Deprimierend, überall die abgeschlagenen Köpfe in den Kirchen.
Die Jahreszeit war günstig gewählt. Kaum Touristen.

*

Zu Hause sah ich mir sofort den Turm an: Das ist nun schon ein Turm. Da haben die Leute später etwas, was sie kaputtschlagen können.
Im Garagenkabuff entdeckten wir ein Schlaflager. Ob Michael da gehaust hat? Die Nachbarn scheinen nichts gemerkt zu haben. Peinlich. Wir sind völlig ratlos, auch P. weiß nicht, was man da machen soll. Wir können doch nicht die Polizei anrufen. – Hildegard will in Zeven neue Gartengeräte kaufen. Wenn Michael wiederkommt, will sie ihm damit die Gartenar-

Der Turm bei unserer Rückkehr

beit schmackhaft machen. Daran soll er irgendwie gesunden. Ich bin da skeptisch.

*

Merkwürdig im Deutschen der Zusammenhang zwischen den Wörtern «reisen» und «Krieg machen» (die «Reisigen»). Auch daß wir synonym die Wörter «bekommen» und «kriegen» benutzen. So was fällt den Ausländern natürlich sofort auf. Das ist für sie ein gefundenes Fressen.

*

TV: Ein hübscher Film über Wellensittiche. Ich mußte an Putzi denken, der hier bei mir in meinem Arbeitszimmer hauste. Er lief mir über das Papier, wenn ich schreiben wollte, schob mir den Bleistift zur Seite. Und wenn ich: «Komm Putzi!» rief und den Mund öffnete, setzte er sich auf meine unteren Zähne und pickte an meinem Goldzahn herum. Nur noch der Schwanz guckte raus. Ich fürchtete immer, mich zu verschlucken.

1990: *Über dpa kam im Januar die Meldung, der erste Trabi sei in Paris gesichtet worden. – Wie die Ossis wohl ausschwärmen werden in diesem Sommer, «Reisewelle» ist gar kein Ausdruck. Sie schwärmen in den Westen, wir schwärmen in den Osten, die einen gucken zu Boden, die andern in die Luft. Ein allgemeines Geschwärme. Würstchen mit Kartoffelsalat. Das kommt bestimmt dem Frieden zugute und der Völkerfreundschaft.*
Wo sind nur all die kleinen FdJ-Mädchen geblieben?

Lit: Den Zeitungshaufen abgearbeitet. Hätte ich auch bleiben lassen können. Zum zweitenmal Jünger «Gärten und Straßen»:

«Für sehr bedeutsam halte ich, daß sich trotz der Eile des Vormarsches immer Leute finden, die sich die Zeit nehmen, in den Fenstern der verödeten Häuser absurde Gegenstände zur Schau zu stellen – ausgestopfte Vögel, Zylinderhüte, Büsten Napoleons III., Probierpuppen und ähnliches.» (27. Mai 40)

April 1983

Nartum Di 5. April 1983

T: In der Nacht träumte ich, daß Hildegard im Haus (es war die Augustenstraße in Rostock) drei alte Männer untergebracht hätte, ich wurde wütend, weil ich gar nicht wußte, wo ich arbeiten sollte, sie kümmerte sich nicht um meine Proteste, und ich überlegte, wie ich die Greise aus dem Haus schaffen könnte. Zwei von ihnen spielten, im Bett liegend, miteinander Skat, ein dritter inspizierte unser Silberzeug. Schließlich pinkelte ich aus Protest ins Bett, schrie und schimpfte, überlegte sogar, ob ich alles hinschmeißen und das Haus verlassen soll.

*

Das Osterfest im Schoß der Familie, mit angemalten Ostereiern am Weidenkätzchenstrauß: Auch bei diesem Fest hält sich ein letzter Rest an «Brauchtum», vermutlich weil sich Ostern kunstgewerblich vermarkten läßt. Das Osterfeuer dient heute der Bevölkerung dazu, alte Autoreifen und Sperrmüll loszuwerden.

*

Im Zuchthaus, genauer gesagt im Kirchenchor, war die Osterzeit immer besonders auferweckend. Ich übertrug den Auferstehungsgedanken unbewußt auf die Hoffnung, bald die Gruft verlassen zu dürfen. Zeitweilig versuchte ich mich damals an einem durchkomponierten Satz des Hymnus «Christ ist erstanden von der Marter alle...», ließ es aber bleiben, weil das Mittelalterliche der Melodie dadurch verlorenging. (Außerdem war es sau-schwer.)

*

KF und Marion waren gekommen, um leise vor sich hinzustreiten, auch Renate, Robert und Friederike. Wir besichtigten die Bau-

«Onkel Robert»

stelle: «Sehr schön», sagte Robert, was so viel bedeutet wie: Na, du mußt wissen, was du tust.

Dann stellten wir uns vor, wie das wird, wenn wir im Turm sitzen und Rotwein trinken.

Im Rohbau ist der Turm jetzt fast fertig. Der Maurermeister hat ihn während unserer Frankreichtour mit dem Lehrling zusammen aufgemauert. Um die Rundung hinzukriegen, hat er sich eine einfache Konstruktion ausgedacht: Innen, auf dem Fußboden, genau in der Mitte steckt eine Latte mit Bindfaden, das ist sein Zirkel.

«Und was wollen Sie mit dem Turm?»

Einer der Arbeiter hat vorgeschlagen, innen eine Treppe anzubringen, der Wand angepaßt, dann könne man oben rausgucken. – Ich wüßte nicht, was es da zu gucken gäbe. Außerdem sehe ich den Turm mehr als eine Art Verlies.

1990: *Aus Lübeck (Burgkloster) eine Zellentür zu beschaffen, mißglückte leider. Ich hätte eine bekommen können, aber die Maße stimmten nicht mit dem Turmstutzen überein. Außerdem war Hildegard dagegen. Sie dachte wohl, daß ich da irgendwelche einsiedlerischen Exerzitien beabsichtige.*

Zum «Neuling»: Der Titel wird vom Verlag abgelehnt. Man besteht auf meinem Ersatzvorschlag «Herzlich willkommen!». Das ist ein Allerweltstitel, den sich niemand merken kann. Ich hatte ihn mir irgendwann einmal notiert, ich glaube in Wiesbaden, vor zwei oder drei Jahren, wo ein Spruchband mit «Herzlich willkommen!» über die Straße gespannt war (Ärztekongreß) und unter «Titel» abgelegt. Da ruhen noch einige brauchbare Buchideen.

1990: *Der «Tynset»-Effekt, der bei T & W so gut funktioniert hat, ist den Verlegern suspekt. Ein rätselhafter Titel zieht natürlich viele Leser an, weil sie wissen möchten: Was bedeutet das? Noch heute fragen mich die Leser: Was bedeutet eigentlich Tadellöser & Wolff? – Die «Hundstage» sollten eigentlich*

«Sozusagen Sowtschick» heißen. Das wurde mir ausgeredet. – Einen guten Buchtitel zu machen, ist so schwer wie ein gutes Gedicht. Frau Hildesheimer sagte übrigens, sie hätten sich den Ort Tynset «natürlich nie angesehen», sie seien bei einem Norwegenbesuch extra drum herumgefahren.

Die Friedensbewegung. Die guten Leute trotten von Stadt zu Stadt, um gezählt zu werden. Das halten sie für Zivilcourage, und die Russen freuen sich darüber. Ich würde gerne mitlaufen, wenn uns das was nützte! Aber der Friede, den sie propagieren, ist Unterwerfung unter die Sowjets, und das wäre selbstmörderisch. Aus unserm Haus würden sie sofort eine Tagesstätte machen, und dazu brauchen wir diese Leute nicht, das können wir selber. – Ich habe ein tiefsitzendes Unbehagen gegen das Wort «Bewegung». Im Grunde werden die Menschen durch die mangelnde Überzeugungskraft ihrer Argumente zusammengetrieben: Sie wollen erdrücken (und niederschreien) statt argumentieren. Ein bißchen Remmidemmi ist auch dabei. Sie demonstriert wahnsinnig (irre) gern, sagte mir mal eine Studentin.
Es wäre etwas anderes, wenn unsere Volksvertreter nicht frei gewählt wären. Dann *müßte* man auf die Straße gehen, dann müßte man vielleicht sogar Bomben werfen. – Wer heute behauptet, daß die Bundesrepublik eines der freiesten Länder der Welt ist, erntet Lachsalven.

※

Das Archiv wächst jetzt langsamer, die Einsendungen tröpfeln nur noch. Das ist im Grunde erfreulich, denn so komme ich mit dem Lesen nach. Eine Notiz im «Tagesspiegel» hatte vorübergehend einen sprunghaften Anstieg bewirkt. – Auf die Dauer werde ich die vielen, sich mehrenden Ordner nicht in meinem Arbeitszimmer unterbringen können. Um einen Anbau kommen wir nicht herum. Neulich wollte eine Dame ihre Einsendung wiederhaben, wir haben gesucht wie die Verrückten, nichts zu finden! Ich sah mich schon vor Gericht stehen, schwerstens angeklagt, da stellte sich heraus, daß die Dame mir die Biographie unter ihrem Mädchennamen eingesandt hatte.

Zwei junge Männer setzen einen Zaun um unser Grundstück. Mal sehen, was das Dorf dazu sagt, und wie die Hunde darauf reagieren. Denen werden wir das wohl kaum schmackhaft machen können. Gräßlich der Gedanke, sie könnten harmlose Spaziergänger wutschäumend hinter dem Zaun begleiten. – Wir pflanzten 3000 Tannen, das Stück zu 30 Pfennig. Nun haben wir Gratischristbäume bis an das Ende unserer Tage.

*

Überflüssige, kraftzehrende Besuche. Wenn die Menschen wenigstens nach dem obligaten Kaffee wieder gingen, aber nein, sie bleiben Stunden und saugen mich aus, es ist fast so, als wollten sie irgendwelche Energien von mir abzweigen für sich. Wenn ich in Hamburg beim Verleger bin, dann setzt der mich nach einer Stunde ja auch an die Luft. Steht auf, und das heißt eben: Nun reicht's. Und ich muß hier in Nartum alles aussitzen! Unerträglich! Manchmal löst Hildegard mich ab, Schichtwechsel sozusagen. Und das Leben verrinnt. Wenn es wenigstens noch Menschen wären, die sich mit meinen Büchern befaßt hätten. Sie bieten literarische Gestikulationen und setzen eine Kennermiene nach der andern auf, aber kaum einer hat je etwas von mir gelesen. Es wäre ja herrlich, wenn mal jemand käme und mir ein paar Impulse zurückgäbe, die von mir ausgegangen sind. Mit dem würde ich mich mit Freuden zusammensetzen. Herrlich, wenn sie mir einen Fehler unter die Nase reiben. Statt dessen: «Ah – so? Sie haben sich bei Ihren Büchern was gedacht?» Und: «Kriegen Autoren nicht irgendwelche Freiexemplare?» und dann wollen sie obendrein noch ein Buch geschenkt haben! – Neulich hat ein Leser geschrieben, meine Bücher kämen ihm vor wie ein Meer voll Plankton. Das hat mir gefallen, der hätte ruhig mal kommen können. Und aus Friedrichsdorf bei Frankfurt kriegte ich einen Brief, in dem mir ein Student mitteilte, an seiner Schule habe es in den siebziger Jahren eine Tadellöser-Fan-Gruppe gegeben, deren Mitglieder monatelang in Knickerbockern zur Schule gingen, weißer Schal, Hut, Staubmantel, Schlips. Mädchen hätten sich übrigens nicht daran beteiligt. – In Helmstedt hat es mal einen Mädchenklub gegeben, dessen

Mitglieder sich «Tante Silbi» oder «Ulla» nannten, usw. Mit Poesiealbum und Kaffeekränzchen. – Typisch für die Schule, daß sie auf diese, doch an Literatur gekoppelte Begeisterung der Schüler nicht einging.

Ich möchte mal ein paar Tage faulenzen, leider weiß ich nicht, wie man das macht.

*

Lit: Über Beethoven (Solomon). Das Erhabene und das Lächerliche. – Das Buch enthält zahllose mir unbekannte Fakten. So zum Beispiel, daß Beethoven über die Addition hinaus nie rechnen gelernt hat. Über die Höhenphantasien, die Dierks bei mir registriert hat, steht auch was Interessantes in dem Buch:

In der Phantasie ersetzt das Kind einen oder beide Elternteile durch erhabene Stellvertreter. Freud stellt fest, daß diese Phantasie in den Wachträumen auch gewöhnlicher Menschen weit verbreitet sei und bei den kreativen und hochbegabten noch intensiver und dauerhafter ans Licht trete (S. 38).

Demnach ersetzte ich den gefallenen Vater in meinen Erhöhungsträumen durch Berühmtheiten. In der Tat träume ich ausschließlich von berühmten Männern, niemals von Frauen.

Einem Kind (kann) die Phantasie des Familienromans leicht von der Mutter eingepflanzt werden, vor allem, wenn sie von der Ehe enttäuscht ist, ihren Mann in Gegenwart des Kindes herabsetzt und glaubt, einen würdigeren Ehemann verdient zu haben (S. 39).

Auch das war der Fall in meinem Elternhaus. Zu den Standardauftritten an der Mittagstafel gehörte es, daß meine Mutter von August C. erzählte, den sie eigentlich habe heiraten wollen, und der, wie sie meinte, so sehr viel besser zu ihr gepaßt hätte.

Nartum   Mi 6. April 1983 Regen

Heute früh kam ein Herr vom Verfassungsschutz. Er wollte ein Leumundszeugnis für einen ehemaligen Bautzener, der in der Tat durch alle möglichen Unternehmungen die Aufmerksamkeit der Behörde herausgefordert hatte: Im Zuchthaus betrieb er aus Hobbygründen russisch, dann wurde er als einzelner plötzlich entlassen, aus heiterem Himmel (niemand sonst wurde amnestiert), keiner konnte sich das erklären. Hier draußen besuchte er als Beamter Russischkurse, immer einen nach dem andern, buchte eine Kreuzfahrt auf einem sowjetischen Schiff, und jedes Jahr fährt er zu einer (Erb-)Tante nach Potsdam. Diese Verkettung ist wirklich etwas sonderbar, und da kann man den VS verstehen, daß er sich darum kümmert.

Der Lotse geht an Bord des «Consul»

Nachdem der amtliche Teil des Besuchs erledigt war, rückte der Herr damit heraus, daß sein Vater in den zwanziger Jahren ein Freund meiner Mutter gewesen sei. Sein Vater sei sogar mal mit unserem Dampfer gefahren, und er legte mir Fotos hin, die ihn zeigen, wie er auf unserm «Consul» steht und in die Ferne guckt! Es geschehen noch Zeichen und Wunder.

Der Smutje zeigt einen Hummer

Als der Verfassungsmann sich am Telefon anmeldete, kriegte ich Herzklopfen: Bautzen war wieder gegenwärtig!

*

1936 machten wir eine Ferienreise mit dem «Consul» von Stettin nach Königsberg. Am Hafen sah ich einen Arbeiter mit großem Messingring im Ohr. In Erinnerung ist mir auch noch, daß starker Seegang herrschte (ich übergab mich laufend), daß Ulla in den Steward verliebt war, und daß es Spiegeleier gab, die im Fett buchstäblich schwammen.

Die widerlichsten Nachrichten über die Lieferung geheimer amerikanischer Techniken an die UdSSR durch deutsche Firmen! Brechreiz. Zu der Naivität der Ostermarschierer nun noch die Charakterlosigkeit der Unternehmer. Einziger Trost: Sie werden da drüben in ihrer Schlampwirtschaft alles verschlampen, so wie sie es mit den Reparationswaren gemacht haben, nach 1945. Maschinen abgebaut und in Sibirien verrotten lassen.

*

Heute vormittag wurde das Dach des Turms geschüttet. Ein fahrbarer Betonmischer mit spiralenartiger Bemalung kam. Überall in Deutschland kurven diese Dinger herum und überall wird Beton für die Ewigkeit geschüttet, aber nichts Ewiges entsteht!

*

Noch ist der Turm «blind»

Am Nachmittag fuhr ich nach Hamburg und besuchte mit Knaus zusammen Frau Quadflieg, die uns ihre fragwürdigen, etwas dünnblütigen Böckelmann-II-Entwürfe zeigte. – Nun ja, es wird eben ein zweiter Band. – Auf der Hinfahrt erzählte Knaus von Siegfried Lenz, daß der wahnsinnig umständlich Auto fährt, riesige Umwege macht usw. Ich kann mir Lenz als Autofahrer gar nicht vorstellen. Schifferklavier spielend schon eher.

1990: *Ehrlich gesagt, mir gefielen schon die Illustrationen zu «Böckelmann I» nicht. Ich sehe Bö. eher als cholerischen Menschen, der an zu hohem Blutdruck leidet. Bei Frau Quadflieg ist er ein dünnblütiger Greis.*

*

In Hamburg hatte ich ein sonderbares Taxierlebnis: Ich stieg ein und war schon auf das Schlimmste gefaßt, da sagt der Fahrer: «Tag, Walter!» Es war Ralph Dieck von Saal 3. Er hat mir bestätigt, daß der Taxifahrer verpflichtet ist, die Musik abzustellen, wenn man es wünscht. Beim Trinkgeldgeben hatte ich Hemmungen, er nahm's, was ich sehr kameradschaftlich fand.

Lit: Im Beethovenbuch weiter.

Die Komposition patriotischer Kriegslieder in den Jahren 1796/97, die Widmung des Septetts an die Kaiserin Maria Theresia im Jahr 1800, die Improvisation über «Gott erhalte Franz den Kaiser» im April 1803 – aus ihm spricht anscheinend kein freier, aufbegehrender Geist, sondern ein dem Staat treu ergebener Bürger.

Ich habe irgendwo gelesen, daß es Ende vorigen Jahrhunderts eine Publikation gab, in der sämtliche Anstreichungen abgedruckt sind, die Beethoven in seinen Büchern vorgenommen hat. Knaus sollte das nachdrucken! – Ich finde manchmal Anstreichungen, die ich vor Jahren mal für nötig befand, und ich kann die Beweggründe überhaupt nicht mehr nachvollziehen.
(Hildegard: «Ja, die sind manchmal ganz schön blöd.»)

Nartum / Hannover   Do 7. April 1983

T: Ich sitze auf einem kleinen Scheiterhaufen und zünde Hölzer an, um mich selbst zu verbrennen! Ich will kein Märtyrer sein, sondern ich tue das, weil ich meine Arbeit getan habe, ich kann mich in Luft auflösen.

*

Ich war in Hannover bei Häußermann von der «Hannoverschen Allgemeinen». Ich möchte, daß er eine Zeitungsnotiz über unsere Literaturseminare bringt. Wir saßen in der Kantine und aßen Kartoffelmus mit Bratensoße. Ich hatte die ganze Zeit über den Eindruck, Häußermann hoffte inständig, daß ich bald abhaue.

In Hannover kann ich nicht landen. Da werd' ich irgendwie nicht geführt. An der Universität besteht an meinem Archiv keinerlei Interesse (ob ich Willi Bredel mal kennengelernt hätte, wollte ein Doktorand wissen).
Vom allmählichen Aufkeimen des Verfolgungswahns.

*

Dann fuhr ich zur Sitzung der Niedersachsen-Jury in der Prinzenstraße. Eine Art Gerichtssitzung: Gott sei Dank war ich nicht der Angeklagte. Zwei Tassen Nescafé und drei Bahlsenkeks. Kesting, der enorme Rasierwunden an der Backe hatte, und Promies, der Editor der phantastischen Lichtenberg-Ausgabe, in der ich gerade lese. Er ist auf sehr spezielle Weise gekleidet und hat alle Rundschreiben der Jury – die ich immer sofort wegschmeiße – sauber abgeheftet. Die Gutachten, die er abgibt, sind kleine zierliche Kunstwerke. – Kesting hat sich vor einigen Jahren im «Spiegel» einen unglaublichen Ausfall gegen Thomas Mann geleistet. Es ist nicht zu fassen, wie unterschiedlich literarische Urteile ausfallen können.

1990: *Die zurückgewiesenen Autoren erfahren nicht, warum man sie abgelehnt hat. Das ist eigentlich nicht gut! Aber wer sollte die Gutachten schreiben! Das würde ja Wochen dauern, und die Gutachten könnten dann womöglich angefochten werden. Gerichte würden sich einschalten. Also keine Gutachten. Aber zumindest sollte man ihnen hin und wieder das Positive in ihren Ms. anstreichen, mit «gut!» an der Seite versehen oder: «Weiter so!» Oder meinetwegen: «Kopf hoch!» Vielleicht würde sie das anspornen? Wenn ich daran denke, wie brutal Raddatz damals mit mir umging! Brutal ist gar kein Ausdruck. Brutal, aber hilfreich.*

Danach bin ich noch in die Stadt gegangen und habe Schallplatten gekauft, die Orchesterfassung von op. 131 von Bernstein. Eine junge Frau wurstelte neben mir in den Platten herum und sah mich freundlich an.

«Na», sagte ich, «wollen wir 'ne Tasse Kaffee trinken?»
«Ich hab' doch keine Zeit...»
In der Notenabteilung kopierte ich in aller Eile Schlagertexte, die ich für das «Lexikon»-Projekt brauche. «Bei dir war es immer so schön...» Die Idee, sie dort abzudrucken und ernsthaft wie Lyrik zu interpretieren.
Allerhand Bettler sitzen an den Häuserwänden: «5 Pfg. für Essen», «Entl. Häftling ohne Bleibe». Manche haben einen Hund bei sich. Verschiedene Kategorien, Wermutbrüder, Süchtige, aber auch Tramper und Leute aus der DDR. – Von orientalischen Frauen mit Säugling auf dem Arm wird man angerempelt. Sie zeigen eine Bescheinigung vor, daß sie arm sind. Der Mann wartet um die Ecke in einem Mercedes, heißt es. – Was an diesen Menschenkindern auffällt, ist das Unsensible. Laufen einem nach und reden und reden. Lästig! Bedrohlich!

1990: *Zur Bettelei: In Danzig half ich mir damit, daß ich mich bekreuzigte. Es waren Zigeunerinnen, die mir einen Portemonnaie-Trick zeigen wollten, daß also hinterher mehr Geld drin ist als vorher. Sie ließen sofort ab von mir, als ich das Kreuz schlug, und eine rief: «Halunke!»*

TV: Wer hat Angst vor Virginia W. – Sehr gelacht über Sandy Dennis. Es traut sich heute keiner mehr, von dummen Frauen zu sprechen. Gombrowicz mit seiner «dummen Prinzessin» ist unvergessen. Von Hildegard stammt der schöne Satz: «Frauen sind immer noch dümmer als Männer, die dumm sind», den ich hier mit allem Vorbehalt zitiere.

Lit: Weiter in dem Solomon-Buch über Beethoven: Daß er sich mit seinem Bruder geprügelt hat und die Geschichte «von seiner Festnahme durch die Wiener Polizei, weil er in fremde Fenster geschaut und wie ein Landstreicher ausgesehen hatte».

In Wein- und Speiselokalen feilschte er mit den Kellnern um den Preis jeder einzelnen Semmel oder bat um die Rechnung, ohne etwas verzehrt zu haben. Auf der Straße gestikulierte er wild, sprach laut und lachte schallend, so daß Karl sich schämte, mit ihm gehen zu müssen, und Passanten zu verstehen gab, es handle sich um einen Verrückten (S. 293).

Und daß er in der Wirtshausrunde meist das große Wort geführt habe, ziemlich anhaltend, wie auf gut Glück «ins Blaue hinaus». – Ich las Hildegard die Stelle vor, und da meinte sie: «Das tust du auch.»

Nartum   Fr 8. April 1983

Am Vormittag Post gemacht. Abstoßende Ferienprospekte, Angebote zur Geldanlage und:

      Wir gratulieren Ihnen, Sie haben gewonnen!

Wenn man sich meldet, um seinen Gewinn einzustreichen, kriegt man einen Plastikfingerhut geschenkt und ist für ewig in einer Verteilerliste drin. – Hildegard hat mal einen Verrechnungsscheck weggeschmissen, weil sie dachte, das sei ein Reklame-Lotterielos.

*

Gegen Mittag kamen drei Jünglinge aus Bochum, mit Vater: «Jungens, nun guckt euch mal alles schön an!» Sie könnten als Zeugen präsentiert werden, wenn wieder mal behauptet wird, jüngere Menschen interessierten sich nicht für meine Bücher. Wer die Jugend hat, hat die Zukunft, wird gesagt. Ich denke da anders: Mir macht die Vorstellung Freude, daß eine Frau von – sagen wir – 36 Jahren, abends wenn sie nach Hause kommt, sich auf mein Buch freut. Sie ist mein Zuhörer, für sie schreibe ich. Ich sehe sie vor mir! 36 Jahre alt ist sie, geschieden, ein Kind. Sie schreibt mir einen Brief, den sie aber nicht abschickt. Leider!

*

Wenn man Jugend dazu bringen will, bestimmte Bücher zu lesen, dann schließt man sie am besten weg. Wir reagierten auf Lektürevorschläge der Eltern überhaupt nicht.
Wie sie hinter der Jugend hergeilen. Ich sehe Herburger noch vor

mir, wie er versuchte, Kindergartenkindern seine Belehrungsmärchen vorzulesen und sich auch noch dabei filmen ließ! – Oder Härtling: «Ist die Bücherverbrennung schlimm? Ja? Findet ihr das auch so schlimm?» Man stelle sich vor, die hätten nein! gesagt. Wie die dann wohl angeglotzt worden wären.

*

Bei zunehmendem Kopfschmerz einen Mittagsschlaf versucht, vom Telefon gestört. Eine Dame meldete mir, daß sie einen Roman geschrieben hat und nun einen Verleger sucht. Ich soll das Ms. lesen und ihr eine Beurteilung abgeben.
Das Telefonat hatte immerhin sein Gutes, ich schreckte aus einem Traum hoch, den ich mir daher merken konnte: Ich träumte, ich sei ein General in weißer Uniform, mit hohem Kürassierhelm, Orden, Säbel. Ich befand mich in einem hochgelegenen Iglu, ganz weiß, und begab mich unter Marschmusik eine Treppe hinunter (sie war frisch beschneit) auf die Straße. Ein kleines rotgekleidetes Mädchen machte sich mit seinem Schlitten zu schaffen, sonst war alles menschenleer.

*

Dann wieder ein Besuch von äußerster Langatmigkeit. Ein Ehepaar, das jede freie Minute damit verbringt, Fußmärsche zu machen. Ich hatte keine Ahnung, was ich mit ihrem Enthusiasmus anfangen sollte. Ich wollte grade Musik hören, hatte die Platte schon aufgelegt, da kamen sie hier anmarschiert und redeten mir was von ihren Fußmärschen vor, wie gut das tut. Sie wollten mich irgendwie zu sich herüberziehen, stellten sich vielleicht vor, wir wären zu dritt oder viert durch Feld und Buchenhallen gewandert, eine Laute auf dem Rücken? – Um die Leute zu unterhalten, begann ich von Burgund zu erzählen, daß ich die abgeschlagenen Köpfe widerlich gefunden hätte...
Sie hätten gar nicht gedacht, daß ich so nationalistisch sei, das enttäusche sie! Und: Burgund, das sei doch wunderschön, und die Franzosen alle so nett... Nicht mal eine anständige Eselsbrücke war von ihnen zu erfahren. Sie hatten nur das berühmte: «Drei-

drei-drei – bei Issos Keilerei» zu bieten. Ob je ein Mensch über diese Eselsbrücke gegangen ist? Immerhin war zu erfahren, daß es aufblasbare Kleiderbügel gibt.

※

Dann fuhr ich nach Lilienthal in die Anstalt. Die Befangenheit, die sich einstellt, wenn man körperlich und geistig Behinderten gegenübertritt, löst sich rasch auf, wenn man ihnen näher kommt. Die Stimmung war, soweit man das sagen kann, heiter und gelassen. Ich kaufte den behinderten Jungen einige selbst hergestellte Plastiken ab: Mondgötter und Calibane. Das Geld kommt in die Gemeinschaftskasse, davon kaufen sie sich Bonbons und Kaugummi. – Langes Gespräch mit der südländisch aussehenden Betreuerin und mit dem Arzt.

Caliban

1990: *Eine Reportage über Ceaucescus Kinderlager. Halbnackte Wesen im Kot. – «Ja, die sozialen Errungenschaften», wird drüben in der DDR gesagt, «die wollen wir nicht aufgeben», und sie meinen damit die Kinderkrippen. Allein schon, daß die Kinder zwei Stunden Mittagsschlaf halten müssen, ist eine unerträgliche Vorstellung. Ich bin meiner Mutter noch heute dankbar, daß sie mich nicht in einen Kindergarten steckte. Ich durfte bei ihr in der Küche spielen, und sie sang mir Lieder vor.*

※

TV: Die Weltraumfähre mit freifliegenden Astronauten bei offenstehenden Klappen. Die Fähre ist erstaunlich groß.
Vom Verlag ist zu hören, daß das Interesse an Science-fiction-Literatur merklich nachgelassen hat. Die Entzauberung der Phantasie.
An das Bild des blauen Planeten hat man sich inzwischen gewöhnt. Es taugt nur noch dazu, als Kalenderblatt an den Küchenschrank geheftet zu werden. Von verändertem Bewußtsein, wie das etwa bei den Entdeckungen in der Renaissance der Fall war, kann keine

Rede sein. Die Erforschung des Weltraums hat eher das irdische Chaos vergrößert. – Um festzustellen, daß es mit der guten alten Erde zu Ende geht, braucht man nicht im Weltall herumzufliegen. – Was sie wohl mit all den Daten anfangen, die ununterbrochen von sämtlichen Satelliten heruntergefunkt werden?

1990: *Inzwischen soll sich die Bläue schon in Grautöne verwandelt haben. Und von den Satelliteninformationen ist zu hören, daß sie in angemieteten Lagerhallen vergammeln. Es heißt, daß man das Ozonloch schon 1978 entdeckt hat, daß diese Information jedoch verschlampt wurde.*
Laut FAZ (v. 28. 3. 90) hat die NASA «etwa 260 Forschungssatelliten und Raumsonden in den Weltraum gehievt. Die wissenschaftliche Ausbeute ist auf 1,2 Millionen Magnetbändern aufgezeichnet. Der Inhalt entspricht 90 Milliarden Textseiten.» – Dagegen ist unser «Echolot» doch gar nichts.

Danach wurde im TV der andere Weltraum gezeigt: Ein Film über Tiefseeforschung, schöne Haiaufnahmen, wie diese Tiere grinsend herangleiten, angeblich absolut ungefährlich. – Die unterschiedliche Art, sich ihnen zu nähern. Hans Hass tat das sozusagen barfuß, andere lassen sich in einem eisernen Käfig in die Tiefe. – Goldfunde in einem Wrack (gestellt?). Die Aufnahmen wurden mit elektronischen Gluck-gluck-Geräuschen unterlegt. Wie enttäuscht die Touristen wohl sind, wenn sie einen Tauchkursus belegen, zum erstenmal in mysteriöse Tiefen hinabtauchen, von rosa Fischschwärmen umschwärmt und dort nicht solche Klänge vernehmen.

*

Am Abend kam eine Dame in Lodenmantel und Sepplhut. Sie wollte mir ein Märchen vorlesen. Ich habe sie rausgesetzt.

*

Spät kam noch ein Anruf von Michaels Vater. Der Junge ist seit Tagen nicht mehr nach Hause gekommen, sie sind ratlos. Als Kind sei der Junge so süß gewesen, und nun dies! Sie hätten ihn doch ganz normal erzogen! Rauschgift! – Offensichtlich hat er sich in der Schule «angesteckt». – Die Nachteile der großen Schulen. In einer kleinen Landschule wäre so etwas nicht passiert. Wer helfen will, muß wissen, ob er selbst fest steht. Hier bei uns sind die Voraussetzungen nicht gut. Hildegard mit ihrem verheilten Defekt und ich mit meiner Arbeitsmacke, die nur zudeckt, daß ich am liebsten im Bett läge und entschlummerte.

*

Mus: Orchesterfassung von op. 131. Ein bißchen zuckerig. Da ist mir die Sprödigkeit des Quartettklangs doch lieber.

Lit: Noch etwas bei Jünger. «Das Opus ist einem Haus vergleichbar, zu dem der Eingang von der öffentlichen Straße führt.» Der Leser ist der Gast, der mit uns ißt, schläft, liebt.
Der Nachbarhund bellte 34 Minuten lang. Am Tage bellt er nie. Ich nahm Ohropax.

Nartum   Sa 9. April 1983

Hübsch geträumt und lächelnd aufgewacht.
Weiter Post gemacht.
Ob ich mich an einer Anthologie beteilige über das Wetter. Dichter und das Wetter. Honorar könnten sie nicht zahlen, aber zwanzig Freiexemplare kriegte ich. – Um beim Thema zu bleiben. Ich hab's am liebsten, wenn es regnet. Dann kann ich gut arbeiten. Sonnenschein schadet zwar nicht der Potenz, wie Klaus B. sagte, aber es geht von ihm eine verblödende Wirkung aus, jedenfalls auf mich. – Am besten arbeiten kann ich in einem Hotelzimmer. Ein großes Hotel muß es sein, mit allem Komfort. Draußen das rote Schild am Knauf und ab und zu den «Etagenservice» anrufen und einen Kakao bestellen. – Die Sehnsucht, auf so einem Hotelzimmer zu endigen, hat etwas mit dem Zuchthaus zu tun. Ich könnte dies hier alles sofort aufgeben.

*

Jede Menge Post: «Sie sind Rostocker, und ich bin aus Wismar!» heißt es, oder: «Ich würde mich gern mal mit Ihnen unterhalten.» – Ich schreibe einen Brief nach dem andern, und dauernd treffe ich Leute, die sagen: «Sie haben meinen Brief nicht beantwortet.» Das hat etwas Idiotisches an sich.
Hesse hat 35000 Briefe geschrieben. Das kann man nur als abartig bezeichnen. Und die zu zählen auch! – Heute kam wieder ein Brief, in dem mir mitgeteilt wurde, die Redensarten meines Vaters seien in den Wortschatz der Familie eingegangen. Ob er wirklich so sonderbar gewesen sei?

*

Nachmittags eine angenehme Kaffeestunde mit Waffelgebäck und heißer Schokolade, bei der wir uns an Göttingen erinnerten, an eine Zeit also, in der wir «mit nichts» zufrieden waren, also mit allem.
«Göttingen ist im Frühjahr am schönsten», sagte meine Wirtin. Ich bin neugierig, wie sie «Herzlich willkommen» aufnehmen wird. Ich habe sie mit viel Liebe gezeichnet, es täte mir wahnsinnig leid, wenn sie einschnappen würde. – Als sie Hildegard zum erstenmal sah, rief sie: «Nein, diese Augen!» Hildegard wirkte damals wie ein sogenannter «Kantorei-Typ», war aber keiner.

*

Zwei Stunden an HW* gefitzelt: hier ein Wort weg, dort eins dazu, wie ein Uhrmacher mit Pinzette und Lupe im Auge. Andere Leute schreiben mit der Axt, und das wird auch was (das Zurechthauen eines Einbaums).
Annäherungen an das «Kapitel», Personen wieder erwähnt, die in der Chronik eine Rolle spielten, und deren Schicksal weitergeführt. Ich habe also für den Zusammenhalt der Chronik gesorgt, den Roman «angekoppelt» sozusagen...

*

---

* «Herzlich Willkommen»

In der Zeitung las ich von einem Pianisten, der meint, in einem früheren Leben schon Pianist gewesen zu sein. Ihm komme es so vor, als habe er alles schon einmal gespielt. – Ich habe ähnliche Gefühle. Ich denke immer, ich sei der Typ auf dem 100-Mark-Schein gewesen.
Die Arbeiter setzten den Zaun. Angenehmes Gefühl der Behaustheit. Man müßte eine Mauer ums Grundstück herum bauen, mit Stacheldraht obendrauf. Und dann Doggen herumlaufen lassen, und zwar gefleckte. Die Sünde des Abbé Mouret oder Jorinde und Joringel.
Am schnellsten wachsen die Eichen. Ich habe einunddreißig Stück gezählt, die sich von selbst hier angesiedelt haben. Wenn ich meine Gartenrunden drehe, stelle ich mir vor, daß ich wieder verhaftet worden sei und erst nach zwanzig Jahren, schwer krank, aus der Verbannung zurückkehre, und wie dann der Garten aussieht. Ich liege auf einem Kippstuhl, und man flößt mir Milchsuppe ein. Der Wind wirft mein Haar durcheinander, und ich hebe die zittrige Hand...

*

1990: *Der Volkspolizei blieb es vorbehalten, in Bautzen in der Feuerzone Hunde laufen zu lassen. Auf die Idee sind nicht einmal die Russen verfallen. Das schleifende Geräusch der Metallringe, mit denen die Tiere am Laufdraht festgemacht sind: In dieser Feuerzone liegen die Toten von 1945–1948. Der Major, der mich bei meinem Besuch begleitete, sagte: Sie hätten nachgeguckt, da sei nichts. Vielleicht sollten sie noch einmal nachsehen. Nach andern Informationen lagen die Massengräber gleich hinter der Mauer. Dort lagern jetzt Briketts.*

Anruf aus Berlin, ob ich in Magdeburg «aus meinen Werken» lesen will: Aber sicher, sofort, jederzeit! Werde aber wohl kaum hineingelassen werden ins real existierende Paradies der Werktätigen.
«Das werden wir schon hinkriegen!» meinten die guten Leute. Es ist leichter, in den Weltraum zu fliegen, als nach Magdeburg zu kommen.

Das wird ein Fest, wenn ich eines Tages in Rostock, im Fürstensaal des Rathauses, aus dem Tadellöser lese. Da werde ich vorher Valium nehmen müssen. Merkwürdig, daß Thomas Mann es ausgehalten hat, noch einmal nach Lübeck zu reisen. Filmaufnahmen, in denen er sehr devot wirkt.

1990: *Inzwischen habe ich dieses Fest hinter mir. Ich las in der Kunsthalle. Es war ein sonderbares Erlebnis, daß ich mir das Publikum auch hier, in meiner Heimatstadt, erobern mußte. Erst nach zehn Minuten «hatte» ich es. Das Zusammentreffen mit vielen alten Bekannten war rührend, aber doch nicht umwerfend. Ich hatte mich vorher mit Zynismus gewappnet. Eine halbe Valium, die ich sicherheitshalber mitgenommen hatte, konnte weggeworfen werden.*
In der Öffentlichkeit wurde mein Besuch kaum zur Kenntnis genommen. Ein Fernsehteam aus Bremen hielt den denkwürdigen Auftritt fest.
Im Hotel traf ich Löwenthal, der ja nun als der große Rechtbehalter einen Orden kriegen müßte.

※

Im TV sprach die Kommentatorin über die Briten, die Nordirland «besetzt» halten! Sie selbst begriff nichts von dem, was sie da sagte, sie las das mit der «wissenden Miene» ab, die sie vielleicht auf der Schauspielschule gelernt hat. Die Leute, die ihr das aufgeschrieben haben, daß Briten Nordirland besetzt haben, begreifen auch nichts, die sind zu naiv oder zu dumm, um etwas zu begreifen. – Als ich in Belfast war, klagte Jolles, daß deutsche Autoren Einladungen nach Nordirland ablehnen. Das sei ein faschistisches Land, sagten sie. Es wär' ein Ehrenkodex, nicht nach Belfast zu kommen. – Eine ähnliche Enthaltsamkeit Südafrika gegenüber. Mit denen darf man nicht einmal Tennis spielen, so streng sind die Ansichten. Aber mit den Russen, deren Art Apartheid zu praktizieren in wahren Blutorgien gipfelte, darf man es. – In den kommunistischen Osten zu reisen gilt als fetzig. (Obwohl's die Linken nicht tun, aus Angst vor dem bösen Erwachen.) Was wohl die politischen Gefangenen denken, die sich die Grinsebilder ansehen müssen von unsern deutschen Politikern, die Honecker die Hand geben. – Die Hand geben sollen sie ruhig, aber zu grinsen brauchten sie doch dabei nicht.

*

TV: Blöder Belmondo-Film.
Weltraumfähre gelandet. Kolossal.

Lit: Beethoven-Buch von Solomon. Das merkwürdige, wohl homoerotische Verhältnis zu seinem Neffen. Er hat ihm direkt aufgelauert vor der Schule. Ich glaube, daß sehr viele Menschen vor Eintritt der Pubertät bisexuell sind. Ich kann mich noch genau erinnern, daß ich in der Hitlerjugend, zur Pimpfenzeit, oft sehr aufgeheizt war. Man reagierte sich dann bei «Kloppereien» ab.

Nartum So 10. April 1983

T: Ich gehe mit Vater durch die große Mönchenstraße. Pfingstmarkt, ein Karussell soll in Gang gesetzt werden. Wir warten vergeblich.
«Früher ist das immer so schön gewesen», sagte er, da habe man auf dem Umgang in entgegengesetzter Richtung rundherum laufen und die Mädchen mit Konfetti bewerfen können.
Ich erzählte ihm, wer noch alles lebt von seinen Bekannten, und berichtete von meinen Buchplänen. Die Szenerie wechselte, das Gespräch fand auf einmal am Telefon statt, und mittendrin wurden wir getrennt. Ich rief noch ein paarmal: Hallo? – nichts zu machen.
Danach träumte ich auch von meiner Mutter. Wir gingen über eine weite Schneelandschaft – hier in Nartum, in der Nähe des Friedhofs, wo sie begraben liegt –, drei Kinder mit Schlitten kamen uns entgegen. Irgend jemand fragte sie, ob sie wegen meiner Bücher oft belästigt wird? Ausgelöst wurde dieser Traum wohl dadurch, daß ich am Abend zuvor ein Gedicht von ihr in HW verwenden wollte. Mir schien das plötzlich unzulässig und gemein.

Vorgestern sagte einer der drei Schüler: Im «Kapitel» habe ihm besonders Robert gefallen. Er habe sich immer gefreut auf die Abschnitte, die mit «Robert» überschrieben sind.

※

Natürlich hat der Bau des Turms auch etwas mit Sexualität zu tun. Ich habe noch vor einem Jahr mit Krauss verhandelt, ob der Turm nicht noch einen Meter höher gebaut werden könne?

※

Vormittags an HW, dem Hatzfeld-Kapitel den letzten Schliff gegeben. Ich denke, ich mache erst mal wieder Schluß mit der Arbeit. Im Juni dann das Göttingen-Kapitel, also den dritten Teil. Etwas Schiß davor! Im Tagebuch von 1981 HW-Notizen nachgelesen.

1981: *«In Göttingen schien die Sonne», so muß es anfangen. PH-Halbheiten, Wiederaufbau, Freßwelle (wie Ostzone jetzt), Motorroller, Ausflüge in Schlips und Kragen, Kino, Wirtin, Mädchen. Alles sehr ruhig und besonnt. Schnappschußtechnik wiederaufnehmen. Extrem kurz referierend, auch «Spiegel», Kino, Bücher. Viel Sonnenschein, laue Nächte, Kumpel, Natur. – Ausschnitte aus Büchern, Gedichte, die ich in dieser Zeit lese, Zeitungsmeldungen im Wortlaut. Aber nur, was von damals heute noch erinnert wird. – Kein Schulpraktikum wegen des Dorfbuches. Das Heim, Spaziergang mit Jungen.*

Nachmittags Fotos herausgesucht für eine fiktive Biographie des Herrn Böckelmann. Schrieb dann auch eine Story dazu, tippte alles lecker ab und fügte die Fotos bei. Vielleicht ist Knaus geneigt, diesen Scherz als PR-Maßnahme für «Bö I» mitzumachen.

※

Klavier gespielt, Bach G-Dur-Fuge. Erst wenn man die Fugen selbst spielt, kriegt man die Stellen heraus, an denen er «herumgefummelt» hat.

Ich telefonierte mit Renate wegen Michael. Sie meint, er müsse unbedingt aus seinem Kreis raus, diese Jungen bestätigten sich nur gegenseitig. – Das war es wohl, was er wollte, weg von seinen Leuten, warum ist er sonst zu uns gekommen?
Aber wieso ist er zu *uns* gekommen? Wir sind doch alte Leute? – Ich mußte an die eigene Alkoholzeit denken, 1946/47. Die Verhaftung war mein Glück.

*

Video: «Modern Times». Ein Musterbeispiel dafür, daß man mit Hilfe der Groteske soziale Mißstände wirkungsvoll anprangern kann: Mein Standardalibi, wenn sie mir die Komik im «Tadellöser» vorwerfen. Sie meinen, ich hätte die Nazizeit verharmlost.

*

Hildegard las mir wieder aus der «Aussicht» vor. Zwiespältiger Eindruck. Viel Onkelhaftes. Für eine endgültige Ausgabe muß alles umgeschrieben werden. Was Grass wohl empfindet, wenn er seine «Schnecke» mal wieder liest. Das ist doch auch zum Kotzen. Ich denke, ich mache mit HW Schluß für ein paar Wochen, die Sache muß sich erst mal setzen.

*

Lit: Über die Unterdrückung syrischer Demokraten durch Assad, Blutbad unter den eigenen Leuten vor einem Jahr, im Namen des Sozialismus. Das Neueste, was ich höre! Niemand hat das hier im Westen erwähnt, im TV war nichts davon zu sehen. Die sind hier mit El Salvador beschäftigt. Auch die Greueltaten der Kambodschaner interessieren niemanden, von Afghanistan ganz zu schweigen, wo sie Kinder mit Giftgas abmurksen. Der Sozialismus lebt von der Vergeßlichkeit und bezieht seine Legitimation aus der Zukunft. Wir aber schweigen.
In Beethovens Konversationsheften gelesen. Mich geärgert, daß Schindler so viel weggeschmissen hat. Aber das, was aufgehoben wurde, liest ja auch kein Mensch. Sie wollen immer nur das Es-Dur-Klavierkonzert. Das läßt sich so gut mitpfeifen.

1990: *Jetzt entdecken die Medien Schostakowitsch. Es wäre mal interessant, seine Parteikantate «Über unsrer Heimat scheint die Sonne» und die 15. Symphonie in einem Konzert gemeinsam vorzuführen. Da würde man den Spannungsbogen nachempfinden können, unter dem der Mann leben mußte. Sch. hat auch ein Fußballerballett geschrieben und ein Ballett, das «Der Bolzen» heißt. – Seine Streichquartette! Das Vierte! Und die Nr. 15.*

Vor kurzem erzählte mir ein Unmensch, sein Schwiegervater habe um die Jahrhundertwende eine Weltreise gemacht und Tausende von Fotos heimgebracht, selbstentwickelt, und alle Negative in einem speziellen Schränkchen aufbewahrt, extra dafür getischlert, beschriftet... Und das alles (wollte er mir nicht etwa schenken) habe er nun auf den Sperrmüll gegeben.
Ich selbst habe auch manches weggeworfen, was ich jetzt gebrauchen könnte. Das große Bautzen-Modell zum Beispiel. – Unsere Eltern hoben alles auf, das wurde dann nach unserer Verhaftung in alle Winde verstreut. – Wenn ich an die Verluste denke, die unsere Familien durch Ausbombung im Krieg erlitten haben, steht mir immer das wunderschöne alte Puppenhaus der Kusinen in Wandsbek vor Augen.

1990: *Vielleicht taucht mal was auf von dem, was die Rostokker nach unserer Verhaftung versteigern ließen. Es waren kümmerliche Reste des Hausrats, denn zuvor hatten sich Plünderer bedient, also irgendwelche Nachbarn doch wohl. Ich würde gern die Gemälde zurückkaufen. – Jammerschade ist es um die Familienpapiere, zwei große Kästen aus Kirschholz mit alten Briefen und Fotos. – Im Konservatorium am Schillerplatz, das ich mir im Frühjahr aus Erinnerungsgründen ansah – «gehabte Schmerzen hab' ich gern» –, wurde ich gefragt, ob ich das besichtige, weil ich alles wegkaufen will? – Nein, sagte ich, ich hätte nur gern unsern Flügel gesehen, der muß hier noch irgendwo stehen.*

Nartum Mo 11. April 1983

Gut geschlafen. Danach den Collage-Vortrag für Oldenburg geschrieben. Klavier gespielt.
Mittagsschlaf ausfallen lassen, um eine ruhige Nacht zu haben.
Am Nachmittag Dieter Kühn gelesen, «Sultan», er protzt mit seinen Recherchen, aber immerhin, er hat.

※

Die im September angeschafften Katzen sind erst jetzt «handzahm». Sie schreien fast vor Wohlbehagen, gurren und umstreichen mich. Die Hunde wollen mit ihnen spielen, doch sie fauchen sie an. Auf einen halben Meter kommen sie heran.

※

Ein Fräulein vom «Stern»: Wie ich es mit der Volkszählung halten werde? «Wir wollen in Farbe aufmachen.» Ich sagte: «Ich teile die gegen dieses Unternehmen erhobenen Bedenken nicht.»
Das Fräulein: «Das enttäuscht mich aber sehr.»
Sie wollte ihre eigene Meinung oder was sie dafür hält, bestätigt haben. Mein Statement interessiert im Grunde gar nicht, es wird auch keine Verwendung finden.

1990: *Syberberg ist damals ebenfalls vom «Stern» angerufen worden, das schildert er in seinem Tagebuch «Der Wald steht schwarz und schweiget»:*
«Sie fragen mich [Stern], ob und was ich zu dieser Statistik der Volksbefragung sagen wolle. Als ich mich wundere und auf die Phantasielosigkeit der Statistiker rechne und vergleiche mit meinen berufsmäßigen Auskünften als einer, der gewohnt ist, gefragt zu werden nach ganz andern Dingen, wollen sie das wohl kaum hören. Und so werde ich dann auch nicht gedruckt als einer der wenigen oder vielleicht als der einzige, der nichts dagegen hatte. Das konnten sie nicht brauchen in ihrem Rausch der Neinsagermoden.»

TV: Am Abend nachdenklich machender Film über das verwahrloste Manchester. – Was nicht zu Ruinen verfällt, versauen die Architekten. Vor zwei Jahren, war es in Manchester oder in Edinburgh? In der wunderschönen Halle der alten Börse eine primitive Bühne, zirkusartig. Ekelhaft.

1990: *Plötzlich die Angst, daß die fünf DDR-Länder zu unserm Liverpool werden.*

Nartum / Hamburg Di 12. April 1983

T: Der Mann, der sich selbst hochhebt. Ich binde einen starken Bindfaden an meine Schuhspitzen und ziehe daran: Ich hebe mich hoch und schwebe. Kaum jemand staunt darüber, daß ich mich selbst hochheben kann, auch meine Mutter nicht.

*

Seit Wochen regnet es, gedrückte Stimmung.
Heute war ich in Hamburg, beim Friseur. Ob ich einen Stufenschnitt haben will, fragte mich die Friseuse.
«Was ist ein Stufenschnitt?»
«Was, Sie kennen Stufenschnitt nicht?»
Es gibt nur noch Friseusen beim Friseur, und dann kann es passieren, daß eine Frau neben einem sitzt und sich das Haar schamponieren läßt. Mir ist das unangenehm. Nächstens stellen sie sich noch an die Pinkelrinne. Was mir auch nicht gefällt: Daß die Männer die Augen zumachen, wenn ihnen der Kopf massiert wird. Und was mich heute bei der Friseuse störte: Sie unterbrach das Massieren ständig. Immer gerade dann, wenn es schön wurde, ging sie an die Kasse und notierte da was. Hildegard ist immer ganz entsetzt, wenn ich vom Friseur komme. – Es ärgert sie übrigens, wenn ich «Haarschneider» sage. (Durch was für Kleinigkeiten sich Eheleute voneinander absetzen.)

*

Mittag mit Robert gegessen, er zählt die Tage bis zu seiner Pensionierung. Daß er damit auch die Tage zählt, die ihn vom Tod trennen, sieht er vielleicht nicht.
Danach kaufte ich im Antiquariat Autobiographien und Bücher über Rembrandt. Durch Antiquitätenläden gegangen und Buntglasfenster für den Turm angesehen.

*

In einem Antiquariat kaufte ich für meine Erinnerungsbibliothek «Minnewitt und Knisterbusch». Die Buchhändlerin sagte, daß ich nicht der einzige «ältere Herr» sei, der auf die Idee mit der Erinnerungsbibliothek gekommen ist.

Ein Bahnhof in Australien

*

Den Rest des Tages im Archiv zugebracht. Fotos sortiert. Man muß mit den Bildern ziemlich lange hantieren, ehe sie zu sprechen beginnen. So habe ich erst heute entdeckt, daß alte Straßenfotos reizvoll sind. Das Zufällige des Hintergrunds, das Nebeneinander verschiedener Moden. – Auch von meinem Vater gab es einen solchen Straßenfotostreifen, drei Stück untereinander. Schade, auch weg! «Ich sehe die Bilder noch vor mir», sagt man wohl in einem solchen Fall. Die Unübertragbarkeit der Gedächtnisfotos. Die Sprache ist ihnen nicht gewachsen.

*

Die Rede für die FDP entworfen. Die älteste Partei, Ideenlieferant für die Sozialdemokratie. Die Opfer in der Zone: Esch und sein Kreis. Ich trat 1946 bei, weil die ein so schönes Werbeplakat hatten:

Aus meiner Sammlung
von Straßenfotos

Gegenwart:
Gefrorenes Dasein

Haus mit Sonne. – In meiner Gerichtsverhandlung fiel die Mitgliedschaft in der LDP erschwerend ins Gewicht, obwohl es sich bei der LDP doch um eine zugelassene Partei handelte.

«K. arbeitet nicht mit am Aufbau, er ist gegen die fortschrittlichen Kräfte.»

Auch meine Flakhelferzeit wurde als Negativum angeführt. Immerhin, sie sammelten Argumente, um mich dabehalten zu können. Ich war ihnen was wert.

Übrigens schärfte mir der Dolmetscher ein, ich sollte mir das Aktenzeichen meines Verfahrens merken, Schrägstrich sowieso. Als ob sonst ein Wiederaufnahmeverfahren nicht möglich wäre. Immer wieder sagte er: Merken Sie sich das Aktenzeichen! – Ich vergaß es natürlich sofort.

1990: *Es wurde gemunkelt, daß die Untersuchungsrichter Kopfprämien bekamen für uns. Scherkow lebt gewiß noch, er erinnerte mich etwas an meinen Vater, war an sich ein ganz harmloser, wohl gutartiger Mensch. Er wußte, daß er Unrecht tat, der Dolmetscher wußte es, die Posten, die Richter, und alle machten weiter. Es war ein Spiel, dessen Regisseur in Moskau saß. Ich habe unter denen, die uns bewachten nicht einen einzigen Menschen erlebt, der die Spielregeln mißachtet hätte.*

Nartum Mi 13. April 1983 Sonne

Den ganzen Tag Notizzettel durchgesehen und nach verwendbarem Material für HW gesucht. Allerhand Kleinvieh. Morgen die Tagebücher von 1956/59, eklig, kitschtriefend, weltanklagend.

※

In den Nachrichten der Seveso-Skandal, Hochwasser und natürlich – nicht weniger als zehn Minuten in der Tagesschau! – die Volkszählung. Als ob es nichts Wichtigeres gäbe. Die Bedenken, die gegen diese Aktion erhoben werden, verstehe ich überhaupt nicht.

Am Abend dann endlos die Verleihung der Oscars. Gegen die Verleihung hab' ich nichts, aber daß man uns diese Show in ganzer Länge vorführt, die doch nur Amerikaner interessieren kann, finde ich skandalös. Da will ich schon lieber sehen, wie die besten Kaninchenzüchter prämiert werden.
Das kitschige Abgeknutsche von Leuten, die sich nicht leiden können.

*

Knaus rief an und sagte, er sei mit meiner fiktiven Böckelmann-Biographie einverstanden, freut sich darüber.

*

Mus: Beethoven op. 127.
Lit: Das Beethoven-Buch zu Ende. Laut Schindler war Beethovens Spiel in seinen letzten Jahren mitunter «mehr peinlich als ergötzend...». Manchmal pflegte er die linke Hand flach auf die Tastatur zu legen «und so lärmend» zu verdecken, was die Rechte oft allzu zart ausführte. Er wollte nicht, daß man seine musikalischen Ideen belauschte. Daß er sie selbst noch hören konnte, ist mir ein Rätsel.

Nartum Do 14. April 1983

Archiv-Arbeit. War heute mutlos, da ich sie allein nicht bewältigen kann. Die Regale füllen sich. Wie soll ich die Biographien auswerten? Was soll ich zurückschicken? Erstmal nehme ich alles und behalte alles, das weitere wird sich finden. Gerade die Offenheit allen Formen des Lebens gegenüber – auch den «falschen» (also der Nazis) – garantiert, daß ich das Interessante bekomme. Auch der ehemalige SD-Mann interessiert mich, und auch die Speisekarte des Vereins für Velocipädistinnen gibt Wissenswertes preis. (Selbst wenn's keiner wissen will.)

*

Vorarbeiten für das Seminar: Programme getippt. Sie sagen: Weshalb ist das Seminar so teuer? Daß die eingeladenen Autoren viel Geld kosten, vergessen sie; Annoncen, Prospekte, Porto – und auch meine Arbeitsstunden stellen sie nicht in Rechnung.

※

Am Abend mit Timmer über die Ausbildung an der Pädagogischen Hochschule in den 50er Jahren. «Hans im Glück: Arbeiten Sie die Stufen der Geschehniskette heraus!» (Vorschlag für eine Unterrichtsstunde!) Sehr gelacht. Auch als fertiger Lehrer mußte man unsinnige Belehrungen aushalten: Der Schulrat hat ihm vorgemacht, wie man einen Ofen heizt. – Zu mir hat ein Schulrat mal gesagt: «*Wider*, das ist, wenn man gegen die Wand schlägt» und dabei schlug er mit der Faust gegen die Wand. Er meinte, man könne sich dadurch besser merken, wann das Wort «wider» ohne e geschrieben wird. Das ist eine untaugliche Eselsbrücke. Man stelle sich vor, man sollte jedesmal an die Wand schlagen. – Auch hat er mal eine lockere Latte an unserm Schulgartenzaun moniert. – Wenn kleine Leute was zu sagen kriegen. Für unangemeldeten Schulratsbesuch hatte ich immer mehrere Lehrproben im Schreibtisch. Das hat sich bewährt. Mundus vult decipi. Die Kinder haben das übrigens gemerkt.

※

Lit: Jünger, «Das Wäldchen 125». Mehrmals fuhr ein Auto draußen vorbei. Immer wenn ein Auto vorüberfährt, denke ich: Der will zu uns.

Nartum   Fr 15. April 1983

Früh auf und den Arbeitern zugeguckt, wie sie die Gerüste abnahmen und die Kuppel auf den Turm setzten. Der Raum «entzückte» mich, er ist ganz anders, als ich ihn mir vorstellte, sehr hell! Die Kuppel ist genau richtig, nicht zu groß, nicht zu klein. Sie läßt sich mittels eines elektrischen Mechanismus auf- und zumachen.

Die Handwerker brachten die Linse so an, daß sie sich nach Osten öffnet, damit der Westwind nicht drunterfährt und sie aufbricht.

Intensives Wohlbefinden (trotz Zahnschmerzen). Im Nachmittagsschlaf gestört durch einen Herrn von der Friedrich-Naumann-Stiftung, der von mir bis übermorgen einen 10-Minuten-Vortrag über Jugend und Bildung haben will. Zehn Minuten über Jugend *und* Bildung! Das stelle man sich vor. Da bleibt einem die Spucke weg. – Honorar natürlich nothing.

※

Der Nachmittag konnte noch gerettet werden. Kaffee und Sandkuchen in der Bibliothek und dazu mal wieder Op. 131 (Orchesterfassung). Danach an HW gearbeitet und im Archiv gestöbert.
Vortrag «Der Entfesselungskünstler» für Oldenburg.
Am Abend Hildegard vorgelesen. Ich tue das nur unter größten Hemmungen, weil mein Großvater uns mit Vorlesen ziemlich auf den Nerv ging. Aber ich brauche das, weil sie ein gutes Urteil hat. Auch wenn sie nicht zuhört oder hinterher nichts «sagt», ist das Vorlesen nützlich. Ich bin mir selbst dabei der kritischste Zuhörer. Ich höre sozusagen «doppelt» zu.

※

Lit: Rembrandt-Radierungen, deren theologische, ja literarische Interpretierbarkeit.

TV: Wehner «verläßt die Politik». Einen Fackelzug hat er sich verbeten. Seine langen Schachtelsätze werden uns noch lange fehlen. Ein sympathischer Mensch, anders als Willy Brandt, der immer so wirkt, als ob er sich als Schauspieler selbst spielt. Immerhin, mit seinem Kniefall hat er das richtige Gespür gehabt.

1990 *Willy Brandt: «Es wächst zusammen, was zusammengehört.» Daß das erste zündende Wort für die deutsche Einheit von einem Sozialdemokraten kam, wollen wir nicht vergessen. Wir werden aber auch nicht die Verbiesterung von Vogel vergessen, der vom «Wiedervereinigungsgerede» sprach, daß er das nicht mehr aushalten kann.*

Nartum Sa 16. April 1983 schön

Den ganzen Tag nicht gearbeitet, fühlte mich schwach, hinfällig. Zahnschmerzen. Alles ekelhaft.
Zum Frühstück kam eine Dame und brachte sehr schöne Fotos aus der Vorweltkriegszeit: lebendig und in die Zeit hineinziehend. Man denkt, die Menschen leben, und man ist der Fotograf.
Am Abend verkaufte uns ein Antiquitätenhändler aus Aachen drei farbige Glasfenster für den Turm (1800 Mark).

*

«Ich bin die Kuh am Schwanz am Stall am raus am Ziehen.»

Brüder 1913

Lit: Über Napoleon (Jacques Presser). Ich kann nicht ganz verstehen, wieso ein Vergleich zwischen Hitler und Napoleon unstatthaft sein sollte. Bei Napoleon fehlen die Ausrottungsphantasien, aber Tote hat er genug geliefert. Das haben die schlauen Franzosen irgendwie hingedreht, daß man ihn so allgemein verehrt.
Nicht mal Stalin, den Massenmörder, darf man mit Hitler vergleichen, was ich ebenfalls nicht einsehen kann. – Nie vergessen werde ich die sowjetischen Filme, die wir im Zuchthaus sahen; der gütige Stalin, wie der, von einem Schauspieler dargestellt, da so gemütlich seine Pfeife raucht, und die dummen Bauern fragen ihn um Rat, und er dann so in seiner Bierruhe: Leute, das ist doch ganz einfach! Das macht man so und so...! Und die dummen Bauern sind dann erleuchtet und fragen sich: Warum sind wir nicht selbst darauf gekommen! – Das wäre in der Nazizeit undenkbar gewesen: Hitlerfilme mit einem Schauspieler als Hitler, vielleicht Willi Birgel oder Rudolf Platte?

1990: *Augstein im August 1989 über Hitler und Stalin: «Wer nach Ethik und Moral der weniger Schlimme war, läßt sich nicht ausmachen. Beide begingen die ungeheuerlichsten Verbrechen.»*

Nartum Mo 18. April 1983

Gestern Hildegards Geburtstag. Zu Mittag Familie. Allgemeines Leiden aneinander. Die Falten, die wir dem andern produziert und die wir ihm zu verdanken haben, Lebensschmisse.

*

Am Spätnachmittag fuhr ich nach Bonn, Sitzung der Naumann-Stiftung, bei der ich den Vortrag über Jugend und Bildung halten sollte, es aber nicht tat. Schönes Wetter. Im Speisewagen saß eine mürrische Emanze mir gegenüber, mit Sowjetstern am Ohrläppchen. Als sie gegessen hatte und wieder in ihr Abteil wollte, grüßte sie mich äußerst freundlich.

Hildegard mit zwei Jahren

Ein schwedischer Herr lauerte mir vor dem Abteil auf und quatschte mich voll. Seine Mutter wäre eine geborene Gräfin X., und der Stammbaum lasse sich bis ins 17. Jahrhundert zurückverfolgen... Der schreckliche Gedanke kam mir, daß mich die Leute für einen Ahnenforscher halten.

*

Die Naumann-Stiftung tagte in Bad Godesberg, im Restaurant St. Michael. Als ich in das Versammlungslokal trat, hatte ich in der

Menschenansammlung mit Hemmungen zu kämpfen. Wie öfter in solchen Fällen, stellte ich mir vor, ich sei Günter Grass, und da gings.
«Haben Sie das denn nötig?»
Sonderbare Versammlung provinzieller Freidemokraten, von Walter Scheel launig bei Laune gehalten.
«Ja, wen haben wir denn da?»
Biedere Handwerksmeister in Nadelstreifenanzug, die zu Haus ihre Großtischlerei im Stich gelassen haben und nun hier völlig ratlos in der Gegend umherirren. Auch Bieler mit süffisantem Blick, als ob er gerade Austern gegessen hat.
Merkwürdig, daß ausgerechnet die Linke sich über Scheel lustig macht, schließlich war er es doch, der die Genossen an die Regierung gebracht hat. Die Sache mit dem gelben Wagen können die Deutschen ihm nicht vergessen, und daß er eine Frohnatur ist. Als deutscher Politiker hat man zynisch zu sein. Ich muß ganz ehrlich sagen: Mir ist ein singender Bundespräsident immer noch lieber als ein knarrender Preuße. Daß er mich damals in die Villa Hammerschmidt einlud, damit ich ihm etwas vorlese, ist unvergessen.

Bielers Selbstporträt

Dahrendorf riß die Augen auf, als ich ihm vorgestellt wurde. Das wollte er schon immer, mich kennenlernen, und das freut ihn ganz enorm! – Er hielt einen Vortrag, sehr klug und sehr eitel. Ob man auch ihn drei Tage vorher darum gebeten hat? Immer noch applaudiert man ihm, daß er es Rudi Dutschke mal gegeben hat. Er sagte mir, das sei nur gelungen, weil Dutschke an diesem Tag wie auf Kohlen gesessen habe wegen eines andern Termins. Und das habe er etwas unfair ausgenutzt.
Wie's weitergehen soll mit der Partei, wollte die Parteispitze von uns wissen, aber sie wußte es schon ganz genau. Nach einer Stunde erschienen Baring, Baum und Bingel. Baring ließ empörte Sätze hören, mit verdammt hoher Stimme, und er zog dann aus irgendwelchen prinzipiellen Gründen wieder ab. Als nicht linksorientierter Soziologe hat er in den frühen Siebzigern an der Freien Universität Ungeheuerliches erlebt. Ob wohl mal aufgeschrieben wird,

wie das damals rundging an den Universitäten? Patzig erzählte, er habe seine Vorlesungen immer auf früh um acht Uhr gelegt, da hätten die Revolutionäre noch geschlafen.
Bei Baring in Berlin habe ich mal das üppigste Frühstück meines Lebens vorgesetzt bekommen.

1990: *Daß man mit Professoren rüde umging, hat es in der Geschichte schon öfter gegeben. Im Mittelalter beklagte sich die Rostocker Geistlichkeit darüber, daß die Studenten während des Gottesdienstes Karten spielten und Pflaumenkerne in die Gegend spuckten.*

Leider lehnte Scheel es ab, ein Selbstporträt zu zeichnen, ich hätte gern gewußt, ob er sich seiner wunderbaren Löckchen bewußt ist. (Meine hat mir die Friseuse ja leider abgeschnitten.)
Im übrigen erbat man eine Inhaltsangabe des Vortrags, den ich im Sommer vor der Fraktion halten soll, und man war sehr indigniert, als ich von den Toten sprach, den Opfern, die diese Partei drüben nach 1945 hat bringen müssen. Über so was spricht man doch nicht! Dadurch könnten doch die zarten Pflänzchen des Ost-West-Kontakts zerstört werden...

1990: *Inzwischen hat man sich auch der FDP-Märtyrer erinnert. In der FR steht am 28. 2. zu lesen: «Arno Esch ist wie fünf weitere aus seiner liberalen Gruppe wegen antisowjetischer Propaganda und illegaler Gruppenbildung zum Tode Verurteilte irgendwann und irgendwo in der Sowjetunion hingerichtet worden...»*

Zu Abend aß ich bei einem Türken, die deutschen Gaststätten hatten schon geschlossen. Das war noch so komisch, ich fand kein Restaurant und sprach einen Mann an, das war ein Jugoslawe, der so gut wie kein Deutsch verstand. Und dieser Mann «kümmerte» sich um mich, zeigte mir dreimal den Weg und ging dann auf der anderen Straßenseite mit, ob ich das Lokal auch finde. Ich winkte ihm zu, als ich es endlich erreicht hatte. Und als ich dann drinnen

saß, fiel mir ein, daß ich ihn ja eigentlich hätte einladen können, vermutlich ein einsamer Mensch, erst kürzlich nach Deutschland gekommen? – Ich ging noch mal hinaus, die Serviette in der Hand, aber da war nichts mehr zu sehen von ihm. Ach, und nun werde ich jahrelang daran denken, daß ich hier eine völkerverbindende Aktion verpaßt habe. Aber – man stelle sich das Gespräch vor, was das für ein Gestikulieren geworden wäre. «Ich gutt Mensch, du gutt Mensch, Welt in Ordnung...»
Heute Rückfahrt unter Zahnschmerzzuckungen.

*

Summ das S so wie die Biene:
Sahne, Saft, Salat, Rosine.
Summ ganz weich, wie Samt und Seide,
wie der Rieselsand der Heide.
Summe, säusle, liebes Kind:
Seele, Sehnsucht, Sommerwind.
Summ, was sonst sich summen läßt:
Süß und sauer, Soßenrest;
Sichel, Sense, silbergrau;
Suppe, Seife; Salz und Sau!

Zisch das ß, scharf wie ein Schuß:
beißen, stoßen, Reißverschluß.
Zisch, als ob Papier zerriß:
Mißgunst, Haß und Schlangenbiß.
Zische flüsternd wie du heißt,
was du ißt und was du weißt.
Zische lustig: Spaß und Baß,
Grießkloß, Preßluft, Wasserfaß.
Zisch mit ß zum süßen Schluß:
Blumenstrauß und Gruß und Kuß!

Nartum Di 19. April 1983

Ein Wahnsinnstag.
Früh auf, mit Hildegard gefrühstückt. Sie möchte mich gern zu ihrem Müsli rüberziehen. Hafer, Weizen, Roggen, an die Stute Nora denke ich, die das Häcksel wegblies. Vollwertkost. Ihr tut die Schnitzerkost sichtlich gut. Aber mir liegen die Körner den ganzen Tag im Magen. – Schon der Name! Müsli! Die deutsche Sprache müßte doch ein normales Wort hergeben für dieses Zeug. Außerdem «Vollwert», als ob wir nicht genug zu essen bekämen.
Dann mit dem Architekten und den Handwerkern über den Turm konferiert.
Im Mittagsschlaf gestört durch Telefonklingeln:
Ich: «Würden Sie mir bitte mal sagen, wie spät es ist?»
Er: «Ja – halb zwei.»
Ich: «Und um diese Zeit rufen Sie mich an?» – Meistens trifft es die armen Sekretärinnen.
(«Kempowski gilt als schwierig.»)

*

Abends hier bei uns das Schmidt-Colloquium für die Oldenburger Studenten. Hildegard hatte sich verzogen. Gäste wollen unbedingt wissen, wie Hildegard, meine «Gattin» also, aussieht. Wenn ich sie vorführe, sind sie baff. Wie kommt dieser abstruse Mensch zu einer derartig attraktiven Frau? Wenn wir zusammen auftreten, falle ich absolut ab.
Renate sagt: «Du siehst aus wie eine kranke Eule.» Und Hildegard meint: «Du bist so ungenau.» Meine Spitznamen: «El Greco», «Iwan der Schreckliche», «Greislein», je nach Verfassung.
«Auf Menschen, die dich nicht kennen, wirkst du abschreckend.»

*

Zunächst aß ich mit den jungen Leuten Bratkartoffeln und Rührei, dann lasen wir gemeinsam den «Leviathan». Ich war nur mit halbem Herzen dabei. Dachte ans Archiv, an das Wispern meiner lieben Toten, an die stille Maulwurfsarbeit. – Merkwürdig, daß alle meine Berufswünsche in Erfüllung gegangen sind: Schulmeister, Schriftsteller, Archivar. Wenn ich als Kind gefragt wurde: »Was willst du werden?« antwortete ich: «Ich will Archiv werden.» Der Zauber, der von Karteien ausgeht. Karteien machen süchtig.

1990: *Computer machen übrigens auch süchtig! Irgendwie hat das was mit der Potenz zu tun. Auf unsern Wink rasten und ruhen sie nicht, die kleinen Geister. Ein bißchen unheimlich. Hildegard meint, die Impulse schwebten irgendwo in der Luft und ließen sich von der Maschine wieder einfangen. So wie Wasserflöhe im Aquarium. Oder seriöser: Wie Funksprüche, die man im Äther «parken» läßt.*

TV: Film über die Krise der Neuen Heimat. Nun ja, die Gewerkschaften. «Was wollen Sie?» wurde Oskar Vetter mal gefragt. – «Mehr», hat er da geantwortet.
Als ich anno 1976, ganz auf eigene Faust, bei der Firma Hanser vorstellig wurde, um von meinen zehn Prozent herunterzukommen, hat mich Schlotterer angeguckt, ob ich vielleicht verrückt sei? Als ich daraufhin den Verlag wechselte, hieß es: «Kempowski ist geldgierig!»

Nartum   Mi 20. April 1983

T: Ich habe eine Kiste weißer Fotoalben von Mengele, dem KZ-Arzt, gekauft. Etliche Fotos hat er aus den Alben entfernt, aber die Negative sind noch da, mit den schrecklichsten Szenen drauf. – Er hat mir die Alben zu treuen Händen übergeben, soll ich sein Vertrauen enttäuschen und ihn anzeigen? – Dumm auch, daß ich die Fotos gar nicht auswerten kann, ohne ihn bloßzustellen. Ich muß auf seinen Tod warten.

※

Ich entwarf ein Bienenwabenhaus. Sechseckige Räume, die nach Wunsch zusammengestellt werden können. Das Dings in unsern

Wald hineinstellen und darin das Leben zu Ende bringen. Das Haus der Universität überlassen.

*

Dauernd durch Telefonate gestört. Eine Dame: Sie hätte da eventuell etwas für das Archiv. Aber erst mal müsse sie wissen, was ich mit dem Material anfange... und: Sie kann das natürlich nicht aus der Hand geben. Ihr Schwiegersohn könnte sie mal vorbeibringen, Nartum sei ja nicht aus der Welt, und dann könnte sie mir das mal alles in Ruhe zeigen. Am liebsten wäre es ihr, wenn ich von ihrem Leben einen Film machte, auf das Geld wär' sie nicht versessen...

Meine Großeltern in Rostock, 1910

– Manche wollen, daß ich sie besuche und mir ihren Nachlaß ansehe. Ich bin mal bis nach Schleswig-Holstein gefahren, weil da eine Dame existierte, die mich mit Fotos meiner Großeltern lockte. Ich mußte endlos Kaffee trinken, von Fotos keine Spur. Dann wurde ich schließlich grob, stand auf und sah auf dem Schreibtisch das Album liegen. Und tatsächlich!, da sitzt der alte Herr in einem Korbsessel und die Großmutter in Weiß daneben! – Aber dann das Theater, nein, das gibt sie nicht aus der Hand, ich könnte jederzeit wiederkommen und es betrachten... Kamera raus, abfotografieren. Bums. Ich weiß nicht, wie sie sich das vorgestellt hat, jederzeit wiederkommen? Eine permanente Weihestunde? Alle vierzehn Tage dahin fahren und sich das Bild angucken?

*

Mittag gegessen bei Köhnken im «Niedersachsenhof». Wir haben abgemacht, daß ich in den großen Ferien, wenn Hildegard in Frankreich ist, dort esse und schlafe. Das große Haus allein bewohnen? Das ist nicht gerade verlockend.

※

Tiefer Mittagsschlaf, dann Frau Grundmann, die mein kabarettistisches Schimpfen auf Ausländer ernst nahm und mich dadurch verstimmte.

※

Den Rest des Nachmittags bring ich herum.
Drehte 27 Runden im Garten. Beim Zählen biege ich die Finger ein.

※

Im «Spiegel» gelesen. Sie verblöden so ziemlich alles. Aber man liest's. Irgendeiner in der Redaktion muß ein Schachfan sein, da lassen sie nichts aus. Ellenlange Interviews. O Gott, wenn ich noch an meine Gastrolle beim Simultanspiel mit Hübner denke! 1978. Ich sag am Telefon: «Aber ich weiß doch bloß, wie die Figuren gesetzt werden!» Helmut Schmidt, Loki, Haber (der Populärphysiker) und all solche Leute kamen da zusammen, ich glaube zwölf, und wir warteten auf den Meister. Ich sag' zu einer Frau: «Was mach' ich bloß, ich kann doch gar nicht richtig spielen!» – Da sagte sie: «Ich bin die Schachmeisterin von Rumänien, und ich rate Ihnen: spielen Sie nicht aggressiv!» – Nun, als ersten Zug stellte ich meinen linken Springer an die Bande, und da wußte Hübner gleich, daß ich ein Blindgänger bin, und hat mich 36 Züge lang gewähren lassen. – Die Schachmeisterin hat er in der Luft zerrupft. – Hinterher, beim kalten Büfett, verblüffte er uns damit, daß er alle Partien aus dem Kopf hersagen konnte. – Ich stelle mir vor, daß eine solche Spezialbegabung gehirnanomalisch sein muß. Irgendeine Art Gewächs, links hinten.

※

TV: Bekloppter Film über ein Wildschwein, einige Tage vor dem Zweiten Weltkrieg, deutsche und französische Soldaten. – Daß die deutschen Uniformen so unvorteilhaft aussahen, ist einem damals gar nicht aufgefallen. Ich habe nie begriffen, warum die Offiziere Reithosen trugen. Das sollte wohl sportlich sein. An Stahlhelmen scheiden sich die Geister. Der alte deutsche Stahlhelm, den der Grenzschutz noch immer trägt, muß auf Ausländer provozierend wirken. Auf mich wirkt das DDR-Ding provozierend, direkt ekelerregend, und der Tellerhelm der Tommies kommt mir verrückt-unpraktisch vor. Am normalsten ist noch der Helm der Amerikaner. Gegen den alten französischen hab' ich nichts.

Mus: Am Abend Militärmärsche gehört. Ich muß sagen, der Preußische Präsentiermarsch gefällt mir am besten: Musikzug plus Spielmannszug. Wenn die Staatsoberhäupter an der Ehrenkompanie vorbeimarschiert sind, stoppt die Sache mitten im Takt. Der Marsch gefällt mir, ich kann's ja auch nicht ändern. Die Platte stammt aus einer musikalischen Frühphase KF's. Er wechselte dann zu härteren Sachen über, vollzog also biogenetisch die historische Entwicklung der Jazzmusik. Auf der Zelle in Bautzen waren drei Kommisköppe, die formierten sich gelegentlich und marschierten um die Pritschen herum unter originell nachgeahmter Blasmusik. Von denen hab' ich auch erfahren, was «Locken» ist.

1990: *Die NVA-Kapelle zum 40. Jahrestag der DDR. Die Kamera zeigte sie von hinten, der feiste Beckenschläger: Sein Uniformrock strammte sich. – Ich möchte gern mal einen Film machen über Aufmärsche. Zu den Rausch-Bildern Gedichte über die Einsamkeit des Menschen lesen lassen.*

Lit: Ernst Jünger, «Siebzig verweht»: Affenbrotbäume: «Stämme, in deren Rinde portugiesische Matrosen während des 15. Jahrhunderts ihre Namen ritzten, müssen damals schon riesig gewesen sein.» Diese Genauigkeit und Originalität wird von keinem unserer streitbaren Jungautoren erreicht. Deshalb wollten sie ihn wohl auch killen, Bingel und andere. Lutz Arnold hat ihn damals verteidigt. – Jüngers Romane sind nicht mein Fall. Und was Insekten angeht, da hätte ich beinahe gesagt: Gegen Spinnen hab' ich nichts.

Nartum Do 21. April 1983 warm

Zwei Herren von Minolta waren heute da, in Schlips und Kragen. Sie wollen mich dazu bringen, für ihre Firma zu werben, indem ich «schöne Fotos» mache. Der Apparat würde mir gestellt, den dürfte ich danach behalten. Sie ließen mir ein paar Exemplare ihrer Hochglanz-Werbezeitung da, mit Bildern von gelbgekleideten Skispringern vor schwarzblauem Himmel und Kamelen in der Sahara. Ich habe zu der Kamera diverses Zubehör bestellt. Tele für Porträtaufnahmen, Mikro für all meine totgeschlagenen Fliegen, Weitwinkel: wenn ich mal wieder nach Amerika fahre.
Meine erste Kamera war eine Vito-B, eine Voigtländer, das war noch in Göttingen. 150 Mark. Robert schenkte sie mir von seiner Haftentschädigung. Dann kaufte ich mir eine Canon, die ich 1976 mit nach Amerika nahm. Ich verknipste einen Film, dann ging sie kaputt. Nun werden wir uns mal etwas intensiver mit der Sache beschäftigen, nun geh'n wir unter die Fotografen!

*

In den Turm wurden Löcher für die Fenster hineingeschlagen, ein uriger Vorgang.

*

Am Abend kamen zwei Leute von Internationes. Wie ich mit meinem Reichtum fertig werde, wollte der junge Mann wissen (er trug eine blaue Gärtnerhose und entstieg einer grünen Ente), und wieso ich mich politisch nicht engagiere.
Ich rechnete ihm vor, daß jeder Zahnarzt mehr Geld verdient als ich. Und, was mein politisches Engagement angehe: «Ich habe immerhin aus politischen Gründen acht Jahre im Zuchthaus gesessen.»
«Wieso? Sie haben gesessen?»
Da dämmerte es mir, daß der Mensch absolut nichts von mir

wußte! Nichts gelesen, nicht einmal den Waschzettel auf dem Umschlag meiner Bücher. Und da setzte ich ihn dann vor die Tür. In seiner giftgrünen Ente fuhr er beleidigt davon. – Übrigens mischte sich die Dame vom Ton ständig in unsere Unterhaltung. Warum ich mich auf dem Lande vergrabe, in einem Elfenbeinturm, das sei ja 'ne ziemliche Idylle hier; ob ich nicht meinte, daß ich mich damit selbst belüge usw.

In England ist es mir passiert, daß der Professor, der mich eingeladen hatte, zur Einführung meiner Lesung den Waschzettel von «Tadellöser & Wolff» vorlas und dann rausging; es tut ihm leid, aber er hat keine Zeit. In Coventry war das, 1981.

※

In der Nacht holte ich Schubert-Lieder heraus und sang einiges. Die Mimik von Sänger/innen im Fernsehen! Und das Geknödel! Ich kann mir nicht vorstellen, daß diese Lieder von jeher so künstlich vorgetragen wurden. Kunstlieder müßten von unverbildeten Stimmen gesungen werden, ohne Vibrato, so wie das damals die höheren Töchter taten.

> Es zieht ein Mondesschatten
> als mein Gefährte mit,
> und auf den weißen Matten
> such' ich des Wildes Tritt...

Wenn man selbst singt, ist es am schönsten (ob für andere, das ist allerdings die Frage).
Hildegard: «Hast du eigentlich eine schöne Stimme?»

※

Ausgeglichener Stimmung. «Mannigfaltige», ich hätte beinahe gesagt «plastische» Gedanken, auch Konstruktives bezüglich der pädagogischen Vorlesungen im Winter.
Ich gönnte mir das Lichtausmachen nicht, im Bett. Ein solcher Tag soll länger dauern. Lebenszenit. Der Atem, den du aushauchst, ist ein Stück Weltall. Das Geheimnis der Heiterkeit – warum bleibt sie aus? Wann kommt sie?

Nartum Fr 22. April 1983

T: Von Thomas Mann geträumt. Ich versäumte es, aus seinem Nachlaß das große Service zu ersteigern. Statt meiner tat das die Bundeswehr. – Später hörte ich eine Lesung von ihm und führte ihn und seine braungebrannte Tochter in ein Lokal (in Hamburg), weil er so großen Hunger hatte.

*

Das Eheschiff neigt sich jeden Tag einmal nach rechts und einmal nach links. Man muß immer wieder ganz von vorn anfangen. Wer dazu nicht bereit ist, darf nicht heiraten. Ehefähig sein: dazu gehört auch, daß man nicht egoistisch ist. Schon das In-die-Ecke-Werfen einer schmutzigen Socke ist gegen den Partner gerichtet.
Heute wurde nachgeäfft, wie ich aussehe, wenn ich meine Zahnschmerzen kriege. Ich entschloß mich, darüber zu lachen.

*

Eine Dame aus Göttingen schickte mir Negative von Rußlandheimkehrern, aufgenommen im Lager Friedland 1946. Ich fuhr sofort nach Zeven und brachte die Negative zum Fotografen, der mich wie immer laut begrüßte und darüber schimpfte, daß sie im Fernsehen niemals was über seine Heimat bringen (Königsberg). Ich erinnere mich noch an die Rußlandheimkehrer, gleich nach dem Krieg, mein Bruder war ja selbst einer. Der sah aber aus! Wie die Franzosen 1812. – Verglichen mit den russischen Gefangenen in Deutschland haben es die unsrigen in der SU ja noch gut gehabt!

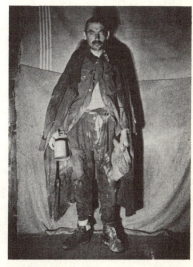

Dies ist nicht das Foto eines russischen Kriegsgefangenen

Am Nachmittag machte ich Post und tippte die Vorlesung für Oldenburg (Entfesselungskünstler). Dann begutachtete ich den neuen Zaun. Erwartungsgemäß hat diese Neuerung im Dorf keinen Anstoß erregt. Sie finden es ganz normal, daß man sein Grundstück ein«friedet». Einen unbekannten Radfahrer hörte ich zu seiner Frau sagen: «...Stacheldraht...»
Nächstes Jahr müssen wir eine elegante Pforte machen lassen, weiß, mit Kugeln auf den Pfosten.

※

Am Abend gelangweilt, es war nichts im TV, und ich konnte leider wegen Ermüdung der Augen nicht mehr lesen, was mir neuerdings öfter passiert. – Eine Dame hat mir geraten, ich soll Vitamin A nehmen. Aber der Augenarzt sagt, wenn man die Pillen schluckt, da weiß man doch gar nicht, ob sie oben ankommen.

Als wir ins Bett gehen wollten, kam KF, da wurd's lustig. Auch Hildegard gab Anlaß zu lachen, sie kann ja sehr komisch sein. Humor gehört auch zur Ehefähigkeit. Am liebsten ist es ihr, wenn ich Beispiele meiner Dummheit liefere, dann «flippt sie aus». Auch über abwertende Kritiken in Zeitungen, zum Beispiel wenn ich mal so richtig ausgeschmiert werde, kann sie sich totlachen. Heute machte ich nach, wie ich als Günter Grass in die freidemokratische Versammlung geschoben bin.

So sieht Hildegard sich selbst

Nartum   Sa 23. April 1983 sonnig

Vormittags an den Oldenburg-Vorlesungen gearbeitet. Das ist so eine Hausiererexistenz. Man fährt hin und hält ihnen den Bauchladen vor die Nase: Ob sie sich vielleicht für die kleinen rosa Schnürsenkel erwärmen könnten? Ja? – Nein? Immer noch besser, als sich im Lehrerzimmer mit Kollegen zu streiten, die einem vorwerfen, man habe die Kleiderbügel vertauscht.
Dann nahm ich das Hatzfeld-Kapitel noch einmal durch. Die Kontrageschichte zur Kramerin, die Sache mit der Pastorenfrau.

Mit KF über die Zukunft debattiert. Unausgesprochen blieb sein Problem, sich von mir abzusetzen. Schon daß ich mit ihm über seinen Beruf spreche, muß ihn kränken. Schließlich ist er inzwischen zweiundzwanzig Jahre alt. Zu der Zeit hatte ich schon vier Jahre Zuchthaus rum. – Ich weiß noch, wie meine Mutter in Hamburg, nach meiner Entlassung, immer wieder davon anfing: «Was willst du bloß machen...?» Sie hat mich 1956 regelrecht vor die Tür gesetzt, und das war richtig.

Karl-Friedrich

∗

Stiers brachten ihre kleine Tochter (4 J.), die uns viel Spaß machte. Wir tranken Kaffee und sahen ihr zu. Das ist die wichtigste Regel im Umgang mit Kindern (Menschen): Nicht auf sie zugehen, sondern sie kommen lassen und dann freundlich empfangen. – Über Kinder und junge Hunde haben sich bestimmt schon die Neandertaler gefreut.
Leider hatte ich den ganzen Tag über Ohrenschmerzen.

∗

TV: Das Schriftstellertreffen in Berlin: Man muß diese Wichtigtuer gesehen haben! – Die Drewitz war nicht dabei. Zu welchem Literaturschlag die wohl gerade ausholt. – Damals, Hartmut Lange, wie der sich an mich ranmachte, 1972, in Berlin, bei der letzten Tagung der Gruppe 47. Er lud Hildegard und mich überschwenglich ein, ihn «hinterher» noch zu besuchen. Dann haben sie ihm wohl geflüstert, daß ich ein liberales Schwein bin, und da war dann nichts mehr mit der Einladung.

∗

TV: Film über Katyn im 3. Programm (April 1943). Sie sollen mit deutschen Kugeln erschossen worden sein.
Mus: Schumanns 2. Symphonie. Unbefriedigend.
Lit: In den Apokryphen, Jesus-Sirach-Sprüche.

Nartum So 24. April 1983 Regen

T: Sonderbarste Träume. Ich bin zaristischer Offizier, die Revolution ist ausgebrochen. Auf dem Lande sitzen wir herum und spielen Karten. Es ist noch nicht heraus, was mit uns wird. – Etwas später, an einem Bergweg, in Nischen eingelassen, dünne Säulen verstorbener Dichter, blau mit Gold verziert. «Mereschkowski» lese ich und : «Dostojewski», und ich weine.
Eine Doppelsäule ist für ein Bruderpaar bestimmt.

✳

Vormittags eine große Brillen-Waschaktion. Ich verfüge inzwischen über acht Stück! Vier Sonnenbrillen (eine ohne Schliff, eine zum Nahsehen, eine sehr dunkle, doppelt geschliffen, und eine fürs Auto zum Fernsehen) und vier normale (eine zum Klavierspielen, eine nur fern, eine doppelt geschliffene und eine Ersatzbrille). Ich habe mir eine Flasche Pril gekauft, ohne Pril geht es nicht. Dann habe ich am Lexikon-Projekt gearbeitet.
Am Nachmittag Fitzelarbeit an HW. Kleinste Teilchen eingearbeitet, der Text hat sich bereits gesetzt.

✳

TV: Die eiertanzenden Schriftsteller in Berlin. Kuddeldaddeldu-Kant, Eulen-Heym, Austern-Hermlin und die Dussels aus der Be-Er-De. Raddatz steckte seinen klugen Kopf abwägend wiegend zwischen die, die jeweils im Bild waren. Johnson sagte keinen Ton. Daß sie miteinander reden können, heben sie als etwas Besonderes hervor. Als ob das bloße Ingangsetzen der Stimmwerkzeuge irgend etwas bewegt! Es wäre besser, sie würden miteinander saufen oder essen oder singen: «Eins, zwei, g'suffa!»

✳

Lit: Stendhal, Tagebücher
Mus: Mussorgsky, «Bilder einer Ausstellung», für 13,50 auf dem Grabbeltisch gekauft. «Ballett der Kücklein in ihren Eierschalen», «Das große Tor von Kiew».

Nartum Mi 27. April 1983

Vorgestern war ich wegen meiner Schmerzen beim Ohrenarzt, der konnte nichts feststellen. Da ich als «Thomas Mann des Landkreises» zur Kleinstadtprominenz gehöre, wurde ich an den Wartenden vorübergeführt und bevorzugt abgefertigt. Nun spare ich die Zeit wieder ein, die ich früher durch Herumsitzen vergeudet habe: In der Schule, bei den Soldaten, im Zuchthaus.
Gestern fuhr ich dann zum Zahnarzt, der einen vereiterten Backenzahn fand und sich wunderte, daß ich noch lebe. Der Zahn wurde sofort und ziemlich elegant gezogen. Zuerst lockern, dann noch mal lockern, äch, andere Zange nehmen, und dann: zuck! da ist er. Eigentlich hätte ich das Ding gern noch mal angesehen, aber das lassen Zahnärzte nicht zu, als ob sich das irgendwie nicht gehört. Hinterher wurde das klaffende Zahnfleisch mit zwei Fingern zusammengedrückt. Ich klopfte dem Arzt dankbar an seinen Bauch. Im übrigen zeigte er mir auf der Röntgenaufnahme, daß das Ziehen des nächsten, danebenliegenden Zahns nicht so unproblematisch sein wird.
Ich habe noch nie einen so guten Zahnarzt gehabt, «Linde» heißt er, und das ist er auch. Er hat mir prophezeit, daß sich mein Zahnbestand noch lange halten läßt. Eine Prothese sei nicht in Sicht. Und das, obwohl ich in den acht Jahren kaum Vitamine zu essen kriegte.
Mir fällt grade «Studentenfutter» ein. Das kaufte man sich vom Taschengeld.

*

Am Nachmittag fuhr ich trotz des «Eingriffs» nach Oldenburg, mit Hildegard, die mich wegen der Zahnsache – die ich, um Eindruck zu machen, eine «Zahnoperation» nannte –, für alle Fälle begleitete. Ich sprach in der Wohnung eines Lehrers bei Kaffee und Kuchen mit einer Schulklasse (5. Schuljahr) über das Wohl und Wehe einer Dichterexistenz. Die Kindlein waren recht lebhaft. In der Hauptsache fragten sie nach den Sprüchen, ob meine Eltern wirklich dauernd solche Sprüche geklopft haben. Der Aus-

ruf meiner Mutter: «Wie isses nun bloß möglich!» hat allen anderen Sprüchen den Rang abgelaufen. – Aus den Fragen der Kinder sprach das Interesse des Lehrers, der sie angespitzt hat. Sie lagerten zu meinen Füßen, die ganze Sache war ein bißchen idiotisch.
Danach aßen wir bei Dierks, der uns aus seinem Kempowski-Buch vorlas.
Dann hatte ich eine Vorlesung in der Uni vor 27 Leuten im riesigen Bibliothekssaal, «das Ruderboot». Die Lesung wurde ab und zu von einer geheimnisvollen Lautsprecherstimme unterbrochen, und im Hintergrund sahen sich Leute eine Klapptafelausstellung an, «Unterdrückung in aller Welt», fotografisch aufgearbeitet. – Hinterher ein Gespräch mit einem Soziologen, der meine Bücher, überprüfbar in- und auswendig kennt, so was gibts selten.
Spät nach Haus, übermüdet und von Schmerzpillen betäubt.

✲

Nun hat der Turm seine «Augen» bekommen und außerdem einen Andockstutzen zum Haus

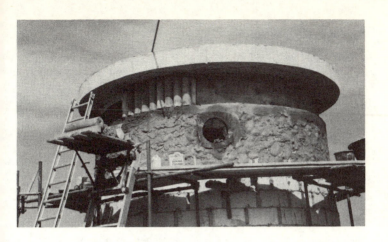

Der «Turmbau» schreitet rüstig voran. Der «Silo», wie die Leute sagen, wird jetzt außen verputzt. Die Sandsteinsäulen unter dem Dach «machen sich gut». Das ist das Schöne, daß mir das Leben alles gab, was ich mir wünschte. Vielleicht liegt das daran, daß ich die Wünsche an meinen Möglichkeiten orientierte.

*

In der Presse Aufregung über die Hitler-Tagebücher. Selbst wenn sie echt wären: Das Bild des sich allmählich mythisierenden Diktators werden sie nicht mehr beeinflussen. Das lebt vom Visuellen. Vielleicht würde man seine Wirkung zurückdrängen, wenn alle Bilder und Filme aus dem Verkehr gezogen würden, wie in der DDR, wo es schon Anstoß erregt, wenn man sich mit ihm kritisch beschäftigt. Man hätte es von Anfang an so machen müssen wie die Revolutionäre in Burgund oder wie die ägyptischen Herrscher, die den Namen des toten Vorgängers aus den Grabsteinen herausmeißeln ließen. Aber vielleicht wächst der Mythos dann erst recht. Es ist wie mit dem Franzosenkraut, wenn man es vertilgt, legt es erst richtig los. Man wird sich damit abfinden müssen, daß sich eines Tages um Hitler eine Gloriole bildet. Rätselhaft ist es, daß andere Bösewichter, die ebenfalls Tränenmeere produzierten, ungeschoren bleiben.

Herr Hitler

Ich hatte vor einiger Zeit ein Foto von Hitler auf dem Schreibtisch stehen, wie er gerade in die Gegend brüllt. Dies wurde von Besuchern als Verehrungsgeste mißverstanden. Nachdem ich auch von der Familie zur Rede gestellt wurde, nahm ich es fort. Ausgerechnet *ich* Hitler verehren! Sie haben gar nicht begriffen, womit ich mein Leben zubringe. Es ist ein nicht aufzulösendes Rätsel, wieso ihm so viele Menschen anhingen, obwohl er so unvorteilhaft aussah, so «verbumfeit», wie mein Vater es ausdrückte.

Fitzelarbeit an HW. Die Frage ist, ob das sogenannte Zeitgeschehen nicht deutlicher herausgearbeitet werden sollte: 1956 Adenauer, die ersten Bundeswehrsoldaten, der Ungarnaufstand. – Ich hab' was dagegen. Ich sitze am Aquarium und beobachte die Fische – daß die aus der Zoohandlung kommen, ist mir bekannt.
Habe andere Manuskripte hervorgeholt. Die Zettelsammlung des Dorfromans und frühe Texte. Dieses «letzte Buch» ist in Gestaltung und Inhalt schon recht weit fortgeschritten. Ich denke mir, daß der Erzähler, um den es geht, mit «grünen», «alternativen» Vorstellungen als Lehrer aufs Land geht, dort aber feststellt, daß er sich mit Bauern, Vieh und Natur nicht befreunden kann. Es führt kein Weg zu Adam und Eva zurück. – Nicht in der Pädagogik liegt die Wirkungsmöglichkeit meines Helden, sondern im Aufschreiben, Registrieren.

※

TV: Die Autoren, die sich in Berlin gegenübersaßen, sehen sich schon jetzt in einer Illustrierten Weltgeschichte des Jahres 2015 abgebildet, so etwa, wie das Foto der letzten Sitzung der Preußischen Akademie der Dichtung mit den beiden Manns, Ricarda Huch, v. Molo usw. Was sie jetzt in Berlin tun, ist, anders als bei denen damals, nicht ernst zu nehmen, weil nichts daraus folgt. Jene emigrierten, diese proben ihre darstellerischen Fähigkeiten. De Bruyn, Kunert und Konrad machen vielleicht eine Ausnahme. Denen nimmt man ihren Auftritt ab. Übrigens auch Peter Schneider und in Grenzen Christoph Buch. Es fehlte einer, der sich mal so richtig vorbeibenimmt, so ein 68er Fossil oder so ein Typ wie Neuss. Ein Mensch, der die ganze Unternehmung auf ihre groteske Substanz reduziert.

1990: *Peter Schneider ist der einzige linke Autor, der sich öffentlich für eine Vergangenheitsbewältigung der Linken einsetzt. Er erinnert daran, wie verlogen und menschenverachtend VS, DGB, Friedensbewegung und SPD sich verhalten haben. Ein Höhepunkt der linken Liebedienerei war, daß Jürgen Fuchs, «der für seine Idee vom Frieden fünf Monate in der DDR eingesessen hatte, auf einer Friedenskundgebung in Berlin am 20.10.83 das Rederecht» verweigert wurde. («Zeit», 18/90)*

Das Mandelbäumchen blüht.
Früher freute man sich, wenn's regnete, heute denkt man sofort an Schwefelsäure.

*

Schlagzeile in der «Zeit»: Die Schmuddeligkeit der Pädagogik.

*

TV: Ein schöner, rätselhafter Film aus Australien: «Walkabout» von Nicolas Roeg. – Gleichzeitig: Fußball Österreich–Deutschland. Ich wünsche den Schlawinern da unten alles Schlechte. Das Schlimmste an ihnen ist, daß sie meine Bücher nicht lesen (außer einem liebenswerten Herrn in Graz). Kritiken aus Österreich sind allerdings fast immer wohlwollend. Für die bin ich ein Exot.

Lit: Stendhal
Mus: Chopin

Nartum   Do 28. April 1983

T: Ich sitze im Gefängnis, und zwar in einer leeren Wohnung, in der Stroh auf dem Boden liegt. Die Tür wird geöffnet, herein kommen weibliche russische Wachtposten und dann meine sehr groß gewordene Mutter, nur der Kopf ist ihr ähnlich, sonst ist alles überdimensional fremd. Ich stürze auf sie zu, umarme sie, wobei mir auffällt, daß sie hinter einem Wandschirm stehenbleibt, der ihr bis zur Brust geht.

Ich rufe: «Mutter, weshalb bist du hinter der Wand?»

Da kommt sie hervor, abwesend, jedoch herzlich, und mir wird klar, daß es sich nur um einen Besuch handelt, wir sind keineswegs frei. Etwas später sehe ich uns von ganz weit auf einer Bühne liegen, auf Stroh, das Haar im Haar, das heißt Kopf an Kopf, die Körper entgegengesetzt.

«Wie Genoveva und Parsifal», denke ich.

*

Das letzte Foto meines Vaters

Heute vor 38 Jahren fiel mein Vater bei Kahlberg auf der Frischen Nehrung. Er hatte in einem Bunker geschlafen, war hinausgegangen, um eine Zigarette zu rauchen. Von der Bombe einer russ. «Nähmaschine» wurde er völlig zerfetzt. Man fand seinen Kopf «so klein wie eine Birne» und einen Fuß wieder. – Die Einheit kam per Schiff nach Swinemünde und wurde in Berlin eingesetzt. Fragen an das Schicksal laufen nach dem Prinzip: Wenn meine Tante Räder hätte ... ab.

1987: *Fahrt von Danzig nach Kahlberg. Sonne scheint. – Die Reste des Bunkers, direkt am Ufer, und nach dem Grab gesucht und in etwa gefunden, «plus/minus 300 Meter», wie mein Begleiter sagte. Der Bunker ist noch in Benutzung, von*

hier aus suchen die Polen den Horizont ab nach dem Klassenfeind.
Ich nahm eine Flasche Sand mit. Ob sich noch Spuren darin finden ließen? – Hatte plötzlich die Vorstellung, ein Pole stünde am Straßenrand und böte mir die Gebeine meines Vaters als Souvenir an.

※

Die Katzen sind nun ganz zahm. Sie wissen genau, wie sie ins Haus kommen können. Heute morgen polterte es vor meinem Fenster. Ich mußte wohl oder übel aus dem Bett steigen und sie einlassen. Die Braune hat's mit Hildegard, die bunte ist mehr mir zugetan. Sie umgurrt mich in den höchsten Tönen. Ich ziehe dann meinen Taschenkamm und kämme das liebe, etwas dumme Tier.
Warum streichelte ich meine Mutter nicht, als sie auf dem Sterbebett lag? Ich hätte es vielleicht getan, wenn da nicht die vielen Ufa-Filme gewesen wären, Henny Porten und Konsorten.

※

Mensak mit Freundin, 21 Uhr. Gespräche über das Autorentreffen, das Radio Bremen hier in Nartum veranstalten will, «Literatur im Kreienhoop». Raddatz und Kroetz haben abgesagt. Das möcht' ich auch mal können: absagen. Johnson hat einen langen Brief geschrieben, nein, er komme nicht, es sei taktlos, so etwas zu organisieren, solange Hans Werner Richter noch lebt. – Ich seh' noch Peter Weiss, wie der sich freute, 1972, bei der wiederaufgeflackerten Gruppe 47, daß er ein paar Kollegen wiedersah. Er hüpfte im Garten auf und ab. – In Berlin, jetzt, wurde nicht gehüpft. Da gab es wohl auch keinen Garten.
Meine Frage nach «Eselsbrücken» blieb unbeantwortet, die gibt es beim Fernsehen nicht.

Nartum Fr 29. April 1983

Geburtstag, 54 Jahre alt. Ich bin nun schon sieben Jahre älter als mein Vater wurde. – Ich bekam die unentbehrlichen Schokoladenmaikäfer geschenkt und eine blau-gelb-rote Fahne (Mecklenburg) mit Fahnenmast vor dem Haus. Meine erste Erinnerung ist: Ich sitze in der Sportkarre, und meine Mutter schiebt mich. Ich hatte gerade das rechte Bein gebrochen und war etwas wehleidig, weil die Pflasterfugen so groß waren und es ziemlich stieß. Und ich weiß noch, daß ich mich darüber bei meiner Mutter beklagte.
Mit Hildegard saß ich ein Stündchen friedlich zusammen. Die Katzen stießen sonderbare Wohlbehagensschreie aus.

Meine Schwester nannte mich «Dickerli»

Als Kind wünschte ich mir zu meinem Geburtstag Schweinebraten mit Kruste, hinterher Vanillepudding. Heute aß ich mich an Frikadellen satt. In Bautzen bekamen die Geburtstagskinder einen Schlag Suppe zusätzlich und von der Brotgemeinschaft einen Kanten Brot.

Eine Leserin schickte mir eine Tasse mit Rostocker Motiv, und von Renate kam ein Fläschchen Nelkenöl gegen Zahnschmerzen. KF installierte einen neuen Tonturm (oder wie das heißt).

*

Meine Geburtsanzeige aus dem «Rostocker Anzeiger». Die Schwierigkeiten, sie zu beschaffen, waren grotesk. Was als Jux gedacht war, wurde zur Staatsaktion.

> Die glückliche Geburt eines gesunden
> **Knaben**
> zeigen hocherfreut an
> **Karl Georg Kempowski
> und Frau Margarethe,**
> geb. Collasius
> Rostock, den 29. April 1929

*

Den Vormittag mit dickem Kopf verbummelt.
Am Nachmittag auf Knaus gewartet, der eine volle Stunde zu spät kam. Als ich dachte: Jetzt kommt er gleich, jede Minute wird er um die Ecke biegen, klingelt das Telefon: Er wolle mir nur mitteilen, daß er jetzt losfährt.
Miesen Böckelmann-II-Vertrag nicht unterschrieben, obwohl er ihn mir immer wieder hinschob: Es wäre doch so wundervoll, wenn ich ihn heute, an meinem Geburtstag, gleich unterschriebe.
Knaus hat einen Studenten beauftragt, Literatur zum Thema «Eselsbrücken» zu suchen. Er fand bisher nur Theoretisches zur Mnemotechnik. Eine spezielle Veröffentlichung über «Gedächtnisstützen» scheint es nicht zu geben.

*

Gegen Abend kam der Bus mit den lärmenden, desinteressierten Schülern aus Berlin, riesige Kassettenrecorder unter dem Arm. (So wie die farbigen GIs auf dem Bahnhof in Frankfurt am Main). Ich weiß nicht, was mich geritten hat, sie einzuladen. Wahrscheinlich ein letztes Aufflackern meiner pädagogischen Hektik. Vielleicht auch Geltungssucht.

Sie waren nicht gerade scharf auf mich. Zwei verschwanden sofort, die setzten sich per Anhalter in eine Disco ab. Der Lehrer nahm weiter keine Notiz davon. (Ich auch nicht.) 26 Psychopathen, nicht ansprechbar und für nichts zu interessieren. Der Lehrer sprach ab und zu «vernünftig» mit ihnen, sie sollten doch mal vernünftig sein... Die beigegebene Lehrerin hielt sich im wesentlichen zurück. Und ich saß in dem Hexenkessel und dachte: So versaust du dir dein schönes Leben.

Am Abend gab ich den Leuten einen T&W-Film zum Fraß. Was ich dazu sage, wenn ich mich so im Film dargestellt sehe, wollten sie wissen. – Sag? Denke? Wenn ich das wüßte! Im Grunde interessiert es mich überhaupt nicht (mehr). Irgendwie hat das alles mit mir nichts zu tun. Schon im Buch hatte ich mich von der Realität entfernt: Augustenstraße, Warnemünde. Wirklichkeit ist nur in gestaltetem Zustand wahrnehmbar. Im Film ist alles Lieffen, Seippel, Fechner. Man kann sich selbst nicht beikommen, und andere schaffen das noch weniger. Stilisierung nennt man das. Erstaunlich, wie daneben sie liegen.

So ist das auch mit den Fernsehporträts. Sie lassen mich in einer Kneipe sitzen (wo ich mich sonst nie sehen lasse), befehlen mir, im Garten auf und ab zu gehen und so zu gucken, als dächte ich an was, bezeichnen mich als Zettelkastenfanatiker, obwohl ich seit «Gold» das Zettelsystem nicht mehr anwende usw. Am tollsten hat es Caralus getrieben, 1971, der hat mich gezwungen, vor der Kamera gegen mich selbst zu agieren. Er bezeichnete mich als Zwergschullehrer und fragte mich, ob ich eine «altvordere Existenz» führe, wollte mir damit wohl unterschieben, ich kümmerte mich um nichts. Dann examinierte er KF und Renate, fragte sie nach Hitler, und die knallharte Antwort von KF schnitt er dann raus. – Das war 1971, das dritte Fernsehporträt, das überhaupt von mir gemacht wurde. Das mußte man auch lernen, sich zu verstellen! Jahre später kam er dann mal wieder, ich glaube es ging um die Olympiade oder um das «Wunschkonzert» der Nazis, war freundlich und zustimmend, und da war er ganz erstaunt, als ich ihm sagte, daß er mich mal schwer mißhandelt hat.

※

In der Nacht schreckliche Zahnschmerzen, ich schluckte eine vierfache Ration, dämmerte schließlich hinüber.

*

Lit: Kopfschüttelnd in «Zwei Stunden» von Elisabeth Mann geblättert. Danach die «Ungeschriebenen Memoiren» von Katja zur Hand genommen. Ach, ist das ein schönes Buch. Ewiger Dank an Elisabeth Plessen!

Nartum So 30. April 1983

Eben sind die Schüler wieder abgefahren. Sie benahmen sich wie die Vandalen. Untereinander herrschte so ein gereizter, aufgeheizter Ton, wie man ihn bei Landkindern nicht hört. Neurotisch wirkend, wie bei den Schwererziehbaren im Heim. Ihre Blicke glitten gleichgültig über mich hinweg, und wunderlicherweise warb ich bis zuletzt um sie.

*

TV: «Wendeltreppe». Ich hatte diesen Film kurz vor meiner Verhaftung in Wiesbaden gesehen. Auf Saal 3 habe ich ihn dann mit allen Spannungseffekten nacherzählt, das war ein Riesenerfolg.

Mai 1983

Nartum So 1. Mai 1983

Ein merkwürdiger Bericht über das Schriftstellertreffen von Raddatz in der «Zeit»:

Es klang zwar etwas feige, wenn das Nichteinladen von Kopelew, Kohout oder Biermann als numerisches Problem abgetan wurde, aber die bewegenden Reden der... Moniková und des... ungarischen Romanciers György Konrad ließen da nichts aus. Voreilige Zeitungsüberschriften vom «vorsortierten Treffen» wurden da Lügen gestraft.

Nun, die drei genannten Autoren waren ja nicht die einzigen, die nicht eingeladen wurden. Auch Bienek wurde übergangen – die Guten ins Töpfchen –, und Loest und ich haben auch keine Einladung erhalten. Also hat hier eben doch eine «Vorsortierung» stattgefunden. Ich kann mir gut vorstellen, wie sie über ihrer Liste gesessen und uns weggeschnippt haben. Ob da eine Rubrik existiert mit «Politisch unzuverlässig»? mit Plus und Minus? Eine Kartoffelsortiermaschine im Rüttelverfahren: Die Lütten fallen durch?

Ich sehe den Härtling vor mir, wie er sich eine Zigarette ansteckt und das Streichholz ausschüttelt, und dann kommt Grass angeschlurft, und dann sagen sie: Ne, den nicht, der macht uns alles kaputt.

Raddatz zählt in seinem Artikel die Autoren auf, die abgesagt haben. Es wäre doch ganz interessant gewesen zu wissen: warum! Max Frisch und Koeppen Grippe? Hochhuth und Fichte Magenverstimmung? Kroetz, Rühmkorf, Walser und Hans Mayer terminlich unabkömmlich? Ach, wie schade, daß man mir nicht einmal die Gelegenheit gegeben hat, abzusagen. Es wäre mir eine Ehre gewesen.

Es stimmt schon, was Sarah Kirsch in der «Zeit» geschrieben hat:

Alles in allem eine gut geplante Veranstaltung, von Funktionären so organisiert, daß sie ohne zu stören stattfinden kann. Nutzlos, elitär, ein Jahrmarkt der Eitelkeit. Verlogenheit gegenüber der verfolgten Friedensbewegung in der DDR.

Ich rief Raddatz an und fragte, warum ich nicht eingeladen worden sei. Da bellte er ins Telefon: «Man kann ein ganzes Schriftstellerlexikon mit den Namen der Autoren füllen, die nicht eingeladen wurden!!» – Mit den Namen der Emigranten auch.

*

Im Flugzeug nach München.
Gangplatz: Wenn die vitaminhaltigen Stewardessen mit ihrem Popochen vorbeiwischen. Auf zwanzig Zentimeter kommt man heran. Oder wenn sie sich zum Fensterplatzmenschen hinüberrekken.
Im Flugzeugradio: «It's only a papermoon». Sofort kommt die Nachkriegszeit auf, Rostock: Mahorka, Gurke auf trocken Brot, Steckrüben, Kümmelschnaps, geröstetes Schwarzbrot, Camel.
Lautsprechermusik auf dem Platz der Roten Armee: Lieder zum Ruhm der Sowjetmarine. Und Inge, mit der ich nur eine Woche «ging», aber sie hatte ausgerechnet in dieser Woche Mandelentzündung. Und als sie wieder gesund war, «ging» sie mit einem andern.
Zunehmend Ekel vor Menschen.

München/Mitternacht

Vierjahreszeiten, schönes Zimmer mit Blick auf das Kulissenhaus der Oper.
Leider Zahnschmerzen, mußte alle drei bis vier Stunden Tabletten nehmen, saß umflort in der verhunzten Lobby. Die Jugendstileinrichtung dieses Hotels hatte Krieg und Besatzungszeit überdauert, es ist alles herausgerissen worden und à la Jugendstil möbliert. (So wie die Bauern es machen, die ihre Dorfkneipen ausweiden, all die schönen ausgesessenen Sofas raus, und «rustikal» mit Wagenrädern, Milchkannen und Schiebkarren wieder herrichten.) – An den

kleinen Schreibtischen der Lobby, die sich der Innenarchitekt ausgedacht hat (damit die Gäste auch mal einen Brief schreiben können), habe ich noch nie jemanden sitzen sehen. Und wenn ich einen Brief schreiben müßte, würde ich mich dazu auf gar keinen Fall an ein solches Stilmöbel setzen.

Ich setzte mich in eine Ecke und beobachtete, soweit es die Tabletten zuließen, die durch die Lobby schlendernden Menschen. Sowohl Smokings als auch Turnanzüge kamen vorüber. Mamis mit verwöhnten Kindern an der Hand (Mitternacht!), denen man vier Wochen Sowjetunion wünscht. – Wenn man den Lift betritt und laut und deutlich «Guten Tag» sagt, antworten sie nicht, die vornehmen Leute. – Im Lift traf ich auf einen Mann im Bademantel.

Der Portier schenkte mir die «Süddeutsche» von morgen, weil ich kein Kleingeld hatte.

1990: *Erinnerung an meinen Vater. Auf seinem letzten Urlaub, im Oktober 1944, als die Wehrmacht schon mit «Heil Hitler!» grüßen mußte, hob er zwar auch den Arm, sagte aber laut und deutlich «Guten Tag». Das hieß: Wir gehören noch zum guten alten Deutschland.*

Lit: Kästner, «Zeltbuch von Tumilat». Recht manieriert.

München   Mo 2. Mai 1983

T: Ich habe einen riesigen Chor mit Orchester dirigiert: «Was mein Gott will, das g'scheh allzeit.» Hildegard stand hinter mir und hörte, an mich gelehnt, zu. Ich sagte: «Schluß mit der Probe!» obwohl sie gerade erst angefangen hatte.

*

Heute früh gemütlich Kaffee getrunken, dann zur Autorenbuchhandlung gegangen, wo man ausgesucht unhöflich war zu mir. Die sind natürlich von den Hanser-Leuten aufgehetzt worden gegen mich.

Übel gestimmt ging ich zum Antiquariat K., wo ich die alte, vierbändige, von Schultz-Wettel bebilderte 1001-Nacht-Ausgabe meiner Eltern kaufte. Das war früher mein bevorzugtes Bilderbuch gewesen, weil die wollüstigen Bilder mir gefielen.
«Würden Sie mir das bitte per Rechnung schikken?»
«Nein, Sie müssen erst bezahlen.»
«Sie können es ja hierbehalten und erst schicken, wenn ich das Geld überwiesen habe (561 Mark).»
«Nein, Sie müssen was anzahlen.»
«Nun gut, ich gebe Ihnen 100 Mark.»
«200 müßten es schon sein.» – Als ich dann auf die Straße trat, kam ein Mann hinter mir her: «Um Gottes willen, kaufen Sie nie wieder in diesem Laden, das ist ja viel zu teuer. Ich kann Ihnen das alles für ein Zehntel des Preises besorgen.»

Daß sie den Fuß auf ihn stellt...

*

Im Bayerischen Rundfunk aus HW gelesen. Über den Lautsprecher schrien sie ins Studio: «Bitte auf Rot beginnen!» Und als ich gerade angefangen hatte, unterbrachen sie: «Bitte noch mal von vorn.»
Sechsmal versprochen.
Hinterher traf ich Peter Hamm, der hier seinen Lebensunterhalt

verdient. Ob Gulda oder Gould der bessere Pianist ist, und warum Brendel sich die Fingernägel mit Leukoplast umklebt. Das Grimassieren sei sein Problem gewesen, sagte Hamm, der mit Brendel schon mal in England war, das habe er sich mühsam abgewöhnen müssen. (Aber er grimmassiert noch immer!) Was ich denn sonst so machte in München? – Na, Konzert, Theater... – «Gibt's in München Theater?» Er sei schon jahrelang nicht mehr im Theater gewesen.

1990: *Was Reiner Kunze sich getraute zu sagen, stimmt eben doch: Daß es Rundfunkstationen gibt, die uns ständig übergangen haben, weil wir uns kritisch über die DDR äußerten. – Unvergessen ist es, wie mich ein Journalist mal aus einem Film herausschnitt, weil ich mich positiv über die «Zwergschule» geäußert hatte. Angeblich sei der Film in der Kopieranstalt kaputtgegangen.*

Ich bin ein handverlesener Autor.

*

Am Abend die Jury-Sitzung. Hinterher wunderbar gegessen. Der Abend wurde lang und lustig. Leider mußte ich in der Nacht alles wieder ausbrechen. Ich konnte in Ruhe besichtigen, was ich da an Wunderbarem gegessen hatte.

München/Bremen   Do 4. Mai 1983 Mitternacht

T: Ein Auto fährt vor, Thomas Mann im Gehpelz, mit Hut, steigt aus. Er ist also selbst gekommen, und ich wollte ihn doch abholen vom Bahnhof! Die Dorfbevölkerung guckt zu, wie er auf mein Haus zuschreitet. Freundliches Gespräch. Es gefalle ihm nicht, daß im «Block» verballhornende Bildungsgespräche vorkämen, beispielshalber über den Faust, sagte er. Am Erbe dürfe man nicht rütteln. – Er hatte die schlechten Zähne Adolf Hitlers.

Im Verlag erörterten wir die nächste Lesetour, es ist ziemlich dürftig, was sich an Interessenten gemeldet hat.
Dann Verhandlungen in der Kinderbuchabteilung des Verlages wegen «Haumiblau». Der Absatz von Kinderbüchern habe trotz des Pillenknicks nicht nachgelassen, weil es viele Frauen gäbe, die Kinderbücher sammelten. Kinderbücher könnten gar nicht luxuriös genug sein.
Mittag gegessen mit Gutmann bei einem unhöflichen Italiener. Ich müsse noch etwas an mir arbeiten, wurde gesagt, als ich meine aus Minderwertigkeits- und Schuldgefühlen geborenen Auslandstiraden losließ. Sie mißverstanden das kabarettistische Element meiner Unterhaltungsbemühungen. Vielleicht denken sie auch: Einen Sonderling können wir uns nicht leisten. Es ist immer wunderbar, wie sie anbeißen, wenn ich sage: «Ich finde die Franzosen zum Kotzen.» Das geht so klipp-klapp. Sie sehen sich um, ob das auch keiner gehört hat.

*

Am Nachmittag ging ich zu Roeseler in die «Süddeutsche Zeitung» und sprach mit ihm über die Seminare. Danach im Postkartenladen am Hauptbahnhof Ansichtskarten von Rostock und das originelle Porträt eines Bayern.

*

Am Abend dann schreckliche Schmerzen, ich entschloß mich zum Heimflug, ließ also das schöne Zimmer fahren, und die Theaterkarten, und flog nach Bremen, wo ich im Parkhotel schlief, das auch nicht von Pappe ist. Frühmorgens unter einem Tablettenschleier zum Zahnarzt, der eine akute Vereiterung der Wunde feststellte und mir half.

Meine Mutter wunderte sich darüber, «daß die Bayern auch Deutsche sind?»

Nartum/Hamburg Fr 5. Mai 1983

Gestern abend zum «Zeit»-Empfang nach Hamburg, wo ich Raddatz sprach und den angeheiterten Ledig. Eine goldbehängte Frau: «Mein Mann ist Seemann» (Chef der HAPAG). Auch Dr. Fischer, den entthronten Chef von Bertelsmann sah ich, nun spricht keiner mehr mit ihm. Als ich ihm damals von meiner Schwimmgang-Erfindung erzählte und ihm dessen Vorzüge vorrechnete, lachte er nur. Wer über einen so originellen Vorschlag lacht, hat keinen Sinn für Realitäten.
Ben Witter: «Ihre Gesichtszüge haben sich gefestigt. Sie sind feiner geworden. Aber Dünkel – sind Sie dünkelhaft?» – Was gehen den Mann meine Gesichtszüge an?

*

Die Nacht erquickend geschlafen, ohne Tabletten.

*

Heute waren wir schon wieder in Hamburg, im Atlantik, zur Feier des siebzigsten Geburtstags von Knaus. – Vorher klapperte ich noch die Buchhandlungen ab nach den Apokryphen des Neuen Testaments, leider ohne Erfolg. Nicht einmal im Rauhen Haus hatten sie davon gehört. – Wir aßen tüchtig und gingen ins Atlantik. Mit zu enger Jacke und schlappenden Schuhen, die ich innen mit dem großen Zeh festhielt, schritt ich die gepolsterten Stufen hinauf, den Käsehäppchen entgegen und dem ungenießbaren Sekt. Ich empfand es als tragisch für den Jubilar, daß im Foyer des Hotels auf der Anzeigetafel neben ihm gleichzeitig die Tagung der Shell AG aufgeführt war sowie eine Familie Sehbaum (silberne Hochzeit), eine Vertreter-Besprechung und eine Modesache. So etwas schränkt die Bedeutung einer Nullung ein.
Siebzig Jahre: 1999 werde ich soweit sein.
Ich mußte die Autorenrede halten. Von mir erwarten die Leute immer was Lustiges, sie grinsen schon, wenn ich aufs Podium schreite, und ich hab's auch ganz gern, wenn sie lachen. Vielleicht aus alter Rivalität zum Bruder, der immer der talentiertere Spaßma-

cher war. – In Deutschland riskiert man mit Humor Kopf und Kragen. Die Deutschen können Possen nicht unterscheiden von einer Groteske. Der Erzähler soll sich direkt vom lieben Gott inspirieren lassen (hier überwintern Reste des Geniekults), der darf nicht komisch sein. Und wenn er es doch ist, dann muß er zur Strafe als Hofnarr des Bürgers auf den Stufen sitzen. Opitz' Definition der Komödie als Theater fürs niedere Volk geistert noch immer durch die Gegend.
Das von mir angeregte gemeinsame Geschenk der Autoren für Knaus: eine Vitrine, für die jeder ein Objekt stiftet, einen kleinen, unscheinbaren Gebrauchsgegenstand, ging leider schwer daneben. Die Autoren hatten nur zum Teil begriffen, was mir vorschwebte: Einer riß sich gar einen alten Leuchter vom Herzen, der dann nicht in die Fächer der Vitrine paßte. – Ich schenkte einen selbstbemalten Zinnsoldaten.
Große Knutscherei mit der gepuderten Struck für einen Fotografen. Ich mit Schlips, sie ganz in rotem Leder. Ob ich darunter leide, daß ich so jung aussehe, wollte sie von mir wissen. Irre! – Hildegard sah von fern zu. Sie hielt sich an die Quadflieg, die das Schicksal hat, dreimal am Tag nach ihrem Vater gefragt zu werden.
Am Käsebüfett kam es zu Anbiederungen von Menschen, bei denen ich mich selbst mal angebiedert habe. – Ein Herr zeigte mir seine Hände: Sie seien seit seiner Kindheit nicht mehr gewachsen.

*

Vor fünf Jahren bin ich von Hanser zu Knaus gegangen. Den Ring mit dem blauen Stein auf dem kleinen Finger, ein seidenes Halstuch unterm Hemd, immer freundlich und bestimmt: «Nein, das tät' ich nicht», diesen Ratschlag hört man öfter von ihm.
In andern Verlagen hatte ich die sonderbarsten Erlebnisse. Bei Rowohlt wurde mein verlorengegangenes Manuskript im Heizungskeller wiedergefunden. Die eigenen Vertreter schwärzten den «Block» bei den Buchhändlern an. Über den «Tadellöser» sagte Ledig: «Die Schwarte ist mir zu dick.»
Ohne mein Wissen hat er damals den «Block» in einem Tarnfarbenumschlag von Ballons aus über der DDR abwerfen wollen, das war

eine Idee des Gesamtdeutschen Ministers. Ich hätte nichts dagegen gehabt und verstand die Aufregung der Verlagsmenschen nicht.

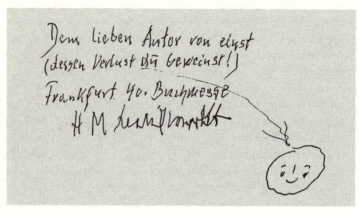

Es sind Tränen, die Ledig auf sein Porträt gezeichnet hat

Und bei Hanser? Als ich mit dem Chef nach Amsterdam fuhr, logierte er im ersten Haus der Stadt, und ich bekam eine Absteige im fünften Stock eines ehemaligen Resistancequartiers.

1990: *Eine Kuriosität zu Rowohlt fällt mir noch ein. Ich hatte im «Block» einen Häftling sagen lassen: «Wenn wir rauskommen, dann verschaffe ich dir die Bahnhofsbuchhandlung in Breslau.» Was ich nicht wissen konnte: der Vertriebschef von Rowohlt hatte diese Buchhandlung besessen und dachte nun, ich wollte ihn irgendwie ärgern. Entsprechend temperamentvoll fiel sein Einsatz für meinen Erstling aus.*
Nach der «Wende» drüben müßte mein «Block» ja nun ein wirklicher Renner werden.

Knaus ist immer generös. Unvergessen ist die Sache mit den Premierenkarten für Bayreuth, die er uns schenkte, plus Hotel und Fahrt.

*

Lit: Kaschnitz «Wohin denn ich». Zum neidisch werden.

Hameln/Nartum Fr 6. Mai 1983

T: Ich steige in das Dach einer großen mittelalterlichen Scheune. Obendrauf ist eine «Laterne», ich passe gerade eben hinein. Leider klappt die Sicherheitstür zu. Ich überlege, wer mich wohl hört, wenn ich um Hilfe rufe? Spielende Kinder? – Übermorgen wird man mich frühestens hören, und bis dahin bin ich tot.

*

Frilling! Frilling!
Nimm miss in deines Armes!

sang ein italienischer Tenor 1946 in Rostock. Mit so einem Käse belastet man sein Gehirn.

*

Niedersachsenpreisverleihung in Hameln an Günther Patzig, Alfred Koerppen und Walther Killy. Die Zeremonie fand im Münster statt, das in den siebziger Jahren leider «gereinigt», also von seinem neugotischen Inhalt befreit wurde. Nun sieht die Kirche wie ein Klubhaus aus. (Wo sie wohl das herausgenommene Inventar hingetan haben? Zerhackt? Das würde mich nicht wundern.)
Die Leute buhten draußen wegen einer Mülldeponie. Da ich etwas zu spät kam, mußte ich mich durch die Menge hindurchzwängen, wurde an der Jacke gezerrt. Ein junger Mann mit langen Haaren schlug mit einem Stock nach mir. Kein Vergleich zur Nazizeit, aber was soll das? – Ich wurde von einem braven Polizisten beschützt.
Koerppen dirigierte zur eignen Feier eigene Kompositionen, von mittlerer Modernität.
Hinterher gab es im Chor des Münsters, in dem vor vierhundert Jahren das Allerheiligste stand, den üblichen ungenießbaren Sekt und eines dieser ekelhaften kalten Büfetts. (Die Lachshappen sind immer zuerst weg, als ob sich die Leute selbst keinen Lachs leisten könnten.) Zwischen all die Landräte, Stadtdirektoren und Abgeordneten mischten sich die Choristinnen. Ich stand ziemlich herum, wie immer in solchen Fällen, suchte mit ihnen ins Gespräch zu

kommen. Lechner kannten sie nicht, aber Orlando di Lasso. – Patzig will, wie mir seine Frau sagte, die 10000 Mark des Preises seinem Institut stiften.

Mehr nützen würde es den Niedersachsen, wenn sie statt dreier Preise nur einen ausgeben würden und zwar über 80000 Mark. So verbuddelt dieser Kraftakt Jahr für Jahr und niemand hat so recht was davon. – Unsere Jury wird dankenswerterweise von der eisernen Banklady, Frau Dingwort-Nusseck zusammengehalten, einer Frau, bei der einem das Wort «Emanzipation» nicht einfällt. – Kontakte mit Totok wegen meines Archivs. Freundliche Begegnung mit Grohn vom Landesmuseum. Der wird nicht von seiner Frau in den Keller geschickt, um Weckgläser heraufzuholen.

Anschließend gings mit dem Landesvater in breiter Front durch die Fußgängerzone – so wie De Gaulle nach der Befreiung von Paris –, zum Rattenfängerhaus, wo gegessen werden sollte. An allen wiederhergestellten Giebeln blickte er bewundernd empor. Beim sensationell häßlichen Karstadthaus ließ er das bleiben. Merke: Nie bei Karstadt kaufen! Dieser Konzern hat, um Puder, Sylvesterscherze und DDR-Anzüge unter die Leute zu bringen, unsere Städte versaut. Es müßten Bronzetafeln angeschlagen werden mit den Namen der Beamten, die diese Bauten genehmigt haben. Die Hertie-Leute und die von C & A haben es in Hameln noch schlimmer getrieben, sie ließen ganze Straßenzüge abreißen, um ihre Schuppen hochzuziehen. Hoch lebe Frau Buchwitz, ohne sie könnte Albrecht in Hameln an keinem Giebel mehr emporblicken.

※

Ich ging nach dem Essen noch einmal in die Stadt, um mir alles ein zweites Mal anzusehen. Ich ging auch ins Museum, wo alte Schränke zu sehen sind, Gläser, Zinn und Silber. Rätselhaft, daß man den Bonifazius und die Apostel, die hier unter Verschluß gehalten werden, nicht zurückgebracht hat ins Münster, wo sie hingehören. Sonderbar auch, daß man im Münster an einem Grabstein in pädagogischer Absicht ein winziges Stück restauriert hat, also angemalt, aber nur ein winziges Stück. Das soll heißen: «So hat es früher mal ausgesehen.»

1990: *Die Ausführlichkeit, mit der man uns hier im Westen mit den «Rekonstruktionen» in der DDR bekannt gemacht hat, die Semper-Oper, das Zille-Haus in Berlin. Und niemand ist auf die Idee gekommen, dies dem allgemeinen Verfall gegenüberzustellen.*

Ich sah mich dann noch um nach einer Pistole. Es wurde mir auch eine angeboten, sie sollte 4500 Mark kosten, mit fünf Schuß Munition. Habe dann doch Abstand genommen von einem Kauf. Nicht, daß ich Angst davor hätte, einen Einbrecher zu erschießen! Aber hinterher nach einem Waffenschein gefragt zu werden, dieser Gedanke machte mir zu schaffen. Ein Bösewicht zu sein, ist leichter auszuhalten, als wie ein Schuljunge am Ohr gezogen zu werden.

※

Spät am Abend kam ich nach Haus und entdeckte, daß die Fliesen im Turm falsch verlegt worden sind: nicht konzentrisch, wie abgemacht, also der Rundung der Turmwand angepaßt, sondern quer wie ein Rechenheft. In der Nacht noch mußten sie wieder herausgerissen und abgewaschen werden, ich war außer mir vor Wut, besonders deshalb, weil der Architekt meinte, das sei halb so schlimm.

※

Ein Brief aus Holland. Der Absender gehört zu einer Gruppe holländischer Germanisten, die mich in Nartum besuchten:

... Offen gestanden war ich zu Anfang des Seminars, nachdem Sie uns Ihre Arbeitsweise erklärt hatten, in einem nicht geringen Maß enttäuscht, und zwar insbesondere darüber, daß Sie Ihr literarisches Schaffen als ein erlernbares Handwerk, als etwas Machbares darstellten.
Dann aber kam der Wendepunkt. Plötzlich sitzen Sie da, unter einer Lampe, und fangen zu lesen an. Da bemerkt man: Das ist kein Pädagoge mehr, da sitzt ein Autor und liest. Da machte sich bei mir – und nicht nur bei mir – Bewunderung breit, und ich verstand sofort, daß Literatur etwas Undefinierbares in sich hat; daß Literatur kein schlichtes Handwerk ist;

daß Literatur etwas – wie Sie selber auch irgendwie durchsickern ließen – Göttliches in sich hat. Eins war mir sonnenklar geworden: Literatur ist keine Zettelkästchenwortspielerei!

Ich als Hausherr müßte mich auch mal kritisch über Besucher äußern: Zigarettenasche streifen sie in meine Ritterburgen ab, und in die Klotür haben sie ein Hakenkreuz geritzt. Eine Dame erschien in der Küche und fragte, ob sie einen Schnaps kriegen kann?

*

Lit: Erhart Kästner, «Zeltbuch». Exakte Beschreibung neben Schwulst. «Es ist unglaublich, wie wenig Wohnung der Mensch bedarf, wenn Kälte und Nässe nicht *ist*.» Ansonsten vieles, was mich an Bautzen erinnerte. Die Findigkeit der Menschen: «Ein Musiker fügte aus Gott weiß welchem Stoff ein regelrechtes Hammerklavier für drei Oktaven zusammen, es sang, ein rührendes Clavicord, elfenhaft flüsternd aus dem Zelt in die stille Nacht.»

Nartum   Sa 7. Mai 1983

In der Nacht um vier Uhr aufgewacht. Ich meinte, es hätte jemand geklingelt. Es war aber nichts.

*

Ich verbrachte den Tag angenehm, war absolut schmerzfrei. Morgens arbeitete ich für das pädagogische Seminar. Thema «Eigenfibel», das ist die längst in Vergessenheit geratene «Hohe Schule» der Grundschullehrer. Ich verstehe nicht, wie man mit einer gedruckten Fibel zurechtkommen kann. Ich habe mir nach Art der alten Reformpädagogen morgens immer zuerst die Kinder angesehen, bevor ich irgendwelchen «Unterrichtsstoff» auf sie losließ, habe herauszufinden versucht, was sie bewegt, und darauf meinen Unterricht aufgebaut. Wie kann ich ihnen denn eine Leseseite über Schnee zumuten, wenn in der Nacht zuvor ein Bauernhof abgebrannt ist?

Auch am Nachmittag war ich mit dem Vortrag beschäftigt, zwischendurch machte ich Post und lief zu den Handwerkern, denn heute wurden die Fliesen neu verlegt, einzeln mit einer Art Säge zugeschnitten. Das sieht nun wesentlich besser aus. Verstimmung auf allen Seiten: nicht meine Schuld.
Als dann die Farbfenster eingesetzt werden sollten, stellte sich heraus, daß die Öffnungen zu klein sind! Nun ja, die üblichen Pannen. Wenn man bedenkt, daß für Köln oder Frankfurt U-Bahn-Wagen gekauft wurden, die nicht an die Bahnsteige paßten, und daß sie in Sidney, in der Wunderoper, die Klos vergaßen.
Im übrigen fand, trotz der allgemeinen Verstimmung, die Einmauerung der Rostocker Erde statt, im Zentrum des Fußbodens, unter einer runden, schwarzen Granitplatte. Helm ab zum Gebet! Ich überwachte das, weil man nie wissen kann, ob die Leute da nicht irgendwelchen Jokus machen, da also reinpinkeln oder wie. Die Granitplatte hatte ich beim Grabsteinmacher in Zeven bestellt, 35 Zentimeter im Durchmesser, kreisrund, und ich hatte gedacht: Das kostet gewiß Tausende. – 40 Mark waren zu zahlen.
Gedanken an den Reliquienkult, daß protestantische Kirchen so ohne Seele sind, weil die Gegenwart der heiligen Zeugen fehlt.
Baumgart: Auf diesem Stuhl hat die Bachmann gesessen.

*

Objekte der eigenen Vergangenheit aufbewahren – das heißt, seine eigene Reliquie sein. In dieser Hinsicht ist mein ganzes Leben ein einziges Sakrileg.

1990: *Der Protest gegen Picassos Stalin-Porträt, weil es vom offiziell festgelegten abwich und die Vorschrift, Lenin-Statuen nur in drei verschiedenen Positionen zuzulassen. – Als ich im März in Bautzen war, besichtigte ich die Thälmann-Zelle, die die Volkspolizisten für echt hielten. – In dieser Zelle hat Thälmann nie gesessen. Ich glaube, Sven Keller war es, der sie erfand. Vom Dachboden haben sie die entsprechenden Möbel, Schemel, Tisch und den «Leibstuhl» geholt. Wenn ich Kommu-*

nist wäre, dann hätte ich nicht die luxuriöseste Zelle ausgesucht für diesen Zweck, sondern die finsterste. – Es wird gesagt, daß Thälmann sogar ein Radio auf der Zelle gehabt hat.

※

Eine Frau aus Neuwied schickte mir die Chronik ihrer Familie: «Es passierte mir im letzten Dezember, daß ich mir den rechten Arm brach. Dadurch weitgehend zur Untätigkeit verurteilt, setzte ich mich an die Schreibmaschine und begann damit, die Chronik der Familie zu tippen.»

※

Mus: Verdi, Ouvertüre zu «Aida».

Lit: Fröhlich, «Im Garten der Gefühle». Vieles erinnert mich an unser Leben hier. Die vielen Besuche, das irre Weitermachen.

Im Zug nach Heidelberg So 8. Mai 1983

Hildegard begleitete mich im Auto zum Bahnhof nach Hamburg, sie las mir aus der «Aussicht» vor, die mir jetzt wie ein Ameisengewimmel vorkommt. Daß der Text Schwächen zeigt, ist nicht zu leugnen, streckenweise ermattet er. Es muß zu einer zweiten Fassung kommen, wenn alles fertig ist.

※

Von Menschenekel geschüttelt. Ich erlaube es ja auch jedem, sich vor mir zu ekeln.

※

Im Radio: Die Hitler-Tagebücher sind eine Fälschung. Nannen «schämt» sich. Ob er sich auch über das schämt, was nicht «aufgekommen» ist? – Kriminalbeamte mußten die Historiker belehren, daß die Dinger gefälscht sind. Für das, was diese Leute uns sonst noch alles auftischen, ist die Polizei nicht zuständig. – Martin

Andersch sagte ganz zu Recht – ich hatte das auch bemerkt –, daß nicht einmal die Frakturinitialen auf dem Einbanddeckel stimmten, da stehe groß und deutlich: «F. H.» statt «A. H.». Um das herauszubringen, brauchte man weder Kriminalist noch Historiker zu sein.
Das kommt eben davon, daß niemand mehr die alte Schrift kennt.

*

Die Leute vom ÖTV streiken: Das allgemeine Sparen soll nicht auf ihre Kosten gehen. Nun, da werden sie eines Tages erst recht sparen müssen.
Es immer schon gewußt zu haben, schadet. Reue ist einträglicher. (Das steht schon in der Bibel.) Nichts schlimmer als recht zu behalten! Das verzeihen sie einem nie.

1990: *Offenbar kann die Wirtschaft doch mehr verkraften, als uns weisgemacht wird. Trotz der schon fast verwirklichten 35-Stunden-Woche ist noch nichts den Bach runtergegangen.*

*

Gelbe Rapsfelder, sie erinnern mich an meinen ersten Rostock-Besuch.
Leider auch gelbe Wiesen: Der nicht mehr erquickende Regen. «Schwefelsäure» denke ich sofort. Ein eilfertiger Regen. Hildegard hat den Garten «für das Jahr bereitet», wie man es ausdrücken könnte.
Flieder. Die Blumen entfalten ihre Blütenflügel gen Himmel, «von wannen ihnen» der Tod kommt. Daß die Menschen im Dezember Flieder haben wollen: Daran gehen wir zugrunde. Das sind die Erdbeeren im Winter und die Wegwerfkleider aus Papier. Knaus hat mir leider einen sehr sonderbaren Vertrag für «Böckelmann II» angeboten. Ich werde mich mit ihm nicht streiten. Ich übergebe die Sache dem Anwalt, der ist ihm eher gewachsen.

*

Etwas zu laufen haben. «Ich habe momentan nichts zu laufen.» «Machen Sie mal wieder ein Buch?» Nein, ich habe momentan nichts zu laufen. HW ruht.

*

Als ich neulich einen Geschichtslehrer nach seinem Spezialgebiet fragte, sagte er: «Wieso?»

*

Mit der Post kam ein Karton voll Fotos und Briefe, die hat ein Student auf der Straße gefunden, sie lagen da verstreut herum, und er hat sie eingesammelt. Es handelt sich um Liebesbriefe aus der Nachkriegszeit. Zuerst alles wundervoll, dann geht's auseinander.

Mein liebes Karlakind!
Ich werde meinen Urlaub ganz bestimmt allein verbringen. Und wenn ich mich mit Dir treffen möchte, werde ich mich schon von selbst melden. So klug solltest Du eigentlich von Dir aus schon sein, daß Du weißt, daß man nichts erzwingen kann, nicht einmal ein herzliches Wiedersehen. Und einen konventionellen Besuch willst Du wohl selbst nicht. Ganz abgesehen davon, daß ich überhaupt nur das tue, wo ich mit dem Herzen dabei sein kann.
Im übrigen ärgert es mich, daß Du nicht das Vergangene ruhen lassen kannst, und ich möchte mich über die Briefe, die ich bekomme, freuen, und selbst über die eigenen Briefe Freude empfinden!
Sei herzlich gegrüßt von Deinem Hans. 607/1

Im Zug Di 10. Mai 1983

Durch die liebliche Göttinger Landschaft. Blühende Obstbäume an den Hängen, wie gepudert.
Ich weiß nicht, was widerlicher ist, die öffentliche Verbrennung von Büchern oder das *Verbot* von Büchern. Öffentliche Verbrennungen sind eher kitschig, Verbote wirkungsvoller. In den Gedenkreden zur Bücherverbrennung sollte man mal darauf hinweisen. (Ich bin stolz darauf, daß meine Bücher in der DDR nicht erscheinen dürfen.) – Beleidigt sein, daß man nicht verbrannt

wurde. Die Bücherverbrennung ist ein sogenanntes Fanal, daran darf man nicht rütteln. Aber wer sich damals darüber aufregte, hatte die SA-Männer eben falsch eingeschätzt. Was erwartete man denn von diesen Leuten?
Und was ist mit den Autoren, die man ausschließt aus der Tafelrunde, oder solchen, die keine Preise bekommen, oder denen, die nicht besprochen werden? – Wegretuschiert werden, in einen blinden Fleck verwandelt werden.
Gestern sprach ich in Heidelberg mit Schülern mehrerer 13. Klassen des Kurfürstengymnasiums. Sie waren gut vorbereitet, es hat Spaß gemacht. Durch ein Mißverständnis stand ich hinterher allein auf dem Gang herum, ging dann schließlich fort, ohne noch einen Lehrer oder Schüler gesehen zu haben.

*

In Heidelberg hatte ich schon einmal ein schönes «Erfolgserlebnis». Es war in den frühen Siebzigern, als Lämmert mich einführte. Das ist lange her.
In den Siebzigern besuchte ich Albert Speer in Heidelberg. Er trug goldene Hosenträger, und vor dem Haus stand ein Ro 80. «Hier steht alles unter Naturschutz», sagte er. Ich dachte: Du auch.

*

Mehrmaliges Durchstreifen der Stadt. Ein Herr kommt aus einem Lokal herausgestürzt und packt mich sozusagen am Rockschoß: «Sie sind Kempowski?»
In einem Antiquariat kaufte ich für 140 Mark ein vierbändiges Lexikon der Pädagogik sowie ein fünfbändiges Lexikon der Volkshochschularbeit.
Im Restaurant meines Hotels beschwerte sich ein Herr über das Essen. Der Küchenchef habe seine Kenntnisse wohl als Gefängniskoch erworben?! schrie er.

*

Heute abend Vortrag in Oldenburg über «Die Entfesselungskunst».

Lippischer Kurier v. 15. Mai 1933. (Heute vor 50 Jahren) Das Gelöbnis, das den Lehrern 1933 abgefordert wurde:

Ich gelobe mein Amt im Geiste eines Fichte, in der Liebe eines Pestalozzi, u. im Willen eines Hitler zu führen. Ich gelobe den Kindern ein väterlicher Freund, den Kollegen ein gerechter Führer, der Regierung ein treuer Mithelfer zu sein.
Ich gelobe meine ganze Kraft in den Dienst des deutschen Volkes zu stellen, und ihm sein nordisches Blut, seine deutsche Heimat und den ewigen Gott achten und lieben zu lehren.
    Die Sterne reißt's vom Himmel das eine Wort:
        Ich will!
    So geloben wir durch Handschlag und das Wort:
        Ich will! (731/145)

Ich wurde im April 1960 zum Staatsdiener vereidigt. Während der feierlichen Zeremonie klingelte das Telefon. Der Kollege, der mit mir zusammen vereidigt wurde, verweigerte den «Gottes»-Zusatz. Das trug ihm von unserem betont christlichen Schulrat besondere Achtung ein.

Lit: Über das Biedermeier.

Nartum   So 15. Mai 1983

Vom 11. bis 15. Mai war hier mal wieder fröhliches Gewühle, das 7. Literaturseminar erschütterte die Nation. Wir hatten 45 Teilnehmer, davon 32 zahlende, was einen Überschuß von 650 Mark ergab. – Ich ging mit Kielwelle durch sie hin.
Eine Teilnehmerin schildert, wie sie dazu kam, das Seminar zu besuchen:

Noch ein wenig Salz und Pfeffer an die Salattunke, kurz mit der Gabel in die Kartoffel gepiekt, ob sie gar sind, an den Braten noch ein wenig Wasser, damit die Soße reicht. Das alles geschieht mit Musikuntermalung vom Sender SWF 3. – Plötzlich höre ich den Namen Kempowski. Ist das nicht der...? Ein Interview über seine Seminare. Zum Schluß gibt er seine Adresse an. Was hat er gesagt? Narta oder so ähnlich? Die Postleitzahl habe ich behalten: 2730. Das Buch mit den Postleitzahlen muß mir helfen. Mein Finger gleitet über Nagold, Nahe Naila ... Nartum, Postleitzahl 2730! – Bei Tisch erzähle ich den Meinen von dem Interview. Vater setzt sich sofort hin und schreibt an Walter Kempowski. Schon wenige Tage später flattert Antwort ins Haus, und der Familienrat beschließt: Unsere Mutter wird auf die Reise geschickt! (Vera Bonrath)

Als sogenannter «Veranstalter» mache ich mir nicht recht klar, was es für die Menschen bedeutet, hierherzukommen, den Kreienhoop zu besichtigen, sich darin aufzuhalten und mit Schriftstellern zusammenzusein, denen man sonst nur in gedrucktem Zustand begegnet: Karasek, Rühmkorf, Geno Hartlaub und Gabriel Laub. Gottlob ist es mir nicht klar, welche Erwartungen sie an diese Unternehmung stellen, sonst könnte ich gar nichts mehr machen vor lauter Skrupeln.

Das Haus von Kempowski liegt am Ende des kleinen Dorfes, inmitten von Wiesen, Wäldern und Moor. Das Haus heißt Kreienhoop, übersetzt: Krähenhof. Auf den Weg dorthin sehe ich viele Gleichgesinnte, alle haben Mappen unter dem Arm, denn K. hatte gebeten, Buntstifte, Malblock, ein Sitzkissen und vor allem Hausschuhe mitzubringen. Beim Betreten des Hauses kneife ich mich heimlich. Ich will wissen, daß ich einfache Hausfrau und Mutter nun tatsächlich beim großen Meister bin.
In einem großen Raum, sehr hell, sehr freundlich, weil zu beiden Seiten Fenster.
Pünktlich um 15 Uhr erscheint Walter Kempowski. Seine Bewegungen sind behutsam, fast graziös. Er spricht nicht laut, nicht leise, er sitzt auf einem barhockerähnlichen Stuhl. (Vera Bonrath)

Ach, wie ist es interessant, sich selbst charakterisiert zu finden. Davon kann man nie genug kriegen.

Am Abend kommt Herr Karasek. Er liest eine Kritik über das neue Siegfried-Lenz-Buch vor. Er verreißt es total, und das löst eine heftige Diskussion bei uns Teilnehmern aus. Es wird spät, doch auch die Mitternachtsstunde bringt keine Einigung zwischen Kritiker und Zuhörern.
(Vera Bonrath)

Karasek hatte ich eingeladen, weil ich einmal zeigen wollte, daß auch Kritiken zur Literatur gehören. Er las die Rezension eines Lenz-Romans: Daß sich das Salzfaß mit dem Pfefferstreuer ver-

Hellmuth Karasek

schwägert oder so ähnlich, das hatte er herausgepickt. In der Diskussion wurde er scharf angegangen. Da nützte ihm auch seine Teddybärstimme nichts. Wahrscheinlich liebten die anwesenden Damen ihren Siegfried zu sehr, wollten nichts auf ihn kommen lassen. Sie sahen sich nicht in der Lage, das Literarische davon abzuheben. Andererseits gab es konservative Stimmen, die überhaupt Kritik (und den «Spiegel») als «zersetzend» empfinden.

Gabriel Laub glänzte mit einem Essay über Aphorismen. Paffte dabei eine Zigarette nach der andern, wodurch unser Rauchverbot hinfällig wurde: dicke Hände mit dünnen Fingerspitzen (Venushände, wie auf Barockbildern). Er las aus all seinen Büchern ein Stückchen, vielleicht damit die Leute sämtliche Bücher kaufen. Er provoziert gern die Damen, weil er sie liebt. Drei Frauen braucht er, sagt er, eine Mutter, eine Schwester und eine Geliebte. Beim Küssen stülpt er die Lippen auf, was wir zu sehen bekamen. Im Hotel hat er sich zum Frühstück Kaffee und Tee bestellt und beides hintereinander weggetrunken. Dazu Spiegeleier. Und dann hat er die Brötchen mit Butter bestrichen und die Wurst vom Teller gegrabscht und den Käse parallel dazu gegessen.

Dem Exler hat er Ratschläge gegeben, wie er es mit den Frauen machen muß.

«Weißt du, Schorsch, ich sage immer: Frauen, Frauen, essen, trinken, rauchen – das macht das Leben schön.»

Geno Hartlaub wußte gar nicht so recht, wo sie überhaupt ist, und Lesung? Was ist das überhaupt? O hoher Baum im Ohr? Und eigentlich müßte sie ja jetzt mit irgendwelchen jungen Leuten in Neapel sein... Sie las aus ihrem Buch «Das Gör», und während der Diskussion kratzte sie sich an den Strümpfen.

Ob sie Klaus Mann in Salem noch kennengelernt hat, wurde sie gefragt. – «Dann müßte ich ja jetzt achtzig sein!» rief sie entrüstet. Man hat sie das schon hundertmal gefragt.

Sie lud mich wieder zu ihrem Jour fixe ein, aber ich vergesse immer, wann der ist, an jedem zweiten Freitag im Monat, aber nur, wenn er auf einen Dienstag fällt oder so ähnlich.

Am Samstag abend ist Peter Rühmkorf zu Gast. Er liest aus seinem neuen Buch «13 Märchen» vor. Doch kurz vor Schluß bricht er ab und bittet uns, ein Ende zu erfinden. Es wurde echt spannend, was sich da so einige als Schluß ausdachten, und ich glaube, einige «Endlösungen» hat sich Rühmkorf gewiß im Hinterstübchen seines Gehirns notiert. (Vera Bonrath)

Rühmkorf, der Flibustier, kam wie immer schwerkrank hier an. Mantel umgehängt, mit Popow-Mütze auf dem Kopf. In früheren Zeiten spielte er gern Skat und prügelte sich wohl auch mal. Er hat die Fähigkeit, seine Gesichtsfarbe ins Grünliche changieren zu lassen: «Ach Kempo, mir geht's gar nicht gut...» Er ließ sich meine Pillen zeigen und nahm eine davon, obwohl mit seiner Magensäure alles in Ordnung ist. Außer seiner bravourösen Märchenschau trug er seinen Essay über das Reimen vor, daß er auf «Schmerz» einen neuen Reim gefunden hat: «Kiloherz». Seine Gedichte deklamiert er in geheimnisvoll-progressivem Ton, den die Frauen sehr lieben. – Mit ihm verbindet mich, jenseits aller ideologischen Fragen, der Jahrgang. Je älter wir werden, desto vertrauter sind wir miteinander.

Album-Eintrag Peter Rühmkorfs. Bei Stargardt wurde ein sehr ähnliches Blatt mit 120 Mark bewertet: «Selbstkarikatur im Profil»

Um Mitternacht spielte ich wieder einmal Volkslieder und alte Schlager auf dem Klavier, «Bei dir war es immer so schön...» Rühmkorf setzte sich dazu: «Ich kenn' die alle, diese Sachen», sagte er. Pullover über die Schulter geworfen, die Ärmel als Schal benutzt. Er wollte unbedingt einen Asbach trinken, es war aber nur noch wenig in der Flasche, und da hat Exler ihn mit Rum gepanscht.
«O Kempo, der ist aber gut», hat er da gesagt, «wo hast du den her?»
Ob «Lüngi» je ein Buch von mir gelesen hat, außer dem «Block», möchte ich bezweifeln. Andererseits gehöre ich auch nicht gerade zu seinen eifrigsten Lesern. Als damals der «Tadellöser» herauskam, saß er grade an «Die Jahre, die ihr kennt», und da sagte er zu mir: «Du bist mir ganz schön in die Quere gekommen mit deinem Buch.» (Dann muß er den «Tadellöser» also auch gelesen haben.)
Meine Freundschaft ist ihm sicher. Er hat 1968 das erste positive Gutachten über den «Block» verfaßt, und das hat mir damals sehr geholfen.
In den Kursen ging es munter zu. Die Schreibmönche bei Martin Andersch, die handgewebten Damen beim Schmuckspezialisten Frase, die Hans-Sachs-Leute, die sich für den «Farendt Schuler im Paradeiß» extra Kostüme geschneidert hatten. Erstmalig klappte auch der Fotoromankurs, zu dem man sonst die Teilnehmer dienstverpflichten muß.
Am letzten Tag schenkte man uns eine Blutbuche in Trauerform. Wir zogen hinaus in den Garten, und ein Jüngling spielte dazu auf seiner Geige: «In der Lüneburger Heide...» Das Seminar wurde ansonsten belebt durch irgendwelche Ehesachen, eine Frau rief an, sie wollte ihren Mann sprechen, aber der stand gar nicht auf der Liste und war also überhaupt nicht da. Es hatten sich auch zwei Pärchen bei uns getroffen, getrennt angereist, von sonstwoher.
Eine Teilnehmerin auf die Frage, was sie liest: ifs-Begleithefte.
Eine andere: Was sie für Musik hört? Alles, was gut anfängt. Einer: heitere Klassik.
Ein Mann mit Kapitänsmütze reparierte die Kugelbahn.
Am Abschlußabend wurde getanzt.

Hier bewährte sich meine Uraltschallplatte «Tanzorchester von damals» mit Benny de Weille, Willy Berking und Will Glahé.

> Ich hab' eine Schwäche für blonde Frau'n,
> grad so, wie du eine bist...

Diese Sachen hörte ich im Krieg, wenn ich den HJ-Dienst schwänzte, oben in meiner gemütlichen Bude.
Leider wurden zwei Arno-Schmidt-Erstausgaben «entwendet», «Brand's Haide» und «Die Gelehrtenrepublik». Dieser Diebstahl ist mir aber nicht sehr nahegegangen, denn der Dieb muß ein spezieller Fan gewesen sein, und Arno-Schmidt-Fans sind mir sympathisch.

> Es gibt einen Dichter in Nartum,
> der viermal im Jahre schart um
> sich Laien, die schreibend
> die Zeit sich vertreibend.
> Mit Literatur gehen sie hart um.
>
> W. BAGER

Eine Eselsbrücke erbte ich, die niemand gebrauchen kann:

> Gütersloh hat auch viel Schönes
> wie bekannt im Land herum:
> Pumpernickel, Schinken, Würste,
> Christliches Gymnasium.

TV: Django Reinhardt. Diese blassen Schwarzweißaufnahmen aus dem heißen Paris, Leben wie es nie gewesen ist, die Gitarrenläufe, lächelnd und sehnsüchtig, und auch ein bißchen Mache. «Petite Lili» ist unvergessen.

Lit: Fröhlich, «Im Garten der Gefühle» zu Ende. Einen Teil der Leutchen, die er da beschreibt, kennt man. Immer denke ich: Ist das nun die oder die?

Nartum Mo 16. Mai 1983

T: Günter Grass sagte zu mir: «Kommst du mit, ich muß operiert werden?» Er und noch ein anderer (Baring?) sollen einen neuen Kanal von den Backenzähnen zur Leber erhalten, die letzte Operation war nicht ganz geglückt. «Das tut scheußlich weh», sagte er, und: «Es würde mir wohl tun, wenn du dabei wärst.» Die Operation findet auf einem Zahnarztstuhl statt, ihm wird ein Lätzchen umgebunden, und in dem Operationssaal sind Tische aufgestellt, an denen etwa sechzig bis siebzig prominente Leute speisen. Sie alle sollen Zeuge der Operation sein. Ich bin dazu ausersehen, die Hand des Patienten zu halten. Grass sieht mich dankbar an.

※

Colloquium mit Oldenburger Studenten hier bei uns. Ich hatte Josef Huerkamp eingeladen, weil ich die jungen, nichtsahnenden Leute für Arno Schmidt werben möchte. Er brachte allerhand Unterlagen mit, Meßtischblätter und Fotos, und wies nach, daß Arno Schmidt sich genau an Tatsachen gehalten hat. Mich hätten eher die Abweichungen interessiert.

※

Spät noch ein Spaziergang, allein. Der Ginster blüht, und das Getreide liegt «wie ein samtener Teppich» über der Landschaft. Das ist hier jetzt wie ein großer Park.

※

Um Mitternacht kam ein Anruf von Uwe Johnson. Er war sichtlich mitgenommen, nannte mich «Graf Kempowski» und beschwerte sich, daß ich ihn gefragt habe, ob er nicht mal ein Hörspiel schreiben will. Das sei doch wohl seine Sache!
«Das sollten Sie nicht tun, sich mischen in die Angelegenheiten anderer Menschen...»
Ich ließ ihn ruhig reden, und dann fragte ich ihn, ob ich ihn besuchen dürfte auf seiner Themseinsel. Ja! da wurde er auf einmal lebhaft, und er sagte sogar, mit welchem Flugzeug ich fliegen soll

usw. Er hat, wie mein Bruder sagen würde, einen Narren an mir gefressen, aber das ist eine schwere Bürde.

Lit: Otto Jägersberg, «Weihrauch und Pumpernickel». – Ei, ei, wie die Kollegen es machen. «Mein Vater paffte eine Handelsgold.»

Nartum Di 17. Mai 1983

Feiertag für alle Häftlinge männlichen Geschlechts.
Es ist 23 Uhr vorbei, ich sitze mit abklingendem Zahnschmerz im Bett, ein starkes Gewitter geht nieder. Sehnsucht nach Arbeit an HW, von der ich immer wieder abgehalten werde. Ich bin erschöpft von den Anstrengungen der vergangenen Woche und genervt von den wieder einsetzenden Zahnschmerzen. Der Zahnarzt sagt: Da ist nichts.

※

Heute fand hier ein Blockseminar über die Grundschule statt. Es kamen 34 Teilnehmer, meist aufgekratzte Frauen. Ich ließ sie auf meine Kosten mit einem Bus herbringen, damit ich nicht dauernd nach Oldenburg fahren muß.
Ob die Aussicht nicht mal zugebaut wird, fragten sie. (Das ist die Vorstufe zur Schadenfreude.)

※

Lit: LuHsün, genannt «Der chinesische Gorki». Verkitschter sozialer Realismus.
Nördlich vom Yangtseflaß gibt es talentierte Menschen, die Kinderspielzeug herstellen. Ich hatte das Glück, mit ihrem Schaffen bekannt zu werden. Zwei Bambusröhrchen von ungleicher Länge, das eine rot, das andere grün gefärbt, werden miteinander verbunden. Innen ist eine Sprungfeder verborgen, außen an der Seite ein Handgriff angebracht. Das ist ein Maschinengewehr.
Ein solches Maschinengewehr kaufte ich, und mitten auf der Hauptstraße der ausländischen Siedlung zogen mein Sohn und ich es auf. Aber die meisten aufgeklärten Europäer und diese reichen Japaner schauten entweder voller Verachtung oder mit einem mitleidigen Lächeln auf uns beide.

Wir schämten uns jedoch nicht, sondern hantierten ruhig mit dem Spielzeug weiter. Denn das ist auch eine Art des Schaffens. (1934)

Dieser Text wendet sich, wie Christoph Buch in seinem Nachwort schreibt, an «gewöhnliche Menschen». Was ist ein gewöhnlicher Mensch? Und was soll ein gewöhnlicher Mensch mit dieser Geschichte anfangen? – Mich erinnert sie an die Spielpanzerwagen in DDR-Kindergärten.

Für die Fünf- bis Sechsjährigen hat das Ministerium für Volksbildung in der DDR die folgenden Richtlinien erlassen:

Die Kenntnisse der Kinder über die Soldaten der Nationalen Volksarmee werden erweitert. Die bestehenden freundschaftlichen Beziehungen der Kinder zu diesen Menschen werden gepflegt. Durch diese engeren Beziehungen der Kinder zu den einzelnen Angehörigen der bewaffneten Organe werden bei den Kindern die Gefühle der Liebe und Zuneigung zu ihnen entwickelt. (1975)

Bei uns in unsern Kindergärten wird etwa zur gleichen Zeit das schöne Lied: «Backebacke Kuchen» eingeführt.

*

Prickelnde Erschöpfung.

*

Lit: Jägersberg zu Ende.

Nartum   Mi 18. Mai 1983

Eben höre ich Hildegard schimpfen, eine Katze hat ihre Sauermilch «angeschlabbert». «Mistpack!» schreit sie und sanft (zu Emily): «*Du* nicht. Du bist die Allerbeste.» – Etwas später fragte sie die Tiere, ob sie nicht auch meinten, daß draußen schönes «Wetti» sei?

*

T: Mein Vater ist doch noch heimgekehrt. Ich sehe ihn am Schreibtisch sitzen und wundere mich über sein volles, dunkles Haar. Mutter daneben wirkt sichtlich älter. – Er kauft ein Haus, in dem wir alle wohnen können. Ich werde Abitur machen und Lehrer werden ... Da fällt mir ein: Das Abitur hast du ja schon!

*

Ich ging im Garten spazieren. Ein herrlicher Himmel und die angenehmsten Gefühle.
Der zweite Tag des pädagogischen Seminars war nicht so anstrengend, weil die Teilnehmer sich nicht mehr so unbedingt profilieren wollten.
«Wie verhalten Sie sich, wenn ein Kind die Hose vollmacht?»
Das Haus wirkte wohltuend auf sie und auf unsere Arbeit. Der erste Tag ist immer etwas schwieriger als der zweite. Eigenartigerweise gab ich einer der Teilnehmerinnen eine Ohrfeige. Niemand protestierte.
Ich erbte noch eine Eselsbrücke:

> Zeigt der Schutzmann Brust und Rücken
> mußt du auf die Bremse drücken.

*

KF, der morgen Geburtstag hat, rief an, er wünscht sich für sein Auto eine Glasluke. Nun, ein solcher Wunsch ist verständlich. Wer möchte nicht eine Glasluke in seinem Auto haben? Ein Maschinengewehr habe ich ihm nicht gebastelt.

*

Lit: Alte Methodiken.
Zwei Broschüren über Landerziehungsheime. Drollig gestellte Fotos von gesund aufwachsenden Zöglingen, beim Ernteeinbringen, Töpfern, Musizieren. Auch Vorbeimarsch in HJ-Uniform, mit Ha-

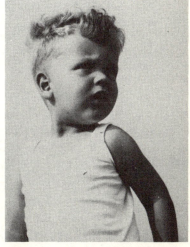

Karl-Friedrich, «Kafka» oder «KF»

kenkreuzfahne. Die Heime: Schlösser hinter blühenden Kastanien. Innenaufnahmen: Licht, Luft und Sonne, griechische Gipsreliefs an der Wand und in ~~der Ecke ein Flügel. – Im Anhang des Buches~~ sind die Aufnahmebedingungen abgedruckt, da ist alles ziemlich eng («nicht statthaft ist das Tragen langer Hosen und gestärkter Wäsche») und rechtlich gut abgesichert («im voraus zu zahlen»). Auch ein Fragebogen liegt bei, den man bitte genau ausfüllen möge, verschwiegene Dinge kämen ja doch heraus, zum Beispiel die nichtarische Abstammung, oder ob das Kind Alkohol trinkt und ob es sexuell triebhaft ist.

«Aufgenommen werden nur Knaben und Mädchen, die körperlich, geistig und sittlich gesund sind.»

Man fing Schwierigkeiten vorher ab, um möglichst ungestört durchs Korn schweifen zu können.

Ein Zentrum der Landschulheimpädagogik war die sogenannte «Abendsprache». Es hört sich gut an, was Wyneken darüber schreibt:

Als Idealzustand wird es empfunden, wenn die ganze Schulgemeinde, von den Ältesten bis zu den Jüngsten, sich vor dem Schlafengehen noch einmal die Gemeinschaft sichtbar macht und realisiert, realisiert nicht nur durch ihre körperliche Zusammenkunft, sondern durch ein geistiges Liebgewinnen im Dichterwort [o je!] ... Aber leider gibt es nicht viele Dichtungen hohen Ranges, die auch den Kleinen verständlich sind. So sieht man sich im allgemeinen gezwungen, für die drei unteren Klassen eine gesonderte Abendsprache einzurichten.

Mir kam die Idee, ja die Vision: aus dem Kreienhoop ein pädagogisches Arkadien zu machen. Eine Gruppe junger Menschen unterschiedlichen Alters, die bei mir wohnen und im Archiv arbeiten. In so einer Gruppe könnte auch ein Mensch wie Michael verkraftet werden.

1990: *Walter Benjamin war übrigens Schüler von Wyneken in Haubinda. 1914 verfiel der Pädagoge der Kriegsbegeisterung. Der «Abschiedsbrief» Benjamins an ihn ist bekannt. Der hat ihn als Verräter an der Jugend gesehen.*

Nartum 19. Mai 1983

KF wird heute zweiundzwanzig Jahre alt, nicht zu fassen. Ich rasierte mich gerade, als der Sohn des Kirchenvorstehers Otten mit dem Fahrrad angesaust kam und ins Toilettenfenster hineinrief, ich solle mal eben ans Telefon kommen. Der Schwiegervater teilte mir dann mit, daß Hildegard einen Jungen zur Welt gebracht hätte. Aber ich sollte mal ganz stark sein, es wäre eine Zangengeburt gewesen, der Kopf arg deformiert. Nun – es war von Deformation nichts zu sehen, der Junge war sozusagen tipptopp.

Ich erinnere mich ganz genau, daß ich ihn berührte und, als ich das tat, dachte: «Ich nehme dich hiermit an.»

Nartum Sa 21. Mai 83 Pfingsten

Ein Fliederstrauß steht auf meinem Schreibtisch. – Gestern wäre Vater 85 geworden. Ich habe noch einen silbernen Teelöffel von ihm, an dem Spuren seiner Zähne auszumachen sind. Aus seiner Kaffeetasse wollten wir Kinder nicht trinken, aus Mutters Tasse ohne weiteres. Daß er nur «ein Versehen» gewesen sei, wurde bei Tisch (von meiner Mutter) immer und immer wieder gesagt, was wir sehr komisch fanden. – Zwischen uns war immer eine gewisse Peinlichkeit. Wir vermieden es, allein zusammen zu sein. Ein stiller, stark gehemmter Mann. Seine Wunderlichkeiten hatte er wohl zum Selbstschutz zusammengerafft.

Mein Vater, vier Jahre alt

Der Eindruck, daß er sich am Ende seines Lebens «verdrückt» hat.

Zu Pfingsten gedenken wir der FDJ mit dem:

Gruß der Jugend an die SED

Es grüßen dich Millionen Jungen,
dich, aller Schaffenden Partei!
Das schönste Lied sei dir gesungen,
du machst den Weg zur Zukunft frei.

Du zeigst uns die besonnten Fernen,
du hast die Freiheit uns gebracht,
das Recht zu leben und zu lernen:
Du hast uns kühn und stolz gemacht.

Du bist die Partei der schaffenden Kraft,
du hast uns die Zukunft erschlossen;
du bist die Partei der Arbeiterschaft
und wir deine jungen Genossen.

Die «Worte» (wie es in dem 1983 erschienenen Liederbuch «Leben – Singen – Kämpfen» heißt), sind von Erich Weinert.

*

Wunderschöne Maitage. Die pubertierende Allee blüht. Leider sind sie beim Ausmessen nicht sorgfältig genug gewesen, vom Turm aus sieht sie krumm aus. – Na, heutzutage genügt es schon, den Leuten zu zeigen, was man vorhatte.
Gestern kam der Tisch für den Turm. Wir hatten gedacht, wir müßten eine teure Antiquität kaufen: Nun hat uns der Zimmermann aus einem alten Eßtisch ein wundervolles Möbelstück gebastelt, für 100 Mark! An die Tischkante werde ich die Namen der Prominenten nageln, die hier in diesem Turm gegessen und getrunken haben.
«Kempowski sammelt Menschen», sagt der kluge Raddatz.

*

HW: Arbeit wieder aufgenommen. Das Hatzfeld-Kapitel. Das Kind Ulrike wird den rauhen «Zöglingen» gegenübergestellt, die Pastorenfrau der Kramerin. Hier Blechteller – dort Porzellan. – Außerdem schrieb ich den Vortrag, den ich in Hamburg auf der Hörspieltagung halten soll, und werkelte an dem letzten der vier Oldenburg-Vorträge herum: Ob eine Selbstinterpretation möglich ist oder ob man damit, wie es heißt, «unter sein Niveau geht».

※

In Oldenburg schmilzt mir das Publikum zusammen. Es sind nur noch neunzehn Hörer. Mir ist es egal, aber den Übriggebliebenen gegenüber ist mir das peinlich.
Als ich letzten Montag die Universität betrat, spuckte eine Studentin vor mir aus und sagte zu ihrer Kommilitonin deutlich hörbar: «Wenn ich den Kempowski schon sehe...»
Mit den Übriggebliebenen, den Eisernen, sitze ich nach der Vorlesung in der «Bierschwemme» und trinke Bier, das ich eigentlich gar nicht mag: Damit sie mich bloß nicht im Stich lassen. Sie wollen im nächsten Semester Plakate kleben für mich. Bisher hat Exler das allein gemacht. Da sie immer sofort abgerissen werden, klebt er sie mit Teppichbodenkleber an.

※

Gestern abend waren Conrad, Mensak, Kersten und Dierks plus Damen zur Einweihung des Turms hier. Leider ist er noch nicht geweißt. Conrad durfte das rote Band durchschneiden, das ich vom vorjährigen Adventskranz abgespult hatte. Ich fotografierte diesen Akt. Das Fotografieren gibt feierlichen Anlässen erst die rechte Würze. Blitz ist angeraten (Feuerwerk!). Das Zerschmeißen einer Sektflasche haben wir uns verkniffen.
Wir besprachen bei der Gelegenheit das Autorentreffen im September. Namen schwirrten durch die Luft: Muschg, Rinser, Härtling. Bei mir wird keiner weggeschnippt. Ich würde jederzeit auch jenen allbekannten Ost-West-Autor akzeptieren, der «mit Kempowski nicht an einem Tisch sitzen» will.

Hildegard hatte Stangenspargel gemacht, es schmeckte großartig. Wir waren bis weit nach Mitternacht zusammen. Ich zeigte schöne passepartourierte Archivfotos. «Das sind ja Reichtümer», wurde gesagt.

Danach saß ich noch lange im Archiv und sortierte sie, die Reichtümer!

*

Lit: Gottfried Benn, «Doppelleben». – Ein bißchen peinlich dies Verteidigen. Aber es mußte wohl sein.

Als Lesezeichen fand ich in dem Buch einen alten Einkaufszettel, er muß etwa von 1970 stammen: Sägeblätter und anderes habe ich mir notiert. Ich bastelte damals für KF einen Dampfer mit aufklappbarer Kapitänskajüte, Anker und Säcken in den Luken. Ein Jahr später machte ich ihm noch einen, aber sehr viel einfacher, weil es schnell gehen mußte. Da meinte er: «Vater, der ist nicht so künstlich wie der andere.»

Was ein «F-Nachweis» ist, weiß ich nicht.

Notizzettel

Nartum   Pfingstsonntag, 22. Mai 83

Zum Pfingstfest einen kleinen Text aus dem Archiv:

Pfingsten schmückten wir das Haus mit Birkenästen, «Pfingstbüschen», die an der Haustür und an Fenstern befestigt wurden. Am meisten freuten wir Kinder uns auf den dritten Pfingsttag. Er galt noch als halber Festtag. «Die Spritze wurde probiert.» Eine Feuerwehr mit fester Ordnung gab es noch nicht. Jeder männliche Erwachsene war bei einem Brande zur Hilfe verpflichtet. Der Bürgermeister hatte die Leitung. Ein Mann war als Schlauchführer bestimmt. Die beiden Spritzen standen im Spritzenhaus in der Mitte des Dorfes. Die ledernen Wassereimer hingen aufgereiht an Stangen im Kirchturm. Die Übung fand am Bachteich bei unserm Hause statt. In langer Reihe standen die Männer und gaben die gefüllten Eimer weiter bis zum letzten, der das Wasser in den Kasten goß. An der anderen Seite gingen die leeren Eimer von Hand zu Hand nach dem Wasser zurück. An der kleinen Spritze arbeitete die Schuljugend. Eine Steigerübung wurde an unserem Hause ausgeführt. Auf der langen Leiter stiegen die Dachdekker, Zimmerer, Anstreicher auf, durch ein Fenster ins Zimmer und «retteten» allerhand Gegenstände. Große Heiterkeit gab es, wenn der Nachttopf in Sicherheit gebracht wurde. Nach dem Löschen am Bache setzten die Männer ihre Löscharbeit im Wirtshaus fort.

Huffert, Gustav *1877   624

Hier in Nartum wurde mir – solange wir noch in der Schule wohnten – jedes Pfingstfest durch die «Streiche» der Jugend verdorben. Die Pforte wurde ausgehängt, und unsere Gartensessel wurden zum Kriegerdenkmal geschleppt. Die ganze Nacht pochten betrunkene Jugendliche an die Fenster, und auf der Straße wurde gegrölt. Ein wüstes Treiben, einfallslos und roh.

Als KF etwa zehn Jahre alt war, trug er gern einen Strohhut. Den hatten die Burschen auf ihre Autoantenne gehängt und fuhren damit durch das Dorf. KF war traurig: «Das ist doch mein Freund», sagte er.

※

Im Garten: Zwei Radfahrer im Vorbeisausen: «Naturgarten!» – «Was?» – «Naturgarten! Das ist ein Naturgarten!»

※

Lit: In den Jahrbüchern für «das deutsche Vortragswesen» aus den sechziger und siebziger Jahren: Tänzerinnen, Musiker, Entertainer und auch Autoren, die sich in diesen Katalogen Volkshochschulen oder kirchlichen Fortbildungswerken empfehlen. Schaurig diese Selbstanpreisungen! Und wenn man bedenkt, daß sie die Fotos von sich selbst herausgesucht haben!

Karl-Valentin-Platten. Sein Brief an den Freund!

Nartum/Hamburg Mi 25. Mai 1983

T: Ich bin Offizier im Ersten Weltkrieg, fahre im Zug. Auf einer Station wird zu mir gesagt: Würden Sie bitte mal eben einen Orden verleihen? – Das Fenster wird geöffnet, draußen steht ein Offizier in Felduniform. Ich sage: «Unser gnädigster Kriegsherr hat Ihnen das Eiserne Kreuz verliehen», gebe es ihm, dem Beeindruckten, und schließe: «Unser geliebter Kaiser lebe hoch!» und grüße nach Hitlerart.

*

Der Maler ist da, seine beiden Lehrlinge weißen den Turm. Einer der beiden ist ein rothaariges Mädchen, mit unverwandtem Blick, eine «Eindringlingin» in männliche Domänen. Ich hätte ihr gern ein wenig zugeguckt, wie sie da auf die Leiter steigt und wieder runter. Statt dessen mußte ich gleichgültig tun. Es wurde mir mal wieder klar, daß ich, was Sexuelles anbetrifft, ein «kaputter Typ» bin. Was ich suche, sind eigentlich nur noch Erinnerungen. – Wenn sie Pause machen, um Punkt zehn Uhr, setzen sie sich mit ihrem Butterbrot ins Auto und gucken stur geradeaus: Das steht ihnen zu, da beißt die Maus keinen Faden ab.

*

Am Nachmittag war ich in Hamburg und kaufte eine Messingkette für den Kronleuchter. Die Familie hatte mir prophezeit: Eine Messingkette kann man nicht kaufen, so was gibt es nicht, und außerdem kostet die Tausende.
Schon im allerersten Geschäft, das ich ansteuerte, gab es solche Ketten, und zwar in drei verschiedenen Ausführungen, Preis 15 Mark.
Es muß die Leute in der DDR doch rasend machen, daß sie nie das kaufen können, was sie haben wollen. (Messingketten in dreierlei Stärken müssen ja auch nicht grade sein.)

*

Einige «Erkennungen» in Hamburg. Wohltuend und auch lästig.
Im Antiquariat für meine Erinnerungsbibliothek: «Mein Freund, der Regenpfeifer» von Bengt Berg. In diese Richtung gehörte auch «Die gelbe Dogge Senta» von Eipper. Mein Naturtick ist eine Entwicklungsangelegenheit. Die Expeditionsbücher: «Afrikanische Mosaiken», «Arro, Arro!» (Tibet) und das Heck-Buch «Auf Tiersuche in Afrika», das ich mir, zum Staunen meiner Mutter, von meinem Taschengeld kaufte.

✱

TV: Buñuel, «Der diskrete Charme der Bourgeoisie». 1972.

Lit: Turgeniew, Jagdgeschichten. – In Kanada ist es mir auch mal so gegangen wie einem der Jäger, von denen Turgeniew erzählt: Ich schwamm um mein Leben, und dabei hatte ich längst Grund unter den Füßen.
Noch einiges über Landschulheime.
Es müßte doch möglich sein, hier in Nartum wenigstens für einige Wochen, im Sommer, ein freies Zusammenleben von Jugend zu arrangieren. Eine Art Sommerschule aus den Seminaren entwickeln oder mit ihnen kombinieren.

Mus: Musikautomaten und sogenannte Konzertorgeln. Dieser Höllenlärm und das Geschnurkse im Apparat. Der bekannte hölzerne Dirigent. Manchmal drehen sich auch Puppen mit. Assoziationen zu Zuckerwatte und «Panama Kräuterstein».
Hildegard kam rein, was ich da für eine ulkige Musik anhabe!

Nartum   Do 26. Mai 1983

Ein unruhiger Vormittag, Handwerker und Telefon. Gegen Mittag war der Turm fertig ausgeweißt, wir hängten den Kronleuchter auf: Ich kaufte ihn vor drei oder vier Jahren in Holland, auf einer Lesetour, und zwar auf einem Dorf. Die Antiquitätenhändlerin bediente mich im Schlafrock (es war neun Uhr früh). Sie steckte

den Scheck in die Tasche. Wahrscheinlich hat sie den Schlafrock danach in die Wäsche gegeben, einschließlich Scheck, er ist jedenfalls nie eingelöst worden. Wenn ich wüßte, welches Dorf es war, könnte ich ihr das Geld ja schicken.
Auch die Modelle der Schiffe, die mein Urgroßvater besessen hat, hängten wir auf. Der Malermeister machte das mit einer Engelsgeduld. Ich habe diese Modelle in Bremen gekauft, und ich erkläre sie für die Modelle der Schiffe meines Urgroßvaters, von denen niemand mehr weiß, wie sie eigentlich ausgesehen haben.

1990: *Da ja neuerdings alles mögliche angezweifelt wird, lasse ich hier einen Brief meines Großonkels folgen, in dem er das Unternehmen meines Urgroßvaters beschreibt:*
«Dein Urgroßvater, Friedrich Wilhelm Kempowsky, hatte sechs Segelschiffe, auf denen er einmal nach Spanien gefahren ist. Sonst verkehrten die Schiffe nur auf dem Haff und auf der Ostsee. Die Segelschiffe sind alle untergegangen, wodurch das Vermögen verlorenging. Versicherungen gab es damals ja noch nicht.»
Das letzte Schiff unserer Reederei hieß «Friedrich». Nachdem es Ende des Krieges etwa 2000 ostpreußische Flüchtlinge nach Dänemark geschafft hatte, wurde es den Engländern ausgeliefert, mit Gasmunition beladen, und im Atlantik versenkt.

※

Nach Tisch schlief ich tief und lang. Danach trug ich Hildegard unter fortwährenden Telefonaten die vierte Vorlesung für Oldenburg vor («Mangelndes Verständnis»).
Als Hildegard und ich gerade aus dem Haus gehen wollten, um nach Oldenburg zu fahren, klingelte es, und vier nette Leutchen aus Ulm stehen vor der Tür, Tadellöser-Fans, die mir vor einigen Jahren schon mal Fotos geschickt haben. Ich zeigte ihnen rasend schnell das Haus, wurde fotografiert, und dann fuhren wir auseinander in alle vier Himmelsrichtungen.

Nartum Fr 27. Mai 1983 Regen

Morgens hin und her gelaufen, hier und da herumgefummelt, dazwischen zum Telefon gerast (man weiß nie, welches grade klingelt) und Frau getröstet. – Nach Tisch drei volle Stunden geschlafen, ich konnte gar nicht wieder wach werden. Von meinem Vater geträumt, daß er zurückgekehrt ist. Die Glückseligkeit, die über mich kam. Er war mir ganz nah. Auch etwas hilflos. Bei Tisch saß er neben mir.
Am Nachmittag habe ich mit dem Malermeister die Rostock-Bilder angebracht. Nun sieht der Turm aus wie eine Kreuzung zwischen Kneipe und Kapelle.

※

«Das Heimatmuseum», wie Alfred Mensak sagt

In der Post befand sich die schöne Nachricht, daß wir 50000 Mark Steuern nachzahlen sollen. Wie gut, daß wir so sparsam leben, einen Jaguar zu kaufen, hätte ich mich nicht getraut. Deshalb werde ich jetzt auch nicht bedauert.

※

Gegen Abend klingelte es, ein Mann, der sich als Chefarzt a. D. bezeichnete, mit seiner «Frau Gemahlin». Ob ich ein Buch mit Widmung für ihn hätte? Ob ich aus Rostock sei? «Sind Sie noch im Schuldienst?» – «Ihr Verlag heißt doch Knaur?» – Die Leutchen waren sehr schnell wieder draußen.

※

TV: Shadow and Light, eine Rocksängerin, anregend.

Lit: Beethovens Konversationshefte: «Gewalt, die eins ist, vermag alles gegen die Mehrheit, die es nicht ist.»

Nartum Sa 28. Mai 1983 kalt

Hildegard fuhr heute früh mit einer Schulklasse für eine Woche an die Nordsee. Sie hatte die Hälfte des Gepäcks hier stehenlassen, ich raste also hinterher. Inzwischen hatte sie das Malheur entdeckt und hatte einen Vater zu uns geschickt, und der verfehlte mich natürlich – also eine ziemliche Angelegenheit. Ausgerechnet jetzt streckt Emily dem Großen dauernd ihren Hintern entgegen, sie ist also «läufig». Frau Sch. meint, ich kann die beiden Hunde ruhig beisammenlassen, da passiert nichts, «höchstens, wenn die Kleine mal auf einem Hügel steht».

※

Den ganzen Tag an HW gearbeitet, Hatzfeld, die Sache mit der Pastorin. Es ist wie immer: Wenn niemand im Hause ist, kann ich am besten arbeiten. Schon die bloße Anwesenheit eines zweiten Menschen stört.

Mit der Post kam das GEO-Heft mit meinem Locarno-Artikel: Er ist in genau demselben blödelnden Ton geschrieben, den ich bei Journalisten nicht leiden kann. Es ist beschämend. Man sollte das so rasch wie möglich vergessen.

*

Lit: Rinser, «Baustelle». – Vielleicht schlimmer noch als ihre totale Unfähigkeit zu schreiben, ist das dauernde Anbiedern an den Zeitgeist. Wobei sie sich noch eine religiöse Variante ausgesucht hat.
Weiter bei Wyneken: Die Verplanung des Tages in den Landerziehungsheimen ist schon fast komisch. Der Tagesablauf war genau festgelegt (eine Stunde Freizeit!). Wie das von den Schülern empfunden wurde, ist nicht nachzuprüfen. In unserer Nartumer Sommerschule sollten die Schüler sich selbst überlassen bleiben. Erst wenn sie Gespräche wollen, danach verlangen, sollte man reagieren. Ich denke noch immer daran, wie wohltuend es war, in Wendhof auf dem Gut, 1944, wo ich in Ruhe gelassen wurde und ganz zu mir kam. Daß dort noch eine hübsche Tochter existierte, war eine angenehme Zugabe.

Nartum So 29. Mai 1983

Wieder ein Zwei-Tage-Seminar hinter mich gebracht. Es hat mich sehr angestrengt. Eine heterogene Gesellschaft von Dicken und Dünnen, sehr Alten und sehr Jungen. Sie waren offensichtlich nur gekommen, um später sagen zu können: Wir waren bei Kempowski. Interessieren taten sie sich eigentlich für nichts. Zeitweilig saßen wir im Turm und schwiegen uns an.
Es wurde moniert, daß man nicht rausgucken kann aus dem Turm. Als ich die Kuppel aufschnarren ließ, war einer immerhin so originell, von Kapitän Nemo zu sprechen.

*

Erholung im Archiv, Fotos angesehen.

*

TV: Film über Ligeti im 3. Programm. Daß er eine Menge Sprachen spricht. Seine Musik ist einleuchtend.

Lit: Die Gleichzeitigkeit der verschiedenen pädagogischen Modelle und deren Ähnlichkeit in Teilbereichen. Bei Jannasch, dem Pädagogen, den ich als fast Hundertjährigen in Göttingen besuchte, ist nachzulesen, wie es zur selben Zeit bei den Herrenhutern war.

Kinder am Steinzeitradio

Wir führten von morgens bis abends ein kommandiertes, bis in die einzelnen Stunden des Tages vorgeschriebenes Dasein. Ein Kommando riß uns aus dem Schlaf zum Antreten. Wir marschierten in geschlossenen Kolonnen zu den Aborten und dann in den Waschraum, wo für uns Kleine selbst das Waschen in einzeln kommandierten Akten erfolgte...

1990: *Hier sind die Jahre 1942–1944 zu erwähnen, die ich selbst in einer «Presse» vertan habe, zwei Jahre lang, jeden Tag vier Stunden! Gelernt habe ich in der Zeit überhaupt nichts, im Gegenteil, mein Widerwille gegen den Erwerb von Bildungsmunition steigerte sich noch. Er hält bis heute an.*

Nartum/Hamburg   Di 31. Mai 1983

T: Ich rufe in Zürich an, bei Thomas Mann. – Jemand nimmt ab und fragt: «Wen wollen Sie sprechen?»
Ich sag': «Frau Thomas Mann.»
Es dauert eine Weile, und ich denke schon, Gott, was willst du

denn eigentlich von der Frau? Die sitzt jetzt womöglich am Frühstückstisch? Oder sie schläft noch?
Eine Stimme: «Wen wollen Sie sprechen?»
«Frau Mann.»
«Einen Augenblick bitte.»
Und wieder vergehen einige Minuten. Ich sehe auf die Uhr, deren breite Zeiger außen auf dem Zifferblatt angebracht sind, schon ganz verbogen. Ich überlege, was ich sie zum Schein fragen kann, hänge dann aber doch lieber ein.

*

Hamburg, Friseur und zum «Stern» in den sogenannten Affenfelsen. Frau Hüttner wurde verabschiedet, und alle Welt wollte ihr Good bye sagen. Sie bekam alte «Stern»-Exemplare geschenkt. Auf dem Flohmarkt sollte man danach Ausschau halten. Auch Rundfunkzeitungen.
In einer Ecke stand Nannen, von allen geschniedet wegen der Hitler-Tagebücher. Ich plauderte ein wenig mit ihm, wobei er ruhelos um sich blickte.
Vor Jahren hatte er mich mal zu einer Redaktionskonferenz geladen, zur sogenannten Blattkritik. Seine Redakteurskompanie belehrte mich, daß die Nazis grausam gewesen seien. – Ich hatte gesagt, im Jahrhundert Freuds wäre es doch allmählich an der Zeit, psychologische Ursachenforschung zu treiben, zu untersuchen, weshalb der einzelne SS-Unhold grausam oder sadistisch gewesen oder geworden ist. Ob das nicht mal ein Thema für den «Stern» sei? – Bei gewöhnlichen Mördern wird vor Gericht ja auch die frühe Kindheit mit herangezogen. Warum sollte die bei den KZ-Quälgeistern keine Rolle gespielt haben?

1990: *Es wäre mal interessant, in Moskau nach GPU-Folterern zu fahnden. Die haben vermutlich auch eine unglückliche Kindheit gehabt? Die Hälfte der Menschheit hat eine unglückliche Kindheit gehabt, die wird auf die andere Hälfte der Menschheit losgelassen.*

Juni 1983

Nartum Mi 1. Juni 1983

T: Ich gehe eine schmale Landzunge entlang, an die das Wasser spült, nun muß ich ein Stück waten, aber es ist doch tiefer als ich gedacht hatte, den Berg dort werde ich nicht erreichen können. Also kehr' ich lieber um. – Bin ganz erleichtert, daß ich umkehrte, als es noch Zeit war.

*

Jetzt reden sie wieder über den 17. Juni, daß sie den abschaffen wollen. Es würde den Tschechen niemals einfallen, den August 1968 zu vergessen, und die Ungarn werden sich immer an das Jahr 1956 erinnern. Wie Stresemann junior sagte: Auch mißglückte Revolutionen schlagen zu Buche. Und daß die Deutschen nach dem Krieg die ersten waren, die aufmuckten, ist ein besonderer Tatbestand.

1990: *Zum 17. Juni: Es hat sich herausgestellt, daß durch den Aufstand der Bauarbeiter die von Malenkow angestrebte Liberalisierung im Ostblock verhindert wurde. So hätte denn der 17. Juni die Zustände drüben erst recht und für 36 Jahre zementiert. Das kann man tragisch nennen.*

*

Lit: Mit Grillparzers Tagebüchern gehe ich theoretisch auf Reisen. Türkei, Griechenland, Italien. Sein Gestöhne über die Hitze, und daß ihm der Kopf so voll ist von Anschauung. – Leider beschreibt er immer nur die «Views», ohne sie sinnlich zu machen oder zu «übersetzen». Daß etwas «herrlich» oder «merkwürdig» ist, nützt uns nichts! Wir wollen wissen wieso! Auch kommen so gut wie nie Beobachtungen und Charakteristiken von Menschen vor. Gelegentlich hat er es mit den Mädchen.

Im See watend ein hübsches etwa vierzehnjähriges Mädchen mit lang herabhängenden gelben nassen Haaren. Eine Seenixe wohl gar (1819, Tgb. 551).

Was sind die Mädchen hier (am Thrasimenischen See) herum hübsch! Hier fangen sie auch schon an, nach Art der Florentinerinnen schwarze runde Männerhüte zu tragen, aber noch lange nicht so elegant, ohne Band und Federstrauße (1819, Tgb. 552).

Ein wunderschönes Mädchen, Tochter des Postmeisters, schien zu versprechen, was wohl ihre Schwestern am Arno halten werden (1819, Tgb. 556).

Sehr schön ist hier in Arezzo das weibliche Geschlecht. Herrlicher Wuchs, schöne Gesichtsbildungen. Eine Unzahl hübscher Mädchen; aus jedem Fenster guckt eines (1819, Tgb. 565).

Keine Schicksale, keine Charaktere.
Ich überlege gerade, ob ich in meinen Tagebüchern anschaulicher bin. Ein Beispiel aus dem Jahr 1970:

1970: *Princetown (Kanada). Am steinigen Flußufer gesessen, Füße behandelt, schwarze Vögel. – Ein Mädchen beobachtet, das mit seinem Bruder auf den Steinen über den kleinen Fluß balanciert, vielleicht zwölf Jahre, kurze Hosen, unter der blaßbraunen Haut die nötigsten Muskeln. Ein Gang, der über alles triumphiert, fast athletisch, wenn nicht doch gerade eben noch mädchenhaft. – Dieses Wesen braucht keine «duften» Klamotten, ein dreckiges, verknülltes Hemd. Sie steigt von Stein zu Stein, und man selbst möchte weiter nichts sein als ein solcher Stein.*

Auch nicht besonders sinnlich!

*

Mein Arbeitstag setzt sich aus kleinsten Intervallen zusammen. Lese ich, dann werde ich durchschnittlich alle fünf Minuten gestört: vom Telefon, oder mir fällt ein, daß ich oben die S-Maschine nicht ausgestellt habe, oder ich muß einen Bleistift holen. So geht das den ganzen Tag. Aber wenn ich schreibe, ist das anders. Da fang ich munter an, und wenn ich aufwache, sind zwei Stunden vergangen. Dann bin ich so stolz wie ein Kind, das aus eigenem Antrieb das getan hat, was die Erwachsenen von ihm erwarten.

※

Mus: In der Nacht machte ich mir ein Konzert.
Adelaide: (... Einst, oh Wunder! ... eine Blume die Asche meines Herzens...)
Distler: Kirchhofsmauer. Text oder Vertonung besser?
Brahms: Ballade, das epische Dahinerzählen
Mozart: Jagdsonate, wegen Godard.

Nartum   Sa 4. Juni 1983

Morgens tun mir meine Augen leid, wenn ich aufwache, daß ich sie nun wieder abnutzen muß.

T: Ich habe die Klasse einen Augenblick allein gelassen, die Kinder malen. Als ich wiederkomme, steht da der neue Direktor und kontrolliert die Hefte. Er stellt alles in Frage, was ich je gemacht habe, und hält mich für einen Faulpelz. Gefährlich, aggressiv.

※

Heute zunächst Post gemacht. Bevor ich Briefe aufschlitze habe ich ungute Gefühle zu unterdrücken. Ich denke immer: Da steht bestimmt etwas Unangenehmes drin, ungerechte Mahnungen, Beschimpfungen, Ansinnen. Und dabei bekomme ich sehr selten unangenehme Briefe.

※

Mittagessen bei Köhnken, das übliche Schnitzel mit Bratkartoffeln. Zwei Fliegen störten mich. Ich erbat eine Fliegenklatsche vom Wirt, die er mir anstandslos holte.
Nach Mittag nicht geschlafen, dann im Haus herumgelaufen und wie ein Sperlingsvater Ordnung für das Weibchen gemacht.

Wenn ich so durchs Haus gehe, denke ich, ich sehe es nach langer Zeit wieder, andere bewohnen es, und ich bin neugierig, wie sie es eingerichtet haben. Die Ausgangslage: Ich komme aus der Gefangenschaft, zehn Jahre vielleicht, niemand kennt mich («früher soll hier ein Schriftsteller gewohnt haben»), und der Garten ist riesig gewachsen.

*

Am Nachmittag hole ich dann die total erledigte Hildegard vom Bus ab: fünf Tage Norderney mit vierzig Kindern!
Am Abend Klavier gespielt, von oben gellten Hildegards Duschgeräusche, und anschließend ihr Singen, was auf gute Laune schließen läßt; gehabte Schmerzen hat man gern.

*

Mus: Beethoven, die Siebte.

Lit: Über die Landschule. Die verrückten Seiten des Gesamtunterrichts, auf den die Reformpädagogik eingeschworen war.
Das einmal vorgesehene Thema wurde eine Woche lang durch alle Fächer genudelt, zum Beispiel die Kartoffel. In Naturkunde geht's ja noch, Geschichte, Heimatkunde; in Rechnen wird der Preis berechnet, in der Rechtschreibung werden Wörter mit «ff» geübt. Aber was soll man in «Religion» machen? und Sport? Ach ja, Sackhüpfen.
Ich habe selbst noch nach dieser Methode unterrichtet! Eine Woche nichts als Kartoffeln, nächste Woche nichts als Wind usw. Das führte dazu, daß die Kinder immer schon wußten, was kommt (was nicht unbedingt ein Nachteil war).
Unsere Medien arbeiten so ähnlich, die sogenannten Medienblasen veröden das öffentliche Leben durch das Beraunen des Immergleichen. Die Konflikte werden so ausführlich und ausschließlich erörtert, daß sie nach zehn Tagen garantiert niemanden mehr interessieren und sich somit erledigen. – Probleme werden dadurch keine gelöst. In offne Münder, Augen und Ohren wird unentwegt aufgeklärt, aber niemand lernt etwas dabei, niemand wird klug.

1990: *Im Augenblick ist Gottfried Keller an der Reihe, weil er 100. Todestag hat. Nachdem er jahrelang «out» war, schießt es nun auf allen Kanälen. Danach, bald also, wird er bis zum Jahr 2019 in Ruhe gelassen werden.*
Um noch mal auf die Kartoffel zurückzukommen: Das eigentliche Thema liegt ganz woanders, es entspringt erst der Erörterung. Es heißt: Die Konzentration. Daß die Natur – wie in einem Gedicht – in Wolken, Tieren und eben auch Kartoffeln zu Konzentrationen sich zusammenzieht, das ist die aufs Geistige zu übertragende Erkenntnis, die an einer Knolle exemplifiziert werden könnte. Und das hätte Konsequenzen nicht nur im Hinblick auf unsere verquatschten Medien.

*

Gestern hatte ich in Hamburg in einer von Bäumen umstandenen Schule einen Auftritt. Ich kam dort ein bißchen an wie der grüngesichtige Rühmkorf, und damit die Leute mich bedauern, tat ich's wie er, ich schluckte, so daß es alle sehen konnten, eine meiner harmlosen Säurepillen. Ich erzählte den Schülern Storys aus der großen Welt (links und rechts ein gurgelndes Aquarium und draußen – Fenster auf – herrlichstes Wetter) und gab mich intensivem name-dropping hin. Den Schülern stand ein bockiger Protest im Gesicht; Mädchen mit fleischigen Schenkeln, von blauen Flekken gesprenkelt, Jünglinge, die mit den Mopedschlüsseln klimperten.
Nachdem genug geredet worden war – «Schreiben Sie alles mit der Hand?» –, spielte ich ihnen den Anfang des Hörspiels «Führungen» vor, ich wollte ihnen daran demonstrieren, daß auch mir mal was mißglückt! Eine leutselige Geste, die die Kluft zwischen mir und der Jugend überbrücken sollte. Das Resultat war, daß sie sagten, das Hörspiel gefalle ihnen nicht, das sei ja mißglückt.
Der Lehrer meinte hinterher zu mir, die Schüler wären enttäuscht gewesen, weil ich so locker auf sie zugegangen wär'. Sie hätten sich einen Dichter ganz anders vorgestellt. Außerdem meinte er, er in meiner Lage, damals in Bautzen, würde sich freiwillig in Einzelhaft gemeldet haben.

Du kannst es nicht ahnen, du munteres Rehlein du!
Ich beschrieb ihm, wie es zuging bei den Russen, die völlige Isolierung, keine Bücher usw. Doch er ließ sich nicht beirren. Vielleicht hat er sich eine Komfortzelle à la Stammheim vorgestellt.

1990: *Erst jetzt begreifen die Leute, daß es in den Gefängnissen drüben wohl doch nicht ganz so idyllisch gewesen sein kann. Dazu mußten erst Gebeine ausgegraben werden. Ich selbst habe durch die Schilderung der weniger unangenehmen Seiten meiner Haftzeit zur Verharmlosung beigetragen. Fechner: «Durch Sie hab' ich die Angst vorm Gefängnis verloren.»*

Daß Schulen immer so häßlich, Lehrer so beschränkt, Schüler so dumm sein müssen! Allerdings: Autoren sind auch nicht gerade die Hellsten, sie stellen sich ihre Leser nicht realistisch vor. Irgendwie hatte ich gedacht, als ich nach Hamburg fuhr, wir würden uns, Jugend und Alter, an der Elbe lagern und das Ausfahren von Kuttern beobachten: Reichwein oder Lietz. Über Wilhelm Lehmann gibt es einen Film, wie er mit seinen Schülern durch die Natur streift; und Manfred Hausmann, der hat sich auch mit Jugend gelagert, als er achtzig wurde, zur Feier des Tages.
Hinterher im Gasthaus machte ich mich, wie Gabriel Laub das getan hätte, über eine phantastische Kutterscholle her. Trostfressen. – Als ich da so saß, kamen zwei der annehmbareren Schülerinnen, ich winkte sie heran, als erotische Nachspeise, und dann kam es doch noch zu einer Lagerung an der Elbe. Die eine war ganz süß, braungebrannt, rotes Schleifchen im Fransenhaar, abgenagte Fingernägel. Sie hatte allerhand Ketten an sich herumhängen und erzählte von einem Schlagersänger, daß sie tatsächlich zu dem vorgedrungen sei. Hätte sich einfach dazugestellt, hinter der Bühne, und der hätte sie auch angesprochen, und sie hätte ihm ein Bild geschickt von sich.
Ich wußte absolut nicht, was ich sagen sollte, «fand keine Einstellung» zu den beiden. Halb Lehrer, halb Idiot, saß ich neben ihnen. Ich kam mir ein bißchen dirty vor, und war es vermutlich auch.

*

Nachmittags war in der Kampnagelfabrik die Crème der Hörspielautoren versammelt. (Übrigens keine einzige Frau darunter.) – Die «Veranstaltung» – Herrgott, was fällt alles an Wahnsinn unter diesen Begriff! – fand in einem verwahrlosten Saal statt, um dessen Erhaltung ganz Hamburg zittert: Kultur muß sich, wie das Wunder von Bethlehem, in Kümmerlichkeit ereignen: Herrlich wenn der Strom ausfällt, und die Mikrofonanlage darf auf keinen Fall funktionieren. Am besten wäre es, man rülpste die Tonleiter hoch oder pinkelte zwischendurch an die Wand!
Wir zwölf Spezialautoren, durch betont schäbige Kleidung unsere Bedeutung herunterspielend, saßen auf der Bühne, alle nebeneinander an einem langen Tisch, wie bei der Auschwitz-Lesung von Peter Weiss, und sollten der Reihe nach etwas über Hörspiele von uns geben. Ich versagte auf grauenhafte Weise. Das gelangweilte, verwahrloste Publikum in dem verwahrlosten Saal und mein beschissener Text, das waren Höllenqualen.
«Kempowski? – Nein, es geht nicht mit ihm, wir müssen ihn abservieren.»
Zum Schluß mußten wir unsere Statements alle noch einmal vorlesen, und zwar gleichzeitig! Heinz Hostnig dirigierte das synchrone Gebrabbel, mal ganz leise, mal ganz laut, also durchaus nach musikalischen Gesetzen.
Wegen der unerquicklichen Verhältnisse in der Fabrik hielt ich mich eine Weile im Klo auf, ging dann im Vorraum auf und ab, wo Autogrammjäger auf Autoren warteten. Mich guckten sie ziemlich durchdringend an, aber ich sah mir offenbar nicht ähnlich. – Etwas bedauert habe ich es, daß ich das Mädchen mit den Fransenhaaren nicht eingeladen hatte: Aber es waren ja zwei gewesen, was hätte ich mit denen anfangen sollen? Darüber reden, was sie so denken?
Hinterher bei Hostnig privat, zu Kassler in Silberpapier. Als ich mich selbst anklagte wegen meines grauenhaften Beitrags, versicherte er mir: Also nein, wieso? Mein Text wär' gerade der rechte gewesen, genau richtig, absolut das, was man sich eigentlich von den Beiträgen der Hörspielautoren in diesem Forum erwartet hätte.
Das war lieb von ihm. Vermutlich hat er ähnliches den andern

Autoren, die sich vielleicht ebenfalls anklagten, auch gesagt. – Ein Herr vom NDR, in Hostnigs Küche stehend, ein Hühnerbein in der Hand, sagte mir, daß man mich im Sender regelrecht boykottiert. Ich möchte gern mal wissen, warum eigentlich! (Das konnte er mir auch nicht sagen.) «Von Ihnen nimmt dort keiner ein Stück Brot.» Wahrscheinlich können sie es nicht vertragen, daß ich die allgemeine Verherrlichung des Sozialismus nicht teile. Daß ich eine unfreundliche Meinung über das DDR-Regime habe, ist vermutlich durchgesickert.
Auch Heißenbüttel war da. Ich kannte ihn noch nicht, begann eine Unterhaltung mit ihm: Woran er jetzt arbeitet?
– Ich bin ja so furchtbar faul! sagte er, liege auf der Couch und lese Kriminalromane, sehe viel fern.
Sein Vater sei Gerichtsvollzieher gewesen, sagte er noch (ein jeder schmückt sich mit seiner Herkunft so gut er kann. Nicht jeder hat einen Puppenspieler zum Vater!), und: Daß er mal bei Arno Schmidt gewesen sei, habe dort mehrere Filme verknipst. Er tat ganz ahnungslos, als ich ihm erklärte, die seien doch jetzt wahnsinnig wertvoll! Und er weidete sich natürlich an meiner Dummheit.

※

Der seltsame Kühn mit seinem ebenmäßigen Gesicht, der so schöne Bücher schreibt und am Telefon immer so nett ist, er wollte sich nicht in meinem fabelhaften Poesiealbum «verewigen». Nein, so was macht er nicht, was soll das überhaupt? – Wie kühn sich Kühn wohl bei den Schülern in Finkenwerder gegeben hätte. Und die Schüler hätten ihm sicher bestätigt, daß die Stellen in seinem Buch, die er ihnen da eben als gelungen vorgeführt hat, absolut gelungen sind.
Im übrigen spürte ich eine allgemeine Antipathie gegen mich, wie schon öfter bei Autorenzusammenrottungen. Eine Art Befremden, daß ich Landlehrer bin, und hat so eine Reihe Bücher geschrieben, die alle gleich aussehen... Ich bin der einzige, der von allen gesiezt wird. – Vielleicht lag meine Randlage diesmal an Harig, der die Runde wie ein Animateur mit seinem neuesten Saarlandbulletin

unterhielt: Was die Leute an der Saar so essen und wie sanguinisch sie sind, ein lebenslustiges Völkchen, nicht so ganz bei Groschen, aber unheimlich in Ordnung. Ich stellte mir vor, was die Hörspiel-Crème wohl für ein Gesicht machen würden, wenn ich mit schwerer Zunge einen Mecklenburg-Bericht losließe: Von Gänseklein sprechen und von Schwarzsauer und dann plattdeutsche Lieder singen und die Runde zum Schunkeln auffordern?

> Wenn hier'n Pott mit Bohnen steiht
> Un dor'n Pott mit Bri,
> Denn lat ich Bri und Bohnen stahn
> Und danz mit min Marie...

Er trug übrigens einen enorm breiten Ledergürtel mit einer Kraftschnalle. Das ist an sich ja egal, aber mir fiel das auf.
Laederach – den ich für einen technischen Angestellten des NDR hielt – zeichnete mir ein schönes Selbstporträt in mein Poesiealbum.

Hinterher nahm ich mich eines österreichischen Autors an, der, wie ich, ziemlich herumstand. Ich fuhr mit ihm in die Innenstadt und zeigte ihm die Hamburg-Attraktion: das Geschäft «Fahnen-Fleck», wo es Tennispreise, Karnevalsorden, die Wimpel sämtlicher Staaten der Erde und vor allem herrliche Gummimasken zu kaufen gibt, Breschnew, Schmidt und Nixon. Dabei unterhielten wir uns ganz behaglich. – Wenn er wieder zu Hause ist, wird er dafür sorgen, daß ich in Österreich ganz groß rauskomme.

1990: *Er hat nie wieder etwas von sich hören lassen. – Mit Österreich habe ich bisher nur Reinfälle erlebt. Unvergessen bleibt mein Auftritt in Wien, irgendwann in den Siebzigern. Der Literaturmanager dort sagte bei der Einführung zu meiner Lesung: «Also jeder Türke ist mir lieber als ein Autor aus Norddeutschland...» Bums! und ist rausgeknarrt über das Parkett.*

Auch typisch: Vor zwei Jahren kam eine österreichische Fernsehinterviewerin zu mir. Ob ich schon mal wieder in meiner ostpreußischen Heimat gewesen sei?
«Wieso? Ich bin doch Mecklenburger...»
«Ach so, Sie sind von hier.»
Aber vielleicht tat ich der Dame Unrecht. Neulich passierte es mir, daß ich dachte, Kaiserslautern läge im Saarland, und einen Herren aus Karlsruhe habe ich einen Schwaben genannt. Im übrigen: In meinem Verlagsvertrag ist von meiner «pommerschen Heimat» die Rede.

*

Heute früh hab' ich mich erst mal gründlich verfahren (Waltershof-Brücke), dann hatte ich in Poppenbüttel eine Lesung, auch vor Schülern. Als ich da ankam, wurde in der Aula vor durcheinanderredenden Schülern gerade mein kostbares Hörspiel «Moin Vaddr läbt» abgespielt – sehr peinlich. Ich unterband das sofort. Ich wäre wohl sehr hochmütig, wurde ich gefragt, daß ich ihnen nicht erlaubte, das Hörspiel zu hören?

Am Abend raste ich dann nach Oldenburg und redete in dem örtlichen Garnisonsghetto vor Reserveoffizieren über Literatur. Das war vielleicht ein Unternehmen! Zwei wackere deutsche Mädchen saßen in der ersten Reihe. Ob es heute noch «Fähnrichen-Tanzstunde» gibt?

*

Ich kann immer gar nicht begreifen, daß es Menschen gibt, die anderer Meinung sind, als ich es bin.

Nartum So 5. Juni 1983

T: Lange Träume von Rostock, rekonstruierte Altstadt, große aus rötlichem Sandstein wieder aufgerichtete Fassaden unbestimmbaren Zwecks. Ich trumpfe mit dem Fuß auf, da fällt eine Statue um.

*

Mit Timmer, Aßmann und Steinmeyer haben wir im Turm, per Segelschiffkompaß, auf dreißig Meter exakt die Richtung festgestellt, in der Rostock liegt. Hier sind die genauen Angaben:

Vermessungszertifikat

A. Nartum, Haus Kreienhoop
   Koordinaten: $\lambda = 9° 4' 47''$ Ost $\varphi = 53° 12' 39''$ Nord
   (Nach Meßtischblatt 2721)

B. Rostock, Marienkirche
   Koordinaten: $\lambda = 12° 8' 19''$ Ost $\varphi = 54° 5' 24''$ Nord
   (nach Seekarte laut Kapitän Aßmann A5)

Entfernung AB über den Großkreis = 215,734 km
bei gemitteltem Erdradius zwischen $90° - 53°$: 6364 km

Richtungswinkel (N = geometrischer Nordpol)
$\sphericalangle$ NAB = $61,8966° = 61,9°$

Eingemessen mit Schiffskompaß Suunio K-18, unkompensiert unter Berücksichtigung einer Mißweisung von 2,6° West. Scheitelpunkt: schwarze Granitplatte in Turmmitte.

Ich will die Stelle in der Wand des Turms mit einem Pfeil markieren. Die Besucher sollen denken, das bedeute mir etwas. (Tut es ja auch! Aber anders als sie meinen.)

✳

HW: Am Locarno-Kapitel gearbeitet. Die Pastoren-Sache, Variationen über das Thema Liebe. Ob ich wüßte, daß die Deutschen schwangere Jüdinnen von Schäferhunden zerfleischen ließen? Und ob mir das leid tut, daß die Deutschen das getan haben? wurde ich damals von den geistlichen Herren gefragt. Einer der Pastoren, ein Elsässer, sagte: «Ihr Deutschen spielt drei Stunden Schumann auf dem Klavier und dann knallt ihr Juden ab.» – Heute denke ich etwas milder über die unchristliche Art, mit der sie mich behandelt haben. – Ungeachtet der üblen Erlebnisse habe ich mir bis heute angenehme Erinnerungen an die sechs Wochen Casa Locarno bewahrt. Ich war später noch zweimal dort, 1969, mit Familie; im Bett hab' ich gelegen und das Harz-Kapitel für T&W geschrieben. Und dann im vorigen Jahr für GEO.

In Locarno kam ich mir sehr schön vor

Nartum   Mo 6. Juni 1983

Nach Oldenburg gefahren und in einer 11. Klasse des Alten Gymnasiums mit Vergangenheit hausieren gegangen. Ich bekam eine Flasche Schnaps geschenkt und einen Zinnlöffel. Für diese Menschen bin ich der Peterpump schlechtin.

✳

Am Nachmittag saß ich bei schönstem Wetter draußen und habe am Harzreise-Vortrag gearbeitet (für das Wintersemester).
Eine Elster beobachtete mich.
Abends von einem Zimmer ins andere geschlendert. Hildegard räusperte sich vorn in ihrem Pavillon, so wie man ein altes Auto startet. Klavier gespielt, also gelebt. Für eine Mußestunde pro Tag all das Theater!

*

Lit: Für den Dorfroman: Ein «Wegweiser für den Schreibunterricht» von H. R. Dietlein aus dem Jahr 1876.

... Die Feder, gehalten von den drei ersten Fingern der rechten Hand, muß sich an die linke Seite des Mittelfingers, und zwar von der Kuppe bis zur Nagelwurzel desselben und ferner an die inwendige Seite des ersten Gliedes vom Zeigefinger anlegen, doch so, daß sie unweit des Knöchels dieses Fingers aus der Hand hervorragt. Über den Knöchel hinaus nach dem Arme zu, darf sie nie stehen. In dieser Stellung wird sie nun unterstützt durch den Daumen, der sie dem Nagelgelenk des Zeigefingers gegenüber mit seiner Kuppe festhält. Das Nagelgelenk des Daumens muß daher stets ein- oder vielmehr ausgebogen sein. Die Fahne oder die äußerste Spitze der Schreibfeder muß stets nach der rechten Schulter des Schreibenden gerichtet sein und darf nie aus dieser Richtung gehen. Die hohle Hand muß genau dem zu beschreibenden Blatte zugewendet sein, und darf der Schüler nie in die Höhlung derselben von oben hinein sehen können. Der vierte und fünfte Finger ruhen halbgekrümmt unter den Schreibfingern in der hohlen Hand, und zwar so, daß die Nägel beider Finger, oder auch nur der des kleinen, die Fläche des Papiers berühren, um so als zweiter Stützpunkt für die schreibende Hand zu dienen...

Es folgen genaue Anweisungen für das Handgelenk, den Unterarm, den Oberarm («hängt frei und natürlich am Körper herab und muß am Ellenbogen mit dem Körper leise Fühlung haben»). In meiner Schulzeit hatten die Schönschreibstunden keinerlei Ähnlichkeit mit diesem Reglement, sie gehörten zu den angenehmsten Veranstaltungen des Schulalltags, weil es da immer so schön ruhig war in der Klasse (fünfzig Jungen!). Lehrer Märtin ging zwischen den Bänken auf und ab, oder er saß auf dem Katheder und betrieb da seine Privatgeschäfte. Auf der Hochschule wurde uns gesagt, wir sollten besonders lecker geschriebene Heftseiten aushängen oder auch mal eine mittelalterliche Handschrift zeigen: Das sei der beste Schönschreibunterricht. Oder, bei ganz schlechten Schülern, sagen: Sieh mal, dieses Wort hier, in dieser Reihe, das sieht doch schon ganz ordentlich aus. – In meiner Breddorfer Zeit stand «Schönschreiben» noch auf dem Lehrplan. Auch für den Lehrer eine Wohltat, wie ich bald merkte (wenn man es nicht so machte wie der oben zitierte Herr Dietlein). Hildegard schaffte sogar kleine Fußschemel für Schüler an, die mit den Füßen nicht zum Boden reichten. In ihrer Prüfung wurde ihr das hoch angerechnet. Dann kamen die siebziger Jahre, da wurde das alles weggefegt. Wer am schlechtesten schrieb, hatte gewonnen.

1990: *Erst in meinen Nartumer Literaturseminaren mit Martin Andersch zog das Kalligraphieren wieder in mein Bewußtsein ein – eine sonderbare Zunft. Ein bißchen hat das mit dem Mittelalter zu tun. Ein bißchen auch mit alternativem Brotbakken, Weben und Töpfern. Es ist also etwas, das man unterstützen muß.*

Meine Handschrift ist wie ein ausgelatschtes Kugellager. Ich ekle mich vor ihr. Mit dem alten Sütterlin, das ich noch ganz gut schreiben kann, verblüffe ich manchmal die Studenten in Oldenburg. Ich schreibe dann den Namen einer besonders netten Studentin an die Tafel, und dann sind sie alle gut motiviert: Wen ich wohl damit meine, wollen sie wissen. Im Archiv kann man nicht ohne die Kenntnis der deutschen Schriften auskommen. Meine Helfer benehmen sich wie scheuende Pferde, wenn sie das Lang-S lesen sollen. Ich gebe ihnen dann alte Fibeln, und da genügen meistens zwei Stunden, damit sie sich auskennen.

Nartum Di 7. Juni 1983

In der blauen Luft aalen sich die Düsenjäger, und ich sitze mit der Fliegenklatsche über meinem Tagebuch. In der Nacht hatte ich mal wieder einen Spezialtraum.

T: Ich bin etwa zehn Jahre alt und spiele mit dem ein Jahr jüngeren englischen Prinzen im Garten des Buckingham Palace. Da kommt Prince Charles mit seinem Diener. Wir werden gefragt, was wir da machen. Ich antworte: Wir sollen eine Fuhre Mist für die Rosen holen, aber wir haben keinen Wagen und nichts zum Aufladen. «Dann macht mal weiter», sagt Prince Charles.

*

Heute früh fuhr ich nach Zeven und kaufte in einem Haushaltswarengeschäft Haken und Nägel für die Aufhängeaktion der restlichen Rostock-Bilder im Turm. Das Herbeieilen der Verkäufer (grüne Lagerkittel mit Wappen der Firma auf der Brusttasche): «Guten Tach, Herr Kempowski!» und das myriadenhafte Angebot. – Drei Nägel lose kosten mehr als hundert Stück abgepackt. Damit wollen sie die Kunden erziehen. Vor all den verschiedenen Hämmern, Zangen und Äxten empfand ich plötzlich eine Art Friedensgenuß («...wenn einmal Frieden sein wird, Kinder...»). DDR-Leute, die sich für ihre Datscha jeden Nagel herantauschen müssen, würden ja platt sein, wenn sie das hier sähen. Neulich bat uns eine Frau aus Rostock um Druckknöpfe!
Andere DDR-Wünsche: eine kleine Handtasche aus Lederflicken, drei Deo-Sprays «Impulse», Klingen für Hornhauthobel, Lakritzen, Backpflaumen, Paranüsse, Knoblauchperlen, Plastetüten. Und ein Abreißkalender «Weisheiten». – Vera will immer nur Ölsardinen haben. Hildegard schickte ihr mal ein wundervolles Carepaket, in dem neben den erbetenen Ölsardinen auch Kaffee und Schokoladetafeln beigepackt waren. Da schrieb sie: «Vielen Dank, aber schickt bitte nur Ölsardinen.» – Hannes wünscht sich Fliegenklatschen, Südfrüchte, Notizblocks, Filzschreiber, Bleistifte, Klopapier. Das Klopapier drüben sei Sandpapier Körnung 3. – K. will vor allem Samen für Strohblumen. Die sät er aus, und aus den Blumen macht er kleine Gestecke, die er verkauft. (Strohblumensamen gibt es in der DDR nicht.) Er will auch immer gern Tesafilm haben mit Blumen drauf, damit verziert er seine Badestube. Er hat uns schon angekündigt, daß er bald pensioniert wird, also hier eines Tages aufkreuzt. Das auszuhalten ist der Preis der

Freiheit. Über DDR-Besuche gibt es wahre Horrorgeschichten. Man sollte sie mal sammeln! Schmidthenners haben es erlebt, daß ihre alte Tante vor der Käseabteilung im Kadewe in Ohnmacht fiel. (Hildegard: «Mich wundert, daß da nicht noch andere umfallen!»)

1990: *Das sich ankündigende Wirtschaftswunder in der DDR: Man müßte das Aufschießen des Kapitalismus da drüben «in Bild und Ton» festhalten. So etwas kriegt die Welt nicht wieder zu sehen. In Sternberg (Mecklenburg) sah ich ein Schild: EIS-RAST, da wurde Vanilleeis aus dem Wohnungsfenster heraus verkauft. – Ein Mensch mit Scheren und Messern in Bautzen wurde seine Ware nicht los. Irgendwas machte er falsch. Dagegen eine junge Frau aus Hanau, sie war wegen ihres selbstgemachten Silberdrahtschmucks umlagert.*

Die aus Sachsen herübergekommene Nichte von Renée verlangt Reitstunden, sie hätte drüben so viel entbehrt.

✢

Merkwürdig, wie häßlich Zeven geworden ist. Traurig verrottet am Ortseingang die alte Windmühle. Nein! da schütteln selbst die Grünen den Kopf. Es hat keinen Zweck mit dem Ding. – 1960 war Zeven noch ein anheimelndes Landstädtchen, mit herrlichen Bäumen, mit bequemen alten Häusern, Bank vor der Tür, und einem gemütlichen Stadtmittelpunkt: ein altes Gasthaus, weiß gekalkt, mit Tellerborden und alten Truhen, in dem man vorzüglich «Kohl und Pinkel» bekam. In der Klosterkirche treiben nun junge Pastoren ihr Unwesen. Jedenfalls wurden da zu Weihnachten schon Lichtbilder gezeigt: Die Pastorenfrau hielt den Projektor auf dem Schoß, eine absolut abwegige Sache, weil die vor dem Altar ausgespannte Leinwand gar nicht von allen Plätzen aus gesehen werden konnte. Ich weiß noch, daß ein Bauzaun in der Lichtbildpredigt eine zentrale Rolle spielte. Ein Kran sollte irgendwie symbolisieren, daß der liebe Gott als Kranführer den Heiland am Haken runtergelassen hat, und zwar hinter den Bauzaun; aber die Bodenspekulanten haben gesagt: Nein! Hier darf der Heiland nicht auf die Welt kommen, denn wir wollen an dieser Stelle ein glitzerndes Kaufhaus errichten... Aber die Arbeiter eilten sodann herbei und ermöglichten es, daß das Licht in der Finsternis scheint. (Hildegard: «So was wird einem in religionspädagogischer Arbeitsgemeinschaft erzählt!»)

Das «Wunderrathaus» in Zeven

An der Stelle des alten Gasthofs steht jetzt ein postmodernes Rathaus. Die Stadt prozessiert mit dem Architekten, denn in den Glasturm regnet es hinein. Unter den «Arkaden», dort, wo früher ein Gemüsehändler seine Kohlrabi verkaufte, sind die zugehängten Schaufenster einer vollklimatisierten Sparkasse zu besichtigen. An dieser Stätte urbanistischer Architektenphantasie hält sich niemand auf, außer pinkelnden Hunden. Und der Ratskeller wechselt andauernd den Besitzer, weil kein Mensch da essen will.

Wenn ich früher meinen Ausweis verlängert haben wollte, dann ging ich abends zu Herrn Bruhns, unserm Dorfbürgermeister, und der hauchte dann seinen Stempel an. Heute muß ich 15 Kilometer hin und 15 Kilometer zurückfahren und den Ausweis abgeben. (HEUTE GESCHLOSSEN!) Und 14 Tage später wieder 15 Kilometer hin und 15 Kilometer zurück und das Ding abholen. Aufwand: 60 Kilometer Autofahrt und vier Arbeitsstunden. Ganz abgesehen davon, daß das früher kostenlos war. Rotenburg hat das Wachsen besser verkraftet, da hat man auch die Verkehrskalamitäten lösen können. Der Verkehr fließt um das «Zentrum» herum. Zeven wird hingegen von zwei großen Straßen durchschnitten, was dazu führt, daß sämtliche Autos des Landkreises ununterbrochen an den Ampeln stehen und auf Grün warten. Der Bürgermeister tritt dann ans Fenster, macht: hm, hm und freut sich über seine

kleine Weltstadt, der er im übrigen den Namen «Stadt am Walde» verpaßt hat.
Ich habe noch einen andern Grund, Zeven nicht zu mögen: Mein mißglücktes pädagogisches Experiment.

※

Lit: Noch etwas im Dietlein über Schreibunterricht gelesen. Ein groteskes Kapitel war das Taktschreiben, daß sich rechtfertigen bzw. erklären läßt aus den großen Schülerzahlen. Jeder einzelne Strich wurde auf Kommando ausgeführt!

... Das Schreiben im Hefte beginnt jedesmal mit dem Zuruf: «Fertig zum Schreiben!» Hierbei hat sich der Schüler richtig zu setzen, die Feder richtig zu halten, dieselbe hinlänglich in Tinte zu tauchen, und im Schreibhefte in dem Punkte einzusetzen, wo das Schreiben des ersten Buchstabens beginnt... Hat der zu schreibende Buchstabe einen Aufstrich zu seinem Anfang, so wird derselbe auf «an!» geschrieben und auf «eins!» der erste Grundzug...
Während des Schreibens eines Wortes darf nie abgesetzt werden, selbst wenn keine Tinte mehr in der Feder ist, sondern der Schüler muß ruhig fortschreiben, selbst ohne Tinte. In der Pause taucht er die Feder ein und schreibt weiter. Das unvollendete Wort wird nach der Beendigung der ganzen Zeile geschrieben...

Der Kollege gibt auch genaue Anweisungen über das Kommandieren selbst, daß man also nicht schreien, leiern oder singen darf. Es soll kurz und «nie zu laut» gezählt werden. – Was für ein Unterschied zu den Methoden von Martin Andersch!

Nartum Mi 8. Juni 1983

T: Ich bin in Rostock und steige in unserm Haus die Treppen rauf und runter: Manche Tür steht offen, sauber gemachte Betten sind zu sehen. Ich höre eine Stimme: «Er will sich ja bloß sein Haus noch mal angucken. Laß ihn doch!»

※

Blockseminar in kleiner Besetzung, zwölf Studenten, hier bei uns: «Vom Erzählen; Werkstattreferate und praktische Übungen.» Morgen zweiter Teil, dann die Steuerprüfung und dann ist Semesterschluß.
«Wo haben Sie bloß all die alten Möbel her?» werde ich gefragt.
«Und wo ist Ihre Frau?»
Ich erzähle Anekdoten, bin mein eigener Schloßführer, erfinde auch kleine Geschichten: Dies ist die Tasse, aus der die Königin Luise mal getrunken haben *soll*, so in diesem Stil. Wenn die Studentinnen sich mit ihrem molligen Po auf die Schaukel setzen, bin ich mir nicht zu schade, sie anzuschubsen.

※

Nachdem die Studenten weg waren, habe ich mich hingesetzt und «Böckelmann II» abgeschlossen. Bin neugierig, wie er aufgenommen wird. Wie schwer ist es, den richtigen Ton zu finden, wenn man Kindern was erzählen will. Es ist immer dann das rechte, wenn auch Erwachsene gern zuhören. (Grimms Märchen!)

※

In der Post war der Brief einer Berlinerin, die sich als Echter (groß geschrieben) Kempowski-Fan bezeichnet, «wer hätte das gedacht». Mit meinen Büchern käme kein Goethe und kein Schiller mit.
In einem andern Brief wirft mir ein alter Rostocker vor, ich hätte in meinem «geistigen Produkt» Rostock völlig falsch dargestellt. Ich hätte das Buch («Schöne Aussicht») wohl nur geschrieben, «um Money zu machen».

Die alten Werftarbeiter, die in der Borwinstraße wohnten und dieses lesen würden, was Sie da zum besten geben, würden die Hände über dem Kopf zusammenschlagen... Von dieser Borwinstraße von ‹Puffgegend, da wohnen lauter Nutten›, zu schreiben, ist abwegig und herabsetzend... Ach wären Sie doch bloß im ‹Bradenfräter-Viertel› geblieben!

Hier liegt die übliche Verwechslung vor zwischen dem Autor und den Menschen, die er schildert. Nicht *ich* bezeichne die Borwinstraße als Puffgegend, sondern der Großvater tut das im Roman. Karl Lieffen erzählte mir, daß er nach einem Fernsehfilm, in dem er einen Kinderschänder spielte, Drohbriefe erhalten habe. Und Fechner sagte, daß Dienstbotendarsteller, auch wenn sie eine Hauptrolle haben, im Filmkasino unfreundlich bedient werden, Statisten in Königsrobe dagegen sehr zuvorkommend. Hierher gehört, daß man Clowns für dumme Menschen hält oder – auch ganz verkehrt – für besonders weise.
Bei Arthur Schnitzler las ich: «Was ich von den Rezensenten verlange: Sie mögen nicht übersehen, was in den Werken steht, nicht Dinge sehen, die nicht in den Werken stehen, daß sie den Autor nicht [dafür] verantwortlich machen, was eine von ihm geschaffene Gestalt behauptet, besonders dann nicht, wenn eine andere das genaue Gegenteil davon sagt.»

※

TV: Heisere Gewerkschafter, die mehr Arbeitsplätze fordern. So etwas kann man wünschen, aber doch nicht fordern! Die Leute müßten dann schon selbst Fabriken aufmachen. Dabei würden sie heilsame Erfahrungen machen. Banken besitzen sie ja schon.

※

Lit: Ulla Berkévicz: «Josef stirbt». Lakonischer Sterbekitsch. – Natürlich kann man seine Leser beeindrucken mit realistischen Schilderungen von Körperauflösung. Das hat Benn aber schon besser gemacht, ein für allemal!

> ... Bett stinkt bei Bett. Die Schwestern wechseln stündlich.
> Komm, hebe ruhig diese Decke auf.
> Sieh, dieser Klumpen Fett und faule Säfte,
> das war einst irgendeinem Mann groß
> und hieß auch Rausch und Heimat...

Mich interessiert ein klinisches Lehrbuch mehr als das, was Ulla Berkévicz uns auftischt.
Im übrigen stimmt auch das Umfeld bei ihr nicht: «Die Männer mit den fremden Sprachen sind wie Brei um mich, der abkühlt und sich verläuft.» – Auf die Bestenliste mit ihr!

*

Ich las dann noch ein wenig in der Lebensbeschreibung von Ludwig Grimm. Er beschreibt einen kurzsichtigen Lehrer:
«Über dem Pult, oben an der Wand, war ein Faden befestigt, daran hing der Brill, den setzte er auf, und wenn er vom Pult ging, bammelte der Brill in der Luft.»

HW: An der Einleitung gearbeitet. Die Ostereiermassen in den Schaufenstern, über die ich mich bei meiner Entlassung wunderte. Entsprechungen zu der Einleitung von «Aus großer Zeit» hergestellt. Dort war der Wechsel zwischen äußerstem Mangel und Überfluß ein durchgehendes Motiv.

Nartum Do 9. Juni 1983

Heute früh bin ich in einem plötzlichen Naturbedürfnis gleich in den Garten gelaufen, von wo mir Aromawolken entgegenkamen. Alles naß von Tau und quer über den Weg gespannt, wie von einem Mast zum andern, ein Spinnenfaden. Ich bückte mich instinktiv. Dann unterhielt ich mich mit einer Kuh, die mich anguckte.
Hildegard geht oft schon um sechs Uhr mit den Hunden los. Vielleicht sollte ich sie öfter mal begleiten. Wenn ich nach unten komme, steht sie im Innenhof und übergießt sich mit kaltem Wasser.

*

Das Seminar hat mich sehr angestrengt. Als die Leute abgefahren waren, saß ich zwei Stunden lang bewegungslos in meinem Sessel. Es nahmen zwar nur zwölf Studenten teil, aber unter ihnen war

ein japanischer Professor, der ständig, besonders in den Pausen, zusätzliche Auskünfte haben wollte, alles ganz genau (den Fotoapparat vorm Bauch), Auskünfte, die ich schon hundertmal gegeben habe. (Die unglückselige Zettelsache.) – Diese Art Betriebsgeheimnisse plaudert man leicht aus. Sie sind nämlich nicht übertragbar.
Ich denke gerade daran, daß uns die Journalisten früher immer gesagt haben: Die Japaner können nur kopieren, zu eigenen, schöpferischen Leistungen wären sie nicht fähig. Ein anderer gängiger Spruch der Presse war: «Eine Erhöhung des Ölpreises ist nicht zu befürchten, sie scheitert an der traditionellen Uneinigkeit der ölfördernden Länder.»

*

Friedensbewegung: Man muß dies Herumgekitsche auf dem Kirchentag gesehen haben! – Auch in unserer Epoche ist es die Sentimentalität, die sich behauptet.
Hildegard war in Bremen, sie hat Zahnschmerzen. Sie gibt zwar morgens am Frühstückstisch gern ihr Gesundheitsbulletin ab, aber wenn sie wirklich was hat, klagt sie nicht. Da ich selbst im Augenblick frei bin von Zahnschmerz, kann ich für ihren Kummer nur wenig Interesse aufbringen.

*

Im TV «Operation Gomorrha», von Hans Brecht, ein Film über die Luftangriffe der Alliierten auf Hamburg, 1943. Ein Wunder, daß ich das damals überlebt habe. Das zu Boden pressende Pfeifgeräusch der Sprengbombe, die im Garten meines Großvaters detonierte, ein Pferd, das durch die Straßen galoppierte.
Am Morgen nach dem Angriff suchte ich ein Postamt, um nach Rostock zu telegrafieren, daß ich noch lebe, ich machte eine lange Wanderung durch Trümmer: zusammenkrachende Häuser, Brände, um die sich niemand kümmerte. Ausgebombte Menschen, dahinschlurfend, als ob sie nicht in die Stadt gehörten. Der Himmel wußte auch nicht, was er tun sollte. Es regnete, und es stürmte, glühende Hitze und eisige Kälte gleichzeitig. Hätte noch gefehlt,

daß Schnee vom Himmel gefallen wäre, das hätte mich nicht gewundert.
Während ich durch die Straßen lief, kam es zu einem zweiten Angriff, den ich in einem ächzenden Hochbunker überstand. Brandgeruch drang von draußen herein. Als alles vorüber war, wurden wir einzeln, in nasse Decken gehüllt, an brennenden Häusern vorüber in Sicherheit gebracht. Ich spüre noch die Hitze in der Lunge und auf dem Gesicht. Draußen, nach der Rettung, wurde mir ein Bückling gereicht, damit ich «was in den Leib» kriegte. Der Mann, der die Dinger verteilte, wollte wissen, was ich als Hitlerjunge in dem Bunker zu suchen gehabt hätte?
Ich fuhr dann nach Lübeck zu meiner Schwester, wo es halbverbrannte Bücher vom Himmel regnete.
Hans Brecht fragte mich 1973, ob ich einen Film über den Zweiten Weltkrieg machen will? Es kam sogar schon zu Terminabsprachen. Im Londoner War Museum sollte ich mir entsprechende Filme angucken. Das wäre damals der Einstieg in eine Karriere gewesen, aber ich lehnte ab. Ich wollte lieber Bücher schreiben. Fechner sagte, daß Brecht öfter Leute angeregt hat, Filme zu machen. Ich glaube, er hat auch dessen ersten Film initiiert: ein stiller Pädagoge.
Die Hamburger Katastrophe hatte wie jede andere ihren eigenen Charakter: der Feuersturm, die in den Kellern verdorrten Leichen. Im «Tadellöser» sind die Angriffe auf Hamburg weniger schlimm dargestellt, als sie es in Wirklichkeit waren, ich wollte das deutsche Selbstmitleid nicht herausfordern. Damit sich der Leser daran erinnerte, was gleichzeitig im Osten geschah, nahm ich die kleine Zeitungsnotiz vom Ehedrama in Auschwitz in das Hamburg-Kapitel auf (übrigens ein Stilbruch).

Und in Auschwitz bei Kattowitz, da habe sich auf der Straße ein blutiges Ehedrama abgespielt.

Ich glaube, Hubert Fichte hat Ausschnitte aus dem dtv-Band über die Angriffe auf Hamburg (Der Luftkrieg über Deutschland 1939–1945. Deutsche Berichte und Pressestimmen des neutralen Auslands. Erhard Klöss, dtv-Dokumente 160) in seinen Roman «Die Palette» eingearbeitet.

1990: *Kürzlich hat Karin Struck dieselbe Quelle noch einmal angezapft. Sie scheint Fichte nicht gelesen zu haben.*

Bleibt das Bedauern, nicht noch mehr erlebt zu haben. Warum bin ich damals nicht wie Pierre Besuchow übers Schlachtfeld gegangen? – Wenn ich's getan hätte, lebte ich vermutlich nicht mehr.
Der große Hamburger Brand, genau hundert Jahre früher. Wir bekamen Elise Averdiecks Schilderung «Die Abgebrannten» am Bett vorgelesen, ich erinnere mich noch genau an das Bild von den «Obdachlosen», wie sie auf der Moorweide lagern. Meine Mutter konnte vor Rührung nicht weiterlesen. Sie weinte aber auch bei Nils Holgersson und bei der Biene Maja. Ich hatte den Eindruck, daß sie nicht ungern weinte. Sie hatte nahe am Wasser gebaut.

Der Lagerungsplatz der Abgebrannten.

Was die Moorweide anbetrifft: Dammtor-Bahnhof. Hier wurden im Krieg die Juden zusammengetrieben, die man abtransportieren wollte.

1990: *Moorweide: André Heller hatte den Gedanken, seine Erlebnisshow ausgerechnet auf diesem Platz aufzuziehen.*

Nartum Fr 10. Juni 1983

T: Ich habe wieder mal keine Arbeit. Bei einem Buchhändler frage ich an, ob ich da nicht aushelfen kann. Gehalt will ich nicht, ich bin der und der... Ja, natürlich, gern. – Ich suche mir die belletristische Abteilung aus. Dort steht eine Buchhändlerin, sie hat vor sich ein mehrbändiges Lexikon liegen. Die einzelnen Bände sehen wie Brillenetuis aus. Sie drückt an einem, und da kommt eine Bleikugel herausgeflogen, darauf steht: HAREM. – «Was wollen Sie noch wissen?» fragt sie mich. «Man braucht hier nur zu drücken.»

*

Die Lupinen beginnen zu blühen, Heckenrosen, Knöterich. Aus Bremen kam die Nachricht, daß Michael sich aufgehängt hat.

*

Heute früh fuhr ich mit Hildegard zum Zahnarzt. Man zog ihr einen Zahn. Ich war ratlos: Ihre Maleschen übertragen sich auf mich, eine Sensibilität, die sich aus dem langen Zusammenleben erklärt.
Die Steuerprüfung ist abgeblasen worden, erst im August wollen sie kommen.
In der Post der Brief eines Brautpaars, das mir mitteilt, am soundsovielten sei ihre Hochzeit, ob ich ihnen einen Glückspfennig schicken könnte und ein paar persönliche Zeilen. – Auch eine Anfrage aus Shanghai wegen des nächsten Literaturseminars.

*

TV: UFA-Film «Sieben Jahre Pech» mit Hans Moser und Ida Wüst und vor allem Theo Lingen. Ich sah den Film im Herbst 1944 mit Lena. Ich mußte an ihre sportliche Sinnlichkeit denken, an die aggressiven Küsse und daran, daß sie vor etlichen Jahren schlimm an Krebs gestorben ist. In der DDR an Krebs zu sterben, ist ja nun wohl so ziemlich das letzte.

Danach leider die Tribunal-Sendung «drei nach neun» angesehen. Robert Jungk meinte allen Ernstes, die SU sei im Gegensatz zu den USA ein defensives Land. Alles, was die Russen an Rüstungsanstrengungen unternähmen, geschehe aus Angst. (Wie können denn die Menschen in so einem riesigen Land alle von einer einzigen Eigenschaft erfüllt sein: der Friedensliebe! Da muß es doch auch Unholde geben. Die Geschichte dieses Landes spricht jedenfalls dafür.) – Ein Herr mit Schlips wurde niedergeschrien, weil er die SU mit Nazideutschland verglich: seit 1917 immerhin 66 Millionen Tote. – Neueste Vokabel: NATO-Weltkrieg. An das Wort «Hochrüstung» statt «Nachrüstung» hat man sich inzwischen gewöhnt. Und Afghanistan? «Afghanistan wurde von den Russen besetzt», so war zu hören, «weil die Amerikaner Pakistan aufgerüstet haben.» Natürlich kein Wort über die mit Napalm bombardierten Dörfer. «Was bleibt den Russen denn auch übrig?» das war der Tenor der Kommentare, dem niemand in der Runde widersprach. Es gilt nur die eine, in der deutschen Öffentlichkeit streng genormte Meinung, wer was anderes sagt, dem wird das Wort abgeschnitten. Der kommt außerdem auf eine schwarze Liste. Fehlte noch, daß sie dem einen blauen Punkt auf die Jacke nähten! «Kempowski will ich in meiner Talkshow nicht sehen», dieser Satz ist mir hinterbracht worden. Schade, daß ich mich nicht traue, die Dame bei Namen zu nennen. Wer Frauen zum Feind hat, kann gleich einpacken!

Sie nannten mich «Kempi»

1990: *Vor Gysi, v. Schnitzler, Krenz und Modrow haben sie keine Hemmungen. Markus Wolf ist ihr Hätschelkind.*

Eine Schauspielerin, die ein selbstgebackenes Brot unter dem Arm trug, fungierte als Kronzeugin. Im Zuschauerraum saß eine brutalstupide Claque, meist junge Leute: die hätten gut in SS-Uniformen gepaßt.
«Ich finde die Russen zum Kotzen», so was sagen. Da wird man dann niedergeschrien, oder man kriegt hinterher welche an den Ballon. Oder sie sagen einem mit kummervollem Gesicht, daß das ziemlich schlimm gewesen ist, was man da von sich gegeben hat.
Nein, die Deutschen sind ein gefährliches Volk. Ich kann verstehen, daß die andern uns nicht mögen.

✻

1990: *Lea Rosh: «Rot gleich braun? Nein, so etwas dulde ich in meiner Talkshow nicht!»*

✻

In einem Fernsehporträt für den NDR habe ich mal gesagt, ich hätte Angst vor den Menschen, die aus dem Gulli kämen. Das wurde mir so ausgelegt, als hätte ich was gegen Arbeiter! Aber ich meinte die Terroristen.

✻

Lit: Guntram Vesper, «Nördlich der Liebe». Ich lese das Buch mit Hildegard parallel. Eine innere Verwandtschaft zu seinen Geschichten. Wiedererkennungen und Anrührungen.

✻

Mus: Beethoven-Quartette bei Tee und Gebäck. Die Einfälle des großen Meisters nehme ich mit unterschiedlichem Behagen auf, manche gehen mir gegen den Strich, um nicht zu sagen «auf den Wecker». Ihre Fremdheit schafft mir auch keine produktive Unruhe, die vielleicht auf die gemäßigteren Passagen rückwirken könnte.

Nartum Sa 11. Juni 1983 schön

T: In der Nacht war ich wieder mal im Zuchthaus. Andere werden entlassen, ich nicht. Ich freute mich geradezu über das Unrecht, das mir widerfährt. – Ich dichtete im Traum den Text zu einem Oratorium: AN DIE POLITISCHEN GEFANGENEN IN ALLER WELT. Erinnere mich noch, mit der Schwierigkeit zu tun gehabt zu haben, hier nicht kitschig zu werden.

*

Hildegard ist nach Minden gefahren.
Gleich nach ihrer Abfahrt setzte ich mich hin und begann tapfer mit dem dritten Teil von HW. «In Göttingen schien die Sonne...»
Dann habe ich im Garten gearbeitet, Tannen freigelegt von Unkraut. Das machte ich mit der Hand, weil ich kein Gift anwenden will. Gegen den Rainfarn kann ich mich nicht durchsetzen. Eine Dame: «Was haben Sie gegen Rainfarn?»
Nun, der Garten soll ja keine Rainfarnfarm werden.
Da überall um uns herum gespritzt und gepudert wird, flüchten sich sämtliche «Schädlinge» und Unkräuter zu uns. Zum Teil sehen sie wunderschön aus: Die großen Disteln zum Beispiel, die man nie wieder wegkriegt. Sie richten sich in ihrer Schönheit bei uns häuslich ein und überziehen alles damit.

*

Ich saß in der Sonne und habe gelesen. Über der noch ungemähten Wiese, im Gegenlicht, wehten Blütenstaubwolken. Zwei hellbraune Schmetterlinge. Ich mußte denken, daß ich das vielleicht nie wieder zu sehen kriege.
Dann störten mich zwei Bauern, die sich auf der Straße groß und breit unterhielten. Kriegte nicht mit, worum es ging.
Im Innenhof kann ich mich groteskerweise nicht aufhalten, weil im Jelängerjelieber eine Amsel nistet. Es stört mich, daß ich sie störe.

Die Herren von der Firma MINOLTA lieferten die Kamera mit dem bestellten Zubehör: Drei Objektive, einen Reproduktionstisch und eine komfortable Ledertasche plus zwanzig Filme. So ein Auftrag könnte häufiger kommen. Zu Recht nimmt man Schriftsteller als Reklameträger nicht für voll. Wer hätte je Siegfried Lenz für Pfeifen geradestehen sehen oder die Wohmann für ein Haarwaschmittel? – Vor Jahren rief mich eine Agentur an, ich sollte ein Märchen erzählen, das würde dann ganzseitig mit Foto im «Spiegel» veröffentlicht als Reklame für irgendwas. Honorar 40000 Mark! Der PR-Manager der entsprechenden Firma hat das schnell vom Tisch gewischt, ich habe nie wieder was von der Sache gehört. – Und umgekehrt: Wenn man schon mal was schreibt, was einem Unternehmen nützlich sein könnte, dann nehmen sie das nicht zur Kenntnis. In dem Zigarrengeschäft Loeser & Wolff, Berlin, Tauentzienstraße, haben die Angestellten noch nie etwas von meinem Roman gehört. Und die Firma Vitam-R, die ich ebenfalls im «Tadellöser» lobend erwähnt hatte, schenkte mir kein einziges Glas des Würzmittels zum Dank, aber immerhin ein Anerkennungsschreiben.

1990: *Werbegeschenke: Eine Ausnahme fällt mir ein: Der Fabrikant, der die KaBe-Briefmarkenalben herstellt, in Göppingen, schenkte mir einen vollständigen Satz seiner Alben, weil ich seine Firma lobend erwähnt hatte. Er schickt mir regelmäßig, kostenlos, die Nachträge dafür. Und als ich mal in Göppingen eine Lesung hatte, lud er mich zum Essen ein. – Und von der Firma Nordland Papier bekam ich zehntausend Blatt Schreibmaschinenpapier geschenkt, weil ich für sie einen kleinen Text gemacht hatte.*

Der Erwerb einer Kamera ist wie der Erwerb eines zweiten Gesichts.

Meine Suchanzeigen in der «Zeit» sind äußerst wirkungsvoll. Besonders günstig ist es, daß nicht zu viele Einsendungen kommen, es tröpfeln zwei bis drei pro Tag, und die kann ich grade eben

verarbeiten. Wenn die Post kommt, freue ich mich zunächst mehr über Fotosendungen als über Lebensberichte, obwohl Biographien mich am Ende dann doch nachhaltiger beschäftigen. Einige Fotos sortiere ich aus, Anmutungsstücke, die unter Passepartouts kommen und in wundervollen Schachteln abgelegt werden.
Schulmeisterbiographien sind leider selten. Ich habe schon etliche ehemalige Kollegen angesprochen, nein, nein, also das wollen sie nicht, ihr Leben beschreiben. Merkwürdig. Vielleicht haben sie die kleinbürgerlichen Verhältnisse, aus denen sie oft stammen, noch nicht verdaut.

Aus dem Archiv

※

In der Post der Brief einer Schülerin, die mir vorwirft, in meinen Büchern niemals offen ausgesprochen zu haben, daß «das Naziregime damals grausam und schrecklich war». Ich schicke ihr ein Exemplar «Haben Sie davon gewußt?» samt Widmung. (Diese Aktion hat was mit dem Fliegenklatschen zu tun.) Eine Antwort werde ich nicht erhalten.

※

Am späten Nachmittag kam ein Antiquitätenhändler und brachte die drei restlichen Farmerstühle für den Turm, zum horrenden Preis von 600 Mark. Was man auf einer Seite einspart, muß man auf der andern Seite doppelt und dreifach ausgeben. Die Stuhlaktion wäre damit abgeschlossen. – Fehlt noch der Außenanstrich des Turms.

TV: Verschiedene Filme gleichzeitig, also dauernd umgeschaltet. Ein sehr alberner Film über einen Spion im WK II, mit Fröbe als Major, allerhand lächerliches Zeug, dumm und ungereimt. Romy Schneider, das Hätschelkind der Cineasten; sie gab unfreiwillig eine rechte Idiotin. Ich konnte schon ihre Mutter nicht ausstehen. Und unvergessen ist es, daß sie uns die Fünfziger mit ihrem Sissi-Kram versaut hat.
Im Dritten lief ein Science-fiction-Film. Kleinbürger aus New York machen Urlaub in einer Wildweststadt. Die dort ansässigen Menschen sind keine Menschen, sondern von Computern gesteuerte Puppen, auf die man ohne weiteres schießen darf, nachts werden sie dann repariert. Und diese Dinger drehen dann durch. Hübsche Actionszenen. Wie heißt der Glatzkopf noch? Yul Brunner. Ich wollte schon ins Bett gehen, da merkte ich, Mensch, der Film ist ja gut!
Klavier gespielt und auf Hildegard gewartet, die um ein Uhr zurückkam. Das sind Kraftakte, die sie eigentlich unterlassen sollte. Früher sahen sich die Verwandten einmal in zehn Jahren, und das ging auch.

Mus: Pepping, Matthäus-Passion. Diese Musik wird die Menschen noch mal beschäftigen. Im Augenblick ist sie weg, «wegger» geht's gar nicht. Ich dachte daran, daß ich 1945 auf meiner Flucht aus Berlin am Spandauer Johannis-Stift vorbeigekommen bin. Damals muß Pepping dort gelebt haben. In Bautzen habe ich mich mit seinen Goethe-Gedichten beschäftigt. «Verschmutzte Musik», wie Adorno sagt, der damit wahrscheinlich recht hat. – In Göttingen habe ich Pepping mal gesehen. Ich war gerührt und emphatisiert. «Das kann doch nicht wahr sein», so in diesem Stil, aber das sagte man damals noch nicht.
Pepping und Hugo Distler, das waren in Bautzen unsere Götter. Nie wieder werde ich so aufnahmefähig sein wie in Bautzen. Vor den Strohsackpritschen nahm sich die Musik himmlisch aus. Sie schob sich mir gleichsam unter die Fingernägel.

Nartum So 12. Juni 1983 bedeckt

T: Thomas Mann trägt eine Brille, deren Gläser in gotischer Schrift mit den Anfängen seiner Romane beschrieben sind. (Er kann mich also nicht sehen, muß immer auf die Schriftzeichen – die sehr mittelalterlich anmuten – starren.)

*

HW: Am Göttingen-Kapitel geschrieben: Von heute aus gesehen fließen die Fünfziger mit Sommerwetter, humaner Liberalität an der Hochschule und fahrradfahrender Jugend mit aufflauschenden Röcken zusammen zu einem sonnigen, von Vollbeschäftigung und feuriger Konjunktur bestimmten Erinnerungsbrei. Fahrradtouren die Weser entlang, dazu das Studiokino mit Existentialistenfilmen und in der Johanniskirche die Wochenschlußandachten mit Dohrmann.
In den «Lehrveranstaltungen» herrschte Larifari vor, wenig Konkretes, freischwebendes Verständnis für alles, nur nicht für

Beim Himbeerpflücken hat Hildegard «Evagefühle»

das Chaotisch-Unterweltliche, wozu zum Beispiel der Schnurrbart eines lieben, sehr harmlosen Mitstudenten gehörte. Ich blühte in Göttingen auf, weil ich von keiner Seite behindert wurde. Für mich, den Menschen mit Extremvergangenheit, war freischwebendes Verständnis das Richtige.

*

«In Göttingen schien die Sonne...»

Hildegard in Göttingen als «Fräulein Janssen». «Nein, diese Augen!» sagte meine Wirtin.

Der Eingang zur Tanzschule, in der wir uns kennenlernten.

Auf der Radtour, die Mosel aufwärts

Als Herr verkleidet

Am Nachmittag, Post gemacht und einen Wutanfall gehabt wegen der Kaffeemaschine.
Dann habe ich ein Buch über den Frankreichfeldzug gelesen, die Sache mit dem Sichelschnitt. Den deutschen Soldaten wurde verboten, ihr Gepäck beim Vormarsch in requirierten Kinderwagen vor sich herzufahren, das sei unsoldatisch. Die deutschen Panzer wurden gelegentlich an französischen Tankstellen aufgetankt. Und: Die Franzosen konnten ihre Bunker an der Maas nicht besetzen, weil die geflüchteten Bürgermeister die Türschlüssel mitgenommen hatten. Und: Dringend benötigte Ersatzteile für Flugzeuge wurden in den französischen Rüstungsfabriken nicht ausgegeben, weil gerade Feierabend war. (All das kann man sich auch bei der Bundeswehr vorstellen, wenn es mal zum Konflikt kommt.)
Parallel dazu lese ich Kubys «Mein Krieg» und – immer mal wieder – Jüngers «Gärten und Straßen». Kuby stilisiert sich als Künstler. Als deutscher Soldat spielt er Orgel, wie in einem Ufa-Film, und er diskutiert mit Romain Rolland über den Lauf der Welt. – Sehr interessant ist das Chaotische, das unter dem fast mechanischen Funktionieren des Sichelschnittplans immer lebendig blieb, zum Beispiel das Plündern, von dem Kuby schreibt und indirekt auch Jünger. Chaos und Ordnung. Das Chaos ist das Menschlichere.
In Indien – war es Kalkutta? – sah ich in einem Museum das Leben von Ghandi nachgestellt, und zwar in Puppenstuben. Der Raum verdunkelt, und man ging von einer Puppenstube zur anderen. In einer war dargestellt, wie Romain Rolland am Klavier sitzt und Ghandi «die Fünfte Symphonie von Beethoven vorspielt». Der arme Ghandi!
Ich sah auch alte Ausgaben des «Spiegel» für HW durch. Mancher heut Vergreiste zeigt sich in den Fünfzigern noch jugendlich beschwingt. Schmidt als «Wehrexperte». Er wirkt wie ein Student. Damals, also 1956, sprachen sie im «Spiegel» noch unbeirrt von der «sogenannten DDR» und von der «Sowjetzone». An den Bundesbürgern wurde Konsumverdrossenheit bedauernd konstatiert. Kritische Meldungen über die DDR nahmen breiten Raum ein. Ansonsten alles ziemlich zahm. Merkwürdig wirkt die Erwähnung

des Gewerkschaftsmenschen Felske, der damals noch in Amt und Würden war und sich später als Spion entpuppte. Auch John kommt vor, von dem heute niemand mehr etwas weiß.
Der Rapacki-Plan.

1990: *Was uns im Fernsehen noch fehlt, ist die Selbstkritik. So wie alte Wochenschauen kritisch kommentiert werden, so sollte man eine kritische Fernsehschau veranstalten und Fehlurteile von Journalisten vorführen. Typisch war die Fernsehsendung mit Dagobert Lindlau, der behauptete, die Zerstörung der rumänischen Dörfer sei nicht geplant und finde nicht statt. Kein Wort der Richtigstellung hinterher! – In einer solchen kritischen Sendung könnten auch verrissene Autoren zu Wort kommen, sie würden beweisen, daß die Kritiker ihre Bücher nicht einmal gelesen haben. – Der Film über die Jenninger-Affäre ist eine einsame Ausnahme.*

Ich habe noch nie in einer Zeitung gelesen: Entschuldigung, liebe Leser, daß wir damals vor zehn Jahren so einen Quatsch von uns gegeben haben, es tut uns leid, daß wir euch falsch informierten. Dies stünde auch dem «Rückspiegel» gut an. Tag für Tag wird Selbstsicherheit demonstriert, Journalisten dürfen schreiben, was sie wollen. Daß sie alles gaghaft verzerren, merkt man immer dann, wenn man selbst der Anlaß zur Berichterstattung ist.

1990: *Vor einigen Jahren stand in einer Zeitschrift zu lesen (ich glaub' es war die «Konkret»): «Kempowski hat sich einen Bunker gebaut mit Ausschlupfgang in Richtung Wald.» Damit war offenbar der Turm gemeint.*

*

Ein roter Freiballon mit altmodischer Gondel aus Korbgeflecht schwebte über unser Haus hinweg. Wir rasten im Auto hinterher, was gar nicht so einfach war, da sich ein Ballon ja an keine Straße hält. In Steinfeld landete er. Ziemlich gleichzeitig mit uns traf auch die Frau des Ballonfahrers ein mit einem Kleinlaster für die Ballon-

hülle. Einfache Leute, ein Fall von Hobby. Merkwürdig, daß der Brenner die Hülle nicht in Brand setzt.
Es muß ja auch nicht gerade angenehm sein, wenn man da oben in der Gondel sitzt und die Natur genießen will, und dann immer daran denkt, daß unten die Frau im Zickzack hinterherrast. – Man erkannte uns übrigens, was den Luftschiffern die Schau stahl.
Der Gedanke, daß der Ballonfahrer sich altmodisch kostümiert hätte, als Sherlock Holmes beispielsweise. Die Luftballonaktionen der Schulkinder. Unten ein Zettel mit Adresse dran. Nie kam eine Meldung zurück. Oder es kam eine Rückmeldung, wenn kein Lehrer/Schüler mehr damit rechnete: Schüchterne Grüße aus der DDR.
Das Rote Kreuz veranstaltete so was.
Renate nannte Luftballons: «Lufterchen».
Was wohl aus den DDR-Flüchtlingen geworden ist, die damals in dem aus Regenmänteln selbstgefertigten Ballon über die Grenze flogen. Ein Bekannter erzählte mir, daß man da oben die Menschen verstehen kann, die unten auf der Straße reden. Hundegebell ständig, denn wo sie auch erscheinen, bellen die Hunde. – Höher als hundert Meter zu fliegen, sei witzlos.

*

Am Abend Schubert gespielt, von Fliegen gestört. Wahrscheinlich haben ihn damals beim Komponieren die Fliegen auch gestört. Die Kühe draußen auf der Weide hörten und sahen mir kauend zu.
Die einbrechende Nacht, im Garten auf und ab gegangen. Hildegard schrieb Briefe. Ich sah sie von draußen in ihrem Pavillon sitzen. Sie denkt immer: Ab morgen wird alles anders, ab morgen kriege ich alles in den Griff. Das denken wir doch schließlich alle!

*

TV: Schönberg, Streichquartette und Mahler, die Vierte.

Lit: Alte Rundfunkzeitungen für HW.
Guntram Vesper: «Die Inseln im Landmeer». – Seine spitzen, genauen Zeichnungen.

Nartum So 13. Juni 1983

Ich war heute früh in Bremen auf dem Flohmarkt, kaufte Fotoalben, eine sehr schöne Vase aus den Fünfzigern und einen rosa Aschenbecher. Von einem etwa zehnjährigen Mädchen kaufte ich fünf Glasstäbchen zum Cocktailumrühren, auch aus den Fünfzigern. Sehr professionell ließ sie mir von den 2,50 DM 50 Pfennig ab. Ich rechnete ihr vor, daß sie mir damit 50000 Mark geschenkt hätte, wenn die Glasstäbchen 250000 kosteten. Das machte sie nachdenklich.

Neben ihr saß ein Mann mit einer Tuba. Der Mann sah sehr «ländlich» aus, vielleicht ein Bauer. Die Tuba hat er gewiß vom Posaunenchor abgezweigt. Habe einen Augenblick gezögert, ob ich sie kaufen soll. Aber was soll ich mit einer Tuba?

Als ich den Mann da sitzen sah, mußte ich an meine Posaunenchorzeit in Breddorf denken. Der Chorleiter (in Hausschuhen) sagte mal zu uns: «Dat blast schi ja ut'n eff eff af.»*

Der Schüler-Posaunenchor in Breddorf

* Das blast ihr ja aus dem ff ab!

Ich mußte auch an meinen ersten Schultag in der kleinen Dorfschule denken, zum erstenmal ein erstes Schuljahr!

1990: *In Breddorf brachte ich einigen Schülern das Posauneblasen bei. Das war eine mühsame Sache! Das Dorf hat es mir nicht vergessen. Vor kurzem wurde angefragt, ob sie nicht eine Straße nach mir nennen dürften.*

Mus: Die Pastorale. Wenn man erst mal anfängt, die einzelnen Sätze realistisch auszudeuten, bringt man sich um den Genuß: Regnets schon, oder scheint noch die Sonne? fragt man sich, und «Jetzt kommt gleich der Donner!» sagt man zu seiner Frau. Ich nahm mir alle erreichbaren Konzertführer vor und schrieb eine Konzertführerversion der Pastorale aus diesen Texten zusammen.
Das Landleben, mit dem ich es zu tun habe, hat mit all dem keine Ähnlichkeit.

1990: *In einem neueren Konzertführer (1987) meint Dietmar Holland zur Pastorale: Was die ersten beiden Sätze auseinandergefaltet hätten, werde im Finale wieder zusammengefaltet. Konzertführer und Benimmbücher haben was miteinander gemein.*

Was das Vogelzwitschern angeht: Wir haben mal die Vögel gezählt, die sich hier sehen lassen:

Buchfink	Lerche	Rebhuhn
Kohlmeise	Rotkehlchen	Bussard
Rauchschwalbe	Drossel	Kiebitz
Hänfling	Eichelhäher	Mehlschwalbe
Taube	Bachstelze	Goldammer
Elster	Amsel	Regenpfeifer
Star	Hausrotschwanz	Kuckuck
Fasan	Grasmücke	Schafstelze
Rüttelfalke	Krähe	Möwe
Zaunkönig	Dohle	Wildgänse

Vor zwanzig Jahren waren es noch 86 Arten.

Lit: Arnulf Baring: «Machtwechsel». Die Geschichte der sozialliberalen Koalition.

1990: *Vielleicht war die Ostpolitik der Ära Brandt–Scheel doch verkehrt? Sie hat vielen das Leben erleichtert, aber sie hat das Elend auch verlängert.*

Nartum Di 14. Juni 1983 schön und Regen

«Erquickend» geschlafen. Möglicherweise kommen meine Herzbeschwerden nachts vom Federbett, ich denke immer, die Federn sind irgendwie «aufgeladen». Seit ich die Steppdecke benutze, scheint es besser zu gehen.

✻

Gestern nacht kam ein stämmiger Jungautor mit seiner kleinen Frau. Obwohl wir schon in den Ledersofas lagen vorm Fernseher und aus dem letzten Loch pfiffen, machte er Miene, uns was vorzulesen aus seinen gesammelten Werken. Er meinte, er wolle mit seinen Sachen eine Brücke schlagen zwischen «alten Autoren aus dem letzten Krieg» und jungen. Hildegard konnte ihn stoppen.

✻

Hildegard packt schon heute die Koffer, obwohl sie doch erst Donnerstag fährt. Ich lag noch lange wach und schlug mir mit der Faust an den Kopf. Eine halbe Valium erlöste mich.

✻

Mit der Post kamen die Jahrgänge 1945, '46, '47 der «Neuen Auslese». Das war das erste, was es nach dem Krieg, als es mit der Demokratie losgehen sollte, zu kaufen gab. Ich machte mir eine Tasse Kaffee und begann gleich darin zu lesen, aber ich suchte vergeblich nach Aufsätzen, die mir damals Eindruck gemacht hatten. Es wären vielleicht ein paar Gedanken oder Erlebnisse wieder aufgetaucht. – Ich wartete in den Nachkriegsjahren eigentlich nur auf meine Verhaftung. Und im Zuchthaus habe ich dann

Meine Dachkammer in Rostock. Jetziger Zustand

auf die Entlassung gewartet, und weil ich so viele Jahre verloren habe, rase ich jetzt wie angestochen durchs Leben. Es waren ja nicht nur acht «verlorene» Jahre, sondern fünfzehn. 1942 war Schluß mit dem Leben: Da brannte die Stadt ab, da schwollen mir die Drüsen, der Vater verschwand, das Vaterland verschwand auch. Demgegenüber waren die Zuchthausjahre noch einigermaßen annehmbar. Die Zuchthauszeit ist die große Fermate, nach der das Leben erst richtig losging.

*

Hildegard 1956

HW: ein Streckenvortrieb ohne Geodäsie. Ich muß mir erst mal wieder einen Überblick verschaffen. Dazu kommt die Sorge, daß es überhaupt nicht mehr weitergeht oder daß ich, bei nachlassendem Gedächtnis, die Stoffmassen nicht mehr beherrsche. Vielleicht ist ja auch die Anlage des Ganzen verkehrt, womöglich gerät mir «Göttingen» zu sonnig? Aber es *war* sonnig damals, schöne Jahre gibt es doch auch, gell?
Die fünziger Jahre in Göttingen waren die eigentliche «Entschädigung» für Bautzen. Die Milchbar, der Hainberg und das «Studio» mit «Orphée» und der «Glenn-Miller-Story». Als ich 1960 fortging, war ich mir übrigens bewußt, daß ich ein «sonniges» Kapitel meines Lebens beendet hatte. Ich machte sogar noch eine Fotoserie von meiner zweiten Heimatstadt. – Politik spielte damals keine große Rolle in meinem Leben. Ich hatte mich in Rostock politisch engagiert und hatte dafür büßen müssen: Gemessen an der Nazizeit und am Zuchthaus kam mir die Adenauerzeit goldrichtig vor. Mädchengeschichten fehlen gänzlich. Mein Typ war nicht gefragt. – Einmal hab' ich ein Mädchen kennengelernt, das hieß Susi, die lispelte phantastisch. Sie sagte zu mir: «Tu den Ring weg!» Sie meinte den Verlobungsring. – Hildegard war damals schon Lehrerin in Fintel. – Ein anderes Mädchen fragte ich mal, ob ich sie zu einer Tasse Kaffee einladen dürfe? Da antwortete sie: «Das kann ich nicht ablehnen.»

Und da war auch noch Angelika, der «schwarze Engel». Das war eine andere Sache. Unsere Seelen verstanden sich. Sie erzählte schöne Geschichten aus ihrem Elternhaus. Fünf Geschwister – und morgens auf dem Schulweg gingen sie alle im Abstand von fünf Metern, eins hinter dem andern.

*

Eine Schwierigkeit beim Romanschreiben liegt darin, daß man dreihundert Seiten nicht in allen Einzelheiten ständig im Kopf behalten kann. Es müssen Übersichtstafeln angefertigt werden, die letztlich doch alle unzureichend sind: je komplizierter, desto unbrauchbarer, und kompliziert müssen sie sein, wenn sie das Gesamtbild «ordentlich» wiedergeben sollen. Ein Maler hat es da einfacher, der steht immer dem Werk in Gänze gegenüber. Als Schriftsteller ist man aufs Gedächtnis angewiesen, und wenn das nachläßt, ist es mit dem Schreiben Essig.

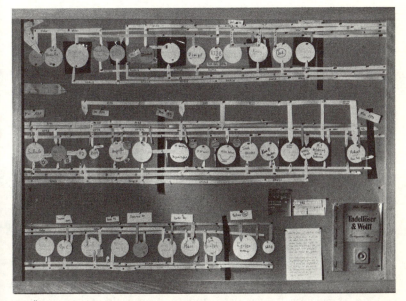

Die Übersichtstafel von «Tadellöser & Wolff», die der Japaner so gern haben wollte

Die Übersichtstafeln sind deshalb so reizvoll und interessant für Laien, weil sie denken, sie «hätten» sich den Roman damit auf einen Blick quasi als Extrakt oder als Formel zu eigen gemacht. Der Japaner war ganz wild darauf, er hat meine Tafeln immer wieder fotografiert. Ob ich die noch brauche, hat er gefragt. Ihren Reiz beziehen die Dinger vielleicht auch aus dem graphischen Äußeren, das auf Sinn schließen läßt, auch wenn man ihn nicht versteht (bei Stundenplänen in Lehrerzimmern ist das ähnlich). Die Frage taucht regelmäßig bei Lesungen auf: «Was wollen Sie mit Ihren Büchern sagen?» Daß die Bücher selbst die Aussagen sind, wollen sie nicht begreifen. Sie wollen eine Formel in Art einer Pille. Das soll ihnen das Lesen ersparen.
Sie verstehen nicht, daß grade die in der Schwebe gehaltene «Aussage» das Reizvolle an einem Roman ist. Die Provokation, selbst zu einem Urteil zu kommen. Das Kulinarische!

*

Lit: Dos Passos «Trümmer» von 1919. Allerhand Kommunistisches. Damals offensichtlich eine Salonsache. Von seiner Collagetechnik habe ich mich für T&W anregen lassen. Auch in den andern Büchern finden sich Annäherungen an seinen Stil («Aus großer Zeit»).

Mus: Immer noch Opus 131, diesmal wieder die Orchesterfassung von Bernstein. Durch die zusätzliche Besetzung mit Kontrabässen kriegt der Sound etwas von Tschaikowsky. Verloren geht das individuelle Gegeneinander der vier einzelnen Streicher, deren wechselnde Führung und mikroskopische Unrichtigkeiten – eben das Trockne.

Nartum   Mi 15. Juni 1983 schön, Regen

T: Vietnam. Wir begeben uns in Südvietnam in kommunistische Gefangenschaft, was ganz dumm ist. Anstatt nach Norden zu gehen, wo die Demokraten sitzen! Ich mache mich allein auf den

Weg und hole auch die andern nach, was ganz problemlos ist. Mir wird nur der Vorwurf gemacht, daß ich an der Grenze hätte klingeln sollen. Später merken wir, daß es die andern im Süden besser haben als wir.

※

Heute früh war ich ganz verzweifelt, ein Anfall von Langeweile. – Habe mir für mein Tenorhorn eine Schule gekauft. Ich will versuchen: «Der Mond ist aufgegangen» darauf zu lernen.

※

Die Heizungskörper für den Turm kamen. Es stellte sich heraus, daß sie, obwohl Sonderanfertigungen (hundertmal abgemessen) stärker gekrümmt sind als die Turmwand. Eine sogenannte «Panne» also. Ich guckte den Klempnermeister stier an, und er guckte mich auch stier an, dann glitten wir ab. Sollten wir uns in die Klatten kriegen?*

※

Ich stöberte etwas im Göttingen-Material. Briefe, die ich im «Heim» geschrieben hatte. Schreckliche Zustände. Zur selben Zeit kriegte ich auch die «Ablehnung», die Nachricht also, daß ich mich nicht als politischer Häftling bezeichnen dürfe. Ich weiß noch, wie mich das traf. Bis ins Mark! Mehr noch als der Verlust der «Entschädigung» – damals etwa 6000 Mark – wurmte mich die Bloßstellung: Ich galt ab sofort als «Krimineller», und es war sehr die Frage, ob ich mit dem SMT-Urteil** überhaupt Beamter werden konnte. – Ich war ein paar Tage krank vor Sorgen, hatte eine Art Gehirngrippe, wie nach der Verhaftung.

1990: *Heute weiß ich, daß diese Ablehnung ein wahrer Segen gewesen ist. Sie war der Antrieb, mir die Anerkennung zu erschreiben.*

---

* Klatten = Klamotten (also «Sollten wir uns streiten?»)
** SMT = Sowjetisches Militär-Tribunal

«Literatur im Kreienhoop»: Fühmann hat abgesagt, das war ja zu erwarten. Er darf nicht. Papa hat's verboten. Statt seiner soll die Rinser kommen.
Unser Plan, ein Buch über das Treffen herauszugeben, macht Fortschritte. Manfred rief an, er hat mit Mensak deswegen gesprochen. Nun muß nur noch Knaus gewonnen werden.

※

Am Abend hatte ich hier ein zweites Arno-Schmidt-Colloquium. Ich hatte diesmal Rauschenbach aus Lüneburg eingeladen, der jetzt in Bargfeld arbeitet. Man sei mir dort wohlgesonnen, sagt er, wohl wegen meines Arno-Schmidt-Nekrologs in der «Zeit». Ich bin ihnen auch wohlgesonnen.
Wir saßen in der Halle, um den großen Tisch herum. «Wir sitzen hier jetzt bei Kempowski um den großen Tisch herum», dachten die Studenten, und ich dachte: Wie schön wäre es, wenn du jetzt im Bett liegen könntest. – Die Ergebnisse der Schmidt-Forschung befriedigen nur den, der sie erzielt hat. Was mir an Arno Schmidt immer sympathisch war: das Laienhafte, Dilettantische seiner Arbeiten. Ich fühlte mich ihm als Leser immer ein wenig überlegen, was die Unterlegenheit erträglich machte.

Lit: Habe in alten Schulmethodiken gestöbert: «Die Praxis der Volksschule. Mit dem Bildnis des Verfassers», 1895. Verfasser ist ein Dr. C. Kehr, Schulrat in Erfurt. – In diesem Buch ist Vernünftiges mit Skurrilem gemischt. Mit der Schulzucht beginnt die Sache:

... Wenn der Lehrer genötigt ist, zu strafen, dann soll er nie vergessen, daß die Strafe die bittere Arznei ist, welche er als Seelenarzt dem Kranken geben muß, um dessen sittliche Gesundheit wiederherzustellen...

Er beruft sich auf einen Kollegen namens Kruse, der irgendwann gesagt hat: «Das Kind wird gezüchtigt, der Knabe (das Mädchen) wird beschämt, der angehende Jüngling (die Jungfrau) mehr ermahnt und zurechtgewiesen.» Dann stellt er einen Strafenkanon auf:

a) ein ernster, strafender Blick oder eine mißbilligende Miene;
b) ein Wink oder eine sonstige Bewegung mit der Hand, ein leises Klopfen (nicht Schlagen!) auf den Tisch;
c) ein Zuruf mit freundlicher Warnung;
d) ein kurzes Wort des Tadels;
e) ein ernster, strenger Verweis;
f) Aufstehenlassen vom Platze, Heraustretenlassen aus der Bankreihe oder Anweisung eines besonderen Sitzes.

Man erspare das Wort, wenn der Blick genügt; man erspare den Tadel, wenn die Warnung wirkt; man erspare die Züchtigung, wenn die Beschämung hilft. Bei Drohungen sei der Lehrer außerordentlich vorsichtig...

Dann kommt er zur Sache:

...Wenn alle Disziplinarmittel erschöpft sind, und wenn trotzdem der selbstsüchtige Wille des Schülers noch hartnäckig dem Gesetze widerstrebt, erst dann kann die körperliche Züchtigung eintreten. Dieselbe erfolgt mit einem schwachen, biegsamen Stöckchen. Folgende Arten der Züchtigung sind aber mit aller Strenge ausgeschlossen:
a) die Ohrfeige, die Maulschelle, überhaupt jeder Schlag an den Kopf;
b) das Schlagen mit dem Buche oder mit der Faust;
c) das Stoßen, Puffen, Haarrupfen, das Reißen an den Ohren, die Schläge auf die Hand und auf die Fingerspitzen, das Knienlassen, das Beilegen von Spitznamen oder Schimpfwörtern.

Derartige Strafen passen vielleicht in einen türkischen und russischen Strafcodex, sie sind eines deutschen Lehrers unwürdig...

Soweit mein Kollege. Ich selbst habe nur ein einziges Mal welche «hintenvor» gekriegt, von Lehrer Neumann in der Volksschule, weil ich einen «Kasten» Rechnen nicht gemacht hatte. Das war im Herbst 1937. Mein Banknachbar – nun Architekt in Flensburg – freute sich: Jetzt kriegst du Schacht! sagte er. (Deshalb kann ich ihn heute noch nicht leiden.) – In der Oberschule gehörte «Lotting» zu den Lehrern, die es nicht lassen konnten. «Ziepzirol» nannte er es, wenn er einen Schüler an den Haaren riß, und «Kneifirol» hieß das Kneifen in den Oberarm.

Auf der Hochschule in Göttingen war von der «Ohrfeige zur rechten Zeit» die Rede, und davon, daß man den Zögling die Folgen seines Handelns spüren lassen muß. (Rousseau?) Irgendein Beispiel von einer eingeworfenen Fensterscheibe wurde angeführt.

Später, in der Junglehrerzeit erhielten wir vom Schulrat den Tip, schwierige Kinder zu isolieren.
Im Archiv ist allerhand zu finden über «Schulzucht». Über Lob und Anerkennung liest man wenig.

Nartum Do 16. Juni 1983 schön, Regen, herrliche Wolken

T: Beim Bettenmachen streicht Mutter ausgespuckte Graupen vom Bettlaken. Sie spricht hymnisch-feierlich: Stalin habe die Menschen zum Tode verurteilt und aufgehängt. Sogar solche Leute habe er aufgehängt, die bereits begnadigt worden seien. – Kurz darauf stehe ich in einer Reihe mit andern Angeklagten unter freiem Himmel vorm Richtertisch. Der Russe sagt, daß ich einer der weniger Schlimmen sei. Ich hätte einen Schulkameraden namens Itzeck im Schnee irregeführt und dann noch gelacht dazu.
Ich sag': «Wie Kinder eben sind, Herr Richter.»
«Ich bin Psychologe, kein Richter», sagt er, und ich knalle die Hacken zusammen und trete ins Glied zurück.

*

Heute früh fuhr Hildegard nach Frankreich, sie trifft sich dort mit einer Freundin. Der ganze Tag gestern stand im Zeichen von Reisepanik: Tapp-tapp-tapp, die Treppen hoch und runter, Meditationen überm offnen Koffer. Dies noch, das noch.
Ich war erleichtert, als sie endlich fuhr. Es ist nicht, daß ich sie los sein will, sondern, daß dies Hin und Her endlich aufhört. Die Unruhe überträgt sich auf mich, auch wenn ich ganz woanders sitze und sie gar nicht höre oder sehe. Offenbar gibt es eben doch gewisse Hirnströme, die im Partner mitschwingen.
Stunden später entdecke ich, was sie alles für mich vorbereitet hat, sogar eine neue Zahnpastatube hat sie mir hingelegt.
«Die Familie ist ein kontraktgeschütztes Patt zu gegenseitiger emotionaler Erpressung von Individuen», sagt David Cooper, uns zur Kenntnis gebracht durch Rowohlts «Neues Buch», 1972. Ich bin da ganz anderer Ansicht.

Ich hatte also einen ruhigen Tag, die Stille war ohrenbetäubend. Morgens machte ich die Programme für das achte Literaturseminar und schrieb die Namenslisten, zu Mittag aß ich im Niedersachsenhof, und nach dem Mittagsschlaf arbeitete ich stundenlang am Göttingen-Kapitel. – Ich ließ die Lehrerin Schlünz aus der «Schönen Aussicht» wieder auftauchen, nun als Professorin.
Der Luxus der ungezählten Stunden.
Am Abend war es ganz still, nicht einmal die Pappel rührte sich. Die Amsel im Innenhof sah mich ernst an. Ich ging mit den Hunden, las Dos Passos und sah schließlich einen alten Polanski-Film.
Mit nach oben, ins Bett also, nahm ich dann das Rowohlt-Buch «The Family», der Mörder Manson mit seinen Mördermädchen. Eine wüste Sache. Eindrucksvoll: Sharon Tate liegt im Bett und sagt zu dem Mörder, der durch ihr Zimmer geht, «Hallo».
Unvergeßliche Physiognomien: Manson mit den stechenden Augen und die schöne Susan Atkins, die ihren Opfern die Kehle durchschnitt. Ich spüre ein merkwürdiges Verlangen, zu so einer «Family» zu gehören, dieses Vegetieren in einer verfallenen Ranch.

※

Nun liege ich im Bett, ausgestreckt, nachdenklich, 23 Uhr, und noch immer ist es draußen hell. «Mitsommernacht», so ein Wort fällt einem ein, oder «Johannisfeuer». – Als Gisela Elsner über Stadtlärm stöhnte, bot ich ihr an, hier in Nartum zu wohnen, (wenn wir mal nicht da sind!). Nein, sagte sie, das könne sie erst recht nicht aushalten, durch die Stille werde jedes Geräusch verstärkt. Das stimmt, deshalb riskiere ich es auch selten, mich ohne Ohropax schlafen zu legen. Das einzige, was mich von Ohropax abhalten könnte, ist der Fußpilz: Harry W. hat erzählt, daß er sich durch Ohropax Fußpilz in die Ohren verpflanzt hat, die Behandlung sei sehr schmerzhaft.
Wie gut, daß die Hängebäckchen, wenn man sie kriegt, auf beiden Seiten gleichmäßig wachsen.

※

Nartum Fr 17. Juni 1983 Regen

Vor dreißig Jahren! – Unvergeßlich Hans Mayer, der im Fernsehen behauptete, der 17. Juni sei vom Westen aus angezettelt worden. Man habe überall in Leipzig Jungen auf nagelneuen Fahrrädern herumfahren sehen. Auf «Flitzerchen», so drückte er sich aus. Diese Jungen seien aus dem Westen gekommen und hätten die Revolte in Gang gesetzt.
Wie kann man denn auf Flitzerchen eine Revolution auslösen!
Die Kennzeichnung von Menschen: Der Judenstern, die «Ost»-Flicken der «Fremdarbeiter». In Bautzen hatte man den sogenannten Aufrührern des 17. Juni ein weißes X auf die Jacke gemalt. In der Tschechoslowakei mußten die Deutschen nach '45 weiße Armbinden tragen, in Polen zeitweilig ein Hakenkreuz auf dem Rücken. Die Engländer malten den Negern in Afrika mit Ölfarben Zeichen auf die Stirn. – Kenntlich gemacht werden Menschen immer dann, wenn man fürchten muß, von ihnen eingenommen zu werden. Statt Einzelmenschen schafft man eine anonyme Masse, und mit der namenlosen Masse empfindet man keine Sympathie.

1990: *Vor Jahren habe ich einen Judenstern geschickt bekommen. Ich habe ihn leider verlegt. Vielleicht ist er mir aus demselben Grund abhanden gekommen wie das Fläschchen Seesand aus Kahlberg, vom Grab meines Vaters. Und daß die Fotos, die ich in Bautzen gemacht habe, fast alle nichts geworden sind, ist sicher auch kein Zufall.*

Für die Bauern ist der 17. Juni kein Feiertag. Sie holen das Heu rein. Vielleicht sollte man den 17. Juni umfunktionieren in einen Tag des Dankes: Daß es uns so gutgeht. Da hätten die Bundesbürger einen Grund zum Geldausgeben, und das würde die Wirtschaft ankurbeln, und dann würde es uns noch besser gehen.
Im Archiv habe ich eine Schilderung des Aufstands gefunden:

Wir gingen nach Haus, ich an der Hand meiner Mutter. Überall klebten Plakate. Wir wohnten oberhalb der Stadt, das ging so den Berg hoch, und

man konnte auf die Stadt blicken. Und auf dem Gefängnisdach spazierte ein Soldat, das war für mich ungeheuer beeindruckend, und ich hab' meine Mutter gefragt: «Was macht der Soldat da oben?» und da hat sie gesagt: «Das ist nichts für dich.»
Man hatte ja immer den gleichen Blick auf die Stadt runter und auf eben dieses Gefängnis, und da sah man oben auf dem graden Dach, wie da immer einer langmarschierte. Einem Kind fällt so was auf.
Verlagsangestellte *1943, Sonderhausen

Als wir unsere erste Lehrerstelle antraten, fanden wir im Heizungskeller zwei Stapel Zeitungen. Mein Vorgänger hatte alles aufgehoben, was mit dem 17. Juni zusammenhing. Nachdem der Aufstand gescheitert war, hat er sie in den Keller getragen, aber vorm Verbrennen bewahrte ihn eine «heilige Scheu». (Mich übrigens auch. Als wir 1965 nach Nartum zogen, lagen sie noch immer neben der Heizung.)

*

Mittag mit Marion und Karl-Friedrich, die in der Nacht kamen. Die Oberflächenspannung der Stille zerplatzte. Von einem Mädchen das Essen hingestellt zu bekommen, das ist genauso reizvoll wie das instinktive Beschützen einer Frau, wenn es dem Mann plötzlich abverlangt wird. Auch andersrum hat das Leben für Reize gesorgt: Der Frau das Frühstück zu machen oder sich von ihr, wenn man schon resigniert hat, verteidigen zu lassen.

*

Die Vermarktung des 9. November

Auch ich «feiere» den 17. Juni nicht: Am Nachmittag arbeitete ich noch ein bißchen an HW, die Musik- und Kunstvorlesungen an der PH in all ihrer faden Unbedarftheit. Die Notizzettel, die ich vor zehn Jahren über «Göttingen» schrieb, leisten mir jetzt gute Dienste. Sie sind in Karteien übersichtlich verwahrt. Man könnte später einmal eine Zettelfassung von HW publizieren. «Sind Sie denn ein Pedant?» fragte eine Frau. Sie weiß nicht, daß ich ordentlich sein muß, weil ich ein Chaot bin.

※

Gegen Abend hörte es auf zu regnen, wir fuhren nach Zeven zum Essen, wo ich mich über den italienischen Kellner ärgerte, der uns auf italienisch begrüßte und an unserm Tisch mit seinem Kollegen redete, als ob wir Luft wären. Wir aßen eine Pizza, also «Sauer auf Gummi» und tranken Rotwein – offensichtlich den Rest vom Faß. Ich war redselig, leider, das muß für die Kinder ja zum Kotzen sein. KF trägt jetzt immer den Afrika-Ring. Meiner ist mir inzwischen zu klein geworden.

※

TV: Ein dummer Film von Luise Rinser, verlogen und verkitscht. Dann mit KF den Film «Roy Beans» von der Kassette. Marion war irgendwie ostentativ ins Bett gegangen.

Lit: Dos Passos. – Was die mich immer mit den Blöckchen elenden! Bei Dos Passos gibt es die doch auch und bei Nathalie Sarraute. Literatur ist doch keine Verpackungsfrage! Ein ganz Schlauer hat mal gemeint, ich hätte die Leerzeile verwendet, damit das Buch dicker wird.

Mus: Als das Haus sich zur Ruhe begeben hatte: Große Fuge und das Finale. Machte mir Vorwürfe, daß ich zu den Kindern anbiederisch bin. Möchte in gutem Licht erscheinen. Wie ist man? – Renate sagte einmal, wir seien liberal. Das ging mir glatt runter. Und KF: «Das Gute in diesem Haus ist, daß man alles sagen kann.»
Auch etwas Tenorhorn geübt. Posaune geht einfacher.

Nartum So 18. Juni 1983

Ich wachte sehr früh auf, hörte im Radio den Suchdienst. Danach eine ziemlich unerträgliche Bach-Kantate. – Um sieben Uhr ein Eilbrief aus der DDR mit Zeitungsausschnitten. Wie gut, daß ich schon wach war!

*

Nach dem Frühstück fuhr ich zum Flohmarkt. Ein vor sich hinsingender Türke; Geschwister, die möglicherweise den Hausrat ihrer Eltern verscherbeln; ein Schuhkarton voll Fotos. Mehrere Aschenbecher aus den Fünfzigern und eine zauberhafte Vase für 25 Mark!

*

Ich esse jeden Tag drei Pfund Erdbeeren, Frau Schönherr stellt sie mir hin. Ich viertele sie, streue Unmengen Zucker drauf und löffle sie dann beim Studium der FAZ.
Arbeitete im Garten an HW. Ich kam mir vor wie ein Schriftsteller in einem Hollywoodfilm. Zitronenwasser mit Eis, Strohhut. Es fehlte nur ein Sekretär, der mir all das gebracht hätte. Ich möchte mal ein Buch schreiben von der Sorte, wie es die in Hollywoodfilmen tun, so in die Maschine hinein, aus der Luft fabulieren. Ein Krimi käme dafür in Frage, so eine Chabrol-Sache.
Auch noch Stoff für ein Buch: Die Zerstörung der Altstadt von Marseille 1944 (?). Die hat Himmler in die Luft sprengen lassen. Aber das könnte man nicht aus der Luft heraus fabulieren, das wäre wieder Knochenarbeit, so wie meine anderen Bücher alle.

*

Ich mußte an Lehrer Gosselck denken, den Menschenfreund. Neben dem Biologieraum war ein Zimmer für Präparate. Manchmal ließ er einen Schüler nach nebenan in die «Inquisitionskammer», wie er das Lehrmittelzimmer nannte, kommen und flüsterte ihm zu: «Nun schrei mal tüchtig!» und dann schlug er mit einem

Hannes Gosselck

Stock auf den Tisch und wir hörten das Jammern unseres Mitschülers. Hier stand auch ein Skelett, und das fuhr er manchmal ganz langsam in die Klasse hinein und rief: Hu...! Und dann schrien wir ihm zu Gefallen laut auf.

Wie lieb er zu mir war! Ich fand es rasend schön, wenn er das Bestimmungsbuch «Was blüht denn da» herausholte – Schafgarbe und Ackerschachtelhalm – ich konnte mir keine einzige Pflanze merken, aber ich war von seinem Naturfimmel so angesteckt, daß ich mit meinem Freund nachmittags durch die Barnstorfer Anlagen ging, die Hände auf dem Rücken, tief atmete und an den Kiefernstämmen hinaufguckte, wie schön die gewachsen sind. Ich schaffte mir auch ein Kontobuch an und trug jeden Tag das Wetter ein. Ohne Sinn und Verstand, aber schön war es. «Hannes», wie wir ihn nannten, war ein Lehrer, der es gut mit mir meinte: Er war ein guter Pädagoge, aber ich habe nicht das geringste bei ihm gelernt.

*

Lit: Zeichnungen von Mörike. – Doppelbegabungen.

Nartum Mo 20. Juni 1983 schön

T: Ein überschönes Luftgebilde umrundet die Erde.
«Sie werden genauso, wie Sie sind, Herr Kempowski», höre ich jemanden sagen, «und das ist das Schlimmste, was Ihnen passieren kann.»

*

Wir wohnten im 2. Stock

Ein Herr schickte mir eine Ansichts-Postkarte von unserm Haus in der Augustenstraße. Mein Vater hat sie geschrieben! Ein Wunder, daß diese Karte überlebt hat. Vater kündigte darin den Umzug in die neue Wohnung an: «Ende März ziehen wir nun in eine fabelhafte moderne Wohnung, Augustenstraße 90 II...» Das war der Anfang vom Ende. Die letzte Station.

*

Gestern fuhren KF und Marion ab. Ich bin wieder ganz allein in dem großen Haus. (Es ist mir noch niemals zu groß gewesen.) Ich sah mir noch einmal die Fotos der Manson-Family an: Mord ohne Motiv, das wäre ein Thema für einen Kriminalroman, das mich interessieren könnte. Sich eine Pistole kaufen, nach Kempten fahren, dort in der Bahnhofstraße Nr. 3, zweite Etage klingeln, eine Frau erschießen und wieder nach Hause fahren. Da kann die Polizei lange suchen. – Mich würde nur der Mord an einer Frau interessieren. Einen Mann umzulegen, ist witzlos.

※

An Oldenburg-Vorträgen gearbeitet.

※

In Zeven Lebensmittel gekauft. Schweinefleisch im eigenen Saft «Aus Bundeswehrbeständen»: Zur Erinnerung an die Nachkriegszeit, in der man die (schwarz gekauften oder erplünderten) eisernen Rationen der Deutschen Wehrmacht aß. Immer denke ich, das Büchsenfleisch, das man jetzt zu kaufen kriegt, müßte genausogut schmecken, aber nein, jedesmal ist es ein Reinfall.
Das verlockende Obst: Wer erinnert sich nicht an die wunderbaren Eierpflaumen, die man früher auf dem Markt kaufte? Oder die Pfirsiche? Die letzten schönen Pfirsiche aß ich 1971 in Kanada. An der Straße wurden sie verkauft von einem schwarzhaarigen Schulmädchen. Reifes Obst – so etwas gibt es nicht mehr, für Geld nicht und nicht für gute Worte.
Zeven: Die Devotheit der Kleinstadtbevölkerung. Sie starren mir mit offnem Mund nach. Frühere Kollegen warten, ob ich sie grüße oder ob ich vielleicht mittlerweile zu stolz bin?

※

Zu Mittag machte ich mir Würstchen heiß. Auch das war eine Enttäuschung. Sie schmeckten nach Innereien. Früher gab es so schöne «Frankfurter», saftig und aromatisch. Heute werden die nur noch aus Hirn gemacht, zum Kotzen. Auch hier paßt das Wort meiner Mutter: Es könnte alles so schön sein. Nun, die Hunde freuten sich.
Die Landwirtschaftsindustrie hätte doch jetzt alle Möglichkeiten. Genießbares Schweineschmalz gibt es auch nicht mehr. Wenn ich noch an die krossen Grieben von Frau Harder denke!

※

Sanft geschlummert. Ich lag auf dem Rücken. Um sofort einzuschlafen, sagte ich zu mir: Ich will ja gar nicht schlafen, nur etwas ruhen. Der größte Luxus auf Erden ist es, Mittagsruhe zu halten. Da stiehlt man dem lieben Gott die Zeit.

*

Am Nachmittag einiges über Erziehungsziele in Landerziehungsheimen gelesen. – Erziehungsziel kann meines Erachtens nur sein: Der im Kind angelegten Individualität zum Durchbruch zu verhelfen. Daraus folgt: möglichst wenig eingreifen, viel Zeit lassen und ständig ermuntern (es müssen ja nicht gerade Lobesmarken sein). – Der *Pädagoge* sollte sich vom Lehrer unterscheiden. Daher: Im Kern der Schule eine fest disziplinierte Lernzelle, von methodisch geschulten strengen *Lehrern* geleitet, die umgeben ist von einer Zone der Muße, in der *Pädagogen* den Kindern zur Seite stehen.

*

Die Hunde laufen im Garten frei herum. Der Zaun hält die Kleine allerdings nicht immer zurück. Sie kriecht unten durch, und der Große steht dann drinnen und bellt. – Wenn ich mich im Garten sehen lasse, dann kommt der Große sofort angelaufen und weicht nicht von meiner Seite, auch nicht, wenn ich zwanzigmal die Runde drehe. (Er kürzt immer ein wenig ab.) Wogegen Emmy den Braten sofort riecht. Immer rundherumlaufen, das ist nichts für sie. Sie bleibt am Haus sitzen, wenn auch mit schlechtem Gewissen. – Den Großen beobachtete ich vor ein paar Tagen, wie er sich den Sonnenuntergang ansah.

Emmy, die Corgie-Hündin

Am Spätnachmittag kamen fünfzehn Schüler mit Lehrerin. Wir schwiegen uns zwei Stunden lang an.

※

Aus dem Archiv: Die Aufzeichnungen von August Philipps, einem landwirtschaftlichen Eleven aus dem Jahr 1881. Die Hoffnung, in seinem Notizbuch ein bequemes «grünes» Rezept zur Vernichtung unserer Disteln zu finden, trog leider:

Distelvertilgung
Mit der Distel verhält es sich wie mit allen andern Unkräutern, sie kommen nämlich einmal in großer Menge, ein andermal nur in wenigen Exemplaren vor. Gegen das Auftreten der Ackerdistel helfen neben einer zweckmäßigen Fruchtfolge nur Messer und Hacke; erstere kann ja unter gewissen Umständen nicht immer auf Unkrautvertilgung gerichtet sein. Weiter sind kalte Frühjahrstage der Entwicklung der Distel sehr günstig; die Distel verlangt zu ihrer kräftigen Vegetation besonders größere Wärme, aber durch die kalte Witterung wird sie darin zurückgehalten, und die Wurzelstücke im Inneren der Erde schlagen desto mehr Wurzeltriebe aus. Sticht man daher die hervorgesproßten Disteln weg, so werden sehr bald wieder junge Pflanzen zum Vorschein kommen. Die starken Wurzeln der Disteln dringen oft bis 1,75 m tief in die Erde...

Das sind trübe Aussichten. Nun fehlt uns hier nur noch das Franzosenkraut, das jetzt irgendwie anders heißt. – In einer meiner letzten Sportstunden ließ ich «Völkerball» spielen. Da wurde ich zur Rede gestellt, ob mir nicht klar ist, was ich da tue? Zwei Völker aufeinanderhetzen?

※

Nachtgeräusche: Die Kühe schnaufen und trampeln. Kettenklirren. Die Hunde bellen den Hausigel an, der mit einem sogenannten «Kehrdichannichts» gleichsam achselzuckend an ihrem Fenster vorüberläuft. Von Osten her das Autobahngeräusch, Tag und Nacht.
Ich sitze und gucke in die Gegend. Dafür leben wir, daß wir so dasitzen und in die Gegend gucken, das ist der erstrebenswerteste Lebenszustand. Man nennt ihn «Muße».

Nartum Mo 23. Juni 1983 schön

Ich bin ganz allein im Haus, gehe von einem Zimmer ins andere. Die schönsten Sommertage meines Lebens. Der Schwiegervater sagte mal: «Walter kann alles so schön genießen.» Ja, das stimmt, nur leider läßt man mich nicht. Ich weiß noch genau, daß ich in Bautzen oft ganz zufrieden war. Besonders das Jahr 1950 war «schön». Da war ich mit Rolf Heyder zusammen, Harald Knaußt aus Rudolstadt, Detlev Nahmmacher, den sie schon zum zweitenmal eingesperrt hatten und Niki, dem «Sarotti-Mohr». Harald saß schon seit 1945, der konnte allerhand erzählen. Rolf hielt uns Geschichtsvorträge und Detlev schrieb kleine Sätze, die wir dann abends sangen: «Leise, leise, fromme Weise.» In der Nazizeit war er mein Feind gewesen, er war es, der mir mal aufgelauert und mir die Swing-Haare beschnitten hat. Später kam noch Charly hinzu, der in der Küche arbeitete und uns mit Schmalz versorgte. «So verrauschte Scherz und Kuß, und die Treue so...»
Was waren das für Stunden, wenn man ein Gedicht ergattert hatte, von Rilke oder Mallarmé und Zeile für Zeile geradezu einschlürfte. Diese Köstlichkeiten ließen sich in der dürftigen Umgebung besonders genießen.

1990: *Von unserer Pritsche aus konnten wir hinter der Mauer ein Haus sehen, das hatte in seinem Giebel ein rundes Fenster. Dieses Fenster nannten wir «Somnia». Als ich im März in Bautzen war, habe ich es fotografiert.*

Auch an die Kindheit gedacht. Bad Sülze, der

Das «Somnia»-Fenster, aufgenommen im März 1990

sogenannte Kurpark mit Saline und Reichsarbeitsdienst-Kapelle. Das frische, selbstgebackene Brot der Lehrersfrau mit dem Honig aus eigner Imkerei.

*

Im Innenhof tröpfelt der Brunnen. Der wuchernde Garten. Fingerhut verblüht, der Holunder ist voll da. Es ist jetzt die ruhige Zeit zwischen Heu- und Getreidezeit: Urlaubszeit für die Bauern.

*

Am Nachmittag habe ich an HW gearbeitet und für Oldenburg. Weiter Post gemacht, allerhand Biographisches. Ich fand ein Poesiealbum «für Helli Zobel». Unter dem heutigen Datum steht da zu lesen:
> Erinnerung
> Wenn sich zwei Täubchen küssen
> und nichts von Valchheit wissen
> so sei auch du mein Kind
> wie diese Täubchen sind.

*

Am Abend ein großartiger Himmel. Ab und zu kommen die Hunde und sehen mich an, ob ich noch existiere. – Ich überlege gerade, ob ich ein Einzelgänger bin. Das Zusammenleben mit einer Einzelgängerin – das ist die einzige Möglichkeit.
Wenn man weiß, daß man ein Durchschnittsmensch ist, dann ist man schon nicht mehr ganz so durchschnittlich.

*

TV: Einem türkischen Architekten geschieht Unrecht, die ihn umgebenden Deutschen sind Vollidioten oder Verbrecher.

Lit: Noch ein wenig Rinser gelesen, Baustelle. Stellenweise ganz vernünftig, aber immer so entrüstet. Und auf die Italiener läßt sie nichts kommen. Unverzeihlich: Sie hat überhaupt keinen Humor. Wenn ich sie mal treffe, werde ich sagen: Ich finde die Italiener zum Kotzen.

Nartum Fr 24. Juni 1983

Seit Tagen dreißig Grad. Ich sitze halbnackt im Innenhof und betrachte meinen Bauch. Heute früh entdeckte ich, daß das Tor halb geschlossen war – ich meinte, es ganz offengelassen zu haben. Leichte Beunruhigung.
Ich frühstückte erst um zehn Uhr, weil einige Einkäufe zu machen waren. Das Mittagessen fiel aus. – Mit der Post kam ein langer Brief von Hildegard, in dem sie die Marotten ihrer Freundin schildert. Morgens eineinhalb Stunden im Klo. Eine Reinlichkeitsfanatikerin, die es nicht erträgt, wenn man ihr Handtuch berührt. Körperkult, ständiges Auskämmen der Haare. Wenn das Absonderliche immer so gelagert ist, daß man darüber lachen kann, geht's ja.
Frau Schönherr versorgt mich täglich mit Erdbeeren. Sie stellt mir sogar Blumen hin, und heute sagte sie: «Bloß gut, daß die Emmerli* nicht mit in Frankreich ist, die liegt da draußen so schön gemütlich unterm Busch.»
Ich esse die Erdbeeren aus Aberglauben. Ich denke, daß ich mich später, wenn ich mal wieder ins Zuchthaus komme, an Frau Schönherrs Erdbeeren erinnern könnte: Hätt'st du sie damals bloß gegessen...
Die Amsel ist fort, mit ihren Jungen. Zuletzt brachte sie den Kleinen die Regenwürmer nicht mehr ans Nest, sondern sie setzte sich in die äußerste Ecke des Innenhofs, die Kleinen sollten das Nest verlassen und zu ihr hinkommen und sich den Wurm holen. Ganz schlau!

*

Am Nachmittag schlief ich lange. Merkwürdiger Traum: Meine Mutter als Büste, aber lebendig. Sie war tot, aber ich konnte mit ihr sprechen. Ich sagte: Mach diesen Witz nicht wieder, der ist so furchtbar dumm. Sie, die Augen geschlossen, repetierte das, als ob sie's sich merken müsse, oder besser, so, als ob sie's nicht glauben kann, daß ich so was zu ihr sage.
Dann Kaffee getrunken zu Mussorgsky, Baumkuchenspitzen. An

---

* Emily, die Corgie-Hündin

den Oldenburg-Vorlesungen gearbeitet (Lietz) und das Kreienhoop-Treffen der Autoren vorbereitet, also Überlegungen zu Papier gebracht, die vertragsähnlichen Charakter haben, Versicherung des Hausrats und anderes. Man weiß ja nie, auf was für Ideen Autoren kommen, wenn sie in Scharen auftreten und Alkohol getrunken haben.

Mit HW komme ich gut voran, das erklärt sich aus der absoluten Ruhe hier, kein Laut im Haus, kein Besuch, wenig Post und kaum Telefon. Gelegentlichen Versuchungen, nach Hamburg zu fahren, widerstehe ich. Ich muß den aufwallenden Fluchtwunsch sofort niederschlagen, am besten gleich zu arbeiten anfangen, sonst finde ich mich auf der Autobahn wieder und irre in Hamburg umher, kaufe überflüssige Bücher und starre die Leute an, ob sie mich erkennen. Arbeit ist Droge und Medizin zugleich. Was Weibliches hätte ich gern hier, das ist wahr, ich habe auch überlegt, wen ich heranrufen könnte, aber es fällt mir niemand ein. Eine Studentin vielleicht, die könnte dann so schön in der Laube sitzen und Briefe an ihren Freund schreiben, und ich könnte sehen, wie sie da so schön in der Laube sitzt und Briefe an ihren Freund schreibt.

※

Bauschan

Am Abend ging ich im Garten auf und ab. Bauschi*, der Treue, immer nebenher. Er überholte mich ab und zu, ich strich dann mit dem Zeigefinger seinen Rücken entlang. Emily setzte sich in die Tannen, und zwar mitten hinein, und verfolgte uns mit aufgestellten Ohren. Es hätte ja sein können, daß ich die Pforte öffne und nach draußen marschiere. Manchmal hüpfen auch die Katzen mit herum.

Nach einigen Runden hatte ich es satt und ging ins Haus. Aber dann dachte ich: nee,

* Bauschan, der Collie-Rüde («Herr und Hund»)

diesen Sonnenuntergang mußt dir bis zu Ende ansehen. Obwohl man sich ja denken kann, daß er schön ist! Also wieder raus und die Sonne angucken.
Nachts bleibt Bauschan draußen. Er liegt dann auf der Seite, und sein Fell wird vom Nachtwind gegen den Strich bewegt.

※

Nach dem Abendrundgang schloß ich sofort alle Türen ab. Es ist das Abschließen der Türen, was Angst verursacht. Deshalb tue ich es nicht erst, wenn ich schlafen gehen will. Auch gut gegen Angst ist: so lange aufbleiben, bis man vor Müdigkeit umfällt: Ohropax in die Ohren, und weg ist man.
Die Hitze ist auch nachts derartig, daß ich trotz der Müdigkeit nicht einschlafen kann.
Noch lange bei offnem Fenster wach gelegen, Ordnung gemacht im Kopf.

Lit: Dos Passos, «42. Breitengrad», für 8,50 Mark in einem Antiquariat gekauft.

Mus: Debussy-Klaviermusik abgedreht. Wenn das Leben parodistische Züge annimmt.

Nartum   Mo 25. Juni 1983

T: Ich stecke in einer SA-Uniform und muß jeden Tag von 15 bis 18 Uhr ins Feuer. Ich hoffe auf eine leichte Verwundung, fürchte eine schwere.

※

Heute früh fand ich die Pforte offen, obwohl ich sie gestern geschlossen hatte. Nicht sehr angenehm der Gedanke, daß sich jemand einen Schabernack mit mir erlaubt. Aber, wenn es etwas Ernstes wäre, würden die Hunde ja anschlagen.

※

Eine Frau kam, die zwei Stunden blieb und mir von ihren Krankheiten erzählte, in Sonderheit von ihrem Schließmuskel, daß der so empfindlich sei.

※

HW: Göttingen. Bin bis ins Wintersemester vorgedrungen. *Das* jetzt im Sommer zu schreiben, ist ziemlich ulkig. – Beim Skikurs in St. Andreasberg, Winter 1957, verlor ich die Hemmungen, die ich damals immer noch vor Mädchen hatte. Skifahren, das war ein Sport, den ich ohne große Unterweisung sofort hinkriegte. Sausende Talfahrten, ich «jauchzte».

※

Im TV gestern ein Film von Menschen, die Heiratsannoncen aufgeben. Manche der Befragten sahen ganz passabel aus. Einige sagten, daß sie das nur täten, um eine Frau ins Bett zu kriegen. – Ich hatte nach meiner Entlassung, 1956, als ich absolut keinen Anschluß fand (trotz Krawatte, Teichhut und moderner Brille) auch erwogen, mir per Heiratsanzeige eine Freundin anzuschaffen:

ZUCHTHÄUSLER SUCHT FREUNDIN

Einmal saß beim Kirchenkonzert in St. Albani auf der Orgelempore eine blonde Schülerin vor mir, eine Geigerin, ich stand im Tenor. Sie sah sich um und lächelte mir zu. Bis dahin hatte mich noch nie ein Mädchen angelacht. Jahre später traf ich sie im Friedländer Weg, sie hatte eine gewaltige Narbe am Hals. Wo mag sie jetzt stecken? – Eine andere, sorgsam registrierte Begegnung im Reitstall, auch in Göttingen. Ich guckte mir das Springreiten an. Neben mir eine Studentin zu ihrem Begleiter: «Oh, was haben wir für schicke Männer heute hier!» Damit war ich gemeint!
Lebensmuster. Ich wäre in Göttingen geblieben, wahrscheinlich Studienrat und im Laufe der 1968er Ereignisse in die Nervenheilanstalt eingeliefert worden.

※

TV: Gelbstichiger Film von der Landung Challengers. Wurde nur kurz gezeigt, leider. Das Shuttle habe ich 1981 in Houston gesehen, riesengroß, plump. Schüler spielten darin herum.

1990: *Der Physiker, der mich damals über das Raketengelände führte, sagte, daß an dem Ding von unqualifizierten Halbbleuten herumgewurschtelt werde. Den erfahrenen Technikern sei nach Einstellung des Mondprogramms gekündigt worden, oder sie seien freiwillig in die Wirtschaft abgewandert.*

Daß etwas fliegen kann, das schwerer als Luft ist, hat die Alten bewegt.

*

Lit: Ringelnatz: «Als Mariner im Krieg.» Ich habe das Buch vor einigen Jahren schon einmal gelesen. Seine Gedichte habe ich nie gemocht, aber dieses Buch ist wunderbar. Es erinnert etwas an Kubys «Mein Krieg».

Mus: Distler, die Mörike-Lieder. «Dieweil ich schlafend lag...» Am besten ist es, man hängt sich sofort auf.

Nartum   So 26. Juni 1983 schön

Nun wird es mir allmählich unheimlich. Heute nacht schlugen die Hunde wirklich an, auch der Schäferhund nebenan. Ich untersuchte den Garten und fand eine Art Liebesnest mit Kondom usw. Ekelhaft. Habe die Sache mit der Mistforke wieder in Ordnung gebracht.

*

Ein achtzigjähriger Mann taperte heute früh in mein Zimmer und redete mich plattdeutsch an, so anbiederisch, wie man das nur auf Platt kann. Er wollte mit mir Bücher tauschen, ein plattdeutsches von sich («Wenn ich jünger wär', dann wär' ich jetzt bestimmt schon ein Kinau»), das er mir auf den Tisch knallte, gegen eins von mir. («Bremen hat Sie ja jetzt ganz schön bekannt gemacht.») Seine Schwiegertochter schaffte ihn hinaus.

Dann kam ein fröhlicher Sektvertreter, der mir Rostocker Bücher brachte, Prospekte für Touristen aus den zwanziger Jahren. Die alten Straßennamen. «Am Bagehl». Annoncen von Leuten, mit denen mein Vater Geschäfte gemacht hat. Vor einiger Zeit bot das «Norddeutsche Antiquariat» in Rostock ein Adreßbuch an. Ich bekam es leider nicht, weil die Zusendung an mich unter irgendwelche ausschließenden Bestimmungen fiel. Und dabei wollte ich doch nur sehen, wer wo gewohnt hat. «Leichenwäscherin» und «Arbeitsmann», solche Berufsbezeichnungen.

*

Lit: Die Strafliste einer Dorfschule, 1901 bis 1922. Fast täglich wurde geprügelt. Hier ein paar Kostproben:

Anna D., elf Jahre, zwei Schläge mit dem Stock. Verzehrte trotz öfteren Verbots ihr Butterbrot während der Unterrichtsstunde.

Anna B., 9 Jahre, zwei Schläge mit dem Stock, wegen Gebrauchs unsittlicher Wörter. (Wahrscheinlich hat sie «Schiet» gesagt.)

Karl W., acht Jahre, 6 Schläge mit dem Stock. Hatte ein Lesestück zweimal nicht übergelesen und gab an, er habe keine Lust dazu gehabt.

Hinrich T. und Friedrich I., 14 Jahre alt, 3 Schläge, hatten sich in der Singstunde verabredet, nicht zu singen, was sie auch nicht taten.

Alfred V., 12 Jahre, 3 Schläge. Störte den Unterricht fortwährend durch Gebärdenmacherei.

Wilhelm M., 12 Jahre, 4 Stockschläge. Hat Vogelnester ausgenommen.

Heinrich F., 8 Jahre, 4 Stockschläge. Hat auf der Straße Zigarren geraucht.

Johann B., 14 Jahre, 8 Stockschläge. Leugnet, trotzdem drei Zeugen ihm die Wahrheit ins Gesicht sagen, ein Vergehen. Gesteht nach der Bestrafung die Tat ein.

Hermann F., 14 Jahre, 6 Stockschläge aufs Gesäß. Hat Herrn M. einen Revolver gestohlen, und nachdem er die Patronen verschossen, die Waffe demoliert zurückgebracht.

Handschriftliche Bemerkung des Kreisschulinspektors: «Der Lehrer X. hat von seinem Züchtigungsrecht viel zu oft Gebrauch gemacht.»

Nartum Mo 27. Juni 1983 schön

In Hamburg gewesen. Der Friseur erzählt jedesmal von seinem Landhaus in Schleswig-Holstein. Daß es da draußen immer so schön still ist. Abends geht er gern mit den Hunden durch die Felder, diese herrlichen Sonnenuntergänge. Darauf freut er sich den ganzen Tag. Eins sein mit der Natur. Fernsehen? Nein, das tut er nicht, er hat keine Glotze. Zu der Askese dieses Mannes paßt es nicht, daß in seinem Laden Schlagermusik der elendesten Art dudelt. Das Geschmonze stört auch die hanseatischen Herren nicht, die vom nahen Rathaus herüberkommen, um sich frisieren zu lassen.

Der Münzhändler nebenan erzählte, daß Münzgeschenke an Gäste des Bürgermeisters beliebt seien. Da finde sich immer was und in jeder Preisklasse. Er zeigte mir eine kolossale Rostock-Münze aus dem 17. Jahrhundert, ein Riesending, schwer Silber. Ich fragte gierig: «Wieviel?» – Er: «Zehn.» Womit sich die Sache erledigt hatte.

Antiquariat: Ich kaufte zwei Biographien, die «im Selbstverlag des Verfassers» erschienen sind, für das Archiv und einen Stoß Eulenburgscher Partituren. Streichquartette von Beethoven und Mozart,

Aus: «Die Biene Maja»

das Stück zu 2,50 Mark. Auch die drei Novellenbände von Stefan Zweig konnte ich erwerben, aus dem Insel Verlag, «Erstes Erlebnis», «Amok» und «Verwirrung der Gefühle» von 1926 zur Rekonstruktion der Bibliothek meiner Eltern, zu der ich mich nun entschlossen habe. Das Stück zu 10 Mark. Aus dem Band «Erstes Erlebnis» erzählte ich in Bautzen eine Geschichte mit größtem Erfolg. Heute völlig vergessen. – Für meine eigne Erinnerungsbibliothek ergatterte ich verhältnismäßig billig die «Biene Maja». Alte Pädagogikbücher sind jetzt für ein Ei und Butterbrot zu haben, wie mein Bruder sagen würde. Die Erfahrungen einer ganzen Lehrergeneration versinken im Nichts. Erlebnispädagogik, Pädagogik vom Kind aus – alles kalter Kaffee. Berthold Otto, Reichwein, Copei. Von Kerschensteiner haben die Studenten noch nie etwas gehört.

In der Graphikabteilung des Antiquariats sitzt immer noch mein Schwarm von 1965. Inzwischen hat sie den Mund voll falscher Zähne. Sie sei in Kuba gewesen, auf Urlaub, erzählte sie, dort sei sie ganz ausgezeichnet untergebracht gewesen. (Das ist doch eigentlich selbstverständlich?) «Untergebracht», was für ein Wort. – Sie möchte so gerne, daß der Sozialismus funktioniert, tut er aber nicht. Der Spieltrieb des Menschen (= Kreativität) wird unterschätzt. Vielleicht denkt sie auch, Sozialismus hat was mit Jungsein zu tun. – Sie saß an ihrem Tisch wie die Kartenverkäuferin der Staatsoper: Hier bleib' ich sitzen. Damals stieg sie auf die Leiter, und ich berührte ihr Knie.

In der neu eröffneten Hansa-Passage ein ziemliches Gewühl. Ich kaufte einen überdimensionalen Kragenknopf aus Ton für leider 360 Mark. Diese postmoderne Plastik wird nun unsere Gartenmauer zieren.

An der Alster verschiedene Erkennungen, was mich dazu brachte, ein ernstes Schriftstellergesicht aufzusetzen. Wenn mich Leute direkt anstarren, grüße ich sie.

Der teure Kragenknopf   ❊

TV: Kaspar Fischer, ein Schweizer «Alleinunterhalter» von höchstem Rang. Er stellt eine Gemüsesuppe dar, ist ein stutzerhafter Reiter und dessen Pferd gleichzeitig und wird schließlich zu einem Dämon. Ich habe die Sendung aufgenommen und mir sofort noch einmal angesehen. Fischer sieht aus wie ein kleiner Beamter. Vielleicht gelingt es ihm deshalb so gut, unheimlich zu sein, weil er so nichtssagend aussieht.

Lit: Weressajew, «Meine Erlebnisse im russisch-japanischen Krieg», Stuttgart 1908. – Die Mißstände, das unglaubliche Durcheinander erinnert sehr an die Zustände, die uns jetzt aus der SU berichtet werden. Es heißt, daß dort jedes Jahr bis zu vierzig Prozent der Ernte verdirbt.

Mus: Distler, «Choralpassion». Mußte ich leider abdrehen. War danach ganz ratlos.

Nartum   Di 28. Juni 1983 kalt

Heute hatte ich einen flauen Vormittag, saß einigermaßen vergrizzelt herum und guckte in die Gegend, erschöpft, mit Kopfweh.
Stieg hinauf zu KF und setzte mich einen Augenblick an seinen Tisch. Seine Modelle, meist kriegerisch, aber auch «Trucks». Amerikaerinnerung. Daß man ihn dort wegen seiner langen Haare gemieden hat. – Die Versäumnisse des Vaters, aber ein bißchen was hab' ich auch richtig gemacht. – Auch zu Renate gegangen. Ein Zimmer, das ihre Unordentlichkeit geradezu provoziert. Auf die weiße Fenstereinfassung hat sie geschrieben:

> Freitag, 10. 3. 78
> Renate Kempowski
> Morgen Lateinarbeit
> Dienstag Chemievergleichstest
> Morgen in einer Woche Osterferien.

Der Urknall ist es, der auch die Eltern und ihre Kinder auseinanderdriften läßt.

Der Grund, weshalb Renate einen kaputten Magen hat

Am Nachmittag belebte sich die Szenerie: Anbringen der restlichen Rostock-Bilder im Turm mit Malermeister Behrens. (Der Architekt nennt den Turm den «I-Punkt» unseres Hauses.) Es ist zum Staunen, wie viele Bilder sich in den letzten Jahren eingefunden haben. Mit der Zunahme der Sammlung hat sich das Heimweh verflüchtigt.

*

Gestern, in Hamburg, rief mir jemand nach: «Wallraff!» Ich bin auch schon mit Dahrendorf verwechselt worden und mit dem russischen Geiger, wie heißt er noch. Gideon Krämer?

*

Mus: Mahler, IX. Der Kondukt ist mir inzwischen zum Ohrwurm geworden. Als ich neulich die Tannen freilegte, pfiff ich ihn vor mich hin. Wenn ich mal wieder ins Zuchthaus komme, kann ich auf Saal 7 einen Vortrag über diese Symphonie halten. (Die andern können das dann leider auch!)

In Schumanns Konzertführer von 1937 steht über Gustav Mahler zu lesen:

Was wollte Mahler predigen? Die Wahrheit. Aber eben die Wahrheit seiner Zeit, wie er sie auffaßte. Selbst ein zwiespältiger Mensch, wollte er seiner zwiespältigen Zeit den Spiegel vorhalten. Das mußte notwendigerweise zu krampfhaften Verzerrungen führen. Der geistig überfeinerte Jude fand keinen seelischen Zugang zu dem Volke, dessen Gast er war. Und je mehr er ihn erzwingen wollte, desto mehr blieb er ihm versperrt. Scharfsichtig und scharfsinnig erblickte Mahler, wie sich die europäische Welt seiner Tage auflöste in Sinn- und Geistlosigkeit. Er wollte sie bessern, sprach und schrie zu seinen Zeitgenossen mit ihren Mitteln, in ihrer Sprache und predigte doch tauben Ohren. Sein jüdisches Wesen wurde ihm zum Verhängnis: Er sah die geborstene Oberfläche der Welt wie kaum ein Musiker neben ihm; aber sein Blick reichte nicht tief genug, um die ewig waltenden Kräfte des Volkstums zu erkennen... Man spürt das Ringen eines Leidenden, doch man wendet sich sogleich wieder ab von der beißenden Selbstverspottung. Gewiß: Das alles ist Ausdruck eines heftigen Wollens: Doch einmal ist Wollen nicht Erfüllen, und zum andern richtet sich der Wille auf zuweilen Unbegreifliches...

Man merkt, wie der Autor (1937!) zwischen den Zeilen versucht hat, dem Komponisten gerecht zu werden.

*

TV: «Chapeau Claque» von Schamoni. Ah! ist das ein herrlicher Film. Ich habe ihn mehrfach angesehen. Ein ganz undeutscher Film, obwohl er das Deutsche genau trifft. – Eine gewisse Verwandtschaft. Reizvolles Thema.

*

Kurz vor Mitternacht ins Bett, hochbefriedigt. Das Licht ließ ich in der Bibliothek und im Treppenhaus an. Vielleicht hält das die Leute ja ab, sich auf unserm Grundstück zu verlustieren.
Lese in Schreibers Buch über die sogenannte Midlife-crisis. Da ich immer meine Bedürfnisse auslebte – das geht, weil sie minimal sind –, hatte ich noch nie das Gefühl, etwas verpaßt zu haben, von einer Krise kann keine Rede sein. – Zu kurz gekommen bin ich in der Zuchthauszeit. Wie man uns da hat schmoren lassen, ist unverzeihlich.

*

Lit: Ein DDR-Liederbuch für die fünfte und sechste Klasse: «Hell klingt unser Lied.» – Da rumpeln noch die alten Landsknechttrommeln, da wird in die Sonne geschritten wie einst im tausendjährigen Reich: «Trommel geh' uns stets voran, du, der man vertrauen kann...». Hier ein paar Beispiele:

Links! Links! Links! zwei, drei, vier!
Links! Links, Pionier!
Pioniere im gleichen Schritt!
Wer geht mit uns mit?

*

Ich trage eine Fahne,
und diese Fahne ist rot.
Es ist die Arbeiterfahne,
die Vater trug durch die Not.
Die Fahne ist niemals gefallen,
sooft auch ihr Träger fiel.
Sie weht heute über uns allen
und sieht schon der Sehnsucht Ziel.

Wer denkt da nicht an das bekannte:

Wo Mauern fallen bau'n sich andre vor uns auf,
doch sie weichen alle unserm Siegeslauf.

Auch Rainer Kirsch hat sich in dem Buch verewigt:

Geh voran, Pionier,
Deine Heimat ruft nach dir,
Unsere Zeit geht mit schnellen Schritten!
Wer verschläft, bleibt zurück...

Ich gehörte zu denen, die immer «zurückblieben». Hildegard sagt, ich sei ein Mensch aus dem vorigen Jahrhundert. Ich glaube aber, das betrifft nur meine Neigung, nach Tisch zu schlafen und danach ausgiebig Kaffee zu trinken.

TV: Habe mir heute eine Fernsehorgie genehmigt. Zuerst die Programme durchgefrühstückt und dann den herrlichen Hitchcock-Film «Im Schatten des Zweifels», dessen Dialoge Thornton

Wilder geschrieben hat. Großartig synchronisiert. Die langsamen Bewegungen des Mörders – dadurch wird seine kranke Psyche charakterisiert. Die Frauen werden nur im Laufschritt vorgeführt, sie rennen über die Straße usw., wodurch er noch langsamer wirkt, linkisch. Dazu, als Kontrast, zwei Freunde, die sich immerfort ausdenken, wie sie einander um die Ecke bringen können.
Ich nahm mir nochmals HW vor, um zu untersuchen, ob von der Pastorin im Hatzfeld-Kapitel eine ähnliche Kontrastwirkung ausgeht. Kam auf die Idee, den kleinen Egbert sterben zu lassen. So sind wir Herr über Leben und Tod. – Erst gegen zwei Uhr ging ich zu Bett.

*

Lit: Ich las noch etwas in «Scapa Flow 1919» von Friedrich Ruge. «Das Ende der deutschen Flotte». Die Selbstversenkung von elf Linienschiffen, dreizehn Schlachtschiffen und Kreuzern sowie fünfzig Torpedobooten. Obwohl diese Aktion in jeder Hinsicht sinnlos war und schädlich für Deutschland, löst der Gedanke an das Desaster in mir ein nicht zu unterdrückendes Wohlgefallen aus. (So eine Art kindisches Ätsch!) Das sind Reste von Nationalismus, die durch nichts bisher zu beseitigen waren. Nach heutiger Denkart ein Charakterfehler.

Nartum   Mi 29. Juni 1983 Regen, kalt

Mit der Post kam ein Modell der Warnemünder Fähre. Ein freundlicher Herr schickte es mir.
Ich telefonierte mit Robert, der ganz vergnügt war.
Ich: «Schlechtes Wetter, nicht?»
Er: «Wieso? Ich sitze drinnen.»
Auch Regenwetter hat seine guten Seiten, ich arbeite dann intensiver: Man soll nicht undankbar sein. Das sogenannte schlechte Wetter erspart einem die Entscheidung, ob man in den Garten gehen soll oder nicht. Dazu kommt die Kühle, die dem Herzen guttut. Aber wenn im Herbst, Winter und Frühjahr monatelang keine Sonne zu sehen ist, das Licht nur wie durch Milchglas

kommt, wie durch den Lichtschacht eines Hotelhofs, dann greift das eben doch das Lebensgefühl an. Dann stößt man zu den Sonnenanbetern.
Der Regen mag noch hingehen, die Kälte ärgert mich aber doch: Jetzt im Juni meint man, einen Anspruch auf schönes Wetter zu haben. Ich frage mich, warum ich nach der Entlassung nicht sofort nach Süddeutschland gegangen bin, wie ich es mir vorgenommen hatte. Nach Lindau zum Beispiel, wo ich mich schon umgesehen hatte. Dieses Versäumnis und der aufgegebene Plan, in ein Landerziehungsheim zu gehen, das sind zwei Lebensansätze, die ich leider aus den Augen verlor.
Merkwürdiger Gedanke für einen Norddeutschen, Kinder zu haben, die bayerisch sprechen.
Alles wäre ganz anders gelaufen.

1990: *Ich war im vorigen Herbst mal wieder dort. Fand auch das Haus, in dem ich 1956 gewohnt hatte. Jetzt bin ich aber doch froh, daß wir nicht am Bodensee leben. Dies höllische Touristengeschlendere.*

Herr Bornemann kam, um das Rohmanuskript zum Abschreiben zu holen. Er macht immer so hübsche Tippfehler. Einmal schrieb er: «Der Gesang der Goldhamster...» (Goldammern waren gemeint.) Auch war schon mal von pinkelnden Buchfinken («pinkenden») die Rede.

1990: *Noch ein paar Bornemann-Verschreiber:*
Die ganze Behörde verarmte (Börde)
Kleine Mädchen, die ihm die dünnen Ärschchen entgegenstreckten (Ärmchen)
Halbwertzeichen
Im Speisesaal ausgewichtete Fische (ausgerichtete Tische)
Sie zitterte die Fromme Helene (zitierte)
Es gab einen Fotobericht von Touristen zu sehen, die eine Schule in die Luft sprengen (Terroristen)
Martin von Maydell sagt, daß er sich beim Tippen immer bei

denselben Wörtern verschreibt. So tippt er ständig «damti» statt «damit».

Ich nahm aus dem Kühlschrank eine Schachtel eingefrorene Suppe und gab sie Herrn Bornemann. Bauschan beobachtete das und zwickte ihn aus Eifersucht. – Der Hund ist recht schlau, leider hat er die Neigung «abzuhauen». Er liegt ganz friedlich vorm Haus, und wenn man den Rücken dreht, ist er schon verschwunden. Hildegard beobachtete mal vom Fenster aus, wie er Emily ein Zeichen gab: Los, komm, die Alte guckt gerade nicht! Selten erfährt man, wohin es Tiere treibt, der Umfang ihrer Wanderungen ist beträchtlich. KF hat das mal im Schnee verfolgt. Ich habe das Ergebnis vergessen, aber es war kolossal. Emily wurde schon am Baggersee gesehen, ohne Bauschan, dem sie wohl lästig war. So war das früher mit meinen Geschwistern. Die nahmen mich auch nicht mit, wenn sie loszogen. Ulla lieh sich Kinder in der Nachbarschaft aus, anstatt mit mir zu gehen, was mir immer wieder erzählt wird, ich selbst hätte das längst vergessen.

Als wir Emily kauften, war Bauschan drei Tage lang beleidigt.

Robert und ich, 1936

Nartum   Do 30. Juni 1983

T: Ich sitze im Gefängnis und höre schließen: Aha, es gibt Essen. Vor meiner Tür wird geraschelt. Ich sehe, daß Hildegard das Essen ausgibt. Ich entdecke, daß ich keine Schüssel habe, und dann höre ich Hildegard sagen: «Der kriegt nichts», und dann macht sie das Licht aus.

Kopf- und lauernden Zahnschmerz. Ich merk' immer, wie er sich rührt, zuckt einmal kurz auf: «Ich bin noch da», soll das heißen.

*

Am Nachmittag kam eine Studentin aus Oldenburg, in lila Hängekleid. Sie überlegt, ob sie eine Arbeit über mich schreiben soll... Nun, so ganz ernst war es ihr wohl nicht. Ich machte Kaffee, deckte nett auf, Musik an, Brunnengeplätscher: Es hat uns beiden gefallen. Zum Abendbrot fuhr ich mit ihr nach Fischerhude, wo wir Rotbarschfilet aßen. Mit offenem Schiebedach im Zwanzig-Stundenkilometer-Tempo nach Haus. So was hätt' sie noch nicht erlebt, sagte sie.

*

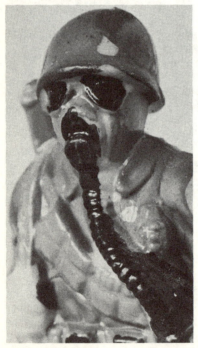

DDR-Soldat

In der Nacht sah ich mir mal wieder meinen Soldatenfilm an: Enttäuschend und streckenweise lächerlich. Das Abfilmen halbzerstörter Spielsoldaten als Vergegenwärtigung von Tod, diese Idee war schon in Ordnung, aber die Ausweitung des Vorhabens auf eine chronikale Darstellung der Nazizeit war falsch. Da sind sie mit mir durchgegangen! Ein bißchen lag es daran, daß es unbedingt ein 45'-Film werden sollte, obwohl die Idee nur für 20' reichte. Der Film war schon mißglückt, und dann noch ein Buch davon zu machen! Das paßte auch meinen Fans nicht. Das Buch fand nur zweihundert echte Käufer. Dieser Mißerfolg hat es den Hanser-Leuten damals leichtgemacht, mich ziehen zu lassen. Die negative Beurteilung der

«Aus-großer-Zeit»-Vorfassung durch Arnold – «das kann er nicht» – und der Reinfall des Soldaten-Bildbandes (der übrigens schwammig gedruckt war). Der Sohn von Böll ließ mir bestellen: Von so was sollte ich man die Finger lassen. Und Golo Mann, der um ein Vorwort angegangen wurde, winkte ab.

*

Lit: von Ilsemann «Der Kaiser in Holland», dtv 791

6. November 1919

Der Kaiser äußerte sich heute über seine Söhne, die ihn besucht hatten: «Prinz Oskar ist ein offener, gerader Charakter; er ist einfach und schlicht. Schade, daß er ein so schrecklicher Pessimist ist. Auwis Fatzkereien sind mir widerlich; viermal am Tag zieht er sich um, immer neue Anzüge kommen zum Vorschein; statt des Uniformrocks trägt er abends Frack mit Brillanten-Rubinen-Knöpfen in Weste, Hemd und Manschetten. Sogar ein Damenarmband legt er an. Der Kronprinz ist nicht viel anders. Von wem die Jungens das geerbt haben, weiß ich nicht. Mein Vater und Großvater und ich waren gerade das Gegenteil. Auch in der Familie meiner Frau ist niemand, der so eitel ist.»

Die Anbiederung der Kaisersöhne an die Nazis ist ein besonders widerliches Kapitel. Im Archiv fand ich das Foto des Kronprinzen mit Hakenkreuzbinde und ein Foto von Au-Wi.

Nach allem, was ich erlebt habe, muß ich sagen, daß ich ein lupenreiner Demokrat bin, und zwar ein liberaler.

Der Kronprinz mit Hakenkreuzarmbinde

Juli 1983

Nartum Fr 1. Juli 1983

T: Ich träumte von einem Bäcker, dessen Hörnchen lebten, als er sie aus dem Backofen zog.

※

In der Nacht rief ein Mann aus Kanada an, ein Nationaler, offensichtlich betrunken. Er las mir aus «Große Zeit» die Schlußpassage vor, mit versagender Stimme. (Ich kann nicht sagen, daß mich das kaltgelassen hätte.) Und dann rief er: «Grüßen Sie mein Deutschland! Es lebe Deutschland!» Die betreffende Stelle heißt:

Nicht, daß sie tot sind, all die Kameraden, ist der Schmerz, sondern, daß man sie vergessen wird. Trotz aller Monumente.

Knaus wollte mir diesen Schluß damals ausreden. Ein Kritiker hat den Satz als «unsäglich» bezeichnet, obwohl damit doch nur gesagt wird, daß den heimkehrenden Soldaten schmerzlich die Sinnlosigkeit ihrer Leiden bewußt wird. Und außerdem wird auf den berühmten «Dank des Vaterlandes» angespielt. Es ist wohl so, daß unsere Meinungsmacher nur das Wort «Kameraden» zu hören brauchen, um zuzuschnappen. Der «Epilog» muß mit dem Kapitel «Auszug ins Feld» im Zusammenhang gesehen werden. Beides ist gleichzeitig entstanden, parallel geschrieben: Standardpassagen bei Lesungen, unentbehrlich zur Maulstopfung von Berufsfortschrittlern, die mir Konservativität in die Schuhe schieben wollen, womit sie «Rechtslastigkeit» meinen. Ich bin nicht konservativ, ich bin überhaupt nichts. Ich verfüge nicht über einen Weltanschauungsausweis und schon gar nicht über ein Rezept, wie wir aus dem Schlamassel herausfinden, und ich mißtraue denen, die mir sagen: So wird's gemacht. Ich bin ein liberaler Menschenfreund und Lebenskünstler, dessen Devise heißt: Leben und leben lassen. Im übrigen wird es höchste Zeit, daß ich die Schwierigkeiten, die ich mit den Nazis hatte, bekanntgebe. Ich bin niemals Stammführer oder Bannführer gewesen, wie es andere, in der Bundesrepublik geschätzte Bürger waren, ich war ein Swingheini, der wochenlang den Dienst schwänzte, lange Haare trug und in Zivil zum HJ-Dienst ging. Ich habe mich dafür in einer «Strafgefolgschaft» immerhin ein Jahr malträtieren lassen müssen (siehe «Tadellöser & Wolff»). Als ich das anläßlich einer Lesung im Bremerhaven mal erwähnte, meldete sich ein Mann und sagte: «So was hat es nicht gegeben.» Gottlob hab' ich Zeugen. Und daß ich mit meinem Swingverein nicht aufgeflogen bin, ist ein reines Wunder.

Der Swingheini aus der Strafgefolgschaft

*

Ich machte mit dem neuen Fotoapparat ein paar Aufnahmen von Haus und Garten, der Kragenknopf ist inzwischen auf die Mauer montiert worden.

Lit: Aus Göttingen bekam ich das berühmte «Kai aus der Kiste» geschickt. Die Geschichte eines Straßenjungen, der «Reklamekönig» wird. Robert und ich zitierten daraus in Bautzen. Sonderbar, daß wir uns ausgerechnet diese Stelle gemerkt hatten:

«Hat ihn schon!» sagte der Portier und drückte auf den roten Halteknopf neben der Fahrstuhltür.

Ich weiß nicht, was uns damals, in der muffigen Nazizeit, mehr angesprochen hat, die Geschichte eines Straßenjungen in einer amerikanisch angehauchten Großstadt oder die originellen Zeichnungen von Fritz Eichenberg. Leider ist nicht herauszukriegen, wer sich hinter dem Autorenpseudonym «Wolf Durian» verbirgt.

1990: *1966 ist eine Neuausgabe des Buches erschienen, mit schauderhaften Illustrationen! Der Zauber ist dahin.*

Links das Original, rechts das Remake

Nartum Sa 2. Juli 1983 schön

T: Wir sitzen in einem restaurantartigen Raum (Gefangenenlager), am Meer, draußen ist es dunkel. Es gibt Frühstück. Ich will mir gerade das Schälchen mit den Butterröllchen nehmen, da kommt eine fremde Frau, fragt nach der Butter, und Hildegard gibt ihr das Schälchen. «Das ist ja die Höhe!» rufe ich. «Und ich kann sehen, wo ich bleibe!» Hildegard ißt ruhig weiter und kümmert sich um nichts, und ich tobe durch den Raum, in dem sich nun die Leute erheben und an die Arbeit gehen, finde nur noch ein paar Käserinden. Schmeiße eine Tonschüssel hin, die nicht kaputtgeht. «Der schöne Morgen», sage ich, «und wir wollten ihn doch so genießen.»

HW: Ich fing nochmals von vorne an und arbeitete einige Notizen ein. Hierbei habe ich die Geduld eines Briefmarkensammlers: Wort rein, Wort raus, so geht das. Sehr ungenial! Um mit meinem Vater zu sprechen, der gern den Optiker Baudis zitierte: «Geht's besser so – oder so?»

Der bisherige Text stößt manche Einfälle ab, «wie Ölpapier das Wasser». Wenn ich sie trotzdem aufnehme, muß ich sie beim nächsten Durchgang meistens wieder ausscheiden. Ein gesättigter Text ist das.

In meinen Notizen und Tagebüchern fanden sich interessante dispositionelle Hinweise, die ich gut gebrauchen kann, so zum Beispiel, daß mein Schwager 1956 in Kopenhagen noch immer dieselben Sprüche abließ wie im Krieg (Tadellöser). Moral von der Geschichte: Es gibt eben Menschen, die nie klug werden. – Der Spätestheimkehrer wird also ins immer richtige Kopenhagen reisen, zu den unangefochtenen Dänen. Das gibt ein lehrreiches Kapitel, aus dem niemand etwas lernen wird. Im übrigen muß ich sagen, daß für mich der Eintritt des historischen «Sven» in die Familie von größter Bedeutung war. Das war 1942, finsterste Nazizeit, und er war der Typ des weltgewandten jungen Kaufmanns, der mit dänischen Swingplatten, der «Berlinske-Tidende» und kritischen Ausfällen gegen das Dritte Reich eine Gegenwelt in der Herbert-Norkus-Ära etablierte, die mich mit der «Bekennenden Kirche» meiner Eltern und deren bürgerlichem Kulturverständnis sowie dem Sarkasmus meines Bruders gegen Diktatoren jedwelcher Art ein für allemal immun machte.

*

Lit: Kon-Tiki. Der abenteuerliche Versuch, mit einem Floß von Südamerika zu den Osterinseln zu schippern. Obwohl es sich um die Erforschung von Vergangenheit handelt, sehr futuristisch anmutend. – Den Eingeborenen dämmert, als sie das Floß sehen, etwas von ihrer großen Vergangenheit. Es ist aus demselben Balsaholz gemacht, das man in Zeven im Bastelladen kaufen kann. – Die Beschaffung von Trinkwasser auf der langen Seereise ist kein Problem, da es dauernd regnet; aber man muß das Wasser leicht

salzen, sonst löscht es den Durst nicht. – Fische brauchen nicht gefangen zu werden, die springen aufs Deck. Der Verzehr von Plankton (appetitanregend); einer fällt über Bord, und das Floß driftet schneller ab, als er schwimmen kann. Eine ekelhafte Vorstellung!
Über Streitigkeiten auf dem Floß schreibt Heyerdahl leider nichts, das beeinträchtigt die Lektüre. Ich hatte gehofft, Parallelstellen zum «Kapitel» zu finden. Die Leute müssen einander doch gewaltig auf die Nerven gegangen sein! Friede, Freude, Eierkuchen?
«Du bist für mich eine ganz große Matschpflaume!» so in diesem Stil.
Die Beschreibung eines riesigen Fisches, der eines Tages am Floß entlangstreicht. Heyerdahl behauptet, einen so großen Fisch noch nie gesehen zu haben und auch nicht zu wissen, was das für einer war. Da er als Entdecker gelten möchte, produziert er Geheimnisse, die sich von niemandem entschlüsseln lassen.
Wenn mich eine Zeitung fragen würde: Wohin wollen Sie für uns reisen? Dann würde ich sagen: nach Feuerland. Da ist bestimmt noch keiner meiner Kollegen gewesen. Dort das Schicksal der ausgestorbenen Feuerländer erkunden, hünenhafter Menschen. Alkohol? Tbc? Wahrscheinlich eine koloniale Sauerei.

*

Mus: Mahler, 3. Symphonie. Unfaßbar, daß ich erst jetzt auf Mahler «stoße». Die ganze Nacht habe ich mit dem Werk verbracht, ein Gefühl der Dankbarkeit.

Nartum So 3. Juli 1983 schön

Konnte am Vormittag nicht schreiben, weil ich gestern zu viel getan hatte. Die Batterie war leer. Außerdem Unruhe wegen der Anwesenheit der beiden Mädchen, Marion und Andrea, die gegen Mittag kamen und mir «den Hausstand führen wollen», wie sie es ausdrücken. Aktionen, die sich darin erschöpfen, daß sie fragen:

«Wo steht der Zucker?» Letzten Endes wird dann doch das falsche Geschirr auf den Tisch gestellt. Ihr Problem: Sie müssen sich nicht nur auf mich einstellen, sondern sich außerdem noch untereinander austarieren.
«Weißt du, diesen Lappen nehmen wir nur für die Töpfe, ja?»
Es wird viel gegrinst.
Beide sind blond, die eine mit langem, die andere mit kurzem Haar. Letztere, Andrea, mit randloser Brille, will Schriftstellerin werden, lauert, daß ich ihre Sachen lese. Im übrigen ist sie äußerst solide: «Ich muß jetzt ins Bett.» Ich bleibe extra lang auf, um ihnen zu zeigen, wie anstrengend der Schriftstellerberuf ist, und herrlich war es, daß heute ein Anruf aus London kam, den ich auf der Schreibtischkante sitzend entgegennahm. Daß ich im gesamten Ausland, ausgenommen Holland, absolut unbekannt bin, können sie ja nicht ahnen.
Beide kennen keine Zeile von mir, was mich nicht beleidigt, sondern eher antörnt.
Es sind zwei fremde Hirne, deren bloße Anwesenheit Unruhe in mir erzeugt. Und nicht nur die Hirne sind es, die jede Konzentration unmöglich machen! Auch die Barfüßigkeit, quitsch, quitsch, doch die Halle... Hier bewährte sich wieder einmal die Selbsttherapie: Ich nutzte die Zeit und schaffte im Archiv Ordnung, die Einsendungen stapeln sich dort inzwischen.
«Ich schicke Ihnen hier 250 Gedichte, die ich letztes Jahr schrieb, und bin gespannt, was Sie dazu äußern.»

※

Am späten Nachmittag schnitzte ich noch etwas am Locarno-Kapitel herum: Liebe in jeder Form.

※

Mus: Ob Mahler beim Schreiben der 3. Symphonie ein Bewußtsein gehabt hat vom Ausmaß seines Lebenswerks? Manchmal kommt es mir so vor, als ob er in seinen frühen Werken die späteren zitiert. – Ich spielte auf dem Klavier verschiedenes nach (das hat desillusionierende Wirkung). Die Mädchen hörten von fern zu.

Nartum Mo 4. Juli 1983

Marion mit Zöpfen für 50 Pf. pro Tag

Die Anwesenheit der Mädchen: Geruch nach Seife und Niveacreme. Manchmal steht eine in der Bibliothek, am Nasenflügel zupfend, die Beine überkreuzt. Oder ich sehe sie in der Ferne mit den Hunden gehen. Manchmal bin ich es, der in der Ferne mit den Hunden geht, den Strohhut auf dem Kopf. Und sie sehen dann, daß ich ab und zu stehenbleibe und mir was aufschreibe, und sie überlegen, ob das was mit ihnen zu tun hat, was ich da aufschreibe? – An sich brauche ich mir unterwegs nichts aufzuschreiben. Ich tue das nur aus dem komplizierten Gefühl heraus: Soweit kommt das noch, daß ich mir etwas nicht notiere, weil ich denke, sie denken, ich notiere es nur deshalb, damit sie sehen, daß ich immerfort bei der Arbeit bin... So ungefähr.

Sie flüstern miteinander, so wie sie nie mit einem Mann flüstern würden, mit mir jedenfalls nicht. «Wo sind sie jetzt?» denke ich, und sie gucken um die Ecke, ob ich in meinem Sofa sitze und Waffeln esse.

※

Das falsche Geschirr beim Kaffeetrinken, ungesalzene Kartoffeln zu Mittag und eine sich über alles legende Schicht von Großstaub. – Dies erleben vermutlich greise Witwer, wenn sie an eine junge Frau geraten. Die werden zusätzlich noch angeschrien. Es sei denn, sie haben sehr viel Geld. Für die Hunde bin ich Luft, die haben sich bereits umgestellt. Ich bin mir selbst Luft, wenn man das so sagen kann. Stehe vor dem Spiegel und sehe mich vor eine neue Lebenssituation gestellt. Ich bin für sie ein Greis mit Extremvergangenheit.

※

Die eine von den beiden hat mal in einem Hotel gejobbt, sie war Bettenaufdeckerin im Plaza-Hotel. Sie mußte Betthupferl aufs Kissen legen und die Zimmer in Ordnung bringen. Ehepaare wären am schlimmsten, die Unordnung katastrophal. Ein Herr sei ihr dauernd auf den Fersen geblieben, was sie da macht und was das soll. Zwei Italiener hätten ihre Betthupferl gesammelt und sie ihr am letzten Tag strahlend überreicht, wollten ihr eine Freude machen (obwohl sie von den Dingern so viel essen durfte wie sie wollte). Den Fußvorleger mußte sie beim Hinlegen in den Falten leicht anheben, damit der Gast denkt, das ist ein frischer.
«Was soll das denn?» habe ein Herr gesagt.
«Das ist gegen Fußpilz.»
«Fußpilz habe ich sowieso schon.»
Die Stehlampe anmachen, damit der Gast es schön gemütlich vorfindet; und die Fernsehzeitung aufschlagen. – Die andere hat in einem Schuhgeschäft gearbeitet. Es wäre sagenhaft, was die Männer für dreckige Strümpfe hätten.

*

In einem alten Rostocker Liederbuch fand ich einen hübschen Vers:
> Se hadde en wit par lakelken,
> dar krop ik bi er under.
> dat mit de luse nicht dot en beten,
> dat was grot godes wunder.

*

Lit: Wyneken; seine Schwierigkeiten, Autorität und Demokratie unter einen Hut zu bringen.
Was meine Autorität den Mädchen gegenüber angeht, so ist sie trotz Londontelefonat und 3962 publizierten Buchseiten gleich null. Ich taumle zwischen großzügigstem Laissez-faire und Kragenplatzerei hin und her. Morgens im Bett nehme ich mir strengstens vor: Ab heute wirst du so und so sein, aber das vergesse ich dann im Lauf des Tages, und außerdem wollen die Mädchen gar

nicht wissen, wie ich bin, oder sie sind nicht da, wenn ich es schaffe, so zu sein wie ich denke, als Schriftsteller sein zu müssen. Morgens, wenn man runterkommt, die dreckigen Aschenbecher überall – das ist das schlimmste. Und daß das Kaffeegeschirr unter laufendem Heißwasser gespült wird, ist erbitternd.

Nartum Di 5. Juli 1983 schön

Kein Frühstück heute. Die Mädchen machten einen Morgenspaziergang, von dem sie erst gegen Mittag total erledigt zurückkehrten. Die armen Hunde! Ich ließ mich nicht sehen, um ihre Entschuldigungen und ihre Klagen nicht mitanhören zu müssen. Lag auf dem Bett und las. Ich war zu faul, mich erstaunt oder interessiert zu stellen, und um sie zu bedauern, war ich zu schadenfroh. Wahrscheinlich macht das meinen Mangel an Autorität aus, daß ich nicht über den Dingen stehe. Aber ich will kein Göttchen sein, ich bin eher ein Kind, und ich fühl' mich als Naivling ganz wohl. Eine Führernatur zu sein, wäre mir ekelhaft.
Verrückt, daß ich dauernd mein Verhalten an anderen ausrichte, ich schlüpfe in fremde Gewänder. Morgens früh trinke ich als Gutsbesitzer meinen Kaffee, grundsolide bis auf die Knochen, Autofahren tu ich wie ein Amerikaner, extra langsam. In Zeven möchte ich als Verwahrloster gelten, unrasiert, womöglich halb betrunken Geldscheine aus der Hosentasche ziehen, und in Hamburg als Inkognitohanseat in Antiquitätengeschäften Porzellane in die Hand nehmen. Die Leute riechen den Braten, und oft genug geschieht es, daß ich meine Rolle aufgebe und eine andere annehme. Da soll sich einer auskennen! Irgendwie bin ich gar nicht vorhanden. Daher auch meine Heiterkeit, wenn ich mal allein bin und durchs Haus gehe und die «Versatzstücke» sehe, mit denen ich mich tarne.

※

Aus dem Tagebuch eines Schülers von 1937. Im ersten Moment kam es mir ganz uninteressant vor. Dann «stieg ich in den Text ein». – Unter dem heutigen Datum schreibt er zum Beispiel:

5. VII. 37 begann unsere Nordseefahrt. Um 6.30 Uhr fuhren wir mit dem Auto (Olympia) nach Bad Nauheim ab. Die Fahrt führte uns über Gießen, Marburg, Kassel, von da über die neueröffnete Autobahn nach Göttingen, wo wir um 11 Uhr eintrafen. Die Autobahn, eine der schönsten Deutschlands, überquert bei Hedemünden die Werra (wunderbare Landschaft). Von Göttingen fuhren wir nach Northeim, durch die Ausläufer des Harzes, wo wir kräftig zu Mittag aßen. Nach 2 Stunden ging es weiter über Seesen, Braunschweig, Celle nach Bergen. Wir schliefen im Hotel «Deutsches Haus». Etwa 2 km von Bergen, bei dem Ort Belzen, werden zur Zeit 200 Kasernen gebaut, von denen bereits 150 fertig sind.
Beitlich 629

Olympia = Automarken waren den Jungen damals genauso wichtig wie den Jungen heute.
«Die Fahrt führte uns» = Oberschüler-Stil, wie aus dem Erdkundebuch. (Hierzu gehören auch die «Ausläufer des Harzes».)
Autobahn = Damals das große Thema. Arbeitsbeschaffung usw. Es gibt einen schlechten Film darüber. Ich glaube übrigens nicht, daß Hitler sie nach strategischen Überlegungen bauen ließ. Die Planungen waren doch schon fertig, als er «die Macht übernahm». – Die Fotos von den deutschen Soldaten, die auf der Autobahn in die Gefangenschaft marschieren. Und die Holländer, die in den Fünfzigern auf dem Mittelstreifen picknickten.
Bergen = Ob es sich bei den zweihundert Kasernen um KZ-Anlagen handelte? Auch hier wieder die erschreckende Gleichzeitigkeit. Hotel und Konzentrationslager: Zwei «deutsche Häuser».

※

Am Nachmittag war ich mit den Mädchen in Fischerhude. Sie zogen sich dafür etwas Besonderes an. (Ich auch.) Wir schmökerten ein bißchen herum und setzten uns an die Wümme, und ich erzählte ihnen von dem Dorfroman, der in einem Ort wie Fischerhude spielen wird, mit schwarzem gurgelndem Fluß, geheimnisvoller Villa und einem Schulmeisterlein, das an seiner Naivität scheitert. Die Hunde lagen hechelnd daneben. Das schwarze Gewässer – eine Eichenbohle als Steg; Enten auf der Gebüschinsel, und das schaurige Ende, das mein Dorfroman nehmen wird.

Ich hatte wohl Ausstrahlung in diesem Moment, jedenfalls zeigten sie sich beeindruckt.

In der ehemaligen Wassermühle tranken wir Kaffee und aßen Eis. Ich schlug die Beine übereinander, weiße Baumwollhosen, und zeigte meine behaarten Unterarme. Die Caféhausgäste haben vermutlich gedacht: Was hat der Mann für schöne Töchter.

In der Kunstschau bei Otto-Modersohn spielte ich den Fremdenführer, erfand allerhand Unfug und redete parodistisch-professionell über die Bilder, die ich noch nie gesehen hatte. Offensichtlich wirkte das ziemlich echt, denn um uns herum versammelten sich Touristen, die mir ihren Kassettenrecorder hinhielten. Zum Schluß eilte Herr Modersohn herbei. Man hatte ihm gesagt: «Kempowski ist da!» Das war für die Fremden ein schönes Schauspiel, es mitzuerleben, wie sich da zwei Männer in den Armen lagen. Blücher und Wellington bei Waterloo.

*

Der kühle Anspruch, der von Andrea ausgeht, die etwas für ihre Zukunft von mir fordert, stört mich. Bei Marion machen mir Stimmungsschwankungen zu schaffen. Sie ist für Türknallerei zu haben. Es ist eben nicht so, daß ich hier zwei wesenlose Geister bei mir habe, die mir die Füße mit Narde salben. Sie machen mir ebenso zu schaffen, wie sie mir Arbeit abnehmen. Wie das wohl im Harem zugegangen ist. Ich denke: mörderisch.

Im übrigen ist es hier so, daß wir alle drei den Hausherrn suchen.

*

TV: Gestern sah ich mal wieder die rekonstruierte Fassung des Renoir-Films: «Die Spielregel» (1939). Einen solchen Film könnten die Deutschen nicht machen. – Hinterher war ich wie aus dem Wasser gezogen: Wegen der Heftigkeit der Dialoge + Musik und wegen der inneren Beteiligung. In jeder Szene hätte ich schreien mögen: Ja! so ist es! – Wie im Leben fehlte in dem Film eine «positive» Figur, eine Art Held. Sie sind alle verrückt.

Lit: Nathalie Sarraute: «Das Planetarium». «Es gibt keine völlige Verschmelzung mit einem anderen, das sind Geschichten, die in Romanen erzählt werden – jeder weiß, daß die innigste Vertrautheit alle Augenblicke von lautlosen Blitzen kühler Hellsichtigkeit, von Einsamkeit durchzuckt wird...» Schön ausgedrückte Banalitäten.

Nartum Mi 6. Juli 1983 warm, diesig

T: Mit der schwedischen Kronprinzessin diniert. Mein Bruder benahm sich unmöglich.

*

Leider habe ich wieder Zahnschmerzen, diesmal rechts oben, die Brücke. Es schmerzt im Pulsschlag. Ob auch das Gehirn im Pulsschlag arbeitet? Im Grunde habe ich nur Angst vor dem Einstich der Betäubungsspritze, die Behandlung selbst tut ja nicht weh. Ich blieb am Vormittag auf meinem Zimmer: las in den «Goldenen Früchten». – Erst als die Post kam, ging ich hinunter. Ansichtskarten aus allen Himmelsrichtungen, meist blauer Himmel.

*

Andrea sitzt in der Laube, sie sieht, daß ich sie sehe, und sie schreibt ostentativ Prosa und Gereimtes, den Kugelschreiber zwischen zweitem und drittem Finger. Meine gelegentlichen Ratschläge wehrt sie ab. Sie kann das alles schon, sie braucht das nicht, Ratschläge. – Mein Gott, wenn ich daran denke, wie ich zusammengeschissen wurde von Raddatz und seinen Leuten! – Sehr fraglich ist es, ob sie überhaupt etwas gelesen hat von mir.

Was soll's? Sie sitzt in der Laube, die ungemähte Wiese davor, und ich beobachte sie. Das ist ein Luxus, den man sich nicht kaufen kann. – Fotografieren tue ich sie extra nicht, obwohl es mir im Finger zuckt. Es muß auch originale Erlebnisse geben. Das nicht Fotografierte dringt tiefer ein. Da unten liegt es dann und wirkt auf das Ganze zurück.

Abends gemeinsames Fernsehen: «Tadellöser & Wolff», erster Teil. Füße hoch, Kissen auf dem Bauch. Der Film rückt in die Nähe der «Feuerzangenbowle». Schon jetzt ist er ein Klassiker. Vor kurzem fragte mich ein Schüler, wieso das denn möglich gewesen sei, daß man einen solchen Film in der Nazizeit drehen konnte. – Die Namen der beiden Walter-Darsteller kann ich mir nicht merken. Das hat wohl was mit dem Unbewußten zu tun.
Während wir uns den Film ansahen, streiften die Mädchen mich mit Blicken, ob ich das bin, um den es sich hier handelt. Und ich trank einen Asbach und ließ ihn über ein Stück bittere Schokolade laufen. Lauschte in mich hinein, was der Zahn dazu sagt.

*

Den Rest des Tages verdämmert. In der Nacht noch draußen gesessen und die Allee auf und ab geschritten. Absolute Windstille, kein Geräusch außer einem hustenden Rehbock.

*

> Nun schein, du Glanz der Herrlichkeit,
> der uns von Anfang ist bereit,
> schein uns, du klare Sonnen...

Ich denke wieder einmal an das Singen im Gefängnis. Sinnvoller hätte ich die Jahre nicht verbringen können als mit Singen.

Nartum Do 7.7.1983 schön

T: Vater und Mutter liegen im Bett, in einer Gastwirtschaft, es ist Sonntag, deshalb bleiben sie liegen, obwohl es längst Kaffeezeit ist. Erst gegen elf Uhr erscheint Mutter.
«Habt ihr euch denn noch nichts gemacht?» fragt sie.
«Wir wollten doch zusammen essen...», sage ich.

*

Wundervoll! Der ganze Tag ohne Schmerzen. Ich halte mir eine Geißel.
Marion rauscht mit wehendem Haar und wehendem Rock durch die Gegend. Fest tritt sie auf, wums, wums, wums, man hört's im ganzen Haus. – Die andere sitzt irgendwo und lächelt: Sie weiß, was sie will. Wenn ich sage, das mußt du so oder so machen, wird sie bockig. Mit ihr in den Wald gehen und sagen: «Schau mal, Kind...» So was sieht man im Film. Die Realität ist, daß es im Wald jetzt wegen der Bremsen nicht auszuhalten ist.

*

Singen tun beide nicht. Das Essen, das sie kochen, ist lieb gemeint. Andrea hat Angst, Milchreis zu kochen, «weil der ja doch nichts wird». Im Augenblick hat sie einen entzückenden Heuschnupfen. Sie hat gefragt, ob sie mir bei der Arbeit helfen kann. Sie, deren Prosa aus einem Guß ist, wie sie sagt, weil sie alles so hinschreibt wie's kommt, klebt also jetzt die alten, nach Staub riechenden Notizzettel vom «Block» auf Schreibmaschinenpapier, jeden einzelnen Zettel äußerst sauber hinzirkelnd (es sind etwa 3000). Von meiner Extremvergangenheit wird sie ab und zu was aufschnappen, also von Einzelhaft und Hungerei. Aber sie wird denken, das ist irgendein anderer. (Das denke ich mittlerweile ja auch!) – Wahrscheinlich fragt sie sich, weshalb ich die Zettel nicht einfach wegwerfe. Es ist der Erinnerungswert, ich weiß noch wann und wo ich die Notizen gemacht habe: in Göttingen, auf der Fensterbank sitzend, oder in Breddorf, die kranke Frau nebenan. Mit diesen Blättern kann ich mir vor Augen führen, wo Zeit und Kraft geblieben sind. Außerdem macht es mir Spaß, ihr zu zeigen, «wessen es bedurfte». Auch Papierflugzeuge müssen sauber gefaltet werden.
Ein lockeres Kommunenleben: Ich bezahl, und sie erfreuen dafür mein alterndes Herz durch ihre bloße Gegenwart. Sie sitzen herum, gabrielenhaft, liegen im Gras oder sind verschwunden, nicht auffindbar. Daß sie in Hildegards Zimmer sitzen, sehe ich nicht gern. Geizig müßte ich sein, und sie müßten mich bestehlen. Die

hübsche Krankenschwester am Bett des Sterbenden. Er hebt die zitternde Hand, und sie schaut absichtlich weg. – Ich habe mit Kreide auf dem Fußboden Grenzstriche gezogen: Meine Haushälfte dürfen sie zu bestimmten Tageszeiten nicht betreten. In der Halle drüben haben sie ihre Bücher, Kolleghefte, Espadrilles, Aschenbecher und Strickzeug abgelegt. Aschenbecher mit Kippen. Marion macht Chemie und strickt dabei, die Große liest Tucholsky. Ich möchte mich manchmal mit ihnen unterhalten, abends besonders, aber mich halten die Schwierigkeiten ab, die es gibt, beim Eindringen in ihre Welt, und dann will ich auch gar nicht in ihrer Welt sein.

Was die Leute an Tucholsky finden, kann ich nicht begreifen. Schloß Gripsholm vielleicht, an das Buch habe ich eine freundliche Erinnerung. Nur ja nicht wieder zur Hand nehmen!

✢

Ungewöhnliche Lektüre im Garten, bei Tee und Waffelgebäck: Die Erinnerungen eines Frontsoldaten an ein Angriffsunternehmen in Rußland. Man sollte diese Erlebnisse nicht den Landserheftautoren überlassen.

Was für ein Gegensatz zu unsern schönen Sommertagen! – In diesem «beschreibungsgenauen» Bericht liegt ein groteskes Element, außerdem hat er etwas mit «Friedenserziehung» zu tun. Ich las Andrea daraus vor, um ihr den frischen, unverbrauchten Blick des Autors vorzuführen. Sie begann daraufhin über Krieg und «Hochrüstung» zu sprechen, was mich verstimmte. Ich wollte ihr ja nur zeigen, daß das Wesentliche manchmal doch ganz unwesentlich ist: Ein Paradoxon, dessen Auflösung in unserer freien Entscheidung liegt.

✢

HW: Der Anteil an Fiktion ist größer als in den anderen Romanen. Durch die anderen Bücher bin ich mutiger und vielleicht auch geschickter geworden. Sehr störend ist es, daß die Vortragstermine in Oldenburg unerbittlich näher rücken. Den Vortrag über die

Verwendung von Quellenmaterial («Glück am Wege») im Rohbau zusammengefügt.

*

Mein Gartenspaziergang wurde mir durch den «Regenruf des Finken» gestört. Genau 217mal hab ich gezählt, wobei ich die Finger einbog. Dann gab ich auf und ging rein.

*

Am Abend drückende Schwüle. «Tadellöser & Wolff», zweiter Teil. – Den Film auch diesmal wieder mit gemischten Gefühlen gesehen. Die verstümmelten Germitz-Passagen und am Schluß der großartige, irre Monolog der Mutter. Edda Seippel trank bei der Aufnahme der Balkonszene richtigen Sekt, sie war, weil die Szene öfter wiederholt werden mußte, leicht beschwipst. – Immer wieder fragen die Leute, ob wir wirklich so gemütlich auf dem Balkon gesessen hätten, als die Russen kamen. *Sie* hätten den Einmarsch ganz anders erlebt.
Der Einmarsch wird in «Tadellöser & Wolff» ja gar nicht geschildert, es handelt sich um die «Stunde Null». Der Heuscheckeneinfall der braunen Steppensöhne ist ein ganz anderes Thema.

*

In der Nacht Klavier gespielt, die Kühe, draußen vor dem Fenster, hörten mir zu. Ich brach ab, als ich merkte, daß ich mir wie Chopin vorkam. Außerdem störte es mich, daß auch die Mädchen mir drüben, im anderen Haus, möglicherweise zuhörten und eventuell dächten, ich käme mir wie Chopin vor. – Danach noch lange im Archiv Soldatenporträts angesehen, sympathische und unsympathische.

*

Lit: In Robert Neumanns Parodienbuch. Er hat es mir im April 1969 in Locarno signiert. Ich ließ ihm meinen «Block» da. «Mit fremden Federn», das ist ein Lehrbuch für junge Autoren. Schade, daß sie es nicht lesen!

Au soldat inconnu

Nartum Fr 8. Juli 1983 30°

Blauer Himmel mit schönen Wolken (das sagt man so hin). Der blaue Planet. Mein Gott bin ich froh, daß ich nicht an die Atlantikküste reisen mußte.

*

T: Kühe, die in einer Art Feuerzone, von Scheinwerfern beleuchtet, vorübergetrieben werden.

*

Die Progressiven bekommen, wir Konservativen behalten recht.

*

Der Turm sollte heute geweißt werden, außen, der Maler ist jedoch nicht erschienen, ebensowenig der Elektriker. Ich hatte ihn gebeten, er soll mich mal anrufen wegen der Lampen, die auch noch nicht angebracht worden sind. Das tut er nicht. Immerhin habe ich herausbekommen, daß eine Lichtquelle nur dann blendet, wenn es sich um eine einzelne Lampe handelt. Dementsprechend werde ich unter der Decke des Turms sechs Strahler anbringen lassen.

*

Die Hitze ist unbeschreiblich. Die Hunde schleppen sich von einem Schatten in den andern. Ich kann gar nicht in den Garten gehen, weil mir dann sofort schlecht wird. Sitze nahezu im Adamskostüm neben dem Brunnen, der vor sich hinsabbert, und betrachte die leberwurstartige Farbe meines Bauchs und die engerlinghaften Fettfalten. Seit vierzig Jahren habe ich Angst vor einem Nabelbruch. Bis jetzt hat er sich noch nicht eingestellt.
Es ist eben doch schade, daß wir das Schwimmbad nicht gebaut haben. Dann hätte ich meinem Körper vielleicht etwas Gewinnendes antrainieren können.
Die Mädchen kriege ich kaum zu sehen, die beschäftigen sich mit ihren Kleinaffären, Briefe schreiben, «prünen», wie man das auf Platt ausdrückt (was unübersetzbar ist).

Marion näht irgendwas. Ich habe mir bei ihr eine Strickpudelmütze für das Frühstücksei bestellt, in den Rostocker Farben.

※

Ganz passend für diese Tage, aus einem Rezeptbuch von 1820:

Limonade
Man nimmt 20 Pfund reines Wasser, in dieses gießt man eine Unze Vitriolsäure, und nachdem sich das Wasser gehörig mit dieser vermischt hat, thut man einige Tropfen Citroneessentz mit einigen Löffeln Farin-Zucker dazu. Diese Mischung ergiebt eine vortreffliche Limonade, die der aus Citronen verfertigten bei weitem vorzuziehen ist. Dieses Getränk soll auch sehr gesund sein. Nr. 1648

※

Gestern wurde die Ruhe hier gestört durch zwei Besuchertrupps, die sich nicht kannten und schwer unter einen Hut zu bringen waren. Das eine war ein Kunsterzieherehepaar aus dem Odenwald mit zwei kleinen farbigen Kindern, Zwillingen, in einem Entenauto. Sie brachten Kuchen mit. Liebe nette Leute, die ich in ihrem Waldhäuschen, das sie mir auf Fotos zeigten, gern einmal besuchen würde. – Gleichzeitig kam eine Frau Hensel mit Tochter, im BMW. Die Frau unterzog mich einem strengen Verhör. Was für eine Art Lehrer ich bin, wollte sie wissen. Aha? Kein Lehrer? Also, was dann? Gastdozent? Nein? Privatdozent oder wie? Ja, was denn nun... Zum Schluß erbat sie noch ein Exemplar des «Block». So was hat man gern! – Ich sag': Meine liebe Frau, wissen Sie, wie teuer der «Block» in Antiquariaten jetzt gehandelt wird?
Die Zwillinge hätte ich gern hierbehalten. Nachdem sie genug geschaukelt hatten, beschäftigten sie sich mit unserm Haustelefon. Das Mädchen saß auf dem Dachboden, der Junge bei mir unten, und dann telefonierten sie miteinander: Wie geht's usw. Den Rest der Zeit brachten sie mit der Kugelbahn hin. Wir müßten hier vier oder fünf Kinder aufnehmen, das wäre für uns und für die dann das Paradies. Ich glaube aber, das geht aus bürokratischen Gründen nicht. Wahrscheinlich sind wir zu alt.

※

Eben fliegt ein Keil großer Vögel mit ruhigem Flügelschlag über uns hinweg. Störche? Vorgestern brummte ein Reklamezeppelin übers Haus. Marion kam gelaufen, sie hatte so etwas noch nie gesehen, sie verlangte, ich solle das fotografieren.

Der Zeppelin

*

TV: Kassette «Frenzy» von Hitchcock. Das ist ein Film, den ich immer wieder sehen kann.

Lit: Ein Buch über Norddeutschen Ziegelbau aus dem Jahr 1944 mit einem Stempel hintendrin: «Geprüft, keine Beanstandungen, 2.11.46». Ziemlich schlüssig beweist der Autor (Friedrich Fischer), daß die großen Bauwerke des Nordens außen bemalt waren.

*

In der Nacht noch lange gelesen, kleinere Prosa von Robert Walser, zwei Uhr Licht aus. Noch etwas aus dem Fenster in die stille Nacht. Das ferne Rollen auf der Autobahn. Manchmal sind einzelne Autos oder Motorräder herauszuhören.

Nartum   Sa 9. Juli 1983 warm

Heute fuhr die Große nach Hause, Kreislaufsachen, wegen der Hitze. Sie ließ es offen, ob sie wiederkommt. Eigentlich nicht ganz okay, ich hatte mich doch auf sie verlassen. Aber krank kann man ja werden, das muß man tolerieren. – Gleichmäßig freundliches Wesen, aber doch weder Fisch noch Fleisch. Ich sah, wie sie mit ihren flachen Absätzen durchs Haus ging und ihre Sachen zusammensuchte, und das, bevor sie noch mit mir gesprochen hatte. Der

Haß des Pädagogen: Ihr alles Schlechte wünschen, weil man selbst versagt hat: Sie wollte zu schnell alles, sie dachte wohl, ich würde in ihr sofort die große Dichterin erkennen.

Post gemacht, also aufrichtende Briefe in alle Welt versandt, Klavier gespielt, verschiedene Mozart-Sachen und daran gedacht, daß ich nun allein mit Marion unter einem Dach bin. Puckpuckpuckpuck! macht das Herz. Bei ihr wird das Herzchen nicht pucken.

Auch sie kann Klavier spielen, ebenfalls Mozart, und auch die Jagdsonate, mittags, wenn ich mich schlafen gelegt habe, tut sie es. Sie setzt dazu eine Brille auf, eine niedliche kleine Volksschullehrerbrille. Ich horche dann und höre, daß sie dieselben Fehler macht wie ich.

Am Nachmittag ließ ich mich dazu verleiten, mit ihr und mit KF (der nach Tisch kam) Frisby zu spielen, wollte eigentlich nicht, tat's aber dann doch.

Der Stammhalter

«Jetzt habe ich endlich erreicht, was ich immer schon wollte», sagte KF, «daß mein Vater mal mit mir Frisby spielt.» Statt zu werfen, drückte er mir das Plastikding jedesmal beinahe in die Hand, damit ich auch ja die Lust nicht verliere.

Als ich ihn im Garten herumlaufen sah, fiel mir auf, daß er den Körper von den Kempowskis hat, kurze Beine, großen Oberkörper, im Gesicht sehe ich mehr von den Janssens. Den Charakter hat er jedenfalls von den Ostfriesen, es sind die ostfriesischen Substanzen, die sofort Achtung abnötigen. Eine gewisse freundliche Gradheit. Bei den Kempowskis herrscht anpasserische Ungenauigkeit vor. Leider.

*

«Schneiden Sie bitte den Schinken so dünn wie möglich», hat Marion zum Schlachter gesagt. – «So dünn geht es nicht.»
Am Abend kam Tiny, Marions Schwester, ein Lyzeum-Idi mit Löwenmähne. Die wallt so durch das Haus.

*

Lit: Ich komme immer auf Backsteingotik zurück oder auf die Landschulheimpädagogik, wenn ich was zu lesen suche. Das Stein-auf-Stein der Norddeutschen ist es und die Idee der Zwanglosigkeit in der Erziehung, des Jugendstaates und der Ländlichkeit. Knaben mit Schillerkragen plus Gutstöchter, die im Pavillon sitzen. Rilke-Gedichte und ein Fohlen auf der Weide. Und dann natürlich das Mönchische, im Kreuzgang auf und ab, das ich in Bautzen hatte.
Die schöne Landschulzeit! 1974 drehten sie mir das Gas ab, hier in Nartum. Die fortschrittlichen Herren waren gegen alles, was wir gemacht hatten, aber sie blieben uns die Auskunft schuldig, was sie eigentlich wollten? Das Bewußtsein wollten sie ändern, die Menschenbildner, aber in welche Fasson?
Mir imponieren als Pädagogen mehr die Stillen im Lande, die von Fortschrittlern der Anpassung beschuldigt werden. Immer waren es die Stillen, die uns das Beste gaben. Wenn ich zurückdenke: Lehrer Märtin, Hannes Gosselck – das waren «schlechte» Lehrer, aber ich verdanke ihnen alles. Die großartigen Lehrer in Rostock, die jahrzehntelang mit meinen Eltern musizierten, Ausflüge in die Rostocker Heide, Dichterabende veranstalteten, haben es nicht verhindert, daß ich 1946, nach dem Tod meines Vaters, von der Schule geworfen wurde.
Pädagogik ist dort am wirksamsten, wo sie nicht stattfindet. Alles andere ist Sache der «Lehrer».
Ich möchte hier in Nartum wohl gern eine freie Schulgemeinde gründen, eine Sommerschule. Wer heute so etwas unternehmen wollte, müßte die Kinder erst mal vier Wochen gar nichts tun lassen, sie ent-schulen, so wie man Wäsche einweicht, um den größten Dreck herauszuspülen, damit das kleine Seelchen wieder frei atmen kann und dann wie ein Homöopath vorgehen. Winzig-

ste Dosierung. Ihnen «Bildung» vorenthalten, damit sie danach verlangen.

Das größte Erfolgserlebnis für einen Lehrer ist es, wenn seine Schüler nie wieder etwas von sich hören lassen.

Nartum So 10. Juli 1983

T: In unserm Haus sind Maler damit beschäftigt, die Wände zu bemalen. Pflanzen, Schmetterlinge, Vögel. Ich sehe ihnen zu.

Tiny mit dem Wespenstich

KF ist wieder abgefahren. Die Mädchen waren heute früh baden. Ihre nassen Badeanzüge hingen zum Trocknen auf der Leine. Ich betrachtete sie nachdenklich.

Man kriegt die beiden kaum zu sehen. Und wieder die kleinen Fremdheiten im Decken des Tisches zu den Mahlzeiten, ein falscher Teelöffel, ein Teller, dessen Dekor auf dem Kopf steht, oder in der Küche, daß die Kaffeemaschine verschwunden ist. Das ist nicht fröhlich, sondern ärgerlich, es läßt mich Hildegard «schmerzlich» vermissen.

Die Unordnung dringt allmählich in alle Zimmer vor. Und: daß sie mir meine Zeitungen roh entjungfern.

Wenn ich nach oben ins Archiv steige, und da duscht gerade eine (was häufiger der Fall ist), dann singe und pfeife ich laut, damit sie nicht denkt, ich guck durchs Schlüsselloch.

*

Aus dem Archiv, heute vor fünfzig Jahren:

(10. Juli 1933) Berlin-Pankow
Nach 1933 war das Realgymnasium Berlin-Pankow in Carl-Peters-Schule umgetauft worden, nach dem Kolonialpolitiker und Afrika-Forscher, der 1844/85 Deutsch-Ostafrika in kaiserlichen Besitz gebracht hatte. Diesen

neuen Namen der Schule hatte Paul Kuhfuß klug und listig ausgenutzt, um in der ganzen Schule Negerkunst auszustellen. Er bekam auch von allen möglichen Seiten afrikanische Masken, Waffen, Kultgegenstände, Werkzeuge, Gefäße aus Privatbesitz geschenkt. Außerdem ließ er sämtliche Korridore besonders von Schülern der unteren Klassen mit Motiven von Urwäldern, Palmenstränden, Negerdörfern, Tierjagden usw. ausmalen. Die Art und Weise, wie hier Gestaltungen von Negern und deutschen Kindern zusammenklangen, war überwältigend. Einwände, die meistens von Erwachsenen erhoben wurden, bei denen die nazistischen Kunsttheorien schon gezündet hatten, Einwände, die meist schon Verdächtigungen, wenn nicht sogar schon Anklagen gegen Kuhfuß waren, wurden von ihm mit überlegener und belehrender Eloquenz abgewehrt. Dabei war er von einer sehr bescheidenen und beinahe vorsichtigen Höflichkeit, so daß es fast niemandem schwerfiel, ihm recht zu geben.

Thoma, Helmut *1909   551

Ich hatte eigentlich gedacht, ich könnte die Mädchen für das Archiv interessieren, für die Fotos und die traurigen Biographien. Aber das sind für sie alte Geschichten, auf Büchsen gezogene Lebenserfahrung. Jugend will selbst Erfahrungen machen. Es sei denn, Erfahrungen werden mundgerecht geliefert, sensationell «angerichtet». Also in Comicform.
Marion zeigte heute ihrer Schwester die Tadellöser-Filme. Beide Teile hintereinander! Dabei ging es nicht um den Erwerb von Erfahrungen, da gings um ein ganz simples Kintopperlebnis, das in diesem Fall vom lauten Lachen bis zu Tränen reichte. Ich habe mich an dem Kinoerlebnis diesmal nicht beteiligt. «Klare Sache und damit hopp!» Das kann ich nun nicht noch einmal aushalten. Ich saß auf der Veranda und redete mit der Katze, die gern gekämmt werden wollte, aber sich nicht kämmen ließ. Vorn hörte ich mein konserviertes Leben abrollen.
Spät in der Nacht kamen sie herausgewankt aus der muffigen Ecke. Wir trafen uns in der Küche und öffneten eine Büchse Schweinefleisch «aus Bundeswehrbeständen» und aßen einträchtig daraus.
«Was denkst du so, wenn du die Filme siehst?» werde ich gefragt. Das müsse für mich doch sehr sonderbar sein? Ist es auch! An Ulli «Prüter» denke ich, der gleich nach dem Krieg an Typhus starb, der liebe Kerl.

Lit: Über Backsteingotik. Man müßte eine Ahnentafel der großen norddeutschen Kirchen aufstellen. – Eine Monographie über St. Georgen in Wismar, auch «St. Jürgen» genannt, eine Verwandte der Rostocker Marienkirche. Auch hier ist das Querschiff länger als das Langhaus, und das Westwerk ist ebenfalls unvollendet. Der Riesenbau in Wismar hat jedoch, anders als in Rostock, einen Zug ins Ungeheuerliche, Zyklopische. Man muß einmal vor diesem barbarischen Klotz gestanden haben! – Die Kirche wurde von zwei (britischen) Luftminen getroffen. Man hat nichts getan da drüben, um den Bau zu retten, man hat ihn aber auch nicht abgerissen. Das Kirchenschiff liegt voll Trümmer, durch das Notdach regnet es hinein. Tröstlich, daß die kostbare Ausstattung größtenteils gerettet ist. Der Hochaltar steht jetzt in der erhalten gebliebenen Nikolaikirche.

※

1990: *St. Jürgen liegt noch immer «wüst» da, im Frühjahr stürzte noch ein Giebel ein. Sie wird zu retten sein, heißt es. Merkwürdig, daß sich kein Engländer aufgerufen fühlt, etwas dafür zu spenden.*

Nartum Mo 11. Juli 1983 heiß

Kaffee im Hof, zehn Uhr, ein sanfter Wind, reiner blauer Himmel, und innerlich von sanftem Wind bewegt. – Der Kater langweilt sich, räkelt sich auf dem Boden und maunzt überlaut, kriecht hinter mich auf den Sessel. Am Hals hat er Zecken, ich laß sie ihm. Schmarotzer stehen in unterschiedlichem Ansehen.

※

Wir haben Zuwachs erhalten. Gestern nachmittag kamen Friederike aus Minden und deren Freundin Ulrike aus Heidelberg, per Rad. Sie hatten sich angemeldet, aber ich hatte den Brief irgendwie nicht gelesen.

Es wurde wahnsinnig geduscht. Von seiten der bereits vorhandenen Mädchen gab es Muckschungen*.
«Sollen wir für die auch noch kochen?»
Sie werfen mir vor, daß ich ihnen von den beiden Neuen nichts gesagt habe. Sie meinen, ich hätte «ein falsches Spiel» gespielt (wie sie sagen), das also extra verheimlicht. Tiny laboriert an einem Wespenstich. Mein Salmiakgeist, der sofort geholfen hätte, wurde zurückgewiesen. Das sei nicht nötig. Nun ist der Fuß elefantisch angeschwollen. Sie liegt auf ihrem Bett, ißt Gummiteddys und liest alte Mad-Zeitschriften aus Karl-Friedrichs Zimmer. Und ich zittere, daß sie sie nicht wieder ordentlich hinlegt, weil ich sonst von KF welche auf den Deckel kriege.

Die Lieblingsnichte Friederike

*

Am Abend lagen wir gemeinsam auf den Lottersofas, aßen Lakritze und sahen den ersten Teil des «Kapitel»-Films. Die beiden Neuen «tickten» nicht richtig, sie lachten an der falschen Stelle. Außerdem «kriegten sie es nicht auf die Reihe», daß da von mir die Rede war. Mit der Zeit verging ihnen das Lachen, und dann kam auch prompt die Frage, die ich nun schon bis oben hin habe: «Onkel Walter, was denkst du so, wenn du den Film siehst?»

>   Masculina sind auf ac
>   Schellack, Kognak, Hodensack.
>   Feminini generis
>   ist die böse Syphillis.
>   Doch als Ausnahm' merk' genau
>   der *Milchmann* und die *Eierfrau*.

* launisches Übelnehmen

Meine kostbaren, in Hamburg besorgten Speziallakritzen finden reißenden Absatz.

In der Nacht las ich in einem Tagebuch von 1838. Unter dem heutigen Datum steht da zu lesen:

Kindestod
Den 11ten Julius erfreuete uns Gott mit einer gesunden Tochter welche den 5ten August die Heilige Taufe erhielt und genannt wurde Metta Dortea... Was für Freuden waren das für uns, daß wir bei den beyden Söhnen auch mit einer Tochter beschenkt wurden das wir die vorigen leiden vergaßen aber diese Freuden konten wir nicht lange genießen den da kamen bald wieder Leiden nach und so schmerzlich das es kaum zu beschreiben und zu überwinden ist nemlich unsere Tochter wurde uns durch einen schnellen Tod entrissen. Sie war kaum 2½ Jahre alt da traf es sich so das Kind war eine virtel Stunde allein im Hause und meine Frau hatte alles sorgfeltig beyseite geschaft das das Kind schaden konte und die Forderthür halb offen gelassen das das Kind heraus kommen konte und meine Frau war vor Haus und muß das Kind gleich nach dem Feuerherd gegangen sein und mit die Kleider an die heiße Asche [?] gekommen sein und damit das Haus herunter gegangen das der Wind die Funken aufgeblaßen ach und so dem Jammer entgegen gegangen. O was für Schrecken, meine Frau fandt Sie hinter der Thür was für Jammer und Schmerzen sowas zuerleben in so einem augenblick und nicht mal Feuer im Hause leßt sich nicht so beschreiben. Wir wanten alle meglichen Ärztliche Mittel an aber Gottes vorsehung wollte es anders das Kind lebte noch zwey Stunden da nam es der Liebe Gott zu sich. Der Arzt wolte behaubten das Kind habe von die Schmerzen nicht gefühlt die Vernunft werde gleich vergangen und von den Brennen nicht gestorben der [..?..] Rauch von den Wollenunterzeuge habe Sie erstickt und der Gefühle beraubt.
«Kurze Lebensbeschreibung von Diedrich Lampe, Schneidermeister und Köter zu Bardewisch, *1809 †1893»
Dr. Enno Meyer (Eins) 593

Vielleicht liest man so etwas deshalb so interessiert, weil den eignen Kindern ein solches Schicksal erspart blieb. – Die Mädchen rauchen übrigens oben in den Dachstuben, mir stehen die Haare zu Berge, wenn ich an die Feuergefahr denke. Das Holz ist doch knochentrocken! Ich habe es ihnen verboten, aber sie rauchen natürlich trotzdem.

Nartum 12. Juli 1983 glühendheiß

Um fünf Uhr früh lief eine Kuhherde um das Haus herum, niemand reagierte darauf. Die Kühe stießen mit den Köpfen an die Scheiben. Ich im Nachthemd raus, versuchte sie abzudrängen, zwecklos, sie zertrampelten und zerrupften alles, Katastrophe! Das Schönste war noch, daß mich Bauschan angriff, als ich die Tiere mit der Harke bearbeitete. – Es war fürchterlich!

*

Danach noch mal wieder eingeschlafen und einen schönen Traum gehabt: Ich ging mit zwei Damen (in Göttingen?) auf den Wallanlagen spazieren, links und rechts aufsteigende Seen im Nebel, zartestes Grün.

*

Seit einer Woche über dreißig Grad, ich habe Schwierigkeiten mit dem Herzen. Im kühlen Turm ist es am angenehmsten. Die Mädchen liegen in der prallen Sonne, Hitze macht ihnen nichts aus. – Ich ging mit Zitronensaft und Eis zu ihnen und servierte ihnen das wie ein Diener. Es wurde akzeptiert, und ich ging als Pfundskerl wieder ins Haus zurück.

*

Frau Sch. kommt nicht mehr, «wegen der jungen Dinger». Sie meint, die könnten selbst saubermachen, was diese leider nicht tun. Einstweilen geht es noch. Mein Waschbecken habe ich heute früh mit der Handwaschbürste geschrubbt.

*

In der Zeitung die schöne Schlagzeile: Rücksichtslose Vergewaltigung 17jähriger Mädchen! – Und in der Post die Autogrammbitte einer Frau. Eine Journalistin aus Düsseldorf habe ihr allerdings gesagt, ich täte nichts ohne Geld? – Ein Herr fragt, ob ich ihm erklären kann, wieso er mich noch nicht kennt? Er sei Studienrat und habe noch nie von mir gehört.

Durch das Haus gellt das Schluchzen Marions, die Kummer mit KF hat, ein Telefongespräch lief nicht so, wie es hätte sein sollen. Ich ging hinauf in die heiße Bodenkammer, sie zu trösten. Sie lag auf dem Bett, das Haar hing herunter, und sie schluchzte aus Leibeskräften. Neben ihr auf dem Nachtschrank lag ein Vorrat Papiertaschentücher, den hatte sie sich vorher besorgt, bevor sie den Tränenstrom losließ. Ich habe noch nie jemanden so laut weinen hören.
Die andern Mädchen nahmen übrigens von ihrem Herzeleid keine Notiz. Sie schnäbeln und schwäbeln und «balbieren mich über den Löffel». Heidschnuckengeruch liegt in der Luft.

*

«Heute gibt es bestimmt ein Gewitter.»
«Aber es ist doch gar nicht schwül?»
«Ich will aber, daß es ein Gewitter gibt.»

*

Die flotte Ulrike

Das entwickelt sich hier zur Kommune irgendwie. Die Mädchen stehen am Kühlschrank und beißen in Gurken, sie tauschen ihre Röcke und Hosen und fahren nach Zeven in die Eisdiele. Ich spendiere ihnen das Geld, um der gute Onkel zu sein. Und wenn sie zurückkommen, dann bin ich erst recht der gute Onkel, frage sie, ob sie nette Jungen gesehen haben, und es macht überhaupt nichts, daß sie die Hälfte der Besorgungen, die sie machen sollten, vergessen haben. Kleine Flusen sind es, das steht fest, und ich bin ein «gestandener Fünfziger», das steht leider auch fest.

Erziehungsversuche an mir haben sie bisher noch nicht gestartet. – Am Zaun stehen Tag und Nacht Dorfjünglinge, die es nicht fassen können.
Längst haben die Mädchen heraus, daß ich Ulrike am liebsten mag.

Ein kaum beweisbares Mikroschielen, eine kleine Sprechfremdheit – so was reißt hin.
Friederike, die Nichte, kann äußerst komisch sein. Ich habe ihre Komik zunächst gar nicht «glauben» wollen. Bis ich ihre spezielle Verdrehtheit kapierte. Sie bekommt von mir ab und zu 50 Pfennig, von wegen der Verwandtschaft, manchmal klimper ich mit dem Kleingeld in der Jackentasche, dann müssen sie raten, wieviel es ist. Wer dem Betrag am nächsten kommt, kriegt alles.

※

Leider funktioniert die Kreidestrichabsperrung meiner Räume nicht. Während ich an HW zu arbeiten versuche, drehen sie sich den Fernsehapparat an und sehen Mickey-Mouse-Filme. Es hat auch schon Versuche gegeben, mir beim Schreiben über die Schulter zu gucken. Das sei ja irre, daß ich meine Romane einfach so hinschreibe...
Ich ziehe mich auf mein Zimmer zurück. Lege mich aufs Bett. Bin dann aber unruhig, was sie da unten machen, lausche. Auch lockt das junge Blut – und dann gehe ich wieder hinunter unter einem Vorwand, den ich brauche, um recht unbefangen zu wirken, und dann haben sie sich über meine Platten hergemacht, schrecklich! Meine Oscar-Peterson-Raritäten. Ich mag gar nicht hingucken, aber ich tu es eben doch. Und dann steigere ich mich in Schimpfereien hinein, werfe den Schlüsselbund hin, so in diesem Stil. – Früher mochte ich es, wenn die Nichten «Onkel Walter» sagten, nun, wo wir allesamt älter sind, stört es mich.

※

Jetzt ist Ruhe im Schiff, Mitternacht. Ich lese den Trost der Welt, den «Spiegel» spiegellesertypisch von hinten nach vorn, und, mehr um mich zu beruhigen (und weil ichs für Oldenburg brauche), in meinen Pädagogikschwarten. Die Landschulheime mit ihren Zänkereien und Maleschen.
Im Augenblick mal wieder Wyneken: Unverhüllt fordert er die Zerschlagung der Familie, die sowieso bereits zerstört sei, zugunsten von Gemeinschaftserziehung:

Ruft eure Schüler und Schülerinnen nicht nur drei bis fünf Stunden täglich zu euch, versammelt sie nicht bloß zum Unterricht! Schart sie enger um euch zur Erziehung: wandert, spielt, schwimmt, rudert, fahrt Zweirad, arbeitet mit ihnen in Werkstätten, Garten und Haushalt.

Ich überlege, was die Mädchen wohl sagen würden, wenn ich sie «enger um mich scharen» wollte!
Und Arbeit im Garten? Wenn ich sagen würde: «So, nun rupfen wir mal Unkraut!» Die würden mich angucken, ob ich noch normal bin. Schon das tägliche Kochen, wie ich mir das so schön ausgemalt hatte, ist für sie eine Zumutung. Spaghetti mit Tomatensauce, also «Spags», darauf läuft es hinaus, und damit sind sie voll zufrieden. Ich hatte gedacht, wir würden abends im Innenhof sitzen, an einem gescheuerten Tisch (wir haben gar keinen Tisch, den man scheuern kann), mit Blumensträußen darauf, deren Blütenblätter herabfallen, und äßen irgendwas Spanisches, mit Knoblauch, und dann Wein aus so bestimmten Flaschen (der mir überhaupt nicht bekommen würde). Ich stünde am Tisch, eine große Schürze um den Bauch, und schnitte das Fleisch, erst die Messer aneinander wetzen und dann vom in Kräuter gewälzten Lammbraten zarteste Scheibchen absäbeln, Oliven, Trauben, und dann würde ich ihnen Geschichten erzählen, oder, das Glas hoch erhoben, etwas vorsingen! Und dann natürlich alles voller Kerzen, der ganze Innenhof, und um Mitternacht fährt ein Auto vor mit Freunden aus der Stadt, und das Gelächter schallt über das Dorf hin...
Gott sei Dank lassen sie mich mit Politik in Frieden. Von SS-20-Raketen oder Pershings hat noch keine angefangen.

*

Mus: Im Radio das Violinkonzert von Beethoven, das ist auch nur noch mit «Schwund» über Kurzwelle zu ertragen. Sich im Präapokalyptikum befinden.

Nartum Mi 13. Juli 1983 heiß

Es regnet Mädchen! So wie in Sachsen, wo man die Mädchen ja angeblich von den Bäumen schütteln kann, kommen sie mir jetzt ins Haus. – Also: Ein VW fuhr vor, heraus steigt, die Sonnenbrille auf dem Kopf, eine Mutter mit ihren beiden Töchtern, vierzehn und sechzehn Jahre: «So, da sind wir.»
«Und was wünschen Sie?»
«Nun, zum Seminar. Ich bringe meine Töchter zum Seminar.»
«Aber liebe Frau, das Seminar ist doch erst in vierzehn Tagen!» – Tränen.

Die Querflöte

Nun, ich sag': «Kommen Sie erst mal herein, wir werden dann schon sehen, wie wir das schaukeln.»
Dann setzte ich es gegen die blockartig kontrastehenden anderen Mädchen durch, daß die beiden für eine Woche bleiben dürfen. Die Mutter fuhr ab (wahrscheinlich hochbeglückt, daß sie ihre Töchter los war), und die Mädchen suchten sich ein Plätzchen. Gegen Abend hatte sich alles arrangiert. Marion ist jetzt die Hausfrau, sitzt links neben mir beim Essen, die andern sind die kleinen dummen Kinder, die unser Haus mit Tohuwabohu überziehen. Und ich bin sozusagen der Opa, dem sie die Krümel vom Schnurrbart absammeln.

Am Nachmittag sah ich durch Zufall, daß eines der Mädchen mit dem Geschirrtuch Quark vom Boden wischte und daß sie das Tuch wieder in die Spüle warf. Mittlerer Wutanfall!

Das Fagott

Leider kümmern sie sich auch nicht um die Tiere. Mit den Hunden gehen sie entweder 27mal am Tag oder überhaupt nicht. Die Tiere sind schon ganz durcheinander.

Die Neuen haben sonderbarerweise ein Fagott mitgebracht und eine Querflöte. Morgen werden sie uns ein Konzert geben: In einem Roman würde man das nicht glauben. Dafür würden in einem Roman Sachen stehen, die sich niemals und nirgendwo zutragen, die im Grunde auch gar nicht wünschenswert sind. Am Nachmittag, das war noch das Schönste, kamen Alfred Mensak und seine Freundin, das Literatentreffen im September zu besprechen. Wir zogen mit den Mädchen eine große Schau ab, vorher genau besprochen. Im Turm wurde der Kaffee serviert, und zwar von den extra leichtbekleideten Mädchen der Reihe nach. Und Alfred: «Na, hör mal? Wohnen die alle bei dir?»
Alfred ist immer so sauber gewaschen, wie geschrubbt, seine Ponyhaare rasten, wie Renate es ausdrückt, in der obersten Stirnfalte ein. – Durch seinen Besuch hier bei uns hat mein Ansehen bei den Mädchen eine Hebung erfahren.
«Das Haus ist toll», las ich auf einer Ansichtspostkarte, an die Eltern gerichtet, «heute kam einer vom Film.» (Ein Postkartengeheimnis gibt es bekanntlich nicht.)
Zum Fernsehen am Abend stellten wir Sessel und Sofa in den Innenhof. Die Hunde kamen gelaufen, und dann lagen-saßen wir gemeinsam auf den Lottersofas unter Decken, aßen Lakritze und sahen vom «Kapitel»-Film den zweiten Teil, der die Gesellschaft doch sichtlich beeindruckte. Ich ging danach als lederner Fremdenlegionär nach oben in mein Zimmer.

*

Lit: «Durchbruch der Flotte», von Potter. Die Geschichte der beiden deutschen Schlachtschiffe «Scharnhorst» und «Gneisenau» sowie des schweren Kreuzers «Prinz Eugen», die im Februar 1942 von Brest aus durch den Kanal in die Heimat durchbrachen. Ich habe das Buch schon mal gelesen: Wahrscheinlich reizt mich daran, daß uns im Krieg dann doch noch mal was geglückt ist – also reine Indianerspielerei. Das unwesentlich Wesentliche ist die Sexualsymbolik, die für mich aus der Schilderung des Unternehmens spricht. Die schweren Großkampfschiffe zwängen sich durch den immer enger werdenden Kanal. (Übrigens ohne zu schießen.)

Dicker Lahl besaß die entsprechenden Wiking-Modelle, wir fanden sie edler als die britischen oder die übereleganten französischen Schlachtschiffe (siehe «Tadellöser & Wolff»). – Schicksale von Schiffen: Die Sache mit der «Emden», die sie immer nicht kriegten und dann doch. Da war das Schicksal der «Goeben» und der «Breslau» schon glorreicher, die kriegten sie immer nicht und dann auch nicht. Die «Goeben» wurde erst kürzlich von den Türken ausgemustert und abgewrackt, man hätte sie zurückkaufen sollen und dann in Kiel zu Museumszwecken ausstellen, so ähnlich wie den Kreuzer «Aurora» in Leningrad. Leider war das «nicht durchsetzbar», wie das heute heißt.

Daß sie nach dem Krieg das Marine-Ehrenmal Laboe stehengelassen haben, ist ein wahres Wunder.

Nartum   Do 14. Juli 1983 heiß

Heute früh wurde ich von den Hunden geweckt. Der Große vorneweg, der kann alle Türen aufmachen, und dann schleckten sie mir das Gesicht ab. Es war schon neun Uhr, ich hatte absolut verschlafen.

*

Gestern besprach ich mit Alfred ein Projekt, das ich schon lange mit mir herumtrage, das Autobahnkreuze-Projekt.

Wenn es nach den Mädchen gegangen wäre, die mich da agieren hörten, würde der Film schon morgen gedreht werden, sie konnten gar nicht verstehen, daß Alfred sich so reserviert verhielt.

*

Am Abend fand das Innenhofkonzert statt, Fagott und Querflöte. Dazu gab's Citrone nature, von mir selbst hergestellt und am pladdernden Brunnen serviert. Sogar die Hunde machten es sich bequem. Leider wurde das Konzert durchs Telefon gestört. Leute riefen mich an, die mich für eine Aktion gegen die Apartheid werben wollten. Sie begriffen nicht, daß ich wortkarg war. Ob ich denn ein so unfreundlicher Mensch wär'? Außerdem dachte ich dauernd: Das glaubt ja kein Mensch! Sechs Mädchen plus Fagott! Ich konnte schließlich der Versuchung nicht widerstehen und machte ein paar Fotos, wodurch ich das bißchen Zauber, das aufkommen wollte, zerstörte.

*

Das Wildschwein-Kulturfilm-Instrument

Friederike hat der Bauersfrau beim Milchholen erzählt, sie studiere nun schon im neunten Jahr Medizin!
«Kricht schi denn ok ord'lich watt tau eten?» hat Frau Bartels gefragt.
Die allgemeine Unordnung im Haus potenziert sich mit der Anzahl der vorhandenen Mädchen. Friederike trägt einen Walkman, was mich wegen der rhythmischen Zischgeräusche stört. Auch stellt sie sich, wenn ich Klavier spiele, hinter mich – natürlich ohne Walkman –, und zwar kommt sie äußerst leise angeschlichen, um mich nicht zu stören. Und ich «verfiere» mich dann (wie man auf platt sagt), erschrecke mich also wie wahnsinnig und reagiere ganz anders, als sie es erwartet haben mag.

*

Da die allgemeine Unordnung «Ausmaße angenommen hat», hole ich mir den Staubsauger und reinigte die untere Etage. Wie immer in solchen Fällen, wie beim Rasenmähen oder Rasieren, stellte ich mir vor, ich müßte das Gerät in einem Werbefilm vorführen und anpreisen. Ich fuhr also besonders elegant mit dem Sauger um die Stühle herum, spreizte den kleinen Finger ab und hielt einen Werbevortrag: Was das doch für ein wunderbares Gerät ist. – Beim Wegstellen des Staubsaugers in die Speisekammer hatte ich wegen der Unordnung dort einen meiner häßlichen Wutanfälle: Drei oder vier angeschnittene, zu Stein vertrocknete Brote, schwarz gefaulte Bananen, ausgeschütteter Zucker, auf dem ich herumknirschte. Außerdem erwischte ich Marion, wie sie tatsächlich noch einmal unter fließendem Heißwasser das Kaffeegeschirr spülte. Ich schrie in die Gegend, rief «das Pack» herbei und schrie ihnen was vor über die dritte Welt und so weiter. Sie fanden das komisch, konnten sich kaum das Lachen verbeißen. Ich fand's schließlich auch komisch, spielte «Iwan der Schreckliche» und jagte sie durchs Haus. Wenn uns dabei einer beobachtet hätte!

*

TV: Abstoßendes Militärgepränge in Paris. Einerseits Kavallerie mit Federbüschen, andererseits abgasblasende Panzer.

Lit: Weiter mit meiner Backsteingotik. Das ist immer die schönste Beschäftigung. Ich habe schon gedacht, daß ich mir kleine Modelle von den «Nordischen Riesen» mache. – Heute las ich eine Monographie über die Nikolaikirche in Wismar, die damals, bei unserm letzten Besuch, leider verschlossen war, aber von früher her habe ich noch eine Erinnerung an sie. – Die Kirche liegt an der «Grube», hinter einer Reihe alter Bürgerhäuser. Der Gegensatz zwischen den geduckten Häuserchen und dem königlichen Gotteshaus ist von enormer Wirkung. – Die Nikolaikirche ist, wie der Name sagt, dem Schutzpatron der Seeleute geweiht. Neben dem Dachreiter stand einst, von weitem zu erkennen, der heilige Nikolaus, die Glockenstränge waren durch seine Hand geführt. Noch im vorigen Jahrhundert war es Brauch, daß die Mitglieder der privilegierten Schifferkompanie während des gottesdienstlichen Gesangs im Seitenschiff auf und ab gingen (und sich dabei unterhielten).

Nartum 19. Juli 1983

In der Post der Brief eines Lehrers: «Ich lasse Ihnen einige Informationen zugehen, darunter auch eine Ablichtung aus einem Katzen-Lexikon, die bestätigt, daß es auf der Insel Man schwanzlose

Katzen gibt.» (Er bezieht sich auf den «Tadellöser».) Ein Schüler bittet mich um detaillierte Auskunft über die Nazizeit, man erfahre so wenig vom damaligen Alltagsleben. Ich soll mir mit meiner Antwort Zeit lassen. Ein Verlag fragt an, ob ich das Geleitwort für ein Taschenbuch mit Erzählungen schreiben will, und bietet mir dafür 50 Mark. Ein Arzt gibt mir Ratschläge für meinen kaputten Magen: »Nutrizym ist ein sehr gutes und viel verordnetes und beliebtes Präparat, vergleichbar mit Enzynorm forte. Daneben gibt es aber auch noch was Homöopathisches: Rp. (Hauptmittel: Galium-Heel) Nux vomica Homaccord um 7 und 15 Uhr 8–10 Tropfen, Lamioflur um 9 und 17 Uhr 8–10 Tropfen, Galium-Heel um 11 und 19 Uhr 8–10 Tropfen, Graphites Homaccord um 13 und 21 Uhr 8–10 Tropfen...»

*

Am Abend ging ich mit den Mädchen und den Hunden in die Kieskuhle. Wir legten uns in eine Mulde und beobachteten schweigend (etwas kitschig) das Dunkeln des Himmels und «das Aufziehen der Sterne». Verrückterweise hatte ich meine Lesebrille auf, das hab' ich ihnen natürlich nicht gesagt. Ich sah keinen einzigen Stern. Je dunkler es wurde, desto kühler wurde es von unten und je mehr rückten wir zusammen. Das Flirren von Fingern, hier und da.

*

Lit für Oldenburg: Joh. Ramsauer über Pestalozzi, bis 1816 Schüler und Lehrer in Burgdorf.
«Am Ende wird das Schwache doch das Starke sein.» (Laotse)
Pestalozzi war auch ein starker Schwacher. Sein Unterricht muß katastrophal gewesen sein, aber als Mensch hat er alle fasziniert, die mit ihm zu tun hatten.
Die Geburt einer Idee aus dem Chaos. Bei Neill ging es ja auch chaotisch zu, und doch sind auch seine Ideen von der genormten Pädagogik übernommen worden, was allerdings darauf hinauslief, daß man den Kindern gestattete, auf den Klaviertasten herumzuspazieren und sich gegenseitig an den Pipihahn zu fassen.

Nartum Do 21. Juli 1983 glühend heiß

Mit dem Wagen nach Frankfurt gefahren. Unrasiert, mit Vierzehn-Tage-Bart. Ich wohnte in einem sogenannten Motel, in dem es nach Desinfektionsmitteln roch: abwaschbare Tapeten.
Erinnerungen an Santa Barbara.
Im Hessischen Rundfunk hörte ich mir das nun fertiggestellte Hörspiel an, das in der Tat mißglückt ist («Führungen»). Ich hätte für diese Collage Monate gebraucht, wie bei meinem Beethoven-Hörspiel. Statt dessen mußte ich alles in vierzehn Tagen runterreißen. Schade! Aber man darf nicht andere für sein Scheitern verantwortlich machen. Durchsetzungsvermögen, Energie, Beharrlichkeit – das alles gehört zum künstlerischen Schaffensprozeß dazu. Man darf nicht lockerlassen, wenn es einem ernst ist. Und so sehr sie auch stöhnen, wenn man sagt: Bitte noch einmal! Das Ergebnis zählt. Die Cutterinnen und Tontechniker sind hinterher sogar noch stolz darauf, daß man sie getriezt hat.

*

Danach las ich in der Literaturabteilung des Hessischen Rundfunks ein Kapitel aus HW. Als ich nach dem Lesen aus dem Käfterchen herauskam, das Manuskript unter dem Arm, lobte mich die Cutterin, das wär ja ein wundervoller Roman. (Diese armen Frauen fühlen sich vermutlich genötigt, sogar Wirtschaftskommentatoren zu applaudieren, weil's sonst niemand tut.) Vorher war ich aus Versehen in ein Studio geraten, an dem draußen eine rote Lampe leuchtete: Da schlief einer drin. Ich aß dann in der Kantine mit der Redakteurin zu Mittag. Sie erzählte mir allerhand von ihrer Flucht, 1945, und daß sie als Flüchtlingskind das Klo des Pastors, bei dem sie einquartiert waren, nicht benutzen durfte:

Wir waren katholisch und kamen in ein evangelisches Dorf. Dort wohnten wir beim evangelischen Pfarrer, und bei dem durften wir die Toilette nicht benutzen, weil wir zuviel Lärm machten. Wir durften auch nicht über den Flur gehen, mußten immer durch das Fenster. Meine Eltern durften nur eine Stunde pro Tag in die Toilette. Alles mußte per Eimer geschehen und alles in einem Zimmer von 15 Quadratmetern.

1990: *Die «Verkraftung» der Flüchtlinge damals und heute. Die Auffanglager sind zum Teil noch dieselben wie damals: Gießen, Friedland. – Dicke Frauen von der Caritas, die Kleider ausgeben, dürre Beamte mit Fragebogen, Turnhallen und Bettenreihen; Arbeiterwohlfahrt, Rotes Kreuz, Innere Mission; die Bäume, an denen Stellenangebote flattern. Ich geriet damals an einen Beamten, von dem später gesagt wurde, er habe für die DDR gearbeitet. Ich sollte ihm Auskunft geben über meine Kameraden, die noch sitzen, ob sie in Ordnung sind usw., was ich gottlob nicht tat.*

Als wir da so saßen und uns unterhielten, kam ein Nachrichtensprecher an den Tisch und beschwerte sich bei mir. Ich hätte in einem Interview behauptet, kein Nachrichtensprecher könne das Wort «Mecklenburg» richtig aussprechen. So was verbitte er sich!

*

Ich sah mir in Frankfurt die wiederaufgebauten Marktplatzhäuser an, wie von «Faller», lustig. Immerhin besser als die sozialistischen Betonvisionen, die für den Platz vorgesehen waren. Nun müssen sie noch die andern Fünfziger-Jahre-Sünden entfernen, dann ist alles wieder im Lot. – Der Museumsbunker gleich nebenan ist ein Beispiel für das, was der Stadt bevorgestanden hätte, wenn die Radikalinskis das Sagen behalten hätten. Es ist das häßlichste und unsinnlichste Museum, das ich kenne, eine völlig verkorkste Sache. Vor lauter Schrifttafeln mit langatmigen Erklärungen kann man die Exponate nicht ausmachen. – Unten, im Treppenhaus, wo auch die Fahrräder der Wärter stehen, sind zwei Modelle deponiert. Sie zeigen die Frankfurter Innenstadt vor und nach der Zerstörung. Die stammen wohl noch aus einer Zeit, in der das Museum einer anderen Konzeption folgte. Ein Vater stand davor und erzählte seinen Söhnen, wie schlimm die Angriffe gewesen sind, beschrieb das Krachen der Bomben usw. Und wie toll das alles wieder in Ordnung gebracht wurde. Er hatte mit den Schwierigkeiten eines nicht professionellen Erzählers zu kämpfen. Kurz danach kam eine japanische Delegation. Ein Herr von der Stadtverwaltung führte die Gruppe, der verfügte über die nötige Eloquenz. – Das Museum selbst, wie gesagt, eine völlig verfehlte Sache, die irgendwas mit der 68er-Pädagogik zu tun hat. Dies ist der Geist, aus dem heraus man der Reformpädagogik das Licht ausgeblasen hat und die kleinen Schulen abschaffte. Pädagogik vom Kind aus? Wo kommen wir denn da hin! – Übrigens war sogar im Museums-Restaurant die Stimmung feindselig. Abgesehen von der irren Musik, von der die Wirtsleute offenbar meinten, daß sie eine Wohltat für die Menschheit sei: Als ich mein Bier da trank, kam ich mir wie ein Eindringling vor, es war so, als wollten die mich da weg haben. Man muß kein Türke sein, um zu stören, wenn man nicht ins Bild paßt.

*

Ich ging auch für einige Stunden ins Städel, empfand das Betrachten der Bilder als physischen, sinnlichen Genuß. Goethe von Tischbein. Sonderbar, daß er ihn vor sich hatte, als er ihn malte, so kommt noch etwas von seiner Gegenwart zurück, oder «rüber», wie man heute sagt. – Selbstbildnis von Hans Thoma. Hierbei die Idee, daß man Selbstbildnisse im Spiegel betrachten müsse.

*

In einem Herrengeschäft fand ich eine wundervolle Jacke, die mir wie angegossen paßte, «Sacco» muß man wohl besser sagen, jedenfalls berichtigten mich die beiden vornehmen Verkäufer sofort. Ich drehte mich vor dem Spiegel und fragte nach dem Preis. – «1788 Mark», war die Antwort. Das sei Krawattenseide. Ich machte, daß ich wegkam!
Auf der Straße traf ich Alfred Edel, mit dem ich dann noch in der «Kleinen Freßgaß» saß und über die Leute lästerte. Er hatte eine Begleiterin bei sich, die er an einem Schaufenster aufgegabelt hatte, eine Lehrerin. Edel, der auch privat so spricht wie in den Kluge-Filmen, meinte, er mag die Frauen als Gattung gern. – Und ich mag ihn.

Ich war auch bei Gallwitz. In seinem Wohnzimmer hängt ein Botero, den hat er sich schon während des Studiums auf Raten zugelegt. Auf den Treppenstufen seiner Wohnung liegen sonderbarerweise dicke runde Steine von der Ostsee. Das hat wohl was mit Braque zu tun.

※

Danach fuhr ich nach Mainz, in die ZDF-Gralsburg, und bot meine Autobahnkreuze an. Ganz oben im zwölften Stock begann ich, bei Stolte, der mir die Bilder zeigte (es war kein Botero darunter), mit denen er die Wände vollgehängt hat: Industrie- und Handelskammer. Er war mir gewogen, konnte aber mit meinen Autobahnkreuzen nicht viel anfangen. Er schickte mich zu Ungureit, der sich in den frühen Siebzigern für die Verfilmung meiner Romane eingesetzt hat, zwei Stock tiefer, und der sagte aha! und soso! und schickte mich zwei Stockwerke tiefer zu Frau Pinkerneil, die versprach, sich dafür stark zu machen, daß diese wunderbare Idee verwirklicht wird. (Leider fiel hier schon bald das Stichwort «Kirchenfunk» – Kreuze!) Als ich quasi als Kapitulationsangebot Baumfällereien und Unfallfotos ins Gespräch brachte, daß man so was in den Film ja «mit einbauen» könnte, guckte sie mich an, ob ich nicht ganz normal bin.
Nein, das müsse eine ganz karge Sache werden!
Ich sehe den Film vor mir, er braucht nur gedreht zu werden. (Deshalb könnte man es eigentlich auch lassen.) Wahrscheinlich kommt es nicht zur Realisierung, weil ein solcher Film nicht in das Öko-Schemadenken der Leute paßt, die das Sagen haben. Diese Leute, die Sportwagen mit Schlafaugen fahren, hören nur das Wort «Autobahn» und werden sofort aggressiv: Aha, hier ist einer, der die Technik verherrlichen will, dem werden wir mal sofort das Gas abdrehen. Außerdem wäre ein solcher Film zu kurz. «Dafür haben wir keine Sendezeit», heißt es. «Das paßt nicht in das Sendeschema.»
Im ZDF noch etwas herumgehört und dabei mitgekriegt, wer hier so ein und aus geht, um nicht zu sagen antichambriert. Über einige prominente Kollegen war allerhand Lustiges zu erfahren. Gewisse

Kollegen, die sich immer so weltabgewandt geben, wissen ganz genau, wo Bartel seinen Most holt!
Ich müßte mich öfter mal in Mainz sehen lassen. Wichtigstes Ergebnis: Die Fechner-Produktion wird zum vierzigsten Jahrestag der Kapitulation wiederholt.

1990: *Inzwischen hat sich das DDR-Fernsehen um die Verfilmung der «Großen Zeit» bemüht. Ein wundervoller Gedanke. Aber an den Originalschauplätzen wollen wir lieber nicht drehen. Das ist gar zu jämmerlich. – Inzwischen ist auch die Hark-Bohm-Fassung von «Herzlich willkommen» gelaufen, sie hat mit der Chronik nichts zu tun. Schade!*

※

Auf der Rückfahrt machte ich in Göttingen Station. Hotel Gebhardt. Ich lief kreuz und quer durch die Gassen und ärgerte mich über die Abreißerei, die hier stattfindet. Jedesmal ist wieder eine schöne Ecke weg. Am traurigsten ist es wohl, daß die alte Commende ruiniert wurde, da gab es früher mal einen verträumten Hinterhof, der ist verschwunden.

1990: *Das Kaufhaus Hertie, für das der aus der Renaissance stammende Reitstall abgerissen wurde, hat inzwischen pleite gemacht und steht leer.*

Die Tanzschule Seydewitz, 1956, in der ich Hildegard kennenlernte, der Juwelier, bei dem wir unsere Ringe kauften, Gold-Rosé für 50 Mark das Stück (Hildegards Ring war ein Gramm schwerer); Peppmüller, Deuerlich und Kerst, die Buchhandlungen, in denen ich als «Spätestheimkehrer» nichts kaufen konnte, weil ich kein Geld hatte. Die Bücher, die ich für die Hochschule kaufen mußte, habe ich bis heute nicht gelesen. – Diesmal kaufte ich im Peppmüller-Antiquariat allerhand Pädagogisches. Aus der Bibliothek von Hermann Nohl, die hier zum Verkauf stand, kaufte ich für leider sehr viel Geld zwei alte «Anleitungen für Schulmeister».

Schläge müssen, wenn es die Not nicht fordert, nie gerade vor dem Unterrichte und nie während desselben erteilt, sondern bis zum Ende verschoben werden: Denn das Schlagen pflegt gewöhnlich, sowohl den Lehrer als die Schüler, so zu zerstreuen, daß der darauf folgende Unterricht schlecht vonstatten geht.
Bernard Overberg, 1807

Wenn ich das Wort «Pädagogik» höre, dann wallt in mir ein warmes, freundliches Gefühl auf.
Die Jakobikirche scheint jetzt verschiedenen Religionen zu dienen, es sieht alles ein bißchen verwahrlost aus. Wie in Lübeck, die Katharinenkirche. Vor der Kirche hatte sich eine Friedensgruppe bei den Händen gefaßt und sang kitschige Lieder. Ein Betrunkener, der mit anderen Betrunkenen im Kirchenportal lag, grölte dazwischen.
Ich ging einmal den Wall rundherum und hing als alter Herr lieben Erinnerungen nach. Die Kritiker werden mir die «sonnige» Darstellung von Göttingen in HW als Nostalgie ankreiden, das steht fest.
Als ich den Marktplatz überquerte, rief jemand hinter mir her: «Walterchen!»

*

Die Vogelbeeren beginnen sich zu röten, im Garten ist es nicht auszuhalten wegen der Gnitzen. Die Mädchen empfingen mich herzlich, allerhand Fremdes hatte sich im Haus verbreitet. Diverse Untaten waren zu konstatieren. Das kleine Marmeladenfäßchen, noch aus Rostock, ist zerdeppert. Ich kann nicht begreifen, daß man etwas fallen läßt, da muß man doch fest zupacken. Bücher meinetwegen, aber doch kein Porzellan. Mir ist in meinem ganzen Leben noch nie was hingefallen, und es wird mir auch nichts hinfallen.

*

Vor genau zehn Jahren arbeitete ich hier in Nartum mit Fechner am Drehbuch von «Tadellöser & Wolff». Das war ein versauter Sommer mit gutem Resultat.

19. Juli 1973: *Arbeit am Drehbuch mit Fechner. Sehr anstrengend, aber auch interessant. Zu meinem Erstaunen hält er sich sehr eng an den Roman. Nimmt das Buch gegen mich in Schutz. Wenn ich sage: Aber das können wir doch so und so machen, dann sagt er: Nein, im Buch steht's anders.*
Er sitzt am Schreibtisch und schreibt kritzekratze, und ich sitze daneben und schaue aus dem Fenster, wo das schönste Ferienwetter vergeht. Draußen kann er nicht arbeiten, sagt er. Also müssen wir in dem Loch sitzen, kein Sonnenstrahl.

Eberhard Fechner erklärt dem Kameramann G. Erhardt die nächste Einstellung

Er füllt den Raum mit mächtigen Gesten, und ich sitze im Stuhl und starre vor mich hin. Die alten Geschichten! – Ab und zu hört er auf mit seinem Kritzekratze und sagt: «Helfen Sie mir!» Dann kommt eine neue Szene an die Reihe. Er liest mir den vorhandenen Romanstoff vor, und dann diskutieren wir die Sache, wie sie angepackt werden muß, was weggelassen werden kann (das meiste) und was unbedingt übernommen werden muß. Um ihn zu besänftigen rede ich mal so und mal so. Wenn ich sage: Das kann weg! Dann sagt er todsicher: Aber nein! Und umgekehrt. Dann macht es wieder kritzekratze, und

zwischendurch steht er auf und spielt mir alles vor: Ob es besser so ist oder so?
Sehr sauberer Arbeiter, geradezu pedantisch. Macht sich dauernd «Übersichten», zählt die Seiten, wieviel wir schon haben. «Das ist schon ein Zehntel!» sagt er. (Alles Ablenkungstätigkeiten, die ich von meiner Arbeit her kenne.) Er hat natürlich Schiß vor diesem Berg, der da noch vor ihm liegt. Die Befriedigung darüber, daß wir schon zehn Seiten haben, hält nicht lange vor. Sie schlägt sofort um in die Klage: Und das und das müssen wir noch!
Es ist immer wieder erstaunlich, wie gut er das Buch kennt, offensichtlich hat er einen ganz persönlichen Draht zu meinen Geschichten, aber das «Private» schafft nur die Voraussetzung des Verstehens. Um daraus einen Film zu machen, muß alles völlig neu arrangiert werden. Seine wichtigste Erfindung für den Film ist «der Erzähler», mit dem kriegt er alles in den Griff. Er will den Film in Schwarzweiß drehen, was ich großartig finde, und eventuell alte Kameras verwenden, um so authentisch wie möglich zu werden. «Verstehen Sie, was ich meine?» sagt er. Oder: «Verstehen Sie, was ich damit sagen will?»
Abends soll ich das tippen, was wir erarbeitet haben, drehbuchgerecht, mit «Einstellung», «Bild» usw. Er will wohl die Stenotypistin sparen. Dann steht er direkt neben mir und guckt mir auf die Finger. Nicht sehr angenehm.

Lit: Backsteingotik. Die Nikolaikirche in Stralsund. Ihr Doppelturm ist mit dem Rathaus verwachsen, so ähnlich wie St. Marien in Lübeck. – Im Mittelalter diente die Nikolaikirche der Bürgerschaft als Festhalle, in der Ratssitzungen abgehalten wurden, Kaufleute ihre Transaktionen berieten und Zünfte zusammenkamen. Zuweilen wurden drei, vier Messen gleichzeitig gelesen, an Festtagen dauerten sie nicht selten drei bis vier Stunden. Religiöse Spiele wurden aufgeführt, beklatscht und belacht. Am Himmelfahrtstag setzte man zum Beispiel eine Christusfigur in einen Käfig. Unterm Dach standen Männer, die an Stricken hölzerne Engel niederließen und auf und ab bewegten. Schließlich wurden sie mitsamt dem

Christus hinaufgezogen und verschwanden durch ein Loch im Gewölbehimmel. – In der Reformationszeit wurden sechzig Altäre mit Äxten herausgebrochen und auf dem Marktplatz verbrannt. «Meist Handwerksburschen von auswärts» taten das, wie es hieß.

Nartum So 24. Juli 1983

Ein Lesesonntag, Beine hochgelegt, eine Tasse Tee neben mir und ein Teller mit Baumkuchenspitzen, von denen die Mädchen nicht essen dürfen, es aber doch tun, was mich freut, weil es mich antörnt, wenn man mich bestiehlt. – Heute sind sie nach Worpswede gefahren, es ist eine himmlische Ruhe im Haus. Mal sehen, was sie für Ansichtskarten mitbringen.
Wahrscheinlich das Mädchen mit der Katze.

*

Für meine Vorlesungsreihe «Vergessene Pädagogen» beschäftigte ich mich immer noch mit dem unvergessenen Pestalozzi.
Ramsauer über Pestalozzi:

Das Beste, was wir bei ihm hatten, waren die Sprachübungen, die wahre Anschauungsübungen waren. Die Tapeten waren sehr alt und zerrissen und vor diese mußten wir uns oft zwei bis drei Stunden nacheinander hinstellen und von den darauf gemalten Figuren und eingerissenen Löchern sagen, was wir hinsichtlich ihrer Form, Zahl, Lage und Farbe sahen. Dann fragte er: «Buben, was seht ihr?» (Die Mädchen nannte er nie.)
Antwort: «Ein Loch in der Wand. Ein Schranz (Riß) in der Wand.»
Pestalozzi: «Gut! Sprecht mir nach: Ich sehe ein Loch in der Tapete. Ich sehe ein langes Loch in der Tapete. Hinter dem Loch sehe ich die Mauer. Hinter dem langen, schmalen Loche sehe ich die Mauer...»
Weniger zweckmäßig waren die Sprachübungen, die er aus der Naturgeschichte nahm und wobei er uns vorsprach, während wir, wie oben gesagt, zeichnen mußten. Er sprach vor: «Amphibien. Schleichende Amphibien. Kriechende Amphibien. Affen. Geschwänzte Affen. Ungeschwänzte Affen» usw. Hiervon verstanden wir kein Wort, denn es wurde kein Wort erklärt, und es wurde so singend und überhaupt so schnell und undeutlich vorgesprochen, daß es ein Wunder gewesen wäre, wenn jemand etwas

davon verstanden und etwas dabei gelernt hätte. Zudem schrie Pestalozzi so entsetzlich laut und anhaltend, daß er uns auch nicht nachsprechen hören konnte, und das um so weniger, da er nie auf uns achtete, wenn er einen Satz vorgesprochen hatte, sondern ununterbrochen fortfuhr und eine ganze Seite in einem fort vorsprach... und unser ganzes Nachsprechen bestand größtenteils darin, daß wir am Ende «en – en» oder «Affen, Affen» sagten. Von Fragen und Wiederholen war nie die Rede.

Ja, was man mit den Kindern alles machen kann! Eines darf nie fehlen: die Liebe. Und deshalb sage ich: Der Unterricht kann so schlecht sein wie er will, er schadet den Kindern kaum, wenn – ja wenn! Wenn um dieses Lern-, Bims-, Ochszentrum herum ein freier pädagogischer Raum des Wohlwollens existiert.

*

Gestern hatte ich eine Lesung vor Landfrauen in einem Heimatmuseum, einem wiederaufgebauten Bauernhaus. Das Flett scheußlich, kleine Steine hingeschüttet und mit Mörtel verkleistert. Alles sehr häßlich, Wurstattrappen über der erloschenen Feuerstelle. Im Dachgeschoß das übliche Handwerkszeug usw. Zwei schöne Trachten dabei: Trauerkleidung einer Frau: schwarz mit weißer Schürze. Das sei die tiefste Trauer, sagte der alte Mann, der mich führte.
Das Publikum kam «vom Acker», wie man sagen könnte, kein Zeichen von Angerührtheit. Ich hab' aus der «Schönen Aussicht» das Kapitel von «Bad Wursten» gelesen und hab' mich geärgert über den schlechten Text. Schauderhaft. Muß geändert werden. Unbegreiflich! – Die Lesung wurde im übrigen von einem plattdeutschen Chor umrahmt!

*

TV: Mit den Mädchen «Der unsichtbare Dritte» von Hitchcock. Die Sache mit dem Nationaldenkmal, wie sie da auf den Nasen der Präsidenten herumturnen. Die Mädchen kannten den Film noch nicht, was mich wunderte. Ich habe ihn mindestens schon fünfmal gesehen, und er ist frisch wie am ersten Tag. Ich war irgendwie stolz, daß ich ihnen diese Sensation bieten konnte.

Nartum Mo 25. Juli 1983

T: Ich fahre mit einem Auto ans Meer, eine Straße führt hinab an den Strand, aber das Meer ist mit einem Strick abgesperrt. – Das Meer ist braun, und die Wellen brechen in ganzer Breite sehr plastisch an den Strand.
Bedeutet der Traum, daß ich die Leidenschaften meiden soll? Kann sein. Aber bei dieser Deutung stört mich das Auf-der-Hand-Liegende. – Das braune Meer soll vermutlich bedeuten: So schön wie du denkst, ist das Meer gar nicht, du beschmutzt dich.

*

Die Firma Faber-Castell schickte mir heute ein Bündel Bleistifte, weil – «Konkurrenz schläft nicht» – ich mich für die Pelikan-Gazette irgendwie positiv über Bleistifte ausgelassen hatte. (Wofür ich übrigens einen Montblanc-Füller mit Mosaikmuster geschenkt bekam, das Preisschild war noch dran.)
«Als Beweis für die Bruchfestigkeit der Mine führen wir das Faber-Castell-eigene ‹Secural-Fertigungsverfahren› an, das die Mine hauteng mit dem Holz verschweißt. Bitte beachten Sie schließlich noch die verschiedenen Härtegrade der Ihnen zugesandten Musterstifte. Einer davon müßte eigentlich Ihr Traumstift sein.»

*

Eine Frau schreibt:
«... Zu einer Kriegsweihnacht lernte ich ein Gedicht, dessen Anfangszeilen ich behalten habe. Sie lauten:

>   Nun leuchte liebes Lichtlein du,
>   Bald deckt der Schnee die Erde zu.

Gern hätte ich den vollständigen Text in Erfahrung gebracht. Können Sie mir helfen?»

*

Je länger ich mit den Mädchen zusammen bin, desto tochterhafter kommen sie mir vor. Die Oberflächenreize sind verflogen. Guthei-

ten sind jetzt Trumpf: Mir werden öfter mal Blumen hingestellt. Und es scheint so, als ob sie meine Schrullen etwas besser kapierten. So bitten sie mich etwa dreimal am Tag, mit ihnen «Iwan der Schreckliche» zu spielen. Das Trampeln zur Mittagszeit hat aufgehört. Abends machen wir Groschenspiele. Ich frage zum Beispiel: Auf welchem Bild in unserem Haus ist ein Hund zu sehen? Oder: Wieviel Kerzen stecken am Kronleuchter in der Halle? Wer der richtigen Antwort am nächsten kommt, kriegt einen Groschen. Ich bin also wieder bei meiner Bonbonpädagogik gelandet. Der Ton macht die Musik. Die Groschen werden als Spaß begriffen. Zumal ich manchmal schummle und ihnen ein fremdes, aber ähnliches Geldstück unterschiebe. «Wie viele Vogelbeerbäume stehen an unserer Allee?» Daß ich ihnen zur Belohnung auch mal das Ohrläppchen küsse, lassen sie zu.
Im Zuchthaus haben wir Skat nie ohne «anschreiben» gespielt. Wenn wir nicht anschrieben, war kein Ernst bei der Sache, und dann machte das Skatspielen keinen Spaß.

*

Für die Mädchen ist es eine Strafe, wenn sie mich abends auf dem Hundespaziergang begleiten sollen. Ich dachte, ich könnte ihnen, einzeln, dabei etwas näherkommen. Seelenarbeit leisten oder irgend so was. Was sonst so locker läuft, ist in den Nachtstunden verquält und unerträglich.

*

Mus: Die Winterreise: Da sie zu knödelig gesungen war, setzte ich mich ans Klavier und buchstabierte sie mir selbst zusammen.

*

Am Himmel war Feuerschein zu sehen, die Mädchen holten mich aus dem Bett. Wir stiegen ins Auto, in Pyjama, Nachthemd, Bademantel, und fuhren dem Feuerschein nach. Was so nah aussah, war ziemlich weit weg, wir fuhren über eine Stunde, und dann standen wir vor einem Rohr, aus dem eine Erdölfirma Gas abfakkelte.

Nartum So 31. Juli 1983

Hier ist gestern das bisher größte Literaturseminar aller Zeiten zu Ende gegangen, das achte. Die meisten Teilnehmer waren weiblichen Geschlechts, nette, freundliche Menschen. Durchschnittsalter: 36½ Jahre. Als ob das alles alte Bekannte wären, so vertraut kamen sie mir vor. Eine der Damen brachte Stunden im Archiv zu. Am letzten Tag kriegte ich mit, daß sie meine Tagebücher liest. Dem wurde dann ein Riegel vorgeschoben. (Wenn das keine Legitimation für eine Veröffentlichung der Tagebücher ist!)
Unter den männlichen Teilnehmern hob sich ein junger Psychologe hervor, der gerade ein Buch veröffentlicht hat: «Hier irrte Freud». Das sprach sich schnell herum. Allerlei Leute umstanden ihn und ließen sich psychologisch beraten. Zu Exler kam er und sagte: Er hätte den Autoschlüssel versehentlich im Wagen gelassen, ob wir ihm die Tür aufmachen könnten? Herr Schönherr hat ihm dann mit Brachialgewalt das Auto aufgemacht. Dafür bekam er ein Exemplar «Hier irrte Freud» geschenkt.

*

Sitzt oder liegt der Dichter beim Fernsehen?
Zu Gast bei Walter Kempowskis Literaturseminar in Nartum (von Ute von Pilar, einer Teilnehmerin)

Die anfangs verhaltene Stimmung unter den Teilnehmern wird schnell lockerer. Schwankend zwischen spontaner Herzlichkeit und ironischer Distanz stellt sich Walter Kempowski auf das Publikum ein. Eine kleine Kreativitätsübung am Anfang, simpel, aber effektvoll, und schon ist man mittendrin.
«Was haben Sie als erstes im Glaskasten gesehen, als Sie hereingekommen sind?»
Der Glaskasten am Eingang, ein originelles Sammelsurium persönlicher Erinnerungsstücke, die Meißner Tasse neben dem Winterhilfsabzeichen, alte Damenschuhe, die Uraltschreibmaschine und vieles mehr. Es wird alles gesammelt hier in diesem Haus, überall Kurioses, Kunstsinniges, Kleinigkeiten, alles sehr persönlich. In der Ecke eine Schaufensterpuppe mit dem nachgeschneiderten Häftlingsanzug Kempowskis.

Wie man sieht, der Schulmeister war bei der Arbeit: Redet um Sachen. Dieser uralte Hauptsatz der Pädagogik verfängt immer. Sachliches Erinnern ist auch der Kern der Eidetik. Ein Roman lebt von Gedächtnisbildern. Verbunden werden sie durch Kontemplation. An sich ganz einfach, für «Anfänger» aber schwer nachzuvollziehen. Sie trauen ihren eigenen Erinnerungsfotos nicht.

Ich ärgere mich darüber, daß mich die Leute einen Sammler nennen. Wer trinkt, ist doch noch lange kein Trinker! – Ohne (mich) zu sammeln, kann ich nicht schreiben, ich brauche sinnliche Anschauung für meine Bücher. Das hat sogar der Steuerberater kapiert! Daß ich nicht eine, sondern vier Ritterburgen besitze, kommt daher, daß ich mich in Lünen beim Händler nicht entscheiden konnte, welche ich kaufen sollte (das Stück zu 50 Mark). Wenn ich eine richtige Sammlernatur wäre, besäße ich längst einhundertundzwanzig Ritterburgen. Sammler haben es auf Vollständigkeit angelegt. Vielleicht bin ich ein Rostock-Sammler. Rostock-Andenken kaufe ich, wo ich sie kriegen kann und mit großer Erbitterung. Ein silberner Rostock-Pfennig von 1682. Wer kann da widerstehen? Ritterburgen werden übrigens im allgemeinen nicht gesammelt, da sie zu viel Platz wegnehmen und außerdem als kriegerisch gelten, was man von Puppenstuben nicht gerade sagen kann.

Ute von Pilar schreibt:

Ein offenes Haus: Kaum ein Tag scheint zu vergehen, an dem hier nicht Besucher ein und aus gehen, Freunde, Journalisten, Literaturstudenten. Das Haus ist hierfür gebaut, großzügig und weiträumig, mit hellem Holz vertäfelt und großen Fensterflächen bietet es eine gemütliche, aber auch anregende Atmosphäre: Überall ist etwas zu entdecken.

Sie hat es erfaßt. Von Anfang an habe ich die Tantiemen meiner Bücher in das Haus gesteckt. Und das Haus soll eines Tages gänzlich, als Literaturhaus, der «Gesellschaft zurückgegeben werden», wie man es ausdrücken könnte. Das fröhliche Treiben soll sich fortsetzen, auch wenn ich nicht mehr Regie führe.

*

Unsere Gastautoren waren Härtling, Wohmann und Rühmkorf. Ich fragte Härtling beim Abendessen, warum ich zum Ost-West-Autorentreffen nicht eingeladen worden sei, er und Grass hätten doch die Auswahl getroffen («Es geht! es geht!»)?, da müßte er mir das doch sagen können?
Sie hätten mich deshalb nicht eingeladen, sagte er, weil sie befürchteten, ich als ehemaliger Osthäftling würde da irgendwie aufdrehen...
Interessanterweise waren die Autoren aus dem Osten nicht so sensibel, die hatten ihre Bosse mitgebracht. Also ein klarer Fall von Vorzensur durch die lieben Kollegen oder von «vorauseilendem Gehorsam», wie man das jetzt nennt. Unsere großen Demokraten!
Härtling las eine Kafka-Sache mit KZ verquickt. Er sieht besser aus, als man erwartet. Auf Fotos klebt ihm die Brille immer so auf dem Backenspeck. Ein an sich ganz angenehmer, wohl sanguinischer Mensch, der es mit der Jugend hat. Er

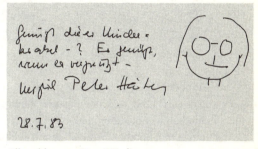

Albumblatt von Peter Härtling

beschrieb mir beim Abendessen, wie Jugend so ist und wie man mit ihr umgehen muß. Jugend sei gutwillig, diese frischen, jungen Gesichter... er war durchaus eloquent, wandte sich dabei hin und her und machte mit dem Mund Kunststücke, die ich ihm so leicht nicht zugetraut hätte.
Mich hat er mal als «Fortsetzungskünstler» bezeichnet – vielleicht denkt er, ich hab's vergessen – außerdem hat er in einem Fernsehinterview gesagt: So wie der Kempowski schreibt, kann man das nicht machen! und Schoeller hat dazu genickt.
Die Meinung einer Seminarteilnehmerin über ihn: «Härtling ist offen, mitteilsam, freundlich, zutraulich, sympathisch».
«Betrachten Sie sich als sinnlichen Menschen?» fragt ihn jemand, und er lacht und sagt rundheraus ja.

Albumblatt von Rolf Haufs

Von Rolf Haufs, dem Schwerblütigen, hatte keine der Damen je was gehört. Und weil sie ihn nicht kannten, mochten sie ihn nicht. Sie ließen es ihn büßen, daß sie ihn nicht kannten. Er gewann das Publikum dann aber durch seine zurückhaltende, schüchterne Art. Am Ende wurde auch er umstanden von Enthusiasten. Wenn all die angehenden Schriftstellerinnen wüßten, wie einflußreich er ist!

*

Gabriele Wohmann hat ihre feste Gemeinde. Sie schreibt nie etwas um, sagte sie in der Befragung. Sie lasse alles so stehen, wie es steht. Ein bißchen merkte man das dem Text an, den sie las. – Ich hatte ihr im Parkhotel ein Zimmer besorgt (240 Mark!) und einen Blumenstrauß hineinstellen lassen, so etwas hebt die Stimmung.

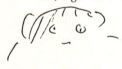

Gabriele Wohmann

*

Rühmkorf in gewohnter Routine. Er saß mit einer Pobacke auf dem Bücherbord. Diesmal hatte er Dias mitgebracht, die er zu-

nächst in größter Gemütsruhe vor versammeltem Publikum sortierte (es handelte sich um Klecksographien) und sodann launig kommentierte. – Er nennt mich Kempo, was mir wohl tut. Die Frauen sind ziemlich hinter ihm her, ziehen sich was Besonderes an: «Heute abend kommt Rühmkorf!» Er sieht aber auch wunderschön aus mit seinem grauen Wildledermantel (in der Hitze!), den sandfarbenen Leinenhosen und dem etwas dunkleren, ebenfalls sandfarbenen Hemd. Dazu die seltsamsten Tennisschuhe, die man sich denken kann. Außerdem verfügt er über einen phantastischen Adamsapfel. – Man hing an seinen Lippen. Sein Auftritt dauerte volle drei Stunden, ohne daß einer rausgegangen wäre. Er hat eine pädagogische Ader, beteiligt das Publikum und doziert nicht. – Ich bat mir eine seiner Kleckszeichnungen aus, er schenkte sie mir nur zögernd.
Nachts wurde noch lange in der Natur geschweift, bis nach Bockel an den See ging es, wo die jüngeren Damen unbedingt baden wollten. – Dieses Rumgepansche im Wasser, ich kann nichts daran finden. 1970, in Kanada, standen wir bis zum Kinn in einem klaren, unbewegten See, der Grund goldflimmernd. Das war schön. Aber auch nur in der Erinnerung.

*

Die Nachmittagskurse bewährten sich mal wieder. Die Kalligraphen saßen mit gebeugtem Rücken in der Halle und schrieben wie die Mönche, träumten von handgeschriebenen Folianten. Martin Andersch war der Klostervater, von einem zum andern gehend. Gern würden sie auch noch Gewürzkräuter aufhängen, wie sie das im Mittelalter taten, und Grützsuppe essen. Und dann müßte einer psalmodieren.

Unser lieber Martin

Im Turm ließen die Damen afghanischen Silberschmuck durch die Finger gleiten, den Lothar vorführte. Ablesbare Symbole sollten identifiziert werden, was dazu führte, daß man sich über und über mit Ketten behängte.

Der Fotoromankurs siecht dahin. Das halten die Leute für italienischen Pornokram. Auch Hans Sachs wird nicht angenommen. Die derben Sketche segeln unter «komisch», und so was lieben unsere deutschen Publikumsschulmeister nicht. Da fühlen sie sich nicht ernst genommen. (Brecht)

Zur Fahrt nach Worpswede zog ich mir meine französische Lederjacke an, die ich etwas billiger gekriegt habe, weil der eine Ärmel etwas zu kurz ist. Ich nehme die Hände auf den Rücken, dann geht es ohne weiteres.

*

Am Abschlußabend bekam ich einen Papp-Doktorhut humoris causa verliehen. Dann lagen wir im Garten auf dem verbrannten Rasen. Eine Dame rappelte «Die fromme Helene» herunter. Als sie fertig war, wurde «Da capo!» gerufen. Danach wurde gesungen: «In einem kühlen Grunde», was sich das jüngere Volk, knackig, rosig und brünstig, verblüfft anhörte. Die kennen noch nicht mal das Ännchen von Tharau. Dafür aber jede Menge afrikanisch-israelische Friedensgesänge, im wesentlichen aus Refrain bestehend, womit sie irgendeinen ganz speziellen Frieden meinen, den ich nicht kapiere.

Wie zu jedem Seminar, so lud ich auch diesmal Jugend ein, die alles umsonst hatte und mir helfen sollte, Stühle hinzustellen und Kaffee zu kochen usw. Zwei Geschwister waren mit Zelt gekommen, aus Süddeutschland. Der Junge sah aus wie ein Kameraassistent, das Mädchen wie die Resi vom Wolfgangsee. Ich legte mich zu ihnen ins Zelt. Während draußen gesungen wurde, schwätzten wir ein wenig. Sonderbare Art, miteinander zu reden: «Alte Sau», sagte er zu seiner Schwester, was nicht unfreundlich gemeint war. Sie beschwerte sich, daß Männer auf die Straße spucken, das erlaubten sich Frauen nicht. Und, das war ihr aufgefallen, bei der Ampel auf Rot bohrten Männer in der Nase.

Meine gute Laune verflog, als mir eine Goldammer vor die Füße kullerte, halbtot gebissen von der bösen Katze Susi. Ich nahm den Vogel in die Hand und sprach leise mit ihm, bis er sich streckte.

*

Auch mein Bruder war erschienen. Zu fortgeschrittener Stunde, als im Haus bereits die Kerzen «flackten», erzählte er den Damen mit von Wein gerötetem Gesicht, wie alles war, ist und sein wird. Klare Sache und damit hopp! Außerdem unterhielt er sie in japanischer Sprache. Er hat ihnen sogar Bücher auf japanisch signiert.
Exler wurde von vollbusigen Frauen bedrängt.
Ich hielt es mehr mit den jüngeren Semestern, mit der Resi vom Wolfgangsee und mit einem Mädchen, das ich «Effi Briest» nannte. Ich saß mit ihnen dann noch bis gegen Morgen auf dem Loriot-Sofa und freute mich, wie die Menschheit den Büchergang hinauf und hinunter flanierte

Die Geschwister in ihrem Zelt

und es nicht sattkriegen konnte. Daß wir unser Haus so öffnen, wundert die Leute, und daß wir nichts abschließen, keinen Schrank und keine Tür, finden sie ganz unbegreiflich. Gestohlen wird fast nie etwas.

1990: *Mein größter Verlust: Das Ms. von «Uns geht's ja noch gold» mit handschriftlichen Anmerkungen von Uwe Johnson. (Ich weiß übrigens, wer es genommen hat, vielleicht schickt er es mir ja mal wieder zurück?)*

Wir machten mit unserm Seminar ein kleines Plus: 1035 Mark, was ich soeben mit Hilfe meines Taschenrechners ermittelte.

Die Busfahrten nach Worpswede dienen der Auflockerung. Ich betätigte mich dabei als Fremdenführer und nehme sofort die entsprechenden Marotten an.

Unsere Haustöchter hielten sich zurück. Zu meinem Verdruß nahmen sie an meinen fabelhaften Vorträgen nicht teil, sie «glänzten durch Abwesenheit», wie man sagt, und saßen statt dessen mit Jünglingen, die das Seminar umsonst gekriegt hatten, in der Küche.
«Wir sind so intim mit ihm, daß wir das alles schon kennen», sollte das wohl bedeuten. Immerhin, sie deckten die Prominententafel mit Umsicht und sorgten durch ihre bloße Gegenwart für Einstimmung bei den hohen Herren.

*

Eine Dame wollte wissen, ob die Skulpturen in unserm Garten aus richtigem Fels sind. Und ein Mann fragte inquisitorisch: «Sagen Sie mal, *wer* steht eigentlich hinter Herrn Böckelmann?» Sein

Vetter habe auch Böckelmann geheißen und sei ebenfalls eine komische Nudel gewesen.

※

Daß Hunde durch den Raum jagten, als Härtling las, gefällt ihnen, eine müde vorüberfliegende Krähe wird im Tagebuch notiert, und die Kuh, die vor dem Fenster kalbt, geht ein in die Literatur. – Die Autoren denken während sie lesen: «Ich lese jetzt», und die Zuhörer denken: «Jetzt höre ich zu.» Morgen werden sie zurückdenken, so wie sie gestern an heute dachten. Nur selten explodiert die Gegenwart.
Und ich bin so ungefähr der glücklichste Mensch, den man sich vorstellen kann.

August 1983

Nartum Mo 1. August 1983

Gestank nach Gülle: Alle Fenster zu!
Um Tagebuch schreiben zu können, muß man die Gegenwart erleben, als ob man sich an etwas Vergangenes erinnert.

※

Durch die offenstehende Alleetür kam ein Kaninchen in mein Arbeitszimmer, ein junges Tier, das wohl noch nicht so genau weiß, was Sache ist. Die Hunde, die das Fangen von Kaninchen in freier Wildbahn schon aufgegeben haben, rasten hinter ihm her, und die Mädchen schrien. Ich mußte die Hunde erst in die Halle sperren, und dann geleitete ich das arme Tier mit Besen nachdrücklich hinaus.
«Hoffentlich bricht es sich nichts.»
Das Kaninchen hat sich sehr aufgeregt. Wenn es gewußt hätte, wie harmlos ich bin!
Schade, daß so etwas nie passiert, wenn Besuch da ist, ein Journalist oder das Fernsehen. Ein Igel war auch schon mal da, und Mäuse natürlich sowieso. Mit denen gehen wir nicht so sensibel um. Schwalben.
Die Kaninchen haben in unserm Garten ihre eigenen Territorien. Wir konnten ihnen in all den Jahren nicht beikommen. Selbst gedungene Jäger versagten! Ich mag diese munteren Tiere eigentlich ganz gern, sie beleben den Garten. Physiognomisch erinnern sie mich an meine Klavierlehrerin. – Hildegard haßt sie. Neulich saß eines direkt vor dem Pavillon und knipste ihre gehegten Rosen ab, eine nach der andern.
«Guck mal wie blöde das Vieh aussieht», sagte sie.

※

Ach Scheiden macht uns die Äuglein naß!

Dieses Gedicht ist, was meine Gefühle betrifft, zwar etwas übertrieben, aber ich war doch traurig darüber, daß uns vier der Mädchen heute verließen. Wir Übriggebliebenen standen an der Straße und winkten ihnen nach: Die Mädchenüberschüttung – das war ein unerhörtes Erlebnis. Ich freute mich darüber, daß sie da waren, ich freute mich aber auch, daß sie wieder wegfuhren. Es blieben Marion und Schwester.
«Nun sind wir wieder unter uns.»
Das Haus macht einen verwahrlosten Eindruck. Ich habe noch nie in meinem Leben so unordentliche Menschen gesehen, wie diese Mädchen es sind oder waren. Und sie sind es in aller Unschuld. Von Mädchen denkt man immer, sie seien besonders sauber, das ist wohl ein männliches Vorurteil.

※

Am Nachmittag sah ich meine Coffee-Table-Books mal wieder durch: Kunstbände, Kataloge, «Schiffe und ihre Schicksale», «Olympia 1936». Die meisten habe ich geschenkt bekommen und noch nie angesehen, die Carl-Larsson-Bücher zum Beispiel. Die Kinder griffen zielsicher nach den Show-Freaks, ich selbst gelegentlich nach Space-Fantasy-Books aus den USA. Heute blieb ich hängen bei «Miniature Rooms» aus Chicago.

Lit: Etwas in Musil geblättert, «Mann ohne Eigenschaften». Über die «Parallel-Aktion» 1913, die Konkurrenz zweier Thronbesteigungsjubiläen. Der Titel des Romans hat etwas Abstoßendes. Der Leser vermutet, daß es sich um ein unlesbares Buch handelt. Und das Gegenteil ist der Fall. Die verdrehte Komik des Ganzen.

Ich habe in meinem Archiv zahlreiche Alben und Fotos aus der Vorweltkriegszeit. Dünne, braungetönte Aufnahmen von Familienfesten, Ausflügen, Reisen und von Manövern. Aus all diesen Fotos spricht gutgenährte Sorglosigkeit, viel Sonne scheint, 1913: siebzig Jahre ist das jetzt her. Wir können keine Spuren von Vorahnung entdecken in diesen heiteren Friedensmanifesten.

Sommer 1913

1990: *Im Mai habe ich ein paar Stunden am Strand von Graal gesessen, es war wunderbares Wetter, und keine Menschenseele war zu entdecken. Es waren keine Spuren mehr auszumachen von den großen Tagen meiner Eltern. – Ich nahm eine von der See rundgeschliffene Glasscherbe mit.*

Die Großeltern Collasius 1913 in Graal. Im Strandkorb, rechts, meine Mutter

Nartum   Di 2. August 1983   heiß

Auf Fliegen wartend, die ich totschlagen will, die sich aber nicht lassen, sitze ich, jappend vor Hitze, in der Bibliothek und lese in dem Buch «Gläserne Schwingen», wie kompliziert und wundervoll diese Insekten gebaut sind. Wenn sie fliegen, beschreiben sie mit ihren «Gläsernen Schwingen» eine Acht! – Solange ich auf sie warte, halten sie sich in entfernteren Regionen auf. Sobald ich aber anfange zu lesen, kommen sie herbei. Ich habe keine Ahnung, woher all die Fliegen kommen, denn Fenster und Türen sind

geschlossen. Ein ernsthaftes Arbeiten ist unter diesen Umständen nicht möglich. Hinzu kommt, daß das Telefon alle fünf Minuten läutet und daß in meinem heiligen Turm, ganz profan, zwei Steuerprüfer die Belege durchraschen, ob ich eventuell den Fiskus betrogen habe. All die hübschen Quittungen vom Kaffeetrinken im Weserschlößchen, vom Klavierstimmen fürs Hauskonzert, von Platten- und Buchkäufen werden zur Hand genommen und wägend auf verschiedene Haufen gelegt: «Notfalls in Ordnung», wie mein Vater gesagt hätte. Der eine trägt eine Windjacke, das ist der Jäger. Der andere, eine Art Adlatus, lacht immer so fröhlich: Jetzt haben wir ihn erwischt! Aber der Jäger sagt: Nein, das glaubt er nicht. Aber hier, da soll er mal gucken, das scheint irgendwie nicht zu stimmen, darauf wär' er wohl nicht gekommen, was? Ja, das braucht Jahre der Erfahrung.
Als ich ihnen Kaffee anbot, überlegte der mit der Windjacke einen Augenblick, ob er den annehmen kann, dann sagte er: Ja, nach seinen Richtlinien könne er das akzeptieren. Aber nur zwei Tassen pro Person! Und der Adlatus nickte: Ja, das läßt sich machen.
«Hier steht: 32 Schnitzel, war das nötig?»
Ob Hildegard wirklich für mich arbeitet, und ob sie tatsächlich Geld von mir kriegt? Richtig in die Hand gedrückt, ja? Oder nur pro forma, was dann wieder zurückfließt in die allgemeine Kasse? – Und ob wirklich zehn Prozent der Bücher, die ich kaufe, private Erwerbungen sind.
Ich sagte: Sogar neunzig Prozent sind privat, denn das Private ist bei mir das Berufliche. – Ich fragte ihn, wie das denn mit den Investitionen sei, die ich tätigen mußte, *bevor* ich noch mein erstes Buch herausbrachte: Die Zeit von 1956 bis 1969. Die Ausgaben für Porto, Papier, Bücher, Reisen usw. müßte man doch eigentlich nachträglich von der Steuer absetzen können?
Da zuckte der Mann mit den Schultern. Er war ehrlich betroffen. Meine Elogen nutzte er dann allerdings zu einer außerberuflichen Frageaktion. Ob ich ein «Mitspracherecht» bei der Verfilmung meiner Romane gehabt hätte, und ob das Schreiben von Büchern schwierig ist? Wir saßen in dem weißen, lichthellen Turm und tranken unsere zwei Tassen Kaffee und waren uns irgendwie einig.

Ich schenkte ihnen sogar Taschenbücher, immer eins nach dem andern, so als ob ich einen Ofen mit Brikett heizen muß: In ewiger Freundschaft. Die Identifikation des Opfers mit seinem Henker. Gottlob habe ich ein reines Gewissen. Das einzige, was passieren kann, ist, daß mein Honorarkonto beim Verlag ausgehoben wird. Bisher habe ich alle Einkünfte dort stehen lassen und nur das versteuert, was ich mir schicken ließ. «Honorare werden erst zur Zahlung fällig, wenn der Autor sie anfordert», heißt die Zauberformel im Vertrag.

*

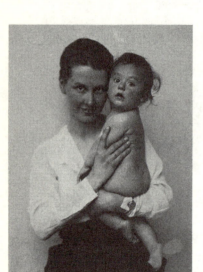

Meine Mutter, mit Ulla, dem «Üz», wie sie genannt wurde

Heute hat Ulla Geburtstag, im sauberen Dänemark. Sie stand immer ein wenig «seitab», erlebte keine Fliegerangriffe, heiratete einen Dänen, hatte mit Russen nichts zu tun und nichts mit Gefängnis. So offen und gradlinig wie ihre Schrift ist ihr Charakter. Unsterbliche Verdienste hat sie sich um die «Chronik» erworben, die geretteten Familienfotos und die vollständig erhaltene Korrespondenz mit meiner Mutter, von 1943 bis 1948. Angenehm auch, daß von ihr nie ein Vorwurf zu hören war und daß sie eigene Maleschen tapfer verschwieg. 1945 in Dänemark leben zu müssen, als Deutsche, das muß auch kein Zukkerschlecken gewesen sein. Drei Kinder, der Mann arbeitslos? – Mich nannte sie «Dickerli».

Als wir 1944 nach Dänemark kamen, da war man als Deutsche verhaßt bis dorthinaus, durfte nicht sagen, woher man kam. Alle wußten natürlich, daß ich Deutsche war, weil ich ja die Sprache nicht konnte. Wir haben uns sehr zurückgehalten, bis alles so'n bißchen abgeflaut war. (Ulla 1966)

Wir drei, 1936, bei Wertheim aufgenommen. Meine Schwester mit Affenschaukeln und einer aus der Familie stammenden Perlmuttkette. Ich trage einen von meiner Mutter gestrickten Pullover, dessen Knöpfe immer aufgingen. Robert mit Schlips und noch ohne Brille.

Nartum   Mi 3. August 1983

T: Eben träumte ich, daß ich mit meinem Auto von einer Brücke falle, ein sehr hohes Eisendings. Unten das schwarze Wasser. Während ich falle, suche ich Abstand zu gewinnen von dem Auto. In den Fenstern der Hochhäuser erscheinen winkende Menschen. Sie signalisieren mir, daß ich gerettet werde.
Ich weiß noch genau, daß ich dachte: Siehst du, jetzt ist es passiert. Einen Moment hatte ich gehofft, mich an das Geländer klammern zu können. Unten ging mir dann das Wasser nur bis zum Gürtel.

Lit: Weiter mit meiner Backsteingotik. – Die Marienkirche in Stralsund ist wohl die monumentalste der norddeutschen Riesenkirchen. Sie verdankt ihre unvernünftige Größe einem innerstädtischen Wetteifer. In seiner Größe und Wucht ist das riesige burgartige Turmwerk ohne Beispiel in Europa. Vor der Zerstörung der Turmspitze durch Blitzschlag maß der Turm 150 Meter! Um zu demonstrieren, daß der Turm noch viel gewaltiger ist, als es den Anschein hat, wurden an der südöstlichen Seite in 14 Meter Höhe fünf schwarzglasierte Steine in das Mauerwerk eingelassen. So hoch, wie sie über die Erde ragen, so tief soll das Fundament gelegt worden sein. – Innen ist die Kirche von brutaler Einfachheit. Die wie Klötze wirkenden Pfeiler erinnern fast an moderne Industriebauten. Der riesige Raum ist so leer wie eine Turnhalle, durch die Bilderstürmerei in der Reformationszeit ist fast alles vernichtet worden. Den Rest besorgten die Franzosen, die die Kirche als Kaserne benutzten. Statt Schinkel und Caspar David Friedrich die Ausgestaltung des Inneren zu übertragen, bestellte man einen ortsansässigen Zeichenlehrer.

Mus: Militärmärsche. Unser Erstaunen, daß die Russen 1945 mit deutschen Märschen anmarschiert kamen.

Nartum   Do 4. August 1983

Ich ging an einem Haferfeld entlang und streifte ein paar Körner ab (dem Knaben gleich, der Disteln köpft) und erschrak. Ich dachte, ich hätte was kaputtgemacht.

*

Der Steuerprüfer hat mir heute eröffnet, daß ich mein Schmalztöpfchen, meinen süßen Herzensschatz, das Honorarkonto beim Verlag auflösen und sofort versteuern muß. Damit hatte ich schon gerechnet. Lustigerweise sagte er mir das zwischen Tür und Angel, und er fixierte mich dabei, und sein Kollege guckte von hinten, was ich für ein Gesicht mache. Ich hatte ein Honigbrot in der Hand, und das Telefon klingelte; nahm's ganz cool, wie alle großen Katastrophen.

Die Bayreuth-Reise wollte er nicht anerkennen, das sei eine Zuwendung gewesen. Ich habe ihm meine Tagebuchmassen gezeigt und die Bayreuth-Seite aufgeschlagen und auf die zukünftige belletristische Verwertung auch dieses Erlebnisses hingewiesen, deren Tantiemen ich später dann ja versteure. Das überzeugte ihn schließlich. Der Turm ist durch den Aufenthalt der Finanzbeamten profanisiert worden. Es wird eine Zeit dauern, bis das verweht ist.

*

Fahrt nach Hamburg. Die beiden restlichen Mädchen weggebracht. Ich ging als Playboy mit aufgeknöpftem Hemd, das meine Behaarung preisgab, an der Elbe entlang, an jedem Arm eine, und die Hunde liefen vor uns her. Traurig im Gemüt, weil ich an mein Honorarkonto denken mußte. Die Gesichter der Passanten sah ich mir an, was die wohl denken, daß ich hier mit zwei Mädchen gehe. Aber ich war nicht stolz, eher ein wenig ungeduldig. Ich kenne die Mädchen ja, und es folgt ja nichts daraus, daß ich mit ihnen hier gehe. Außerdem war ich, wie gesagt, traurig. Dauernd ging mir der dämliche Wilhelm-Busch-Vers durch den Kopf:

> All mein Hoffen, all mein Sehnen,
> Meines Lebens schönster Traum...

Wir aßen fette Kutterschollen mit fetten Bratkartoffeln. Nach Wochen der Spaghettisierung endlich mal wieder ein richtiges Essen! Rote Grütze noch hinterher, wenn auch stehengelassen! Solange uns die Schollen im Magen liegen, werden wir einander gedenken. Schmerzloser Abschied – nun kann die Legendenbildung einsetzen: So ein Sommer kehrt nicht wieder.

*

Danach Haarschneideaktion: «Was darf's sein?» – «Alles.» Wie damals in Wiesbaden. Hildegard soll ihren Mann in reinlichem Zustand wiedersehen.
Danach Schallplattenkauf, zur Belohnung wegen der Steuersache. Die Achte von Mahler und eine Platte der Comedian Harmonists.

> Veronika, der Lenz ist da,
> die Mädchen singen trallala!
> Die ganze Welt ist wie verhext,
> Veronika, der Spargel wächst...

Damals bezeichneten wir so was schlicht als «Scheiße» (das Schuricke-Quartett war noch schlimmer). Heute hat das einen gewissen Charme, Warnemünde 1938. Im Teepavillon tanzen die Fähnriche Foxtrott, am Strand werden kandierte Nüsse verkauft, von einem Mann in weißer Uniform aus einem Bauchladen heraus, und oben am Himmel, winzig klein, ein Flugzeug, das gerade Looping macht: Da wurden die Bomberpiloten für den Krieg geschult.
Der Mann in der Schallplattenabteilung bei Steinway ist genial (ein Franzose!). Ich habe noch nicht ausgesprochen, was ich wünsche, da weiß er es schon, und er schlägt mir mehrere verschiedene Einspielungen vor, über deren Qualität er genauestens im Bilde ist. Ich schenkte ihm mein Beethoven-Hörspiel.
Wie das kommt, daß er das nicht kennt, fragte er mich.

※

Im Bücherkabinett suchte ich nach Büchern für meine Erinnerungsbibliotheken. Ich kaufte «Die Seele des Kindes», in dem vermutlich meine Mutter, und «Volk ohne Raum», in dem mein Vater gelesen hat. Letzteres noch im Schutzumschlag. Ich habe oft in dem Bücherschrank der Eltern herumgeschnüffelt. Die Abteilung meines Vaters, rechts unten, war die interessantere. Da hatte er «Die Sünde wider das Blut» von Arthur Dinter stehen und gleich daneben die Parodie dieses Buches: «Die Dinte wider das Blut von Arthur Sünder.» – Allerhand wüste Broschüren aus der Nachkriegszeit («Etappe Gent») und natürlich große Bildbände über den Weltkrieg. Ein Foto aus einem dieser Bildbände verfolgt mich bis heute: Lachende Soldaten ziehen einen widerstrebenden Ochsen zum Schlachten. Was am Schlachten lustig sein soll, werde ich nie begreifen. Als Urmensch wäre ich vermutlich verhungert. – Wenn der Ochse, von dem ich hier rede, eine Seele hatte, dann wird er sich jetzt im Jenseits von seinem Stroh erheben und aufbrüllen in

Erinnerung an seine schwere Stunde. – Über den rasenden Rückzug der deutschen Truppen, 1914, war nichts dokumentiert in den Büchern meines Vaters.

Die Eltern kauften jeden Sonnabend ein Buch und eine Tafel Schokolade. Die Schokolade wurde in ein Glasschälchen gebrockt und nach dem Abendbrot auf den runden Wohnzimmertisch gestellt, wo bereits die Tischlampe brannte. Während meine Mutter noch die Küche aufräumte, wurde Behaglichkeit hergestellt, und dann fand Familienleben statt. Meine Mutter saß auf dem Sofa und strickte, und mein Vater rauchte. Beide schnurrten vor Behaglichkeit. Oft wurde vorgelesen, Fritz Reuter oder Theodor Storm, und Klavier gespielt, «Glückes genug». Ich mußte dann ins Bett, und ich hörte den Vater spielen. Nie wieder habe ich Musik so «eingesogen». Vom Buchhändler bekamen die Eltern, als gute Kunden, zu Weihnachten eine Postkarte mit Dürers Hasen geschenkt.

Für mich war das Lesen nicht so gemütlich. Am Tag konnte ich mich nicht konzentrieren und nachts im Bett, das war eine Angstpartie. Den Finger hatte ich ständig auf dem Ausknipser der Lampe. Im Bett lesen, das war verboten wegen der Augen, die man sich dabei verdarb. – «Die Höhlenkinder im Pfahlbau»: Als Zehnjähriger bin ich mit dem Buch zu Buchhändler Schaap gegangen und habe gesagt: «Ich möchte Ihnen für dieses Buch meine Anerkennung aussprechen.» In der Bücherschrankhälfte meiner Mutter stand ein Buch, das für mich als Heranwachsenden ein Porno war: «Die heilige Insel». Das Foto, das meine Phantasie besonders erregte, sei hier wiedergegeben.

Um auch von der «Aufklärung» zu reden, hier war das Buch «Die Frau als Hausärztin» hilfreich.

Die Klavierlehrerin meiner Mutter hatte angeblich bei Brahms Stunden gehabt. Von ihr hat meine Mutter die spezielle Interpretation von «Glückes genug» gelernt, die ich gelegentlich nachahme. Heutzutage wird das ganz anders gespielt, viel zu schnell und ohne die charakteristische Betonung. Ich allein weiß, wie es gespielt werden muß, ich beziehe meine Kenntnis von Robert Schumann direkt, und kurz bevor ich sterbe, werde ich einen jungen Menschen herbeirufen und ihm mein Geheimnis anvertrauen.

※

Abendessen im Hamburger Ratskeller mit Krogoll. Er bot mir eine Gastprofessur an der Uni an. – Ob ich Kalbshirn essen wollte, fragte mich der Kellner; ich nahm Labskaus. Neben uns saßen zwei junge Leute im Trainingsanzug, im Ratskeller der Freien und Hansestadt Hamburg also, in dem man sonst nur «königliche Kaufleute» sieht.

※

Rückfahrt über die Autobahn. Dauernd überholen mich Ausländer. Bei Geschwindigkeitsübertretungen werden sie nicht zur Rechenschaft gezogen, wie mir ein Polizist auf der Polizeistation Sittensen bestätigte. (Ich mußte meinen Führerschein vorzeigen und durfte seine Auskunft nicht aufs Tonband nehmen.)
Wofür niemand zur Rechenschaft gezogen wird, das ist die verblödende Schlagermusik im Radio. Das wäre doch mal was für die Gewerkschaften: «Seelische Umweltverschmutzung». Man stelle sich vor, was die Fernfahrer aushalten müssen! Deren Gehörwindungen sind gewiß schon völlig ausgeleiert. Zu vermuten ist, daß den Gewerkschaftlern dieses Zeug selbst gefällt.
Wenn hier mal einer kommt und sagt: Ich bin von Beruf Schlagersänger, den werde ich sofort rausschmeißen.

※

Heute kam ein Brief aus Weilheim. Ein achtzehnjähriges Mädchen namens Andrea-Christina beklagte, daß ihr Freund hier demnächst bei uns zu Besuch sein wird. Sie sei traurig, weil sie ihn dann sechs Wochen nicht sieht:

Ich möchte Sie fragen, ob Sie etwas dagegen einzuwenden haben, wenn ich ca. drei Tage in einer kleinen Pension oder auf einem Bauernhof in der Nähe Ihres Wohnsitzes wohne. Wenn Sie nichts dagegen einzuwenden haben, helfe ich Klaus und Sebastian auch gerne im Archiv, um dafür vielleicht ein oder zwei Ausflüge mit den zweien machen zu dürfen...

Die Wilhelm-Busch-Deklamatorin vom letzten Seminar schickte eine Stickerei als Dank für die schönen Stunden, und die Geschwister Resi und ihr Bruder schenkten zwei Büchsen mit selbsteingekochter Blutwurst. Ich krieg' so rasend gern was geschenkt!

*

Zwei Mädchen aus dem Dorf haben sich eingefunden, elf Jahre alt, Michaela und Sabine, die eine schwarz, die andere blond. Ich sah sie hin und wieder, wenn ich spazierenging. Sie saßen wie zwei Waldnymphen auf einem Baum und sahen mich an. «Die Jugendzeit ist lang, ach lange schon entschwunden...» Sie besitzen ein Pony und lassen sich ab und zu in der näheren Umgebung sehen, wo sie nach Art der Cowboys dahingaloppieren. Da sie nur ein Pony haben, muß eine immer hinterherradeln. – Jetzt spielen sie im Garten mit Petra-Puppen, ich habe sie dabei fotografiert.

Das Pferdemädchen Sabine

*

Mus: Mahlers Achte. Ein ziemliches Gebrülle: «Die Matthäuspassion, die Neunte, und jetzt komm ich.» Gestört hat mich auch, daß mir zum Schlußgesang ausgerechnet der Schlager «My funny Valentine» einfiel. Aber dafür kann Mahler ja nichts.

*

Lit: Wagner/Tomkowitz: «Ein Volk, ein Reich, ein Führer!» Der Anschluß Österreichs 1938. Daß Göring die ganze Sache gemanagt hat. – Es war wunderbares Frühlingswetter damals. Mein Vater guckte indifferent. Später gab es häßliche Sonderbriefmarken,

6 Rpf. dunkelgrün, zwei knickebeinige Schaftstiefelträger, ein Deutscher und ein Österreicher, mit Hakenkreuzfahne. Auch eine blumige Winterhilfsserie und Hitler in Braunau. Es ist das Bild «wo er so von hinten guckt», wie meine Mutter es ausdrückte. – Die dicke, fette Großdeutschlandkarte, die ein Jahr drauf noch dicker und fetter wurde.

1988: *In der Presse liest man jetzt Statistiken, daß es unter den KZ-Bewachern prozentual mehr Österreicher gegeben habe als Leute aus dem «Altreich». Auch Schilderungen von Judenpogromen, daß die in Österreich schlimmer gewesen seien. Andererseits haben sie nach dem Krieg ihre Nazis nicht besonders eifrig zur Rechenschaft gezogen. Alles sehr merkwürdig.*

Nartum Fr 5. August 1983

Hildegard ist wieder da, braungebrannt, verjüngt. Beschwingte Inbesitznahme ihres Reviers: Sie reinigte sofort das ganze Haus. Hin und wieder Aufschreie, wenn verlotterte Blumen entdeckt wurden. Schwere Anklagen wegen unsinniger Einkäufe (Bananensaft!) und verrotteter Vorräte. Ich stellte mich dumm und ging derweil im Garten spazieren. Als ob nicht jeder Mensch Anspruch auf ein bißchen Verlotterung hätte!

*

In der Nacht, wahrscheinlich ausgelöst durch die Steuerkalamitäten, träumte ich von Bautzen, daß ich, obwohl meine Zeit schon «rum» ist, nicht entlassen werde. Lange Interventionen bei den Wachtmeistern, Weinkrampf: «Nun habe ich mich immer so tadellos benommen und darf trotzdem nicht nach Hause gehen...» – schließlich entlassen sie mich doch. Die Romane, die ich in der Zelle geschrieben habe, muß ich allerdings dalassen. Ich packe die Manuskripte auf vier Wagen einer Feldbahn, die auf dem Gefängnisgang (plus Schienen) stehen und ziehe die Persenning drüber.

*

Die beiden Steuerprüfer sind immer noch da, eine Woche nichts als Steuerhorror. Obwohl sie das Ostereiernest gefunden haben, suchen sie immer noch weiter, mit großen, ungläubigen Augen. Kaffee getrunken? Wieso? Mit wem? Nach Hamburg gefahren? Warum? – Mein Steuerberater ist gekommen, um mir zur Seite zu stehen. Er sitzt neben den Wühlern und macht ein trauriges Gesicht. Das einzige, wozu er sich aufraffen kann, ist ab und zu ein mit Überzeugung herausgehauenes: «Nee!» Punkt. Die Prüfer sagen dann: «Doch!» Und von der Decke hängen die Segelschiffe meines Urgroßvaters, der einen Kasten voll Goldstücke besessen haben soll.

Auch Hildegard steht mir zur Seite. Das sei eine Schweinerei! sagt sie, daß sie mir das ganze Geld abnehmen. «*Dein* Geld», sagt sie. Wir sind uns einig, daß es eine gute Idee war, dieses Haus zu bauen. «Da hast du jedenfalls was von deinem Geld.»

Angenehm ist es, wenn sie in der Küche das Lied «Rosemarie» singt. An einer bestimmten Stelle – «sie-hie-ben Jahre mein Herz nach dir schrie...» – räuspert sie sich jedesmal. Da ist im Saitenspiel ihres Kehlkopfs was nicht in Ordnung.

*

Am Nachmittag kam Professor Frühsorge aus Wolfenbüttel. Er brachte einen gewaltigen Essay mit, in dem er konstatiert, daß ich sehr häufig Fotos in meinen Romanen beschreibe.

Mir war das gar nicht aufgefallen. Kleßmann hat mal festgestellt, daß ich die Briefmarke als Motiv in die deutsche Literatur eingeführt hätte. – Am häufigsten werden die Schnäcke oder «Snacks», wie Jörg Drews sagt, angeführt. Mit denen hätte ich mich unsterblich gemacht.

Hildegard in ihrem Zimmer

Mus: Motette «Jesu meine Freude». «Gute *Nach*, du Stolz und *Prach*...» singen die Sänger. Der dreistimmige Satz «Denn das Gesetz des Geistes» ist so ziemlich das Kostbarste, was ich kenne. Wir sangen ihn in Bautzen.

Nartum So 7. August 83 Sonne

T: Ich werde von einem Mann angefahren. Obwohl ich unschuldig bin, beschimpft er mich und läßt sich auf gar nichts ein. – Ich erhalte einen bösen Brief von ihm und bitte meinen Vater, mir bei der Abfassung einer Antwort behilflich zu sein. Mein Vater ist unwillig, daß ich ihn mit so was behellige. Offenbar möchte er im «Jenseits» nicht gestört werden. (Er lebt also noch.)
Deutlich steht der Traum im Zusammenhang mit der Steuerprüfung. Man «fährt mir an den Wagen» und nirgends ist Hilfe in Sicht.

※

Angenehmes Frühstück im Pavillon, frische Rosen auf dem Tisch, saubere Servietten. Zu Mittag ein Steak mit viel Knoblauch, im Innenhof bei plätscherndem Brunnen, die schlafenden Hunde zwischen den Beinen. Die Wohltaten eines geregelten Ehelebens. Die Baubehörde wollte damals den Innenhof nicht genehmigen: «In solchen Höfen steht oft viel herum...», hieß es. – Hildegards Erzählungen von ihren Urlaubskatastrophen und von der wunderlichen Freundin, mit der sie nach Frankreich fuhr, die aufschrie, wenn Hildegard ihr Handtuch berührte: der Reinlichkeitstick, das lange Kämmen morgens, Körperkult auf Deubel komm' raus. – Sie ist eine große Feindin der USA.
«Warst du schon mal da?» haben wir sie gefragt.
«Ich werd' mich hüten», hat sie geantwortet.

※

Am Vormittag fuhr ich zunächst zum Flohmarkt und kaufte schöne Aschenbecher und WHW-Figuren aus Porzellan. Dann

arbeitete ich an der Oldenburg-Vorlesung über das Schulkapitel (Lehrer Jonas), und am Nachmittag, nachdem ich lange genug vor mich hingedöst hatte, schrieb ich in einer momentanen Aufwallung das Schlußkapitel von HW, der «große Familientag». Ich habe es als Gegenstück zu den «Mittwochen» in «Aus großer Zeit» angelegt.
«Ach, Sie haben sich etwas dabei gedacht?»
Die «Mittwoche», damals, Anfang des Jahrhunderts in Hamburg, die «königlichen Kaufleute», frömmelnd und sparsam: Wohlleben in schattigen Villen, mit Familientraditionsfimmel versehen. Dann der Familientag 1956, nach Krieg und Zusammenbruch eine jämmerliche Veranstaltung, deren Kümmerlichkeit von den übriggebliebenen Familienmitgliedern nicht einmal bemerkt wird! Statt Frack und Abendkleid, Hosen, und einer hat sogar seinen Hund mitgebracht. Man feiert den Familientag bei einem Italiener! – Wenn ich «Familie» höre, dann schüttelt es mich.

*

Der Abend wurde ruiniert durch Agnes K., die statt genehmigter zwei Stunden fast vier blieb und mir ein Referat über fickende Frösche hielt. Unerträglich! Sie ist mir nun schon dreimal auf den Wecker gefallen.
Erst in der Nacht fing ich mich wieder. Ich hörte mir Mahlers brüllende Achte ein zweites Mal an. Ich kann nicht sagen, daß sie mich diesmal überzeugt hätte. Eine Frau das «Ewigweibliche» singen zu lassen, das ist ein sonderbarer Einfall.

Lit: Die Jelinek. «Die Klavierspielerin». Das Buch war mir als scharfe Lektüre empfohlen worden. Ich habe keine «Stellen» entdecken können. – «Die Klavierlehrerin Erika Kohut stürzt wie ein Wirbelsturm in die Wohnung...» Das ist der erste Satz des Romans. «Schon faul!» möchte man mit dem Kritiker rufen und täte der Autorin damit Unrecht. Es ist ein schreckliches Buch, also ein gutes.
Im übrigen aß ich mich an Obst satt, eine sehr süße Melone und Trauben. Dazu: Beine hoch und Krimi geguckt (Columbo).

Nartum Mo 8. August 83 Sonne

Heute nacht träumte ich, daß mich mein Vater küßte. Er wollte sich wohl mit mir versöhnen, wegen seiner Unfreundlichkeit gestern. Offensichtlich empfinden es die Toten im Jenseits nicht als lästig, durch unser Gedenken am Leben gehalten zu werden. Vielleicht gelangen sie dadurch unter ihresgleichen zu hohen Ehren?

Wer im Zuchthaus keine Post kriegte, wurde als «mindere Sorte» angesehen. Es war blamabel, keine Angehörigen zu haben. Robert und ich konnten unsern ramponierten Ruf als Nichtpostempfänger dadurch wieder aufpolieren, daß wir eines Tages eine Postkarte aus Dänemark kriegten. – Die Angst der Langzeitbestraften, «vergessen» zu werden, und der verbale Trost auf Kriegerdenkmälern: WIR VERGESSEN EUCH NICHT!

Unsere gesellschaftliche Stellung in diesem realen Jenseits wurde dadurch gefestigt, daß es Menschen gab, die bestätigen konnten, daß unser Vater eine Reederei und also Schiffe besessen hatte. Außerdem war ich im Gehpelz verhaftet worden.

*

Ich arbeitete unter fortwährenden Störungen an meinem Oldenburg-Vortrag: «Der historische Teppich». – Der Bau der Hochseeflotte, der «schimmernden Wehr», wird in «Aus großer Zeit» nur in Nebensätzen referiert, als Unterlage der Handlung, eben als «Teppich». Die Aufrüstung der Hochseeflotte provozierte den Ausbruch des ersten Weltkriegs. Früher habe ich das Nebenher der Weltläufe als «Rundhorizont» bezeichnet, vor dem die Personen des Romans agieren.

*

In der Nacht hab' ich in einem Kap-Horn-Tagebuch von 1881 gelesen:

Donnerstag, den 16ten Juni 1881
Jetzt sind wir also in Antofagasta, was für ein Nest ist dies, hohe Berge ringsum (auf einer Stelle ist ein großer weißer Anker angemalt, welcher

weit in See zu sehen ist), und dicht am Strand eine Anzahl niedriger Bretterbuden aber auch fabrikmäßig sieht es aus denn das ganze Loch ist voll Rauch und Dampf von den vielen Fabrikschornsteinen die hoch in die Luft ragen, dazwischen fährt lustig die Eisenbahn mit langen Güterzügen nach den Minen um Salpeter zu holen und Kohlen hinzubringen.
Der Hafen ist hier sehr schlecht, ganz tief am Land nur Steingrus, dabei Tag und Nacht eine furchtbar hohe Schwelle (?) und Branndung die ein entsetzliches Getöse macht. Es sind hier furchtbar viele Fische, eine Art Heringe, die von den Seehunden (von denen man ganze Schwärme von fünfzig bis hundert Stück sieht) so nahe an Land getrieben werden daß man sie mit den Händen greifen kann, wir haben schon einige Mahlzeiten geholt.
Es befindet sich eine große Anzahl Schiffe hier, von Deutschen der Neptun (Hamburg) ebenso Leonor und ein Schoner. Als der Captain eben fortgefahren war fing unser Schiff an zu treiben und wir trieben ein ganzes Stück aus dem Hafen... Da ließ ich schnell den andern Anker fallen und lichten den ersteren der aber total unklar war. Nachmittags 4 Uhr schickte ich das Boot an Land und mußte das Boot bis 10 Uhr auf den Alten warten.
Sonntags bekamen wir vier Mann von dem Neptun zu Hilfe die uns unsern Anker lichten halfen, segelten dann wieder nach unserer alten Ankerstelle und machten das Schiff mit Leinen fest ließen ihn so die Nacht liegen.
Blamiert haben wir uns gleich gründlich denn hier an Bord war alles besoffen und wie wir mit der Arbeit fertig waren ging die Prügelei unter den Matrosen los, ich habe nichts davon gesehen denn ich schlief da mir selber vom Wein bei Tisch der Kopf etwas schwer geworden war. Es soll ein Heidenlärm gewesen sein und die übrigen Leute sind unter Fluchen hier von Bord gefahren...

Im Umschlag des Notizbuchs hat er eine Strichliste geführt: wieviel Tage er schon unterwegs ist.
Als Kind, vielleicht 1935, habe ich erlebt, daß Angler auf der Mohle in Warnemünde nur die Angel auszuwerfen brauchten, dann biß schon ein Dorsch an. Diese Leute hatten neben sich zehn, zwanzig tote Fische liegen. – Später dann, in den Sechzigern, hörte man, daß die Fischer mit Echolot den Heringen nachstellen. Da wußte man gleich, daß das nicht gutgehen kann.
Der sonderbare Ortsname Antofagasta hat mich in der Einzelhaft sehr beschäftigt. Dauernd mußte ich daran denken: Wie es dort wohl aussieht. Der weiße Anker, den sie auf den Felsen

gemalt haben, erinnert an die berühmten HOLLYWOOD-Buchstaben.
Der Autor spricht in seinem Kap-Hoorn-Tagebuch von «dem» Neptun, nicht von «der» Neptun, wie es dudengerecht ja eigentlich heißen muß. Mein Vater sagte auch immer nur *der* «Consul». Ach, wie viele Schulmeister haben mich, den Duden in der Hand, auf die entsprechenden Stellen im Tadellöser aufmerksam gemacht!

Nartum Di 9. August 1983 warm

Von einem Leser kam ein Brief:

...Obendrein hoffen wir auch noch... die Gelegenheit zu bekommen, von Ihnen zu erfahren, was «Tütebeeren» sind...

Ewig wiederkehrende Frage ist: Was bedeutet «iben». Antwort: «Die Iben üben eben oben.» Eine Familie Iben, deren Töchter dauernd Klavier übten, wovon die Wohnungsnachbarn das Gefühl bekamen, «iben» zu sein. Der «Tadellöser» wird mich noch bis ins Grab verfolgen.
Hiobsbotschaften vom Steuerberater. Sehr viel mehr werden wir weggeben müssen als angenommen.
Hildegard: «Das ist eine Schwei-ne-rei!»
In solcher Situation freut man sich in der Tat über das Haus. Wir wohnen in unserm Geld, kann man sagen, haben täglich etwas davon. Kriminelle Gedanken erwachsen im Kopf eines ehrbaren Bürgers. Aber es gibt keine Möglichkeiten, etwas abzuzweigen, das merken sie doch. «Das haben schon ganz andere versucht.» Am rätselhaftesten ist mir die Mentalität betrügerischer Buchhalter. Sie müssen sich doch sagen, daß Unterschlagungen auf jeden Fall irgendwann einmal aufkommen.
«Seien Sie doch froh, daß Sie Ihre Steuerschuld bezahlen können! Andere in Ihrer Situation müssen sich was pumpen!» sagt der Steuerberater.
Das ist auch ein Trost.

Lit: Robert Walsers kurze Prosastückchen. Die tückisch-heitere Art kann leider nicht kopiert werden. Uns kocht's immer wieder auf.

1990: *Als ich im vorigen Jahr die Morgenstern-Anthologie bei Piper machte, kannten sie dort Karl Walser nicht. Es ist unglaublich, was man sich bieten lassen muß: Ich wollte das Buch «Kräuterschaum» nennen. Das wurde abgelehnt, und zwar ohne daß man mir das mitgeteilt hätte.*

Nartum Mi 10. August 1983

T: Ich nähere mich einem Araber, der gerade eine Grube aushebt im Wüstensand (Ostsee), und sage zu ihm, er soll seinen Brüdern dort drüben zurufen, daß ich einer der Ihren bin, und er soll ihnen statt meiner guten Tag sagen. – Er macht mir die Handzeichen vor, die «guten Tag» bedeuten. Ich kann sie nur unvollkommen sehen und wiedergeben, da ich kurzsichtig bin. Trotzdem schreien sie da drüben auf vor Verwunderung, daß ich das kann. «Ich *lerne* erst», sag' ich zu den Umstehenden, «das heißt, ich will erst *anfangen* zu lernen, aus großer Sympathie zu diesem Volk.» – Dann verrät mir der Mann, wie mein Name auf arabisch lautet: Theodor Palaevius. Die Araber hier nennen sich «die Palaver». Wenn ich einer der Ihren bin, dann heiße ich Palaevius. Und Theodor, weil ich doch vermutlich Priester dieses Volkes werde aufgrund meiner umfassenden Bildung.

*

Die Nacht war schlecht, aber ich nahm, um die Depressionen auszukosten, keine Pille. Ich starrte auf das Kontoblatt mit meinen schönen Zahlen, die nun nahezu auf Null gedreht werden, und konnte es ja auch nicht ändern.
Die Arbeit an der «Chronik», wie der Verlag meine Bücher nennt («Können Sie nicht mal was anderes schreiben?»), alles umsonst, im wahrsten Sinn des Wortes. Aber Spaß hat's gemacht, wenn man das so sagen darf. Und außerdem: Nun weiß ich jedenfalls, wo ich

mit meinem Leben «abgeblieben bin», wie die Mecklenburger es ausdrücken würden.

Merkwürdig, daß man als Schriftsteller wie ein Fabrikant besteuert wird. Ein sonderbares Verständnis von Kultur. Aber im Grunde haben sie ja recht. Ob man in diesem Land Würstchen produziert oder «Texte», ist einerlei. Merkwürdig nur, daß die Buchhändler ein saures Gesicht machen, wenn man von ihnen Mehrwertsteuer zum Lesehonorar verlangt.

*

Gestern kam mein Vetter, wir freuten uns über den Besuch und tranken herrlichen Wein, den er mitgebracht hatte. (Die Flasche zu 75 Mark, wie ich hinterher erfuhr.) Alles wunderbar, aber: von fünf Uhr bis kurz vor Mitternacht beieinandersitzen und darüber reden, wie das damals war, in den alten Zeiten – ich weiß nicht, was das soll. Im übrigen wurde ich gefragt, ob ich mir einen Bart wachsen lassen will. – Mein Vater konnte ihn nicht leiden, weil er mal nicht aufgestanden ist, als er ins Zimmer trat. Heute tut das niemand mehr: aufstehen, wenn ein älterer Herr ins Zimmer tritt. – Er studiert Indologie: Hildegard ließ sich von ihm erklären, wie «Mutter» auf indisch heißt. Ich entfernte mich sacht, legte mich ins Bett und genoß die Freiheit eines Christenmenschen.

1990: *In Oldenburg bat ich zwei Studentinnen, sie möchten mir Bücher tragen helfen. Da sagten sie: «Soweit kommt das noch!»*

*

Renate mit Glatze

Auch die jetzt glatzköpfige Renate kam und erzählte Groteskes vom Studium. Die Studenten lernen in Karlsruhe nicht etwa Zeichnen und Malen, sie haben keine Ahnung, wie man eine Leinwand grundiert, und Dürer können sie nicht unterscheiden von Picasso. Sie sind dort im wesentlichen sich selbst überlassen.

Es ist wie überall: Der pädagogische Aufbruch von 1968 nützte am ehesten den Faulenzern unter den Studenten und Professoren. Pädagogische Freiheit ist gleichbedeutend mit Her-

umgeblödel. Das fing damals in Göttingen schon an: «Malen Sie sich frei!» hieß es, und dann wurde mit großen Bewegungen Farbe an die Wand geknallt. Ich liebte briefmarkengroße Formate und war gleich unten durch.
Ein Professor hat zu Renate gesagt: «Na? Du siehst ja aus wie Heinz-Günther von Dorf!» Das hat sie denn nun doch gestört. – Sie scheint sich auf Trickfilme spezialisieren zu wollen.

*

Im Garten haben sich jetzt zwei Elstern eingenistet, sie vertreiben die andern Vögel. Der Jäger hat bereits Schrotschüsse auf das Nest abgegeben, ohne Wirkung. Ich mag die Tiere eigentlich ganz gern. Der kluge Argwohn, mit dem sie mich beäugen. Man müßte sie zähmen, anstatt sie abzuknallen. Das wäre doch wunderbar: mit Besuchern auf der Terrasse sitzen, und plötzlich setzt sich eine Elster auf meine Schulter? – Die Pferdemädchen sahen bei der mißglückten Vernichtungsaktion zu und fanden das gemein. Sie kommen jetzt häufiger und spielen mit der Cowboystadt oder mit der Kugelbahn.

Das Pferdemädchen Michaela, 1986

«*Deine* Mädchen sind da», sagt Hildegard.
Sie verlangen manchmal, ich soll ihnen was vorlesen. Irgendwie bin ich ihnen ausgeliefert: Wenn ich mit ihnen zusammen bin, langweile ich mich, und wenn ich mich dann an den Schreibtisch setze, denke ich, das wirst du noch bereuen, daß du nicht bei ihnen gesessen hast. Gestern wollten sie die elektrische Eisenbahn aufbauen, da hab' ich widerstanden. Mit der Eisenbahn spielen mitten im Sommer? Das ist wider die Natur. Manchmal höre ich von fern ihren Spielphantasien zu. Sie wispern miteinander, von Göttern hab' ich was gehört, ganze Mythen, wie bei den grauen Schwestern.

*

Unerträglich neulich Agnes K.: Ob ich das Sowieso-Buch kenne von dem und dem? Nein? Ach, das ist aber merkwürdig, das kennt doch jeder. Und das Sowieso-Buch? Auch nicht? – Dann wurde ich gefragt, ob ich mir einen Bart stehen lassen will. Ich saß wie der Steuerberater daneben, mit hängenden Schultern und sagte: «Nee.» Punkt.

*

Der Verleger fand meinen Entschluß, die USA-Reise abzusagen, fabelhaft. Im gleichen Moment teilte er mir mit, daß er nächste Woche auf Urlaub geht. Das ist, wenn ich richtig gezählt habe, schon sein dritter Urlaub in diesem Jahr. Ich kriege dauernd und von allen Leuten zu hören: «Ich bin dann und dann auf Urlaub.» Und wenn sie braungebrannt wie Frikadellen wieder da sind, erzählen sie, daß es wunderschön war. – Urlaubmachen, das muß ich wohl auch noch lernen. Ich sah bei Hildegard einen Zettel liegen, da hat sie unsere zum Teil kümmerlichen gemeinsamen Reisen eingetragen. «Rhön, Braunlage, Dänemark...» Vielleicht hat die Freundin zu ihr gesagt: Unternehmt ihr denn nie etwas zusammen? Und das läßt du dir gefallen?
Fechner: «Ich bin überall gewesen, und zwar zu einer Zeit, als noch alles in Ordnung war, das Wasser kristallklar und die Menschen von einfacher, unverdorbener Lebensart.» (Auf gut deutsch: Ätsch!)

1990: *Der einzige Urlaub, den ich mir vorstellen kann, das ist: drei Wochen Hotel Steigenberger auf dem Venusberg in Bonn, und dort in einer Suite wohnen und sich nicht vom Fleck rühren.*

*

Hildegard sagte heute: «Ich glaube, mein Schädel ist dicker geworden.»
Als Kind hab' ich mal versucht, meinen Kopf zu wiegen. Ich legte ihn auf die Küchenwaage. Daß amputierte Arme weggeschmissen werden. Der kleine Finger der rechten Hand, auf den man nicht verzichten kann, wenn man «Glückes genug» auf dem Klavier spielen will. Dieser Finger ist mir ein lieber Freund.

Am 20. August wird «Böckelmann II» ausgeliefert. Ich glaube nicht, daß dieses Buch ein Erfolg wird. Spätestens nach einem halben Jahr kapiert man, daß es wieder nichts war.

*

Lit: Musil, die Aphorismen:
Aus der Gesellschaft. Was läßt sich antworten, wenn eine Frau erzählt: «Früher wollte ich immer nach Asien, jetzt gefällt mir Afrika besser!»

Ein Freund erzählte mir, daß er seit zwölf Jahren Urlaub in Norwegen macht, obwohl es sauteuer ist dort. Sonnenanbeter und Kältefanatiker. In Bautzen war einer, der ununterbrochen vom Kajakfahren in Grönland phantasierte.

Nartum   Do 11. August 1983   warm

Mutter wäre heute 87 geworden. Ich ging zum Friedhof und sah, daß Fremde an ihrem Grab Blumen niedergelegt haben.
Sie soll als Kind unerträglich gewesen sein, das erzählte sie selbst. Es gingen in der Familie wahre Horrorgeschichten um. Als Sohn sieht man seine Mutter vielleicht zu ideal, aber ich finde, sie war eine wunderbare Frau, liberal, liebevoll, nicht zu Exzessen aufgelegt. Im Grunde ließ sie uns ziemlich in Ruhe. Machmal war sie etwas zu gefühlvoll, ich will nicht sagen «kitschig». Ihre Aggressionen reagierte sie an Vater ab. Das hatte wohl Gründe, die man als Kind nicht kapiert.

Meine Mutter als «freches Pastür»

*

Man sei zu dem Eindruck gekommen, daß es sich in meinem Fall nicht um eine Steuerhinterziehung handle, sagte der Oberfinanzbeamte, der hier zur Abschlußbesprechung von meinem Prüfer in

das Haus eingeführt wurde, das sei keine Sache für den Strafrichter. – Der Steuerprüfer zeigte seinem Chef das Haus und machte sich dabei die Erklärungen zu eigen, die er schon von mir vorgesetzt bekommen hat. Er flüsterte sie ihm, der sich ein wenig wie der Bundespräsident bei der Einweihung eines öffentlichen Gebäudes gab, fast entschuldigend ins Ohr, so als bedürfe das alles seiner Genehmigung. – Was die Ritterburgen sollen, wurde ich gefragt, und wo ich die ganzen Möbel herhabe.
Ich legte ihnen zum Abschied das Gästebuch vor und fotografierte sie beim Eintragen. Als sie dann abfuhren, winkte ich ihnen noch lange nach. Einen solchen Besuch hatte ich noch nie.

Robert nach seiner Rückkehr

Heute früh arbeitete ich unter Störungen am Schluß von HW: Die Rückkehr des Bruders zu Weihnachten nach Hamburg. In Wirklichkeit ist Robert schon im September 1956 gekommen. In seinem zu großen DDR-Anzug besuchte er mich in Göttingen, wo wir ein Wurstbrot in der Taverna aßen. – Was mich damals sehr störte: Er wollte der Kellnerin dauernd erzählen, daß er gerade aus dem Zuchthaus kommt, machte wunderliche Andeutungen: «...Da wo ich herkomme, gibt es keine Wurstbrote...», so in diesem Stil. Wenn man schon gelitten hat, dann will man auch was davon haben. – Auch das Familienfest konnte ausgebaut werden: Ein schöner Schluß für dieses Buch, eine Art Tableau, wie im Theater, wo sie zu guter Letzt alle noch mal auf die Bühne kommen und sich verneigen.

※

Hildegard kaufte einen zweiten Corgie, einen braunen Rüden. Wir nennen ihn Robbi. Nun haben wir drei Hunde und zwei Katzen.

Nächstes Jahr werde ich noch Hühner kaufen, und vielleicht Schafe, als Studienobjekte für den Dorfroman. Vor kurzem sagte ein Pole zu mir: «Das kommt mir hier vor, als ob Sie in der Verbannung leben.» Vielleicht sollten wir uns noch eine Stadtwohnung zulegen.
«Und sonst gefällt es Ihnen hier?» sagte ein Fotograf.
Frau Knaus meint, wir hätten uns hier «vergraben».

*

Lit: Klaus Hoffer: «Bei den Bieresch».
Fügte-er-hinzu-Literatur. Stilblüten en masse: Mit toten Augen zwinkerte ihm die Grünfläche zu; die Mutter läßt den Löffel voll Suppe auf das Tischtuch sinken; ein Schielauge sieht nichts; Wirtshausbesucher wippen auf ihren Stühlen nach vorn («mit» muß es heißen). Ziseliertes Amtsdeutsch, oft vage. Mir ist es wieder einmal klargeworden, daß es mit der Bestenliste des Südwestfunks nicht mit rechten Dingen zugehen kann. Den Platz eins hat er bekommen!

1990: *Zur Bestenliste: Ich lese gerade bei Paul Wühr, daß er sich über den neunten Platz für seinen Total-Roman geärgert hat. Den Bremer Literaturpreis hat er dann gelassen hingenommen. Er schreibt, daß er sich in Bremen im Gespräch mit Heißenbüttel wie der Bäckersohn von ehedem vorgekommen sei. – Das Gefühl kenn' ich! Ich bin noch immer ein Zwölfjähriger und habe den Ranzen auf dem Rücken, wenn ich mit Großer Welt zusammentreffe.*

Nartum Fr 12. August 1983

Verschiedene Träume ineinander verschachtelt: Eine junge Frau mit Bart – vielleicht aufs TV zurückzuführen, in dem eine sehr männlich wirkende tschechische Läuferin zu sehen war. – Ein anderer Traum: Ein aufgelöster junger Mann, in Wehrmachtsuniform, Jacke offen. Er hat sich bei der Prozession blamiert, vom

sehr leichten Passionskreuz hat er sich zu Boden drücken lassen, und nun läuft er durch die Stadt und schämt sich.
Es war viel mehr los in dieser Nacht, kaskadenartig, ein Traum im anderen, durch Alkohol hervorgerufen, den ich gestern mit Mensaks, Dierks, Hildegard und Renate getrunken hatte. Wir saßen im Turm, im «Heimatmuseum», wie Mensak ihn nennt, und besprachen das Literaturtreffen.

*

Gegen Abend fuhr ich nach Hermannsburg, wo ich vor stumpfem Publikum probeweise den Anfang von HW las. Im frisch abgeschriebenen Text waren allerhand Tippfehler. Ich dachte beim Lesen immer: Was nun wohl gleich kommt. Da ich den Text fast auswendig kann, war das nicht so schlimm, aber gestört hat's mich doch.
Die Zuhörer wollten hinterher wissen, was ich da in dem Text zu streichen gehabt hätte. – Wenn sie lachen, schreibe ich ein «L» an den Rand. Zuhörer lachen immer an denselben Stellen, man drückt auf den Knopf, und dann lachen sie. Manchmal lachen sie auch nicht. – Ganze drei Bücher signierte ich hinterher (Taschenbücher!), und ein Lehrer fragte mich, weshalb ich mich in der Vergangenheit vergrabe. Auch so einer, der mit frischer Stirn in die leuchtende Zukunft marschiert. – Vorher war ich von einem Rostocker zum Abendessen eingeladen worden. Wir saßen in einem riesigen, völlig leeren Lokal. Der Mann hatte sich in der Leihbücherei ein Buch von mir *geliehen*! Ein Rostocker!

*

Durch die Nacht nach Haus. Ein Fuchs lief über die Straße. 1962, in Breddorf, hatte sich ein junger, vielleicht kranker Fuchs in unserer Abfallgrube versteckt. Ich denunzierte ihn, und der Nachbar kam und schoß ihn bumms! tot. In Bautzen erzählte ein Förster tagelang von Füchsen. Mir ist nur noch haften geblieben, daß er mal einen Fuchs auf dem andern Ufer eines Bachs gesehen hat, und der sei nicht weggelaufen, weil er ganz genau mitgekriegt habe, daß er die Flinte nicht bei sich trägt.

Mus: Die Dritte von Schumann, die Rheinische. Angenehme Erinnerungen an das Landschulpraktikum, Gänse am Weserufer, ein junger Hund, krähende Hähne. Erste Begegnung mit einer einklassigen Schule (heute «weniggegliederte Landschule» genannt): Der Spitz des alten Lehrers jagte zu Mittag die Kinder aus der Klasse. Unterrichtsvorbereitungen in der Fliederlaube... Ich merkte damals sofort: Ja, das ist es, so eine Schule willst du auch haben. Erinnerungen an Bad Sülze wurden wach und die hymnischen Erzählungen eines Landlehrers in Bautzen.
Mein Kollege war Fremdenlegionär gewesen, im Suezkanal über Bord gesprungen. Er besaß eine Isetta, mit der wir ab und zu nach Holzminden fuhren. Wir schliefen auf dem Dachboden eines Holzschuppens, früher war das wohl mal eine Flüchtlingsherberge gewesen. Die Dorfmädchen kamen abends die Leiter herauf und setzten sich an sein Bett. (Mit mir wollten sie nichts zu tun haben.) – Manchmal fuhr er allein fort, und ich saß dann am Ufer und spielte mit einem jungen Hund. Da war auch ein schwarzhaariges Mädchen, der sah ich beim Gänsehüten zu. – An einem Sonntagnachmittag saß ich in dem Ausflugslokal in Polle – mit Schlips! – und wartete auf eine Tasse Kaffee, was in diesem Lokal immer eine dreiviertel Stunde dauerte. Da zeigte sie sich am Eingang des Kaffeegartens, ich hätte nur zu winken brauchen. Später saß ich mit ihr auch mal am Ufer der Weser. Für sie waren das große Stunden, mit einem Studenten aus der Stadt! Ich fand es auch schön, aber ich wußte nicht weiter. Wahrscheinlich gefiel sie mir nicht.
Was hat das mit der «Rheinischen» zu tun? Sie war Trailer einer Nachrichtensendung im TV, die ich jeden Abend im Wirtshaus beim Abendbrotessen sah.

*

Lit: Manstein. Das macht den verlorenen Krieg noch verlorener. «Burgenkunde» von Otto Piper. Enorm interessant. Wir werden uns hier auch bald einmauern. Wie kommt es, daß meine Ansichten über die Gesellschaft sich so unterscheiden von denen meiner Freunde? Von allen Menschen, die ich kenne? Bin ich verrückt? Wenn ich irgendwo mal meine Meinung sage, sind sie konsterniert.

Das Landschulpraktikum an der Weser, mit Gänsemädchen, jungem Hund und ab und zu einem Schüler.

Nartum Sa 13. August 1983

T: Schule. Ich ging wieder zur Schule, alles war sehr eng. (Ich glaube, es war die Schule in Breddorf.) Der Lehrer merkte, daß ich tagelang geschwänzt hatte. Er stellte mich zur Rede, aber er wußte dann auch, daß ich eine höhergestellte Persönlichkeit sei.

*

Aus Göttingen kamen Herr Ramaswamy und Bernd Rachuth wegen des Kalenderprojekts.

1990: *Ich wollte einen Kalender herausbringen, für den ich das Fotoarchiv hätte ausnutzen können. Ähnlich «Meyers Historisch-Geographischem Kalender», den mein Vater jedes Jahr zu Weihnachten bekam: pro Tag ein Bild mit ausführlichem Kalendarium, katholischem und evangelischem Namen, Mondauf- und -untergang sowie den historischen Gedenktagen. Dieses Projekt hatte ich vorher den Bertelsmännern angeboten, die es ablehnten, für so was gebe es keine Käufer. Außerdem wollten sie «keinen Kempowski zum Abreißen», wie sie es ausdrückten. – Zwei Jahre später wurde der Kalender von einem anderen Verlag genauso, wie ich ihn vorgeschlagen hatte, realisiert, und er wurde ein riesiger Erfolg. – Übrigens scheiterten auch die Verhandlungen mit Ramaswamy.*

*

Noch zum Landschulpraktikum: Wir hatten keinerlei Bücher zur Unterrichtsvorbereitung. Auch der Lehrer hatte nichts. Wir benutzten die Realienbücher der Schüler, waren also immer einen König im voraus. – Ostkundeunterricht: Konrad von Masowien, daß der die Deutschen nach Polen geholt hat und daß sie nun die Deutschen nicht so ohne weiteres wieder rausschmeißen könnten. – Ein anderes, typisches Thema: «Der Kreislauf des Wassers.» Ich zog zur Verdeutlichung ein Gedicht von Conrad Ferdinand Meyer heran («Wolken, meine Kinder...»), und das trug mir beim Tutor

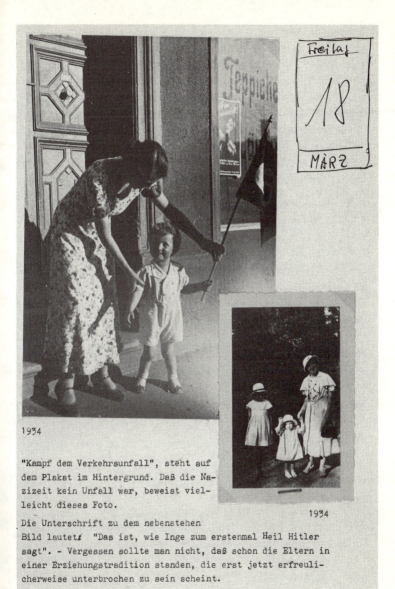

1934

"Kampf dem Verkehrsunfall", steht auf dem Plakat im Hintergrund. Daß die Nazizeit kein Unfall war, beweist vielleicht dieses Foto.

1934

Die Unterschrift zu dem nebenstehen Bild lautet: "Das ist, wie Inge zum erstenmal Heil Hitler sagt". - Vergessen sollte man nicht, daß schon die Eltern in einer Erziehungstradition standen, die erst jetzt erfreulicherweise unterbrochen zu sein scheint.

Der Entwurf eines Kalenderblattes

schwerste Pluspunkte ein. – Sonntags wanderte ich mal über den Berg in ein Nachbardorf, da waren zwei Studentinnen aus Göttingen, die wie wir ihr Landschulpraktikum machten. Schulgebäude modern, Wohnverhältnisse tipptopp. Und doch gefiel mir unsere vergammelte Schule besser. – Zum Spitz des alten Lehrers fällt mir noch ein, daß der auf das Kommando: «nix Kavalier!» an ihm hochsprang und das Taschentuch aus der Kavalierstasche riß. Ich habe vergeblich versucht, es unseren Hunden beizubringen.
Spaziergang durch die Felder, leider durch Gnitzen gestört und durch den infernalischen Lärm der Mähdrescher. In einem abgestellten Hänger sah ich zwei kleine Kinder, die sich ins Getreide hineinwühlten, vom Staub der Körner waren sie ganz grau.

*

Lit: Im «Jahrbuch für das deutsche Vortragswesen». Die unglaublich eitlen Bilder der Autoren und deren selbstanpreisenschen Texte. Hagelstange blickt in die Weite, als ob er nachdenkt, die Fussenegger zieht wägend die Augenbrauen hoch, Bender mit offenem Hemdkragen in der Natur, Waggerl gen Himmel blinzelnd. Stefan Andres schreibt: «Erst ... als ich Deutschland ... verließ, fand ich in der Einsamkeit am Mittelmeer jene Atmosphäre von Unerbittlichkeit, die mein Schweifen zum Beharren nötigte.» Knaus hat erzählt, daß er ihn in Rom mal besucht hat und dort von ihm ein Häufchen kunstvoll aufgebauter Salzstangen vorgesetzt bekam statt eines Abendbrots.

Nartum So 14. August 1983 Sonne

Flohmarkt in Bremen. Ich kaufte ein Saxophon für 250 Mark. Irgendwie habe ich die Vorstellung, ich müßte drüben, in meinem «Saal», verschiedene Blechinstrumente unter die Decke hängen. «Mir hängt der Himmel voller Geigen», soll das bedeuten. – Der Saxophonkauf ist wohl noch ein Ausläufer meiner Jazzbegeisterung, vielleicht will ich meinen Bruder, der immer der bessere Jazzer war, in den Schatten stellen? Jedenfalls kann ich das Dings überhaupt nicht gebrauchen.

※

Für die Erinnerungsbibliothek kaufte ich «Träumereien am französischen Kamin». Sie wurden während der Belagerung von Paris geschrieben. 1871. Der Verfasser wird vorn, neben dem Titel, in Uniform abgebildet, was zu den feinsinnigen Illustrationen dieses Märchenbuchs einen sehr deutschen Kontrast abgibt. – Den Titel verwendete ich in abgeänderter Form für mein erstes Hörspiel: «Träumereien am elektrischen Kamin». – Das Buch gehörte zu denen, die meine Mutter gern mit versonnenem Lächeln in die Hand nahm. Lesen kann man es nicht.

※

Renate ist da, sie will etwas länger bleiben. Locker, gut gelaunt, lebensklug. Endlose Geschichten von der Karlsruher Akademie. Die Professoren saufen mit den Studentinnen.
«Ich hab' noch nie einen so verlegenen Hund gesehen», sagt sie. Bauschan ist gemeint.
Ewig langer Bauernbesuch, quälend. Schließlich konnte ich mich davonstehlen, Hildegard und Renate brachten ihn zu Ende.

※

Lit: Lektüre für die Bertelsmann-Jury: Inge Merkel, «Das andere Gesicht».
Die Autorin ist bemüht, sich nach allen Seiten abzusichern, ist auf Höhenkonzentration aus. Dabei passieren ihr die haarsträubendsten Sachen. «Leise wühlende Sextakkorde», «die Schläfen trommeln leise und hart», «ein schnurrbartgesträubter Mund», «knöchernes Schweigen», um ein paar Beispiele zu nennen. Hinzu kommen irrwitzige Fremdwörter: «sybaritische Charakterentnervung», aus Zorn «arid» sein, ein «Bezoar an der Uhrkette». Nun ja, sie wird schon auf der Bestenliste landen.
Weiter in der «Burgenkunde». Dieses Buch wird Grundlage meiner Schlafzimmerbibliothek sein.

Nartum Mo 15. August 1983 Sonne

T: Auch heute wieder kaskadenartige Träume. Im wesentlichen ging es darum, daß ich noch einmal in Göttingen studieren will.

*

HW: Gestern fitzelte ich noch etwas am Schluß herum, und dann schrieb ich für den zweiten und dritten Teil eine Einleitung, einen Vorspann, als Pendant zum ersten Teil. Ich weiß nicht, ob mir das geglückt ist, mir kommt das etwas überspannt vor.

*

Heute früh arbeitete ich am «Quellen»-Text für Oldenburg.

*

Gegen Mittag kam ein Polizist in Uniform. Ob er mich mal sprechen könnte. Und dann eröffnete er mir eine sehr prekäre Geschichte, die ich nicht für möglich gehalten hätte. Ich rief gleich den Anwalt an, der mich beruhigte. – Ich dachte zuerst, der Mann wollte ein Buch mit Signatur für die Polizeitombola haben, und konnte das gar nicht glauben, was er mir dann, ziemlich unbeeindruckt, aus der Akte vorlas.

*

Lit: Holzwarth, «Das Butterfaß». Wegen einiger ungewöhnlicher Einfälle ein sogenanntes Lesevergnügen. Was ansonsten die Pflichtlektüre für die Bertelsmann-Jury angeht: Es ist eigentlich alles schlecht, was mir geschickt wird. Ich suche das am wenigsten Katastrophale heraus. – Ob bei meinen abfälligen Wertungen nicht doch etwas Generationshaß am Werk ist? denke ich eben.

TV: Beethovens Siebte, der verrückte Bernstein. Knaus hat erzählt, daß er winzig klein ist.

Nartum Di 16. August 1983 Sonne

Meine Kuhfreundin kam wieder mal an den Zaun. Ich ließ sie am Salzstein lecken und gab ihr handverlesene Löwenzahnblätter. Unser Flirt wurde gestört, weil ich plötzlich merkte, daß ich von jenseits des Zauns fotografiert wurde. – Die Liebe des Nachbarhundes Ali kann ich leider nicht erwidern. Lachend kommt er ins Haus gelaufen und pinkelt fröhlich überall gegen. Gestern wurde er von mir mit Wasser naßgegossen. Das wirkte. Heute kam er wieder und legte sich, als er mich sah, sofort unter einen Stuhl. Als ich dann Wasser holen ging, haute er ab. Daß dumme Tiere so schlau sein können!

*

Der ganze Tag war zerfasert. Am Vormittag hatte ich etwas zu lange mit einem Fotografen geredet, was zerstreuend wirkte. Der gute Mann kam statt um neun Uhr um elf; es habe einen Stau gegeben, sagte er, was nicht stimmen konnte, ich hatte den VF abgehört. Eigentlich wollte ich ihn gleich raussetzen (zwei Stunden auf Zehenspitzen gehen, damit man das Auto auch hört, wenn's auf den Hof rollt, das hatte meinen Nerven zugesetzt). Aber dann guckte er mich so flehentlich an, daß ich nicht anders konnte und dahinschmolz.

*

Nach Tisch Todschlaf und dann einen Vortrag skizziert über tradierenswerte pädagogische Erfahrungen (Systeme).
Dann kam eine Schulklasse aus Hannover. Mit dem Bus kamen sie und ergossen sich ins Haus, faßten alles an und wollten unbedingt auf dem Fußboden sitzen, obwohl wir über genügend Stühle verfügen. Aus irgendeinem Grund – es hing mit Amnesty International zusammen – wollten sie was über Folter wissen. Damit konnte ich dienen. Wasserkarzer; Stehkarzer (beides selbst erlebt, freilich ohne eine Bescheinigung dafür zu bekommen): Sie sahen meine Hände an, ob sich da noch Spuren von Martern finden. Irgendwie schade, daß ich das Hemd nicht lüftete, um Narben von

Peitschenhieben vorzuweisen. Ein Schriftsteller, der früher einmal gefoltert wurde, muß eine rauchige Stimme haben und ein narbiges Gesicht. Burkhard Driest hat die richtige Physiognomie für einen politischen Häftling, oder Eddie Constantine. Mein Aussehen taugt zu überhaupt nichts. Im Zuchthaus hat es zum Dünnemachen getaugt. Mich nahm niemand wahr. Ich war Luft.
Wie ist es den Menschen zu erklären, daß die bloße Einzelhaft, wie sie die Russen praktizierten, das Schlimmste von allem war? Auch ohne tägliches Prügeln? Tag für Tag eine Scheibe Brot und eine Stunde Schlaf zu wenig, Hunger, Isolation (wirkliche Isolation, nicht à la Stammheim mit Zeitungen, Radio, Büchern und Schallplatten): Das macht jeden mürbe. Im übrigen steht Folter, wenn sie von Faschisten praktiziert wurde, höher im Kurs. Die Sowjets foltern offenbar aus edleren Motiven.

1990: *Bei meinem Besuch in Bautzen wollte ich, daß das Team eine Aufnahme vom Stehkarzer machte. Der Volkspolizist stellte sich dumm, da wär' eine Besenkammer, aber Stehkarzer? Und ich Blödmann hab' mir das Ding nicht zeigen lassen!*

Unser Haus fanden die Schüler «echt toll», aber irgendwie hatte ich den Eindruck, als suchten sie den Besitzer. Mir schienen sie das alles nicht zuzutrauen. Weder Haus noch Folter. Nächstesmal werde ich mich wie Prinz Louis Ferdinand benehmen.
Melancholisch.

※

Mit den Hausschlüsseln ist es bei uns genauso wie mit den Kugelschreibern, sie verschwinden. Die Kugelschreiberkobolde: Irgendwann entdecken wir im Keller ein Depot.
Ich habe noch nie in meinem Leben etwas gefunden. Wenn man mal absieht von meinen «Funden» bei Trödlern. – Aber verloren habe ich schon allerhand. Widerlich ist es, wenn einem was gestohlen wird. Das Johnson-Manuskript!

※

Am Abend nochmals Pflichtlektüre für die Bertelsmann-Jury, dann im Garten herumgelaufen und in der Nacht noch einmal den Renoir-Film «Die Spielregel» gesehen.

Lit: Birgit Pausch, «Die Schiffsschaukel». Ein Gefoppter fällt aus allen rosigen Wolken des Prüfungshimmels; Erdstriche sind bewohnbar; und mit den Händen fahren sich die Leute durch die Haare (mit den «Fingern» muß es heißen). Eine überspannte, theatralische Sache. Auf Seite 13 habe ich die Lektüre eingestellt. Irgendwann muß ich schließlich mal dran denken, daß ich nur noch zwanzig Jahre zu leben habe. – Auf die Bestenliste mit ihr!

*

Die Fotografen: Einige, wie Frau Ohlbaum oder Barbara Klemm, schießen alles aus der Hand. Sie sagen, sie fotografieren selbstverständlich ohne Blitz. Andere bauen silberne Regenschirme auf, dazu mehrere Lampen und fotografieren selbstverständlich mit Blitz. Und dann gibt es noch Herrn Bauer, so etwas hab' ich noch nicht erlebt: Der schoß aus drei verschiedenen Kameras (s/w, Farbe, Dia) zack-zack-zack ein Bild nach dem andern. In einer Viertelstunde dreihundert Stück, so ungefähr. – Peyer kam mit einem Geigenkasten.
«Geben Sie sich ganz normal», heißt es. Oder: «Sehen Sie mal nachdenklich aus dem Fenster.»

1990: *Und dann gibt es Betrüger. Das doppelseitige Bild im Stern, wo ich nach links und Hildegard nach rechts gucken. Überschrift: Ich will meine Ruhe! Das Bild sollte unsere Ehe illustrieren, es entstand in einer Interviewpause.*

Nartum Do 18. August 1983

Heute kam ein Lehrer mit zwei Schülerinnen aus Butzbach, die mich interviewten. Zu dritt kamen sie in einem Porsche, die eine mußte hinten quer sitzen. Ich war böse, weil sie mich eine Stunde warten ließen. Außerdem habe ich auf Butzbach immer noch einen Rochus. Die Lesung dort ist unvergessen! Im letzten Herbst: Weil das Hotel geschlossen war und kein Café geöffnet hatte, mußte ich mich zwei Stunden in der zugigen Bahnhofsvorhalle aufhalten. Alles mit Gittern verrammelt! (Amikasernen und eine Strafanstalt im Ort!) Kein «Tadellöser»-Fan war in Sicht, der mich aufgesammelt hätte, keine Enddreißigerin, mit der ich über Land hätte fahren können, keine Schulklasse: Warum schreiben Sie?

Ich sagte zu den dreien: «Dieses Interview hätten Sie billiger haben können.» Und ich erzählte ihnen von meinen Butzbach-Eindrücken.

Zu der Lesung damals waren ganze zwanzig Hausfrauen erschienen. In Blumenkleidern, dick und beleidigt saßen sie da. Und hinterher löcherten sie mich mit den üblichen Fragen: «Wenn Sie doch Lehrer sind, wie können Sie denn Bücher schreiben und in der Gegend rumreisen?» – Danach gings Bier trinken in einem Gasthaus, wo die Tische zusammengerückt werden mußten. Ich wollte Konversation machen und fragte meine Tischnachbarin, ob sie Kinder hat. Daraufhin sie: «So fragt man Leute aus!» Da habe ich mich stumm erhoben und bin auf mein Zimmer gegangen. Es war ein riesengroßes Zimmer, lila Blumentapeten, mit einer winzigen Glühbirne unter der Decke, unten wurde eine Hochzeit gefeiert. Und am nächsten Morgen mußte ich schon um sechs Uhr raus, weil ich in Frankfurt das Flugzeug kriegen wollte.

Das mit der Hochzeit war auch noch so komisch: Der Lärm rührte nicht von den Gästen, die saßen versteinert an der Tafel, der kam aus den Lautsprechern, aus den Stimmungs«kanonen».

*

Wir saßen im Turm, und es dauerte endlos. «Seit wann, warum und wie schreiben Sie?...» Ich sagte: «Darüber habe ich mich doch schon hundertmal öffentlich geäußert!» und ich dachte immerzu: Wie schön könntest du jetzt im Garten spazierengehn! – Eins der Mädchen war ganz nett, mit der hätte ich damals in Butzbach gern in einem Caféhaus Eis gegessen. Attraktiv wirkten die Pferdemäd-

chen, die durch das Haus strichen wie Siamkatzen. Ich tat so, als wären das meine Adoptivtöchter.
Zum Schluß kriegte ich übrigens für mein Archiv die Niederschrift eines Projekts unter dem Titel «Ja, früher...» geschenkt, was ich nun wieder nett fand (645). Kinder fragen ihre Großeltern nach der Vergangenheit aus. Im Vorwort wird über den eigentümlichen Widerstand der Eltern geklagt. Es sei Argwohn laut geworden, der Lehrer erhalte durch die Befragung Kenntnisse, die ihn nichts angingen. Sogar der Datenschutz sei angerufen worden! Das ist kaum zu begreifen, denn die Fragen waren ganz allgemein gehalten. Wahrscheinlich handelt es sich um die altbekannte Kleinbürgerreaktion. Das Innenleben soll verteidigt werden, weil keins da ist.

*

Aus dem Bedankemichbrief des Hannoverschen Lehrers, der mich hier in der Folterangelegenheit besuchte:

«Besonders wichtig fand ich Ihren Hinweis auf die einmaligen freiheitlichen Lebensbedingungen in der Bundesrepublik. Viele meiner Kollegen, die gar nichts anderes kennen, als diesen Staat, hätten Ihnen wahrscheinlich widersprochen. Auch Ihre pessimistische Einschätzung unserer Zukunft teile ich...»

Das ist das Rätsel meines Lebens, daß mir kein Mensch meine Erfahrungen abnimmt. Manchmal habe ich den Eindruck, daß sie sich die Ohren zuhalten, wenn ich über die DDR rede. Meistens gehe ich in mich und halte mich für schief gewickelt.
(Hildegard: «Das kommt daher, daß du nach nichts aussiehst, so grau und unbedeutend, und daß du kein Akademiker bist.»)

Mus: «Jalousie», Yehudi Menuhin und der Django-Reinhardt-Partner Stephane Grappelli spielen Tangos. – «Jalousie», was für ein zauberhafter Titel. – Auf der Plattenhülle steht: «Jeder Geiger hat einen vulgären Kern. Ich meine vulgär im ursprünglichen Sinn: breit, stark und populär – menschlich», sagt Menuhin. – Das gilt wohl nicht nur für Geiger.

Nartum Fr 19. August 1983 immer noch Sonne

T: Ich werde mit meinem Bruder in ein Zuchthaus eingeliefert. Die Sorge, einen schlechten Platz zu bekommen. Es gelingt mir, zwei Eckpritschen zu belegen mit Blick über das spiegelblanke Meer.

※

Die Kinder sind da. Renate immer still und sanft, scharf beobachtend und treffend im Urteil, KF voll zurückgehaltener Energie, noch unsicher, was er machen soll. Marion wirkt auf mich jetzt anders als im Sommer, und doch sind erst ein paar Tage vergangen. Wir sitzen den ganzen Tag im Garten. Dahlien, Begonien, umkippende wild blühende Stauden. Ich habe leider mit dem Kreislauf zu tun, muß mich vor der Sonne hüten.
Der Herkules ist schon fast gänzlich hinter Büschen und Bäumen verschwunden. – Ich müßte so aussehen wie er.
Die Kinder erzählten von den «Nacht-Kempowskis». In unserm Haus, drüben, in der Schule, hätten «Nacht-Kempowskis» gewohnt, davon seien sie überzeugt gewesen. Ganz kleine Menschen, genau wie wir, genauso angezogen, die auch zur Schule gehen mußten usw., aber nachts.

※

Gestern für Oldenburg eine Betrachtung über den ersten Kirchgang nach dem Krieg in «Gold» geschrieben. Heute unter allerhand Störungen die Rede des Direktors in «Gold» analysiert. «Das geliebte Bildnis von Marx...» Daß ich das höhnisch gemeint habe, hat niemand gemerkt. Bisher hatte ich Hemmungen, mich mit dem Buch zu befassen. Ich denke immer, es ist sehr schlecht. Außerdem war es eine beschissene Zeit, die ich darin beschreibe, an die erinnert man sich auch nicht so gern. Nun entdecke ich, daß die Hanser-Leute 1971 meine Korrekturen in der zweiten Auflage nicht berücksichtigt haben. Ich merkte es damals nicht, weil sie listigerweise die ersten zehn Seiten geändert hatten. Man kommt doch nicht auf die Idee, so etwas zu überprüfen!

※

TV: Mit der ganzen Familie einen Film über Elvis Presley, Renate bezeichnet ihn als aufgedunsen, später sei er dann wieder zurückgedunsen.
Später noch Tennis. Ich möchte mal einen Film machen über die niedlichen Balleinsammel-Mädchen.

Lit: Weiter mit der Burgenkunde. Gedanken an den Reinecke-Fuchs-Puppenfilm aus den frühen dreißiger Jahren. Warum der nie wieder gezeigt wird? – Der Massada-Komplex. Das Abkapseln nützt nichts, sie dringen doch in alle Ritzen ein.
Wenn ich es mir aussuchen könnte, würde ich mein Leben in einem Luxushotel beschließen, mit rotem Schild vor der Tür und blockiertem Telefon. Die einzigen Menschen, mit denen man verkehrte, wären die Angestellten des Hotels.

Nartum Sa 20. August 1983

T: Ich bin Hitler und probiere aus, ob man mich wohl umbringt, wenn ich den Leuten Gelegenheit dazu gebe.
Danach bin ich Japaner und flüchte mit Tausenden von Japanern, kribbelnd und krabbelnd.

※

Aufgeregte Frauenreaktionen auf harmlose Scherze. Verkapselung. Wechselseitige Vorstellung, was man täte, wenn man sich scheiden ließe. Hildegard: «Ich zieh zu Frau Schönherr.» Und: «Ich weiß, daß du großzügig bist zu mir.» – Ich würde nach Göttingen gehen, eine Zweizimmerwohnung im Ostviertel, ich würde ihnen alles überlassen. Ein äußerst behagliches Gespräch, ein Spiel, das unerlöste Sentimentalitäten freisetzt und Gelegenheit gibt, verbal großzügig zu sein.

※

Heute kamen zwei Schüler aus Weilheim. Sie wollen hier ein Praktikum machen. Sie haben einen gesegneten Appetit, soviel ist zunächst einmal festzustellen. – Ob ich für die Hochrüstung bin, fragte der eine; er hatte KFs Luftgewehr gesehen.

*

Die Pferdemädchen kommen nicht mehr, die Schule hat angefangen. Ich hatte mich schon an sie gewöhnt. Manchmal saßen sie irgendwo oben im Haus. Zeitweilig spielten sie aber auch direkt neben meinem Schreibtisch mit ihren Petra-Puppen, zu denen auch ein Petra-Pferd gehört. Ich konnte in ihrer Gegenwart trotz des Flüsterns sonderbarerweise ganz gut arbeiten, nur ab und zu glitt mein Auge zu ihnen hinüber, und ich «klagte über verlorene Schöne». Die Blonde ist kurz vorm Pummel, sie hat leuchtende blaue Augen. Die Schwarze ist schlank, hat ebenfalls blaue Augen, «rassig» ist gar kein Ausdruck. Große Attraktion ist die Kugelbahn. Auch Erwachsenen imponiert sie: «Haben Sie die ganz allein gebaut?» – «Ist das nicht sehr schwierig?» – «Begegnen sich die Kugeln auch mal?» – «Wenn Sie Wein trinken wollen, nehmen Sie die Gläser dann heraus?» – «‹Klingelbahn› müßten Sie das nennen.» – «Wo haben Sie die Idee her?»

Meine Super-Klingel-Kugelbahn, Op. 5

1990: *Alle wollen unbedingt wissen, wie lange ich daran gebaut habe, und diese Frage läßt sich eben leider nicht beantworten. Gern möcht' ich noch verschiedene Lichteffekte haben, aber das ist zu schwierig. – Ich habe das Rasseln und Klingeln auf ein Tonband aufgenommen, und wenn die Besucher sich die Bahn da so verzückt ansehen, lasse ich das Tonband hinter ihrem Rücken ablaufen. Sie sind dann ganz erstaunt, woher all die Geräusche kommen. – Für Kinder habe* *ich eine Stoppuhr angeschafft, sie sollen ausprobieren, auf welcher Bahn die Kugel am längsten läuft. Da sind sie dann beschäftigt, wenn ich mit den Eltern Kaffee trinke.*

Allerhand Post. Darunter, anonym, ein Zigarettenbilderalbum von 1933.

*

Am Abend mußte ich eine Rechtfertigungsrede halten, warum ich fernsehe. Fürs Fernsehen brauch' ich in diesem Haus eine Genehmigung. Geldverteilungsanzapfungspläne mußten abgewehrt werden: Terror, den ich durch Rundschlag-Vernichtungsgedanken neutralisierte. Am nächsten Tag behaglich lächelnd zum Frühstück erscheinen.

Lit: «Haarmann» von Theodor Lessing.

Nazi-Kitsch   Früh übt sich...

Nartum   So 21. August 1983

Am Morgen wurde ich per Telefon von einem Rundfunksender gefragt, ob mir zum Thema I-Punkt was einfällt? Es wäre doch jetzt Schulanfang?
In der Tat, mir fiel was ein. Ich mußte an die Geheimdienstsache denken, daß sie im letzten Krieg ihre Berichte auf die Größe eines I-Punkts verkleinern konnten. Der Punkt wurde dann mit einer Pinzette in einen unverfänglichen Brieftext hineinoperiert. Außerdem sagte ich den schönen Vers auf:

> Rauf, runter, rauf,
> I-Tüttel drauf.

Fast alle synthetischen Fibeln fangen mit dem «I» an. Meistens ist auf der ersten Seite ein Kind abgebildet, das sich schmutzig gemacht hat – in der Regel ein Junge –, ein anderes Kind – in der Regel die ältere Schwester – steht daneben und ruft: I!
Das Sch wurde gewöhnlich mit einem Bild von der Eisenbahn eingeführt: Sch-sch-sch! Das ist einleuchtend, oder es war einleuchtend, solange es Dampflokomotiven gab. Aber: Schwierig wurde es für die Kinder, wenn sie dann später das Wort «Schi» lesen sollten. Da konnte es passieren, daß sie dachten, dieses Wort bedeutet, daß ein Junge von der vorüberfahrenden Eisenbahn (sch-sch-sch) beschmutzt wird (i!).

※

Am Abend fuhren wir in das Kloster Wienhausen zu der schon lange geplanten Gratislesung. Ich hatte mir das so schön vorgestellt, der Kreuzgang, das Sommerrempter – und ich, auf einem alten Lehnstuhl sitzend, aus meinem Buch lesend, vor Freunden und vor der Crème de la crème von Niedersachsen. Es kam leider anders. Erst mal waren die meisten meiner guten Freunde überhaupt nicht erschienen, und die Crème hustete mir was, und dann hatte ich nicht bedacht, daß sich in dem Kloster ja lauter alte Damen befinden, und die saßen nun statt meiner schicken Freunde direkt vor mir und hielten die Hand hinters Ohr! Ich habe nichts gegen alte Damen, aber ich schämte mich wegen meiner Eitelkeit. Auch hatte ich gedacht, mein Text könnte in dem alten Gemäuer besonders gut herauskommen. Das Gegenteil war der Fall, er wirkte anachronistisch.
Andreas war mit seiner Gitarre aus Berlin gekommen, die ganze Sache stilvoll zu umrahmen, und das war sehr irritierend, da er sich dauernd verspielte und dann jedesmal «häch!» rief. Außerdem: Was hat eine Renaissance-Gitarre mit den Maleschen zu tun, die ein Spätheimkehrer 1956 in Hamburg erlebt?
Das Kloster ist schon eine Reise wert, ist sozusagen noch komplett vorhanden. Die Kirche mit dem Nonnenchor, die Bemalung des Gewölbes und dem Heiligen Grab. Der Heilige Leichnam liegt auf dem Sarg: So etwas habe ich noch nie gesehen.

Sensationell sind die sonderbaren Funde unter den Fußbodenbrettern. 1953 haben sie die Bretter aufgehoben und im Sand, der sich darunter befand, Bildchen gefunden, Seitenumwender aus Bein, Brillen, Pilgermarken, all das, was den Nonnen im Lauf der Jahrhunderte zwischen die Ritzen gerutscht ist! Im Begleitheft beschreibt die Dame, die die «Ausgrabungen» leitete, wie sie damals zu Werke gegangen ist. Das läßt einen zusammenzucken! Mit der Hand hat sie den Sand durchwühlt.
Im Rempter hängen Leuchter mit echten Schildpattschirmen. Voll Ärger bemerkte ich im Kreuzgang, daß die Fußbodenfliesen im Mittelalter diagonal verlegt wurden: Warum ist das in unserm Haus nicht geschehen? Das hätte der Architekt doch wissen müssen! Die Wirkung ist weniger streng und der Abschluß an den Wänden eleganter.
Einem Herrn aus Gehrden, Teilnehmer des Frühjahrsseminars, dessen siebzehnjährige Tochter einen sonderbaren Hut trug und also nicht trug, sondern am Gummiband hielt, konnte ich bei dieser Gelegenheit ausführlich erklären, was Tütebeeren sind.
Klöster wie Wienhausen wirken auf mich so stark, weil ich mir damals in Bautzen – Kirchenchor! – das Leben erleichterte durch die Vorstellung, ich befände mich in einem Kloster.

*

Lit: In den Briefen Joseph Roths. An Stefan Zweig zum Beispiel: «Wenn Sie wirklich glauben, der ‹Kommunismus› sei besser als der ‹Nationalsozialismus›, ... wenn Sie dem Fischer gesagt haben, die Sowjets hätten recht, dann müssen Sie auch sagen, daß die Nationalsozialisten recht haben ... Keineswegs hat der Kommunismus ‹einen ganzen Weltteil verändert›.» Einen Dreck hat er! Er hat den Faschismus und den Nationalsozialismus gezeugt und den Haß gegen die Freiheit des Geistes (30. Nov. 1933).

TV: Leichtathletik. Die Ränge im Stadion sind leer, und der einsame Hochspringer überlegt, ob er nun losspringen soll oder lieber noch nicht?

Nartum Mo 22. August 1983

Bertelsmann-Jury in Hamburg, 16 Uhr, Hotel Vierjahreszeiten, Nino Erné, Monika Sperr (die Petra-Kelly-Biographin), Karasek, Martens und der braungebrannte Herr Arnold vom Verlag: Junge Autoren sollen gefördert werden, indem man eines ihrer Bücher in großer, garantierter Auflagenhöhe herausgibt.
Das übliche Gerangel: Die Sowieso hat nicht alle Tassen im Schrank, und der XY ist doch auch nicht so schlecht... aber der Z. ist zum Kotzen... Manchmal wird Biographisches in die Waagschale geworfen: Der Sowieso ist so furchtbar arm, heißt es, der braucht unbedingt Geld, oder: Der Frau X. täte etwas Anerkennung gut. Zwischendurch kommt der Kellner und bringt kleine Kuchen, die hier rasend gut sind.
«Mit der Sowieso tu ich mich schwer», wird gesagt, oder: «Ich glaube, der wachsen noch Flügel.»
Danach fand unten im Restaurant der Vierjahreszeiten ein großes Gefresse statt. Die Bertelsmänner sind bei so was ja immer sehr großzügig. Vorher gab es aber noch einen Aufenthalt: Wir wurden nicht ohne Krawatte eingelassen. Auf einmal war ich der Mittelpunkt. Die Jurymitglieder wiesen auf mich, ich sei doch der Schriftsteller K., dessen Romane sind doch allesamt verfilmt worden, mit dem könnten sie so was doch nicht machen... Aber das nützte nichts. Sogar der Schlagersänger X. sei nicht hineingekommen, hieß es. Der Eintritt blieb uns verwehrt. Schließlich lieh uns der Kellner ein paar schmuddelige «Selbstbinder», die er einer Schublade entnahm, wahrscheinlich Exemplare, die in den Hotelzimmern liegengeblieben sind.
«Sie müssen schon entschuldigen», sagte er, «aber die Leute, die hier sitzen und essen, haben einen Haufen Geld dafür ausgegeben, die wollen schließlich was sehen.»
Die Leute, die er meinte, sah ich in der Hotelhalle, die Bildzeitung in der Hand. Sie waren es, denen der Anblick von schlipslosen Menschen erspart bleiben sollte. Ich mußte an die Ostzone denken, 1981, an den Ratskeller in Rostock, wo ich mit meinem Schillerkragen auch nicht eingelassen wurde.

Hinterher sagte Martens, er sei neugierig gewesen, wie ich auf die Schlipsaffäre reagierte. – Wie hätte ich denn darauf reagieren sollen? Mit 54 als zorniger junger Mann?
Etwas erinnern mich die Jurysitzungen an Zeugniskonferenzen. Ich habe in diesem Kreis so wenig wie in Lehrerzimmern zu melden. (Vielleicht sollte ich mich besser vorbereiten.) Von Karasek wurde ich angeranzt, als ich auf die SS 20 hinwies, auf deren Beseitigung wir bestehen müßten: «*Wir* sorgen dafür, daß unsere Pershings wegkommen, *die* sollen sich um *ihre* Raketen kümmern.» Da merkte ich plötzlich, wie naiv diese Leute sind.
Hinterher begleitete ich ihn nach Hause, wo seine Frau einen englischen Kriminalroman in die Maschine übersetzte. Im Regal die Videokassetten sämtlicher Hitchcock-Filme.

*

Lit: Ein bißchen über Goethe gelesen, die Sache mit Ulrike v. L. – Wir sind auch bald soweit, daß wir uns lächerlich machen. – Und «Einmal und nie wieder» von Th. Lessing. Die Schilderung seines verrückten oder besser kauzigen Vaters: «Du wirst die blaue Grütze auch noch kennenlernen!», die mich sehr an den Ton erinnerte, der bei uns zu Hause herrschte. – Die sonderbare Lessing-Mann-Affäre und das schreckliche Ende dieses Mannes.

Nartum Fr 26. August 1983

Ein Herr Anders brachte Trümmerfotos von Rostock, sein Vater hatte sie 1943 aufgenommen nach einem schweren Fliegerangriff. Eigentlich habe ich von Rostock den Kanal voll, von Trümmerfotos schon allemal. Aber ich sammle noch weiter, das liegt so in mir drin. Am interessantesten waren die Fotos der abgebrannten Jakobikirche. Die Gewölberundungen von oben wie Elefantenrücken.

*

Ich sah vor einiger Zeit in Düsseldorf, im Haus des Ostens, Modelle von Kirchenorgeln. So etwas zu basteln, würde mir auch

Spaß machen. Woher kommt meine Liebe zu Miniaturen? Weil ich klein bin, freue ich mich über alles, was noch kleiner ist.

*

Aus dem Brief einer Schülerin, die mir Gedichte zur Beurteilung schickt:
Anlagen: 35 Gedichte, Rückporto und 1 Bild zur Darstellung meines Äußeren.

*

Die beiden Schüler aus Weilheim sind nun schon eine Woche da. Der eine ist sehr angenehm, der andere höchst störend. Anscheinend darf er zu Haus das Maul nicht aufmachen, jedenfalls versucht er in mir seinen Vater zu schlachten: Nicht sehr erfreulich in Sommerwochen, die eigentlich meiner Erholung dienen sollten. Alles, was ich sage, wird angezweifelt oder für verrückt erklärt. Eingeschossen hat er sich besonders auf militärische Fragen, auf Nato und Pershings, weniger auf den Warschauer Pakt. Die SS 20 kommt in seinen flammenden Reden nicht vor. Auch Sozialistisches ist von ihm zu hören: 68er Spätlese. Ich laß das an mir abprallen, als ob ich es nicht höre.
Die Begegnung mit den beiden jungen Leuten zeigt mir drastisch, welche Hölle wir mit unsern Kindern hätten haben können. Und wie schrecklich es gewesen sein muß, in der Nazizeit einen Hitlerjungen großzuziehen.
Hildegard war anfangs nicht so begeistert von dem Besuch, aber nun freut sie sich über den Appetit der Jungen, der ganz ungewöhnlich ist, und außerdem pflücken sie Brombeeren. In dieser Hinsicht heben sie sich angenehm ab von den Sommermädchen, die nicht an die Johannisbeersträucher zu kriegen waren.
Mir helfen sie im Archiv die restlichen «Block»-Zettel aufzukleben. Ob das für meinen Nachruhm ist, wollen sie wissen. Ich habe ihnen auch Notizen eines Mannes zum Abschreiben gegeben, der in der SU Unglaubliches erlebte.
Ich «reiße mich am Riemen», jeden Tag, ich denke immer, ich müßte mit den Jungen doch irgendwie klarkommen. Wie haben es die großen Erzieher gemacht? – Wenn wir über sie lesen, stehen

immer nur sie selbst im Vordergrund, von den Schülern ist selten die Rede. «Wir sollten weniger von unseren Schwierigkeiten reden, als von denen, die die Kinder haben», das ist einer der wichtigsten pädagogischen Grundsätze.

*

Vorgestern nahm ich sie mit nach Bremen. Las im Radio aus HW: Sie sollten mal sehen, was ein Autor so alles erlebt. Danach setzten wir uns auf den Marktplatz und machten mit der neuen Minolta Fotos von Passanten. Einer kam angeschnaubt und verbat sich das. Da hat mich mein Raketenfreak ganz gut verteidigt: Ob er nicht sieht, daß das ein Teleobjektiv ist? Wir fotografieren doch nur die Skulpturen von der Rathauswand! Und außerdem: Wenn er beweisen könnte, daß er auf dem Film drauf ist, dann könnte er den Film seinetwegen haben... Der Mann entfernte sich schimpfend. Er nannte uns «junge Schnösel». Es hat eben was für sich, wenn man auf der richtigen Seite steht.

*

Ich fummelte noch etwas herum am Abend, legte mir Glenn Gould auf und schrieb ein interessantes Manuskript ab, ein Notizbuch aus den letzten Tagen des Krieges. Dieses und die Erinnerungen der achtzigjährigen Frau Holz wären geeignet, in der «Nartumer Bibliothek» veröffentlicht zu werden. – Leider haben die Deutschen ja keinen Sinn für Groteskes. Ein Tagebuch habe ich hier liegen, das stammt von einem älteren Mann, der erst vierzehn Tage vor Kriegsschluß eingezogen wurde und buchstäblich wochenlang immer hin und her marschiert ist, und immer um seinen Heimatort herum. Zuerst bei den Deutschen, dann bei den Engländern, immer nur marschiert.
Ich ging um Mitternacht noch etwas hinaus, setzte mich hinten in den Garten und sah das Haus an. Bei Hildegard war noch Licht, oben in ihrem Giebelzimmer. Ich saß eine ganze Weile da, und dann stand ich plötzlich auf. Merkwürdig, daß der Körper, wenn es Zeit ist, von selbst aufsteht, man will es gar nicht, aber man ist einverstanden.

Hinsichtlich des Archivs bin ich auf die Idee gekommen, daß ich vielleicht die Landesbibliothek dazu bringen könnte, die einzelnen Positionen nacheinander zu erwerben. Dadurch erhielte ich Geld, für das ich meine Fotosammlung komplettieren könnte, die die Landesbibliothek eines Tages dann ja auch bekäme.

Lit: Der Würger von Boston. Daß der Täter nicht zweifelsfrei identifiziert wurde, stört.

Nartum Mo 30. August 1983

T: Ein typischer Traum, den ich schon mehrmals hatte. Ich bin noch in der Lehre, gehe aber nicht hin, schwänze, es ist ein Rätsel, wie ich das schaffen soll: die Ausbildung beenden. – Dann denke ich im Traum: Mensch, du bist doch schon was, Lehrer bist du doch. Du brauchst ja gar keine Prüfung mehr zu machen.

※

HW: Mit Riesenschritten geht's dem Ende zu. Täglich mache ich katastrophale Entdeckungen. Ich blättere das Manuskript durch, halte irgendwo inne und da fallen mir sofort die schrecklichsten stilistischen Fehler ins Auge. Das Buch als Ganzes ist mir jedoch «sympathisch», ich arbeite gern daran, und das ist eigentlich ein gutes Zeichen. Vielleicht wird sich dieses Wohlwollen auch auf den Leser übertragen?

※

Die Anwesenheit der Burschen brachte mich darauf, eine Art Praktikum auszuschreiben. Das Miteinander von Jugend und Alter, reines Zusammenleben ohne konkrete Zielvorstellungen. So ähnlich wie mit den Mädchen im Sommer. Ich rief die Anzeigenabteilung der «Zeit» an, um eine Annonce aufzugeben: Praktikanten gesucht! – Da sagt die Frau: Was, Praktikanten? Das geht nicht, das muß doch irgendwie anerkannt sein.

※

Am Abend war die Böckelmann-II-Präsentation hier bei uns im Haus.
Aus der Gästeliste: Manfred Dierks mit neuer Frisur. Er sähe jetzt aus wie eine Bahnhofsbuchhändlerin, meinte er. Fechner plus Frau mit Hut (hinten rote und schwarze Plastikkirschen dran). – Karin Struck in Silberlamé, sie hatte sich das rote Haar zu einem penisartigen Zopf geflochten, der im Laufe des Abends aufgewuschelt wurde. Ich liebte wohl nur junge knackige Mädchen, fragte sie mich, oder ob ich mir auch mal eine Fünfzigjährige nähme? Mit hängenden Titten?
Auch Oldenburg war vertreten. Am Rande des Geschehens konnte die Großlösung mal wieder ventiliert werden.
Die Lehrerschaft des Landkreises. Hildegard ließ vier Schulkinder das Lied von den «Frrröschelchen» singen. Am meisten habe ich mich über einige ehemalige Schülerinnen gefreut, die zu Ehren von Herrn Böckelmann gekommen waren, darunter die unvergessene Andrea. Sie wurden von einer Journalistin ausgehorcht, die gern erfahren hätte, daß ich ein rechter Wüterich gewesen sei.
Fechner zeichnete mir eine Blume mit Tür ins Poesiealbum. Auch Karin Struck verewigte sich. Sie ist jetzt von Suhrkamp zu Knaus gewechselt. (Wohl nicht ganz freiwillig.)

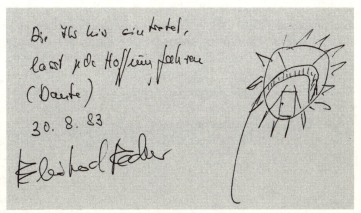

Das Albumblatt von Eberhard Fechner

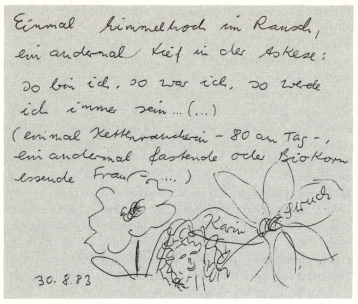

Das Albumblatt von Karin Struck

In der Nacht, während unten im Haus weitergefeiert wurde, nahm ich mir wieder einmal die Rostock-Bücher meiner Sammlung vor. Ich habe sie jetzt auf einem Bord neben meinem Bett stehen. «Die alte Bürgerliche Baukunst in Rostock», von A. F. Lorenz zum Beispiel, oder alte Stadtpläne. Besonders ergiebig sind die Beiträge zur Geschichte der Stadt Rostock: «Zur Geschichte der Rostocker Stadtbefestigung» von A. F. Lorenz. Dem Heft ist ein Plan der Wallanlagen, Tore und Türme beigegeben, den ich jede Woche einmal genauestens studiere. Vielleicht werde ich ein großes Rostock-Modell aus Fassadenfotos bauen, um einen räumlichen Eindruck zu gewinnen. Genügend Material hätte ich. Stichdatum 1905.

September 1983

Nartum Do 1. September 1983

Die weiße Kuh besuchte mich. Ich ließ alles stehen und liegen und kraulte sie. Grüngoldene Fliegen am Maul. Eigentlich sind es ja Waldtiere: Der Bauer sollte ihnen ein paar Bäume auf die Wiese pflanzen.
Das auf den Weiden brüllende Vieh, das in jeder Kriegserinnerung erwähnt wird.
Der tapfere kleine Bulle, der sich gegen die elektrischen Schlagstöcke der DDR-Schlachter wehrt.
Die verkrüppelten Kälber, die zum letztenmal das Tageslicht erblicken, wenn sie es zum erstenmal zu sehen kriegen.
Und Graf Lehndorffs Beschreibung des vor Hunger und Kälte gekrümmt auf den Feldern stehenden Viehs.

*

Kriegsausbruch vor 44 Jahren. Ich sehe mich im Fenster liegen und zu Schlachter Timm hinübergucken, und ich höre meine Mutter sagen: «Nun geht das wieder mit den Lebensmittelkarten los!»
Ein paar Tage später sah ich meinen Vater zu ungewöhnlicher Stunde aufs Fahrrad steigen und etwas verlegen wegfahren: Zum Wehrbezirkskommando, wie sich herausstellte. Er wollte sich freiwillig melden – «Right or wrong my country!» – und

Mein Vater als altbackener Leutnant

wurde nicht genommen wegen seiner Freimaurerei. – Er hatte wütende Kopfwaschereien von meiner Mutter auszuhalten. Das ging tagelang. Als er dann doch genommen wurde, ließ er sich von der Lemmerich fotografieren: Für alle Fälle?
Ich selbst behielt einen kühlen Kopf, ich fragte meine Eltern, ob ich mir von meinem Sparbuchgeld ein Fahrrad kaufen dürfte, wegen der Geldentwertung, die jetzt bestimmt kommt. – Es war immer von der Inflation erzählt worden und von der Wirtschaftskrise, und da war eine solche Folgerung doch ganz natürlich.
«Der kluge Bengel», sagte mein Vater.
Beim Fahrradhändler im Friedhofsweg (so hieß die Straße!) herrschte absolut kein Gedränge, 69 Mark kostete das Rad, das ich mir aussuchte, und der Händler verkaufte es mir ohne weiteres. – Es hat übrigens nicht lange gelebt, es siechte dahin, weil niemand in unserer Familie einen Reifen flicken konnte. Ein Tachometer, den ich zu Weihnachten bekam, konnte nicht angebracht werden, weil eine Schraube verlorengegangen war.
Um auch den Rest meines Geldes anzulegen, kaufte ich bei Juwelier Damp außerdem noch ein silbernes «Junggesellen»-Besteck, Messer, Löffel und Gabeln in zwei Größen, das besitze ich noch heute. Irgendwie hat es in den Westen geschafft werden können. Inzwischen liegt es aus mir unbekannten Gründen im Safe. Es ist, so weit ich mich erinnern kann, noch nie benutzt worden.
Großvater K., bettlägerig und halb betäubt von Schmerzpillen, sagte, als er vom Kriegsausbruch erfuhr: «Is Korl noch dor?»

*

Mein Bruder hat auch noch konkrete Erinnerungen an den ersten Kriegstag. (Er war damals 15 Jahre alt.)

Ich selbst konnte mich ertappen, daß ich ein gewisses Hochgefühl hatte, als es da losging mit Polen. Beim «Rostocker Anzeiger» war eine Karte ausgehängt, und in der großen Pause liefen wir hin, um die Pfeile da drauf zu sehen. – Das Hochgefühl entpuppte sich dann sehr bald als arge Dummheit. Sehr bald kriegten wir die rauhe Wirklichkeit zu spüren, es gab dies nicht mehr und das nicht mehr, und die Einberufung hing wie ein Damoklesschwert über uns.

Ich habe mich eigentlich über diese Erzählung meines Bruders gewundert, denn er sah die Nazis und alles, was mit ihnen zusammenhing, sehr kritisch. Ich denke noch daran, wie er sich mal über einen politischen Leiter amüsierte, einen sogenannten «Goldfasan», der an unserm Haus vorüberging. In dem Geschichtsbuch, das ich von ihm erbte, hatte er das Wort «nordisch» auf allen Seiten unterstrichen, ohne Kommentar. Das war bloßstellend, und das habe ich auch sofort verstanden. – Die Eltern mit ihrer Bekennenden Kirche, der ständig an den Deutschen herumnörgelnde dänische Schwager und der für englische Hotplatten schwärmende Bruder: Das war ein Informationsvorsprung meinen Mitschülern gegenüber, der mich vor vielem bewahrte. Mich selbst trennten von der HJ habituelle Gründe. Ich war kein Sportsmann. Mir lag es nicht, loszupesen, und mit Boxhandschuhen ins Gesicht schlagen ließ ich mich auch nicht gern.

Auf dem Marktplatz stand dann bald ein erbeuteter polnischer Panzer, den man als Junge bekletterte. Das Ding wirkte vorsintflutlich, und deshalb hatten es die Nazis wohl auch auf den Markt gestellt. – Ein Freund meiner Schwester brachte mir, als alles vorbei war, eine polnische Bajonettscheide mit. Zwei Jahre später fiel er am Ilmensee.

Mir ist immer ein Rätsel gewesen, was die Nazis mit der gewaltigen Kriegsbeute der ersten Jahre angefangen haben. Man hat nie wieder etwas davon gehört. Das wäre eine gute Idee für ein Buch. Und: plündern. Ehemalige Soldaten fragen, ob sie in Frankreich mal geplündert haben, und was.

Noch ein Wort zum Kriegsausbruch: Ich war damals zehn Jahre alt. Es kann keine Rede davon sein, daß ich den Ernst der Lage erkannt hätte, und die sofort einsetzenden Erfolge der Deutschen förderten skeptische Einsicht nicht. Erst als mir ein englisches Flugblatt in die Hand fiel, wachte ich auf. Das muß im Frühjahr 1942 gewesen sein. Abgebildet war eine abgeschossene Me 110 (daß deutsche Flugzeuge auch abstürzten!?) und ein Haufen deutscher Soldatenleichen in Rußland, von Schnee überkrustet. Kurz darauf wurde Rostock von englischen Fliegerbomben zerstört: Das war es.

Böll, Jens, Albertz und andere ehrenwerte Entrüster haben eine Prominentendemonstration für den Frieden abgehalten (Böll mit Baskenmütze und Klappstuhl): Gegen die Amerikaner natürlich. An den Checkpoint Charly hätten sie sich setzen sollen, das wäre sinnvoller gewesen. Durchs TV kommt gleichzeitig die Meldung, daß ein sowjetischer Jäger einen koreanischen Jumbo abgeschossen hat mit 270 Menschen an Bord. Peinlich, peinlich für die Demonstranten. So schnell lassen sich die Plakate nicht umwechseln. Also läßt man's lieber. In Afghanistan werden die Bauern aus der Luft mit Chemikalien besprüht, als seien sie Käfer – das ist kein Protestthema für die vereinigte Linke in der Bundesrepublik.

※

Unser junger Weilheimer Friedenskämpfer hat mir einen Vortrag gehalten: Die Sowjets hätten lediglich eine Verteidigungsstreitmacht, die gar nicht für Aggressionen geeignet ist. Die meisten Panzer seien längst eingemottet, und die Hälfte der Armee ist im Ernteeinsatz. Die Bundesrepublik bezeichnet er als einen faschistischen Staat, in dem man das Maul nicht aufmachen darf.
Ich brachte eine ganze Stunde damit zu, ihm den Unterschied zwischen Faschismus und Nationalsozialismus zu erklären, mit dem Erfolg, daß er mir Sympathien mit dem Dritten Reich unterstellte.
Bis jetzt habe ich mir solche Debatten hier im Haus vom Hals halten können, nun habe ich die Natter am Busen. Er frißt unsern Schinken und pöbelt mich an! Der Friede ist dahin! Am besten wäre es, man machte es, wie die SED-Leute auf ihren Parteischulen es tun, und trainierte sich ein Vokabular lakonischer Gegenargumente an, an den Haaren herbeigezogene (die überzeugen am ehesten), dann käme man besser durch. Man müßte beispielsweise stets eine Liste der sowjetischen Betrügereien, Vertragsbrüche, Gewaltakte im Kopf haben und dann wie beim Skat als Trümpfe auf den Tisch knallen. Nur wer sich gut erinnert, überlebt.
«Auch in Butter gebraten ist der Russe ungeraten», sagten die Finnen. Das ist vielleicht etwas übertrieben.

1990: *Wie Weizsäcker und Honecker im Garten der Villa Hammerschmidt staatsmännische Gespräche führten: Das war doch ein Bild für Götter! Honecker mit seinen schlechtsitzenden Hosen und der weißhaarige, listige «Richi». Was sie da wohl geredet haben!*

*

Wenn der junge Friedenskämpfer erscheint, verziehe ich mich. (Eigentlich müßte ich ihn rausschmeißen.) Am liebsten würde ich mich hinter die Tür stellen und ihn erschrecken, wenn er vorbeikommt. Schocktherapie. – Der andere spielt gelegentlich ein wenig auf der Geige, wie Bruder Lustig im Märchen («Der Jud' im Dorn»).

*

Bis in die Nacht hinein sitze ich an HW. Ein Faß ohne Boden ist das. Die letzten Feinarbeiten. Das ist so, als wenn der Restaurator alles fertig hat und zum Schluß mit einem Pinsel noch etwas Farbe hintupft. Er hat das Ganze vor sich, es kann nichts mehr passieren, es kann nur noch besser werden. Und das Verrückte: Ich kann mir gar nicht mehr vorstellen, daß ich selbst das alles geschrieben habe. Es kommt mir so vor, als habe es das Buch schon immer gegeben. Alles Schreiben ist nur das Ertasten von Verlorenem.

*

Im Archiv fand ich eine Biographie aus den Freiheitskriegen. Mir gefällt die Geschichte, weil die Franzosen eins auf den Deckel kriegen und weil sie so altväterisch erzählt ist.

TV: Im Fernsehen merkwürdige Bilder aus Afghanistan. Ein in Brand geschossener russischer Lastwagen. Rotarmisten, die herausspringen, sie werden erschossen. Ein dicker Kerl taumelt den Abhang hinunter.

Lit: «Siegfried» von Jörg Schröder. Sehr gelacht.

Nartum Fr 2. September 1983

T: Ich mußte lachen, und ich wachte von diesem Lachen auf. Die Heiterkeit zog sich in den Tag hinein. Noch gegen Mittag war mir ganz kicherig.

*

Heute fielen hier zehn Leute vom Bremer Fernsehen ein, sie besichtigten unser Haus für die «Literatur-im-Kreienhoop»-Sendung. Stühle wurden umgestellt, ob es besser so aussieht, oder so. Einer trug sogar meine Ritterburgen durch die Gegend. Und wo das Klo ist, fragte eine Frau, sie müsse so nötig, sie wär' heute noch nicht gewesen, hätt' das immer wieder hinausgeschoben.
Ob ich bei den T/W-Filmen ein Mitspracherecht gehabt habe, ob ich alles mit der Hand schreibe und: Woher ich die ganzen Möbel hab', wurde ich gefragt.
«Meine Frau war eine gute Partie», habe ich geantwortet.
Dann habe ich ihnen was vom «Funktionieren» des Hauses erzählt, die Hauspläne habe ich auf dem Flügel ausgebreitet und ihnen einen Vortrag gehalten, vom «Druck und Zug» des Büchergangs, das kennten sie doch gewiß, die alte Architektenregel, daß in jedem Gang Druck und Zug wirksam werden müssen, von der Funktion des Turms als einem Endpunkt für das Ausrollen der Allee..., alle erprobten Eigenschaften des Hauses habe ich ihnen ausgemalt, Eigenschaften, die man berücksichtigen müsse, wenn Menschenmassen sich hier einstellen und wie man mit denen am besten klarkommt. Obwohl ich das schöne Wort «verkaufen» verwendete, wir müßten das Haus in der Sendung doch auch «verkaufen», die Atmosphäre und das Ambiente, wollten sie von meinen nuttenhaften Vorschlägen nichts wissen, ich war sozusagen Luft für sie. Ich setzte mich schließlich abseits in einen Sessel und blätterte in einem Buch. Fernsehleute haben ihre eigenen Vorstellungen davon, wie ein Schriftsteller wohnt.

*

Allerhand Irrsinn in der Post. Eine Frau schreibt:
Nachdem Sie sich schon mit dem Schnoor intensiv beschäftigt haben, erscheint vielleicht in Zukunft auch einmal etwas Mecklenburgisches von Ihnen?
Sie sei mit Warnow-Wasser getauft.

*

Im Nachmittagsschlaf schreckte ich mehrmals hoch. Ich dachte, ich hätte schon viel zu lange geschlafen und müßte unbedingt sofort aufstehen.

*

TV: Über den Abschuß des koreanischen Flugzeugs. Luftaufnahmen von Leichen, die im Wasser treiben, und von schreienden Angehörigen auf dem Flughafen in Seoul, die es nicht fassen können. – Die Russen bestreiten, daß sich der Vorfall überhaupt ereignet hat. Sie wüßten von nichts. Der Sowjetmensch, den sie sich ins Studio geholt hatten, wußte auch von nichts.
«Was, wir sollen ein Flugzeug abgeschossen haben?»
Da hat ihn der Interviewer richtiggehend angeschnauzt, der fühlte sich auf den Arm genommen: Also, das wär' doch nun wirklich unerhört... Aber der Sowjetmensch blieb bei seiner Linie.

1990: *Nach dem Abschuß der persischen Maschine durch die USA 1988 kam das «deeply regret» ziemlich sofort. Noch eh irgend jemand mitgekriegt hatte, was da passiert war, funkten die Amis schon ihre Entschuldigungen um den Erdball. Die Radarmannschaft wär' so überlastet, und da könnte so was schon passieren. – Im Ganzen manövrierten die Amerikaner etwas geschickter als die Russen. Ein Kommentator sagte beispielsweise: Die Russen hätten zwei Stunden Zeit gehabt, das Flugzeug zu identifizieren, die Amis nur vier Minuten. Außerdem zeigten sie Horrorbilder von Amerikanern, die sich in persischer Geiselhaft befinden, ungewaschen und entwürdigt, und von GIs, die durch die Perser umgebracht wurden, was nichts zur Sache tat, aber doch Eindruck machte.*

Lit: «Wohnbücher» aus den Fünfzigern (Knaur und Bertelsmann). Wie sich Innenarchitekten das Leben von Menschen vorstellen. Zitat:

Abends mit einem Buch im Sessel unter der Lampe sitzen, lesen, rauchen, ein Gläschen trinken – was erwartet man mehr von einem gemütlichen Feierabend? (Schmid, Eva M. J. «Unsere Wohnung»)

Vokabeln: Lichttüte, Seilspinne, Eßecke, Sitzecke, Kochecke, Kaminplatz, Schlafcouch, Leitertablare, Schreibschrank, Liege, Raumteiler, Wandlampe am Metallgalgen, Leuchten, Hängesekretär, Kommodenzone, Lehnboy, Zeitschriftenablage.

Nartum So 3. September 1983

Mein Literaturmündel für die TV-Sendung im Herbst, eine Frau Rudolph, kam gestern abend zur Generalprobe ihrer Kreienhoop-Lesung. Alfred hat sie mir empfohlen. Für besonders erwähnenswert hielt er es, daß sie schon dreißig Seiten Prosa geschrieben habe. Immerhin! Zusammenhängender Handlungstext, dreißig Seiten! – Wir bewirteten sie, wie Tausende vor ihr, und danach las sie aus ihrem Text was vor, und streckenweise hörte sich die Sache ganz passabel an. Es ist in der Tat richtige Prosa – eine Seltenheit heutzutage, wo in der Regel Saure-Regen-Lyrik produziert wird. Auch Hildegard war angetan. Wir wählten eine Passage aus, mit der sie «durchkommt». Sie hat schon jetzt Lampenfieber!
Sie erzählte originelle Einzelheiten über einen sehr bekannten Schriftsteller, dessen Freundin sie vor Jahren gewesen ist.

✳

Werner Burkhardt interviewte mich für das »Zeitmagazin« über Jazzbegeisterung der Jugend in der Kriegszeit. Ich sagte zu ihm, er sollte besser zu Robert gehen, der wisse darüber mehr. Aber er sagte: Nein, nein, das sei schon richtig, er wolle mit *mir* sprechen. – Allmählich scheint die Neigung zu wachsen, sich mit der Antistimmung der Swingjugend gegen das Dritte Reich zu befassen. Sie wird gelegentlich schon in Verbindung mit den Edelweißpiraten gebracht. Eine echte Chance, ernst genommen zu werden, hat diese «Bewegung» jedoch nicht, weil die Blutopfer fehlen. Die gibt's bei den «Edelweißpiraten», mit denen wir uns damals solidarisch erklärten (soweit wir von ihnen wußten).

Aus Burkhardts Artikel:

Den Nazis waren die feinen Pinkel, die offen mit den verhaßten englischen Plutokraten sympathisierten, ohnehin suspekt. Am 8. Januar 1942 schrieb Reichsjugendführer Axmann an Himmler: «In Hamburg hat sich an den Oberschulen eine sogenannte ‹Swing-Jugend› gebildet, die zum Teil anglophile Haltung zeigt. Da die Tätigkeit dieser ‹Swing-Jugend› eine Schädigung der deutschen Volkskraft bedeutet, halte ich die sofortige Unterbringung dieser Menschen in ein Arbeitslager für angebracht.» – Darauf Himmler an Heydrich: «Alle Rädelsführer sind in ein Konzentrationslager einzuweisen, dort muß die Jugend zunächst einmal Prügel bekommen und dann in schärfster Form exerziert und zur Arbeit angehalten werden. Der Aufenthalt im Konzentrationslager für diese Jugend muß ein längerer, zwei bis drei Jahre, sein. Es muß klar sein, daß sie nie wieder studieren können...»
(«Musik der Stunde Null», eine Dokumentation von Werner Burckhardt. Zeitmagazin-Schallplatten-Edition)

Aus diesen Maßnahmen wurde gottlob nichts. Auch einer der Kelche, die an uns vorübergingen. Noch heute wundere ich mich, daß die RSBB* von den Nazis geduldet wurden, die «Boys» trugen ja sogar ein Erkennungszeichen am Revers, ein goldenes Kettchen, sowie lange Haare und einen weißen Schal, sie gaben sich also durchaus konspirativ. Verrückterweise gab es in dem Klub auch HJ-Führer und sogar einen SS-Mann. Für die Linke, die ja in unserer Republik bestimmt, was als anti«faschistisch» zu gelten hat, sind die Swingheinis kein Thema. Den Russen, 1945, war Jazzbegeisterung ein Zeichen für westliche Dekadenz. Auch einzelne Russen, die auf der Suche nach Frauen oder Schnaps in unsere Wohnung gestiefelt kamen und denen ich was vorhottete auf dem Klavier, hatten einen Widerwillen gegen diese Musik. Ich kann sie inzwischen auch nicht mehr hören.

* Rostocker Swing Band Boys

Damit man mal sieht, was die Boys sich noch im Krieg für Platten zu verschaffen wußten, lasse ich hier eine nicht ganz vollständige Liste folgen:

Roberts Platten 1943

Ambrose, Bert
Cotton Pickers Congregation – The Penguin

Andrew Sisters
Bei mir bist du schön – Nice Work if You Can Get it – When a Prince of a Fellah – Says My Heart – Sha-sha – Hold Tight – Begin the Beguine – Short'nin Bread – Ooooh-Oh Boom!

Armstrong, Louis
St. Louis Blues – Tiger Rag – Shadrack – Jonah and the Whale – Hotter Than That – That's When I'll Come Back – Now, Save it Pretty Mama – Hear My Talkin' to Ya – Flate Foot Flogee

Basie, Count
Cherokee – Cherokee – Stop Beatin' Round – London Bridge

Crosby, Bob?
At the Jazz Band Ball – Grand Terrace Rhythm

Crosby, Bing
St. Louis Blues

Daniels, Joe
Alexanders Ragtime Band – Farewell Blues – I Can't Give You – Wabash Blues

Dorsey, Jimmy
John Silver – Christopher Columbus

Dorsey, Tommy
Tin Roof Blues – Hawaian War Chant – South of the Border – Boogie Woogie – Where or When – Once in a While – I'm Gettin' Sentimental Over You

Ellington, Duke
Black Beauty – Swampy River – Echoes of Harlem – Clarinet Lament – Creole Love Call

Fitzgerald, Ella (und Chick Webb)
Ella – Undecided – A Tisket a Tasket – Jeepers Creepers

Gonella, Nat
Lazy Rhythm – Caravan – Musik Maestro Please – Where the Lazy River Goes by – Who Stoles the Tiger Rag? – Boogie Woogie – Rhythm is our Business – Lazy River – Black Coffee – Swing that Music – Just A Kid Named Joe – Hold Tight – Old Man Mose – Be Shure it's True

Goodman, Benny
And the Angel Sing – Sing, Sing, Sing – Jumpin' at the Woodside – There'll be some Changes ...

Hall, Henry
Swing – Moon Over Miami

Hilton, Jack
St. Louis Blues – Hilton Blues

Jonah, Andy
Tahuwahuwahi – Samoan Love Song

Mills Brothers
Tiger Rag – Nobody's Sweetheart – Stardust – Mister Paganini – My Gal Sal – Idam Sweet as Apple Cider – Solitude – Funiculi Funicula – Lazy Bones – Miss Otis Regrets – Nagasaki

Mein Bruder in Warnemünde, «hottend»

Mills Brothers und Louis Armstrong
The Flat Foot Floogee – Old Folks at Home – Carry Me Back to Old Virginny – In the Shade of an Old Apple Tree – Lazy River

Reinhardt, Django
Petite Lili – Begin the Beguine

Roy, Harry and his Tiger Rag Muffians:
Way Down Yonder to New Orleans – ? – Mama, I Wanna Make Rhythm – O Boom! – Harlem – Fate

Shaw, Artie
Could be

Stauffer, Teddy
Vilja Lied – My Heart Belongs to Daddy – St. Louis Blues – Meditation – Panama – In Spain They Say Sisi – Goodie Goodie – Shadrack – The Lady is a Tramp – Everybody Sing (?) – Some of These Days

Robert, der beste «Hotter» von Rostock

Venuti, Joe
Flop – Nothing

Washboard Rhythm Boys
Tiger Rag – St. Louis Blues

Waller, Fats
Dinah

Webb, Chick
In the Grove, at the Grove

Wood, Scott
Harlem – Organ Grinders Swing

Von andern Bands
Call Me A Taxi – Temptation Rag (Orgel) – Stormy Weather – Sunrise Serenade – Basin Street Blues – Ol' Man River – A Room With a View – The Crosseyed Cowboy and his Crosseyed Horse – Japanese Sandman – Avalon – The Darktown Strotters Ball – That's a Plenty – You Are an Education for Me

Eine Band hieß Jazz Victor, von der hatten wir einen sehr schönen Tiger Rag. Rückseite St. Louis Blues.
Interessant? Diese Platten wurden den ganzen Krieg über gedudelt. Wie oft sind wir der Mutter damit auf den Wecker gegangen. (Die dänischen und die deutschen, die zum Teil auch nicht schlecht waren, lassen wir hier mal weg.)
Mein Bruder: «Wer sich die Platten nach unserer Verhaftung wohl unter den Nagel gerissen hat!» Ja, das wäre interessant. Er hat sich die meisten «Piecen» jetzt wiederbeschafft, das heißt mit dem Kassettenrecorder aus dem Äther. Vor einiger Zeit meldete sich nach der Lesung ein Herr, der eine Platte von uns vorzeigte, es war sogar noch das Etikett dran. Er zeigte sie mir, packte sie wieder ein und verschwand.

Lit: Weiter im «Siegfried» von Schröder. Zu so etwas möchte ich «die Traute» haben. Sechsunddreißig einstweilige Verfügungen haben sie ihm verpaßt.
In der Nacht «Palisaden, Mauern und Bastionen», von W. D. von Tippelskirch. Als Kinder riefen wir, wenn wir verfolgt und von den Spielkameraden «gestellt» wurden: «Schließ zu, schließ zu, zehntausend Eisentüren schließ zu!» und das wurde respektiert.

Nartum So 4. September 1983

T: Stoltenberg besucht mich. Auch Willy Brandt, der eine Schiebermütze trägt und seinen Kopf lila überpudert hat.

*

Gestern nachmittag kam ein Professor aus Oldenburg zu Besuch, der meine Romane fast auswendig kennt und regelmäßig meine Vorlesungen besucht. Einer derjenigen also, denen wir es verdanken, daß wir in einem so schönen Haus wohnen, weil sie meine Bücher kaufen. Er brachte seine beiden Kinder mit und las mir eine halbe Stunde aus den Buddenbrooks vor: «Es dauert nur siebeneinhalb Minuten!» Eine Unternehmung, die als Huldigung für mich gedacht war. Ich legte die Füße hoch und sah mir die hübschen Kinder an. – Ich wünsche mir von ganzem Herzen, daß Menschen kommen, Leser, mit denen ich mich austauschen kann, die mir das zurückbringen, was ich geschrieben habe, mich also tüchtig loben, aber wenn sie dann da sind, ist es doch auch quälend. Mit ihrem Lob machen sie mich wehrlos, und mit Kritik ärgern sie mich. Oft geschieht es, wenn sie mich kennengelernt haben, daß sie sich enttäuscht von mir abwenden, daß sie mir abschwören und in dumpfes Brüten verfallen: Wie es kommt, daß sie einem solchen Menschen aufsaßen.
Während der Lesung ging eine Art Sandsturm über das Land, es prasselte auf das Dach. Ich mußte mich vorbeugen, um den Text verstehen zu können.

*

Ging für HW die Zettel noch einmal durch, das eine oder andere läßt sich noch verwenden. «Ich reichere den Text an bis zur Sättigung», würde ich sagen, wenn mich einer fragte, was ich da jetzt noch mache.

※

«Es war der größte Sommer seines Lebens.»

※

Heute fuhren die Jünglinge ab. Endlich allein! Schon morgens beim Frühstück über jeden Düsenjäger Rechenschaft ablegen müssen, der hier angedonnert kommt: Ich kann es ja auch nicht ändern! Der Anti-Raketen-Freak lauerte mir ständig auf. Ob er mich mal eben stören darf. Was ich dazu sag, daß sie einen Briefträger entlassen haben, weil er für die DKP kandidiert? – Der Abschuß des koreanischen Jets war eine schwere Schlappe für ihn, die ich weidlich ausnutzte. So verkommen Tragödien zu Argumenten.
Als verantwortungsbewußter Pädagoge hätte ich mit dem Friedensdummerle wie Wyneken in Göttingen durch den Wald wandeln oder wie auf den Fotos der Lietzschen Landerziehungsheime in lichtdurchfluteten Räumen sitzen müssen und brüderlich auf ihn eingehen. Ich konnte mich dazu nicht durchringen, ich sah endlose Diskussionen voraus, denen ich mich nicht gewachsen fühlte. Ich bin keine Führernatur, die herrschen will, es ist mir ekelhaft, Jünglingen Überzeugungen einzureden und sie in die sonnenhelle Zukunft zu entlassen. Ich hatte gedacht, es müßte auf den Burschen zurückwirken, daß ich ihn akzeptiere und aufnehme und ihn auch ein wenig an meiner Arbeit beteilige. Vermutlich war es dem Jungen gar nicht um Erkenntnis zu tun, er wollte nur die Klingen kreuzen, also recht behalten, seine zusammengenagelte Meinungskiste über die Runden bringen. – Zeitweilig war ich seinen Argumenten gegenüber so hilflos, daß ich nach meinem KZ-Buch griff wie nach einer Mao-Bibel und es als Beweis, daß ich kein Faschist bin, über meinem Kopf hin und her schwenkte. Unwürdig und lächerlich. Bleibt die Hoffnung, daß mein Schweigen «beredt» war.

1990: *Die beiden Jungen: Traurig, daß sich über den anderen im Tagebuch so gut wie nichts findet. Ein freundlicher, geigespielender Geselle. Wir hätten ihn gern noch ein wenig hierbehalten. – «Aber wieso? Haben Sie denn nicht gemerkt, daß der angepaßt war?»*

Lit: Schnurre, «Der Schattenfotograf». Habe ich zugeklappt. Unerträglich.
Tolstois Erinnerungen: Daß er seine Erzieher haßt. – Er beschreibt sich als struppigen Jungen. Ich habe sofort alle Tolstoi-Bilder hervorgeholt: Die Jugendbilder zeigen ihn weder struppig noch häßlich.

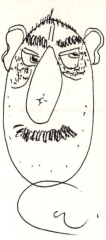

Wolfdietrich Schnurre

Nartum   Mo 5. September 1983

Ein Schwarm von fünfzig Kiebitzen, zusammen mit fünfzig Staren, kreisend.

*

Der Weilheimer Jüngling liegt mir noch im Magen.
Wenn ich das Wort «Pädagoge» höre, fällt mir neuerdings die Peitsche ein.
Man muß seine Schüler fordern! Pädagogen müssen auch Egomanen sein, nicht so sehr den Schüler zu verstehen suchen, als sich selbst darstellen. Mit Händchenhalten ist den Kindern auch nicht immer gedient.

*

Am Nachmittag saß ich in KFs Zimmer. Die Automodelle und seine Bücher. Ich wurde auf einmal sehr traurig. – Bleiben wird das Bild, wie er mich mit seinem Pappkoffer auf dem Flugplatz in Los Angeles erwartete. – Sie wissen nicht, daß sie tapfer sind. – Im übrigen las ich mich fest, er hat da eine Spezialbibliothek über

Panzerwagen. Die skurrilen Anfänge und die «Funnies», sonderbare Fahrzeuge zum Brückenschlagen und Minenräumen.
Wie schwer ist es, sich ganz ohne Rüstung sicher über die Runden zu bringen.
In Emden gibt es eine Hellebarden-Sammlung. Das ist die andere Seite. Dem Büchsenöffner verwandt.

*

Am Nachmittag fuhr ich nach Zeven, um den »Spiegel« zu kaufen und meine Lakritzvorräte aufzufrischen. Da fiel es mir ein, bei Surger nach einem «Glashafen» zu fragen, so ein großes Gurkenglas, das ich schon immer mal haben wollte.
«Hafen? Glashafen?» Kein Mensch wußte, was das ist.
Hildegard: «Das ist ja auch ein sehr blöder Ausdruck.»
Sie hatten übrigens Glashäfen, und zwar polnische, ich kaufte drei: einen für die Lakritze, einen für die Seifenstückchen aus den verschiedensten Hotels, und in den dritten praktiziere ich, so ähnlich wie ein Flaschenschiff, das Mercedes-Sport-Coupé, meinen Sehnsuchtswagen, den mir KF mal gebaut hat.

München Di 6. September 1983

Ich wohne in den Vierjahreszeiten, wo ich als VIP geführt werde: Über meinem Namen steht grün markiert: VIP.
Ich ließ mir aus Versehen einen falschen Schlüssel geben und stand plötzlich in einem halbdunklen Zimmer. Im Bett lag eine Frau, die sich überhaupt nicht wunderte, daß ich hereinkam. (An kleinsten Indizien merkte ich sofort: Hier stimmt was nicht. Es war der Geruch.) Ich hätte sie ohne weiteres ermorden können, und dann wäre ich weggegangen, und niemand hätte mich verdächtigt.
Als Mörder neige ich zum Erwürgen. «Den Gashahn auf Sparflamme drehen», wie es der Unteroffizier bei unserer Ausbildung im Februar 1945 ausdrückte. Was den eignen gewaltsamen Tod angeht, so denke ich, daß ich auf offner Straße von einem Stein am Hinterkopf getroffen werde.

1990: *Sterben werde ich vermutlich an Magenkrebs (es hat bereits Ärzte gegeben, die mir das in Aussicht stellten): Als mein Sterbejahr nahm ich bisher 2001 an, 72 Jahre alt werden, das schien in meiner Konstitution zu liegen. Jetzt bin ich optimistischer.*

*

Heute früh, unten, im Hotel, in «Walters Suppenstube» oder wie das heißt, saß ein weltbekannter, nichtsdestoweniger kleinwüchsiger DDR-Dichter am Nebentisch. Ich grüßte hinüber. Er zerkrümelte sein Brot und sah durch mich hindurch, obwohl ich heftig katzbuckelte. Schließlich stand er auf, stellte sich direkt vor mich hin, als ob er sich recken wollte, in seiner ganzen Schönheit, um noch mal so richtig in die Weite gucken zu können. Ich dachte schon: Jetzt läßt er gleich einen streichen...
Eigentlich gut, daß er mich übersah. Im Grunde hätte ich ja gar nicht gewußt, was ich mit ihm hätte reden sollen. Er hat von mir nichts gelesen, und ich habe von ihm nichts gelesen. Wir hätten ein bißchen Romanisches Café spielen können.
Unvergessen ist sein wundervoller Kiew-Bericht, daß da vom Flugzeug aus zwar jede Menge Obstgärten zu sehen sind, aber doch keine Lager! Wer so was behauptete, sei ein Goebbels-Schüler. Natürlich gebe es Lager, aber das hänge mit der besonderen Humanität des sowjetischen Strafvollzugs zusammen. So ein Lager sei eigentlich «eine Siedlung» – kleinere Häuser, ein paar Baracken, kein Zaun, keine Mauer. – Allerdings bewacht.
Zu der Zeit, als sich dieser Mann über sowjetische Straflager äußerte, saß ich schon sieben Jahre: Ich habe die geflüsterten Erzählungen meiner Kameraden aus Ketschendorf noch im Ohr, Sachsenhausen, Neubrandenburg.

1990: *Volkspolizisten, die braunes Gebein aus einer Grube schürfen. Einer hebt mit zwei Fingern eine Patronenhülse ins Licht. Daß man diese Gruben wieder zuschaufelt, ist nicht recht.*

*

Am Sonntag abend ging ich in die Kammerspiele und sah mir ein Boulevardstück mit Conny Froboess an, ganz hübsche Unterhaltung. Als sie damals ihren Badehosen-Song sang, saß ich auf West 4. (Kann das Ding noch heute nicht ohne Rührung hören.)

> Pack die Badehose ein,
> nimm dein kleines Schwesterlein
> und dann nichts wie raus nach Wannsee!

Fechner: «Sie ist eine *große* Schauspielerin...» Sie habe hart gearbeitet und den Übergang zum ernsthaften Genre geschafft.

✻

Gestern im Herkulessaal Celibidache, das Klavierkonzert II von Brahms, mit Barenboim. Es kam zu einem magischen Moment: Dirigent, Solist, Orchester und Publikum waren plötzlich, in die Musik aufgehoben, in absoluter Übereinstimmung. Als alles vorüber war, lachte Celibidache ins Publikum hinein. Haben wir's mal wieder hingekriegt? – Ja, wir haben es hingekriegt.
Aber ewig geht das nicht so weiter, dann nehmen die Vigulatores die Plage nicht mehr auf sich, zwanzig Jahre lang jeden Tag acht Stunden zu üben. Dann ist Schluß mit der Herrlichkeit.
Die Karte hatte mir Kolbe besorgt, der gerade als Kulturpapst wiedergewählt worden ist. In seinem Büro liegt auf dem Fußboden ein Schuhkarton aus Marmor, und an der Wand hängt ein bedeutungsvolles Gewand unter Glas: so ähnlich wie der heilige Rock in Trier. – Sonderbare Schuhe trug er, kurze Stiefel. Die Hosenbeine verfingen sich darin. – Er will immer, daß ich Witze mache, weil ich so ein komischer Kauz bin.

✻

Kolbe wollte mich für eine Deutschland-Rede in den Kammerspielen anwerben. Ich habe abgesagt, da das schon im November steigen soll. Und außerdem: Deutschland! Ich bin außerstande, mich zu diesem Thema zu äußern. Wenn mein Vater mittags am Tisch saß, die Mutter daneben und wir drei Kinder, Hammelfleisch und Kohl, und dann: «Schulbericht!» Das war Deutschland. Oder die Mutter abends im Bett, wenn ich beichten sollte.

> Vater laß die Augen dein
> Über meinem Bette sein...

«Caprivi!» sagte der Geschichtslehrer und schüttelte sich vor Ekel. In Deutschland herrscht immer noch das mystische Dunkel des Eichenwaldes. Schumanns Cellokonzert. Zum Fürchten.

1990: *In Amsterdam sagte ein Holländer zu mir:*
«Ich habe Angst vor den Deutschen...»
«Ich auch!» sagte ich.
Von Zeit zu Zeit drehen sie durch, das kommt so über sie.

✻

Mit einer blondmähnigen Studentin besuchte ich die Beckmann-Ausstellung im Nazi-Kunsthaus, das so ähnlich wie die Stadthalle in Bremen viel Draußen und nur wenig Drinnen hat. Im wesentlichen besteht es aus Säulen. Meine Begleiterin entdeckte auf jedem Bild eine Kerze. Ein bißchen peinlich war es, daß sie immer wieder angelaufen kam und ziemlich laut sagte: «Sehen Sie mal, Herr Kempowski, schon wieder eine Kerze!» (Sie sagte: «Kehrze.») In der Cafeteria sammelte sie Sternbild-Zuckerstückchen für ihren kleinen Bruder.
Im Englischen Garten erzählte ich ihr von meinem Mädchen-Sommer, und dann entwickelte ich ihr den Plan eines Sommer-Romans, und während ich das tat, fiel mir der Roman überhaupt erst ein: Ein Schriftsteller, auf dem Land, kriegt es mit Mädchen zu tun. Sein Haus wird von ihnen bevölkert wie die Villa einer alten Millionärin von Katzen. Von Schamoni der Film: «Chapeau Claque». (Da ist aber nur von *einem* Mädchen die Rede. In dem Sommer-Roman wird sich der Schriftsteller mit sechs zu beschäftigen haben.)

✻

Auch bei den Bertelsmännern war ich. Bei Paeschke sondierte ich wegen eines Praktikums für KF. – Im Kinderbuchverlag Gespräche über eine Gesamtausgabe meiner Oswald- und Renate-Geschichten. Da kommt natürlich nur der Titel «Haumiblau» in Frage. Sie wollen das Buch von einer Kunstklasse in Mainz illustrieren lassen. «Schall mi wunnern...», würden die Leute in Nartum sagen.
Ob ich nicht mal einen Krimi schreiben will, das wär' doch mal was Feines, wurde ich gefragt. – Warum nicht?
Wir gingen, trotz meiner prinzipiellen Bedenken gegen die italienische Küche in ein Pizza-Haus. Leider hatte ich eine Art Bauchgrimmen, konnte nur ein paar Kartoffeln mit Butter essen. Die Studentin saß daneben, ich nannte sie einen «Reiberdatschi», worunter ich mir einen weiblichen Räuber vorstellte. – Das habe noch keiner zu ihr gesagt, meinte sie.

※

IGA-München, um 17 Uhr unter freiem Himmel gelesen.
Unangenehm. Pastoren predigen aus gutem Grund auch nicht gern unter freiem Himmel. Kolbe führte mich ein. Er tat mir richtig leid, daß er seine kostbare Zeit für einen Menschen wie mich verwenden muß. Wo er doch mit Sawallisch und all diesen Leuten umgeht. (Wenn einem Freunde etwas Gutes tun wollen.) Er trug seine wirklich sehr sonderbaren Stiefel mit Würde. – Der «Reiberdatschi» hatte ein schwarzes Samtband um den Hals, ein angenehmer Anblick: Der schwarz-grün gestreifte Rock, das weiße Blüschen mit den Puffärmeln unterm Mieder...
Dieses Mädchen sei ihm wie Wasser, sagte Kolbe hinterher. Und: Mit dem Sommer-Roman, das sollt' ich mir man noch mal überlegen? Ob das mein Dampfer sei? So etwas hätten andere Autoren schon viel besser gemacht. – Ich habe noch nie einen Menschen getroffen, der mir etwas zugetraut hätte. (Hildegard: «Du siehst auch immer so grau und mickrig aus!») Ich weiß ja auch nicht, wie es kommt, aber meistens kriege ich das zustande, was ich mir vorgenommen habe. Ich bin offenbar ein unscheinbares Glückskind.

※

Alte Rostock-Postkarten gekauft mit aufgeklebtem Glimmer auf den Dächern und nachträglich eingefügtem Vollmond hinter Wolken. Rostock – die Macke höret nimmer auf. Über 500 Rostock-Postkarten habe ich nun schon. Die alte Stadt muß in allen Winkeln immer und immer wieder dokumentiert werden, das hat was mit Selbsterkundung zu tun. Als sei ich der Abdruck des Petschafts. Das Siegel ist über den Rand gequollen!
Außerdem kaufte ich zwei schöne Fünfziger-Jahre-Aschenbecher, 10 Mark das Stück. Und Bücher für die Erinnerungsbibliothek: Von Felix Timmermans «Das Jesuskind in Flandern» und «Pallieter», beides Superbestseller der dreißiger Jahre, erstklassige Weihnachtsgeschenke, Bücher, die heute selbst in Holland kein Mensch mehr kennt. Außerdem kaufte ich von Ruth Schaumann «Die Silberdistel». Das Buch beginnt folgendermaßen:

Auf daß ich den letzten Rest meiner vor A. erlittenen Verwundung ausheilte, ward mit dem Wirt vom Perlhof schriftlich Rede und Gegenrede gepflogen. Endlich erklärte eine mit breiter Pranke hingeworfene Schrift eine Kammer auf dem Perlhof für mich bereit...

*

Auf dem Hauptbahnhof kaufte ich drei Taschenkämme, ich verliere sie ständig. «Das ist eine typische Männerkrankheit», sagte die sächsische Verkäuferin.

*

Den Abend verbrachte ich mit dem Reiberdatschi im Restaurant der Kammerspiele. Hier saß Tankred Dorst mit seiner Frau, wir tauschten die Karten aus. – Danach liefen wir noch ein wenig durch die Stadt, ich redete über den Sommer-Roman und der Reiberdatschi erzählte von ihrer chaotischen Familie. Der Vater ist ein Naturmensch, er legt sich jeden Abend gekochte Pellkartoffeln auf den bloßen Leib!
In der Nacht saß ich wegen meiner Leibschmerzen notgedrungen in der Lobby. (Gekochte Pellkartoffeln, das wäre keine schlechte Idee!) Eine Tochter oder Nichte von Ledig setzte sich zu mir. Es täte ihm immer noch leid, daß er den «Tadellöser» damals abge-

lehnt hat («Die Schwarte ist mir zu dick!»), sagte sie. Am 17. Dezember 1969 war das. Vierzehn Tage später war ich bereits bei Hanser. Der Suhrkamp Verlag, den ich kontaktierte, ließ überhaupt nichts von sich hören, auch später nicht. Das Manuskript muß noch immer dort liegen.

1990: *Unseld mit seinem Pferdelachen: «Warum ist der Mann nicht bei uns?» Die Briefe von Uwe Johnson, die ich als einen Schatz hüte, interessieren ihn nicht.*

Lit: «Kaltblütig» von Capote. Die Sache mit dem wegkullernden Silberdollar. Ich kann das Mitleid nicht verstehen, das Capote mit seinen Mörderfreunden hat.

Walsrode Mi 7. September 1983

T: Ich soll aufgehängt werden, dann aber schießt mir jemand ins linke Auge, was ich überlebe. – Ich weiß noch, daß ich dachte: «Schnell soll es geh'n!» Neger waren es.

✳

Auf der Rückfahrt wollte ich einen Anhalter mitnehmen, an einer Raststätte.
«Nein», sagte der junge Mann, «nehmen Sie lieber den Farbigen dort hinten, der steht schon sechs Stunden».
Nun, das ließ sich machen. Es handelte sich um einen Abessinier, einen äußerst angenehmen jungen Ingenieur-Studenten. Wir unterhielten uns die ganze Fahrt über blendend. Er sagte, daß zu Hause, in Abessinien also, das Kaffeerösten zum Kaffekochen dazugehört. Seine Großmutter röste den Kaffee in einer Pfanne, und dann zerstoße sie ihn und brühe ihn auf. – Ich kann mir denken, daß ein solcher Kaffee gut schmeckt. Unsrer hier, und handelt es sich auch um Kaisergold mit Krone, schmeckt nach Spülwasser. Rätselhaft! Das war doch früher anders?
Hier gilt es «600 Jahre Stadt Walsrode» zu feiern, ich war zu einer

Lesung eingeladen. Mir ging es immer noch nicht gut, ich wälzte mich mit Koliken im Bett. Erst im letzten Moment schleppte ich mich in die Stadthalle, wo ich mit Applaus empfangen wurde. Ein Klavierquartett umrahmte meine Darbietung mit Melodien aus Wien. Als ich geendet hatte, brandete wieder Beifall auf – ich bin schließlich der «Thomas Mann des Landkreises», wie sie mich nennen! Und dann wurden mir von Volkstrachtendamen Blumen überreicht. Quietschendes Cellophanpapier. Verbeugen, nochmals Beifall.

Anschließend wurde ich vom Stadtdirektor eingeladen zu einem sogenannten Imbiß, bei dem auch der Apotheker und ein Arzt herumstanden sowie deren in Silber gehüllte Gattinnen. Ich zählte den Herren, während sie dem kalten Büfett zusprachen, meine Beschwerden auf, worauf der Apotheker rasch ein Fläschchen mit Magenberuhigungssaft holte.

Immer diese «Imbisse»! Nett gemeint und besser als gar nichts, aber man befindet sich doch nicht auf der Wanderschaft! Und diese endlose Steherei, Sekt in der Hand, und wenn man sich setzt, fragen sie: «Ist Ihnen nicht gut?» – Wenn schon mal ein «VIP»-Autor kommt, dann sollten sie ihm was Vernünftiges vorsetzen. So teuer ist das doch auch nicht. – Aber mit den Festessen ist das auch nicht so ganz das Wahre: Wenn ich dann tatsächlich mal an einer langen Tafel sitze, und die Kerzen flackern, (Heidschnuckenkoteletts mit Rosenkohl), dann habe ich gewiß eine Tischdame, die fragt: «...und Sie schreiben Bücher? Darf man fragen, was für welche?»

Schlimmer noch ist es, wenn die Silberlamé-Frauen mir beim Crème de mousson Vorträge über die Ausbeutung der Arbeiterklasse halten, und wie faschistoid doch die Bundesrepublik ist.

Walsrode/Königslutter/Helmstedt Do 8. September 1983

Unruhige Nacht in einem Himmelbett mit mittelalterlichem Gedärmereißen. Die Apotheker-Tröpfchen halfen nicht. Erst eine Gelonida erlöste mich halbwegs. – Heute früh beim Abschied gab ich der schönen Wirtin einen Kuß, was sie sich gefallen ließ. Und dann schenkte ich ihr den gutgemeinten, aber quietschenden Cellophan-Blumenstrauß, der mit rosa Korkenzieherschleifchen verziert war.

Eine fraubewußte Reporterin leistete mir beim Frühstück Gesellschaft. Sie war damit zu schockieren, daß ich sagte: «Würden Sie mir mal ein bißchen Orangenmarmelade von dem Tisch da drüben besorgen?» Sie tat's, und ich fand es wundervoll, mal ein bißchen bedient zu werden.

Wegen der 600-Jahr-Feier waren alle Straßen gesperrt, ich irrte in der Stadt herum, fuhr unter Fähnchengirlanden immer im Kreis. Ich tat also genau das Gegenteil, was Autofahrer in dieser überfüllten Stadt tun sollten. Aber guter Laune bis zum Schluß.

※

Da ich auf der Fahrt nach Helmstedt sowieso an Königslutter vorüberkam, sah ich mir den sogenannten Kaiserdom an, was ich immer schon mal wollte. Die Kirche selbst ist ganz kahl innen, es ist nichts mehr übrig von der großen Vergangenheit. Das ungeschlachte Westwerk, auch Querriegel genannt, erinnert an Braunschweig. Im Grunde unschön dieser Schutz und Trutz, weil nicht aus Absicht, sondern aus Unvermögen so massiv gebaut. Neben der Kirche ist eine Steinmetzwerkstatt, den Steinmetzstudenten wurden grade die heidnischen Kapitelle am Chor erklärt. Ich schloß mich der Führung an, fand alles wahnsinnig interessant und vergaß es anschließend sofort. Haften geblieben ist der von zwei Hasen überwundene Jäger.

Kreuzgänge sind meine Leidenschaft, auch der in Königslutter ist «fetzig». Aber ich gebe dem Kreuzgang in Wienhausen den Vorzug, weil er aus Backsteinen gebaut ist.

Draußen auf dem Rasen standen die Kunstproben der Schüler, sie lassen nicht auf eine große Zukunft schließen.

Hinterher aß ich Champignons in Butter gebraten, sie bekamen mir sonderbarerweise.

※

Der Jäger, der von den Hasen überwältigt wird

In Helmstedt fuhr ich zur Grenze und legte eine Gedenkminute ein. «Helmstedt»: Wie oft hat man in der Russenzeit diesen Namen genannt. Ein Hoffnungsklang. Und ich lebe nun schon fast dreißig Jahre im Westen.
Gegen Mittag mußte ich zunächst in einer Schule lesen. Ein widerliches Gewühle von kleinsten Kindern, die keine Ahnung hatten, aus welchem Grund sie sich mein Gefasel anhören sollten. Danach das übliche Zusammensitzen mit Lehrern in der Sitzecke des Chefzimmers – auch nicht gerade umwerfend. Großfotos von ehemaligen Rektoren an der Wand. Nescafé und zwei Scheiben Brot mit Jagdwurst. – Ich mußte an die pädagogischen Darbietungen in meiner Volksschulzeit denken, da kam jedes Jahr ein Glasbläser, und manchmal gab es einen Film zu sehen, Spielzeugherstellung im Erzgebirge, das ratterte, und immer riß der Film.

1990: *In Breddorf und Nartum kam ich als Lehrer auch in den Genuß solcher lehrreicher Unterbrechungen des Schultrotts: Wenn der Kasperlemann kam, mit Genehmigungsschreiben unter Cellophan, oder ein Mensch mit Schlangen, dem ein kleines dreckiges Mädchen assistierte. Das Mädchen mußte ich zwei Tage mit unterrichten. Wir staunten sie an, und sie lief auf den Händen zur Tafel.*

Nach der Abendlesung, die in einem schönen hellen Saal stattfand, führte mich der Veranstalter an sein Auto, um mich ins Hotel zu bringen: Da saß schon einer drin, ein Jüngling, halb betrunken. Er habe zufällig bemerkt, daß der Wagen nicht abgeschlossen ist, und er habe verhindern wollen, daß er gestohlen wird. – Ziemlich rüde wurde er entfernt. – Ich mußte an Michael denken, und mich kam groß Jammer über die Jugend an. Es gab mal einen Film, in dem wurde gezeigt, wie eine Mutter ihre weggelaufene Tochter zurückholen will, aus einer haschenden Kommune, und die Tochter, auf der Straße schon, reißt sich wieder los: «Ich muß doch zu den andern...» Das ging einem durch und durch. – So wie das Spatzenpärchen in Bautzen, das in der Dachrinne saß und fror: Die schwarzen Dohlen hatten das Nest ausgeraubt. Wenn es den Dohlen widerfahren wäre, daß ihnen ein größerer Vogel das Nest ausgeraubt hat, dann hätten sie mir auch leid getan. Ein allgemeines Leidgetue.

1990: *Die Dohlen sind noch da, in Bautzen, die Ururenkel der Vögel, die wir damals Abend für Abend beobachteten, wie sie in den Baum zum Schlafen einsegelten.*

Helmstedt/Gifhorn Fr 9. September 1983

Heute früh schlief ich mich in dem altersschwachen Hotel richtig aus. Ich halte mich in einer Nische des Lebens verborgen! Herrlich! Und sie haben mich nicht entdeckt. Der große, bärtige Zeitgeist packt mich nicht am Jackenknopf, er zieht mich nicht aus meiner Ecke heraus.
Das Mädchen, das mir beim Frühstück das Ei hinstellte und den Kakao, verdrehte alle möglichen Wörter tadellöserisch. So sagte sie «Ziterone» und «Schokomolade». – Das macht sie immer, sagte sie, die Wörter verdrehen. Sonst sei das ja so langweilig. – Da sieht man's mal wieder. Auch das «einfache Volk» hat Spaß an Sprachspielereien. «Wie werde ich enegrisch», das geht auf dasselbe Konto.

Ich sah dann noch die Stadt an, die alten Universitätsgebäude, mit viel Farbe und Gold restauriert. Ich dachte an meinen Roman, den Schlußstein der Chronik, der jetzt so herrlich dasteht. Sie werden schon ihre Graffitis dran anbringen!
Dann bin ich auf dem Wall spazierengegangen. Wie in Duderstadt oder Göttingen, einmal rum.

*

Gifhorn. Komfortables Hotel am See. Omnibusladungen voll steifhüftiger Landfrauen.
Ich ging um den See herum, hinter einem zigarrerauchenden Herrn her, der ein Leinenjackett trug. Ein Kriegsteilnehmer vermutlich, Woronesch, trotz Unterschenkelprothese federnder Gang. – Wo auch immer Seen oder Stadtwälle existieren, man fühlt sich genötigt, einmal rundherum zu gehen. Auch wenn es einen noch so ankotzt. Der Spaziergang schaffte mir für meine zuckenden, ringenden Eingeweide keine Erleichterung. Es war eben doch falsch, in Butter gebratene Champignons zu essen. Aber wenn man Appetit darauf hat?
Ich legte mich in die grüne Badewanne, massierte den mißhandelten Leib und dachte, daß ich vielleicht mal zum Arzt gehen müßte damit. Nur weil man das Wartezimmer scheut, die verschiedenartigen Abfertigungen, verzichtet man möglicherweise auf Jahre seines Lebens. Und recht tut man daran. Um mich abzulenken, las ich den «Spiegel». Und dabei dachte ich an die Leute in der DDR, die sich auch gern mal in eine grüne Badewanne legen würden und den «Spiegel» lesen, und was die aushalten müssen, wenn sie in einer Poliklinik untersucht werden.

*

Als ich mit der Lesung beginnen wollte, sah ich auf dem Pult zwei Stückchen Schokolade liegen, die hatte mir ein kleines Mädchen hingelegt. Auch mal eine Lobesmarke für mich außer der Reihe. Freude! – Nach der Lesung das rituelle Beisammensein in einem Lokal.
Ein Herr sagte zu mir: «Ich frage Sie jetzt mal was ganz Böses...»,

und dann kam ein unendlicher Sermon. Als er endlich fertig war, sagte ich: «Das war nicht böse, das war wirr.» Eine Frau fragte: Meine Bücher wären wohl mehr was für alte Leute? – Ich: Das sind doch auch Menschen, oder?

Ich bestellte mir ein Bier mit Bierwärmer, was Heiterkeit erregte. Eine der Damen erwies sich als Kempowski-Spezialistin. Die hätte in jedem Quiz den ersten Preis gewonnen. Ich stellte ihr Fragen über Einzelheiten der Chronik und schenkte ihr für jede richtige Antwort eine Mark. Wenn sie eine Frage nicht beantworten konnte, nahm ich ihr eine Mark wieder weg.

Durch den Lautsprecher kam Fußball. Das Hoffnungsanschwellen des Zuschauergebrumms und, noch eindrucksvoller: das enttäuschte Ohhh... der Vierzigtausend, wenn der Schuß nur die Latte getroffen hat.

Mit der Kempowski-Koryphäe wär' ich gern noch einmal um den See herumgegangen.

Ein Herr, offenbar ein Kaufmann, beglückte mich unerwarteterweise mit einer Eselsbrücke, die ich mir auf einem Bierdeckel notierte:

>ISABA = Formel für die Industrie.
>
>**I**st
>**S**oll
>**A**ngebot
>**B**eweis, daß es gut ist
>**A**bschluß

Diese Gattung der Eselsbrücken, sich mit einem Kunstwort etwas zu merken, ist verhältnismäßig häufig. Aus dem sonderbaren Wort

Munemaisun

kann man sich die Planeten in der richtigen Reihenfolge merken:

Merkur, Venus (v = u), Erde, Mars, Jupiter, Saturn, Uranus und Neptun.

Aber was man mit diesem Wissen eigentlich anfangen soll, weiß der liebe Himmel.

Lit: «Der Fall Jürgen Bartsch». Leider läßt der Autor einige kriminelle Sensationen im dunkeln.

Nartum Mo 12. September 1983

Heute vor 35 Jahren wurden Robert und ich nach einem viertägigen, ziemlich viehischen Transport in Bautzen eingeliefert. Zu dieser Zeit war der nackte Terror im «Gelben Elend» bereits gebrochen. Noch wenige Wochen zuvor war dort geprügelt worden, nun hielten sich die russischen Wachtposten merklich zurück. Es war trotzdem noch schlimm genug. Wir wohnten den ganzen Winter über in einer sehr kalten Zelle mit einem Taxifahrer und einem Arbeiter zusammen, WEST I, Zelle 17. Es waren harmlose Zeitgenossen, und wir überstanden das halbe Jahr ohne Schaden.

Strafanstalt Bautzen, Westflügel, 1. Etage. Links, die erste Zelle, das war unsere

Das schlimmste war, neben der Kälte, die Ungewißheit. Wir mußten annehmen, daß wir eventuell überhaupt nicht mehr aus der Zelle herauskommen würden: Ohne Bücher, ohne Arbeit, ohne einen Blick nach draußen.

Mit Robert verstand ich mich blendend. Ein freundlicher Oberkalfaktor, dem wir als Brüder aufgefallen waren, verlegte uns im März auf einen Saal. Der Mann nannte uns: «Die Stettiner».

Nartum   Mo 19. September 1983

Das Autorentreffen «ist gelaufen», wie man so sagt. «Literatur im Kreienhoop». Acht «gestandene» Autoren führten acht Neulinge vor.

Am Mittwoch zog bereits die Technik ein, zwei Ü-Wagen parkten vor dem Haus, und zwanzig Menschen ergossen sich in das Innere. Leitungen wurden gelegt, Scheinwerfer angeschraubt, und ich wurde von den Beleuchtern gefragt, ob ich alles mit der Hand schreibe.

«Was ist in Ihnen vorgegangen, als Sie die Tadellöser-Filme zum ersten Mal sahen?»

*

Am Donnerstag kamen zunächst die «Senioren», die «gestandenen» Autoren also. Sie versammelten sich im Turm zum Kaffee: Karasek, Dierks, Hamm, Kirsch, Roth, Michaelis und Kunert. Dann trafen auch die «Junioren» ein, die Nachwuchstalente, die sich sofort ängstlich an ihre Mentoren drängten. Kaum waren alle beisammen, Behaglichkeit verbreitete sich überm Butterkuchen, Verspannungen lösten sich, da hieß es: Halt! Alle noch mal raus! anmarschiert kommen! Begrüßung durch den Hausherrn mimen.

«Ja», sagte Hamm, «das Fernsehen macht alles kaputt.»

*

Am Abend nahm die ganze Gesellschaft an einer Festtafel Platz, die der Requisiteur sich ausgedacht hatte. Wie zum Empfang der

Königin von England standen riesige Blumenbuketts in den Farben Blau und Gelb auf der überlangen Tafel, dreierlei Gläser für jeden, Wein, Bier und Apollinaris, falls mal einer Durst hat. Das war das Gegenteil von einem Imbiß, und alle dachten natürlich: Der Kempowski ist komplett verrückt geworden, hier derartig aufzufahren! Der will uns wohl zeigen, wieviel Geld er hat? Der zornige Roth warf sein Messer hin und lief raus. Das kann er nicht aushalten, am Tisch eines Kapitalisten zu prassen, während die Welt hungert.

Die Festtafel mit Hinterberger, Sarah Kirsch, Kunert und Frau – und weiter hinten Michaelis, Hamm und Johanna Walser

Am nächsten Morgen wurde geräucherter Fisch haufenweise weggeschmissen, also in die Mülltonne gekippt, obwohl es im Ort genug Schweine gibt, die sich über so was freuen.
Ich hielt eine saublöde Rede, die ich sogar noch ablas von einem Zettel, daß der Ort zehntausend Jahre alt ist und daß ich mich hier mit meiner Frau sehr wohl fühle, und die Autoren dachten: Was? Hält der hier 'ne Rede? – Dierks war mir in meiner Zerfahrenheit ein rechter Halt.

Der kollernde, glucksende Karasek, der so spricht, als äße er grade Pudding.

Peter Hamm sanguinisch-gestenreich: Er vermißte in den Texten der jungen Leute die Brüche, das sei ihm alles irgendwie zu glatt. Oder er machte auf den hohen Ton Jagd.

Sarah Kirsch mit einem Ökobeutel auf dem Schoß, konsequent schweigend, Michaelis beherrscht und kummervoll. Gerhard Roth als wilder Mann. Wir sollten wohl mitkriegen, daß er an einem Total-Roman arbeitet, dem größten Werk des 20. Jahrhunderts. Den Döblin-Preis hat er für seinen ABC-Lysses schon im voraus bekommen. Schade, daß er sich so schroff gab, ich wollte eigentlich mit ihm über «Czernys Tod» reden, hatte mich ziemlich gut vorbereitet. Dierks hatte es schwer, sich durchzusetzen. Man konnte eine gewisse Feindseligkeit gegen ihn spüren: die Aggressionen der Autoren gegen den Germanisten.

Kunert sagte zu Renates Zeichnungen (an der Wand): «Oh, was sind das für schöne Radierungen?» Er liest die Einsendungen von Jungdichtern zunächst mit mittlerer Aufmerksamkeit, sagt er, danach vermittelt er sie als eine Art Literaturagent an einen Verlag. So hat er es mit Hinterberger gemacht, was ihm zu danken ist.

Statt seiner Katzen war Kunert selber hier!

*

Die Debütanten: Meine wankte, offenbar mit Beruhigungsmitteln vollgestopft wie ein Zombie durch die Gegend.

Sie las leider einen schrecklichen Text, und zwar einen andern als vereinbart:

Welches von den Mädels da drinnen hat Ihnen denn nun den Schwanz massiert und Ihnen die geilen Eier geleckt?

Die Kamera fuhr nah an ihr Gesicht heran, als sie das vorlas, und das Publikum muckste sich nicht. Sie las auch was von «spitzen Titten» und «fabelhaften Ärschen», und ich hatte das alles zu vertreten! Das war verdammt heikel!

Ist Ihnen da drinnen nun richtig einer abgewichst worden – so mit allem Drum und Dran – oder war's doch wieder nur der übliche Nepp – mit 'nem bißchen an die Titten und an den Arsch fassen und so!!?

Sie ließ die Lederpeitsche sausen und Speichel im Mund zerplatzen, und ich saß da neben ihr und machte ein bedeppertes Gesicht. Diskutiert wurde milde. Daß sie erzählen kann, wurde gesagt, und daß das ein schönes Abenteuer eines ängstlichen Spießers sei. – Für Hengstler mit seiner Sonnenbrille war es eine interessante, schräg angeschnittene Konstellation, Hinterberger verglich den Text mit einem Wohmann-Text und einer rief gar: «Thomas Mann!»
Einen Tag bevor das Treffen zu Ende war, verschwand sie mit dem zornigen Herrn Roth per Taxi. Auch Sarah Kirsch hielt es nicht bis zum Schluß aus, und Kunert wurde krank.

*

Johanna Walser, die das Schicksal unserer Kinder teilt, dauernd auf ihren Vater hin angesprochen zu werden, war extra aus den USA eingeflogen worden. Sie gab sich ganz als Noli me tangere. Als wir ihr am letzten Tag anboten, sie könne bei uns schlafen, erschrak sie zu Tode.
Peter Hamm in Blau (Jackett), Gelb (Hose) und Rot (Hemd) führte sie ein. Er ist ja immer gut vorbereitet, nimmt alles sehr ernst. So hatte er seine Einführung auch regulär ausgearbeitet und las sie so halb ab, einschließlich der Kunstpausen beim sogenannten Nachdenken. Johanna Walsers Buch sei voll von Vernichtungsgefühlen, sagte er, und, obwohl er sie seit ihrer Geburt kenne (der Mann geht also bei Walsers aus und ein), kenne er sie natürlich überhaupt nicht, wie er bei der Lektüre festgestellt habe.

Frau Mertens hatte mehr zu tun als sonst...

Beim Lesen fuhr sie mit dem Finger unter den Zeilen entlang, als brauche sie einen Halt. Der liebe Michaelis entdeckte allerhand

Raffiniertes in diesem Text. Ich fürchte, daß man ihn einer anderen Autorin um die Ohren geschlagen hätte.
Die Bachmann hatte ja auch diesen Frauentrick, sich so zu stellen, als sei sie soeben vom Himmel gefallen.

※

Der Nachwuchsautor Nöbel saß im Schneidersitz auf dem Sofa. Er kämpfte während des Lesens sonderbarerweise mit Tränen. Seine sehr dichten Bilder kamen meiner Vorstellung von Lyrik noch am nächsten.
Karaseks Schützling hieß Kayser. Er trug eine Seppeljacke. Auch er las etwas anderes als vereinbart, was seinen Mentor in Verlegenheit brachte, denn es war schlimm.
Eine Dame im höheren Ton namens Mascha Sievers himmelte Allende an, weil der jedem Kind einen halben Liter Milch pro Tag verordnet habe.

> Zur Ermordung
> Salvador Allendes:
> Allende hat den chilenischen
> Kindern jeden Tag einen
> halben Liter Milch gegeben.

Und das war falsch, denn:

> Wußten Sie denn nicht
> Compañero Allende,
> daß es für die Kinder,
> die Milch haben,
> ganz furchtbar ist,
> wenn die chilenischen Kinder,
> die keine Milch haben,
> jeden Tag einen halben Liter
> von Ihnen bekommen,
> Compañero Allende?

Applaus! Applaus! Die Bestenliste des Südwestfunks wartet. Lange Diskussion über die Milchaffäre, daß Allende Kinderarzt gewesen sei und entdeckt habe, daß es schlimm ist, wenn man die Kinder in Chile impft, weil man ihr Leiden nur noch verlängert. Und er habe, als er an die Regierung kam, sofort jedem Kind einen halben Liter Milch zugeteilt. – Karasek meinte, es berühre ihn etwas merkwürdig, daß ein Dekret Inhalt eines Gedichts sein könne, und Kunert sagte, er sei über den Klassenkampf der Kinder in diesem Gedicht gestolpert: Die milchhabenden und die nicht milchhabenden Kinder. Doch ein Herr von Radio Bremen riß das Steuer herum, der machte sich den Klassenkampf zu eigen: Weil hier eine politische Aussage gemacht werde, sei das Gedicht gut. Punkt und basta.
Wenn dieser Herr im Recht wäre, dann könnte man ja auch das Grundgesetz der Bundesrepublik in Knickprosa verwandeln, das müßte dann ja sofort auf der Bestenliste landen. Aber nein, halt! Natürlich nicht, das ist ja vom Kapitalismus diktiert.

*

Cecil Gall, das Haar streng gescheitelt, sehr einfach gekleidet, las ein zwar unverständliches, aber reizvolles Gedicht in Schweizer Mundart. Während sie las, stellte ich mir vor, ich hätte plötzlich angefangen, Platt zu reden. Mußte sehr lachen, als ich daran dachte.
Die Mundartsache war ein anderer Schnack als das plattdeutsche Geschrei von Heiner Kracht bei der Mecklenburger Kulturpreisverleihung: einfach, ja liedhaft. Leider hat sie sich fürs Vorlesen, wie alle Lyriker/innen einen sonderbar gekünstelten Vortrag zurechtgelegt, einen eigenartig schmalen Ton.

Cecil Gall

Und dann hielt sie vor jedem Gedicht einen Moment inne: Ob sie's wohl riskieren kann? Ob sie wohl noch die Kraft dazu hat?

> Es soll ein Rosenstrauch ganz um mich wachsen,
> der mich bewacht.

Karasek plädierte in der Diskussion für fifty-fifty, einiges sei gut, anderes schlecht. Er meinte, ihn störe der «alte Wind», der durch diese Gedichte wehe, der Wind heutzutage, der habe sich doch auch etwas geändert, der sei doch auch nicht mehr derselbe.

> Ich starre vor mich hin.
> Zeichne mit bloßen Augen
> deine Züge in den Wind.
> Er nimmt sie mit.
> Ich höre,
> wie er im nackten Strauch
> dir einen Namen gibt.

Diese Stelle hat er vermutlich gemeint. Sie hat auch andere «Winde» geschildert:

> Winde entstanden. Brüllend liefen sie auseinander, die Hörner mit Zweigen geschmückt. Sie warfen sich in die Wiesen. Rissen von den Dächern Schindeln. Erschrocken stand ich und versteckte mich in meinen Händen.

Hamm sagte, einiges sei makellos, anderes sei irgendwie «zu wenig». Andere beanstandeten, alles sei etwas zu feierlich. Nöbel gestand, daß er gar nicht zugehört habe, weil er schon das erste Gedicht, das Mundartgedicht, nicht habe verstehen können. Er habe mal Charles de Gaulle auf dem Hamburger Marktplatz reden hören, da sei er auch so fasziniert gewesen, obwohl er nichts verstanden habe – er hätte dazu tanzen können! – Er wurde darauf aufmerksam gemacht, daß die Dichterin «Gall» und nicht «Gaulle» heiße.
Die Gall reagierte klug und zurückhaltend. Ausflippen, wenn man

kritisiert wird, hat keinen Zweck, das bringt die Leute nur auf, dann geben sie erst recht Zunder.

※

Kunerts Schützling, Norbert Hinterberger, gab dem Treffen etwas Verruchtes. Er kam ganz in Schwarz und mit einem Schäferhund, der den armen Herrn Knaus in den Ellenbogen biß. Knaus hat sich nicht weiter beklagt, aber er hat sofort gefragt, ob Hinterberger in einer Versicherung ist?
Die ganze Zeit über war Hinterberger betrunken. Während der Diskussionen hat er immer dazwischengeschrien: Blödsinn! Quatsch! – Dreimal hat er das Quartier gewechselt. Bei einem Bauern ist er nachts ins Schlafzimmer eingedrungen und hat gefragt, ob sie nicht noch 'ne Flasche Asbach hätten? Er wär' Alkoholiker. Und der Bauer, im Bett, hat immer gerufen: «Ne! Also datt is nu doch to dull!» und hat von Intimsphäre geredet. Schließlich hat sich die Frau erbarmt und hat ihm ein Fläschchen Pfefferminzlikör aus dem Glasschrank geholt.
Ein talentierter Mensch, ein Charakter. Aber unerträglich. Kunert als Vaterfigur wirkte beruhigend auf ihn ein, hat ihn aber auch gewähren lassen, als antiautoritärer Vater sozusagen. Was sollte er auch tun.
Zwischen Hinterberger und dem zornigen Herrn Roth kam es am zweiten Abend fast zu einer Prügelei. Und zwar in Hildegards zerbrechlichem Pavillon! Irgendwelche Leute hatten Hinterberger gebeten, er möchte ein bestimmtes Gedicht noch mal vorlesen. Und da hat der Roth gesagt: «Dös haben wir nu' schon oft g'nug g'heert.» Auf österreichisch also. Hinterberger sprang auf und schrie: «Red deutsch du Arschficker!» und hat ihn dann aufgefordert, mit rauszukommen, damit er ihn niederschlagen kann. Und Roth dann so zu den andern: «Ich tät's, aber ich hab' boxen g'lernt...»
Renate brachte die beiden unter Hinweis auf die Friedensbewegung auseinander und zur Besinnung. Die halbe Nacht saß sie mit Hinterberger auf der Straße, und er hat ihr sein Leid geklagt, soundso viele Entziehungskuren habe er schon hinter sich.

Der freundliche Alfred flatterte, unentwegt die Brille suchend, dann Brille wechselnd, von einem zum andern. Die Organisation schlug erheblich über ihm zusammen, aber er hielt Kurs.

※

In der letzten Nacht, zu sehr vorgeschrittener Zeit, spielte Peter Hamm Klavier, ich hörte ihm eine Zeitlang zu.
Er fand alles Nordische toll. Zu Exler sagte er: «Wie die Blumen sich so schön wiegen... und die Kaninchen! So was Süßes! So was haben wir in Bayern gar nicht mehr.»
Kaninchen fand er toll, Blumen und den 48prozentigen Korn.

1990: *Peter Hamm: Unsere Hunde gefielen ihm derartig, daß er sich sofort auch einen Corgie anschafft.*

※

Die Vorzüge des Hauses, das ja für solche Anlässe geradezu gebaut ist, wurden leider nicht genutzt. Das architektonische Druck- und Zug-Prinzip kam im Bibliotheksgang nicht zur Geltung. Dort hatte die Dame von der Maske ihre Puderdosen aufgebaut und blockierte den Durchgang (das segelte irgendwie unter «menschenwürdiger Arbeitsplatz», obwohl sie oben ein ganzes Zimmer für sich gehabt hätte).
Jeder Techniker hatte diverse Mausenester, es war überall eine schreckliche Unordnung. Der Fotograf, ein geschwätziger Mensch mit Spitzbart, der mir vor Jahren schon einmal auf den Wecker gegangen ist, hatte seine Taschen und Metallkoffer in unserer Ritterhalle abgestellt, womit er das sogenannte «Ambiente» nachhaltig störte. Als ich ihn bat, seinen Schurrmurr nach oben zu tragen, guckte er mich an: Was ich hier zu sagen habe, und: wenn er das tun muß, seine Ausrüstung hier wegschaffen, dann kann er nicht arbeiten.
Die Klosache war ein Engpaß, den *wir* zu verantworten hatten. Ich argumentierte damit, daß es im Mittelalter überhaupt keine Klos gegeben habe.
Wofür niemand etwas konnte, war der ständige Luftzug in allen

Räumen. Das kam von den Kabeln, die sich durch das Haus schlängelten, sie mußten durch ein geöffnetes Fenster ins Haus geführt werden.

Höhepunkte boten neben Hinterberger mit seinen diversen Auftritten, Nöbel mit sehr verdichteten, geradezu eingedickten Bildern, und Manfred, der ein separates Autorengespräch mit Sarah Kirsch führte.

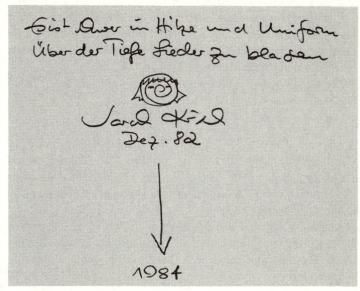

Albumblatt von Sarah Kirsch

Er tat dies behutsam, und das Ergebnis war sehr befriedigend. Hier «verkauften» Regie und Kamera unser Haus vorteilhaft. Hildegards Pavillon mit den Karaffen und draußen der Phlox und die Dahlien und der schemenhaft sichtbare Alfred Mensak, der sich in den Fenstern spiegelte, wie er auf Zehenspitzen durch den Garten geht und den Finger auf die Lippen legt: Wir sollen aufhören zu sprechen.

*

Im übrigen fühlte ich mich während der drei Tage ziemlich an die Wand gedrückt. Wenn Dierks nicht gewesen wäre! Da half es auch nicht, daß ich mich nach Schriftstellerart nicht rasiert hatte. Es war wohl so, daß man mir, aus den verschiedensten Gründen, unseren offen zutage liegenden Wohlstand verübelte. Natürlich macht es sich auch hier wieder bemerkbar, daß ich keine Ausstrahlung habe, mausgrau wirke, das Format vermissen lasse, mit dem ich unser «Chalet» ausfülle oder erfülle. Zeitweilig verließ ich das Plenum und suchte bei den Technikern Zuflucht. Die hatten, was die Darbietungen der Debütanten anbetraf, ein gesundes Urteil.
Das nächste Mal sollte ich mich nur mit Hildegard zusammen sehen lassen, die reißt alles raus.
«Wie hält Ihre Frau das bloß aus?»
Das frage ich mich auch.

∗

Am letzten Tag, am Sonntag also, wurde von Schauspielern des Hamburger Schauspielhauses ein Einakter von Mascha Sievers aufgeführt, in dem eine Leiche die Hauptrolle spielte. Von dem Riesenaufgebot der Presse, das uns angekündigt war, kamen drei Komma fünf Mann.
«Wenn die hören, was hier bei Kempowski los ist, dann kommen die alle. Das geht doch wie ein Lauffeuer um», war gesagt worden.
Unter das Publikum hatten sich Dorfleute gemischt, was positiv vermerkt wurde.

∗

Aus dem Archiv: Als Illustration zum Autorentreffen eine Beschreibung des Schlachtens:

Da wir von klein auf die grausame Art des Schlachtens kannten, das Hervorzerren, Hinwerfen, Festhalten, Abstechen des Tieres, ohne die später erst eingeführte Betäubung durch Schlag, so war das fürchterliche Todesgeschrei des geängsteten Tieres für uns Kinder nichts Grauenvolles, sondern es klang wie Musik und Gesang, wir konnten dem Vorgang mit froher Teilnahme zusehen. Wir verfolgten genau die Arbeit des Metzgers, bis endlich das zerlegte Fleisch in einem Zuber eingesalzen und die Würste fertig an einer Stange aufgehängt wurden.

Am folgenden Tage bekamen die Nachbarn die Wurstbrühe zu kosten, die ja in Menge da war. Die Kinder der Nachbarn erhielten ein Würstchen, ein sogenanntes «Mäuschen».
Huffert

Nartum   Do 22. September 1983   mild

Ein herrlicher Tag, wir tranken draußen Kaffee.
Jeden Tag zwölf Stunden Arbeit, HW, Postmachen und die Oldenburger Vorlesungen. Mittags Tiefschlaf. Spät ins Bett. Als ich heute nacht ins Bett steigen wollte und die Decke zurückschlug, hatte ich die Halluzination, Hildegard habe mir ein halbverwestes Baby hineingelegt.

*

Am Nachmittag kam eine Puppenspielerin, die ich gern in meinen Literaturseminaren einsetzen möchte. Ob die Noten zur Zierde da stünden, oder ob ich Flügel spielte? fragte sie.

*

Der schöne Name «Birko». Nächstens werden Kinder noch «Bucho» oder «Eicho» genannt.

*

TV: Marx Brothers, albern.
Mus: Opus 127.

Lit: In alten Versandhauskatalogen geblättert, fünfziger Jahre, wegen HW. Die sprichwörtlichen «Nierentische» erwähne ich nicht, weil die Leser darauf warten. Da gibt es genug anderes. Die Messingkatze mit dem langen Schwanz für Salzbrezeln. Die Teakholzkraniche. Schlafcouchen. Am schlimmsten fand ich die Mehrzweck-Kurbeltische. – Nierentische sind doch eigentlich ganz hübsch?

*

Nartum Fr 23. September 1983

Der Garten ist herrlich verwildert. Einzelne mannshohe Disteln schießen ihre Samen in die Gegend. Das wird nächstes Jahr ein ziemliches Malheur geben! Von der einen Seite Rainfarn und Brennesseln, von der andern die Disteln. Es fehlt nur noch das Franzosenkraut.

*

Zur Frage des autobiographischen Romans: Isaac B. Singer: «Jede Selbstbiographie ist romanhaft verdichtet, eine vollständige authentische Selbstbiographie ist unmöglich. Sie müßte zweihundert Bände umfassen und wäre entsetzlich langweilig.» (Süddeutsche Zeitung, 83, Nr. 205)

1990: *Es ist mehr als ein Schönheitsfehler der Chronik, daß die Familie K. unter dem Originalnamen auftritt. Mich hat das schon von Anfang an gestört. Da der «Block» in der ersten Person geschrieben war, meinte ich beim «Tadellöser» die Originalnamen beibehalten zu müssen. Schade! Mißverständnisse sind damit «vorprogrammiert», wie man so sagt. Dadurch werden die Romane für Autobiographien gehalten. In «Kapitel» und «Zeit» habe ich das Autobiographische in den Hintergrund zu drücken versucht, durch die Einführung der «Fremderzähler». Auch die Sachbücher, die «Befragungsbücher» also, dienten dazu. Durch andere, der Chronik zur Seite gestellte Biographien wird die Familie K. noch weiter aus dem Zentrum herausgenommen.*
Ich erinnere mich noch genau, daß ich damals, als ich noch bei Hanser war, mit Krüger und Kolbe darüber sprach, ob ich nicht lieber in der dritten Person schreiben sollte, mit allen sich daraus ergebenden Konsequenzen.
Das Ende vom Lied wird sein, daß ich eine Autobiographie werde schreiben müssen. Aber ich bin ja schon dabei – das merke ich grade.

HW: Am Nachmittag nahm ich die Hatzfeld-Sache noch einmal durch, besonders die Szenen mit der Kramerin. Konkret hat sich damals nicht viel abgespielt. Da war zwar eine Erzieherin, aber natürlich hieß die anders. Und von der Pastorensache stimmt nur die Einladung, die ich mal in einem ganz anderen Dorf unter ganz anderen Umständen erhielt. Das Pastorentöchterchen war in der Tat vorhanden. Es trug rostrote Hosen und aß im Garten Stachelbeeren vom Strauch. Das Schloß stelle ich mir vor als eine Mischung von Hardegsen und Adelebsen.

Die Inspiration zu «Burg Hatzfeld»

*

Aus dem Archiv:

Gegen Hartleibigkeit Rpt.
Die Puffbohne zu Mehl gemacht und mit Milch gekocht und als Suppe morgens nüchtern genossen ist ein unfehlbares Mittel gegen die Hartleibigkeit.   Nr. 1648

Nartum   So 25. September 1983

T: Manfred Dierks kommt in den Kreienhoop-Saal, als schon alles zu Ende ist, und will zusätzlich noch drei junge Autoren präsentieren. «Das auch noch!», dachte ich.

*

Gestern wurde der Kreienhoop-Autoren-Film des Bremer Fernsehens gezeigt. Wir sahen ihn mit Familie Dierks und Hostnig zusammen an. Es ist das erste Mal, daß Literatur im Fernsehen so ernst genommen wird, wie es ihr zukommt.
Den ganzen Tag über hatte ich so angestrengt gearbeitet, daß ich die Gesellschaft wieder mal im Stich lassen mußte. Ich ging also zu Bett. In der Nacht schlief ich ziemlich schlecht, ich dachte, ich kriege einen Gehirnschlag. In dem Kreienhoop-Film – soviel habe ich immerhin mitgekriegt – war mein Altern zu besichtigen. Das Gesicht hat sich gesetzt, oder wie soll man es ausdrücken?

*

Heute nachmittag kam dann wieder Besuch, der entschieden zu lange blieb: Vier Stunden war ich mit der Dame allein, abzüglich fünfzehn Minuten fürs Kaffeemachen und zweimal zehn Minuten für Kloaufenthalte. Blieben immerhin noch dreieinhalb Stunden – ich wußte nicht mehr ein noch aus. Immerhin, eine Sache hab' ich mir notiert. Sie erzählte:

1954 kamen wir nach Nürnberg, Trümmerberge! Meine Eltern kannten Nürnberg von früher, die waren entsetzt. Aber für mich als Kind (sechs Jahre alt) waren Trümmer ganz was Normales.

*

Fotos sortiert, im Archiv gekramt.

*

Lit: Biographie über Schnitzler.
Für HW: Eine Kollektion von Bertelsmann-Handbüchern. «Das praktische Haushaltsbuch». Die nüchterne Küche wird durch eine kleingemusterte Gardine angenehm belebt... Mit etwas kariertem Stoff kann man häufig reizende Wirkungen erzielen. Unglaublich weit weg.

Nartum Do 29. September 1983

Heute nachmittag ging ich in den Garten, um zwei Runden zu drehen, da sah ich einen Mann und eine Frau plus Bernhardiner und Kind in unserm Garten Holunderbeeren pflücken. Ich ging zu ihnen, dachte, Hildegard hätte es ihnen erlaubt, fragte, wer sie seien. Da stellte sich heraus, daß das völlig unbekannte Leute waren. Im Prinzip hätten sie ruhig weiterpflücken können, aber mich irritierte das frech-gesetzlose dieser Sache.
Ich: Sie können doch nicht so einfach...
Er: Ich stamme vom Lande und hab' schon überall gesucht und keine gefunden.
Ich: Dieses Grundstück ist doch eingefriedet, wir haben doch einen Zaun...
Er: Dann müssen wir jetzt also aufhören hier?
Ich: Ja, allerdings. Und zwar sofort.
Unsere Hunde hatten sich nicht gerührt, das erbitterte mich am meisten.

*

Besuch aus der DDR. Ein soeben pensionierter Lehrer, den ich von früher her sehr flüchtig kenne. Sein erster Westbesuch! Meistens lag er auf dem Sofa und las all das, was er drüben nicht kriegt. Also Speer, also Kempowski. Hildegard bruzzelte ihm allerlei Schnitzel und Steaks und Riesenpfannen voll Frikadellen, die schönsten Sachen also, und er dachte gewiß: Die haben ein Leben hier im Westen! (Haben wir ja auch!)
Seine Verwandten in Bremen ließen sich verleugnen. Immer wenn wir dachten: wo isser bloß?, saß er still am Telefon, wählte die Nummer seiner Lieben und lauschte auf das Tüten. Und die Verwandten in Bremen lauschten wahrscheinlich auch. Schlimm war es, daß er eine Fischbüchse nicht aufkriegte, das nagte an seinem Selbstwertgefühl. In der DDR leben, das ganze Leben verhunzt, und dann noch nicht einmal eine Fischbüchse aufkriegen... Dabei ist es doch für jeden normalen Menschen ein Problem, eine Fischbüchse zu öffnen.

Zum Miesepetrigen seiner Stimmung kam leider noch eine individuell bedingte, nicht der DDR anzulastende Anhänglichkeit. Er lauerte mir auf, um mit mir über die Pershings zu diskutieren. Hier gibt es nichts zu diskutieren, hier gibt es nur zu trauern, und das muß man irgendwann einmal begreifen.
Am wichtigsten schien ihm ein Kugelschreiber mit Digitaluhr zu sein. Ich gab ihm Geld und schickte ihn für einen Tag nach Hamburg, zum Schmökern ganz allgemein. Als er zurückkam, hatte er noch keinen Kugelschreiber gekauft, er meinte, es müsse irgendwo noch billigere geben.
Als ich im Zuchthaus saß und daran dachte, daß ich bald im Westen sein würde, da war meine ganze Sehnsucht ein möglichst dickes Brillengestell und Schuhe mit Kreppsohle. Darauf konzentrierten sich meine Freiheitssehnsüchte.

1990: *Hier werden jetzt die DDR-Übersiedler beschimpft, sie kämen nicht aus politischen Gründen, sondern nur aus wirtschaftlichen Interessen, die möchten einfach besser leben. – Von allen Motiven, die Heimat zu verlassen, ist mir dies das verständlichste.*

*

Ich nahm den Rostocker Besuch mit nach Mainz, wo ich eine Lesung hatte: Unser schönes Auto, mit automatischem Fensteröffner und extrem leisem Spargang. Es war großartiges Wetter, und die Autobahn war voll blankgewaschener Limousinen, die alle so schön sanft dahinglitten...

        Alpinweiß, Polarweiß, Pastellweiß,
        Klassikweiß, Edelweiß

        Riadgelb, Pasadenagelb, Signalgelb
        Jamaicagelb
        Ahorngelb, Weizengelb

        Clementine, Mandarino

Lofotengrün, Manilagrün
Piniengrün, Akaziengrün, Eisgrün
Zederngrün, Modenagrün

Malagarot, Phönixrot, Korallrot,
Burgunderrot, Hennarot, Marsrot
Tornadorot, Indianerrot, Gambiarot
Siamrot, Flamencorot
Veneziarot

Ozeanblau, Bahamablau, Marineblau
Keramikblau, Lapisblau, Porzellanblau
Atollblau, Mitternachtsblau
Saturnblau

Mexicobeige, Nevadabeige, Coloradobeige
Gazellbeige, Kameebeige
Herbstbeige

Das sind Autofarben, die man allesamt zur Zeit bestellen kann.
«Atollblau», warum bin ich darauf nicht gekommen?

*

Wir machten in Göttingen Station und gingen die Fußgängerzone hinauf und hinunter, und ich zeigte ihm die renovierten Fachwerkhäuser.
«Bei uns geben sie sich auch Mühe», sagte er.
Er hatte übrigens einen Vorkriegsfotoapparat bei sich, und immer hob er das Dings ans Auge, dann ließ er es aber wieder sinken, er dachte wohl: Film sparen, da kommt bestimmt noch viel was Tolleres.

*

Dann aßen wir in Mainz beim Jugoslawen Lammkoteletts. Vom Nebentisch prosteten uns freundliche Menschen zu. Dann der Dom, mit Gold betupft, geschniegelt und gebügelt. Und in der Fußgängerzone hielten uns junge Mädchen an, offenbar eine Schulklasse, die wollten wissen, ob wir an Gott glauben.

Das gute Essen, das «pulsierende Leben» in der Stadt, der wüste Verkehr – es schlug alles über ihm zusammen. Die Ein- und Ausfahrt aus einem Parkhaus allein schon. Daß man eine Münze einwirft, und die Schranke geht hoch... Um seine Selbstachtung zu bewahren und über die Runden zu kommen, murmelte er gebetsartig Medienklischees vor sich hin. «Alles hohl, wahrscheinlich alles Fassade.»
Im Hotelzimmer befand sich eine Bar und ein elektrisches Hosenbügelgerät: Also, das hat er nicht verkraftet. Ob man sich aus der Bar was mitnehmen darf?

*

Das dollste Stück war dann noch der Besuch beim Minister. Da faßte er sich an den Kopf: Daß man so einfach ins Ministerium hineinspazieren kann und mit dem Minister sprechen... Er wollte die Gelegenheit beim Schopf fassen und dem Minister was erzählen von Ost und West und von Zusammenhalten usw. Der hat aber gleich abgewinkt.

*

1990: *Bei der Lesung in Gonsenheim erwähnte ich ihn kurz: «...besonders freue ich mich...» Das stand dann prompt in der Zeitung.*

*

Rückfahrt den Rhein entlang, an der Loreley vorüber, nicht nur für meinen Gefährten eine angenehme Sache. Ich fuhr recht langsam, damit er alles genießen kann, ließ die Scheiben automatisch hoch und runter surren und das Schiebedach vor und zurück, und die Digitaluhr tickte grün. Ein bißchen schämte ich mich wegen der schäbigen Würstchenbuden unterhalb des berühmten Felsens.
«Warum fährst du eigentlich so langsam?» fragte er schließlich. Er hatte es gern, wenn ich andere Wagen überholte, tangarin- und bordeaux-metallicfarbene... Das liegt wohl so im Menschen drin. Als wir an Geräuschzäunen vorüberbrausten, sagte er: «NATO, nicht?»

Durch ihn wurde auch für mich die Fahrt zu einem besonderen Erlebnis.

*

Als es heute früh ans Abschiednehmen ging, gab er mir die Hand, aber viel zu früh. Mußte dann noch eine Stunde vor dem Haus sitzen, und ich saß am Schreibtisch und raufte mir die Haare. Rausgehen und noch mal mit ihm Trauerarbeit verrichten? Hildegard, die ihn nach Rotenburg kutschieren sollte, machte sich im Garten zu schaffen, die wußte auch nicht mehr, was sie sagen sollte. Traurig.

Lit: Rolf D. Brinkmann: «Rom, Blicke». – Das Buch hätte ich selbst gern geschrieben. Etwas Ähnliches hatte ich mal mit Paris vor. Drei Minuten überlegt und sofort verworfen. – Wie er mit den Fotos arbeitet! Scharfsichtig und pubertär zugleich. Über das Lernen: «Es hat mich angeekelt, wenn ein Stoff nur dazu da war, aus ihm Gewinn zu ziehen, sei es Mathematik oder Literatur, ein Buch, ein Film, Musik...»

Nartum Fr 30. September 1983

In der Nacht hatte ich wieder einmal mit dem Herzen zu tun. Ich schlief ein und wachte nach einer halben Stunde wieder auf, unruhig und mit Angstgefühlen. Heiße Fuß- und Beinbrausung half mir, streng nach Kneipp, linkes Bein aufwärts, so heiß wie's geht. Valium habe ich seit Monaten nicht mehr genommen.
Meine Höchstration an Valium ist eine Zwei-Milligramm-Tablette halbiert. «Das ist ja kaum nachweisbar», sagt der Arzt.
An sich brauchte man bei Schlaflosigkeit ja nur das Licht anzumachen und zu lesen. Das tue ich aber nicht, weil mir meine Sehnerven dazu zu schade sind. Ich denke immer, sie nutzen sich vorschnell ab. Vielleicht sollte ich mir ein paar Musikkassetten auf den Nachtschrank legen. Oder, von Gerhard Westphal gelesen, «Effie Briest». – Sogenannte Wortsendungen sind nachts noch am ehesten zu ertragen, Vorträge über Schleiermacher, Herzoperationen, die

Vermehrung von Milben. Vor Mitternacht spenden die Meldungen vom Tage einigen Trost, hochinteressant, werden aber sofort wieder vergessen. Dem ruhelosen Schläfer wird dann erst wieder etwas geboten, wenn der Morgen graut: die verschiedenen Sekten, mit denen der Sender nichts zu tun haben will, wie er ausdrücklich vermerkt. Die kirchlichen Sendungen habe ich besonders gern. Die auf Volkston abgestimmten Worte und vor allem die herrlichen Lieder, zu Klavierbegleitung, die man nirgendwo sonst zu hören kriegt.
«Das Kreuz Christi wird zur Himmelsleiter», hat mal einer gesagt.
– Viele arbeiten auch mit dem Saulus-Paulus-Effekt und führen sich selbst als Beispiel an, was sie für Wüstlinge waren usw.
Über die Kurzwelle huschen, ist auch nicht ohne Reiz, so wird es eines Tages sein, wenn man im Sterben liegt.

*

Die Unfähigkeit zu lieben.

*

Ich bin der Sonnyboy der deutschen Gegenwartsliteratur. Ein hingeschissenes Fragezeichen.

Mus: Dvořák, das Sextett, ein Geschenk von «klein I-Punkt». Auf das Cover hat sie geschrieben: «Du mußt es mindestens dreimal hören.»

Oktober 1983

Nartum Sa 1. Oktober 1983

Farbtraum: KZ-Häftlinge müssen Pferde einreiten. «Wenn man bedenkt, daß man sie von der Arbeit weggeholt hat», höre ich jemanden sagen. Lachend, gesund (Pegasus? Ich?) (Im TV, Sportspiegel: Westernpferd 43 km/h mit Sprintern verglichen!)
Danach, in Schwarzweiß, ein langer «Film» von Skilly, einem englischen KZ-Häftling, der als deutscher SS-Offizier Dienst tun darf (Skilly = ich). Kaffee kochen. Er hat Angst, abgesetzt zu werden. – Gegen Morgen lese ich ein Buch über diesen Skilly, er ist jetzt Discjockey. Als Komiker muß er noch anerkannt werden.

*

Um sieben Uhr stand ich auf. Noch vor dem Frühstück arbeitete ich ein bißchen im Archiv. Schöner Blick aus dem Fenster auf die Wiese und die im Nebel liegenden Bäume. Emmi bellt zu mir hoch. Merkwürdig, daß die Tiere draußen merken, in welchem Zimmer man sich aufhält.
Plötzlich höre ich Hildegard rufen: «Nein! Wie ha-ben wir es schön!»

*

Gegen zehn Uhr fuhr ich zum Flohmarkt nach Tostedt.
Türken mit Krimskrams, den absolut niemand braucht. Kinder mit Comicheften und Corgy-Toys. – Comics, das ist eine Spezies der Literatur, für die ich überhaupt kein Verständnis habe. Als Kind ja: der «Blendax-Max» und «Jan und Hein, die Rabenknaben». Aber seitdem, trotz wiederholter Anwerbungsversuche von KF nicht mehr. Vor einiger Zeit bekam ich das Angebot, die Nazizeit als Comicstrip zu texten: «Damit die Kinder was lernen», hieß es.

1990: *Neuerdings kaufe ich mir manchmal «Schwermetall», diesen Comic für Erwachsene.*

Als ich nach Hause kam, begegnete ich den Pferdemädchen. Fenster runterschnurren: «Na, wie geht's?» Die Blonde saß auf dem Pony und schlug mit der Gerte nach mir. Die Schwarze kam auf dem jämmerlichen Kinderfahrrad herangestrampelt.

*

Langer Mittagsschlaf, Kaffee in Gemütsruhe. Hatte Spaß mit den Hunden. Kleine Kunststücke, Männchen machen usw. Solche Fertigkeiten sind auch für die Hunde nützlich, denn wenn sie nun aus eigenem Antrieb «Männchen» machen, bin ich gezwungen, ihnen einen «Froki» zu geben. Wo immer sie mich sehen, kommen sie jetzt angelaufen und machen Männchen. Ich bitte sie dann um Entschuldigung, daß ich gerade nichts dabei habe, stülpe meine Taschen aus. Oder ich wetze vor ihnen weg, was ja auch nicht gerade der Sinn der Sache ist.

*

A-Dur-Sextett von Dvořák. Danach an HW gesessen. Die Prozeßsache eingearbeitet, die Sache mit der Nichtanerkennung als politischer Häftling. Das Happy-End wird dadurch vorbereitet, denn ich, als Autor genehmige dem Herzlich-willkommen-Walter die Haftentschädigung sozusagen postum.

*

Am Abend Hildegard die ersten vier Kapitel vorgelesen. Anregungen für den Schluß (Hamburg-Spaziergang mit Robert). Hatzfeld ist stark zu kürzen, sonst hängt der Text durch. Weniger Erziehungssachen, dafür mehr Kramerin und die beiden Pastorenweibchen. An der Polarisierung gesessen: Kramerin / Pastorenfrau, die schwererziehbaren Jungen / das wohlerzogene Pastorentöchterchen, Blechteller / Silber.

Lit: Singer, «Das Landgut». Ich kann das nicht lesen. Das unkonsumierbare Gute.

Nartum So 2. Oktober 1983

Heute Renates Geburtstag. Als ich sie zum erstenmal in den Armen hielt, fiel mir auf, daß sie mich kühl forschend betrachtete. «Die ist richtig», so was dachte ich. Womit ich mich dann ja auch nicht getäuscht hätte. – Sie war unsere Katzenbeschafferin. Zeitweilig hatten wir acht Stück, drüben noch, in der Schule. Wenn sie in der Küchentür erschien, kamen die Katzen angehoppelt. Sie hatte den Tieren auch einen «Katzenspielplatz» eingerichtet. Alle Tiere fand sie «süß». Sogar mal einen alten Esel, der am Zaun vor sich hindämmerte. Auch der war «süß», «o wie süß!»

Renate, meine liebste Tochter

*

Ich fuhr heute früh in einer momentanen Aufwallung nach Wilhelmshaven, um mir die Stelle anzusehen, wo 1941 der «Consul» gesunken ist. Aus den Papieren des Wasser- und Schiffahrtsamtes, die mir Klaus Grahl schickte, geht hervor daß er

53° 31' 12,8" N   8° 09' 47,3" O
an der N-Mole der ehemaligen dritten Einfahrt,
etwa im mittleren Teil liegt.

Bis 1950 war das Wrack durch eine grüne, spitze Tonne gekennzeichnet, nun ist es verschwunden. Schade, daß man nicht einmal einen Türdrücker des Schiffs hat.
Ich irrte eine Weile herum und kaufte schließlich einen geräucherten Aal, der, wie sich herausstellte, verschimmelt war.

*

Am Pädagogikvortrag über vergessene Erzieher. Wo sind die Substanzen der Liebe, die sie kübelweise über die Kinder ausgossen?

Nartum/Hamburg Mi 5. Oktober 1983

In einer Biographie fand ich unter dem heutigen Datum eine zeittypische Nazisache. Heute vor fünfzig Jahren:

1933: Berlin-Schöneberg
Im Herbst 1933 trat die gesamte männliche Studentenschaft der Kunstschule Schöneberg in die SA ein, das heißt, die Vorsitzenden hatten sie, ohne jemanden zu fragen, «eingetreten». Ich war entsetzt, daß ich nicht daran gedacht hatte, meinen Austritt aus dieser umgewandelten Studentenschaft zu erklären. Ich habe schließlich meinen Austritt aus der SA erklärt und, da dieser gerade gesperrt war, mich bis zur Aufhebung der Sperre beurlauben lassen. Tatsächlich bekam ich nach vielen Wochen ein Schreiben vom SA-Sturmbann, die Austrittssperre sei aufgehoben. Der Rest war eine Formalität. Alles ging verhältnismäßig einfach, ich glaubte es beinahe selber nicht. Man sagte mir – wahrscheinlich wollte man mich dadurch umstimmen –, daß man mich aus den Büchern so streichen würde, daß ich niemals würde behaupten bzw. nachweisen können, daß ich der SA angehört habe. Man begriff natürlich nicht, welchen Gefallen man mir damit tat.
Thoma, Helmut *1909   551

*

Vor zehn Jahren griffen die Ägypter Israel an. Ich habe damals ziemlich ausführlich Tagebuch geführt.

5.10.1973: *Ein Realkrimi im Fernsehapparat: Israel ist von Ägypten und Syrien angegriffen worden. Langmähnige Mädchen rennen in den Luftschutzkeller (Agfacolor), und Limousinen rasen mit aufgeblendeten Scheinwerfern durch die leeren Straßen: Reservisten, die sich stellen müssen. Erst wenn alle da sind, beginnt der richtige Krieg, sagt Moshe Dayan, und er lacht dazu.*
Sie sagen, schon seit Tagen seien Truppenmassierungen der

«Aufbruch» 1933

«Unser SA-Mann»

Drei Brüder

Heldengedenktag 1933

Syrer und Ägypter beobachtet worden. Begreife nicht, wieso man das hier in keiner Zeitung lesen konnte, sonst hören sie doch die Flöhe husten! Überhaupt, die Berichterstattung ist kümmerlich. Zwei Tage nach Ausbruch der Feindseligkeiten (wie das früher genannt wurde) immer noch dieselben Bilder.

Matt im Kopf, kann nur Zettel einsortieren. In der Post viel Larifari, auch Kurioses. Ein zehnjähriger Junge bittet mich, seinem Vater zum Geburtstag zu gratulieren. Eine Dame fragt an, ob ich sie vielleicht mal besuche, sie habe einen Roman geschrieben, und das könnten wir bei einer Tasse Kaffee mal durchsprechen? Für Kuchen sei gesorgt, auch ein Fremdenzimmer stehe zur Verfügung.
Alle möglichen Ängste! Was fang' ich an, wenn HW fertig ist?

*

Ich fuhr, um mich abzulenken, nach Hamburg. Langer Stau, den ich weit zu umfahren suchte, geriet dann doch hinein und wunderte mich über die stoische Ruhe der Leute. Der Schuldige, ein Lkw, der Kartons verloren hatte, wurde neugierig beäugt.
Über das Phänomen des «Staus» müßte man auch mal nachdenken. Der Stau ereignet sich ja nicht nur auf Straßen, auch in den Läden, das Überangebot an unabsetzbaren, also festliegenden Waren, die nicht mehr vermittelbaren Arbeitslosen, die auf den Ämtern Schlange stehen. Auch der Anstau von Problemen gehört dazu, das, was die «Regierenden» alles so vor sich herschieben. Wer sich mit Prophetie befaßt, wird sagen: Dieser allgemeine Stau wird sich irgendwann einmal Luft verschaffen.
Hier ein paar Staunotate aus meinem Fragekasten:

Stau von Kiel bis Hamburg. Auf der Überholspur schob sich ein Gefängnisbus immer wieder an uns vorüber, mit Schlitzen, in denen Augen zu sehen waren.
Studentin 1961   mündlich

Das finde ich immer so toll, wenn die anfangen, Karten zu spielen. Im Stau entwickelt sich ein verblüffendes Eigenleben. – Wenn einer die Klappstühle rausholt, dann gehts los.
Apothekerin mündlich

Mein schönster Stau war in den sechziger Jahren, wir fuhren nach Spanien. Vor L., das ist die Nougatstadt, hatten wir einen Vierzig-Kilometer-Stau, und immer roch es nach Nougat.
Hausfrau mündlich

Für zwei Kilometer haben wir zwei Stunden gebraucht. Mein Freund ist gefahren, und ich hatte eine Karte dabei, und da hab' ich nach einer gewissen Zeit eine Abkürzung gefunden. Vor uns fuhr so ein ganz kleines englisches Auto, und dann kamen wir im Wald an eine Querrinne, und da kam er durch seine tiefe Straßenlage nicht drüber hinweg. Wir haben dann angehalten und ihn, wie man so sagt: vier Mann, vier Ecken, rübergehievt. Und er hat sich so darüber gefreut, daß er gesagt hat: «Also, paßt mal auf, Jungens, ihr seid also ganz dufte Kumpels, ich hab' noch 'ne Flasche Mariakron im Auto, da trinken wir erst mal einen Schluck.» Und wir hatten noch 'n Kasten Bier im Auto, und dann haben wir den erst mal leer gemacht, und dann sind wir weitergefahren.
Postbeamter *1958 mündlich

Ich gehöre leider zu den ungeduldigen Menschen, ich bekomme «Panik», wenn ich mich einem Stau nähere. Und jedesmal verfluche ich mich, weil ich mir nämlich vorgenommen hatte, mich auf Staus einzurichten: Also Musikkassetten mitnehmen, Thermosflasche mit Kaffee usw., und das alles liegt zu Hause, «gut und trocken», wie man so sagt.
Im Autoradio war ein Stimmenimitator zu hören: Willy Brandt machte er nach und Helmut Kohl. Wenn er es perfekt machen würde, wäre die Sache reizlos. Das Nachahmen und Nachäffen löst Lustgewinn aus, weil Täter und Opfer einen Teil ihrer Identität einbüßen. Das setzt Überlegenheitsgefühle frei.

*

Bei Felix Jud, den alle Leute «Herr Süß» nennen («Herrgott, ist denn niemand im Laden?»), nettes Gespräch mit Weber. Er verkaufte mir für meine Eselsbrücken ein Buch mit lateinischen Sprachspielereien.

>Der ist dumm,
>der bei sum
>setzet das Adverbium.*

Zu Mittag traf ich mich mit Krogoll, in dessen Fakultät ich im Winter die Gastvorlesungen halten soll. Wir aßen beim Chinesen in der Esplanade die übliche Frühlingsrolle, die mich wahrscheinlich zwei Milliarden Hirnzellen kostete (Glutamat), und er erzählte von chaotischen Studenten, die in der Universität sich an keine Ordnung halten, zu spät kämen usw., die aber seltsamerweise beim Grenzübergang nach Ostberlin (Exkursion) sich sofort anpaßten, sich brav anstellten usw. und an der Schnauzerei der Grenzbeamten nichts auszusetzen hätten. – Ja, so sind die Deutschen: Es ist zum Kotzen. – Er zeigte mir auch Fotos seines Eigenheims in Spanien: Ein weißgekalkter Backofen in einer dürren Ebene. Das ist wohl eher was für Psychopathen.

*

Bei Kersten, dessen Sympathie für Autoren ihn nicht davon abhält, Honorare zu fordern. Er vertritt die Firma Arno Schmidt gegen Haffmanns. So sehr ich mich auch bemühte, es waren keine Interna aus ihm herauszulocken. – Zunächst lachte er sehr, als er von meinen Steuergeschichten erfuhr, dann aber machte er ein besorgtes Gesicht. Er meinte, die Affäre hätte leicht ins Auge gehen können. Ich fragte ihn nach einem besseren Steuerberater, ob er nicht einen ausgefuchsten Burschen kenne, mit allen Tricks auf du und du?
«Die kochen auch alle nur mit Wasser.»
Beim Weggehen schenkte ich ihm aus Dankbarkeit dafür, daß die Steuersache nicht ins Auge gegangen ist, den Rostocker Pfennig, den ich neulich für meine Sammlung gekauft habe.
Danach ging ich in eine sonderbare Buchhandlung, in der nur

---

* Hans Weis, «Bella bulla», Dummler Verlag

übersinnliche Schriften angeboten wurden, astrologisches Zeug, esoterische Traktate, man ahnt ja gar nicht, was es da alles gibt! Reinstes Mittelalter! – Ich hörte jungen Leute zu, die, an der Kasse stehend, über ein telepathisches Phänomen sprachen, das einer von ihnen erlebt haben wollte. Leider hatte ich kein Tonbandgerät dabei! – Ein Mensch, der die Lösung des Staus in der fünften Dimension sucht.
In den Schaufenstern Weihnachtsdekorationen.

※

War auch beim Friseur. Ich erzählte der sehr hübschen Friseuse, daß ich Romane schreibe. «Mit Intrigen?» fragte sie. Sie verriet mir das Geheimnis der guten Kopfmassage, das ich schon kenne: Man dürfe nie die Hände vom Kopf nehmen, immer Kopfkontakt halten! Dies Rezept ist übertragbar auf andere Sachverhalte.

※

Rückfahrt über die Autobahn bei «regem Verkehr». Was wohl Pastoren denken, wenn sie an einem vorüberfahren, der eine Panne hat.

※

Lit: Hausenstein: «Licht unter dem Horizont», ein Tagebuch aus der Nazizeit. Es ist schon bewegend zu spüren, wie er seine Ängste in den Griff zu kriegen sucht. Seine Frau war wohl französische Jüdin, seine Tochter hatten sie illegal über die Grenze geschafft, er selbst war als Redakteur kaltgestellt. Die Sublimierung von Zeitgeschichte, die Ablenkungsmanöver eines Zwangspensionärs: Geschichte, Musik, Natur. Stichwort: innere Emigration, hier fand sie statt. – Manchmal gleitet ihm die Sache aus der Hand, er spricht vom «Vorabend meines 63. Geburtstages» und von einer «strömenden Passacaglia» von Bach. Und daß Bach kurz vor seinem Tod erblindet ist, weiß doch jedes Kind, das braucht er doch nicht seinem Tagebuch anzuvertrauen.
Ich habe mir auch mal wieder Klaus Mann herausgeholt, den «Wendepunkt», zum drittenmal. Die Beschreibung des zerstörten

Elternhauses in Bogenhausen, und das gehässige Interview mit Richard Strauss. Die pointierten Verdrehungen erinnern mich an Verhaltensweisen von Zeitungsleuten, mit denen auch ich schon zu tun hatte. Parteiisch sein um jeden Preis – das stößt ab.
Klaus Mann: «Lübeck von der RAF bombardiert! Gut so!» («Wendepunkt», S. 465) – Es gibt in dieser Richtung ja auch vom Vater Befremdliches.
Von dem «Wendepunkt», das neben «Kind dieser Zeit» seine einzig lesbare «Hervorbringung» ist (außer den Essays), müßte es eine illustrierte Fassung geben. In Kilchberg liegen bestimmt massenhaft Fotos herum. Die Manns sind doch ununterbrochen fotografiert worden. – Klaus Mann würde sich in der hiesigen Kulturszene gut machen, eine Mischung aus Raddatz und Michael Krüger.
Der Aufsatz von Golo über ihn. «(Ich träumte): ...da kam er durch das Gartentor gefahren, im offenen Benz-Wagen... wie er, von einer Reise kommend, so oft getan hatte...» Ach, die Trauer über die Menschen.

*

Mus: Klavierkonzert von Brahms, ein Ohrwurm im höheren Ton. Das nenn' ich Bildung, wenn man da mitsingen kann. Ich sagte zu Hildgard: «Hör mal die Oktavtriller! Die macht er mit dem vierten und fünften Finger!» – Mit so was verschafft man sich Respekt in der Ehe.

*

TV: Fußball. Ostentative Schimpferei des Torwarts, wenn er einen Ball durchgelassen hat: Seine Verteidiger sind schuld! Ungerechte Schiedsrichterentscheidungen erhöhen den Unterhaltungswert des Spiels. Die schauspielerischen Talente der Fußballer. Der Ausdruck «eine Schwalbe machen». Herrlich das Schein-Fußballspiel Österreich–Deutschland, wo sie nur den Ball hin- und herschoben, vorher abgesprochen. Und die Wut des Reporters, der das zuerst nicht kapierte, und der ganze Apparat lief völlig ernst mit, die Kameras, die Fotografen. – Ach, ich liebe Fußball. Besonders, wenn Deutschland gewinnt. Fouls sind auch was Wunderbares. Inden-Arsch-Treten sieht man leider selten. Früher, als die Engländer noch diesen zahnlosen Zähnefletscher im Sturm hatten! Nebenher einen James-Bond-Film angesehen. Die Verschwendung von Sauerstoff durch explodierende Autos wird man auch nicht mehr lange hinnehmen.

Nartum Do 6. Oktober 1983

Wunderschöne Träume, aber ich war zu faul, sie aufzuschreiben, und jetzt habe ich sie vergessen.

*

Ich fuhr mit Hildegard und den beiden Corgies zu der Corgiezüchterin. Bei Pflaumenkuchen saßen wir am Gatter und sahen uns die Meute an. Sind das süße Tiere! Wir müßten ein kleines Rudel haben, so fünf, sechs Stück. – Als wir uns die Tiere eine Zeit angesehen hatten, unterschieden wir, wie bei Menschen, zwischen sympathisch und unsympathisch. Ob ein unsympathischer Hund allen Menschen unsympathisch ist? Ich fürchte, ja! –
Hinterher noch nach Worpswede gefahren, mit dem freundlichen Herrn Rief gesprochen, der uns seine Parfümfläschchensammlung zeigte, und dann im Café Verrückt zu Abend gegessen.

*

TV: Nun werden wir Zeuge von kitschigen Mahnminuten. Das konnte ich schon in der Kirche nicht leiden, das stille Gebet (wenn alle bis zwanzig zählen), oder auf Lehrerversammlungen: «Erheben wir uns zur Totenehrung.» Menschenketten und ähnliches: Leute tun das, die an Gott nicht glauben. Wenn sie es täten, dann würde ihnen das Beten im stillen Kämmerlein genügen. Die Politiker verbrüdern sich mit der Straße. Das geschieht immer dann, wenn sie mit ihrem Latein am Ende sind.
Das TV ist paralysiert: es sind immer dieselben Themen aus immer derselben Perspektive. Die empörte Barbara Rütting, die ganz in der Tradition der Deutschen: «Gefühl statt Köpfchen» diskutiert.

Heute war das ZDF-Magazin ganz interessant: Es wurden Bauarbeiter gezeigt, die in der Feuerzone arbeiten und dabei wie Strafgefangene bewacht werden.

1990: *Plötzliche Rehabilitierung Löwenthals. In den Talkshows geben sie ihm jetzt recht, weil er jahrelang das angeprangert hat, was sich nun als Realität herausstellt. Er ist übrigens einer der wenigen, die tatsächlich Bescheid wissen. Das halbe Grundgesetz hat er im Kopf.*

※

Lit: Drôle de Guerre, diese unbegreifliche Stillhaltezeit des Westens 1939/40, als Sartre da seine Wetterballons in die Luft ließ. Während der drei Wochen des Polenfeldzugs stand dem deutschen Aufgebot jenseits von Rhein und Westwall die fünffache Übermacht an Franzosen gegenüber: Hundertzwei komplette Divisionen mit weit über vier Millionen Soldaten! Wenn sie damals angegriffen hätten, anstatt Wetterballons in die Luft zu lassen oder Fußball zu spielen, dann wären dreißig Millionen Menschen am Leben geblieben.

Sonderbare Einzelheiten. Daß die sich gegenseitig Strom geliefert haben, die Deutschen den Franzosen (und umgekehrt), und auf wäschewaschende Soldaten nicht schossen. (Ernst Jünger!)

Auch einiges über Westwall und Maginotlinie. Die imposante mittelalterliche Schönheit der Großbunker am Atlantikwall. Albert Speer zeigte mir eine Bauzeichnung, die Hitler selbst mit einem Blaustift korrigiert hat. – Die meisten Bunker des Westwalls sind gesprengt worden, was ich verständlich, aber schade finde.

1990: *Genauso zu bedauern ist der Abriß des Checkpoint Charly. Die Kölner Arbeiter, die beim Abriß der alten Römertore «Helau!» riefen.*

※

Mus: Schumann, das Cellokonzert. Mystisches Halbdunkel! Obwohl es Rostropowitsch spielte, meinte ich, Casals Stöhnen zu hören. Dieser unsägliche Film «Träumerei»: Die Vergottung Robert Schumanns, und jetzt die Vergottung Claras, ganz ohne Ufa und Hollywood, das machen die Emanzen. – Daß Clara ihren geisteskranken Mann in der Anstalt nicht ein einziges Mal besucht hat, wird tunlichst verschwiegen. – Die Pfleger hatten ihn an einen Stuhl gebunden und flößten ihm Fleischbrühe ein. Kaltwasserkuren usw.

Nartum Sa 7. Okt. 1983

Zum 7. Oktober ein realsozialistisches Gedicht von Rose Nyland*:

> Eine freundliche Heimat haben wir, Liebster,
> darin die Leute
> lernen zu lächeln, wenn sie
> einander begegnen.
> Arglos. Ohne Angst. Am Abend
> wird für die Kinder
> das Bad gerichtet,
> mit schäumender Seife
> und fröhlichen Tüchern
> Heute
> stell ich dir Blätter
> in eine Vase aus Zinn.

1990: *Ich habe mir die Kassette von den Feiern zum vierzigsten Jahrestag der DDR noch mal angesehen. Die Politgeronten auf der Tribüne, die hätten sie ruhig länger zeigen können. Und der höhnische Gorbatschow dazwischen. Honecker zeigt ihm, ob er diese wunderbare Jugend sieht, die da vorüberzieht. Jaja, er sieht diese wunderbare Jugend. – Der sonderbare «Stechschritt» der Musiker, die trotzdem dabei noch auf der Tuba blasen können. – Übrigens finde ich Militärparaden der Engländer oder Franzosen genauso widerlich. Am allermerkwür-*

---

* DDR-Lieder-Magazin, 1. Edition Peters, Leipzig, S. 61

digsten ist es, wenn die neuen Staaten in Afrika das Militärballett ihrer früheren Mutterländer nachahmen. – Gegenüber dem Pomp der Alliierten waren die Naziparaden der Wehrmacht relativ nüchtern. Ziegenböcke wurden da nicht mitgeführt.

1973: *Krieg im Nahen Osten. Das ZDF zeigt Fotos von gefangenen Israelis in Syrien, gefesselt! Einer sah ganz jämmerlich aus. Das ARD zeigt dieselben Aufnahmen, jedoch ohne den Jämmerlichen.*
Die Ägypter haben mit Feuerwehrspritzen die in den Sand gegrabenen Stellungen der Israelis weggespült. – Ein Rätsel, daß die nicht besser aufgepaßt haben. Noch vor wenigen Wochen lief im TV ein positiver Bericht über die Wachsamkeit der Israelis.

Nartum Sa 8. Oktober 1983

Robert 1990

Robert hier. Wir fuhren zum Antikmarkt nach Buchholz, um dort festzustellen, daß er nicht stattfindet. Guter Laune nach Hause, wo es Rinderbraten gab und Vanillepudding. –
Gestern waren Dierks' und Mensaks hier, um über die Kreienhoop-Sendung zu palavern. Karasek, Michaelis und Hamm haben Alfred angerufen und ihm gratuliert. Auch seinem Elektriker hat, wie er sagt, die Sendung gut gefallen. – Am Abend kamen Rachuth und Krischke wegen des Kalenders. Sie brachten einen Umschlagentwurf mit, der mir gefiel.

TV: Habe mich die Nacht über damit beschäftigt, aus aufgezeichneten Konzerten die Dirigenten herauszukopieren. Wenn ich Dirigent wäre, würde ich mir Nahaufnahmen verbieten. Karajans geschlossene Augen stören mich am wenigsten. Er flackert seine Musiker jedenfalls nicht so jugendbewegt an: Wie temperamentvoll das ist, was er da dirigiert. Es sieht so aus, als ob er dem zuhört, was er veranlaßt. Ein Überprüfen. Pose oder nicht. Unerträglich etwa der ruckartige Solti oder Abbado. – Sie können ja sein, wie sie wollen, was sie erreichen, das ist schließlich entscheidend. – Dem Koreaner, der mit Vierteltönen aufgewachsen ist, kann ich Bruckner nicht glauben.

Nartum So 9. Okt. 1983

T: In einem polnischen Hafen warten wir auf die Sprengung eines riesigen amerikanischen Hafengebäudes. Aus Gründen der Völkerfreundschaft sollte es ursprünglich zweiteilig gebaut werden, die andere Hälfte wollten die Sowjets errichten. – Nun also wird das Gebäude in die Luft gejagt. Während wir auf die Sprengung warten, sage ich zu einem Herrn: «Der alte Baum daneben wird mit draufgehen. Da könnte man ja neben einen alten Baum, den man gern weghaben will, aber aus Denkmalsgründen nicht wegnehmen darf, einfach ein Haus bauen und das dann sprengen: ‹Tut uns leid, der Baum ist mit in die Luft gegangen...›»

*

In der Post die sehr umfangreiche Biographie eines Mannes, der einer deutschen Volksgruppe im südlichen Kaukasus angehörte. In Leningrad erlebte er die Stalin-Verbrechen und auch die nach 1933 beginnende Verfolgung der Deutschen. 1941 wurde er nach Sibirien verschleppt, wo er sich später am «Aufbau von Taschkent» (was immer damit gemeint ist) beteiligte, wie er schreibt. Er erhielt sogar den großen Staatspreis der SU. Leider ist das Ganze fast unlesbar, weil zu manieriert und auf Literatur getrimmt. Außerdem stört mich das «Mitmachen».

1990: *Für unser Echolotprojekt fehlen leider Tagebücher aus der Sowjetunion von «Fremdarbeitern», Soldaten. Auch polnische Selbstzeugnisse werden mir zwar laufend versprochen,* *aber niemand schickt sie. Ein kollektives Tagebuch von 1943 bis 1949, wie wir es jetzt zusammenstellen, wäre unvollständig, wenn der Osten fehlte. – Übrigens kommt auch aus Italien nichts.*

Lit: Ilse Rother «Schulanfang», 1957. Wiederaufnahme der Erlebnispädagogik nach Jahren der öden Nazischule.
Geschichtsfries an der Wand und Osterkranz unter der Decke als Klassenschmuck und ganzheitlicher Unterrichtsgestaltung. Liebe, Geduld, Individualität, das waren die Losungen, unter denen humaner Unterricht sich entfaltete. Eine zwar etwas labberige Sache, aber wohltuend für Lehrer und Schüler. Diese paradiesische Zeit wurde dann von den Chaoten der siebziger Jahre und – noch widerlicher – von der Kinderdressur des Sozialismus abgelöst. Reichwein: Schaffendes Schulvolk. Die Fotos sind rührend, Landmädchen mit Zöpfen. Ich weiß auch nicht, woher meine Sehnsucht in diese Epoche, in diese harmlose naive Welt kommt. – Was Reichwein anbetrifft: Ein mißgünstiger Kollege erzählte mir, der sei damals schon, als Volksschullehrer, immer mit dem Flugzeug geflogen, zu Tagungen oder was weiß ich. «Der wollte hoch hinaus», sollte das bedeuten. («Hochmut kommt vor dem Fall.»)

Nartum Mo 10. Okt. 1983

T: Ich laufe in russischer Uniform, die ich mir nur aus Kurzweil angezogen habe, durch die Straßen von Budapest, wo die Bevölkerung gerade einen Aufstand vorbereitet. Die Ungarn sehen mich scheel an wegen der Uniform, und vor den Russen muß ich mich auch in acht nehmen, weil die mich fragen werden, zu welchem Truppenteil ich gehöre und was ich hier herumzuströpern habe. – Im Kino sehe ich dann, wie die Ungarn von den Russen in Massengräber getrieben und erschossen werden.

※

Ich mußte Hildegard trösten, die sich neben meinen rasenden Aktivitäten mal wieder gänzlich überflüssig vorkommt. Ich schilderte ihr ihre Vorzüge in leuchtenden Farben, worauf sie mir auch allerhand Leuchtendes in meinem Charakter aufzeigte. – Am Abend Klavier gespielt. Kam mir recht großartig vor dabei.

Neulich, als wir hier die «Literatur im Kreienhoop» inszenierten, hörte ich zufällig, wie Kunert mich nachäffte: «Dies alles hab' ich extra für das Seminar gebaut!» Merkwürdig auch sein Hundehaß: Er lehnt, wie er mir sagte, Hunde konsequent ab, weil sie so hündisch sind. Für ihn kämen nur Katzen in Frage. Wie kann man denn überhaupt ein Tier «ablehnen»?

Den Katzen gegenüber verhalte ich mich ganz anders als den Hunden. Abends, beim Rauslassen, wenn sich der Kater in die Tür setzt, halb drinnen, halb draußen, das inständige Bitten, er möge doch bitte so freundlich sein und rausgehen; und der putzt sich dann noch großartig, und man steht im Nachthemd daneben. Das würde man mit den Hunden nicht tun. Da ist man barsch, so süß sie auch sind.

*

Lit: Paul Klee, Tagebücher. Ganz interessant das Herumlungern im Ersten Weltkrieg. Darüber gibt es auch Tagebuchaufzeichnungen von Stefan Zweig: Das unglaubliche Chaos in Österreich beim Ausbruch des Ersten Weltkriegs.

Mus: Schubert, op. 100, von Patzig zu Recht als «deutsche» Musik bezeichnet. – Ich schlug dem Regisseur des Nartum-Films[*] den langsamen Satz des Trios vor als musikalische Unterlegung. Womöglich hätte er sonst Schützenfest-Tarattata genommen, weil es sich doch um ländliche Szenen handelt.

Der Erfolg des Films beruht auf dem darin vorgeführten Schuhhändler Brüning, dessen Schicksal alle Zuschauer gerührt hat. – Der Mann hatte einen sonderbaren Schuhtick. Ursprünglich ein «Kolonialwarenhändler» mit Zucker und Essiggurken, verfiel er

---

[*] «Ein Dorf wie jedes andere», NDR

dann auf Schuhe, und zwar kaufte er lastwagenweise unbrauchbare oder unverkäufliche Trittchen, direkt ab Fabrik, die er dann in sein Haus schaffen ließ. Mit der Zeit waren alle Zimmer, alle Möbel, die Treppen, der Keller, der Boden, ja sein Bett mit Schuhen bedeckt. Vom schweren Jägerstiefel bis zu zierlichen Fünfziger-Jahre-Pumps fand sich bei ihm alles, was das Herz begehrt, aber leider kein *vollständiges* Paar. Renate hat mal ausgeholfen dort, sie fand sein Gebiß in einem Schuh liegen neben dem Bett, Mäuseskelette – es war unbeschreiblich. Die Käufer, angesteckt durch seine Schuhpsychose, kamen von weither und wühlten in den Schuhen und brachten alles durcheinander. – Wenn ich irgendwo eine Lesung hab', dann fragen mich die Menschen: «Nartum – wohnt da nicht dieser sonderbare Schuhhändler?»

1990: *Inzwischen ist Brüning leider gestorben. Er brach sich ein Bein und wurde nach Tagen hilflos in seinem Haus gefunden. – Wenn ich jetzt Schuberts Quintett höre, denke ich immer an den armen Herrn Brüning. – Und wenn Joachim Herbst den Nartum-Film nur über Brüning gemacht hätte, wäre er in die Filmgeschichte eingegangen.*

TV: Talkshow: Herhaus mit verquollenem Gesicht.
Verständlicherweise sprach er unausgesetzt von seinen Alkoholdingen. Die Moderatorin konnte ihn nicht davon abbringen. – Außerdem gab es einen guten Bericht über die Einäugigkeit der «Friedensbewegung». Eine sehr deutsche Sache. Das beste wäre, die Bundeswehr würde sich in affirmativer Praxis in «Friedensarmee» umbenennen und nähme an

Was für ein Gegensatz zu meinem schönen Exlibris!

den Friedensdemonstrationen teil, eine Musikkapelle mit dem Yorckschen Marsch vornweg (den die Russen bei ihren Friedensparaden ja auch spielen). Dann würden die sogenannten Friedensfreunde alle im Gleichschritt hinterhermarschieren, und die Welt wäre wieder im Lot.

Nartum Di 11. 10. 1983

T: Ich sei zum Bundestagsabgeordneten gewählt worden. Mußte nach vorne kommen und wurde von der eigenen Fraktion mit sechs alten Untertassen beschenkt.

※

Als ich gestern Hildegard tröstete, sah ich die lieben Falten an ihrem Hals. Während ich mein Gesicht an ihre tränennasse Wange legte und ihre Hände hielt, bewegte sie ein wenig den kleinen Finger.

※

Arbeit in der Bibliothek. Ich klebte das neue Exlibris in die Bücher, ein Elefant mit Mädchen. Ich habe Kristin gesagt, sie soll den Elefanten so zeichnen, als ob es ihm recht sauer wird, das Mädchen zu tragen.
Sortierte bei der Gelegenheit allerhand aus. «Neuerscheinungsbücher» vornehmlich. Machte mir auch ein Abc-Notizbuch für die Bibliothek meiner Eltern, damit ich nicht alles doppelt und dreifach kaufe. Sie ist schon sehr deutlich angewachsen. «Volk ohne Raum» steht da neben «Professor Unrat» – das konnten die Eltern damals gleichzeitig konsumieren.

Mein neues Exlibris

1990: *Im «Spiegel» erscheint ab und zu eine Reklame der Stuttgarter Versicherung. Sie ist der extremste Gegensatz zu meinem Exlibris.*

Auch meine eigene Kindheitserinnerungsbibliothek konnte erweitert werden. Auf besondere Weise wertvoll sind mir die wertlosen «Spannenden Geschichten», die ich während meiner Scharlachzeit geschenkt bekam. Besonders das in T&W zitierte «Vor Ypern trommelt der Tod». Vielleicht, weil mein vergleichsweise angenehmer Zustand in der Rekonvaleszenz ziemlich mit dem Grabenkrieg von 1917 kontrastierte. – Geradezu kostbar aber ist mir das Fridolin-Jahrbuch von 1928, das ich für 24 Mark kaufen konnte. «Der deutschen Jugend neues Wunderhorn» heißt es. Ich bekam dieses Buch in der Nazizeit in die Finger, und der Inhalt war im Gegensatz zu dem strammen «Durch die weite Welt», das jedes Jahr unterm Weihnachtsbaum lag, bemerkenswert zivil. Die Repro-

Vorder- und Rückseite des «Fridolin»-Jahrbuchs von 1928

duktion eines Gemäldes von Franz Marc in diesem Buch – das hat mich damals, 1939, sehr beeindruckt. Mir gefiel auch das Mädchen auf der Rückseite des Einbandes.
In Bautzen zitierten Robert und ich daraus. Und wieder war es eine Textstelle, die in Zusammenhang stand mit unserer Situation:

> Ach, war das schön, ach, war das fein!
> Ach, hau mir doch noch eine rein.

Nartum So 16. Okt. 1983

Buchmesse überstanden. Ich hatte ja eigentlich «nichts Richtiges», «Böckelmann II» zählt ja nicht. (Hier ist mal wieder der Fortsetzungskünstler tätig geworden.) «Hauptvorschlagsband» des Verlags war eine Familiengeschichte über «Die Wertheims» von einer Frau Tennenbaum. Ich in meiner Dummheit dachte, daß es sich um die Geschichte der jüdischen Warenhaus-Familie handelt, was ich für eine phantastische Idee hielt. Das haben wohl auch andere angenommen, denn die Dame stand voll im Interesse der breiten Öffentlichkeit. Vermutlich denkt Frau Tennenbaum, daß das nun immer so weitergeht mit dem öffentlichen Interesse, und wahrscheinlich arbeitet sie als Fortsetzungskünstlerin bereits an einem zweiten Band? Als «Barrings-Effekt» könnte man das bezeichnen.
Bei meinen systematischen Wanderungen durch die Hallen, links hoch, rechts runter, kam es zu zahlreichen Begegnungen, ich hatte mein Poesiealbum immer unter dem Arm. Röhl, den ich ständig mit seinem Bruder verwechsle, nahm das Buch an sich und sagte, er bringt es nachher rum. Er zeichnete zwei voneinander abgewandte Halbmonde, womit er ziemlich genau unser Verhältnis getroffen hat.
Auf dem Empfang zu Böllings neuem Buch gelang es mir, auch von ihm, dem Fachmann für Ostfragen und Schmidt-Freund, ein Autogramm zu bekommen, das leider unleserlich ist. Zeichnen wollte er nichts.

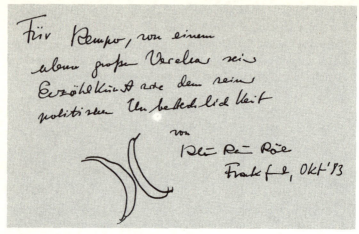

Das Albumblatt von Klaus Rainer Röhl

Als ich Freimut Duve – der Vorname ist ja wirklich Gold wert – das Poesiealbum hinhielt, guckte er mich an, ob ich ihn verscheißern will? «Kempowski, Kempowski...», sagte er dann, guckte auf die Uhr und zeichnete sich selbst mit zwei Gesichtern, eins im Profil,

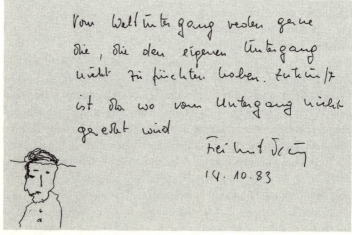

Das Albumblatt von Freimut Duve

das andere en face. – Ich bot ihm die Stoffmassen des Archivs für seine Rowohlt-aktuell-Reihe an.

1990: *Er ist nie darauf zurückgekommen. Hoffentlich ärgert er sich, wenn er jetzt von unserm Projekt hört.*

※

Stefan Heym

Hinterberger traf ich beim Fotografen. Ich hatte ihm neulich das «Kapitel» geschenkt. Nun sah er mich mit ganz neuen Augen. «Ich habe mich totgelacht über dieses traurige Buch», schrieb er in mein Album. Ein lieber Mensch.
Auch Heym schlurfte durch die Gegend. Von ihm habe ich schon 1981 einen Eintrag in mein Poesiealbum gekriegt.
Bieler hat von Hoffmann & Campe einen Vorschuß von einer Million Mark bekommen und verläßt Knaus.
«Ich hab' ihm doch ein so gutes Angebot gemacht...», sagte der Chef.
Was für eins? Das möchte ich denn nun doch ganz gern wissen. Ich bin nämlich auch für gute Angebote zu haben. Ich sag': «Eine Million, das ist aber ein ziemlicher Haufen Geld...»
Knaus: «Was wollen Sie, wenn die Steuern runter sind, bleiben nur noch 400000 übrig.»

※

Robert Jungk mit seinem rosigen Gesicht malte ohne Umstände eine Sonne in mein Album, er aß grade sein Frühstück. Ich sagte zu ihm: «Meine Tochter möchte gern ein Autogramm von Ihnen», damit überwand ich eine komplizierte innere Hemmung, die ich vor dem braven Mann hatte, und er riß sich die Serviette aus dem Kragen und zeichnete eine Sonne und schrieb: «Höre nie auf zu hoffen!» Ein liebenswerter Enthusiast. Irgendwann hat es bei ihm klick! gemacht, und da riß es ihn hin. Die sogenannten Herrschenden haben zwar die Zeichen begriffen, aber die Notbremse ziehen sie nicht. Daß Jungk bisher recht behalten hat, wird ihn nicht

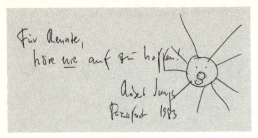
Das Albumblatt von Robert Jungk

freuen. Es ist nichts schlimmer, als recht zu behalten. Das verzeihen einem die Menschen nie.
Mit dem Unseld-Sohn, den ich natürlich nicht um eine Signatur bat, kam es zu einem Zwischenfall. Ich sah mir das Michaelis-Register zu den «Jahrestagen» an, da riß er es mir aus der Hand und sagte: «Davon sind heute schon sechs Exemplare gestohlen worden!»
Knaus, dem ich davon erzählte, kaufte und schenkte es mir.
Mit Alfred Mensak hatte ich einen heftigen Streit. «Das Kreienhoop-Buch machen wir nicht», sagte er. – Ich benahm mich mal wieder äußerst unvorteilhaft, ging in die Luft und «kannte mich nicht mehr». – Ach, wie schlimm benahm ich mich, aber ich kann nicht sagen, daß es mir leid tut. – Wahrscheinlich scheut er die Arbeit, die er damit hat, das Vorwort zu schreiben. Und Vorworte schreiben, das ist ja auch bei Gott nicht angenehm.

※

Sehr komisch war die Reaktion Kopelews auf meinen Hinweis, daß ich ebenfalls acht Jahre gesessen hätte. Zunächst guckte er mich ungläubig an, dann: ja, aber das ist doch was ganz anderes! *Ich* habe *zehn* Jahre gesessen! (Davon allerdings etliche in relativer Annehmlichkeit, wie er selbst erzählt hat.) Ich war für ihn kein vollwertiger Kamerad. Es war auch etwas wie Scham oder Peinlichkeit in seiner Reaktion: daß er Russe ist und das nun zu vertreten hat. – Natürlich war er ganz erbost, daß ich seine Bücher nicht gelesen habe, aber er hat meine ja offensichtlich auch nicht gelesen. Den sogenannten Empfängen blieb ich fern, nur bei Mohn war ich, das hatte man mir ans Herz gelegt. Es war eine Wahnsinns-Freßorgie. Zorn meinte, die ganze Sache habe mindestens 50 000 Mark gekostet. Ich aß nichts außer ein paar kleinen Kuchen, ich

hatte mich im Hotel vorher richtig sattgegessen, die Gier und das Gedrängel bei solchen Emfängen sind mir unerträglich.
Ich traf nur wenige Bekannte. Ein mir unbekannter Herr sprach mich an: «Sind Sie Kempowski? Ja? Dann ist meine optische Wahrnehmung ja noch in Ordnung.» – Engelmann hab ich angehauen, er soll auf die Ostleute einwirken, daß sie mir mal wieder die Einreise gestatten. Er versprach's.

1990: *DDR-Einreise: Nun hat sich die Einreisesperre von selbst erledigt. Wie gut, daß ich Herrn Engelmann keinen Dank schulde. Von all den Ostverherrlichern ist mir Engelmann der unangenehmste.*

*

Mit Simmel, der mir auch was Nettes in mein Album schrieb (ebenfalls, aus verwickelten Gefühlen heraus, «für Renate» erbeten), hatte ich noch eine kurze Unterhaltung. Er saß ganz allein in der Lobby des «Frankfurter Hofs», und ich setzte mich dazu. Er schimpfte, leicht stotternd, auf die Nazis, als ob jemand was anderes gesagt hätte, und berichtete von einem Fernsehinterview, bei dem ein Mann namens Schneider ihn habe «fertigmachen» wollen.

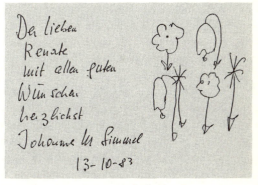

Das Albumlatt von J. M. Simmel

Ich habe bisher mit Menschen, die Schneider heißen, nur schlechte Erfahrungen gemacht.
In der Lobby saßen ab Mitternacht einige sogenannte Edelnutten. Eine ganz in weißem Leder, passabel aussehend. Ich unterhielt mich mit ihr, wobei sie mit dem Finger auf meinem Handrücken Kreise malte. Sie sei ein Arzt und helfe den Männern auf ihre

Weise. 600 Mark koste der Trip, und mit den Buchleuten sei nichts los, die wollten alle nicht zahlen. – Nun, ich wollte das auch nicht. Wie meine Zimmernummer sei? fragte sie, ich lachte nur. Sie muß die Nummer dann aber doch irgendwie herausbekommen haben, denn sie klopfte an die Tür. Leider habe ich nicht geöffnet.
Die Buchmesse: Das Herumschlurfen der Menschenmassen, Großverlage mit Sitzecken, an denen Portwein ausgeschenkt wird, und winzig Verschläge aus Segeltuch, in denen Kleinverleger drei Titel anbieten – ich sitze wie die weiße Hure vom «Frankfurter Hof» am Knaus-Stand und hoffe, daß ich angesprochen werde, um unwillig reagieren zu können, und spitze auf einen günstigen Augenblick, an dem ich mein eigenes Buch stehlen kann, von dem ich natürlich wieder zu wenig Freiexemplare bekommen habe, obwohl ich soviel kriege, wie ich will: Die Aktentasche ist schon geöffnet. Die Sachbearbeiterin für Öffentlichkeitsarbeit sagt: «Vergessen Sie nicht, um halb zwei kommt eine Dame vom Südwestfunk!» und ich vergesse es nicht, obwohl es sich um ein Zwei-Minuten-Interview einer Anfängerin handelt, das sowieso nicht gesendet wird.
Kartoffelsuppe gibt es bei der «Welt», und irgendwo werden Fernsehscheinwerfer aufgestellt, die einer Frau mit Hut gelten. Ihr Verleger begrüßt sie mit Handkuß. Ich schreibe mich bei Harenberg mit dem Filzstift an die Wand und sage: «Wir sehen uns dann ja noch...», und je näher der Abend kommt, desto größer wird die Panik: Was mache ich heute abend? Luchterhand? Fischer? Hoffmann und Campe? Die anderen Autoren sind im Besitz des Geheimtips, sie wissen genau, wohin man gehen muß, und ich sitze beim Chinesen mit einem Buchhändler, den ich treffen wollte, weil ich ihn für einen anderen gehalten hatte.
Früher, die Stehempfänge bei Hanser, in einer kleinen Bar eines großen Hotels, wo Canetti Raddatz auslümmelte, Kunert war von drüben gekommen, und Michael Krüger wollte mich küssen. Ich sollte mich für ein Foto neben Handke auf die Bank setzen, aber der machte kaum Platz. «Immer einen Scherz auf den Lippen?» sagte er zu mir. Jörg Drews, noch mit langem Haar, und Lukel Harig, der nach «Wichski» rief. Der Hanser-Empfang war das Herz der

Buchmesse, aber es gibt ihn nicht mehr, jedenfalls nicht mehr so. Ich darf da sowieso nicht mehr hingehen, weil ich die Hanser-Leute ja treulos verlassen habe, was ein Fehler war, wie mir alle Leute sagen. Eine schallende Ohrfeige sei es gewesen, daß ich den Hanser Verlag mit all seinen schönen Klassikerausgaben verlassen habe: Zu Weihnachten kriegte ich immer einen Band Fontane, den ich entweder schon hatte, oder Band römisch III, Strich arabisch 4.
Am leichtesten zu ertragen ist die Buchmesse im «Frankfurter Hof», wo mich schon bei der Ankunft der Portier mit einem Begrüßungsschrei empfängt. Im Aufzug treffe ich auf Augstein, was peinlich ist, weil ich nicht weiß, was ich mit ihm reden soll, damit er nicht denkt, ich spreche ihn an, weil ich von ihm was will. Volker Hage trinkt in der Lobby seinen Kakao, er will sehen, was in den Zeitungen so alles drinsteht, und ich setze mich einen Augenblick dazu. Thomas Bernhard geht einmal quer durch den Raum, braune Cordhosen, und Horst Krüger kommt von der andern Seite, der immer beleidigt ist oder beleidigend wird, obwohl ich nichts gegen ihn habe, ganz im Gegenteil.
«Finden Sie nicht auch, daß der Kempowski maßlos überschätzt wird?» hat er mal gesagt, und das war nicht sehr freundlich.
Beim Frühstücken ist Wapnewski zu sehen mit seiner schönen Frau, die ein Morgenmuffel ist.
Die Buchmesse: Ich möchte dabeisein und doch wieder nicht. Immer habe ich ein «ungutes Gefühl», wenn ich heimfahre, so als hätte ich mich schuldig gemacht oder irgend etwas versäumt.

Nartum Mo 17. Okt. 1983

T: Ich habe in der Schule einen Aufsatz geschrieben. Danach sitze ich in der Bank und entwerfe ein Gedicht:

>Die Sonne ist in den Abgrund gefallen...

So soll die erste Zeile heißen, und als Verfasser schreib ich irgend etwas hin. Der Lehrer kommt und sagt: «Wie soll der Name

heißen?», und er merkt, daß ich ihn gar nicht aussprechen kann. «Sehen Sie, und das ist der Grund, weshalb Sie mit Ihrem Aufsatz die Versetzungszensur in Deutsch nicht erreichen.» – Den Rest des Traums bringe ich damit zu, mich darüber zu wundern: Nun hast du so viele Bücher geschrieben und bekommst im Deutschen nicht einmal die Versetzungsnote! – Und dann denke ich mir Schimpfwörter aus für den Lehrer. Du trockengelaufenes Faß! Und so ähnlich.
Thomas Mann sei auch ganz groß im Erfinden von Schimpfwörtern gewesen (Invektiven).
Vielleicht rührt dieser Traum daher, daß ich in der Schule niemals eine «ausreichende» Zensur für einen Aufsatz erhielt. Im Hochschulexamen bekam ich nur eine Vier. Dies mag für manchen Leser ein Trost sein.

*

In der Nacht hat es im Moor gebrannt, wir konnten die Flammen über den lila Himmel flackern sehen. Vermutlich Brandstiftung. Ich hatte die Vision urmenschlicher Nomaden, die sich um ein Feuer scharen, und im Gebüsch schnaubt ein Wisent. Gegen Mitternacht, beim Hundeausführen, kam uns ein rotes Auto mit Osterholzer Kennzeichen entgegen, es fuhr extrem langsam an uns vorüber. Unheimlich!
«Das ist der Brandstifter», dachte ich: «Jetzt kundschaftet er aus, was er noch alles anzünden kann.»
Wie immer, wenn's brennt: Lustgefühle beim Zuschauen. Damals, als es in der Lüneburger Heide brannte, konnten wir das hier riechen.

1990: *Man kann keinen Schritt außer Haus tun, ohne daß einem Autos begegnen. Hildegard hat neulich auf dem Weg zum Kaufmann 36 Stück gezählt. Hier im Dorf! Ganz Deutschland fährt vierspännig. So was nennt man Hoffahrt.*
Vierspännig zum Milchmann fahren.
Die Schwiegermutter sagt: «Jeder Hans und Franz hat heut' ein Auto.»

Wenn ich durchs Haus gehe, den Büchergang entlang, durch die Halle, muß ich laut lachen. Niemals werde ich die Erinnerung an die «Ausgangslage» los: wie ich 1956 in Hamburg ankam, in einem Holzanzug mit Schiebermütze. Auf dem Hauptbahnhof, die Frau vom Evangelischen Hilfswerk, die mich nicht telefonieren ließ: Ich wollte meiner Mutter sagen, daß ich nun wieder da bin.

Mit Messer und Gabel zu essen, mußte ich erst wieder lernen. Die Behördengänge, «Ämterlauferei» genannt, HEUTE GESCHLOSSEN, die traurige Mutter. – Die Begrüßung mit Detlev mißlang, wir wollten es nach Russenart machen und verhedderten uns dabei. Das war symbolisch für den Neuanfang: Eine allgemeine Verhedderung.

Der Spätestheimkehrer

Er fragte mich damals, ob ich noch Zigaretten von drüben hätte, aus dem Bau. Er wollte mal wieder eine Ostzonen-Zigarette rauchen. Ich hatte noch eine Schachtel «Turf» und sogar noch Klappstullen mit Blutwurst in der Tasche.

Kameradschaft hat seine Grenzen: Er machte in den Tagen meiner Entlassung grade seine Aufnahmeprüfung in der Musikhochschule, konnte sich also in den ersten Tagen nicht mit mir befassen. Und das waren grade die wichtigen Tage, in denen ich die entscheidenden Gänge für die sogenannte Anerkennung als Häftling machte, die mir dann ja auch prompt verweigert wurde. Das war ein Verhängnis, daran ist niemand schuld. Es sollte so kommen. Diese Nichtanerkennung gab mir dann den richtigen Druck für den «Block».

Immerhin, er sagte damals zu mir, und das war eine Warnung: «Daß du politisch was gemacht hast, würde ich den Leuten nicht auf die Nase binden, das hören die nicht gern». Ich wußte, wie meist, mal wieder alles besser, und das mußte ich dann büßen.

1990: *Jetzt soll ich um meine Rehabilitierung einkommen. «Rehabilitierung» ist nicht das richtige Wort, denn ich habe ja wirklich was gemacht, und zwar aus Überzeugung. Daß die da drüben mörderische Gesetze anwendeten – 25 Jahre Zwangsarbeit für einen Achtzehnjährigen, der allenfalls etwas journalistisches Material gesammelt hatte –, ist eine andere Sache, vielleicht sollten sie deswegen «zahlen». Aber wer würde denn von den armen Schluckern da drüben etwas fordern wollen? – Einen Schemel aus meiner Zelle hätte ich gern, aber die Schemel wurden alle verbrannt 1981, als man auch den Altar der Anstaltskirche entfernte. Schade? – Eigentlich müßte ich mich ja noch dafür bedanken, daß ich gesessen habe. Denn über was hätte ich sonst mein erstes Buch schreiben sollen?*

*

Meine Mutter nach 5 Jahren Haft

Meine Mutter in ihrer kleinen Wohnung: Wenn der Nachbar im Torweg die eiserne Kellerluke krachend zuschmiß. – Ich stand hinter der Gardine und beobachtete die Menschen, die über die Straße gingen, und die Kinder. Die Hula-Hoop-Macke grassierte, und alle Welt trug Holzlatschen mit roten sanitären Gumminoppen auf der Sohle.

*

In den alten Tagebüchern geblättert, die frühen Siebziger, als wir noch in der Schule wohnten. Die schönen Jahre mit den Kindern werden uns durch permanente Schulscheiße verdorben. Zeven! Die Senatoren im alten Rom sollte KF auswendig lernen. – Wir hätten die alte Schule gern gekauft, zehn Zimmer und zwei große Klassenräume! Aber mit einem Fußballplatz daneben? Wer will das aushalten?

In der Post das Angebot von Herrn Spitzmann zur Anfertigung eines Modells des «Consul».

*

Lit: «Der gute Ton von heute» von einem Dr. W. von Kamptz-Borken aus dem Jahr 1956, dem Jahr also, in dem ich aus dem Zuchthaus entlassen wurde. Sehr verrückte, offenbar in einer Etagenwohnung «gestellte» Fotos. – Im Zuchthaus gab es auch gesellschaftliche Regeln, man konnte nicht so einfach irgend jemanden anquatschen, man mußte sich ganz regulär vorstellen lassen. Homosexuelles «Kiste-Nageln» wurde in der Öffentlichkeit nicht geduldet, ebenso keine Prügeleien. Ein Volkspolizist verbot mir, in der Zelle den Mantel zu tragen (draußen waren zehn Grad Kälte, und es wurde nicht geheizt): Das gehöre sich nicht. – Es war – und ist! – eine Wohltat, Menschen zu begegnen, die einen natürlichen «Anstand» besitzen.

Mus: Schlager aus den Fünfzigern. Der ABC-Rock, die widerlichsten Erinnerungen. Bei Onkel Hans, als ich dort einen «Antrittsbesuch» machen wollte, daß ich nun wieder unter den Lebenden weile, drei Tage nach der Entlassung, riß ich vom Schreibtisch das Seitenfurnier los, hakte irgendwie dahinter, das war wohl schon knochentrocken. Da sagte er: «Das mußt du natürlich bezahlen.» (Das sollte ein Witz sein.) – Bei Tante Wilma fertigte man mich auf dem Flur ab. Das sind so Narben.

Nartum   19. 10. 1983

Heute bin ich genau 20000 Tage auf der Welt = 480000 Stunden. Wozu hat man schließlich seinen Taschenrechner? – Was fängt man an mit einem solchen Tag? Ich gucke in den Spiegel und kämme meinen Schnurrbart. – Im übrigen liege ich seit einigen Tagen im Bett. Zuerst hatte ich es im Leib, Koliken wie in Soltau, nun im Kopf, ich hoffe nur, daß ich Freitag für die Reise nach Marburg fit bin.

*

Hildegard wühlt im Garten.
Als wir noch junge Lehrer waren, in Breddorf, 1960, aßen wir mittags im Wirtshaus «mit», wie Mudding Knoop das ausdrückte. In der Küche pütjerte eine etwas verwachsene Frau herum, von der wurde erzählt, sie sei nach dem Krieg plötzlich auf dem Hof aufgetaucht und sei dageblieben und habe mitgearbeitet. Und diese Frau sagte eines Tages, als wir da unser Mittag aßen, zu der Wirtin: «Anna – hüt bin ick fiefuntwinnig Johr bi di.» – Worauf ihr die Wirtin eine Sinalco spendierte.
In Bautzen zählten wir auch immer die Tage, ich hab' das dann aufgegeben, weil ich zu dem «Viertelmaß» kein Verhältnis hatte. 1973 wäre ich regulär entlassen worden, mit zweiundvierzig Jahren. Da ich als politischer Häftling nicht «anerkannt» war, also als Krimineller galt, hab' ich später, in Breddorf, manche Nacht wach gelegen: als Beamter mit fünfundzwanzig Jahren Z. auf dem Bukkel? Kinder unterrichten? Ich rechnete immer damit, «entdeckt» und suspendiert zu werden. 1963 war die Sache verjährt. Da habe ich Hildegard in der Nacht geweckt und hab' ihr gesagt: So, nun kann uns niemand mehr was wollen. – Ich kann nicht sagen, daß es mich erniedrigt hätte, als Krimineller zu gelten. Aber gefuchst hat es mich doch.

✶

Nächste Woche beginnt die Lesesaison. Ich habe die Chitinflügel bereits aufgeklappt und «pumpe» wie ein Maikäfer. Leider hat sich ein ganzer Wäschekorb voll Post angehäuft, den muß ich noch abtragen. Aus Rostock kam anonym ein Holzsplitter der Friedenseiche, die dort von der Stadtverwaltung gefällt wurde. Ich werde ihn in ein Kästchen kleben und im Turm aufhängen.

✶

TV: Die Regierung macht den Eindruck eines angeschlagenen Boxers. Es wird nicht einmal mehr reagiert.

Lit: Mahler-Werfel. Die Stimmung in London, kurz vor dem Krieg: Ach das wird schon nicht so schlimm werden...

Aus Hannover kam ein Manuskript, das mir Spaß gemacht hat. Jörg Ebeling heißt der Verfasser. Es sind geistreiche, aus Wortverdrehungen zusammengeschummelte kleine Sprachgebilde, deren Förderung ich nachdrücklich empfehlen werde.

>   Wattimutt
>   dattmutti

So ist es!
Das hat mit der «Schokomolade» der Helmstedter Mädchen zu tun.

Nartum Do 20. Oktober 1983

T: Ich stehe auf dem Bonner Marktplatz und bitte Verheugen, doch endlich was für mich zu tun. Alle andern politischen Gefangenen sind schon entlassen, und mich hat man vergessen.

1990: *Verheugen hat mich, als er noch bei der FDP war, mal nach Bonn kommen lassen, ich soll ihn beraten, wie's mit der Partei weitergehen könnte. Die Beratung bestand darin, daß er einen Fotografen kommen ließ, der uns beide fotografierte. Aus. Das war's.*

*

Heute ging es mir schon besser. Morgens noch Kopfschmerzen, nachmittags fröhlicher.
Lustig, was Hildegard im Alma-Mahler-Werfel-Buch angestrichen hat. Sind das Tagebucheintragungen über uns?

Von dem Moment des Verlobtseins nämlich hatte er sehr den Ton gewechselt, der – vorher der eines verehrungsvoll Liebenden – nun plötzlich der eines Mentors geworden war... Er war so naiv, und das konnte ich anfangs nicht glauben. Er war kindhaft. Das konnte man nicht gleich verstehen, wenn man ihn zuerst sprechen hörte.

Ich weiß, daß der Mann in der Welt draußen das Pfauenrad zu schlagen hat, während er sich zu Haus «ausruhen» will.

Aber immer wieder bäumt es sich in mir auf, Stolz, Ehrgeiz, Ruhmsucht, statt daß ich trachte, nur ihm das Leben schön zu machen, wozu ich einzig auf der Welt bin und was allein meine Existenz rechtfertigt.

Ja, gewiß sind Künstler desto größer als Menschen, je größer ihre Kunst ist, aber sie messen mit anderen Maßen... ihre Welt ist eine von ihnen erfundene Welt, aus der sie sich (erwachen sie zur Realität) schwer umpflanzen können. Darum sind solche Menschen oft so roh oder verständnislos im Verkehr mit Frauen... Die Frau wird neben einem bedeutenden Künstler immer zu kurz kommen.

Seine Egozentrik war ohnegleichen. Ich habe nie einen Menschen gesehen, der so absolut nichts sah als sich selbst.

Hildegard im Sommer 1982

Hildegard sagte einmal, am liebsten hätte sie es, wenn ich traurig bin, dann brauchte ich sie.
Wenn ich guter Laune bin und arbeite, ärgert sie sich.

✻

TV: Heute war General Ustinow zu sehen, also bei dieser Physiognomie – oder sollte ich «Visage» sagen? – kann einem angst und bange werden.
Danach ein Film von Frau Sander. Hübsche Pubertätssache, aber leider ruiniert durch wunderliche kommunistische Verdrehungen. Sie macht es auf die sanfte Tour. Sie möchte von dem Weltrevolutionskuchen auch eine Scheibe abhaben.

1973: *Krieg im Nahen Osten. Die Israelis sind über den Suezkanal vorgestoßen. Anscheinend wollen sie nicht nur die Raketenstellungen vernichten, sondern auch die ägyptischen Truppen abschneiden, die auf dem Ostufer stehen. Ein waghal-*

siger, ja gewitzter Versuch! Wann und ob sie Frauenbataillone einsetzen werden, wird ein General gefragt. – Das habe man noch nicht nötig, sagt er.

Im Zug nach Marburg Sa 22. Okt. 1983

Ich sitze behaglich im Intercity, habe ein Abteil für mich allein. Es müßte hier noch ein Waschbecken geben und einen Fernsehapparat. Wenn man das heutige Reisen mit dem Reisen in der Nachkriegszeit vergleicht! Vor dem Krieg war das Primitive primitiver (Reisende mit Traglasten), das Luxuriöse luxuriöser als heute. – Sonderbar, daß die Herrschaften von der Bundesbahn es nicht schaffen, die Zuglautsprecher richtig einzustellen. Und daß der Zugschaffner allen Reisenden die Speisekarte vorliest, ist ja nun wirklich nicht nötig.

Wenn ich in einen Zug steige, dann suche ich zuerst ein leeres Abteil. Wenn kein's vorhanden ist, dann besorge ich mir im Großraumwagen einen Zweierplatz, möglichst vor einer einzelnen Dame, damit ich nicht durch Gespräche von hinten belästigt werde. Es gibt aber immer wieder Menschen, deren Organ man durch den ganzen Wagen hört. Da hilft auch Ohropax nicht. Letzte Rettung: Speisewagen bis zur nächsten Station und hoffen, daß die betreffenden Personen inzwischen aussteigen.

Der Bahnhof wimmelt von Friedensmenschen, die von einer Demonstration kommen. (Arno Schmidt hätte formuliert: «Dämonstration».) Sie bevölkern die Bahnsteige: Modische Aufmachung, wie aus einem Spezialkatalog für Friedensdemonstrationen bestellt, zünftig also. Und das Auftreten: frisch, fromm, fröhlich, frei. (Eigentlich müßten sie ja grimmig dreinschauen.) Mit Schlips und Kragen dürfte man sich da nicht sehen lassen. Manche haben zusammengeklappte Transparente unterm Arm, zur weiteren Verwendung:

> Wir haben Angst
> um uns
> und um Sie.

Das «Sie» großgeschrieben. Hier hätte das biblische «Du» besser gepaßt. (Das hat mich auch bei Hitler immer so gewundert, daß er die Volksgenossen in seinen Reden gesiezt hat.)

1990: *Daß SED-Demonstranten ihre Transparente wieder abliefern mußten, zur Wiederverwendung im nächsten Jahr. Sogenannte «Winkelemente». – Die Transparente der Volksdemonstranten im Herbst '89 wurden auch eingesammelt, aber von Museumsleuten. Während sich die Revolution ereignete, wandelte (oder versteinte) sie bereits zu Geschichte.*

Männerhassende Frauen, gelangweilte Kinder jeden Alters, sogar mit Schnuller, im Negertuch, vorm Bauch. Ältere Ehepaare in Wanderhose und Windjacke, von der Sorte, wie wir sie damals in Bautzen vom Transportwaggon aus am Waldrand beobachten konnten. Die meisten mit einem Beutel auf dem Rücken für Stullen und Thermosflasche. So etwa sind sie damals auf den Hohen Meißner geschritten. Bückeburg oder Kaisers Geburtstag – Dein König kommt, oh Zion! –, die ersten Flugzeuge landen auf dem Tempelhofer Feld... Wenn ihnen niemand zusähe, wenn also alle demonstrierten, dann könnten sie's ja auch lassen. Und wie gut sie sich vorkommen, und wie böse wir sind! Hier im Zug zu sitzen – erster Klasse! –, zu lesen und nach Marburg zu fahren, schön sanft, auf verschweißten Schienen und Benn zu lesen, während sich der Atomkrieg nähert, das ist wirklich skandalös. Naiv und gut sind sie, fanatisch und mit aggressivem Opfermut versehen. So wie sie heute gegen den Krieg latschen, so jubelten sich die Massen 1914 in den Krieg hinein. Abstoßend und niederdrückend. Dabei kitschig! Und das ist ein Gefühl, das sich bei den SED-Paraden drüben nicht einstellt. Die Aufmärsche dort sind nicht kitschig, sondern widerlich. Beides zusammen: menschenunwürdig.
An den Eisenbahnbrücken Graffitis:

Wen stört die Sowjetunion?
Gegen den Imperialismus der USA und BRD!
Gabi, ich liebe dich!

Tragisch: Ein Mann hier im Speisewagen liest mit einer Uhrmacherlupe, zwei Zentimeter vom Papier entfernt, die Bildzeitung.

*

Heute vor vierzig Jahren war die Apokalypse von Kassel. Ich habe davon einen Bericht im Archiv.
In einem Museum in Kassel hatte man zur Demonstration des Vernichtungspotentials ein leeres Aquarium mit Streichhölzern gefüllt, jedes Streichholz sollte eine Brandbombe bedeuten.
Es gibt auch ein Buch über den Angriff. Ich habe den Autor gefragt, wieso es so eine Riesenauflage gehabt hat. Da hat er geantwortet: «Weil ich hinten, am Schluß, alle Menschen, die umgekommen sind, namentlich erwähnt habe.» (Werner Dettmar «Die Zerstörung Kassels im Oktober 1943»)

Marburg So 23. Okt. 1983

Ich schlafe im Gästehaus der Universität, oberhalb der Stadt, zwei Zimmer, Fernseher, Radio, kleine Küche. Telefon! Komme mir sehr großartig vor. Allein zu sein, in einer fremden Stadt, in der mich niemand kennt, in der mir keiner etwas zu sagen hat, das ruft lustvolle Freiheitsgefühle auf. – Merkwürdig, daß ich niemals Einladungen bekomme von reichen Leuten, die irgendwo ein Sommerhaus haben, das sie gerade nicht bewohnen, in den Pyrenäen vielleicht oder in Cornwall. Unter den sechzig Millionen Bundesdeutschen müßte es doch begüterte Fans geben, die mir mal was Gutes tun wollen?
Ich würde sehr gern mal in England leben oder in Nordfrankreich, möglichst allein, aber im Grunde will ich das eben doch nicht.

*

Elf Uhr Café Vetter. Ich habe hier schon einige Male gelesen, wurde wieder sehr freundlich empfangen.
Die Lesungen im Café Vetter sind immer etwas Besonderes. Man sitzt auf einem Podium, neben einem Flügel und einem Aquarium,

und hat das Publikum vor sich, oder besser gesagt unter sich; die Leute sitzen an den Tischen mit Kaffee und Kuchen.

Der stark durch die Nase atmende Literaturmanager managt alles wunderbar, trägt einen Kalabreser (oder ist das ein Homburger?) und sieht aus wie ein Minister. Wovon er als Lyriker lebt, ist mir ein Rätsel. Er berichtete mir hinterher, eine Dame habe über meinen Vortrag gesagt: «Widerlich! Alle Leute sind schlecht, nur er nicht.» (Also ich.)

Ich selbst wurde beim Signieren von einem Herrn gefragt, ob mir der Verlag sagt, was ich schreiben müsse? Ob Schreiben anstrengend sei.

※

Am Nachmittag trank ich bei einer urigen Familie Kaffee, in einem urigen Haus. Fließender Übergang vom Garten in den Wohnbereich. Riesige Hunde und eine handfeste Tochter, die sich mit Judo beschäftigt und reitet. Bei solchen Leuten denke ich immer: So möchtest du auch leben, die Natur im Haus, den selbstgebackenen Streuselkuchen (der mir hier bekommt), und in einer Betthöhle wohnen unterm Gebälk: Phantasien von Jugend, die sich um den Dichter schart und von diesem ins herrliche Leben geleitet wird. Pädagogik enthält eben doch auch ein erotisches Element. Das läßt sich nicht leugnen.

※

Gegen Abend kam dann tatsächlich Jugend zu mir in mein Professorenhaus, Studenten (das Judo-Mädchen leider nicht). Sie fragten, ob ich was vorhab', nein, natürlich nicht. Sie hatten alles mitgebracht, in einem Picknickkorb, es wurde Tee gemacht, und dann war es ganz so, wie ich es mir immer wünsche und doch so selten erlebe: Ich wurde feurig angehimmelt. – Nach dem Essen fuhren wir in ein kleines Dorf, und ich spielte ihnen auf der Orgel der Dorfkirche was vor. Ich wär' ja doch ganz in Ordnung, so ungefähr redeten sie, das hätten sie ja gar nicht gedacht, daß ich so in Ordnung bin.

Lit: Samuel Pepys Tagebücher, eine handliche kleine Ausgabe. Schön, daß er genauestens verzeichnet, mit welchen Frauen er es getrieben hat, was er ißt und über wieviel Geld er verfügt. Ich stelle mir vor, ich würde bekanntgeben, wieviel ich im Jahr zu versteuern habe!

Marburg Mo 24. Okt. 1983

T: Helmut Schmidt sitzt in meiner Bibliothek (Rostock!), er ist völlig überlastet.
«Na», sage ich, «wieder so schwarze Knorpel (oder Knubbel oder Knospen) am Horizont, die so schnell näherkommen und zu Pestblasen werden?»
«Jaja», sagt er, «immer dasselbe.» Was ich so mache? will er wissen. Ich erzähle ihm, daß ich momentan in Versicherungszeitschriften lese. Alte Versicherungsfälle, so ähnlich wie juristische Fälle. Danach kann man so gut einschlafen.

*

Das Frühstück machte ich mir selbst, mit meinen bei SPAR eingekauften Sachen, ein Ei, Milch, Toast und ein Glas homogenisierte Milch, die irgendwie bramstig schmeckt. Man weiß ja, wie das läuft: Zuerst erhitzen, Wasser entziehen, Fett entziehen. Dann Wasser wieder hinzu und Vitamine und keimtötende Ingredienzen. Prost! Danach faulenzte ich, legte also die Füße hoch und las den «Spiegel». Dazu hörte ich aus meinem kleinen Kassettenrecorder ein Streichquartett von Schostakowitsch: Die einzige Musik, die sich heutzutage noch ertragen läßt – die hämische Trauer ist es, die mich hinreißt. Mit dem Es-Dur-Klavierkonzert ist es ein für allemal vorbei.

*

Den Tag über strich ich in der Stadt herum, Erinnerungen an Göttingen und Tübingen. Zimmervermieterinnen, die hinter der Gardine sitzen. – Ich kann jetzt die alten Herrn verstehen, die ihre

Alma mater wiedersehen wollen und die Amitouristen, die dies hier für Deutschland halten. Das ist ja auch tatsächlich Deutschland, wenn man mal den Deckel aufklappt und druntersieht, dann laufen da all die kleinen deutschen Ameisen herum. Jede mit einer Aktentasche unter dem Arm. Etwas Trauer empfand ich, daß kein einziger der fünftausend Germanistikstudenten dieser Universität mir hier jetzt Gesellschaft leistet. Ich würde gern ein bißchen Lietz spielen.
Die Trauer schwand, als ich eines der Mädchen von gestern in einem Café wiedersah, das rettete den Tag. Sie ließ alles ausfallen (1. Semester!), und ich zeigte mich von meiner besten Seite. Mein ausgeruhtes Gehirn produzierte gute Laune und witzige Einfälle, die ich verschwenderisch versprühte: Das wird sie von ihren Pickeljünglingen nicht geboten kriegen. Als ich sie nach langem Spaziergang, den ich spiralig vor meinem Domizil enden ließ, fragte, ob sie ein bißchen mit hinaufkommen will, sozusagen eine Tasse Kaffee trinken, sagte sie zu meiner Überraschung sofort ja! Und: «Das hat doch gar keine moralischen Folgen.» Und dann lag ich mit ihr auf dem Sofa und sah «Kinderstunde» im Fernsehen.

※

Abendessen mit dem Rektor der Universität und anderen Würdenträgern. Ich erkundigte mich bei den Herrn, ob die Universität wirklich so rot sei, wie überall behauptet werde. – Das sei längst vorbei, wurde geantwortet. Alle fünf Jahre ändere sich das Klima an einer Hochschule sowieso.
«Alle fünf Jahre haben wir andere Studenten.»

1990: *Das ist in Oldenburg ganz ähnlich. Noch vor zwei Jahren gab es in meinen Pädagogikseminaren nicht einmal ein Kopfnicken oder etwa ein Lachen, oder ein nachträgliches Gespräch. Sture Ablehnung. – Heute ist das anders. Jetzt macht es Spaß, mit den Studenten zu arbeiten.*

※

Wir gingen hinüber ins Audimax, die Menschen waren in Massen erschienen. Studenten, Dozenten und Stadtleute. Als ich die vielen Menschen sah, dachte ich, sie wollten zu einer ganz anderen Veranstaltung. Es seien zwölfhundert Leute gewesen, wurde mir hinterher gesagt, und etliche habe man noch nach Hause schicken müssen. Natürlich waren viele Schaulustige darunter, von alten Damen wurde berichtet, die gar nicht wußten, wer an diesem Abend sprechen würde, und von einem Studenten, der alle Sätze nachgeplappert habe, um seine Freundin zum Lachen zu bringen. Ich hielt den Ruderbootsvortrag, sprach also über die Frage, weshalb ich den Schluß des Locarno-Kapitels geändert habe (HW S. 111). Hier sind die beiden Stellen im Vergleich.

1. Fassung: ... Am schönsten war es noch, wenn wir beieinanderlagen, sie den Kopf auf meiner Schulter, der Seilbahn zugucken, wie sie von Ständer zu Ständer gleitet, und unten auf dem See, die kleinen Schiffe, und dann so beieinanderliegen und ab und zu nach einer Mücke schlagen ...

2. Fassung: ... Am schönsten war es noch, wenn wir beieinanderlagen, sie den Kopf auf meiner Schulter. Der Seilbahn zusehen, wie sie von Ständer zu Ständer gleitet, und unten auf dem schwarzen See, lautlos, ein winziges Ruderboot, mit einem Mann darin, der ganz allein von einem Ufer zum andern will und einen Wasserkeil hinter sich her zieht.

1990: *Der Vortrag ist später gedruckt worden. Mir war etwas unbehaglich zumute, als ich ihn neulich wieder einmal las.*

Wegen der vielen Menschen hatte ich anfänglich mit Befangenheit zu kämpfen, las aber dann doch tapfer den schweigenden Massen meinen Text vor. Das Licht war schlecht, ich konnte ihn kaum entziffern, zumal ich ihn im Zug noch durch zahllose «Blasen» erweitert und verändert hatte. – Zehn Altstudenten verließen kurz nach Beginn den Saal, ganz ohne Randalieren, das waren die Marxisten vom Dienst. Also kämpferische Friedensfreude.
Es wurde lange geklatscht, zum Teil sogar getrampelt. Das kam dem Dorfschulmeister sonderbar vor.
Die Distanz zu den Massen war deutlich, der heilige Raum zwischen uns. Kein Rausch, eher Befangenheit bei mir. Beim nachträg-

lichen Zusammensitzritus im «Krug zum Grünen Kranze» bezeichnete eine Dame meine Romane als «köstlich». Und dann fragte sie mich, was sonst noch auf meinem Speisezettel stünde, ob ich mich noch etwas umtun wolle? Die Burg ansehen? Ins Museum gehen? – Ein Pädagoge, mir gegenübersitzend, mit rotem Rauschebart, sprach von der «Nachthemd-Mutti». Er meinte die Mutter damit, die in dem doch ernst gemeinten Vortrag eine zentrale, mich bewegende Rolle spielt. Diese professoralen Pädagogen sind es, die ohne Sinn und Verstand die Schule ruiniert haben. Leider werden sie nicht zu denen gehören, die die Folgen ihres Handelns zu spüren bekommen. «Wir haben uns eben geirrt», das wird das einzige sein, was wir – vielleicht! – eines Tages zu hören kriegen. Das wurde mir klar, als ich diesem Mann gegenübersaß, und da wurde ich dann mal wieder zum Alleinunterhalter über Pädagogik, es schimpfte hitzig aus mir heraus.
Unbegreiflich ist es, daß der Sozialismus ausgerechnet die Drillschule aus den Zeiten von Kaiser Wilhelm favorisiert. Wir Reformpädagogen sind «die letzten Heuler» für sie. Ah, was war das für eine Luft, die wir in Göttingen atmeten. Es war zwar alles leicht idiotisch, aber unglaublich wohltuend. Es war zwar ein Seit-an-Seit-Schreiten durch Feld und Buchenhallen. Aber immerhin!
Das Mädchen Monika spendete mir hinterher Trost. Wir bummelten noch ein wenig durch die Stadt, und dann fand ich mich in ihrem winzigen Zimmer wieder. Ich stellte fest, daß sie nicht ganz richtig im Kopf ist, sie wollte unbedingt kochen, mitten in der Nacht, schabte da Mohrrüben oder was, die dann nachher natürlich nicht gar waren. Trotzdem: im ganzen nicht unangenehm.
Sonderbare Idiotien: Sie mag Musik aus dem Ostblock so gern, sagte sie. Damit meinte sie Chopin und Tschaikowsky. Ein Amerikaner fragte mich einmal, ob ich in der DDR geboren sei.

*

Heute früh empfing ich in meinem Häuschen verschiedene Besucher. Danach kam es zu einer Art Abschied von dem Mädchen, das einen russischen Vater hat. Bei so illegalen Sachen ist man ja immer etwas nachdenklich. Ich dachte: Um Gottes willen, Russe! Der kommt hier womöglich mit einem Messer an, was ich mit seiner Tochter anstelle! – Wir waren noch in verschiedenen Antiquitätenläden, ich kaufte Fotoalben und verschiedene Glasprismen, die vielleicht in Hildegards Pavillon einen hübschen Effekt geben.

> Durch dich wird diese Welt erst schön!
> so schön, daß jeder Tag, den du mir schenkst,
> ein Sonntag ist....

Johannes Heesters. So einen Quatsch trägt man nun jahrzehntelang mit sich herum.

Marburg 25. Okt. 1983

T: Ein Flugzeug nähert sich unserm Haus, immer tiefer kommt es herunter, das Benzin ist ihm ausgegangen, nun huscht der Schatten über unser Dach, und zwanzig Meter weiter schlägt es auf. Es brennt nicht, weil kein Benzin mehr im Tank war. – Ich laufe hin und finde in den Trümmern eine junge Frau, sie rührt sich, steht auf, bewegt die Arme: Es ist nichts passiert. Wir graben ihre beiden Kinder aus: auch sie leben. Der Mann hat sich aus dem Staub gemacht. Will er Hilfe holen? War er betrunken? – Nun sehe ich in unserm Dach, zwischen Dach und Wand, einen sehr schmalen Schlitz. Durch diesen Schlitz ist das Flugzeug hindurchgerast. Es ist kaum zu glauben, aber es muß so gewesen sein.

*

Demonstration, wilde Gesichter à la Bakunin, aber auch glatte Bürger, etwa dreißig, zum Teil mit Kleinkindern. Es geht um eine Insel in der Karibik, nicht um Afghanistan. Sehr dumme Sprüche.

Lit: Weiter in den Tagebüchern von Pepys. Der Vormarsch der Türken in Ungarn, die Pest in London. Ich las die ganze Nacht. Die Alltäglichkeiten sind es, die diese Aufzeichnungen so interessant machen. «Kaufte mir heute eine grüne Brille.» *Das* ist es. Das macht unser Leben aus.

«Freundinnen» oder «Mit Hille»

Eine Schreber-Erfindung

Dieses Foto ist ein Beispiel für nicht beabsichtigte graphische Struktur

Ein bürgerliches Denkmal

Nur auf Fotos ist Gegenwart sichtbar

Borken/Dietzenbach, südlich Frankfurt Do 27. Okt. 1983

Gestern war ich in Borken, liebenswürdige Leute. Auch hier Zusammenlegung von Dörfern zu sogenannten Samtgemeinden, eigentlich ist niemand dafür. Entsprechende Klagen. In jedem Zentrumsdorf eine klotzige Kulturhalle plus Hotel. Riesige Schulen, in die die deutsche Jugend hineingetrieben wird. Sie verläßt sie nach dreizehn Jahren Stumpfsinn in völliger Verblödung.

*

Der siebenundsiebzigjährige Mehnert habe stehend zwei Stunden einen freien Vortrag gehalten, erzählte der Buchhändler, und dann habe er noch jede Menge Fragen beantwortet. Ich war etwas bedrückt, denn *ich* hatte, mit meinen vierundfünfzig, sehr bequem auf einem Stuhl gesessen und mich nur unwillig den Fragen gestellt. Ich trennte mich von dem Buchhändlerehepaar erst nach Mitternacht. Heute früh erzählte der Mann mir, er habe nach unserm Gespräch noch eine Stunde mit seiner Frau zusammengesessen, um den Abend ausklingen zu lassen.
Oh! Und ich hatte mir einen dummen Western angesehen.
Dann fuhr ich nach Dietzenbach.

*

So etwas von Stadt hatte ich nicht für möglich gehalten. «Die Erde ist unbewohnbar wie der Mond», dies Wort scheint jedenfalls für Dietzenbach zuzutreffen. Ein Ort, der 1950 bloß 4000 Einwohner zählte, jetzt 26000 und auf 50000 gebracht werden soll. (Warum bloß?) Das ganze macht den Eindruck, als ob sich verschiedene Städteplaner in die Haare geraten sind. Wer hier nicht säuft oder Valium nimmt, ist nicht normal. Die Bevölkerung hängt an TV-Geräten wie an einem Tropf: Betonbanken, Versicherungen, Supermärkte und ein postmodernes Einkaufszentrum, winzig, wie für Pygmäen gemacht, mit Springbrunnen und lauschigen Ecken, in denen sich schwänzende Schüler herumdrückten. Die Geschäftsleute senden den Passanten flehentliche Blicke nach: Ob sie nicht vielleicht doch einen Einholkorb aus Weidengeflecht brau-

chen können, mit rotem Wachstuch (weiß gepunktet) gefüttert, oder Kakteen, das Stück zu fünf Mark oder folkloristische Töpferware. Psychotisches Unternehmertum schwappt hier an den Strand.
Ich kaufte mir in plötzlich aufkommender Vitamingier eine Tüte Äpfel.

✢

Das Hotel heißt «Kristallo», es wird von einem Italiener geleitet, der mich «Herr Walter» anredet. Koffer selbst hochtragen, kein warmes Wasser zum Duschen (nur morgens früh).
«Geben Sie mir bitte einen Teller und ein Messer.» (Für die Äpfel.)
«Ja was denn nun? Einen Teller oder ein Messer?»
Die Vorhänge sind so dünn, daß sie das Licht der Marktplatzbeleuchtung durchlassen.
Ich legte mich ins Bett, aß die Äpfel, die wider Erwarten gut schmeckten, und las im Trost der Welt, dem «Spiegel» also.

1990: *Auf meiner Lesetour durch England habe ich mal in einem alten Hotel übernachtet, das aus Denkmalsgründen von außen mit gelben Scheinwerfern angestrahlt wurde. Ich lag in dem Zimmer wie in einem Fernsehstudio. Seitdem reise ich niemals mehr ohne Augenbinde.*

Im Restaurant dann Radiomusik: Ein Italoidiot schrie: «Amore», und die deutschen Gäste dienerten vor dem wendigen Kellner. Er soll es ihnen man bloß nicht übelnehmen, daß sie Deutsche sind.
Zur Lesung kamen etwa dreißig freundliche, zutunliche Bürgersleute. Ein Kamerad aus Bautzen dabei, der mich für ein Stündchen mit nach Hause nahm, mir von seiner Lebensversicherung erzählte und wo er Urlaub macht. Dann sprach er über unsere Zuchthauszeit und erzählte Storys, von denen er meinte, daß er sie erlebt hat, und er beschrieb die Zeit in der Anstalt, so wie sie nie gewesen ist: Das ist mir auch schon passiert.

✢

In der Nacht sah ich im TV das Kunstturnen der Damen, der Mädchen muß man sagen, oder besser noch: der Kinder. Die Schwerkraft scheint bei diesen kleinen staksigen Dingern (anders als beim Ballett) gänzlich aufgehoben. Wenn ausgewachsene Frauen am Stufenbarren turnen, würde man wohl nicht diesen Eindruck der Leichtigkeit haben, da biegen sich die Stangen denn doch zu sehr durch. – Denken ließe sich ein Raum mit hinter- und übereinandergeschalteten Reckstangen, mehrere Mädchen darin herumturnend, von Holm zu Holm, immer dieselbe Abfolge, wie ein Uhrwerk.

Eiskunstlauf oder Kunstturnen sich anzusehen, ist wegen der Wertungspunkte so unerquicklich. Wenn ein gewisser Grad an Fertigkeit erreicht ist, dann kann es ein «Besser» doch gar nicht mehr geben. Merkwürdig allerdings, daß die Preisrichterinnen sich meistens einigermaßen einig sind.

Die Trainerinnen, wenn die so ihre Küken an sich drücken, die schwer atmenden. Und die Mädchen haben dann natürlich Zöpfe, das ist ja klar, und die sagen dann, daß sie es nie wieder tun wollen, so unartig sein und den Doppelrittberger verpatzen... Eines der Kinder wird zum Liebling des Publikums gekürt. Mal eine Reportage machen, von all den gealterten Turnerinnen, im Rollstuhl oder an Krücken, zwanzig Jahre danach. Die zeigen einem dann die Pokale und finden es richtig, daß sie jetzt im Rollstuhl sitzen.

Hamburg, Lübeck, Bad Schwartau Fr 28. Okt. 1983

Ich flog von Frankfurt nach Hamburg, wo an der Universität meine erste «Gastvorlesung» starten sollte. Leider hatte das Flugzeug zwei Stunden Verspätung, so daß ich trotz Taxiraserei eine Viertelstunde zu spät kam. Die Studenten strömten mir bereits auf dem Gang entgegen. Sie wollten grade nach Hause gehen (besser: «tröpfeln», denn es waren nicht sehr viele).

Da nur noch eine halbe Stunde übrig war, sprach ich zu ihnen über meine Autorenvergangenheit, über den langen Marsch durch das Rowohlt-Lektorat, den Weg vom «Restaurator» über «Margot» zum «Block» und über die Erfahrungen, die meinem Schreiben zugrunde liegen. An dem Tresen, hinter dem ich stand, hingen übergroße, sehr luxuriöse DKP-Poster.

1990: *DKP-Poster – damit hat's jetzt ein End', und zwar schlagartig. Gott sei Dank! Wer damals behauptet hätte, das wird von drüben finanziert, hätte was auf den Hut gekriegt.*

Kurzes Gespräch mit einem Studenten, der mir erzählte, daß die Ankündigungen meiner «Lehrveranstaltung» unmittelbar nach dem Aushängen abgerissen worden seien. Hinweise auf den Anschlagtafeln habe man eingeschwärzt. Hier scheint die Auswechslung der Studentenschaft noch nicht vor sich gegangen zu sein. Rachephantasien: Wenn später mal eine Doktorandin kommt, mit schweißigen Händen und hennagefärbtem Haar, und um Hilfe bittet, sie will ihre Dissertation schreiben über den Konjunktiv im «Tadellöser», die dann wie Uwe Johnson empfangen, also dröge abtropfen lassen. – In Wahrheit dient man dann eben doch.
Man ist ein Osterhase, dessen Eier niemand haben will.
Zwei Studenten, die bestimmt noch nie ein Buch von mir gelesen haben, fragten mich, ob ich sie mal in den «Restaurator» hineinschauen ließe.

*

Nach der Vorlesung holte ich mein Auto vom Flughafen und fuhr nach Lübeck, wo ich mich mit Birgit traf. Ich sah mir erstmalig das Mann-Museum an. Ich hatte keine Ahnung, daß es so etwas in Lübeck gibt (an sich ja naheliegend). Interessant waren Zeichnungen von Heinrich Mann, offenbar noch unveröffentlicht. Eigenartig, da denkt man doch, die Verleger stürzten sich auf so was?
In der Marienkirche suchte ich am Kiosk vergeblich ein Foto der kleinen Marienkapelle, deren Ruine in den Fünfzigern vom Senat abgerissen wurde. Diese Schandtaten nie vergessen! – Ich fürchte, es tut ihnen nicht einmal leid. Der Abriß der Kapelle dokumentiert die gleiche Gesinnung wie die Übertünchung der Malskatt-Fälschungen. Humorlosigkeit gepaart mit «Kopf-ab!»-Denken.

Dann fuhr ich nach Bad Schwartau, wo ich im Kurhaussaal vor zweihundertfünfzig Zuhörern aus HW las, und zwar die Hatzfeld-Passagen. Leider funktionierte der Lautsprecher nicht, was mir der Veranstalter hinterher vorwurfsvoll ankreidete, die meisten Leute hätten nichts verstanden. Hinter mir, draußen auf der Straße, bellte die ganze Zeit über ein Hund.

Die kurze Zeit, in der ich als Erzieher gearbeitet habe, war wie ein zweiter Knast, nur daß *ich* damals die Schlüssel hatte. Unter den fünfzehn Jungen unserer Gruppe waren zwei oder drei gefährliche Typen, unberechenbar, tückisch, «verdorben», wie man früher gesagt hätte, mit denen ich überhaupt nicht zurechtkam. Mir fehlte eine Ausbildung, niemand sagte mir, wie ich sie hätte anfassen sollen. Dann waren da zwei Jungen, die waren wie ich selbst als Kind, ich dachte immer: Das bist du selbst! Und niemand konnte mir sagen, warum sie in dieser Anstalt saßen. Ich machte große Spaziergänge mit ihnen, schöne Stunden waren das.

Einmal beaufsichtigte ich zwei Nachsitzer, die genauso in die Gegend dösten wie ich. Vor mir auf dem Katheder standen sehr hübsche Plastilinarbeiten, Schnecken, farbig. Und was tat ich? Ich nahm sie einzeln und zerdrückte sie. Warum? – Am nächsten Tag hörte ich von fern, daß man sich über die unvorstellbare Roheit der «Knaben» aufregte, die da die Plastilinarbeiten zerstört hätten.

Bad Schwartau / Ahrensburg / Nartum   So 30. Okt. 1983

Gestern wurde ich von zwei Buchhändlerlehrlingen geweckt (Mädchen). Sie kamen auf mein Zimmer und frühstückten mit mir. Sie hielten das für «große Welt». Auf dem Hotelzimmer das Frühstück zu bekommen, das war «große Welt». Ich nahm sie mit nach Lübeck und zeigte ihnen die verschiedenen «Gänge», diese originellen Wohneinrichtungen, die man nur gebückt, fast kriechend erreichen kann. Die eine von den beiden «blieb übrig», mit der sah ich mir das Burgkloster an, wie jedesmal, wenn ich in Lübeck bin. Es ist nun bald gänzlich restauriert. Schade, daß aus meinem Filmprojekt damals nichts wurde.

1990: *Das Burgkloster: Ich hatte vorgehabt, von Anfang an, den Restaurierungsprozeß des Burgklosters zu dokumentieren: Das Leerräumen der als Lagerhallen genutzten Kreuzgänge und Rempter, das Säubern, das Freilegen von Fresken usw. Dafür war keine Fernsehanstalt zu gewinnen. Sie hätten keinen Etat, den sie über Jahre hinziehen könnten, hieß es. – Jetzt könnte ich das in Rostock mit dem Katharinenkloster nachholen. Aber nun ist meine Energie verbraucht.*

✻

Am Nachmittag hatte ich noch eine zusätzliche «literarische Veranstaltung» in Ahrensburg, in einem altertümlichen getäfelten Saal. Ein bürgerlicher Bildungsverein hatte mich eingeladen, ältere Herrschaften, die die Hand hinters Ohr legten, meist weiblichen Geschlechts, aber auch Schüler. Ich sollte den Mitgliedern beibringen, wie man schreibt. Ich nudelte also das ab, was ich gerade in der Uni erzählt hatte, anekdotisch aufgetakelt: Mein Weg als Autor, «Der Restaurator», «Margot», und der lange Marsch durchs Rowohlt-Lektorat, daß sie mir zum Beispiel das Wort «lugen» gestrichen hatten, weil das nicht die Sprache des Autors sei («gucken» müsse es heißen). Sodann über den Zusammenhang der Romane untereinander, die Struktur der Chronik und über die Schwierigkeiten, die ein so komplexes Vorhaben macht, wie das Schreiben eines Romans innerhalb einer Trilogie, da man ja immer an das Ganze gebunden ist. Um 16 Uhr hatte ich begonnen, und gegen Mitternacht endete mein Auftritt mit einer Lesung aus HW. Ich kam mir vor wie eine Sprechmaschine. – Erbittert wurde ich durch Kleinbürgerfragen. Besonders brachte mich diesmal die Frage auf: «Wie können Sie das alles schreiben, wenn Sie doch Lehrer sind?» – Antwort: «Ich bin eben sehr fleißig.» Eine Frau sagte, sie sei mir mal nachgereist, nach Hannover. Meine Bücher besitze sie alle, aber gelesen habe sie noch keines.

✻

Ich raste nach Hause und lag um ein Uhr im Bett.

✻

Heute schlief ich mich aus. Die Sonne schien ins Zimmer. Wenn von unten der Kaffeeduft hochzieht. Das obligate weichgekochte Ei.

Unter der Dusche sang ich das Tadellöser-Motiv: «Jahre des Lebens, alles vergebens...» Die spontane Textunterlegung unter die berühmte Stelle aus Tschaikowskys sechster Symphonie ist ein guter Einfall gewesen. Ich sang das heute wohl, weil ich die Reiserei satt habe.

Der Sonntag verging mit Klavierspielen, Lesen, Musikhören. Beiseite geschaffte, mir selbst gestohlene Stunden. Zeitweilig saß ich bloß so da und stierte vor mich hin. Ich war bei mir selbst zu Gast.

Die Kühe auf der Wiese vor meinem Schreibtisch: Wozu brauche ich ein Aquarium?

Hildegard hatte mir wunderbare Blumensträuße hingestellt. Sogenannte «Mutterhaus-Blumensträuße». Das hat sie von den Diakonissen in Rotenburg gelernt.

Gegen Abend erschienen zwei junge Leute, die germanistische Auskünfte verlangten: Warum ich schreibe und wie, und ob das was bedeutet, was ich schreibe, oder ob ich das nur so hingeschrieben habe. Ich lag in meinem Sessel und erzählte ihnen vom langen Marsch, vom «Restaurateur» und von «Margot» und vom Wort «lugen» und so weiter und hatte Mühe, höflich zu bleiben.

※

Lit: Einiges über Lübeck, aus Trauer über Rostock. – Die Lübekker hatten mit ihren «Terrohr»-Angriffen etwas mehr Glück, wenn man so sagen darf, als die Rostocker. In Rostock ist ja eigentlich alles kaputtgegangen, außer der Marienkirche, dem Rathaus und dem Kröpeliner Tor. In Lübeck ist wenigstens ein Großteil der Altstadt heil geblieben, und die Kirchen sind längst wieder aufgebaut.

TV: Ein Film mit Peter Sellers, lustig. – Was die Leute an Woody Allen finden, kann ich nicht begreifen. Und mit meiner Begeisterung für die alten «Dick-und-Doof-Filme» stehe ich allein auf weiter Flur.

Nartum Mo 31. Okt. 1983

T: Eine riesige Akazie, «golden im Laub», wird vom Wind geschüttelt. Nun bricht ein großer Ast ab. Ich «eile hin», bücke mich und schöpfe von dem fließenden Saft so viel ich kriegen kann, er sprudelt wie aus einer Quelle. Ich schöpfe mit beiden Händen; sehr süß ist der Saft, eigentlich schmeckt er gar nicht besonders. Ein Fremder, der auch herbeigekommen ist, trinkt nicht davon. Ich wundere mich darüber, und ich ärgere mich, daß ich keinen Topf mithabe. Ein Hund kommt, es ist wohl Phylax, ich gebe ihm ab. Dann denke ich: Dies ist nur ein einziger Ast gewesen, wieviel Saft muß in dem ganzen großen Baum sitzen.

*

Den ganzen Tag über Kleinkram, Reste von Post, Vorträge vorbereitet, Klavier gespielt, Archivarbeit. Weiß nicht, wo der Tag geblieben ist.
In der Post die Lebenserinnerungen einer Frau, die 1914 in Böhmen geboren wurde, ihr Vater war Forstmeister beim Deutschen Orden:

Den jungen Menschen unserer Generation wäre es nie in den Sinn gekommen, an ihren Eltern herumzukritteln. Wie sie es mit der Erziehung hielten, so war es gut. Erst viel später ging mir auf, daß meine Mutter doch einige ganz erhebliche Erziehungsfehler gemacht hat, aus purer Unwissenheit, denn mit Psychologie war man damals noch nicht vertraut. Man legte nur Wert auf die körperliche Gesundheit der Kinder. Wenn sie rote Bäckchen hatten und immer frisch aussahen, war schon alles gut. Aber auch dies traf bei mir nicht zu. So schien meine Mutter im ganzen mit mir nicht zufrieden zu sein. Wie oft sagte sie nicht: «Ach, was bist du doch für ein schwer zu behandelndes Kind! Es ist nicht leicht, mit dir zurechtzukommen!» Da sie das immer wieder betonte, glaubte ich es schließlich selbst. – Der zweite Fehler war ihr ständiges: «Laß das sein! Das kannst du noch nicht. Dazu bist du noch zu klein.» Schließlich kam es so weit, daß ich mir nichts mehr zutraute.
Die sexuelle Aufklärung besorgten bei uns die Dienstmädchen. – Doch im Gegensatz zu andern Eltern der damaligen Generation ließ meine Mutter

bei unserer Erziehung in dieser Hinsicht eine bewundernswerte Großzügigkeit walten. Mit kaum fünfzehn Jahren hatte ich schon einen festen Freund...»
Just, Grete

Ich weiß noch, wie schrecklich es war, als meine Mutter mich «aufklären» wollte. Ich hatte mich ja längst mit Hilfe eines Lexikons ins Bild gesetzt («Die Frau als Hausärztin»). – Bei KF und R haben wir's (?) auch gelassen. Das Erwachsenengeheimnis selbst zu erforschen, um das Rätsel «herumzugehen», ist ja auch viel aufregender, als mit den Kindern zusammen an einer Schautafel Schamlippen zu zählen.
Spaß kann man nicht erklären. Und was das Verantwortungsbewußtsein angeht, das ist auch so eine Sache.

*

Ich habe im Archiv noch eine zweite Aufklärungsgeschichte gefunden, hier ist sie:

Als Vater meine völlige Naivität bemerkte, hielt er ein Aufklärungsgespräch für erforderlich. Da er aber nicht darauf vorbereitet war, redete er bald so verlegen und konfus, daß er über sich selbst ärgerlich wurde. Plötzlich schickte er mich weg – er habe noch zu arbeiten. – Ich habe noch viele Jahre gebraucht, um alles richtig begreifen zu können. Auch ein Ehebuch, das ich in der zweiten Reihe des Bücherschranks entdeckte, blieb für mich ein Buch mit sieben Siegeln. Gut verstehen konnte ich hingegen seelische Vorgänge bei den Romanhelden. Knut Hamsun war damals der Lieblingsschriftsteller meiner Mutter. Ich war begeistert von dem Gefühlsreichtum, der sich mir auftat. Wenn zwei Menschen sich liebten, wurden sie von einem wahren Rausch erfaßt! – Dagegen fand ich das Verhalten der Liebenden in Raabes «Hungerpastor» lasch und blutleer. Stand da doch wirklich der Satz: «... und sie stellten ihre Füße unter *einen* Tisch.» Damit war das Liebespaar glücklich und zufrieden!!
Crocoll, Erika

*

Heute hatten wir hier einen Frikadellen-Prasnik. Hildegard ist ein Meister im Braten von «Löwenköddeln» oder «Fleischküchlein», es ist kaum Fleisch darin, von Bäckerei:Fleischerei 1:1 kann keine

Rede sein. Dazu gab es grüne Bohnen und weiß-zerfallende Kartoffel. Frikadellen sind mein Lieblingsgericht, davon kann ich nie genug kriegen. Heute aß ich achteinhalb.

*

TV: Günter Grass als Wohltäter inmitten zu fördernder Jünger. Auf seinen Schultern liegt die Last der deutschen Literatur, wie er zu K. gesagt hat. So ein bißchen wie Hitler im Bunker der Reichskanzlei sieht er jetzt aus.

Lit: In alten Bilderbüchern. «Die sprechenden Tiere». Das Gänschen, dem man ein Schloß um den Schnabel gelegt hat – das hat mich als Kind sehr bewegt. Beim Durchblättern des Buchs blieb ich prompt an dem Bild «hängen». Ich war übrigens fest der Meinung, es habe sich um eine Ente gehandelt.

November 1983

Nartum Di 1. Nov. 1983

T: Ein großes Haus mit unendlich vielen Zimmern, bahnhofsähnlich, voller halb kaputter Antiquitäten. «Alles nicht viel wert», denke ich.

*

Gegen Mittag fuhr ich nach Bremen ins Funkhaus und verhandelte mit Alfred über das Kreienhoop-Buch. Er behauptet, der Sender verlange für die Rechte mindestens 30000 Mark, was natürlich Unfug ist. Ihn hat meine Heftigkeit auf der Buchmesse geschockt, und mich hat es verblüfft, daß feste Abmachungen sich so rasch in Nebel auflösen. So waren wir denn beide ziemlich vorsichtig miteinander.
Mich behandeln die Leute leicht obenhin, und dann ist das Erstaunen groß, wenn ich plötzlich (zu heftig) reagiere. Während des Gesprächs klingelte dauernd das Telefon. Dann kam seine Mitarbeiterin herein, schloß den Schrank auf und holte einen Teller mit Gurkenscheiben und sternartig angeordneten Nüssen für ihn heraus, so eine Art Gorillafutter. Was die Gesundheit angeht: Die sechs Treppen hinauf in sein Zimmer und wieder hinunter, nahmen wir beide zu Fuß.
Wichtige Verhandlungen sollte ich nur in Nartum machen. In Büros kann es wegen der dauernden Störungen zu keinem ernsthaften Gespräch kommen.
Nun wird das Kreienhoop-Buch also doch gemacht. Wir haben uns mal wieder durchgesetzt!
Nach dem Gespräch fuhr ich in einen «Wiesengrund» und blieb da eine Weile stehen. Im Radio eine Schulfunksendung über die Navajos. Und da hatte ich wieder diesen sonderbaren Gedanken: Wenn sie dich jetzt suchen, dann können sie lange suchen! Hier

werden sie dich nie finden. – Aber, wer sollte mich denn suchen? Wer sind «sie»?

*

Die nächste Lesetour vorbereiten, diesmal geht es in die Nähe von Würzburg. Da werde ich dauernd sagen müssen, daß ich keinen Wein vertrage. Das können die dann überhaupt nicht verstehen. Würzburg ist im Krieg fast völlig zerstört worden. Je länger ich lebe, desto unglaublicher kommen mir die alliierten Luftangriffe vor. Mich wundert, daß die Deutschen das nicht mehr ausgeschlachtet haben nach dem Krieg, die 570000 toten Zivilisten[*]. Männer haben Krieg gegen Kinder und Frauen geführt.

*

Mus: Platten aus den Fünfzigern: das Modern Jazz Quartet («Vendome») und Stan Kenton. HW: Es fiel mir noch allerhand zu «Göttingen» ein. Das Radio «Andante», das ich mir von einer Rentennachzahlung kaufte, und die Mopedfahrten mit G. Ich saß hinten, und ich schrie ihm Bemerkungen über Mädchen ins Ohr, die «des Weges kamen» (die das natürlich hörten).

Lit: Benimm-Bücher. Besonders interessant sind die Anstandsregeln für den Trauerfall. Die Witwe trägt ein Jahr Trauer, der Witwer nur ein halbes. Eine Sammlung von Benimm-Büchern.

Würzburg/Buchen/Karlsruhe Do 3. Nov. 1983

Im Zug hatte ich ein verrücktes Erlebnis. Ich kam aus dem Speisewagen zurück, da hat sich mir gegenüber ein Mann hingesetzt, der hat einen Kassettenrecorder an. Ich sag': «Würden Sie den bitte ausstellen?»
Da fragt er mich: «Haben Sie eine Fahrkarte erster Klasse?»
Etwas später kommen zwei Männer herein, die sich über einen

---

[*] dtv 160: «Der Luftkrieg über Deutschland»

goldenen Fingerring unterhalten. Weil ich wegen ihres Gesprächs nichts anderes tun konnte, habe ich die Sache mitgeschrieben: «Meine Schwiegermutter hat einen Ring, wir sagen immer ‹Bonbon› dazu. Der ist privat angefertigt worden, den Entwurf hat ein Blinder gemacht. Und nach diesem Entwurf hat der Juwelier den Ring hergestellt. So einen schönen Entwurf hat er noch nie gesehen. Da sitzt in der Mitte ein Einkaräter, lupenrein, und an der Seite rundherum Saphire, in Grün. Ich weiß nicht wie viele. Die Fassung ist Rotgold und die darunter Weißgold, und rundherum Saphire. 785er Gold und Platin. Wir sagen ‹Bonbon› dazu, wie so ein Bonbon sieht er aus. ‹Mutter›, sag' ich – meine Frau ist ja erbberechtigt –, ‹wenn ich den mal krieg', laß ich den Einkaräter rausmachen.› Da sagt sie: ‹Junge, dann kriegst du ihn gar nicht.› Das ist so'n richtiger Herrenring, wie ein Bonbon.»

*

In Würzburg wurde ich von einem verzagten Buchhändler abgeholt. Er brachte mich nach «baltisch Sibirien», nach Buchen (sechstausend Einwohner), wo zweihundert Zuhörer auf mich warteten, die freundlich klatschten, als ich hereinkam. Ich wählte allerlei Sonniges aus, um es den Leuten recht schön zu machen. Die Christa-Passagen eignen sich gut: Liebe ohne Leidenschaft und Leid. – Ob das autobiographisch sei, wollten sie wissen. Anstatt nun sofort: Ja! zu sagen, dann hätte ich meine Ruhe gehabt, ließ ich mich auf lange Diskussionen ein, erklärte ihnen den Unterschied zwischen Fiktion und Fakten, sprach also von «faction» usw. Alles ziemlich sinnlos. In Deutschland gilt Prosa, die autobiographisch getönt ist, nichts. «Das kann ich auch», denken die Leute (und sagen es auch). Die äußeren Stationen stimmen in den Romanen mit meinen Lebensstationen überein, das ist aber auch alles. Herrgott noch mal, wie oft soll ich das noch sagen?
Zum Schluß fragte mich eine ältere Dame, die einen feinen Spazierstock mit silbernem Knauf in der Hand hielt: «Was sagt denn Ihre Frau dazu, daß Sie so über sie schreiben?» Ich sagte zu ihr, meine Frau heißt Hildegard und nicht Christa, und sie ist blond und kann absolut nicht Orgel spielen.

Hinterher saß ich in einem Wirtshaus mit Honoratioren zusammen, die ihre eigenen Angelegenheiten besprachen und mit einem Literaten nichts anzufangen wußten. Ich sei gewiß froh gewesen, daß ich mal wieder aus meinen Büchern habe vorlesen dürfen, sagte ein Herr. Er will ein Buch schreiben, weil die ganze Welt aus den Fugen sei, habe aber momentan keine Zeit, und dann müsse er ja auch noch die Fertigkeiten erwerben, die dazu gehören.
Als ich ins Hotelzimmer stiefelte, hatte ich, wie immer, Angst, daß ich dort verhungere. Halb elf, kein Fernseher, schlechtes Licht zum Lesen, und dann das Belauschen des Magens: Ist er zufrieden, oder wird er sich melden?

※

Heute fuhr ich dann nach Karlsruhe, wo ich von Renate am Bahnhof erwartet wurde. Völlig verändert, als junge Frau. Wir gingen in Nanas schönes Antiquariat, und ich kaufte eine großartige Enzyklopädie der Pädagogik von 1876, zehn Bände für leider 280 Mark, sowie ein paar alte Fotoalben. Dann aßen wir eine Pizza, und Renate erzählte Mord- und Dotschlag von der Hochschule. Wenn die Studenten rauskriegen, daß ich ihr Vater bin, sagen sie: «Mach dir nichts draus, du kannst ja nichts dafür.» – Ihr Wirt hat gesagt: «Nein, der K. ist nicht ihr Vater, das ist doch ein ganz ordentlicher Mann.» – Wir saßen im Schloßcafé und beobachteten einen älteren Mann, der auf einem Skateboard durch die Gegend fuhr. Er trug eine Mütze mit sehr langem Schirm, so ein bißchen wie Heinz Huckebein, und dann natürlich alles voll Pflaster vom dauernden Hinfallen. Wie schön elegant er fährt, führte er vor, und daß das was mit Meditation zu tun hat, so schöne Kurven und Kreise zu drehen. Wir konnten nicht anders, wir mußten zugucken.

Renate 1986

Gegen Abend wurde ich von einem Buchhändler abgeholt, der mich nach Bretten brachte, wo mir etwa achtzig Leute zuhörten. Danach saß ich in einer Katakombe mit lustigen Badenern zusammen. Das war ohne weiteres in Ordnung. Wir verteilten irgendwelche Schokolade, die jemand mitgebracht hatte, und ich trank frischen Wein, «Heurigen» oder wie das heißt, und der bekam mir, und ich hatte einen herrlichen Schwips. Alles wundervoll, aber ich dachte dauernd: Warum bist du jetzt nicht zu Haus? – Immer bin ich unterwegs. Das scheint mein Schicksal zu sein. Im Krieg die Kurierfahrten, nach dem Krieg das Reisen für die Druckerei, und jetzt das sogenannte «Singen». Ich hasse es, durch die Gegend zu fahren, immer eine Stadt nach der andern, aber wenn ich abends vor dem Publikum stehe, macht mir das doch Spaß. Sie sehen mich immer alle so freundlich an. Schon wenn ich den Saal betrete, lachen sie, und ich lache dann auch, und das ist doch wunderschön. Angekäst werde ich in den seltensten Fällen.
Bei den Signierern kann man auch so seine Beobachtungen machen:

Frau: «Ich habe alle Ihre Bücher zu Hause, möchten Sie bitte Ihren Namen auf den Zettel schreiben, den leg' ich dann rein.»

Frau, mit buchstäblich allen Büchern, die ich geschrieben habe, in einer Plastiktüte, Tb, Hardcover, Buchklub.

Mann (mit zwei Erstausgaben, T&W und Gold), er zeigt keine Bewegung, kassiert das Signieren wortlos ein.

Mann bittet darum, das Buch mit «für Christine» zu signieren.

Dame mit Nerz und Goldschmuck läßt sich ein Taschenbuch signieren und redet, während ich das tue, mit ihrer Nachbarin.

Schülerin läßt sich ein Taschenbuch signieren und kommt später noch einmal mit einem zweiten.

Hübsche Dame läßt sich ein Buch für ihren Vater signieren, «der ein Fan von Ihnen ist, heut' aber leider nicht kommen kann».

Mutter mit Kind: «Das ist der Herr, der all die schönen Bücher schreibt.»

Bibliophiler zeigt genau auf die Stelle, wo die Signatur hin soll. «Mit Datum bitte.» Meist wird auf vorbereitetem Kärtchen der Text vorgelegt.

Ein Rostocker, der gar kein Buch signieren lassen will, sondern nur mitteilt, daß er aus Rostock ist.

Buchhändler mit zehn Exemplaren je Buch und fünfzig Taschenbüchern: «Die gehen bis Weihnachten alle weg.» Dazu zehn Bücher mit Zetteln drin «Frau Sowieso».

Ein Herr, dessen Buch schon signiert worden ist, vor zehn Jahren von mir im gleichen Ort.

Eine Frau, die sich entschuldigt, daß sie das Buch schon gelesen hat.

Eine Schülerin mit einem T-Buch-Exemplar vom «Tadellöser» mit Anstreichungen: «doof!»

*

Vor zehn Jahren war die Energiekrise beherrschendes Thema.

1973: *Nun werden wir lange keine Zeitung mehr aufschlagen können, ohne von der Energiekrise zu hören. Sie werden sie ebensowenig meistern wie den «Bildungsnotstand» und die atomare Gefahr. – Der Israelkonflikt kam «wie ein Dieb in der Nacht», und er hat sich besonders giftig, bösartig entwickelt. Einige europäische Staaten tun jetzt so, als ob sie gar nicht richtig zu Europa gehörten. Und die Araber lassen überall erfragen, wie man's mit ihnen hält. Die deutsche Haltung sei lauwarm gewesen, sagen sie.*

Ach, wie gern würde ich mal vierzehn Tage in Ruhe zu Hause sitzen und mein Leben genießen. «Genießen? Denken Sie denn gar nicht an die dritte Welt?»

Stuttgart/Hamburg/Nartum Mo 5. November 1983

Gestern flog ich dann um fünf Uhr früh von Stuttgart nach Hamburg, wo ich um elf Uhr in der Universität meine Vorlesung halten sollte. Vierzehn Studenten waren gekommen, aber der Hörsaal war abgeschlossen. Es dauerte eine Weile, bis der Hausmeister gefunden war, und der ließ sich Zeit.

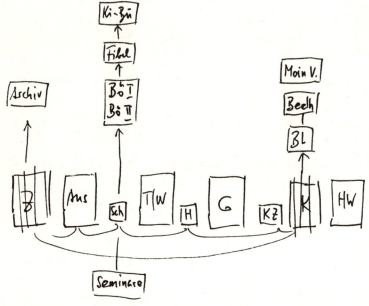

Das Fortsetzungskunstwerk

Ich entwickelte den Studenten dann mein wundervolles «Kempowski-Universum», zeigte ihnen den schematischen Plan aller meiner Bücher, erklärte ihnen also den Zusammenhang der Bücher untereinander, daß die Befragungsbücher Bestandteil der Chronik sind, was manche Leute im Verlag noch immer nicht begriffen haben.

1990: *Noch immer nicht. (Hildegard: «Unerhört!»)*

Dann raste ich über die wildbewegte Autobahn nach Hause, hinter mir aufblendende Autofahrer, obwohl ich doch auch meine 140 km/h fuhr und immer brav Platz mache. Die Leute müssen doch sehen, daß man selbst auch gerade jemanden überholt. Ich zittere immer davor, daß sie aufblenden, weil ich ihnen gern *freiwillig* Platz machen möchte. Wenn sie mich nötigen, bin ich aufgrund komplizierter innerer Seelenvorgänge gezwungen, langsamer und immer langsamer zu fahren, und das tut mir in der Seele weh.
Zu Hause machte ich mich sofort an den Postberg. Eine Dame sandte mir ein sehr wertvolles Buch über Rostock, die «wahrhaftige Abkontrafaktur». Ich sah es mir sofort an, und zwar mit Wut über all das Verlorene und mit Freude über das Geschenk. – Eine Schulklasse aus Holle schickte nachempfundene Böckelmann-Aufsätze und ein gezeichnetes Gruppenbild, das ich im Archiv aufhängen werde, damit die Besucher denken sollen: Kempowski hat's mit den Kindern. – Dabei hab ich's wirklich mit Kindern!

※

Gegen Abend kam für drei Tage ein Volkshochschulkurs aus Ganderkesee, fünfzehn Teilnehmer, denen ich im Turm, zur Einführung, die Christa-Passagen aus HW vorlas: Ohne Leidenschaft und Leid. Ich wurde wieder mal gefragt, ob Hildegard Orgel spielen kann. Heute früh stießen die Hamburger Studenten dazu, ich verarztete also beide Gruppen gleichzeitig. Im wesentlichen analysierten wir das Klavierstunden-Kapitel aus «Tadellöser & Wolff», ich nannte Quellen, führte verschiedene Fassungen vor, Aufbau usw. Auch hier wurde wieder einmal die Vermutung geäußert, ich hätte das so hingeschrieben. (Eigentlich ja ein Lob.) «Ach so, Sie haben sich was dabei gedacht?»

1990: *Es haben sich noch zwei Konzertprogramme des Rostokker Konservatoriums erhalten, von 1941 und 1942, auf denen ich erwähnt werde. Sie wurden mir kürzlich zugeschickt. Auch der «steinerne Krug mit den steinernen Trauben» auf dem Giebel des Konservatoriums ist noch vorhanden, den ich in*

T & W hervorhob, um damit anzuzeigen, was für eine Art Früchte es waren, die man in diesem Haus erwerben konnte. – Mein Gedächtnis hat mir jedoch einen sogenannten Streich gespielt, es ist zwar ein Krug auf dem Giebel, aber er enthält keine Früchte.
Als ich mir im Januar das Konservatorium ansah, um alten Erinnerungen nachzuhängen, kam eine Dozentin angeschritten und fragte mich, ob ich mich hier umschaue, um das Haus zu kaufen, also irgendwie abzukassieren. – Nein, sagte ich, aber ich wüßte gern, ob unser Flügel noch da ist, der 1948 von den Russen beschlagnahmt wurde.

Lit: Ältere pädagogische Literatur für den Dorfroman.
Als ich noch Dorfschullehrer war, habe ich immer gedacht, daß man die Idee der Lietzschen Landschulheime auf die kleine Landschule übertragen könnte. Ich holte mir Schüler nachmittags ins Haus, praktizierte freies Arbeiten und Planspiele. Leider wurde meine Schule dichtgemacht, grade als es richtig losgehen sollte, und meine Aufzeichnungen über die Planspiele bekam ich von allen Verlagen zurück. In Zeven habe ich dann versucht, meine Landschulpädagogik in die Stadtschule zu übertragen, ebenfalls mit ziemlich kümmerlichen Ergebnissen. Wahrscheinlich «geht» Pädagogik überhaupt nicht. Was sich an Pädagogik ereignet, ist reiner Zufall. («Unser Herr Böckelmann» ist ein Zeugnis der Resignation.)

※

Mus: Manhattan Transfer, dieses verrückte Gesangsquartett. Ich drehte die Musik überlaut an und tanzte wie ein Derwisch dazu.

※

Jetzt ist Mitternacht, Schluß also. Mir brennen die Augen. – Der Hund der Nachbarn bellt, ich habe bis 172 gezählt. Im Bett herumgeworfen. Vielleicht hilft eine heiße Beinbrausung.

Nartum/Oldenburg/Bad Zwischenahn So 6. Nov. 1983

T: Daß die Kaninchen sich unter den Beeten einen großen Bau angelegt hätten. Ich rief hinein: «Hallo!», und es hallte.

※

Zum Frühstück saß ich wie Onkel Nolte mit Hildegard im Pavillon, klopfte mein Ei auf und rührte in der Teetasse herum. Dazu hörten wir op. 131. Der dritte Satz nervt ein bißchen, wenn ich das so sagen darf, Hildegard wurde schon unruhig. Die ganze Sache liegt ein wenig zu hoch im Ton. In der Orchesterfassung von Bernstein ist das milder. Wahrscheinlich verzerrt der halbe Ton unserer modernen höheren Stimmung die Sache eben doch mehr, als man denkt.

※

Dann kamen die Leute vom Volkshochschulkurs, ich sah die Gestalten schon anrücken, wankend und schwankend, und ich zögerte es ein bißchen hinaus, das Kaffeetrinken, fünf Minuten abgezwackt, fünf Minuten fürs Leben gerettet, aber dann rief die Pflicht.
«Eins muß man zugeben: pünktlich ist er», sagen sie.
Ich «trat unter sie» mit meinem gutgelaunten, verführerischen Schriftstellerlächeln und führte den «Kursusteilnehmern» (Thema: Kann man das Schreiben lernen? Antwort: Ja) als besonderes Bonbon mein Beethoven-Hörspiel vor. Große Entrüstung! Das kann man doch mit der Fünften nicht machen! Heiliges Kulturgut!
– Ein Teil der Leute kannte die Symphonie überhaupt nicht, die protestierten ebenfalls. – Selbst Hostnig, damals, der voll «dahinterstand» und mir für das Hörspiel sogar den herrlichen und sehr wertvollen Sczucka-Preis verschaffte, hatte Bedenken wegen des Kulturgutes, das hier durch den Kakao gezogen wird, der ließ dem Hörspiel in der Ursendung die gesamte Symphonie folgen.
Ich habe mich in dem Hörspiel über niemanden und nichts lustig gemacht, ich finde das Ganze eher anrührend. Mich hat der Gedanke geleitet: Was werden die Menschen erzählen, die in einem Bunker den Atomkrieg überlebt haben, wie werden sie darauf

reagieren, daß nun auch das «Kulturgut» für immer verloren ist? Sie werden vielleicht versuchen, aus Erinnerungsbrocken die Fünfte Symphonie wieder zusammenzusetzen.

In Bautzen versuchte mal einer, die «Neunte» zu rekonstruieren, was, wenn man so sagen darf, voll in die Hosen ging und daher rasend komisch war.

※

Gegen Mittag verabschiedete ich die Gruppe, von Herzen froh, sie loszusein, obwohl es sich um nette Leute handelte. Ein nachdenklicher Knabe war dabei, der am Abend etwas Klavier spielte. – Endlich allein! Das Haus kam mir wie eine Zuflucht vor. Ich ging von einem Zimmer ins andere. Warum schließen wir uns hier nicht ein und genießen das Leben? «Mü Haus ais mü Kassel!», wie der alte Franz Wisser immer sagte.

Ins Bett und einen Totschlaf gehalten. Am Nachmittag wieder Onkel Nolte gespielt, mit wunderbarem Butterkuchen und «Zeit» und «Spiegel» und ruhig dahinfließenden Ehegesprächen.

※

Nach dem Kaffee mußte ich nach Oldenburg fahren. Wurde von einem BMW-Fahrer mit der Faust bedroht, obwohl ich ganz still und freundlich so vor mich hinfuhr. Ich stellte mir vor, daß dieser Mann vielleicht Rotarier ist, und was er wohl stotterte, wenn man ihn vor seinen Leuten bloßstellte. Ich fuhr von hinten an ihn ran und tat so, als ob ich mir seine Autonummer notierte. Da fiel er zurück hinter mich, überholte mich wieder, zeigte mir den Vogel und äffte mich nach, wie ich da schreibe. – Also doch wohl ein origineller Mensch.

An der Raststätte flehte mich ein sonderbarer Mann an, ich sollte ihn doch bitte mitnehmen, er sei heute früh durch die Elbe geschwommen und wolle nach Osnabrück. Ich gab ihm 50 Mark und munterte ihn auf. Mitnehmen konnte ich ihn ja nicht, weil ich nach Norden abbog.

Im Stadtmuseum las ich Kindern aus «Böckelmann I und II» vor, es

war ein ziemliches Gewühle. Außerdem standen Glasvitrinen im Saal, um die ich immer herumgucken mußte; unbehaglich! – Ich wäre lieber zu Hause geblieben! Ein Kind wurde mir vorgestellt, das nach meiner Fibel lesen gelernt hat. Es sah ganz normal aus.
Kindern etwas vorzulesen, öffentlich, das wird einem als soziales Engagement hoch angerechnet.

*

Ich aß zu Abend bei Familie Dierks, mit der ich mich nun duze, mit Manfred also und mit Christiane. Dann fuhr ich nach Bad Zwischenahn zu einer Lesung. Ich las den Anfang von HW, die Heimkehr des verlorenen Sohnes und dann die Erziehungsheimsache. In der ersten Reihe saß ein junges Mädchen, das nervös mit dem Fuß wippte (weißer Tennisschuh). Ich sagte mitten in meinen Text hinein: «Würden Sie das bitte unterlassen?» – Die fuhr richtig zusammen.

Manfred Dierks

In der Diskussion meldete sich eine junge schwangere Frau zu Wort, die verblüffende Kempowski-Kenntnisse hatte. Wie sich später herausstellte, kennt sie den «Tadellöser» fast auswendig. Peinlich! – Sie erzählte mir hinterher, beim Sitzritus, daß sie schon mal in Nartum war, ich kann mich überhaupt nicht erinnern. – Sie war eine Bhagwan-Anhängerin, erzählte von ihrer Aufnahme in die Gemeinschaft, in Indien. «Come nearer», sagte B. zu ihr, und sie wär' von dem Lärm und den Gerüchen fast ohnmächtig geworden. Die Mala-Kette, die sie trägt, hat hundertacht Perlen. Sie stehen für die hundertacht Namen Gottes. Die Eins bedeutet darüber hinaus «Einheit», die Null «Kosmos» und die Acht «Gerechtigkeit».

Zurück über die leere Autobahn mit der herrlichsten Musik aus meinem Superradio. Ich schlich dahin, Schumanns Klavierkonzert, und mir kamen die schönsten Bilder. Menzel, Moritz von Schwind. – Ich wurde auch wieder ganz klein, zum Walterchen, das sich darüber wundert, mittlerweile über Fünfzig zu sein: Dreimal fast umgekommen, das Zuchthaus überlebt. Und nun fährt er hier an Ganderkesee vorüber.

*

In der Nacht noch ein wenig über Lietz gelesen.
Sonderbar das Schicksal seiner Gründungen: Biederstein brannte ab, Ilsenburg mußte aufgegeben werden, weil ein Kupferwerk die Gegend mit Schwefelgasen verpestete; in der Nachbarschaft von Ettersburg entstand das KZ Buchenwald.

1990: *Das Schloß Ettersburg ist jetzt fast unbewohnbar, sie überlegen, ob sie es wiederherstellen, und was sie dann damit machen. Eine Tagungsstätte für Manager? – Warum nicht ein Landschulheim nach Lietzschem Vorbild?*

Anrührend war das Ringen der Landschulheimpädagogen um Erziehungsziele. Ein Liktorenbündel von Zielen wurde vorgezeigt, mein Gott! Vaterländisch-religiöse, sittliche, humanistische Erziehung zum Menschtum, Ehrfurcht und Wille zum Guten, und wie das alles genannt wurde. Das spielte in Göttingen auch alles noch eine Rolle, man mußte immer gläubig in die Gegend gucken. «Jugend braucht Sammlung und Selbstbesinnung», heißt es an anderer Stelle, das leuchtet schon eher ein. Meine selbstgewählte Isolierung 1946/47 in Rostock. Und im Grunde hat mir die Zuchthauszeit auch gutgetan. Es war nur etwas zu viel «des Guten». – Noch ein Erziehungsziel: «Die Entwicklung der von der Natur jedem geschenkten Anlagen zu der größten Fülle von Kraft und Schönheit...» Auf so eine Verquastheit fielen die Menschen früher herein, ohne daß das allerdings Folgen hatte. (Heute gibt es andere Verquastheiten.) Ich sehe im Zentrum eines Landschulheims einen strengen «Drill-Kern», das «Muß», das zur Lebensbewältigung

gehört, Kenntnis und Beherrschung von Kulturtechniken etwa, Sprachen lernen usw. Um das Pflichtprogramm herum entwickelt sich ein freies Individualleben. Wenn das «Drillen» richtig betrieben wird, also mit Humor, läßt sich der «Zögling» mit wenig Kraft- und Zeitaufwand zu höchster Leistung bringen, und Leistung wirkt zurück auf das Selbstwertgefühl. «Kern und Kurs» ist schon recht, aber das Prinzip sollte sich auf Kulturtechniken beschränken, und ein Mindestmaß an Disziplin gehört dazu. – Was Sport heute noch im Unterricht zu suchen hat, kann mir wohl niemand erklären. Dafür gibt es doch Klubs.
Für den Sportunterricht gab es früher eine sonderbare Faustformel: In jeder Stunde sollte es das Muß geben, die Muse und die Muße. Eine Eselsbrücke ist das, die sich auf andere Bereiche des Lebens übertragen läßt.

Lit: Stephan Hermlin, «Abendlicht». Eine ganz edle Sache, auf dickem Papier, mit sehr großen Schrifttypen gedruckt. – «Der kleinere Bruder hatte einen Namen für mich erdacht in einer Diminutivform...», schreibt er. Der Name wird uns nicht mitgeteilt. Hermlin hat wohl Angst, daß ihm jemand auf der Straße «Hermlein» nachruft. – In seiner Vita wird auf die Herkunft aus einer «gebildeten bürgerlichen Familie» hingewiesen. Sowas macht sich bei einem Sozialisten gut. Unsere Leute, hier im Westen, waren alle irgendwann mal Arbeiter.

Vor zehn Jahren die Ölkrise

1973: *Jetzt werden uns die Araber bei jeder Gelegenheit mit ihrem Boykott drohen. Wenn sie von unserer Wurschtelregierung kein Bonbon kriegen, dann greifen sie sofort zum Ölhahn. – Auf die Holländer haben sie aus unbekannten Gründen einen besonderen Piek, denen wird kein Öl mehr geliefert. Wir werden im gleichen Atemzug beruhigt: Selbst wenn sie uns auch nichts mehr liefern: Es seien noch soundsoviel Tanker unterwegs. Und außerdem bekämen wir unser Öl aus Libyen, seien also von der ganzen Chose nicht betroffen. Wir haben uns einen Kohleofen besorgt, den wir an den Kamin anschließen können.*

Nartum/Hamburg/Fischerhude   Mo 7. Nov. 1983

Am Morgen leider verschlafen. In höchster Eile nach Hamburg gerast und dort vor riesigen DKP-Plakaten meine Vorlesung absolviert. Gottlob ist immer alles gut vorbereitet, ich brauche nur in die Registratur zu greifen und die Unterlagen herauszuholen. Thema war diesmal die «Prosaformel». Ich sprach also von den Schwierigkeiten, mit denen ein Romanautor zu kämpfen hat, und was er alles bedenken und können muß, um ein Buch zustande zu bringen: Eidetisches Vermögen, die Fähigkeit, große Stoffmassen in den Griff zu kriegen, sich nicht von Moden ablenken zu lassen, Zeitökonomie. Nicht zuletzt Fleiß gehört zum Schreiben eines Buches, Fleiß ist ein sicheres Indiz für die Dringlichkeit der Aussage.

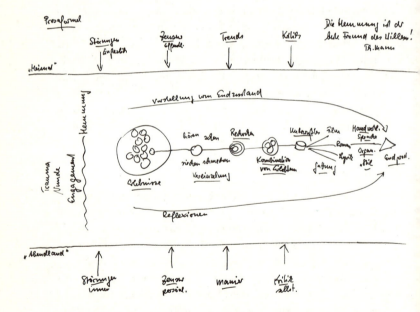

Eine Beobachtung, die ich bei jeder Arbeit machte: Die sichere Kenntnis vom Endzustand des Werks, man sieht es vor sich. Besser

noch: Wenn es fertig ist, meint man, es immer schon gekannt zu haben. Je besser etwas gelungen ist, desto schneller gewinnt man Abstand davon.
Als ich sagte, eine Zensur gäbe es in der Bundesrepublik nicht, rief einer von hinten: «Höhö!»
Später kam es dann noch zu Annäherungen von Studenten. Wie man das anstellen muß, um nach meiner Prosaformel das Schreiben zu lernen, wollten sie wissen. Und ob mir der Verlag vorschreibt, welche Romane ich verfassen soll.
Ich lud ein junges Ehepaar ein, mit mir beim Türken zu essen. An unserem Tisch saß ein junger kräftiger Mann in buntem Baumwollhemd, den ich für einen Amerikaner hielt. Es war, wie sich herausstellte, der Autor Hegewald, fresh imported aus der DDR. Haarsträubende Geschichten erzählte er. Längere Zeit hat er drüben als Totengräber arbeiten müssen. (Kein schlechter Ansatz für einen jungen Autor.) – Sein Freund hat zwei Jahre in Cottbus im Gefängnis gesessen. Linke Studenten haben hier zu ihm gesagt, er soll bloß froh sein, daß er diese Jahre in der DDR und nicht in der BRD habe absitzen müssen.
Das Studentenpärchen berichtete im einzelnen, wie in der Universität gegen mich Stimmung gemacht wird. Man hat mir extra einen abgelegenen Hörsaal zugewiesen, um zu verhindern, daß mich die Studenten finden.

*

Um 15 Uhr raste ich nach Lokstedt zum NDR-Fernsehen, wo mich ein äußerst nervöser Mensch dreieinhalb Minuten lang über mein Leben, meine Bücher und darüber interviewte: Was denn meine Schulkinder dazu sagten, wenn ich hier im Fernsehen auftauche.
«Sie wohnen doch in der Lüneburger Heide?»
Er hatte einige meiner Bücher auf dem Tisch aufgetürmt und bezeichnete sie als mein Lebenswerk.
Warum ich mich nicht zur Gegenwart äußerte, wollte er wissen. – Ich wies auf die Literaturseminare hin, auf die Hochschularbeit und auf die Lesungen. Auch darauf, daß mich oft junge Menschen in Nartum besuchen, mit denen ich dann «die Nächte durchdisku-

tiere», wie ich es ausdrückte. Ich dachte dabei an die beiden Schüler aus Weilheim und an die Sommermädchen, mit denen ich nicht ein einziges Mal «diskutiert» habe. Im übrigen hätte der Fernsehmann ja mit mir ad hoc über die Gegenwart sprechen können.
Merkwürdig ist es übrigens, daß es denen, die an so einer Fernsehaufnahme beteiligt sind, nicht egal ist, was sie machen und wie, obwohl sie ihr Gehalt doch sowieso kriegen. Hinterher loben sie sich alle gegenseitig: Der Beleuchter den Kameramann, der Kameramann den Onkel vom Ton. Ein Strippenhalter kommt dann meist bei mir noch längsseits, der hat den «Tadellöser» gelesen und findet ihn wundervoll. Und: «Uns geht's ja noch golden.»
Das Sakrale eines Fernsehstudios: Finsternis, gleißendes Licht von oben. Celebration, Ritus, Spielregeln.

1990: *Als ich 1981 in Club 2 die Differenz mit Kuby hatte, behandelten mich hinterher die Beleuchter und Herumsteher mit offener Verachtung. Ich hatte die DDR als ein Gefängnis bezeichnet: Das verstieß gegen den in der BRD gültigen Kodex.*

※

Nach Hause gerast, in Onkel Nolte verwandelt, Kaffee getrunken, Zeitung gelesen, Post gemacht: «...erlaube ich mir die Frage, ob der Titel Ihres Buches etwas mit der Firma Loeser & Wolff zu tun hat?»
«Oh», sagte Hildegard, «ich habe heute etwas abwenden können von dir.» Ein Herr habe angerufen, ob ich nicht mal seine Sachen lesen könnte, das würde er sich was kosten lassen.
Der wollte mit mir im Wald auf und ab gehen und seine Ideen diskutieren.

※

Am Abend fuhr ich dann in aller Ruhe nach Fischerhude. Die Lesung war von der Kirche organisiert worden, im Zusammenhang mit einer Friedenswoche. Sie fand im Gemeindesaal statt, einer Holzsache mit Stützbalken.

Ich hatte schon gleich so ein komisches Gefühl!
Der Pastor führte mich mit einer erbaulichen Geschichte ein: Als er das Plakat mit der Ankündigung meiner Lesung in den Kasten gehängt habe, da hätten zwei Schüler dabeigestanden, und die hätten sich angestoßen und gesagt: Kempowski? Seit wann ist der denn für den Frieden? Grass und Böll ja, aber doch nicht Kempowski! – Er meine, sagte er, man dürfe einen Menschen nicht vorschnell verurteilen, in jedem sei ein guter Kern irgendwie. Das erzählte er den Zuschauern, und das dauerte ziemlich lange, und ich saß daneben, mit dem Gesicht zur Menge, und nickte dazu, was blieb mir auch anderes übrig.
(Hildegard: «Das können die Kinder doch gar nicht gesagt haben, das hat er sich gewiß nur ausgedacht, um dich zu provozieren.»)
Ich war jedenfalls «geplättet», wie man so sagt. Wie kommen diese Leute darauf, daß ich nicht für Frieden bin? Wer kann denn was gegen den Frieden haben! Ich bin nur gegen das kitschige Friedensmarschieren, dieses Schreien nach der Diana der Epheser. Und ich bin auch gegen das, was die da drüben mit «Frieden» meinen. Wenn's den Russen so ernst wäre mit dem, was man allgemein unter Frieden versteht, dann könnten sie das Bombardieren der afghanischen Dörfer ja lassen. Wir wissen doch, daß sie die siebziger Jahre zynisch ausgenutzt haben zur Aufrüstung, und wir erinnern uns noch daran, wie Carter und all diese Idioten sich einwickeln ließen.
Also diese Einführung reichte mir. Ich las vor Wut zitternd und «um meinen Friedenswillen zu bekunden», und weil ich's sowieso vorhatte (und außerdem bezahlt kriegte), den «Marsch ins Feld» aus der «Großen Zeit»: Wie der ahnungslose Karl begeistert ins Feld zieht, und wie seine Begeisterung schon auf dem Marsch an die wetterleuchtende Front abbröckelt und schließlich buchstäblich im Morast versinkt.
Die Leute hörten auch brav zu, aber dann kam die sogenannte Diskussion. Ein jüngerer Mensch meinte, ihm komme der ganze Text doch sehr aufgesetzt vor, wie eine Art Alibi.
Ein Lehrer fragte, wie ich das denn kann, als Beamter, in der Gegend rumreisen und Bücher schreiben?

«Ich bin eben sehr fleißig», hab' ich geantwortet, und der gute Kern in mir schmolz dahin.
Schließlich stellte sich eine Greisin an einen der Stützbalken und fragte mich im Worpsweder Tonfall, wie das wohl kommt, daß überall auf der Welt Krieg geführt wird?
Ich fragte sie, ob sie schon mal was vom Teufel gehört hat, daß es den eben leider gibt.
Eine andere Frau, eine Art Dame, wollte wissen, ob «Tadellöser und der Wolff» ein Familienroman sei. Da reichte es mir, da hab' ich gesagt: für 9,80 Mark soll sie sich das Buch kaufen, und bin, am ganzen Leib zitternd, hinausgegangen. Es war die feindselige Stimmung, die ich in diesem Dorf und in einer Friedensveranstaltung am allerwenigsten erwartet hatte. – Man muß eben immer auf der Hut sein.

1990: *Aus den Friedensgebeten in Ost und West hat sich dann ja die 89er Revolution entwickelt, das muß man anerkennen. Aber es ist etwas ganz anderes dabei herausgekommen, als es sich die Friedensfreunde erträumt hatten.*

✻

Mus: Etwas Jazz. «Poinciana» und «My Funny Valentine».

TV: Nach Mitternacht «Die Feuerzangenbowle». Die Szenen mit der Zimmerwirtin sind eigentlich die schönsten. – Ging erquickt zu Bett.

Lit: Etwas in Arno Holz' Gedichts-Universum geblättert. – Dann das rumänische Tagebuch von Carossa, ganz unmilitärisch und ein wenig an Jüngers Aufzeichnungen erinnernd.

1990: *Diese Beiläufigkeit, mit der Schabowski die Öffnung der Grenze mitteilte! Er hatte einen Zettel in der Hand, den er gar nicht richtig lesen konnte. «Was steht da drauf? Ja also...»*
Ich lag schon im Bett, als es losging, hörte um Mitternacht zufällig die Nachrichten. Lief dann hinunter und sah mir den

Trubel im Fernsehen an. Da war kein Pleitgen und kein Engert in Sicht, ein ganz normaler Sprecher versuchte, mit der Situation fertig zu werden.
Ich holte Hildegard aus dem Bett, und uns war sehr nach «historischer Stunde» zumute. – Es wird schwerfallen, diesen Ausbruch der Freude am Tag der endgültig vollzogenen Einheit auch nur nachzuvollziehen. – Witzig war es übrigens, wie ungeschickt sich die Journalisten anstellten. Die waren einer solchen wirklichen Sensation nicht gewachsen. «Was denken Sie so in diesem Augenblick?», das war die einzige Frage, die ihnen einfiel.

Rheydt/Mönchengladbach/Herzogenrath Mi 9. Nov. 1983

Gestern war ich in Rheydt, habe lange im Schloßpark gesessen, letzte Herbsttage, gelbe Blätter usw. Es war wundervoll warm.

*

In Mönchengladbach ging ich ins Museum, hatte einen lichten, klaren Tag. Eine Kunststudentin ging vor mir her, langes blondes, freihängendes Haar, trauriger Blick. Wir sahen uns an, und in den Spiegeln eines Objekts nickte ich ihr zu. – In der Cafeteria kam es dann zu einem Gespräch mit ihrem Begleiter, in dem ich, um auf sie Eindruck zu machen, allerhand durchblicken ließ, daß es doch unglaublich gute Schriftsteller gibt heutzutage usw., was sie natürlich nicht kapierten.
Um das Gespräch für meinen Fragekasten zu nutzen, fragte ich ihn nach seiner «Vision» von Zukunft.

In zwanzig Jahren möcht' ich's lieber von unten sehen, das Leben. Als Künstler hat man doch Spaß am Leben, und alles was das Leben spaßig macht, das machen sie kaputt. Der Wald vor den Städten, die Bächlein, an denen man liegen kann. Das Meer. Die Bevölkerung nimmt zu, und außerdem soll noch der Konsum zunehmen. Und dann die völlige Uniformierung durch die Medien.

(Hildegard sagt: «Da hat er recht.»)
«Die Bächlein, an denen man liegen kann...» Dieser Mann, das war mir sofort klar, kann kein guter Maler sein, wenn er sich so ausdrückt.
Als ich mich verabschiedete, konnte ich es nicht lassen, dem Blondie «schade!» zuzuflüstern. Was sie wohl anfängt mit diesem Zauberwort. Und was ich wohl damit gemeint habe.

※

Im Anschluß an die Lesung, beim Signieren, stellte sich mir ein Herr vor, der mir mehrmals wunderbare Fotos eingesandt hat. Nun wollte er ein paar Autogramme haben. Das ließ sich machen!
Ein anderer Herr sagte, es sei ja bodenloser Leichtsinn gewesen von mir, damals, 1948, wieder in die Ostzone zurückzufahren.
Ich: «Wie schade, daß ich Sie damals noch nicht gekannt habe. Sie hätten mir gewiß abgeraten.»
Im Hotel dann habe ich mich mal wieder erbrechen müssen, da ich ein Brötchen mit Hack gegessen hatte. Ach, ist das schön, wenn man das hinter sich hat. Diese Fleischfresserei ist etwas Bestialisches.

※

Die Lesung in Herzogenrath, heute, fand in einem großen Zimmer statt.
Der Veranstalter hatte das mit mir, was man «seine liebe Not» nennt, ein netter, humorvoller Mann, der es besonders gut machen wollte und mich im benachbarten holländischen Kerkrade untergebracht hatte. Ich war von der Fahrerei genervt, durch den Grenzübergang und die Feindseligkeit der Holländer, die angeblich keine Ahnung hatten, wo sich das Kloster, in dem ich schlafen sollte, befand. Endlich hatte ich es gefunden, geschlossen! Klopfen und Rufen... Nichts. Schließlich kommt ein Mädchen und zeigt mir das Zimmer, eine Art Leichenhalle mit vier Betten, die auf Rollen standen! Ich mußte an das Märchen «Von einem, der auszog, das Gruseln zu lernen» denken, also weigerte ich mich, hier zu schlafen. Außerdem gab es kein Essen in dem Haus, und ich esse doch

immer so gern «ordentlich» vor der Lesung. Also den Veranstalter angerufen, und der Herr kam angebraust, und ich machte ihm Vorhaltungen, diese verrückten Holländer, und alles «zu» und nun diese Leichenhalle – ob er gern in einem Bett schlafen würde mit Rädern unten dran?
Ich benahm mich ziemlich unmöglich (bei einem Italiener hätte man das als «Temperament» durchgehen lassen), steigerte mich in Beschimpfungen hinein und gestikulierte da herum.
Selbst Karajan sei mit dem Zimmer in dem Kloster zufrieden gewesen, sagte der unglückselige Mann.
«Dem haben Sie bestimmt keine Leichenhalle angeboten!»
Er kutschierte mich durch die ganze Stadt und zeigte mir Hotels, die alle voll waren oder geschlossen. Nun sitze ich völlig demoralisiert, aufs Essen wartend, in einem Hotel, in dem alle Menschen schlafen dürfen, nur ich nicht. Bin gespannt, wo ich noch lande. Vielleicht hätte ich mir doch noch ein anderes Zimmer ansehen sollen in Kerkrade. Alles satt bis obenhin. Gedanken an ein stilles friedliches Dasein in Nartum: Morgens ein Glas warme Milch und alles wunderbar.
Schade auch, daß hier kein Mensch existiert, mit dem ich mich ein wenig unterhalten könnte. Das Blondie zum Beispiel. – Die Sehnsucht nach «guter» Musik.

※

Das Sommerbuch nimmt Gestalt an. Ich machte unterwegs allerhand Notizen: Die Geschichte der sechs Mädchen, bereichert und kompliziert durch einen friedensbewegten Jüngling. Durch seinen Auftritt hätte ich die Gelegenheit, Reflexionen über Öko und Atom, «Frieden» und Sozialismus anzustellen. Das wäre mal was ganz Besonderes.

※

1990: *Noch zum 9. November: Wieso haben die Menschen nicht den Choral «Nun danket alle Gott» angestimmt. Sie brauchten ihn nicht anzustimmen. Freude ist Dank genug.*

Zum heutigen Jahrestag der «Reichskristallnacht» den folgenden Brief aus dem Archiv:

Berlin-Wilmersdorf, 12. 11. 1938
... Ihr werdet nun wohl auch schon in der Zeitung gelesen haben, was sich in der Nacht vom 9. zum 10. d. M. aus Anlaß des Todes des Herrn vom Rath in Berlin und andern Städten ereignet hat. Die Zeitungen haben natürlich die ganze Angelegenheit sehr beschönigt. Ihr könnt Euch gar keinen Begriff machen, wie es am Morgen des 10. hier ausgesehen hat, als wenn ein Beben über Berlin gegangen wäre. Kein jüdisches Geschäft wurde verschont, die Schaufenster- und Reklamescheiben zerschlagen, die innere Einrichtung völlig zerstört. Die Synagoge in der Prinz-Regentenstraße in Brand gesteckt, die Dächer und inneres Geweide [?] vollständig ausgebrannt, eine Wiederherstellung kaum möglich. Der Kurfürstendamm ist ein Trümmerhaufen, die Kaffees innen und außen vollständig ruiniert, sogar die Schaukästen auf den massiven Postamenten in den Vorgärten aus dem Erdreich gerissen und zerstückelt. Mutter war in der Leipziger Straße, dort, wie überall dasselbe Bild und so in der ganzen Stadt. Der Schaden muß enorm sein und verurteile ich das ganze Vorgehen, denn ich glaube, daß die Versicherungen zum größten Teil eintreten müssen und dann ist es eine Schädigung des Volksvermögens. Die Juden haben außer der Hosenreinigung nur den Schaden für einige Wochen geschäftslos zu sein, denn so viel tausende Schaufensterscheiben lassen sich nicht so schnell beschaffen. Man sieht aber auch an mehreren zerstörten jüdischen Geschäften bereits Plakate mit Aufschrift: «An Arier verkauft u. s. w.» ...
Euer Vater Wilhelm G.
Eins. unbekannt 634

Wir Kinder liefen durch die Stadt und guckten uns die geplünderten Häuser an; die Gardinen hingen aus den zerbrochenen Fenstern. Eine allgemeine Ratlosigkeit, ja Erbitterung der Rostocker Bürger. Meine Klavierlehrerin sagte zwischen die Etüden der linken und rechten Hand hinein irgend etwas Raunend-Nachdenkliches. – «Aber nun weiter im Text!»

1990: *Beide 9. November-Ereignisse fanden nachts statt. Man kann sich keine größeren Extreme vorstellen. Angst – Freude, Verschwörung – Befreiung, Kalkül – Spontaneität. Und doch markieren sie Anfang und Ende eines schaurigen Welttheaters.*

Dorsten/Aachen/Dortmund Fr 11. Nov. 1983 trübe

Gestern las ich in Dorsten, in einer zugigen Ladenpassage vor dreißig bis vierzig Menschen. Gegenüber ein Obstgeschäft und links davon Blumen – mildes Licht von oben. Ich kam eine halbe Stunde zu spät, weil ich nicht auf die Liste geguckt hatte: *19.30 Uhr* stand da, groß und breit und rot angestrichen.

Ich entschuldigte mich tausendmal, wo ich doch immer so pünktlich bin und die bürgerlichen Tugenden hochhalte, und das wurde akzeptiert. Während ich las, kamen Passanten vorbei, Rentner mit Hund, Türken, ein Ehepaar, schlendernd, gelangweilt, die weckten meinen Ehrgeiz als Erzähler, wie im Morgenland kam ich mir vor, machte meine Stimme süß, und gestikulierte sogar, was mir Hildegard eigentlich schon abgewöhnt hat. Leider konnte ich die Passanten nicht halten. Nach kurzem Verweilen drückten sie sich, nicht ohne Zeichen des schlechten Gewissens: Mein Publikum schielte im übrigen ebenfalls auf sie. Es war, als wollten sie für mich werben: Das ist doch Kempowski! Kennt ihr den denn nicht? «Tadellöser und der Wolff», den Film, den habt ihr doch bestimmt gesehen... – Auf dem Jahrmarkt, früher, hatten die Verkäufer immer irgendeine Locksache, perlendes buntes Wasser oder einen Affen, oder sie trugen eine Pappnase. So etwas hätte ich auch brauchen können.

Ein Mann beanstandete hinterher: Haydn habe nicht hundertfünfzig Symphonien geschrieben, wie ich in meinem «Kapitel» behauptete, sondern nur hundertfünf. – Warum ich von Hanser weggegangen wär', fragte mich ein anderer, ob ich denen nicht gut genug gewesen wär'? Ich wäre der typische Lehrer, er sehe mich direkt vor der Klasse auf und ab gehen. – Eine Dame sagte, sie hätte gedacht, ich würde aus dem neuesten Buch lesen, aber dieses handle ja von 1956! – Also, es war allerhand wegzustecken. Ich blieb freundlich, weil ich mich durch meine Unpünktlichkeit ins Unrecht gesetzt hatte.

An einer Hauswand: KLAUT! Ich wußte zuerst nicht, was damit gemeint ist.

※

Aachen: Ein Bus, aus dem Landfrauen quollen; ein junger, rotwangiger Priester, erregt, ja verzückt. Aachen, die Kaiserstadt! Ob sie wüßten, daß sie sich jetzt in der berühmten Kaiserstadt befinden? fragte er die Frauen, und die strichen sich die Kleider über den Po. – Mit diesen Menschen hatte ich es dann auch im Dom zu tun, den ich mir eigentlich in Ruhe ansehen wollte. Wo ich auch stand, kamen sie angewalkt, mit Schuppenfrisur und Handtasche. Hier geriet der junge Priester vollends aus dem Häuschen, er schien die Jahrhunderte, die der Dom nun schon steht, als Beweis für die Richtigkeit der katholischen Lehre zu nehmen. Daß er trotzdem noch steht, ist ja eigentlich das Wunder. – Ich habe nichts gegen Landfrauen, und warum sollen sie sich den Dom zu Aachen nicht besehen.

Ich habe gelesen, daß der Dom bei Kriegsende völlig zerstört worden sei. Hier wurde nun gesagt, daß Freiwillige Tag und Nacht Wache gehalten und jede Brandbombe gelöscht hätten. Denen wär' es zu danken, daß er völlig unversehrt ist. – Was denn nun? In die Kanzel ist eine römische Tasse (links) und eine Untertasse (rechts) eingelassen, sie sind aus Bergkristall gemacht und wurden von den Leuten damals wohl für sehr wertvoll gehalten. Das berühmte Prunk-Kruzifix ist sogar mit einem Bildnis des Kaisers Konstantin versehen.

1990: *Auf heutige Verhältnisse übertragen würde das bedeuten, daß man in der Bundesrepublik Briefmarken mit dem Kopf von Gorbatschow verwendet.*

※

Im Caféhaus (Holländische Stube oder so ähnlich), in dem es nach feuchten Mänteln roch, aß ich ein Reistörtchen zur Erinnerung an den Lieblingskuchen meines Vaters.
Ich besitze eine Feldpostkarte von ihm, 1915 geschrieben:

... Brügge ist sehr leicht zu erreichen, was ich natürlich kräftig ausgenutzt habe. Das ganze Straßenbild mit den alten Häusern und Kirchen hat etwas außerordentlich Anziehendes. Aber neben den Altertümlichkeiten bietet diese alte Hansestadt auch viel Neues und Modernes, was mir als altem

Krieger sehr zustatten kam, so zum Beispiel schöne Restaurants, wo man sehr gut und billig essen kann, großartige Konditoreien mit kleinen niedlichen Belgierinnen als Verkäuferinnen. Auf dem großen Marktplatz herrscht mittags ein reges Leben und Treiben. Unter den Klängen der Matrosenkapellen, die dort in Garnison liegen, promenieren dort See- und Landoffiziere, blaue und grüne Jungens und adrette kleine Belgierinnen.

Er war damals siebzehn Jahre alt. Hier in Aachen ist er dann noch öfter gewesen wegen seiner Hautsachen, vielleicht existiert in einer Klinik noch eine Kempowski-Akte? – Auf die niedlichen kleinen Belgierinnen war meine Mutter sehr eifersüchtig.

Mein Vater 1917

∗

Im Café sprach mich eine junge Frau an, die letztes Jahr in Nartum an einem Seminar teilgenommen hat. Wir tranken wunderbaren Kakao, und ich ließ mir von Nartum erzählen, und es stimmte so ungefähr nichts von dem, was sie da sagte, das heißt, es war so, wie sie hoffte, daß es gewesen sei. – Was ich auf sie für einen Eindruck gemacht hatte, sagte sie auch. (Ein höchst angenehmes Thema!) Ich wär' freundlich und gleichzeitig distanziert gewesen.

Die Teilnehmer schreiben sich untereinander, treffen sich sogar. Ich sag': «Da könnten sie mir wenigstens eine Ansichtskarte schikken.»

Sie: «Die trauen sich nicht.»

Die Frau, Michaela Rupprecht heißt sie, begleitete mich zum

Antiquitätenhändler, wo ich einen Mond fand, aus Holz, eine Wirtshaus-Aushängesache, der leider schon verkauft war. Vielleicht hat er zu Hause noch einen solchen Mond, sagte der Händler, und ich gab ihm meine Adresse.

*

Wir gingen dann noch zu dem Antiquitätenhändler, der mir die Farbglasfenster für den Turm verkauft hat. Der ganze Laden ist voll von solchen Fenstern, anscheinend große Mode. Sie sind sehr viel schöner als die, die ich gekauft habe, aber auch sehr viel teurer. Der Mann erkannte mich übrigens nicht wieder, obwohl er doch bei uns einen Kaffee gekriegt hatte.

*

In Aachen hatte ich im Juni 1971 einen meiner ersten größeren Auftritte. Ich las in einer privaten Literaturvereinigung die «Harzreise» und erklärte Anspielungen, objektive Hintergründe und den

Als Demonstrant in eigener Sache

Aufbau des Kapitels. Franz Josef Görtz, der jetzige Literaturmensch, hatte mich eingeladen. Er hat dann einen wunderbaren Artikel über meinen «Tadellöser» geschrieben, in den «Akzenten», in dem er mich über den grünen Klee lobte. Später hat er seine Meinung geändert, da war für ihn der «Tadellöser» nur noch ein Unterhaltungsroman. Vielleicht ändert er ja seine Meinung noch einmal. Ich bin nicht nachtragend.
Aachen hat – wie ich einer statistischen Schrift entnehme – 23 Hebammen und 190 Luftschutzsirenen, 44 Karnevalsvereine und 865 Polizisten.

*

Danach verfuhr ich mich auf der Autobahn, und zwar wahnsinnig. Frau Rupprecht begleitete mich, und ich scherzte mit ihr freundlich und gleichzeitig distanziert, und dabei passierte es: Ich nahm die falsche Autobahn, raste also ins Ruhrgebiet hinein, konnte mich überhaupt nicht mehr zurechtfinden, panikartig, wußte nicht mehr aus noch ein, und Frau Rupprecht guckte auf die Karte, mal vorn und mal hinten und hatte auch keine Ahnung, was zu Zerknirschungen führte. In einem Autobahn-Makkaroni-Kreuz kriegte ich schließlich solche Beklemmungen, daß ich anhalten mußte und mich orientieren. Ich dachte an meinen Autobahn-Film und kam auf eine ganz andere Idee: «Das Kreuz», ein Mensch, der sein Lebtag sich aus dem Straßengeschlängel nicht mehr herausfindet.
Dann setzte ich unter kabarettistisch übertriebenem Gefluche den Weg fort. Frau R. mußte darüber lachen: «Schweinevieh!» so ein Wort hatte sie noch nicht gehört, das wolle sie sich merken, sagte sie. – Dies alles fand unter dem Klavierkonzert von Beethoven statt, das gerade gesendet wurde, und ich konnte mit speziellen, genau hinhauenden Dirigierbewegungen beweisen, daß ich das Opus kenne, was meiner Begleiterin imponierte. – Plötzlich, wie auf Kommando, fuhren alle Autos langsam: Eine Radarfalle stand am Straßenrand.

*

In Dortmund gingen wir noch etwas bummeln, fremd einander und doch vertraut: ein recht angenehmer Zustand. Zwei fremdländisch aussehende Kinder sahen wir in der Fußgängerzone einer Marktfrau Äpfel wegnehmen. Ehe sie hinter dem Tisch hervorkommen konnte, waren sie verschwunden. Die Passanten unternahmen nichts, die wollten sich wohl keinen Ausländerhaß nachsagen lassen. Meine Begleiterin nannte die beiden Kinder «Schweineviecher», was ich nun doch etwas übertrieben fand.

*

In einem Antiquariat kaufte ich ein pädagogisches Lexikon und alte Fibeln. Hier ist irgendein Institut aufgelöst oder modernisiert worden, die gesamte Bibliothek ist hier gelandet. Das Extrakt jahrhundertelanger pädagogischer Arbeit einfach auszumisten – wenn denen das nicht noch mal leid tut!
In einer kommunistischen Buchhandlung wurde ich fast rausgeschmissen. Ich hatte nach sozialistischen Kampfliedern gefragt, und da fühlten sie sich verklappst.

> Landwirtschaft und Industrie
> produzieren wie noch nie
> in der Sowjetunion.
> Keiner kennt im RGW
> Lenins rotes Abc
> wie die Sowjetunion.
> Im Betrieb – Komsomol!
> Auf dem Land – Komsomol!
> Überall – Komsomol!
> Wie die Komsomolzen
> haun wir auf den Bolzen
> feste, feste, feste alle Mann.

Das Liederbuch der Freien Deutschen Jugend verkauften sie mir immerhin, und das haben wir beide dann in einem Café zu Ananaseis gesungen, Frau Rupprecht und ich. Danach trennten wir uns.

In Dortmund dann die übliche Lesung. Der «Tadellöser» sei doch 'n bißchen trocken gewesen, sagt eine Frau, ob mein neues Buch interessanter sei? – Eine Rostockerin kam mit einem Buch an, das ich schon von weitem als eine Rostocker Rarität erkannte, und ich dachte: Donnerwetter, das ist aber nett, das will sie dir gewiß schenken! – Pustekuchen. Sie wollte es mir nur zeigen, ob ich das kenne, wollte sie wissen.
Bei Filetspitzen in Sahnesauce unterhielt ich mich noch lange mit dem Veranstalter. Ein sehr gebildeter Mann mit speziellen, über das normale Maß hinausgehenden, also schmeichelhaften Kempowski-Kenntnissen. An sich wär' es doch ganz logisch, meinte er, wenn ich eines Tages, nach einer so ausgiebigen Beschäftigung mit der deutschen Vergangenheit einen Zukunftsroman schriebe.
Ich malte ihm den Plan des Sommerromans auf die Serviette. Er ließ sie sich signieren und steckte sie ein, was mir schmeichelte. Ich habe mich lange nicht so gut unterhalten!

※

Im Hotelzimmer dann wieder diese Einsamkeit. Alle Menschen dürfen zu Haus sein, und ich muß hier in der Fremde umherirren... Besonders die erleuchteten Wohnungen sind es, die mich melancholisch machen. Zu meiner Unterhaltung zählte ich schließlich mein Geld und stellte allerhand Berechnungen an, wieviel Kapital ich haben werde, wenn ich schön sparsam bin.
(Hildegard: «Das ist ja wie bei Sowtschick.»)

※

TV: Ein Kommentator sagte im TV mit aufgerissenen Augen: Der größte Teil der deutschen Öffentlichkeit sei gegen die US-Raketen! – Woher weiß er das? Lorenz: Die übergroßen Möglichkeiten zur Kommunikation seien für die Orientierungslosigkeit der Menschen verantwortlich. Es bestehe keine Möglichkeit mehr für den einzelnen, sich eine individuelle Meinung zu bilden. – Die Frage ist, ob das je einer konnte. Ich bin gegen die US-Raketen *und* gegen die SS 20, das wollen wir hier mal festhalten.
Außerdem die Kennedy-Mutter. Seltsam heruntergezogener linker

Mundwinkel, piepsige Greisenstimme. Es heißt, sie habe mit ihrem Ehrgeiz die Söhne in den Tod getrieben. Ein Schicksal wie aus dem römischen Kaiserreich.

*

Lit: In dem Pädagogischen Lexikon habe ich nachgelesen, was 1887 ein Mann namens Hauber über die Strafe in der Schule sagt. Er führt verschiedene Strafen an: Freiheitsschmälerung, Hausarrest (für lebhafte, «nach Feld und Wald dürstende Knaben eine empfindliche Strafe, zumal bei schönem Wetter oder wenn Schnee liegt, die Eisbahn einladet, oder wenn die Beeren gereift sind»), Absonderung, Einsperrung (soll nicht zu lange dauern: «Ein in die Länge gezogenes Mißbehagen ermüdet nur und macht verdrossen», außerdem könnten Jugendliche, die in den Entwicklungsjahren stehen, ihrer Phantasie freien Lauf lassen: «Nicht alle helfen sich durch Singen, Pfeifen die Zeit vertreiben»). Weitere Strafen: Strafarbeiten, Entziehung der Gunst. Der Entzug eines Lieblingsgerichts sei zu den leichteren Besserungsmitteln zu rechnen, dagegen scheine das Strafhungern bedenklich. Entfernung aus dem Hause, Nötigung zur Abbitte (was zu noch größerer Halsstarrigkeit, zur Unwahrheit und Heuchelei verführe), all das sei im Grunde abzulehnen. «Das beste an der pädagogischen Strafe ist das Verzeihen. Da tritt der durch den Ernst verhüllt gewesene Liebesgrund im Herzen des Erziehers wiederum hervor, und das Mitleid nimmt die Verirrten in seine Arme.»

Sehr ausführlich spricht er über die Körperstrafe. Zum Schluß faßt er das zusammen:

Die wahre Zucht kann der Züchtigung nicht entbehren, wie sie auch der Belohnungen, mindestens des Beifalls, nicht entbehren kann; aber sie bedarf noch ganz anderer Mittel, um dem keimenden Bösen zu wehren, die Ausbrüche des sündigen Wesens zurückzudrängen. Gesunde Nahrung für Geist und Herz, Luft und Licht dem Kindesgemüt, das coelum aperire Senecas, das Himmel öffnen, christlich verstanden, muß den Vortritt haben. Darum: Ihr Väter, erbittert eure Kinder nicht, daß sie nicht scheu werden (Kol. 3,21); reizt eure Kinder nicht zum Zorn, weder durch Verzärtelung, noch durch Härte...

Gelegentliche Auseinandersetzung mit unsern Kindern liefen glimpflich ab. Mit KF ging ich mal Händewaschen, weil er seine Mutter «gehauen» hatte. Und wenn Renate ihre «Dullen» hatte, legte ich mich mit ihr aufs Bett. «Jetzt beruhigen wir uns mal.»
KF selbst veranstaltete Strafaktionen gegen seine Mutter, gegen die er gelegentlich erbittert war: Schob die Bilder schief, legte die Stühle hin, steckte Nadeln in Kissen.
Hildegard: «Ich habe keine Lust, mich auf Stecknadeln zu setzen.»

Renate und Karl-Friedrich

Nartum So 12. Nov. 1983

Wieder Schmerzen in der Schulter. Zahn ruhig. Die Heimfahrt gestern war unproblematisch. Im Autoradio die Leonoren-Ouvertüre. Bei der berühmten Trompetenstelle bekam ich einen aufschluckenden Weinkrampf, konnte mich gar nicht wieder beruhigen.

*

Mein Mondunternehmen in Aachen führte zu Mißverständnissen. Ich wurde hier mit den Worten empfangen: «Und du warst mit Renate in Aachen?» Der Antiquitätenhändler aus Aachen hatte angerufen, ich wäre mit meiner Tochter dagewesen und hätte einen Mond kaufen wollen.
Das kommt davon! Ich hatte mit Frau Rupprecht da rumgeflachst und hatte zu dem Mann gesagt: «Hab' ich nicht eine schöne Tochter?», was altersmäßig durchaus hinkam. – So kann's gehn.

Im übrigen hat er tatsächlich noch einen zweiten Gasthausmond auf Lager, der wird sich im Turm gut machen.

※

Hier laufen bereits die Teilnehmer des Literaturseminars durch das Dorf, wie schön die Natur ist und wie süß das Dorf. Manche sind schon gestern angereist, um sich auf die Atmosphäre vorzubereiten. Eine Dame hat angefragt, ob sie das Haus schon mal besichtigen könnte?
Während ich im Pavillon Hildegards heiße Brühe schlürfe, umkreisen sie das Haus und fotografieren. Sie zeigen sich gegenseitig, daß ich da mit meiner Frau im Pavillon sitze und Brühe schlürfe, und ich winke ihnen zu. – Der liebe Schorsch ist auch schon da, er schleppt Stühle: Einundsechzig Leute haben sich angesagt.

※

In der Post waren drei Briefe, die sich mit meiner Gesundheit befassen:

1. Gestern las ich in der Bildzeitung unter anderem, daß Sie ein altes Magenleiden haben. Ich litt auch seit 20 Jahren. Ich möchte Ihnen gerne empfehlen, was mir als letztes Mittel geholfen hat. Mir wurde Heilerde empfohlen, und zwar morgens in lauwarmes Wasser nüchtern, habe es ein halbes Jahr pünktlich eingenommen, und es hat mir sehr geholfen. Ich möchte es Ihnen auch empfehlen. Hoffentlich hilft es auch Ihnen.
Eine Leserin aus Bad Nendorf

2. Ich schreibe Ihnen hauptsächlich wegen Ihres Magens. Meiner ist auch nicht in Ordnung gewesen, aber seit Jahren tut er es. Das Rezept ist ganz einfach. Jeden Morgen auf nüchternen Magen zwei kleine Lakritzkästchen lutschen und den entstandenen Lakritzensaft schlucken. Die reine Lakritze ist mir zu unangenehm. Reine Lakritze wäre besser. Es braucht nicht mehr zu sein als zwei Lakritzekästchen. Ist überall in den Lebensmittelläden zu haben...
Eine Leserin aus Bonn

3. Nach dem Artikel in der Bildzeitung zu urteilen, scheinen Sie leider noch nicht auf die Dr.-Schnitzerkost gestoßen zu sein. Danach wird Weizenkorn in der Schnitzermühle gemahlen, eingeweicht und am andern Morgen mit Rosinen, Nüssen und Obst angereichert! Diese Kost ist durch

kein Medikament ersetzbar! Hinzu kommt noch die Darmsanierung durch Symbioselenkung mit Tra-Symbioflor, Symbioflor I und später Symbioflor II. Eugalan-forte und Acidaphilus werden nach Vorschrift in Volvic-Wasser gelöst, und hinzu gibt man nach *strenger* Vorschrift die Symbiosetropfen. Zur Unterstützung dienen außerdem Wobe-Ingos-Dragees und Klistiertabletten von der gleichen Firma, ferner gehören zur Therapie Homöopathie – Neuraltherapie und Organtherapie! Schweinefleisch und Zucker meiden!
Eine Leserin aus Cuxhaven

Ich brauche das alles nicht, weder Lakritze noch Schnitzerkost noch Symbiosetropfen. Ich muß nur auf Lesetour gehen oder, besser noch: Europa mit seinen Friedensmärschen, Agrarordnungen und Arbeitszeitverkürzungen good bye sagen und nach Amerika fahren, dann ist der Magen absolut in Ordnung.

※

Der Gedanke der Lebensgemeinschaft war es, der mich immer anzog, der hängt wohl mit Bautzen zusammen.
Ich stand 1960 vor der Entscheidung: Dorfschule oder Landerziehungsheim? Ließ sogar Bewerbungsschreiben los, Biederstein und meines Wissens sogar Salem (!), habe nie eine Antwort erhalten.
Ineinandergreifen von Privatleben und Schule. Wahrscheinlich ging und geht es mir auch um die eigene Geborgenheit in der Gemeinschaft, die Illusion, mit Hilfe von Gerstenbrei und gemeinsamem Abendsingen die Zuchthauszeit auf angenehme Art zu verlängern.
Meine Literaturseminare müßten von der Lietz-Idee noch eine Anregung erfahren: Langzeitseminare über den ganzen Sommer hin. Kleine sechseckige Pavillons im Garten, in denen immer drei Teilnehmer wohnen und tagsüber an gemeinsamen Projekten arbeiten. Nähe und Ferne, «Kern und Kurs». Aber wie sollte ich das finanzieren?

Zur Ölkrise vor zehn Jahren

1973: *Das Benzin wird nun natürlich doch knapp. Zuerst hat es geheißen: erst im nächsten Jahr, dann: frühestens im Dezem-*

ber. Das sollte Hamsterkäufe verhindern. Wenn sie sofort, schlagartig, ohne jede Vorwarnung das Sonntagsfahrverbot verhängt hätten, wäre das vernünftiger gewesen. Aber die Wurschtelregierung will den Bürger nicht verschrecken. Er soll nicht merken, daß man sich hat erpressen lassen.
Im Nachbarort hat sich ein königlich Bremischer Kaufmann einen zweiten 10 000-Liter-Tank für Heizöl einbauen lassen. Was er wohl macht, wenn die Russen kommen.

Nartum   Do 17. Nov. 1983

Das neunte Fünf-Tage-Seminar hinter mich gebracht. Sechsundfünfzig Teilnehmer. Ich habe etwa 1400 Mark verdient bei der Sache. Da ich rund hundert Arbeitsstunden hineingesteckt habe, nimmt sich das nicht grade stattlich aus: 14 Mark Stundenlohn, und davon muß ich noch Steuern zahlen. Aber es macht Spaß, den Rest im Topf auszuschlecken. Bisher hab' ich noch fast immer zugesetzt. – Wie mache ich eine Idee zu Geld? Oder, mathematisch gesprochen: $a^0 = 1$.

Es gibt Aspiranten, die bezahlen und nicht kommen und ihr Geld auch nicht zurückfordern. Es gibt auch Einschleicher. Diesmal hatte eine Studentin ihre Freundin mitgebracht, die angeblich nur einen Abend dabeisein wollte. Die kam dann dauernd und benahm sich auffällig, kniete sich in den Mittelgang und machte Fotos von Wellershoff und all solche Sachen. Schorsch Exler hat sie gestellt. Wenn sie sich normal verhalten hätte, wär «nichts passiert». – Eine andere Teilnehmerin meinte, Arbeitslose bekämen die Sache doch umsonst, ja? Sie sei auch arbeitslos. – Na, ich gab ihr natürlich sofort das Geld zurück. Dann fragte ich sie, was denn ihr Mann von Beruf sei? – Zahnarzt.

Das Gymnasium Weilheim schickte zwei Mädchen, Ingrid und Alexandra. Ingrid stammt aus Guglfing, ich sagte natürlich «Guglhupf» und nannte sie «Önönü», weil sie langes schwarzes Haar hatte und wie eine türkische Bauchtänzerin aussah. Die Schülerinnen aus Bayern unterscheiden sich von den norddeutschen darin, daß sie die Arbeit *sehen*. – Für die Bayern ist Norddeutschland so exotisch wie Skandinavien. Was die wohl zu Hause erzählen! Wellershoff wirkt wie ein spanischer Grande – merkwürdigerweise verlas er sich fast in jedem Satz, er schien das gar nicht zu merken. Er ist großartig in der Diskussion. Er klagte über Böll, dessen Lektor er war, der habe keinen Ratschlag angenommen. Seine Arbeit mit und über Benn. In den Medien wird er unter Wert gehandelt, das heißt, er wird ignoriert (wer hätte ihn je in einer Talkshow gesehen?), und von der Linken hat er allerhand aushalten müssen. Ich hab' in Köln mal ein Marmeladenbrot bei ihm gegessen, das war urgemütlich.

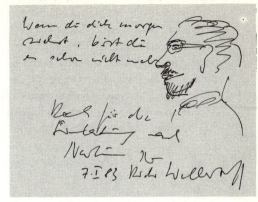

Das Albumblatt von Dieter Wellershoff

Hans Jürgen Fröhlich wurde stark attackiert. Er fordert das irgendwie heraus. Auf alles, was er sagt, reagieren die Leute mit Befremden. Eine Teilnehmerin fragte ihn, wo denn die Wahrheit bei ihm ende und wo die Phantasie beginnt, die wollte das in Meter und Zentimeter genau wissen. – Er hat es sehr schwer, seine Bücher werden nicht gekauft und nicht gelesen, aus Gründen, die niemand kennt. Auch Preise kriegt er keine. Sein «Garten der Gefühle» ist ein wundervolles Buch. Ich habe es mir noch mal angesehen. Der Sommerroman könnte eine Variation über dieses Thema werden. Fröhlich wollte eigent-

Hans J. Fröhlich

lich Komponist werden, hat Musik studiert (was sich in der Vita gut macht), hat sogar Stücke geschrieben, Streichquartette und ein Orchesterwerk, und ist über die vergebliche Suche nach einem geeigneten Opernlibretto aufs Selberschreiben gekommen. Lenz und Geno Hartlaub haben ihn gefördert.

Ludwig Harig ist ihm gegenüber ein wahres Glückskind. In Turnschuhen und mit großer metallener Gürtelschnalle reckt er sich vor dem Plenum und strahlt, auf daß alles erstrahle. Als Frohnatur zieht er die Leute schnell auf seine Seite, was Fröhlich nicht kann. Der leidet, und scheint irgendwie gern zu leiden.

Harig ist diesmal mit seinem Interpretationskurs ziemlich auf die Nase gefallen, weil er, wie gesagt wurde, so oberlehrerhaft war. Wollte so lieblich alles servieren, und das hat offenbar nicht geklappt. «Jetzt notieren Sie mal: ...Auf dem Baum, Komma, wo der Vogel zwitschert, Doppelpunkt...» Er hat den Teilnehmern seine sämtlichen Werke plus Verlag diktiert. – Was das Oberlehrerhafte angeht, mir werfen sie ja auch den Schulmeister vor. Natürlich hinterläßt der Beruf Spuren. Und der Beruf des Schulmeisters ist deshalb so verhaßt, weil sich die Erwachsenen ungern an schmachvolle Erfahrungen erinnern.

Mein schöner Ruderboot-Vortrag, der in Marburg die Massen fesselte, wurde hier von einigen als «zu hoch» bewertet. Andere Teilnehmer wiederum meinten, das ganze Seminar sei nicht wissenschaftlich genug.

Was überhaupt nicht klappte: Ich wollte die Teilnehmer noch für meine Befragungsaktion ausnützen. («Was denken Sie über die Zukunft?») Dazu waren weder Kraft noch Zeit vorhanden. Das auf

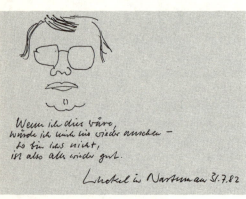

Das Albumblatt von Ludwig Harig

ein Minimum herabgedrückte Maß an Gängelung und Organisation verbreitet bei allen Beteiligten ein frohes Freiheitsgefühl, das sich auf das ganze Unternehmen wohltuend auswirkt. Schorsch ist bei der ganzen Sache absolut unentbehrlich. Er muntert die Bedrückten auf, erheitert die Damen, und tut das, was man «spuren» nennt. Man muß es gesehen haben, wie er Beschwerden entgegennimmt: Eine Dame beklagte sich, daß unter der Tür ihres Gasthauszimmers *so* ein Spalt klafft (20 cm) und die ganze Nacht Licht durchläßt.

Schorsch Exler

1990: *Er hat auch immer Journalisten entlarvt, die sich hier eingeschlichen hatten und sich benahmen, als seien sie Wallraff und ich Abs. Leider ist es ja nicht möglich, die Wirklichkeit mit den entstellenden Berichten zu vergleichen. Es ist schon erstaunlich, was da so fabriziert wird an Lügen.*

*

Am letzten Abend dann das selige Beisammensein, das staunende Ah! wenn das kalte Büfett freigegeben wird (mit den echten Kerzen im Kronleuchter: «Zünden Sie die auch mal an?»), und ich schlendere dann von einer Runde zur anderen, und alle sind enttäuscht, daß sie das Dichten noch immer nicht gelernt haben.

*

Aus Aachen kam ein Buch für meine Kindheitserinnerungsbibliothek, auf das ich schon lange Jagd gemacht habe. Es lag bei meinen Eltern auf dem Notenregal (wegen des Formats) und heißt «Neuer deutscher Märchenschatz», herausgegeben von der Zeitschrift «Die Woche».
Ich dachte, ich müßte Tausende dafür ausgeben und bekam es für 12 Mark. – Die Geschichten, die in dem Heft stehen, habe ich nie

«Wirbelchens Windfahrt», ein Bild von Franz Hein zu einen Märchen von Luise Glaß

gelesen und werde ich auch nicht lesen, die Bilder sind es, die ich nicht vergessen habe. Besonders eines, auf dem der Wind als ein schwarzer, männlicher Engel dargestellt ist, mit Bart. Ein kleines Mädchen treibt er vor sich her.

Was leider nicht mehr beschafft werden kann, sind die Lieder, die mir als Kind meine Mutter vorsang, wenn sie in der Küche die Ente ausnahm. Ich könnte sie mir besorgen, sie sind meistenteils von Robert Reinick, aber ich lasse es aus verzwickten Gründen bleiben. Aus denselben Gründen habe ich diese Lieder von meiner Mutter nicht aufs Tonband singen lassen. Es muß Erinnerungen geben, die nur mir gehören. Und: Unerträglich der Gedanke, ich, der Fünfzigjährige, ließe mich von ihr, im Bett liegend, per Tonbandgerät in den Schlaf singen.

*

Lit: Koestler: «Als Zeuge der Zeit». Die Beschreibung seiner Gefängniszeit. «...Fühle mich fremd und unbehaglich in der neuen Zelle. Die gewohnten Kratzer an der Wand fehlen...» (S. 322) Er soll so furchtbar getrunken haben – man kann's verstehen. – Häftlinge sind konservativ. Nichts widerlicher als «Verlegungen». Selbst Verbesserungen in der Unterbringung werden zunächst skeptisch aufgenommen. Die gewohnte Umgebung verlassen zu müssen, das bedeutet Anstrengung: Das Neue will erobert werden.

Nartum Totensonntag 20. Nov. 1983

T: Ich sei in Spanien auf Urlaub, ginge eine Straße entlang und würde von der Geheimpolizei ergriffen, um gefoltert zu werden. Als ich schon den Folteranzug trug, gelang es mir, den Leuten begreiflich zu machen, daß ich Ausländer, also Deutscher sei, und da ließen sie mich laufen.

*

In der WamS ein sonderbarer Bericht über das Seminar. Überschrift: «Ist er nicht entzückend, der Peterpump, strahlte die Hausfrau aus Hagen.» Ganz abgesehen davon, daß das eine sehr schlechte Schlagzeile ist, handelt es sich bei diesem Elaborat um den Prototyp einer unernsten Berichterstattung, die von der Verhohnepiepelung lebt. Typisch für diesen Reporter ist es, daß er das Seminar nicht bis zum Schluß besucht hat, am zweiten Tag ist er bereits nach Hause gefahren. Er zitiert mich völlig falsch: «Wenn ich an meinen literarischen Anfang denke – was war das für eine kümmerliche Betreuung.» Das habe ich bestimmt nicht gesagt, denn ich rühme Raddatz bei jeder Gelegenheit, dessen Bemutterung vorbildlich war. Und dann weiß er noch nicht einmal, daß Nartum keine Kirche hat.
Ab mit ihm ins Quecksilberbergwerk, vierte Sohle!

*

Was den Totensonntag angeht: Ich denke grade an Göttingen, 1957. Da war in der Rundfunkzeitung zum Totensonntag eine Reportage über ein «Totengedenkschwimmen» angekündigt.

*

Noch ein Seminar lief hier «über die Bühne», ein Kurzseminar, es war die VHS Lingen, die mich beehrte, und da ich für die Universität Hamburg auch noch ein Seminar machen mußte, faßte ich die beiden sehr unterschiedlichen Gruppen zusammen. Für mich am Interessantesten war die Improvisation eines Hörspiels über das Thema «Tod». Ich ließ gruppenweise Material sammeln, über selbst gesehene Tote, Anstandsregeln für Beerdigungen, aus Benimm-Büchern (Zitate), und Gedanken über die Ewigkeit. Das wurde auf Tonband gelesen, und dazu wurden Chorgesänge von Verdi abgespielt, und eine Dame leierte monoton Begriffe aus dem Wortfeld «Tod» her. Das Ergebnis war so, daß ich Lust hätte, daraus wirklich ein Hörspiel zu machen.

※

Aus meiner Befragungskiste ein Statement zum Totensonntag:
Haben Sie schon mal einen Toten gesehen?

Ich habe meinen ersten Toten gesehen, da war ich elf Jahre alt, schön aufgebahrt, von meiner Freundin der Großvater. Irgendwie hat mich das schockiert. Das hatte für mich immer ein bißchen Abstand und auch Angst.
Und dann nachher im Krieg. Nach dem Krieg war ich ja drei Jahre beim Russen, in Königsberg, und da starben ja unsere Deutschen zu Tausenden, darunter eben auch meine Mutter und meine Tante. Die hab' ich in eine Decke genäht. Da hatte ich eigentlich keine Furcht mehr vor dem Tod, das ist dann weggewesen durch die ganzen vielen Menschen. Morgens ging ich zur Arbeit beim Russen, ich war damals zwanzig Jahre alt, und dann kamen wir vorbei an großen Schubkarren mit Menschen vom Krankenhaus, vollkommen ausgezogen, Tote, die wurden dann in Massengräber geschüttet und zugemacht. Jeden Morgen schätzungsweise dreißig bis vierzig. Ich ging immer an dem Krankenhaus vorbei.
Und dann haben wir ja nachher auch die ganzen Verhungerten von den Straßenrändern, die mußten wir ja alle beseitigen. Die blieben ja da so liegen vor Hunger. Und wenn wir da vorbeikamen, dann mußten wir sie wegschaffen, einkuhlen. Irgendwo ein Loch machen und rein.
Hausfrau *1923   mündlich

※

Nachdem die Letzten gegangen waren, machte ich Post, was bis gegen Abend dauerte. Mit Hildegard Abendbrot gegessen und dann im TV eine Sendung über Martin Walser (von Arnold und Pillokat) angesehen.

Für Autorenporträts hat sich ein feststehendes Muster herausgebildet: Autor sitzend, Autor stehend und vor allem Autor gehend; mit Hund, Frau, Pfeife. Walser agierte, wie alle Autoren vorm Bücherschrank und im Garten mit Frau und Töchtern, und vor allem vorm Wasser. Zu mir hat mal ein Fernsehmann gesagt: «Und nun gucken Sie mal bitte nachdenklich aus dem Fenster...» – Man sah Walser auch in Schwarzweiß den Hesse-Preis in Empfang nehmen 1955, rührend jung – damals saß ich noch im Zuchthaus! – Auch Vietnam-Erinnerungen wurden geweckt und sonderbare Aussagen gegen «die herrschende Klasse». Bis nach Amerika war ihm das Team gefolgt. Um das spärliche Publikum in Berkeley nicht zeigen zu müssen, was den Ruhm des Autors geschmälert hätte, obwohl das doch in den USA normal ist, brachte man einzelne studentische Charakterköpfe ins Bild, mit Bart und ohne. Dazu stotterte der Dichter auf Englisch, daß seine Bücher immer dünner werden, weil seine Sätze immer kürzer werden. Das hänge mit dem Atmen zusammen – im übrigen schreibe er alles mit der Hand.

Es hat mich angerührt, ihn zu sehen, eine gewisse Zuneigung.

Der «Proust von Wasserburg» hat vor einigen Jahren auch Seminare gemacht mit «Hausfrauen» vom Bodensee. Seltsam verschwommen äußerte er sich über die «Grüne Bewegung». Weil er Kinder habe, sei er dafür. Das gelte auch für die Friedensbewegung. Da mitzumarschieren, soweit reichte es nicht, dafür sei er wohl zu alt. Ansonsten viel Bodensee-Wellen. Der Romanautor sei der Tagebuchschreiber der Geschichte, hat er gesagt. Ein bißchen mehr ist er schon. – Hübsch, daß er Notizbücher führt, darin möchte ich mal ein bißchen schmökern. Er las die Notiz Nr. Soundsoviel aus dem Buch Nr. Soundsoviel vor, daß er sich vor Besuch graut, aber ihn zu halten sucht, damit der nicht denkt, er graule sich vor ihm.

1990: *Ich sah ihn mal um einen Großkritiker herumscharwenzeln – das hat mir weh getan, das war 1986, nach einem Essen in Bonn. Bei der Gelegenheit hat er mir – unwirsch – einen seltsamen Eintrag in mein Poesiealbum gemacht.*

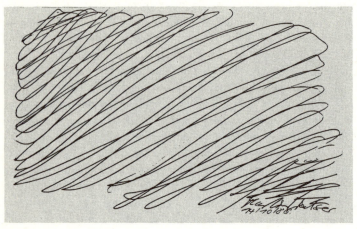

Das Albumblatt von Martin Walser

Horst Krüger, der danebensaß, schrieb: «Das, was Martin Walser 40 Jahre geübt hat, schaffe ich natürlich nur zögernd...»

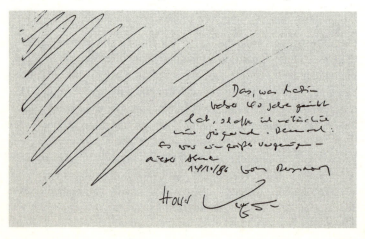

Lit: Thomas-Mann-Interviews. Knaus sagt, daß der Fischer Verlag sonderbarerweise an diesen Interviews kein Interesse gehabt habe. Weiter den Koestler.

Mus: Requiem von Mozart. Eine ziemlich unerträgliche Aufnahme, leider. Knödelige Stimmen von vermutlich unfrommen Menschen.

Nartum / Hamburg / Hannover / Lüneburg   Mo 21. Nov. 1983

T: Daß ich Bautzen fotografieren durfte und daß ich die Filme dann fallenließ, sie zerbrachen. Trauer, daß nun keine Zeugnisse.

1990: *Von den sieben Filmen, die ich von meiner Reise nach Bautzen mitbrachte, waren zwei nicht belichtet, und zwar gerade die beiden, die mir die wichtigsten waren, sie zeigten die Zellenhalle von innen.*

※

Heute früh hielt ich den Ruderboot-Vortrag in Hamburg, kapierte zum Teil selbst nicht, was ich da las. Die Tür öffnete sich, junge Leute kamen herein, was das da für'n Schund ist, was ich da erzähle, und gingen wieder hinaus. – Ich hielt eisern Kurs, las weiter, als wenn nichts wär'!
Mittags war ich in Hannover bei der Niedersachsenpreisjury, und abends hatte ich eine Lesung in Lüneburg vor Rotariern. Ich hatte mir ein Hotelzimmer geben lassen, um mich vorher etwas auszuruhen. Bevor ich hinaufging, trank ich noch eine Tasse Kaffee, wobei ich durch eine schwatzhafte Dame gestört wurde, die mir nicht von der Seite wich. Mit der Zeit gefiel sie mir sogar: Was Grass für ein unmöglicher Mensch sei, sagte sie, wohl ein richtiges Schwein, all so unanständige Sachen zu schreiben, und von Handke hört man ja gar nichts mehr, und Walser ist nach der Lesung einfach rausgelaufen, ohne auf Wiedersehn zu sagen.
Dann stieg ich in ihr rotes Zweitauto, in dem hinten Kästen mit

leeren Limonadeflaschen standen, und wurde in ihr Haus gefahren, draußen vor der Stadt, eine Art Villa, mit Efeu bewachsen, der Mann war grade nicht da. Dort trank ich ein zierliches Täßchen Kakao, aß wunderbare Plätzchen, und sie redete und redete. Schließlich legte ich mich einfach aufs Sofa und winkte sie als Schlummerrolle heran. Kaum lag sie neben mir, da war ich auch schon weggesackt. Und sie wuschelte so herum, und sagte mit Babystimme: Aber jetzt nicht schlafen, ja? – Doch ich stieg hinab in die Tropfsteinhöhle von Morpheus, träumte sogar ticktack und hörte gleichzeitig, daß ich schnarchte. – Als ich mich fünf Minuten vor Beginn der «Veranstaltung» aufrappelte, mit süßen Müdigkeitsresten in den Gliedern, wollte sie von mir wissen, ob das nicht stillos gewesen sei, daß wir da gelegen haben, im Haus ihres Mannes?

Ich war jedenfalls ausgeruht, Wohlbehagen prickelte in meinen Gliedern.

Vor den Rotariern las ich dann bewährte Kapitel – Herren mit Bundesverdienstkreuz am Revers und Gattinnen –, und hinterher bekam ich insgesamt zwei Bücher zum Signieren vorgelegt. Warum habe ich auch keinen Pferderoman geschrieben?

Ein Herr fragte: «Wie ist es Ihnen gelungen, heute noch einen eigenen Stil zu finden?» Die Leute denken, der Stil sei eine Quantität, die irgendwann einmal «alle» ist. Stil hat mit Charakter (= Wesensprägung) zu tun.

Eine Dame sagte, sie habe mein Buch «Uns geht's ja noch goldig» gelesen – ich sei ja 'n ziemlich liederlicher Mensch gewesen, damals. – Was soll ich da antworten? Das hat schon Johnson festgestellt. Er hielt mir vor, W. K. sei kein Romanheld, weil er saufe. (Dies sagte er übrigens in volltrunkenem Zustand.)

*

Nach Haus auf spiegelglatter Fahrbahn, links und rechts Autos im Graben: zweieinhalb Stunden! Zum Glück hatte ich ein paar Kassetten dabei, die Etüden von Chopin und Biobänder mit Fluchterlebnissen aus Ostpreußen.

Und nun sitze ich im Bett, mit lockerem Gehirn, und kann nicht schlafen. Eine Beinbrausung muß helfen.
Ich möchte gern mal wissen, weshalb ich das eigentlich mache, dies Hin- und Hersausen. Der Steuerberater meint, ich könnte das auch lassen, das würde mir sowieso alles weggesteuert. – Ich mache es, weil es mir im Grunde gefällt, wenn mich die Leute fragen, ob ich alles mit der Hand schreibe.
Dunkelheit. Brennende Augen. Ein «wehes» Gefühl. Ein paar Stunden bleiben am Ende übrig von all dem Gewese. Im Grunde bin ich ein Getriebener, und ich weiß auch, was mich treibt.

Nartum   Di 22. November 1983

T: Hitler, der an mehreren Kurzwellenempfängern sitzt und versucht, Göring reinzukriegen, klagt: Wenn er an Peter denkt – womit er Göring meint –, dann werde ihm ganz schwach. Peter sei doch der beste gewesen.

*

Zur Erinnerung an die Inflation vor sechzig Jahren, die neben dem verlorenen Krieg die zweite Etappe des Reichs war auf dem Weg zu Hitler, zwei Anekdoten aus dem Archiv:

Wir hatten nachts für die SPD Wahlplakate geklebt und waren von der Polizei geschnappt worden. Also, ich sollte 10 000 000 000 Mark Strafe und 57mal soviel an Porto und Gebühren zahlen. Das war hart, aber ich hatte ja eine Woche Zahlungsfrist! Als ich am letzten Tag meine 67 Milliarden Mark bezahlte, hätte ich dafür noch zwei Brötchen bekommen können. Am Einzahlungstag stand der Dollar auf 1 Billion (1 000 000 000 000) Mark.
Fritz Ring, Bremerhaven

Ich wollte 10 Schwedenkronen wechseln, offizieller Kurs 200 000 Mark. Da alle Schalter besetzt waren, ging ich direkt zum freien Kassenschalter. Der Kassierer warf mir 300 000 Mark hin und steckte die 10 Kronen in seine Jackett-Tasche. Er ist auf diese Art sicher reich geworden.
Stalbohm, Rudolf

In unserer Familie hat es damals anscheinend keinen nennenswerten Schaden gegeben, man kam wohl an Dollars ran. Auch wurde ein Teil der Hypotheken, die auf den Dampfern lagen, gekündigt, was 1932 die Rettung für den «Consul» bedeutete. Ich habe Fotos gesammelt, die alle ganz sicher 1923 gemacht wurden. Urlaub, Autos, Kaffeekränzchen, Hochzeiten: Es sind keine Spuren zu entdecken, daß hier ein ganzes Volk verarmte.

Bad Elster 1923

Zur Ölkrise vor zehn Jahren

1973: *Ich freue mich richtig auf den 25. November, wo zum erstenmal das Sonntagsfahrverbot eintritt. Neugierig, wie das klappt. In Holland dürfen jeweils nur Autos mit grader oder ungrader Nummer fahren. – Ich habe sofort nachgesehen, was wir für Autonummern haben: natürlich beide gerade!*
Die sogenannte Energiekrise begreift man als einen Abschied von einer nie wiederkehrenden, uns durch linkes Gequatsche vergällte Epoche. Die schon jetzt sentimental schleichenden Autos!

Der Gedanke, daß ich womöglich jeden Morgen mit dem Schulbus nach Zeven fahren muß, macht mich ganz krank.
Ob er denn einen Ausweg aus der augenblicklichen Krise wisse, fragte Kühn einen Journalisten. – Nein, aber er sei ja auch nicht Ministerpräsident von NRW.
Wenn ich nach Hause komme, weiß ich jetzt genau, wo an welcher Ecke ich den Motor abstellen kann. Von da an rollt der Wagen bis in die Garage.

Inzwischen hat sich die Lage beruhigt, die Leute tun so, als wenn nichts wär'.

Feuchtwangen Mi 23. Nov. 1983

Ich wohne in einem urtümlichen Gasthaus, in dem ich treppauf, treppab gehen muß, um zu meinem Zimmer zu kommen, durch einen Saal mit hochgestellten Stühlen, und alles riecht nach Bier.
Feuchtwangen ist eine ziemlich verbumfeite Stadt. Alte Reste, hier und da ein Stück Mauer oder schiefe, zum Abbruch bestimmte Häuser. Die Stelle in der Mauer, wo man das Stadttor herausgebrochen hat.
Ich rege mich über die Verhunzung unserer Städte auf, aber es ärgert mich, wenn sich andere darüber aufregen.

*

Die Lesung war ganz hübsch. Ein Fotograf stellte sich direkt vor mich hin. Ich hielt inne und wartete, bis er geknipst hatte. Er ging zur Tür und setzte sich in die letzte Reihe. Ich sag': «Sie setzen sich wohl deshalb da hinten hin, weil sie gleich hinausgehen wollen?» – »Nein», sagte er und ging kurz darauf aber doch. Ich zu den Zuhörern: «Sehen Sie?!» Und das alles zwischen meinen splendiden Texten. – Hinterher löcherten mich Schüler mit sonderbaren Fragen: «Halten Sie sich für schön?» Meine Antwort: «Je älter ich werde, desto schöner werde ich.» Die Erwartungshaltung der Fragenden: Wird er bestehen? Legen wir ihn aufs Kreuz? – Der Autor als Tanzbär. Um Informationen geht es nicht, man soll nur irgendwie reagieren: möglichst blöd. Das ist ein Intelligenztest umgekehrter Natur. Ich könnte ohne weiteres erprobte, sozusagen vorgestanzte Antworten geben, so daß denen die Spucke wegbleibt, aber da hab' ich Hemmungen. Ich mag nicht schlagfertig sein.

✳

Ein nettes Ehepaar nahm mich hinterher zu sich mit nach Hause. Sie sammeln Spielzeug, was man sehen konnte. Auf die Idee, Lineolsoldaten zu sammeln, sei er durch mich gekommen, sagte der Mann und schenkte mir zum Dank Mussolini zu Pferd! Ich war völlig platt. Saß da gemütlich und ließ mir die Schätze vorführen und dachte dauernd: Mussolini hast du nun auch!

✳

Ich schlief aus und ruhte noch lange. Zum Frühstück kam jemand von der Zeitung und interviewte mich.
Jetzt sitze ich in einem sonderbaren Café, es ist in einen romanischen Kreuzgang hineingebaut, die Kapitelle sehr schlicht, eins wie's andere.
Im «Spiegel» ein Artikel über Wondratschek, der in dem Satz gipfelt «Wondratschek ist Uschi Glas». Es ist eine Schande, daß man sich über eine solche Geschmacklosigkeit amüsiert.

✳

Merkwürdiger Schwebezustand.
Sich mal ein paar Monate oder wenigstens Wochen still zu Haus aufhalten, ohne Zeitung, ohne TV. Nur aus dem Fenster gucken: Das ist meine Vorstellung von Glück.

✳

Vor einigen Wochen schickte ich «Alles umsonst» (Textfassung) an den Verlag. Bisher bekam ich noch nicht einmal eine Eingangsbestätigung.

1990: *Bis heute ist noch keine Reaktion gekommen.*

In der «Zeit» über die Justiz auf Kuba. Hier verliert der berühmte Slogan «lieber rot als tot» jeden Sinn.

*

Hörspielidee: Bildbeschreibung. Eine Collage aus Antworten auf die Frage: Beschreiben Sie bitte Ihr liebstes Bild. Aus all den Einzelaussagen ein «Bild» zusammensetzen, das es gar nicht gibt. Das sich auch kein Mensch vorstellen kann.

*

TV: Im Fernsehen gestern die große Debatte. Ich erhaschte noch etwas davon. Reine Schaugefechte. Die SPD hat sich recht würdelos verhalten. Schmidt und Apel machen da eine Ausnahme. Die unprovozierte Aufrüstung der Russen ist kein Thema für die Linke.

Günzburg/Ulm/Ravensburg Do 24. 11. 1983

T: Ich bin mit Johnson zusammen. Er ist gerührt und nachdenklich, daß ich ihn wegen der «Jahrestage» lobe.

*

Die Lesung gestern war gut besucht, sogar der Oberbürgermeister war erschienen. Freundliche Reaktionen. Ein Herr gab mir die «Welt am Sonntag», mit der Seminarkritik von Winter. Er nahm an, daß ich mich darüber freue.
Ein blonder Junge, wohl ein Oberschüler, sagte, er habe den «Tadellöser» in zwei Tagen durchgelesen. Er finde das negativ.

*

Hier ist man grade dabei, den Marktplatz umzugestalten. Eine Rüttelmaschine versetzt das Hotel in Erschütterungen. Ich beobachtete vom Fenster aus einen einsamen Pflasterer, der unter den Augen von Passanten seelenruhig Stein an Stein setzt, in bogenförmigem Muster: Der Stein da hinten muß noch einen Schlag mit dem

Hammer haben. Von der anderen Seite kommt ihm ein anderer Pflasterer entgegen. Leider werde ich nicht erleben, ob es dann in der Mitte paßt. Zwei sensible Pflasterer sind das.

※

Im Zug nach Ravensburg.
Auf dem Bahnsteig zwei Handelsschülerinnen über eine Prüfung: «... der Uwe hat geantwortet, Ethik, das ist, wenn man mit Messer und Gabel ißt.»
Im Nebenabteil laute Unterhaltung. Gott sei Dank habe ich Ohropax mit: sofort wohltuende Stille.

※

Ich stieg in Ulm aus und irrte in der kalten Stadt umher. Diese Stadt mit ihren «sachlich» wiederaufgebauten und den wenigen, mit Zement zugekleisterten alten Häusern deprimierte mich sehr. Banken und Versicherungen von unbeschreiblicher Häßlichkeit, ein Kaufhaus neben dem andern. Daß sich noch keiner der glorreichen Grünen für den Boykott der Kaufhäuser stark gemacht hat! (Hitler hat damals Wähler damit gewonnen.)
Das Museum mit Bildern und Modellen des halbfertigen Münsters. Ich dachte an meine «Chronik», auch sie ist ein halbfertiges Bauwerk: Und mir stiegen sonderbarerweise Tränen in die Augen. – Auf dem Münsterplatz steht ein Stück nachgebildete Berliner Mauer, mit echtem Stacheldraht. Da fehlte noch ein Lautsprecher, aus dem die Todesschüsse zu hören sind. Oder eine Ulbricht-Rede.

1990: *Die Mauer: Jetzt könnten sie sich ein Stück Originalmauer kaufen, zur Erinnerung an den Wahnsinn, zu dem Menschen fähig sind, wenn sie einer Ideologie anhängen. – Daß die Mauerstücke jetzt versteigert werden, ist auch so eine Art Perversität. Über die regt sich niemand auf. – Die Mauerspechte: Keine Phantasie hätte ausgereicht, sich vorzustellen, daß die Mauer von Kindern und Passanten mit Hammer und Meißel abgetragen wird.*

Ich sah den Turm des Münsters hinauf und konnte grade noch einer Mohrrübe ausweichen, die von oben heruntergeschmissen wurde. Auf dem Pflaster zerspritzte sie. Der Mangel an Bildung: Mich wurmt es, daß ich nicht weiß, ob sich die Fallgeschwindigkeit immer weiter erhöht, oder ob sie konstant bleibt.
In einem Antiquitätengeschäft kaufte ich alte Krippenfiguren, das Stück für 50 Mark, etwas beschädigt, aber hübsch. Und bei einem Trödler fand ich eine dazu passende Palme aus Gips. Wir zu Hause hatten keine Krippe, vielleicht hatte meine Mutter von ihrem Vater und dessen «Krippenfimmel» noch die Nase voll.
In einem dreistöckigen, absolut menschenleeren Haus «Für den feinen Herren» tätigte ich den ersten Klamottenkauf seit zehn Jahren. Ich kaufte einen Abendanzug, drei Hosen und ein Jackett. Lächerlich, daß es selbst in diesem Spezialgeschäft keine Strümpfe der Größe 39 gibt. Befremden löste es aus, daß ich forderte, sie sollten die Etiketten aus den Jacken heraustrennen. «Das Haus des feinen Herren», so was brauche ich nicht schriftlich zu haben, und daß es sich um hundert Prozent reine Schurwolle handelt, stimmt ja sowieso nicht.

*

Nach dieser Anstrengung flüchtete ich in den Ratskeller, um in Ruhe auf die Abfahrt des Zugs zu warten. Kaum sitze ich, da scheucht mich der Kellner auf: Ein einzelner Herr an einem Vierertisch? Das kann nicht geduldet werden. Also raus aus dem Ding und in ein Café gestiefelt, dünnen Kaffee getrunken und ein Stück eiskalter «Black-Forest»-Torte gegessen.
Ich dachte an frühere Lesungen in Ulm. Die erste, es muß 1971 gewesen sein, im Geschwister-Scholl-Haus. Die sehr ungnädige Leiterin der Bildungsstätte würdigte mich keines Blicks. Der Hausmeister zeigte mir Brandmale von ausgedrückten Zigaretten in dem nagelneuen Teppichboden, so, als hätte ich vor, Zigaretten auf dem Fußboden auszutreten. Merkwürdiger Gedanke, daß die Scholls, bevor sie sich zu den Widerständlern entwickelten, HJ-Führer gewesen sind. Auch so ein Sonderkapitel, das spätere Generationen nicht verstehen werden. – Bei meinem zweiten Ulm-

Aufenthalt, vielleicht 1976, war ich in eine ziemlich linke Buchhandlung geraten. Der junge Buchhändler schickte mir später eine kleine Erzählung, sehr hübsch, talentiert. (Manfred Eichhorn: «Aufzeichnungen eines Dorfmenschen oder der Kult mit der eigenen Feinsinnigkeit.» Europaverlag) Leider hat er nicht weitergemacht mit seinem Erzählen. Das Heft gehört zu den Büchern, die ich immer mal wieder vornehme. Darin ist etwas, das mich in meinem Dorfroman beschäftigen wird.

1990: *Ulm: Als ich kürzlich mal wieder in Ulm war, stellte ich fest, daß sich der besagte Buchhändler auf Esoterisches, auf Buddhismus und Astrologie, umgestellt hat. Er erinnerte sich an mich, aber er wollte nicht mit mir sprechen.*

※

Im dem Café Internatsschüler, die wie ich auf einen Zug warteten. Sofort stellte sich bei mir die Sehnsucht nach Holzminden oder Salem ein. Die Lietzsche Idee. Das wäre auch ein Weg gewesen. Im Sommer Jugend ins Haus holen, einen Sommerklub gründen. – Sie springen im Garten herum, und man sitzt dann, weiß, im Liegestuhl und liest Gedichte.

Noch ein paar Notizen zur Ölkrise vor zehn Jahren

1973: *Es ist so, als ob sich alles vor dem Schlag duckt, der jetzt zu kommen scheint. – Sonst sind sie immer so gut informiert – dies hat keiner vorausgesehen.*
Als ob das Tier endlich Ruhe hat: Die Autobahn stockdunkel (Mitternacht) und nichts zu hören, außer dann und wann ein paar allerletzte Autofahrer. Einige sehr schnell, um vor dem Weltuntergang noch den rettenden Hafen zu erreichen.
Jetzt sehen die autofahrenden Sozis mal, daß ein Angriff auf die kapitalistische Wirtschaft ein Angriff auf ihre eigenen Interessen ist.

25.11. – Fahrverbot. Ein einziges Auto fuhr durch das Dorf. Alle Leute sind in ihren Häusern. Ich fand es merkwürdig, daß

niemand anrief. Früher, nach Fliegeralarm, rief man immer die Freunde an.
Die Ruhe hat etwas Tödliches, aber, und das ist sonderbar, auch etwas Erholsames. Es fehlte nicht viel, und wir würden hier «Mensch ärger dich nicht» spielen. (Was mich angeht, ich ziehe «Poch» vor.)

Im Zug nach Freiburg   Fr 25. Nov. 1983

Es wird weniger geweint jetzt auf den Bahnhöfen.
Auf dem Bahnsteig: Zwei Mädchen winken synchron (Zeitlupe).
Die «Damen» tragen ein «Brigitte»-Heft als Ausweis ihrer Gepflegtheit. Die Herren haben die «Bild» im Aktenkoffer.

*

Gestern war ich in Ravensburg. Ich war 1971 und 1977 schon einmal dort. Beim erstenmal verdarb ich mir den Magen. – 1977 fuhr mich ein Dozent der Pädagogischen Hochschule durch die Gegend. Er zeigte mir das Kloster Weingarten, in dem PH-Studenten aus und ein gingen. Wir suchten vergebens nach Wachsengeln, die ich gern für den Weihnachtsbaum gehabt hätte, «rundplastische». – Diesmal war er wieder zur Stelle, er hatte seine inzwischen herangewachsene Tochter mitgebracht, die enorm schwäbisch sprach.
Die Stadt machte auf mich einen sehr hektischen Eindruck. Das kam daher, daß ich ausgerechnet gegen sechs Uhr, bei strömendem Regen, die Idee hatte, spazierenzugehen. Schülerbusse stießen Dieselwolken aus, irgendwie schneite es sogar, es war ekelhaft. Und keine Menschenseele, mit der ich hätte sprechen können.
Äußerst imponierend eine Zehntscheune, mies hingegen eine Hochgarage, die man an ein Stadttor rangebaut hat. – Rundplastische Engelfiguren fand ich auch diesmal nicht. «Die werden nicht mehr hergestellt», hieß es. Ob ich ein Jesulein haben wollte.

*

Die Lesung war gut besucht. Ich kann die Texte nun schon fast auswendig. Ich denke beim Lesen meistens an ganz was anderes. Nebenher führe ich eine Strichliste für Versprecher und male ein «L» an den Rand, wenn die Zuhörer lachen. Beim Signieren dankte mir ein älterer Herr mit einem Knicks.
Als Kaufmannssohn signiere ich die Bücher wie folgt:

1. Hardcoverausgaben, wenn sie gelesen sind, bekommen eine ausführliche Widmung, mit Namen des Kunden.

2. Hardcover ungelesen ebenfalls, mit individuellen Zusätzen, also etwa: Alles Gute!

3. Taschenbücher: nur Namen mit Datum. Studenten individuell: Alles Gute oder «Jura hat so eine ordnende Funktion», oder ähnliches.
   Reiche Damen, die mir ein Taschenbuch vorlegen, bekommen nur die bloße Signatur ohne Vornamen und Datum.

4. Buchklub: desgleichen.

5. Leser, die *alle* meine Bücher, zerlesen, in einer Plastiktasche vorführen, egal ob TB oder Originalausgabe, bekommen alles ausführlich signiert.

6. Kinderbücher werden mit dem Namen des Kindes versehen. Etwa: Dem lieben Michael vom braven Walter.

7. Hübsche Mädchen werden nach ihrem Namen gefragt, und dann schreibe ich irgend etwas Irreführendes: Meiner Freundin Rita zur Erinnerung an den XY. Januar.

8. Sammler, Büchernarren, die vielleicht Zeitungsausschnitte im Buch liegen haben, oder ein Exlibris vorweisen, in deren Bücher vielleicht sogar Anstreichungen auszumachen sind (die von Beifall zeugen!), bekommen eine kleine Zeichnung.

9. Hin und wieder schreibe ich: «...besonders die Seite 27!» Ich habe keine Ahnung, was auf der Seite steht. Die wird dann jedenfalls genau gelesen.

10. In «Aus großer Zeit» wird dem Bücherfreund der Etagenbrunnen mit Erklärungen versehen.

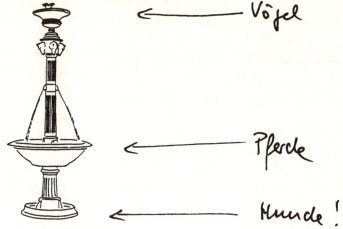

Der Drei-Klassen-Brunnen

Für den «Tadellöser» hab' ich immer einen Schnack parat, im «Gold»-Titel wird das «noch» unterstrichen, oder ich schreibe meinen Namen auf die Seite 68. Manchmal schreib ich in «Ein Kapitel für sich»: «Jeder hat sein Kapitel für sich.»

11. Für besondere Menschen zeichne ich mein Selbstporträt auf den Innentitel.

Freiburg Sa 26. Nov. 1983

In der Nacht schlief ich schlecht, dauernd meinte ich, ich würde gerufen. Dann ging mir eine unangenehme Melodie durch den Kopf, die ich erst heute früh beim Rasieren durch eine andere löschen konnte. Im Gästebuch des Hotels mit goldenem Filzstift ein Eintrag von Udo Jürgens.

Ich hatte es mir in meinem Abteil für die Fahrt von Ravensburg hierher extrem gemütlich gemacht, Füße hochgelegt usw. Irgendwann stiegen Eisenbahner ein, guckten in mein Erste-Klasse-Abteil hinein und setzten sich nach nebenan.

«Wenn man so eine Type sieht», hörte ich den einen sagen, «der da auf jeden Platz eine Tasche legt, dann weiß man gleich, was das für einer ist.» Damit war ich gemeint. Was bin ich für einer? – Gottlob hatte ich Ohropax mit.

Ohropax, das ist ein Walkman in pianissimo.

※

Freiburg: Zunächst ging ich noch ein wenig spazieren. Das durch die Straßen fließende Wasser. Weihnachtsmarkt mit Kinderkarussell und dem Geruch von gebrannten Mandeln: Die Dinger darf man auf keinen Fall kaufen, so gut sie auch riechen. Man bekommt nie die frischen, sondern immer die von gestern, und das kostet jedesmal einen Zahn.

Mit albernen Politparolen vollgeschmierte, grade eben erst restaurierte Häuser.

       Kampf gegen die Isolationsfolter

Du meine Güte! Wenn ich an die Bedingungen in Bautzen denke!

Der Dom, im Vergleich zu Ulm, innen doch recht düster.

Im Museum sah ich mir die mittelalterlichen Altarbilder an. Unten am Rand sind oft eigenartige Zusätze gemalt, eine Eidechse, ein zerbrochener Löffel.

Was ich hier zum erstenmal sah: die Schale mit dem Kopf Johannes des Täufers, aus Holz.

Zum Kotzen sind Münzen, Siegel und die Humpen der Zünfte. Obwohl ich einsehe, daß man so was aufheben muß, eile ich daran vorüber.

Stoff sammeln für einen Essay über Museen. Das Wagner-Jux-Museum in Bayreuth: sein Schlafrock. Eine Partitur war aufgeschlagen: «Lohengrin» stand darunter, aber es war der Tannhäuser! – Im Völkerkundemuseum Hamburg drei verschrumpelte Kastanien: «Volksmittel gegen Rheumatismus». Die Krippen-

sammlungen in München sehen sich alle Menschen zunächst eingehend langsam, dann immer schneller werdend an. Die letzten Krippen vor dem Ausgang könnte man mit irgendeinem Jokus ausgestalten, das würde nie herauskommen. – Ein Museum zum Abgewöhnen steht in Frankfurt. – Zoologische Gärten sind auch erfinderisch: In San Diego sah ich ein Mäusehaus aus Brot, gleich daneben einen Käfig mit dem größten und dem kleinsten Huhn der Welt. Bei Hagenbeck der an sich selbst irre werdende Zebresel, eine Kreuzung zwischen Zebra und Esel.
Man dürfte für Kinder den Eintritt in Museen und Zoos erst ab fünfzehn Jahren gestatten: «Gott sei Dank, nun darf ich endlich ins Museum.» – Ich ging mal mit einer Schülerklasse in einen Tierpark und ließ sie aus Testgründen allein. Was taten sie? Sie liefen sofort zum Ausgang und warteten dort auf mich.
Die magenkranken Aufseher in den Museen.

*

Die Lesung war ausverkauft. Eine Diskussion war nicht möglich, da es zu voll war. Viele Studenten waren gekommen, mit denen hinterher noch ein Gespräch in Gang kam. Einer fragte mich, ob ich eine Freundin habe. – Erinnerungen an frühere Lesungen. Freiburg war immer gut. Einmal lernte ich ein Mädchen kennen, das gerade eine Bananenschale hinschmeißen wollte. «Na?!» sagte ich, und dann haben wir uns noch gut unterhalten.

*

Nun bin ich in meinem Hotelzimmer. Ich wohne im «Jägerhäuschen», einer Luxusherberge oberhalb der Stadt. Ich habe die Beine hochgelegt und sehe mir die vielen tausend Lichter an, mit denen das Tal illuminiert ist. Ein Versuch, das zu beschreiben, wird sofort eingestellt, die berühmten «Myriaden» tauchten auf und das Wort: «Perlenschnüre...» Eine Inszenierung der «Zauberflöte»: Auftritt der Königin der Nacht. Für deutsche Leser muß man feststellen, daß das eine ungeheure Verschwendung ist, so viele Glühbirnen brennen zu lassen.

*

Eigenartig, daß selbst ein solches Luxushotel in den Zimmerradios nur Bumsmusik bietet. Sie könnten doch über einen der Kanäle, wie sie es in der Schweiz tun, «Klassisches» senden. Wie anregend wäre es, wenn ich hier beim Betrachten der lichtbesetzten Nachtaussicht eine Violinsonate von Brahms hören könnte. Was für großartige Gedanken kämen mir dann, kühne, vielschichtige, weiterbringende! (Vielleicht auch nicht!) – Wenn ich jetzt auf den Kellnerknopf drücke, dann kann ich mir sonstwas bestellen, nur keine «gute» Musik. Und wenn ich mich morgen am Tresen beschwere, dann würden die Chanel-Damen gar nicht verstehen, was ich eigentlich will.
«Sind Sie denn ein solcher Sauertopf?» würden sie mich fragen.
Übrigens: Die Qualität eines Hotels läßt sich am besten beurteilen beim Auschecken. Diese betonte Interesselosigkeit! Als ob man niemals wiederkäme. (Kommt man ja auch meistens nicht.)
Nur sehr wenige Hotels gibt es, in denen einem beim Einchecken das Meldeformular bereits ausgefüllt hingeschoben wird. So was versetzt mich in mürrische Hochstimmung.

*

TV: Ein Bauchredner mit einer ungezogenen Puppe auf dem Schoß. Die ganze Zeit habe ich nur den Mund des Bauchredners beobachtet, ob man was sehen kann. Natürlich sah ich was.
Bei den Zauberern ist das Herausziehen von bunten Tüchern äußerst langweilig. Aber wenn sie dem Publikum einen Trick erklären, scheinbar erklären, und es dann erst richtig foppen, das finde ich wundervoll.

Freiburg noch 26. Nov. 1983

Heute frühstückte ich mit Theo Ackermann, der einen Lehrer nachahmte, wie der die «Ode an die Freude» deklamiert.

> Froider schöner Götterfonken,
> Tocht'r aus Elyssjum...

Er hat mir für «Aussicht» unendlich viele Einzelheiten geliefert. Diesmal war das schöne Wort «widewättig» zu notieren. Ob ich mal wieder für «Gothy» (mit th gesprochen) unterwegs sei.
Was die Schulerinnerungen angeht: Er war Gymnasiast. Noch heute haben die Rostocker Gymnasiasten von damals keine Gemeinschaft mit den ehemaligen Realgymnasiasten, bei Schülererinnerungsfeiern sitzen sie getrennt. Damals, als wir in ihre Schule einquartiert wurden, weil unsere ausgebrannt war, hielten sie sich auch à part. – Das war noch in Göttingen so, 1956/57. Daß die Schüler des Max-Planck-Gymnasiums, in dem unser Heimkehrer-Abitur-Kurs tagte, uns alte Kämpfer mal zum Bier eingeladen hätten – nein, das kam nicht in Frage. Wir dienten nur als lebende Beweise für die Verrohung des Ostens, als Menschen waren wir ganz uninteressant.

※

Jetzt sitze ich schon wieder im Zug, mit gespicktem Hasenrücken im Magen, nach dem ich regelmäßig aufstoße. Ich weiß, daß ich ihn von mir geben muß, kann mich nicht entschließen, es zu tun. Beim sogenannten «Brechen» muß man den Kopf etwas seitlich neigen, dann spritzt der Speisebrei ohne weiteres in hohem Bogen heraus. Die Nachschau ist immer interessant, was noch identifizierbar ist, und die Säfte und Schleime.
In meinem Abteil sitzt ein brotessendes Ehepaar, dazu ein junger Mann, der sich «Ton in Ton» gekleidet hat.
Ich mußte schließlich das Abteil wechseln, weil mir der Anblick und das Benehmen dieser Menschen unerträglich war. Irrsinnig sind diese Lesetouren. Das ist ein Kotau vor den Lesern. «Wenn er will, daß wir seine Bücher kaufen, dann soll er sich zeigen.»
Aber es gibt auch nette Begegnungen, ja unvergeßliche. Gestern zum Beispiel eine alte Dame, die mir ein Kästchen Süßigkeiten aufs Zimmer schickte, offenbar eine Freiburger Spezialität. Unangenehme Begegnungen sind die Ausnahme.

※

Deutsche Propagandafälschungen.
Oben das Original

Lit: Michel-Briefmarken-Katalog. – Altbekannte Marken sind anmutend, die Hindenburgmarken also, aus der Vorkriegszeit, oder etwa die Wilhelm-Busch-Marken von 1958, mit denen ich die Briefe an Hildegard frankierte. – Die Kuriositäten: Inflation, Zusammendrucke, Raritäten. Der DDR blieb es vorbehalten, Thomas Mann den Scheitel auf der falschen Seite zu verpassen (1956). Von den hohen Werten der Sondermarkensätze druckten sie extra wenig, um die Preise im Westen hochzutreiben.

Ein besonderes Kapitel sind die Propagandafälschungen im Krieg. Womit sich die Leute beschäftigten! – Die Deutschen druckten englische Briefmarken mit Stalin drauf, und die Engländer setzten in Deutschland Himmler-Marken in Umlauf. Als ob dadurch der Krieg auch nur eine Sekunde eher beendet worden wäre.

Nartum So 27. Nov. 1983

T: Abriß alter Gebäude. Ich war wütend! Dann gesehen, daß ein «Ritterbau» aus dem Mittelalter dadurch besser zur Geltung kommt.

*

Die Rückfahrt war sehr anstrengend. Der Zug war aus irgendwelchen Gründen brechend voll. In meinem (vollbesetzten) Abteil saß eine sogenannte ältere Dame, die offensichtlich einen Knall hatte. Aus innerer Not habe ich mitgeschrieben, was sie zu ihrem etwa neunjährigen Enkel sagte:

«Wenn du irgendwie Hunger hast, mein Kind, ich habe Schokolade und Obst...
Wenn sie wenigstens so nett wären und uns unsere Zuschläge zurückzahlen würden... Wenn man fahren muß? Man muß ja fahren. – Schön fahren die Züge, angenehm.
Zoll? Da mußt du für bestimmte Dinge, die du nicht einführen darfst, Zoll bezahlen.
Du mußt sagen: ‹Verzeihung› oder ‹pardon›, wenn du was falsch gemacht hast.
Du mußt dir schön alles merken, in den Sprachen: ‹in a few minutes...› Schön alles lernen, alles.
Wenn du gut aufpaßt, kannst du gleich das Hochhaus von Großvati sehen. Da sitzt er im Aufsichtsrat.
Sieh mal, das ist ein Autofriedhof! Schrecklich, abscheulich!
No smoking, non fumeurs, non fumatori.... Und für Leute, die überhaupt nicht lesen können, ist die Zigarette durchgestrichen.
Am tollsten ist es in Köln. Da fahren nachts die tollsten Züge. Der Fahrplan ist genau überdacht, wie auf den Flughäfen.
Die Dame ist meines Erachtens im Speisewagen. Du darfst dich da 'n Augenblick hinsetzen. Für das teure Geld. Setz dich hierher, wir vertragen uns schon.
Du mußt nun sitzen wie eine Eins. Wie wir früher auf der Schulbank sitzen mußten, kerzengrade, verkrampft bis vorn hin, so mußt du denn sitzen.
Das waren wir! Tüt! Das war unsere Lok. Früher, wie Mami noch klein war, da waren in der ersten Klasse nur vier Sitze. Dies sind die alten Zweiter-Klasse-Abteile.
Genug Industrie, um reich zu sein als Stadt.
Attentione! Du fällst gleich!
Sieh zu, daß du niemanden störst, behelligst.
Du mußt immer gut hören, wenn die was ansagen auf englisch. Du bist so musikalisch. Das schaffst du schon. Wenn du demnächst in der Schule Latein lernst, dann kannst du bald auch französisch. Das hat den gleichen Laut.
Hier siehst du die DEMAG, da war Onkel Klaus mal im Vorstand. Kuck mal! Man muß immer links *und* rechts kucken.

Oh, mein liebes Düsseldorf: Kuck mal! – Wait a minute! Dies ist meine Geburtsstadt.
Wenn wir hier früher abfuhren, meinetwegen nach Paris, dann sagte mein Vater immer: ‹Würdest du mir bitte mal sagen, wo die Menschen alle herkommen?› – Damals schon!»

Und so weiter! Es war nicht zu ertragen. Sie sprach das alles für uns mit, um zu zeigen, wie gebildet sie ist und wie reich und wie gut sie mit dem Kind umgeht. Leider kannten sich die Leute im Abteil untereinander nicht, so kam also keine Gegenunterhaltung auf. Und diese Dame dachte wahrscheinlich, sie imponiert uns.
Ich würde sagen: Quecksilberbergwerk, unterste Sohle? Nein, ich würde nicht. Ich wünsche sie eher in den Himmel als ein rosarotes Engelchen.

✳

Peter Paul Zahl hat bekanntgegeben, daß er ins Ausland geht. Er hat zu einer Abschiedslesung geladen, Eintritt acht Mark. Die traurige Selbstüberschätzung, unter der er leidet, hat er einigen Kritikern zu danken, die ihn hochgehätschelt haben. Lächerlich, daß er damals den Bremer Literaturpreis bekam. Ich hatte an der entscheidenden Sitzung nicht teilgenommen und mein Votum, das keinesfalls ihm galt, in einem Umschlag hinterlegt. Am nächsten Morgen war ich baff, daß er den Preis bekommen hatte, obwohl er überhaupt nicht nominiert worden war. Ich weiß noch, was es für ein Theater gab, als ich dann gesagt habe: Das Buch ist nicht gut genug, deshalb bin ich dagegen, daß er den Preis kriegt. Der Kultursenator rief an, es wäre grade Bürgerschaftssitzung, und ich wär' doch wohl auch der Meinung, daß das ein Affront gegen den Staat sei, einem Baader-Meinhof-Mann den Preis zu geben! Nein, sagte ich, Kurs haltend, das interessiere mich nicht, das Buch sei ganz einfach nicht gut genug, und nur deshalb sei ich dagegen.
Und im «Spiegel» stand dann, daß ich gesagt hätte, politische Gefangene dürften doch keinen Preis kriegen. Wo gibt es denn so was! An den «Spiegel» schrieb ich, daß es doch ein Zeichen großer Liberalität sei, wenn ein Häftling einen Literaturpreis bekommen

kann. Das haben die dann abgedruckt und haben sich mokiert darüber, daß ich die Bundesrepublik einen liberalen Staat genannt habe.
Unbemerkt blieb, daß ich aus Loyalität mit der Jury, und eben um den Eindruck zu widerlegen, ich hätte etwas gegen politische Gefangene, an der Verleihungszeremonie teilnahm. Die Presse braucht für ihre hingerotzten Tagesdramen auch immer eine vollständige Besetzung: Ich hatte die Rolle des Bösewichts zu spielen.

1990: *Ein Gefühl von Gefangenensolidarität erwachte in mir, als er seine Rede hielt, ich glaub', es war im Niederdeutschen Theater, wo früher immer die Weihnachtsmärchen gegeben wurden. Seine Mutter saß neben mir, einen Korb mit Futterage auf dem Schoß, den sie ihm hinterher übergeben wollte. In den Bühnentüren, aus denen sonst der Froschkönig hüpft oder Knecht Ruprecht mit seinem Sack hervorkommt, standen Herren vom Strafvollzug. – Die Mutter hat mir dann noch einen Brief geschrieben, daß ich gegen ihren Sohn bin, das meldet sie Herrn Walter Jens, dem bekannten Schriftsteller und Professor, Präsident des PEN-Klubs.*

*

Auch Lodemann hat sich zu Wort gemeldet. Er tritt nun aus dem Vorstand der VS-Schießbude zurück, die deutsche Öffentlichkeit wird das noch bereuen.
Ich kann nicht verstehen, warum man da überhaupt eintritt!

*

Hier hat sich wieder ein Postberg angesammelt. Ich schreibe entrückten Schülerinnen unterm Adventskranz liebe Briefe, dem reschen Mittelalter lockend-verlockende – die ich mit kleinen Zeichnungen verziere – älteren lyrischen Damen bösere, wehre Anthologie-Angebote ab, ärgere mich über Zeitungsartikel, in denen meine Lesungen und die Reaktionen des Publikums verzerrt dargestellt werden. Man meint, die Journalisten hätten eine andere Veranstaltung besucht.

Mit Hildegard hatte ich wieder einmal längere Gespräche über die Kinder, wir haben einander aufgerichtet. Apropos Kinder: Zu den Ulmer Krippenfiguren fand ich hier in meinem Fundus noch ein Kamel und einen Ochsen, nun brauchen wir nur noch die Krippe selbst, plus Jesulein, dann können wir Lichtlein anzünden und, wie Thomas Mann es getan hat, Weihnachtslieder singen.
Überlegungen zu HW: Ob ich den Text nicht noch wesentlich «bitterer» machen muß, für deutsche Leser einschwärzen. Die Enttäuschungen hervorzerren, daß der Westen vollständig im Eimer ist, herzlos, egoistisch, nur auf Konsum bedacht. Besonders Göttingen müßte in diesem Sinn noch «eingebittert» werden. Irgendwie Verfassungsschutz, der an der Ecke steht, im Ledermantel, und den armen Häftling für irgendeine schmierige Sache anwirbt, die er stolz von sich weist. Die Zeit in Göttingen war aber leider – wie auch das Jahr 1953 in Bautzen – eine wirklich «sonnige» Zeit. Sonnige Zeiten gibt es doch, oder? (Arnold Zweig: Verklungene Tage) Daß man die bescheidenen Freuden in der allgemeinen optimistischen Stimmung des Wirtschaftswunders (das ja ein Wunder war) durchaus genoß, hat man doch erlebt! Mein neues Fahrrad mit Viergangschaltung war 'ne Wucht, und das Radio «Andante» mit Ferrit-Antenne, und Herr Sanders, der seinen Schallplattenschrank öffnet. Das Singen im Kirchenchor, das Orgeln in Geismar, Speiseeis beim Italiener, die schönen Radtouren – alles so lange entbehrt? Ich weiß schon, wie man ein bitteres Buch schreiben müßte, aber ich will es nun einmal nicht.

*

Lit: Daß mein Gedächtnis nachläßt, hat auch etwas für sich: Ich kann immer dieselben Bücher mit immer demselben Interesse lesen. Dies passierte mir jetzt mit Haffners «Anmerkungen zu Hitler».

*

Am 27. November 1947 ging ich in den Westen. Das sollte «für immer» sein, aber meine Zeit war noch nicht «erfüllt». Ich ging wieder nach Rostock zurück, wie unter einem Zwang.

Nartum Mo 28. 11. 1983

Heute wurde mir in Hamburg ein mecklenburgischer Preis verliehen. Sie haben wohl absolut keinen anderen Mecklenburger mehr aufgetrieben, den sie damit beehren konnten. Die Verleihung fand in der Patriotischen Gesellschaft statt. Als Ehrengabe erhielt ich eine Urkunde und eine gerahmte Federzeichnung des sozialistischen Rostock, worüber ich mich unbändig freute. Die Laudatio hielt ein ehemaliger Schulrat, und sie war auch danach. Nachdem er alle möglichen Leute begrüßt hatte – die Abgeordneten anderer Landsmannschaften vornehmlich – sagte er, ich hätte meine Familie durch den Kakao gezogen, das wär anzuerkennen. – Ich redete den Herrn hinterher als Kollegen an, was der sich verbat!
Als ich gerade mit dem Lesen beginnen wollte, drängte sich ein plattdeutscher Rezitator vor, der mit Stentorstimme eine halbe Stunde lang etwas Plattdeutsches in den Saal schrie, und zwar auswendig. «De Sünn» kam darin vor und «de Blaumen». Was er da schrie, war reinster Heimatkitsch, interessant nur, weil er alles auswendig hersagte: Wird er steckenbleiben? fragte sich alt und jung.
Unter den Ehrengästen befand sich auch der Erbgroßherzog von Mecklenburg mit seiner Frau. Ich wurde ihm vorgestellt und empfing einen huldvollen Händedruck. Wenn Vater das erlebt hätte! Er hätte bestimmt mit den Hacken geklappt. Der Aristokrat versprach, demnächst einmal etwas von mir zu lesen. («Und Sie schreiben Bücher?») Mehr noch interessierte ihn der große Schnurrbart meines Bruders. Er ließ nachfragen, was es mit dem Schnurrbart auf sich habe.
Die mecklenburgischen Landsmannschaftsfunktionäre behandelten ihren Großherzog bemerkenswert schnöde. Die holten beim Händedruck die Revolution von 1918 nach. Aber wieso laden sie ihn denn ein? Und wieso kommt er?
Trachtendamen waren auch erschienen. Vorbei, vorbei, ihr Lieben, es ist doch schon längst alles vorbei. Die Trachten sind doch ein Zeichen von Unterdrückung! Die wurden doch nur von reichen Bauern getragen, während die Knechte in Lumpen gingen.

Wiesbaden/Bonn/Hürth   Mi 30. 11. 1983

Gestern war Bertelsmann-Sitzung in Eltville bei Wiesbaden. Volltrunken ins Bett. Dem Herrn Martens hab' ich es gesteckt, daß es doch wunderbar wär', wenn er jetzt, bei der Herausgabe von «HW», mit dem ich doch die Chronik beende, mal eine längere Sache machte mit mir.

*

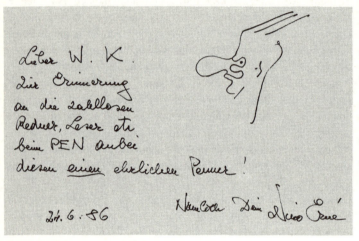

Das Albumblatt von Nino Erné

Heute früh brachte mich Nino Erné mit dem Wagen nach Wiesbaden, von wo ich nach Köln fuhr. Nein, sagte er, das sei nun ausgemacht, daß er etwas von mir lesen wird, gleich morgen fange er damit an. – In Wiesbaden bin ich zum x-ten Mal die Erinnerungsstraßen abgeschritten, vom Opel-Haus bis zu Karstadt, an dessen Rückfront (damals PX) ich Weihnachtsbäume verkaufte anno 1947. Durch die neuen Gebäude, die sich überall zwischen die alten Fronten schieben, altert die Stadt.

Der Antiquitätenhändler sagte, er habe seit einem halben Jahr kein teures großes Objekt mehr verkaufen können, nur Kleinkram. – Ich hatte eine Iserlohner Tabaksbüchse in der Tasche, mit der ich mich gerade selbst belohnt hatte, aber das ist für ihn vermutlich auch kein großes Objekt.

*

Am Nachmittag war ich dann in Bonn bei meinem kleinen Sternchen. Die Eltern holten mich von Köln ab, das ist ja wundervoll, daß ich so ein nettes Verhältnis zu ihrer Tochter habe, und Susanne hat sich schon ganz furchtbar gefreut. Kaffee und Kuchen. Im Keller hat der Bruder eine Vogelzucht, halb drinnen, halb draußen, sehr intensiv. Er selbst ist irgendwie auf Reisen, und nun beschäftigt sich die ganze Familie mit den Tieren, und anscheinend gerne. Ich wurde dann allein gelassen mit dem Sternchen, es spielte mir das Doppelkonzert von Bach vor, eine Tonbandaufnahme des Schülerorchesters, bei der es selbst mitgewirkt hat. Es sagte, der langsame Satz wär' so anstrengend, weil man da immer nur einen Ton zu spielen hat, und dann ist der Satz so lang, man ist hinterher ganz steif.
Wir überlegten, ob sie nicht mal mit ihrem Schülerorchester nach Nartum kommen könnte.
Merkwürdig ist bei solchen Besuchen, daß dauernd welche raus- und reingehen. In der guten Stube gibt's keine Ruhe. Da muß dies geholt werden und das, und man sitzt auf dem Sofa und freut sich, daß man so ein großer Held ist.

*

Lit: In Kleßmanns «Telemann».

«... Telemann ist ‹die Leichtigkeit› schwerlich gedankt worden, denn ‹Leichtigkeit› hat unter den Deutschen noch nie als Empfehlung gegolten, damals wie heute. ‹Es ist der Charakter der Deutschen, daß sie über allem schwer werden, daß alles über ihnen schwer wird›, stellte Goethe keine zwanzig Jahre nach Telemanns Tod fest.»

So ist es noch heute.

Dezember 1983

Hürth/Köln/Nartum Do 1. Dezember 1983

Heute wäre Großvater Kempowski hundertachtzehn Jahre alt geworden. Seine Eltern hatten ihn 1880 nach Rostock geschickt, «barfuß», wie immer gesagt wurde, und dort hatte er sich dann hochgearbeitet, also eine reiche Frau geheiratet. Die Villa steht noch, die er sich 1906 für 45 000 Mark kaufte, und das Geschäftshaus steht auch noch, neben dem Mönchentor: eine Tropfstein-

Rostock, Strandstr. 98

höhle, reif zum Abriß. – Wir Kinder hatten Angst vor ihm, weil er im Rollstuhl saß und wir sein Platt nicht verstanden. Ich besitze ein paar Ansichtskarten von ihm, auf denen er gereimt hat:

Nun mein lieber Neff' zum Schluß,
meinen Rath empfang:
Dichten ist ein Hochgenuß,
Wenn man's eben kann.
Doch wenn man es nicht vermag,
Nicht kann finden Reim
muß man wie's Dein Onkel thut
Lieber's lassen sein!

An diesen Rat habe ich mich auch gehalten. Das «Reimen» hat mich nie gereizt.
Mein Vater hat, soviel ich weiß, nie etwas geschrieben. In seinem Schreibtisch fand ich mal ein paar hübsche Bleistiftzeichnungen wie er sich sein Haus vorstellt, wenn er mal eins baut. – Und: Er hat zwar ganz gut Klavier gespielt, aber er hat nie «phantasiert».

*

Gestern hatte ich eine Lesung in Hürth. Es empfing mich ein Herr, der Briefe von Thomas Mann besitzt, die er mir allerdings nicht zeigte. Das ist so wie der Pudel Lorus, der viele Sprachen spricht, aber es nicht tut. – Im Publikum eine Kusine, die dann hinterher verschwunden war, obwohl wir uns verabredet hatten. Wahrscheinlich nimmt sie mir jetzt übel, daß sie weggegangen ist.

※

Beim abendlichen Zusammensitzen ergatterte ich zwei Eselsbrücken von einem Geologen:

> **A**lle **D**icken **T**errier **K**reischen,
> **J**uden **T**riefen **P**ermanent.

Mit Hilfe dieses antisemitischen Spruchs merkt man sich die Abfolge der geologischen Schichten: **A**lluvium, **D**iluvium, **T**ertiär, **K**reide, **J**ura, **T**rias, **P**erm.

> Und kommst du in den Schieferton,
> so bist du etwas tiefer schon.

Ich weiß nicht, ob man damit was anfangen kann, besonders originell ist es nicht.
Eine der anwesenden Damen meinte zu mir: «Ich weiß nicht, wie es kommt, meine Kinder reüssieren nicht...» Literatur sei ein nicht sehr erobertes Pflaster in Hürth. – Weshalb ich immer so ironisch sei, wollte sie wissen.

※

Heute früh gab es im Hotel zunächst erheblichen Ärger wegen des Lifts, der nicht kam. Ich stand und stand und mißhandelte den Knopf, auf dem «kommt» stand, aber der Aufzug kam nicht. Ich mußte schließlich das Gepäck nach unten schleppen (6. Stock).
«Ja, der Lift ist kaputt.»
«Und wieso haben Sie kein Schild drangemacht??»
Die Erregung übermannte mich explosiv, ich schlug dem Manager

das T&W-Exemplar aus der Hand, das er signiert haben wollte. O Gott! Wie bin ich abstoßend in solchen Fällen.
«Kempowski ist schwierig.»

*

Am Vormittag hatte ich eine Lesung in einem Kölner Gymnasium. Die saftstrotzende Jugend zeigte sich von ihrer freundlichen Seite, und ich mich dann natürlich auch. – Wie ich Köln finde, wurde ich gefragt. –
«Ich halte Köln für die mit Abstand schönste deutsche Stadt», antwortete ich, was sie ohne weiteres hinnahmen.
Ich mag das «Kölsch» ganz gern hören, muß überhaupt sagen, daß ich keinen uninteressanten oder gar widerlichen Dialekt kenne. Am verrücktesten kommt mir noch das Schwyzer Dütsch vor.
Auch gegen die Sachsen habe ich nichts. Ihre Sprache sonderbar zu finden, halte ich für primitiv.
In Köln habe ich immer eine faire Presse gehabt, und immer hat es geregnet, wenn ich dorthinkam. – Schon lange habe ich vor, mir den Millowitsch mal anzusehen und das Puppen-Theater. Vielleicht klappt das ja doch noch mal.
Auch Negatives fällt mir ein zu Köln: Studenten eines Seminars lehnten es ab, meinen «Block» zu behandeln: Das sei ja doch alles gelogen. Und daß einer der Lehrer, heute, sagte, es gefalle ihm nicht, daß ich negativ gegen die DDR-Führung eingestellt sei.

*

Auf dem Bahnhof in Bremen: Eine sächsische Familie, die ihre sächsischen Großeltern verabschiedet:
«Woll'n bäd'n, daß mer uns noch mal säh'n!»
«Gommt kud heeme!»

1990: *In der «Zeit» regte sich die Fernsehkritikerin über das «Geheule» am 9. November auf. Sie meint, daß die Vereinigung doch eigentlich keiner will.*

*

Die Fernsehtürme wie Beruhigungsinjektionsspritzen, riesige, in die Luft hineinragend.
Das ganze Land wird ruhiggestellt.

*

Am Abend war noch eine Lesung in Bremen. Ich las in der Waage den ganzen «Böckelmann I» und Teile von «Bö. II». Aus Überanstrengungsgründen und weil so viele Menschen kamen, und weil es eben doch ein Selbstporträt ist, hatte ich beim Schluß von «Bö. I» mit Rührung zu kämpfen. – Kinder können sich nicht damit abfinden, daß Böckelmann stirbt. Eine Mutter berichtete, daß ihre Tochter vor Schmerz laut geschluchzt habe.
Eine Studentin fragte mich, ob ich das eigentlich verantworten kann, so was zu schreiben, sie wär' als Kind ganz schön geschockt gewesen.

*

In der Post ein Brief aus Südamerika: Ob ich die Neigung hätte, einen Roman über seine Familie zu schreiben.
...Während es über den Zeitabschnitt zwischen 1650 und 1967 nur Positives zu berichten gebe, gehe es leider danach rapide bergab. «Ich möchte Ihnen sagen, sehr geehrter Herr Kempowski, daß ich durch die Veröffentlichung dieses beabsichtigten Romans kein Geld verdienen möchte.»
Selbstverständlich werde der Roman mit meiner Feder geschrieben, darum wende er sich ja heute an mich!
«Meinen Sie nicht, daß die Zeit 1983/84 reif dafür ist, einen Roman ähnlichen Charakters wie die ‹Buddenbrooks› oder die ‹Rosendahls› von Baumgardt zu schreiben?»

Ferner fand ich in der Post eine Einladung, dem Verein «Neue Stoiker» beizutreten. Irgendwie irre.
Das Blondy aus Mönchen-Gladbach schreibt mir fast jeden Tag. Inzwischen hat sie mitgekriegt, daß ich Schriftsteller bin, und sie liest «Gold», ausgerechnet! – Die Geschichte der verkorksten «Beziehungskiste» zu ihrem Künstlerfreund erhalte ich in Fortsetzungen. Jedesmal legt sie ein Bildchen bei, feine Bleistiftzeichnun-

gen. – Ich empfange diese Briefe gern, nur weiß ich nicht, was ich antworten soll. Ich kann ihr doch nicht mit Seneca kommen.

*

Lit: Im Michel-Spezial-Katalog. Daß es im Ghetto Lodz eine «Judenpost» gegeben hat mit eigenen Briefmarken, und daß auch die Aufständischen in Warschau ein eigenes Postamt hatten. – Dieser Katalog beschäftigt mich noch immer.

Aus meinem Tagebuch über die Ölkrise

1.12.1973: *Man fragt sich, ob das Ölhamstern lohnt. Abgesehen vom Benzin macht sich nirgends ein Mangel bemerkbar. Aber das kann sich schnell ändern.*
Ich kaufte gestern für alle Fälle fünf Stück Seife, nicht «Pfeilring» wie damals 1939, im Harz. Außerdem vier Benzinkanister mit Super. Die stehen jetzt im Arbeitszimmer. Die Tankstellenbesitzer geben sich gönnerhaft. Es sei besser, man kaufe immer an derselben Tankstelle, wird gesagt, wenn mal Not am Mann ist, werde man dann bevorzugt. Holland hat für den Januar Rationierungen angekündigt. Das kommt hier bestimmt auch noch.

Nartum Sa 3. Dezember 1983

T: Ich bin in Italien im Gefängnis, werde dort von den Kommunisten gefangengehalten. Muß mir die Fluchtpläne der andern Häftlinge anhören. – Die Leute amüsieren sich darüber, daß ich den Chef der Kommunistischen Partei Italiens nicht kenne.

*

Gestern hatte ich wieder meine Vorlesung in Hamburg. Nachdem der Hausmeister geholt worden war und aufgeschlossen hatte, sprach ich über «Aus großer Zeit», und zwar über den «Ausmarsch»: die Sache mit den Illusionen der Kriegsfreiwilligen, dem Abbröckeln der Begeisterung, Station für Station. Ich präparierte auch den Hinweis auf den Deus absconditus heraus:

Schließlich wird es Abend. An einem noch heilen Haus wird vorübermarschiert, und Karl kann durch das Fenster beim milden Schein einer Petroleumlampe einen Offizier sitzen sehen. Der raucht eine Zigarre und liest in einem Buch. Merkwürdig, daß der hier so behaglich sitzt und liest? Karl ist erstaunt, und plötzlich ist ihm auch ein bißchen weh ums Herz...
(s. 303)

Und prompt kam die Frage, ob ich mir beim Schreiben des Buchs denn etwas gedacht habe?
Der elende Zustand der Universität ist niederdrückend. In Amerika die wundervollen Universitäten: La Jolla, wo ich in einem Penthouse wohnte und den Drachenfliegern zusah. Portland, Provo, Bloomington. Die USA sind das einzige Land, in dem ich auch leben könnte. Ich stelle mir den Gemütszustand eines Hochschullehrers in Hamburg vor. Daß die Leute das aushalten! Diesen Dreck und die feindselige Atmosphäre.
Ich bin im übrigen «out». Outer geht's überhaupt nicht.

*

Ich mußte den ganzen Tag über in Hamburg bleiben, weil ich abends noch eine weitere Lesung an der Universität hatte. Ich irrte in der Stadt umher, unter den Adventsgirlanden der Geschäftsstraßen, Stunde um Stunde, von einem Schaufenster zum andern.
Optische Geräte sind immer ganz interessant. Ein Optiker erzählte mir, es sei ganz egal, ob ich mit einem Feldstecher oder mit einem Fernrohr von dreihundertfacher Vergrößerung den Mond ansehe. Er sei so weit weg, daß das keinen Unterschied macht.
Angeregt durch den Michel-Katalog studierte ich die Schaufenster von Briefmarkengeschäften. Briefmarken sehe ich mir gern an, weil sie Erinnerungen auslösen. Die «Hindenburgkopfmarken» wekken das ewige Rätsel der Nazizeit, das Nebeneinander von warmen Sonntagssemmeln und dem Gepäckmarsch der SA-Männer unten auf der Straße. Ich sehe mich selbst bei Briefmarkenhändler Man-

tow für zwei Pfennige eine Germania-Marke, orangerot mit Rautenwasserzeichen, kaufen. Mantows Geschäft brannte 1942 aus, und er selbst wurde nach dem Krieg von Russen verhaftet, weil sie bei ihm Hitler-Briefmarken gefunden hatten. – Zeitweilig sammelte ich ausgerechnet Bosnien-Herzegowina. – «Frei durch Ablösung Reich»: Das war ein Rätselwort, das ich nie begriff.

*

Das Wetter war widerlich, Schnee, Regen. Immerhin nutzte ich die Stunden und nahm mit meinem kleinen Tonbandgerät das Gedudel der Straßenmusikanten auf. Wildwestsachen und Weihnachtslieder auf Mundharmonika, Blockflöte und natürlich Gitarre. «O Tannenbaum» direkt neben «Ain't Misbehavin'». Die Musiker merkten übrigens sofort, daß ich ein Tonbandgerät unter dem Mantel trug: ein Straßenhändler, der eine Schnibbelmaschine für Gemüse anbot, verbat sich das. Ich wollte ihm wohl die Gags klauen, sagte er. Gottlob hatte ich schon alles im Kasten:

«Die Damen, die schon bei mir gekauft haben, entweder in Österreich oder wenn ich zu Gast bin in der Bundesrepublik, die schließen mich jeden Tag in ihr Abendgebet ein, die sagen: Gott sei Dank, daß ich diesen Mann auf seiner Weltenreise endlich in Hamburg an der Elbe getroffen habe... Setzen Sie diese Einsatzplatte in dieses göttliche Gerät des königlich dänischen Hoflieferanten ein. Wenn's dem Ende zugeht, denkt's an eure Finger. Wer würde sonst den Herrn Gemahl streicheln, wenn er nur mehr einen einzigen Finger besitzt? – Ich kann nur eines sagen: Ihr werdet euch bei mir niederknien, ihr werdet bitten und betteln, daß ich euch so ein Gerät überhaupt verkaufen tue...

Ein Mädchen mit Geige rührte mich, sie spielte das a-Moll-Konzert von Bach! (Den langsamen Satz natürlich.) In ihrem Kasten lagen etliche Fünfmarkstücke. Normale Bettler nehmen die größeren Geldstücke vom Teller und lassen nur Pfennige liegen. Die Fünfmarkstücke bewiesen, daß auch andere Leute die Qualität des Spiels erkannt hatten. Da will man als gebildeter Mensch nicht zurückstehen.

*

Die Lesung am Abend war für die Allgemeinheit bestimmt, ich war zu dieser Lesung verpflichtet, sonst hätte ich mich gedrückt. – Obwohl ich schon wußte, daß kein Mensch kommt, war ich doch erstaunt über die gähnende Leere. Es erschienen nur fünfzehn Interessenten, von denen dann noch drei den Saal verließen, so als ob sie sagen wollten: Wo sind wir hingeraten? – Das sind die Leute, die nur kommen, um weggehen zu können. Für die bin ich das ganz große konservative Schwein. «Hat der da nicht irgendwie in einer Zwergschule rumgemurkst? Das ist doch der, der gegen den Frieden ist!»
Und: «Ist der nicht sogar ‹liberal›?»
Deprimierend.
Unangenehm ist es, wenn Leute erst zehn Minuten vor Schluß hinausgehen. Das sind die Enttäuschten, denke ich dann, das sind die, die du nicht fesseln konntest. (Vielleicht wollten sie ja auch bloß zum Bus.)

*

Ich schlich über die Autobahn nach Hause. Die Autobahn: unsere Mondrakete. Die Visitenkarte der Nation. Zum Kotzen! (Und doch irgendwie grandios...) Im Radio wie immer nur Bumsmusik, dieses prompte Stampfen, und die eigenen Kassetten liegen wieder einmal zu Hause. Daß von der Platte, die man da gerade hört, schon siebzig Millionen verkauft worden sind, wurde mitgeteilt und Platz 1, 2, 3. – Ich vertrieb mir die Zeit mit Nummernschilderphantasien: «ROW-DY», das interessiert mich nicht, oder etwa «MA-RX» (obwohl es mich ärgert). HH-WW finde ich gut, das klingt so schadenfroh oder OL-CH, als wunderliche Tierbezeichnung. L-AM hat nur auf den ersten Blick etwas mit einem Lamm zu tun, es meint wohl eher Götz von Berlichingen. – Auf der «Gegenfahrbahn» war ein Stau, dessen Wagen ich zählte. Ich war ganz enttäuscht, daß es nur dreihundertzwanzig waren, und wandte mich wieder den Nummernschildern zu.

*

In der Nacht hörte ich mir «Stimmen der Dichter» an (eine Produktion des «Zeit»-Magazins). Recht unerträglich die Lyriker. Dieser jammerige Singsang und, man stelle sich vor: «Millionen Nachtigallen schlagen...» Was das für ein Lärm ist (Däubler 1928).

Kleßmann, der die Aufnahmen dankenswerterweise aufgespürt und veröffentlicht hat, erzählt von unglaublicher Gleichgültigkeit der Rundfunkanstalten und Archive:

«Tondokumente der Literatur wurden bis vor wenigen Jahren nie gesammelt, ja ihnen wurde mit Gleichgültigkeit begegnet. Die ‹Hamburger Arbeitsstelle für deutsche Literatur› an der Universität, die sich intensiv mit der deutschen Exilliteratur beschäftigt, registriert keine Tonaufnahmen. Das Freie Deutsche Hochstift in Frankfurt a. M., wo die historisch-kritische Hofmannsthal-Ausgabe betreut wird, weiß zwar von der Existenz von Hofmannsthal-Tondokumenten..., ist ihrem Verbleib aber nie nachgegangen. Im Deutschen Literatur-Archiv in Marbach sammelt man erst seit kurzer Zeit Autorenstimmen. Nur das Deutsche Rundfunkarchiv in Frankfurt a. M. bemüht sich seit längerem um sorgfältige Registrierung, vor allem auch um die Katalogisierung der Senderbestände. Aber eine im dortigen Katalog ausgewiesene Döblin-Aufnahme des Südwestfunks von 1948 existiert nicht mehr: Sie wurde schon vor Jahren einfach gelöscht...
Von vielen Autoren – und darunter sind die wichtigsten – ist die Stimme nicht überliefert: Stefan George, Franz Kafka, Else Lasker-Schüler, Oskar Loerke, Heinrich Mann, Robert Musil, Rainer Maria Rilke, Joseph Roth, Arthur Schnitzler, Kurt Tucholsky – um nur diese zu nennen.
(E. Kleßmann «Stimmen der Dichter»)

1990: *Ich habe die Hundstage auf Band gesprochen, es sind zwölf Kassetten, und die ganze Lesung dauert zwanzig Stunden. Lenz, dem ich davon erzählte, freute sich darüber, und er sagte: «Die ‹Deutschstunde› dauert einundzwanzig Stunden.»*

Bernt Richter erzählte, daß die Rowohlt-Leute die Korrespondenz mit Arno Schmidt irgendwann einmal einfach weggeworfen haben. (Hier bin ich schadenfroh, wo ich doch eigentlich traurig sein müßte.) Ich besitze in meiner Autographensammlung leider nur eine Postkarte von ihm. – Und ein Foto, aus der Ferne aufgenommen. – Die hektografierten Bitten um Manuskriptblätter, die gelegentlich an mich gerichtet werden. Wenn ihnen das so wertvoll ist, könnten sie doch eigentlich individuell schreiben? Ich habe noch nie erlebt, daß sich einer bedankt hätte.

Nartum So 4. Dezember 1983

Gestern abend war hier bei uns das traditionelle Adventssingen: «Pueri hebraeorum», zum erstenmal im Turm, dessen Überakustik uns matten Sängern zustatten kommt. Im Turm zieht es immer etwas. Die Wände werden nach oben hin kälter, und von unten kommt Wärme, die ständig aufsteigt und die Schiffsmodelle (und den Mond) leicht bewegt. Die Damen legten sich Jacken um die Schultern.
Eckart hatte Dr. Mertens aus Magdeburg mitgebracht, Entdecker eines Telemann-Oratoriums. Auch die Schwabacher Schwestern waren erschienen. Ansonsten die alte Besetzung Nahmmacher, Groß-I-Punkt, Timmers, und dann sangen wir, und die Erinnerungen an Bautzen stiegen auf, an diese unglaubliche Kirchenchorgeschichte, nun verblassend, ein Wunder und doch im Grunde kümmerlich: Männerchor, das war die Tragik.
Damals hat uns die sogenannte Kirche ganz schön hängenlassen. Nachdem Pfarrer Mundt uns zunächst ein Paket herrlichster Noten mitbrachte, von Grothe das «Geistliche Chorlied» zum Beispiel, ließ er uns jahrelang ziemlich im Stich, obwohl es «gegangen» wäre.
Ich gab dem Pastor damals ein kleines Konzert für Flöte und Orgel mit und andere Kompositionen, die ich nachts, im Licht der Feuerzonenscheinwerfer, gemacht hatte, und auch Gedichte. Das hat er wahrscheinlich aus Furcht gleich weggeschmissen. «Du weißt ja, wie das ist», sagte er zu mir, «die wollen euch gern als Helden sehen...», und das müsse man verhindern. In seinem Nachlaß war jedenfalls nichts zu finden, immerhin lag in dem Karton, den ich nach seinem Tod bekam, die Chronik des Kirchen-

chors, und außerdem fand ich in seinem Notizbuch die Eintragung: «Kempowski, Margarete, Gruß an d. Söhne.»

1990: *Als ich jetzt in Bautzen war, habe ich nach meinen Noten und nach Notizen gesucht, die ich damals zurücklassen mußte. Ich hoffte, in der Bibliothek noch einiges zu finden, leider vergeblich. 1981 hat die Verwaltung alles verbrannt. Zu der Zeit hat man auch den Kanzelaltar herausgerissen, weil er störte. Der Anstaltsleiter überreichte mir noch ein paar Fotos, auf denen sie zu sehen ist, die alte Heimat.*

*

Spät am Abend las ich der Adventsgesellschaft aus dem dritten Teil von HW vor, die Singerei an der Hochschule in Göttingen und in der Kantorei «Vormann». Danach sangen die Schwabacher das Brahms-Lied von den beiden Schwestern, die alles zusammen unternehmen und teilen, und als ein Mann auftaucht, sich zerstreiten.

> Wir Schwestern zwei, wir schönen,
> so gleich von Angesicht,
> so gleicht kein Ei dem andern,
> kein Stern dem andern nicht...

Während sie sangen, dachte ich: Ach, wie schade, jetzt ist es gleich vorbei, und dabei hatte es eben gerade angefangen.

*

Am Nachmittag arbeitete ich probeweise am ersten Kapitel des Sommer-Romans. – «Hundstage», das wäre ein schöner Titel.

*

Oberster Stock, die Kirchenchorzelle.
Niemals ein Sonnenstrahl

Der Anstaltspfarrer
Hans Joachim Mundt

Die Orgelempore

Der Kanzelaltar der Gefängniskirche

Dieses Bild von mir ist im
Zuchthaus gemacht worden

«Bö II» soll inzwischen die 10 000 überschritten haben. Das Buch wurde in die Liste der schönsten Bücher gewählt. (Womit sich die Leute beschäftigen!)
Das kleine Böckelmann-Heft, die Bildbiographie, ist sehr hübsch geworden. Es hat aber bisher noch niemand auf den Scherz reagiert. Ich fürchte, sie denken, das ist die authentische Biographie des leibhaftigen Herrn Böckelmann.

Nartum   Mo 5. Dezember 1983

Ich sah Wildgänse ziehen, ca. dreißig bis fünfzig Tiere, gen Westen.

※

Heute hatte ich wieder was mit dem Magen, kolikenartiges Rumoren und Kneifen, war recht «hinfällig», sagte daher die Vorlesung in Hamburg ab.
Gegen Abend, o Wunder, schrieb ich trotz Leibkneifens noch ein paar Seiten am Sommerroman: «Sowtschick sperrte die Hunde ins Haus und öffnete das weiße Tor. Dann fuhr er mit dem großen Wagen davon...», so geht's los.

※

Lit: Walser: Die Eckermann-Goethe-Sache. Irgendwie verfehlt.

Mus: Max Bruch, Violinkonzert. Es lebt bekanntlich vom zweiten Satz. Die Zigeunersache im dritten ist abwegig, und der erste Satz ist ja nur eine Art Einleitung. Über sein Violinkonzert hat er sich nachher nur noch geärgert. Jeder Debütant wollte es ihm vorspielen.
Ich hörte auf der Kleßmann-Schallplatte Schwitters' «An Anna Blume», die Nazis wußten, weshalb sie auf so etwas Jagd machten. Auf ihrem Marsch in die Hölle hätten diese Art Grotesken die Gefolgsleute nur verwirrt. Die Erkenntnis, daß alles Leben grotesk ist, konnten auch die Kommunisten nicht brauchen. – Hermann Hesse mit seinem Nebel, er liest «adäquat».

Salzuflen Di 6. Dezember 1983

T: Ich bin Offizier und mache mir Gedanken, wie ich die Truppenverpflegung im Hinblick auf die drohende Katastrophe sichern, bzw. verlängern kann. Ich lasse die Leute Äpfel in Scheiben schneiden und trocknen, desgleichen Kommisbrot. – Eine Sekretärin fragt, warum ich diese Vorräte nicht ganz regulär von der Küche herstellen und bereitstellen lasse.

※

Heute fuhr ich mit dem Wagen nach Bad Salzuflen, was ziemlich endlos dauerte. Laster vor mir und hinter mir Drängelanten. «Nun grade nicht», das ist die Haltung, mit der man den Rest seiner Nerven ruiniert.
Bei der Lesung traf ich auf fünf ehemalige Seminarteilnehmer, mit denen ich noch lange zusammensaß. Leider las ich, wie sie mir erzählten, genau dasselbe wie vor einem Jahr. Man sei «verschnupft» gewesen, hatte doch was Neues erwartet! Du liebe Güte, da hätte doch einer den Mund aufmachen können. Und: Wenn die wüßten, wie oft *ich* meine Texte lese...

※

Lit: Jochen Kleppers Tagebücher, sehr zwiespältig. Lehrreich für unsere jungen Leute, die so gerne schwarz-weiß sehen. Er ist zum Beispiel «sehr angenehm davon berührt, daß Minister Frick» ihm eine Zeile des Dankes schickt. Er schreibt 1936 Olympische Sonette, vom Fahnenwald Unter den Linden ist er angeregt usw. Ein ganz außerordentliches Buch, eben, weil es ganz ehrlich ist und keinen Heroismus exerziert.

Salzuflen/Everswinkel/Münster Mi 7. Dezember 1983

Heute morgen bekam ich Besuch von einem jungen Mann, schmaler Kopf, goldene Brille, und einem Knabenmädchen. Ich ließ sie auf mein fürstliches Zimmer kommen und empfing sie mit Rasierschaum im Gesicht. Wir aßen Frühstück zusammen – ich hatte alles mögliche bestellt, um ihnen zu imponieren: trank Kaffee, den ich mir mit Kakao mischte und dann noch einen Löffel Rum hinein: So lebt ein Dichter.

※

Lit: Tucholskys Tagebücher. Ein warmes Gefühl der Sympathie zu ihm hin. Über einen Fall von Sippenhaft der Sowjets sagt er höhnisch: «Ist das nicht schön? – Ich finde das den comble von Gemeinheit. Ich bin neugierig, wie die jungen Herrn von der Firma Gide, Malraux & Co. das verteidigen.» – Über die Hörigkeit der Schweden gegenüber den Nazis.
Ich lese, im Bett liegend, seine Tagebücher mit Kleppers parallel. Die sanguinische, melancholisch getönte Leichtfüßigkeit des Journalisten neben der protestantischen vaterländischen Strenge Kleppers. Man lese nur die Passagen über die Wahlen an der Saar (Jan. 35).

TV: Dressierte Papageien, die Rollschuh fahren.

Nartum Fr 9. Dezember 1983

Gestern in Münster. Ließ mir die Haare schneiden, und dabei fiel mir zu dem Sommerroman ein, daß ich den Herrn Sowtschick, der ja Schriftsteller ist, ein Buch schreiben lassen könnte.

※

Am Abend war dann die Lesung in der «Saxonia», einer Studentenverbindung. Rührende deutsche Gesichter. Mein Tisch war mit Tannenzweigen dekoriert. Ich nahm Anstoß am Zuspätkommen einiger junger Burschen und an deren störendem Benehmen. Ich sagte vor versammeltem Publikum: «Wenn *Sie* noch nicht einmal wissen, was sich gehört...» (wer dann). Spielte auf «geistige Elite» an (die man in einer Studentenverbindung ja nicht unbedingt erwarten kann).

In der Nacht fuhr ich bei strömendem Regen nach Haus. Es regnete so stark, daß ich auf einem Parkplatz das Schlimmste abwarten mußte. Laster rasten an mir vorüber wie Raketen, ein Stück Weltuntergang. Ich begreife nicht, daß man das nicht unterbindet. Wenn ich Verkehrsminister wäre, würde ich eine spezielle Autobahnpolizei aufstellen, in dunkelroten Uniformen. Wer Gesetze erläßt, muß auch dafür sorgen, daß sie eingehalten werden.

※

Heute in Hamburg vor acht Leuten über «Quellen und deren Verwendung». Daß ich gerade zur rechten Zeit mit der Wirtschafterin meines Großvaters Kontakt bekam, ohne deren Informationen und drastische Schilderungen ich «Aus großer Zeit» nicht hätte schreiben können. Und Frau Roy, die mir aus Los Angeles schrieb. Ich hatte schon hinfliegen wollen, sie zu interviewen, da stand sie vor der Tür. Mein Großvater sei «antatschig» gewesen, habe immer fühlen wollen, aus was für Stoff ihr Kleid gemacht sei. Und die Sache mit den Achselhaaren. Ob da schon was sprießte.
Ich beklagte mich hinterher bei den Studenten über das geringe Interesse an meiner Abendlesung. Hamburgs Bevölkerung habe die Universität nicht «angenommen», wurde gesagt, die Bürger fürchteten sich vor den verwahrlosten Gebäuden.

※

Am Abend las ich in der überfüllten Buchhandlung Pabel, in der Nähe der Michaeliskirche, die Grethe-Passagen aus «Zeit», also Geschichten, die sich genau dort ereignet haben, wo jetzt die Buchhandlung steht.
Mutter hat mir von der Arbeit im Kinderhort erzählt, wie vorsintflutlich es dort gewesen ist.
Sie hat auch erzählt von den schlimmen Verhältnissen im Hamburger «Scheunenviertel», wo sie die Kinder morgens abholen mußte. Daß sie dort Babys gesehen hat, die in Zeitungspapier gewickelt waren. – Den Fröbel-Kittel trug sie später dann manchmal noch,

wenn sie Johannisbeeren einmachte, grau-weiß gestreift, mit feinem weißen Kragen.
Für die Erinnerungsbibliothek kaufte ich: Sophie Reinheimer «Von Sonne Regen Schnee und Wind», aus dem uns meine Mutter oft vorlas (der Titel ist das beste an dem ganzen Buch), und einen Stoß alter «Spiegel» aus der «Herzlich-Willkommen-Zeit». Vielleicht finde ich noch was, das ich einarbeiten kann.

Lit: Peter Handke «Langsame Heimkehr», eine Menge Anstreichungen von Hildegard.

Meine Mutter, 1917

Ich kann überhaupt keinen Zusammenhang in ihren Anstreichungen erkennen. Das ist «schmerzlich». «Weil sie nie ausdrücklich Feinde geworden waren, gab es nicht einmal die Möglichkeit, sich zu versöhnen.» Meint sie uns damit? – Handke hat mich mal irgendwo verteidigt, seitdem lese ich seine Bücher mit besonderem Interesse.

Nartum Sa 10. Dezember 1983

Heute schrieb ich wieder einen Sowtschick-Probetext.

※

Am Abend Unglaubliches in Bremen. Die Großloge hatte geladen. Es war unter aller Würde. Die Crème de la crème aß, trank und unterhielt sich, während ich las: Ein Ditt- und Dattladen der höheren Stände. Ich nahm es gelassen, weil das Honorar großzügig bemessen war. (Während ein Streichquartett musizierte, wurde ebenfalls geredet, und die nahmen es auch gelassen hin.) Leider hatte ich Hildegard mitgenommen, um ihr was Besonderes zu bieten. Ich fuhr völlig «geplättet» und wüst schimpfend nach Hause, wobei es dann passierte, daß Hildegard das Schimpfen auf sich bezog. Das gab vielleicht ein Gerechte!

*

Lit: Kuby, «Mein Krieg».

Nartum Sa 11. Dezember 1983

Wieder einen Probetext für den Sommerroman geschrieben, obwohl ich mich eigentlich um HW kümmern müßte.

*

Der Klavierstimmer war da. Hat mir lange Vorträge gehalten. Auf jeder Saite lägen 90 Kilo Spannung, das seien bei 230 Saiten 400 Zentner oder 20 Tonnen. Nun spiele ich mit mehr Respekt.

Lit: «Stimmen der Dichter»; Ina Seidel liest aus dem «Labyrinth», sympathisch, man hört ihr gerne zu, sie zu *lesen* ist nicht mehr möglich. Als sie in den Siebzigern aufgefordert wurde, dem Schriftstellerverband beizutreten, fragte sie: «Ist das was Östliches?» – So hört man den Toten zu; wenn Johnson in Bremen liest, hat man immer grad was anderes vor.

Mus: Leider unter Tränen und eher zufällig, die Sechste von Tschaikowsky. Eine so direkte Übertragung von Weltschmerz geht unmittelbar ans Herz.

Nartum 12. Dezember 1983

T: Beim Mittagsschlaf träumte ich, daß Tiger und Hai miteinander kämpfen sollten. Ich sah, wie ein Mann ein Fallgatter hochzog und von draußen ein Hai über den Betonboden hereinschlüpfte, ähnlich wie ein Seehund, auf den zwischen zwei großen Steinen gemeinerweise festgebundenen Tiger zu. Der Tiger klagte, als der Hai auf ihn zuglitt. Ich konnte nicht sehen, wer wen biß, ich hörte nur das Klagen beider Tiere und sah schließlich den halb abgebissenen Kopf des Hais, seine bloßliegenden Zähne. «Siehst du», oder so was ähnliches dachte ich, «warum bist du nicht im Wasser geblieben.» Unklar war, was aus dem Tiger geworden ist. – Zum Schluß war zu beobachten, wie sich das zerstückelte Eingeweide des Hais schlürfend selbst auffraß.

※

Heute morgen Vorlesung in Hamburg, vor ganzen neun Leuten. Thema: Collagen. Ich exemplifizierte das an «Aus großer Zeit».

※

Obwohl ich am Abend noch eine Lesung in Hamburg hatte, und zwar ebenfalls in der Universität, raste ich nach Nartum zurück, weil drei Studentinnen unbedingt das Haus sehen wollten. So bekloppt ist man! Kindisch! – Übrigens sind die verbliebenen Studenten sehr nett zu mir. Das junge Ehepaar Laugwitz hat mich sogar zum Essen eingeladen, und der Vater einer Studentin spendierte mir ein Bier. Ob ich mit Thomas Mann verkehrt habe, wurde ich gefragt.
Abends dann wieder hin, eine unbehagliche Lesung vor vierzehn irgendwie befremdeten Zuhörern. – Eine Frau monierte, daß ich mich so selten verlesen habe.
Unter Schneegestöber nach Hause geschlichen.

1990: *«Geisterfahrer»: Neuerdings heißt es «Falschrichtungsfahrer». Beamte haben den Volksmund gestoppt. «Wo kommen wir denn da hin!» Zebrastreifen sollen «Verkehrsfurt» heißen und die Ampel: «Wechsellichtanlage». Es kann einem grausen.*
Das Schlimmste, was sie sich geleistet haben, ist der «Auszubildende». Wer sich das ausgedacht hat, sollte ins Quecksilberbergwerk gesteckt werden. Die in der DDR kursierenden neu-

deutschen Behördenprägungen haben auch eine überzeugende Qualität. Die «Jahresendfigur mit Flügeln» für «Engel». So etwas ist kostbar.

Mus: Pepping «Die Nacht ist kommen». Danach siebzehneinhalb Minuten geweint. – Einmal muß es doch nachlassen.

Voerde/Wesel Di 13. Dezember 1983

T: Herzliche Eintracht mit Peter Handke, wir liegen einander an der Brust.

*

Gestern hatte ich eine Lesung in Voerde, und zwar im Standesamt, mit zwei sich im Takt wiegenden Musikern. Im Publikum einige Kinder, derentwegen ich querbeet durch alle Romane nur leicht verständliche Stellen las. Ich freute mich an ihren Reaktionen. Den Erwachsenen gefiel's auch.
Danach das übliche. Eine Trivialemanze konnte in der Diskussion abgewimmelt werden. Wenn erst mal die richtigen kommen, geht's mir an den Kragen. – Es muß ja aber auch furchtbar sein, an seinem Geschlecht zu leiden. Neuerdings denke ich öfter mal, mitten auf der Straße, daß ich eine Frau bin. Ich sehe meine Mutter nackend und denke: Das sind meine Beine, das ist meine Schulter. (Manchmal auch bei Renate: dies bin ich selbst, eine Wiedergeburt zu Lebzeiten, wir ihr Name sagt.)
Im Zuchthaus nannten sie mich zeitweilig «Evelyn».

*

BAB-BAB-BAB: Die Autobahn, die ihren Namen sagt. – Auf die Brücken Verszeilen von Goethe-Gedichten pinseln. Hamburg – Bremen: Das würde für den Zauberlehrling reichen. Für die Rückreise «Prometheus». Aber wenn man das dann als Pendler jeden Tag lesen muß, dann baut man womöglich Aggressionen auf. – Wann sie wohl das Wort «Pendler» abschaffen.

Heute habe ich mir Xanten angesehen. Ein überwachsenes Amphitheater. Der Dom war leider geschlossen, wird wohl renoviert. Auch in das Museum konnte ich nur einen kurzen Blick werfen, da grade Feierabend war. Aus Mitleid – «ich bin extra von Flensburg hierhergefahren...» – ließen mich die Reinmachefrauen einmal um die Ecke gucken. Im Eingang eine gräßliche Plastik: Ein «Kriegsknecht» stößt einer Märtyrerin mit der Eisenstange Zähne aus. – In einem Café schlechten Kuchen gegessen (aus der Gefriertruhe), unter Schlagermusik und dem wüsten Gerangel von Fahrschülern.

   Spaniens Gitarren begleiten
   die Liebe seit uralten Zeiten...

«Xanten». Was stellt man sich unter diesem Namen alles vor! Für einen Kreuzworträtselmacher ist diese Stadt ganz unentbehrlich.

*

In der Nacht, im Bett, noch einen Sowtschick-Text geschrieben.

Die Erfahrung hatte Sowtschick schon gemacht, daß er schlecht schlief, wenn er zu lange den Mond anguckte. Magisches und Magnetisches aktivierten in ihm Kräfte, die sich sonst nicht rührten. Wie eine Fotozelle reagierte er auf den Mond, und wenn dieser es vermochte, Ebbe und Flut hervorzurufen in den Meeren, Milliarden Tonnen von Wasser also zu stauen und loszulassen, so machte er es nun, daß Sowtschick schon nach einer Viertelstunde wieder aufstieg aus den Tiefen des Schlafs...

Natürlich werden sie sagen: Das ist er selbst! Dabei denke ich nicht an mich, sondern merkwürdigerweise an Bieler, ohne ihn allerdings wirklich zu meinen. Der Name «Sowtschick» kam aus heiterem Himmel, wir saßen beim Kaffee, und da sagte ich: Der Mann heißt Alexander Sowtschick! Und sofort war auch Manfred Bieler zur Stelle.
Es muß noch eine Streichholzschachtel existieren, auf der wir Namensvariationen ausprobiert haben. (Sowt = soft; schick = schick, außerdem sollen die Initialen sowohl an Arno Schmidt als auch an Alexander Solschenizyn erinnnern.)

Nartum 14. Dezember 1983

Autofahrt nach Lilienthal. Ich kaufte in der Anstalt wieder ein paar sehr sonderbare Tonplastiken, grotesk, urtümlich, götzenhaft.
Die Töpferin erzählte, ihr Wochenendhaus sei von der Dorfjugend in ihrer Abwesenheit verwüstet worden. Alle Bücher herausgerissen, das Geschirr zertrümmert, Farbband aus der Schreibmaschine gerissen, Kissen aufgeschlitzt, Ketchup, Senf usw. Nichts gestohlen, aber alles gründlich zerstört. Sandberg hat ähnliches von Oslo erzählt. Kinder besserer Familien machen so was. Die Schäden werden von der Versicherung nicht ersetzt.
Dieser vandalische Akt gäbe den richtigen Schluß ab für den Sommerroman.

Nartum Sa 17. Dezember 1983 kalt

T: Meine Entlassung aus dem Zuchthaus steht unmittelbar bevor. Mutter und Robert sind gekommen und der Pastor, um mich ein letztes Mal zu besuchen. Ich ärgere mich, daß ich ihnen keine Manuskripte mitgab, sie wären nicht kontrolliert worden. Nun muß ich all das, was ich in den vielen Jahren geschrieben habe, zurücklassen.

*

In der Nacht sonderbare Ängste, vielleicht eine Kombination aus angestrengter Arbeit (Angst, es nicht zu schaffen), dem ahnungslosen Sohn am Telefon, unpassender Lektüre (Erinnerung an die Abrutschjahre nach dem Krieg), Steuerdingen und Bedenken. Jedenfalls wachte ich kurz nach dem Einschlafen von starkem Herzklopfen auf. Ich setzte mich in einen Sessel und atmete mehrere Male tief durch, da war es schon besser.

*

Heute habe ich das erste Kapitel von Sowtschicks Sommer beendet und das zweite begonnen. Die beiden Teenies treten auf. Ich kann

es gar nicht erwarten, daß es richtig losgeht mit diesem Buch. HW bleibt etwas liegen im Augenblick. Habe das alles zunehmend satt. Das unkommentierte Schildern des bloß Faktischen setzt mir zu enge Grenzen. Bei und mit Sowtschick kann ich mich endlich entfalten.
Essay angefangen, «Autor und Lektor», für Oldenburg. Die sonderbare Macke, daß Bernt Richter keine Pünktchen ertragen konnte, Michael Krüger keine Gedankenstriche und Knaus keine Ausrufezeichen. Alles andere war so ziemlich egal.

※

Interessante Eingänge im Fotoarchiv.

※

In der Zeitung Bilder von abgestorbenen Bäumen.
Das sogenannte Waldsterben beginnt nun auch in unserm Garten. Mehrere Lärchen sind bereits eingegangen. Wie es im Steinfelder Holz aussieht, weiß ich nicht. Ich gehe schon lange nicht mehr in den Wald. Spazierengehen, wie macht man das? Das Bäume-Anglotzen geht mir auf den Nerv. Früher gab es da wenigstens noch einen zauberhaften Müllabladeplatz. Heute laufen da Menschen herum, die nicht antworten, wenn man «guten Tag» sagt.
Am liebsten wäre es mir, wenn ich das Haus nicht mehr verlassen müßte. Eine Art freiwilliges Gefängnis, jenes Leben wieder aufnehmen, das mir einmal so gutgetan hat.

※

Dressurversuche mit Robby. Emily daneben. Sitz! und dann «schön!» (Männchen). Ich lege sie in der Bibliothek ab und gehe dann sonstwohin und rufe: «Komm!» und dann kommen sie angewetzt. Der Kleine guckt, was Emmy macht, und paßt sich sofort an. Apportieren tun diese Tiere nicht. Sie gucken unglaublich blöde in die Gegend, wenn ich es erwarte. Aus England kommt die Sage, daß Corgies Pferde für Zwerge gewesen seien. Phylax damals wußte genau, daß er nicht auf den «guten» Teppich durfte, er legte sich dann so hin, daß eine Pfote auf dem Rand lag. Wir mußten ihn dann wegtragen, und er machte sich ganz steif. Daß wir mit ihm aus Spaß schimpften, gefiel ihm ganz besonders. Der Labrador bei Degenhardt. Als ich D. besuchte, kam der Labrador angelaufen und reichte mir als Begrüßungsgeschenk einen Gummistiefel.

*

Lit: Wysling. «Narzißmus und illusionäre Existenzform». Besonders interessant, Thomas Manns Notizen über Strafvollzug (für Krull hingeschrieben).

Ventilation (in der Zelle) sehr schlecht. Im Sommer erneuert sich die Luft überhaupt nicht. Die Zelle mit ihrem kleinen Gitterfenster nimmt dann die Eigentümlichkeit der Höhlen an, deren schwerere kältere Luft nicht von der wärmeren leichten draußen verdrängt werden kann.

Auch über die Prügelstrafe:

... Beim fünften Hieb muß die gespannte Haut platzen, und jeder folgende Hieb klatscht in die blutige Masse...
In der Zelle ein Nachttopf, beschmutzt von früheren Insassen. Der Eisendeckel durchrostet.

*

TV: Charlie Chaplin. Wiedergefundene Schnipsel von früheren Dreharbeiten. Später könnte man mal die zwar gedrehten, aber nicht verwendeten Einstellungen aus Fechners T&W-Filmen zeigen. Das ist alles aufbewahrt worden. – Die gestrichenen Passagen in Th. Manns «Faustus». – Das nicht Gesagte.

Lit: Peter Handke, «Das Gewicht der Welt». – «Das Gefühl meiner Räudigkeit der Gemeinschaft der andern gegenüber», sagt er, und das kann ich nachempfinden, wenn es auch etwas verquer ausgedrückt ist. – «Als ich Herrn F. sagte...», so etwas ist unerträglich. Soll er sich doch einen Namen ausdenken. Herr F.? Wer ist Herr F.? Und bei A. weiß doch jeder Mensch, daß er seine Tochter meint. – Ich nahm meine alten Tagebücher vor und verglich meine Eintragungen mit seinen: Im Sept./Okt. 76 war ich mit KF in

Amerika. Das Zusammensein mit den Kindern ist immer auch etwas lästig, leider. Eltern sind ja auch nicht immer bequem.
«Stimmen der Dichter», zuerst Anna Seghers, kaum zu verstehen, eine Foltersache aus dem «Siebten Kreuz». Ich weiß nicht, ob eine so genaue Schilderung der Prozedur nicht auf ein besonderes Interesse schließen läßt? – Danach der unerträgliche Carossa mit einem Brunnengedicht, mit besonnter Stimme las er. Und so etwas bietet er seinen Hörern im Jahr 1947! Ein besonders ekelhafter Fall von Verdrängung. Im gleichen Jahr las Ricarda Huch den «Fliegerangriff». Vielleicht ist die Sache deshalb so schlaff, weil sie beim Schreiben das Bewußtsein hatte, etwas allgemein Bekanntes zu schildern. So was nimmt Energie. Das Erzählen muß auch immer mit Unbekanntem zu tun haben, Einmaligem, die Leser wollen Fremdes, nie Gesehenes hören, in dem sie sich – und das ist die Schwierigkeit – wiederfinden können.

*

Morgen letzter Tag in Hamburg. Eine reine Karrieresache, die der Karriere nicht dient.

Nartum   Mo 19. Dezember 1983

T: Ich gehe mit sechs Schriftstellern (darunter Wohmann und Johnson) durch Rostock und gebe historische Erklärungen ab. – Etwas später beobachte ich Detonationen. Ich rufe der Familie zu: «Jetzt! Noch weiter weg! Jetzt näher! Nun vorbei!» – Unser Haus brennt ein wenig, es ist leicht zu löschen, aber es ist von Sprengbomben arg mitgenommen.

*

Letzte Vorlesung in Hamburg: Dem Wahren, Guten, Schönen. Ich improvisierte den Sowtschick-Romanplan, und während ich das tat, kam ich auf neue weiterbringende Ideen.
Die wenigen bis zum Ende ausharrenden Studenten waren äußerst freundlich. Hinterher ging ich mit ihnen in ein Lokal zum «Zusam-

mensitzen». Eine Studentin aus Meppen verriet mir den schönen Spruch:
In Meppen ha'm se Motten in de Betten

Das wär' auch mal interessant, eine kleine Sprüchegeographie zu sammeln. Die von keinem Rostocker mehr zu ertragende Verballhornung des Wortes «Ros-stock» in «Pierd-Knüppel», zum Beispiel. – «Big Apple» für New York oder «Bean Town» für Boston, wegen der «Baked Beans». San Francisco nennen sie «Shaky».

*

Dann traf ich mich mit dem Präsidenten der Universität.

Wie hab' ich das gefühlt, was Abschied heißt...

In seinem Arbeitszimmer hängt statt eines Bildes der Querschnitt einer geologischen Faltung im Original, also mittels Klebstoff und Folie abgenommen. – Ich sagte ihm, daß ich deprimiert sei über die schlechte Organisation, und darüber, daß keiner der germanistischen Kollegen eine zusätzliche Veranstaltung mit mir zusammen angeboten hat. So sei das doch ursprünglich gedacht gewesen.
«Sie müssen das verstehen», sagte er in nettem, freundlichem Ton, und er benutzte die Wörter «kurzfristig» und «Planung», und er sagte, daß er keinen seiner Kollegen zu so etwas zwingen kann. – Im Grunde hätte ich mir das vorher denken können. In Essen war das im Sommer 1977 ganz genauso. Da habe ich außer Glaser niemals einen von der Fakultät zu sehen gekriegt. Wenn ich irgendwo erschien, huschten sie um die Ecke. Und in La Jolla habe ich die ganze Zeit über in meinem Penthouse gesessen und Klavier gespielt.
DDR-Autor müßte man sein. – Aber das bin ich ja!
Was ist ein DDR-Autor? Klingt nicht gut. Klingt nach «mildernde Umstände».

*

1990: *Es war schon eine merkwürdige Erfahrung, in all den Jahren systematisch übergangen worden zu sein von Rundfunk- und Fernsehanstalten. Die auf dem Marsch durch die Institutionen befindlichen linken Macher, die einerseits behaupten, in der Bundesrepublik gäbe es eine staatliche Zensur, hatten selbst eine installiert und übten sie rigoros aus.*

*

Danach bummelte ich mit einer äußerst ansehnlichen Studentin durch die Innenstadt und ließ mich über Demonstrationen belehren, was man denkt und erlebt, wenn man da so mitlatscht. Ich kaufte für Silvester ein paar Scherze ein, Löffel, die sich verbiegen, Knallbonbons, schwimmende Zuckerstücke usw., und fuhr nach Haus, wo ich Post machte. Am Abend mußte ich dann wieder nach Hamburg fahren, denn um 20 Uhr war eine allerletzte Lesung angesetzt. Sie war ganz gut besucht: Die Treuesten der Treuen waren gekommen: Anke Ewers aus Maschen, Frau Bunte und Uwe Laugwitz. KF und Marion schoben sich zum Schluß auch noch zwischen die Reihen. Ich dachte ein wenig an die Verachtung der Hamburger Verwandten für den Spätheimkehrer 1956. Und daran, daß ich jetzt in Hamburg an der Universität einen Lehrauftrag habe.
«Immerhinque», hätte mein Vater gesagt.

*

Wir fuhren zu Robert, der inmitten all seiner Suppenschüsseln und Terrinen seinen sechzigsten Geburtstag feierte. Er hatte, wie er sagte, gar nicht mit mir gerechnet. Ich schenkte ihm das große Spitzmann-Bild von dem auslaufenden «Consul» in Rostock, auf dem «ja sehr viel drauf» sei, wie er meinte.
Robert war immer ein gutartiger älterer Bruder. Das Pfeifen hat er mir beigebracht, wie man eine Schleife bindet, «Dru Chunusun mut dum Kuntrubuß», und noch so allerhandei. Er hat's nicht leicht gehabt im Leben, das ist wahr. Wer mit ihm zu tun hat, mag ihn, die Menschheit wäre ohne ihn ärmer.

Meine Eltern mit Ulla und dem einjährigen Robert

Über seine Geburt schreibt meine Mutter:

Dann wurde ja bald Robert geboren, 1923, eben vor Weihnachten, bei 15 Grad Kälte, Eis und Schnee, zu Haus. Ich merkte morgens gegen sechs Uhr, daß es losging.
Telefonisch wurde alles rangeholt, die Hebamme und so weiter. Den Ofen hab ich selbst noch angeheizt, man braucht ja viel Wasser. Ich sorgte auch noch fürs Essen, es sollte Schweinskoteletts geben, mit selbst eingekochten Brechbohnen dazu, da hatte ich mich noch so drauf gefreut.
Um zwölf Uhr wurden die Wehen so schlimm, daß ich nicht mehr recht sitzen konnte. Die Hebamme sagte, ich sollte man ins Bett gehen.
Karl kam um ein Uhr aus dem Geschäft, da war die Hauptarbeit bereits erledigt. Die Sache war knifflich gewesen, Robert hatte die Nabelschnur zweimal um den Hals, er sah schon ganz grau aus. Gerade in dem Augenblick kam Karl mit hochrotem Kopf rein. Ich schrie bloß: «Raus!»
Es ging alles gut. Robert wollte zuerst nicht schreien, wurde da herumgewirbelt und geschlagen, der süße kleine Kerl. Ich seh' ihn da noch liegen. Er hatte einen riesigen Mund. Wenn er schrie, sah man ungefähr nur Mund.
Karl hatte einen knallroten Kopf, lilarot.

✻

Soweit meine Mutter 1959. Ich schaffte mir das Tonbandgerät schon 1957 an, von einer Rentennachzahlung. Der Kauf des Geräts war eine Investition, die sich gelohnt hat. Meine Mutter war damals noch gut beisammen, und sie hat mir ihr ganzes Leben auf Band gesprochen. Ohne ihre Information hätte ich die Romane nicht schreiben können. Die gesamte Verwandtschaft, die von dem Kauf des Gerätes erfuhr, schüttelte den Kopf: «Die arme Grethe...» Die hielten mich für verschwendungssüchtig. «Aus dem wird nie was», so in diesem Stil.

※

Auch Bankbeamte haben Eselsbrücken. Robert verriet mir das Zauberwort: KUSS. Das bedeutet: Kontonummer, Unterschrift (zweimal) ansehen, bevor man einen Vorgang erledigt.

※

Eine Frau fragte: «Ich hab' jetzt zwölf Bücher von Ihnen, wie heißen die anderen?» Ob ich mal wieder 'n paar Döntjes von Rostock veröffentlichte?

※

TV: «Literatur im Kreienhoop». Der große Bericht vom September wird nun häppchenweise ausgestrahlt.
Den Rest der Nacht, Notizen für «Sowtschick» herausgesucht und ergänzt.

Nartum   Di 20. Dezember 1983 Regen

Gestern in Hamburg ließ ich in der Hochgarage den Wagen an. Um den Motor anzuwärmen, drückte ich das Gaspedal, aber es rührte sich nichts, der Motor tuckerte nur so vor sich hin. Ich legte den Rückwärtsgang ein und gab Gas – nichts. Nur ruhig Blut, dachte ich, und da entdeckte ich, daß ich die ganze Zeit das Bremspedal trete, statt Gas zu geben.

Eine der Fehlleistungen, die ich in der letzten Zeit öfter beobachte: Briefmarken links statt rechts auf den Umschlag kleben, die Brille aufbehalten, wenn ich mich morgens waschen will. Und dann die Sache mit der schmutzigen Socke, die ich statt eines Taschentuchs in der Tasche hatte.
Schecks fehlerhaft unterschreiben – das ist eine andere Sache.

*

Frau Knaus teilte uns weinend mit, daß man ihrem Weihnachtsbaumhändler alle Tannenbäume massakriert hat, überall die Spitzen abgeknipst. Vermutlich waren das sogenannte Rowdies. Für mich wäre das kein Grund, in Tränen auszubrechen. Ich würde mir extra einen solchen Baum kaufen. Eine abgeschnittene Spitze kann einen doch auch «was lehren».
Als Kind dachte ich, Weihnachtsbäume kosten tausend Mark, und ich stellte mir vor, daß sie sehr schwer sind. Ich war ganz erstaunt, als ich, das mag 1941 gewesen sein, mit Mutter einen für drei Mark fünfzig kaufte, am Kröpeliner Tor, und ihn, mit zwei Fingern sozusagen, nach Hause trug.

*

Den ganzen Nachmittag Notizen für Sowtschick herausgeschrieben und ergänzt.

*

Zu Abend Mensaks, Manfred und Christiane. Wir sahen zusammen die Kreienhoop-Sendung, den weinenden Nöbel, und wir versicherten einander, wie unglaublich gut das Treffen gewesen sei.
Hildegard hatte ein wunderbares Essen gemacht. Es sei immer «so weihevoll» bei uns, wurde gesagt.
Ich beendete den Abend mit etwa zwanzig Steinhägern und aß dazu Lakritzplätzchen. Das ist eine saubere Sache.

Nartum Mi 21. Dezember 1983

T: Ein Fesselballon wird abgeschossen, er explodiert mehrmals in mehreren Farben; gellend, trillernd schreit ein Mann. Aus den Explosionswolken formt sich ein Gesicht: in acht Jahren wird ein Quadratmeter des Raums wieder giftfrei sein. Eine Stimme: Ja, diese ersten Flugmaschinen waren ja unglaublich verdreckt.

*

Stalins Geburtstag, der geniale Führer und Lehrer, der große Gärtner, die Koryphäe der Wissenschaft. Über diesen Wohltäter der Menschheit wurden 20 000 Lieder geschrieben, und wir haben auch Joh. R. Becher nicht vergessen, diesen Kauz, und Feuchtwanger nicht, Shaw nicht und nicht Malraux.

> Sicherlich, damals konnte es keiner wissen,
> Daß diese Nacht nicht mehr ganz so wie frühere war.
> Eine Nacht, wie alle, vom Bellen der Hunde gesplissen,
> Und die Wälder wie immer mit Wind in ihrem Haar.
>
> Die Mädchen, die eine Weile noch in den Türen standen,
> Schmeckten müde den Schnee, der im Gebirge wohnt...
> Aber über den Bergen, weit hinten, von Hahnenschreien
> zerrissen,
> Änderte sich unmerklich die Architektur der Nacht.

Das ähnelt in fataler Weise dem Kitschlied von Lahusen: «Wißt ihr noch, wie es geschehen?» Und wer schrieb es? Stephan Hermlin.

*

Im Archiv fiel mir die Beschreibung einer Judenaktion in die Hände. Auch eine Weihnachtsgeschichte!

Im Dezember 1942 kam ich als Wehrmachtsbeamter nach Baranowitsche. Einige Tage nach meiner Ankunft ging das Gerücht, daß die letzten Juden (3000) am nächsten Tag liquidiert würden. Als ich an diesem nächsten Tag mit anderen Wehrmachtsbeamten zusammensaß, hörten wir vereinzelte

Schüsse in der Stadt. Ich sagte: «Jetzt werden die Juden erschossen!» Darauf bekam ich zur Antwort: «Das ist nicht wahr.» Ich erwiderte: «Ich werde mich selbst davon überzeugen und ins Ghetto gehen.»
Als ich dort ankam, standen am Eingang des Ghettos etwa 50 Wehrmachtsangehörige und beobachteten das, was sich abspielte. Unter uns lag ein toter Jude mit eingeschlagenem Schädel, sein Blut färbte den Schnee rot. Aus dem Ghetto wurden die Juden herausgetrieben. In ihrer Angst hatten sie vereinzelt Häuser angezündet. Es qualmte hier und da. Die Juden, meistens Frauen mit Kindern auf dem Arm, mußten sich auf die Straße legen. Rückwärts fuhren Lastwagen mit heruntergelassener Klappe an sie heran. Dann wurden die Juden mit hocherhobenen Gewehrkolben von unsern weißruthenischen Hilfswilligen in schwarzer Uniform auf die Lastwagen getrieben... Vor meinen Augen wurde ein alter Jude von einem Weißruthenen mit dem Gewehrkolben erschlagen. Er hatte die Faust drohend gegen uns Deutsche erhoben und uns etwas auf Polnisch oder Hebräisch zugeschrien.
Josef B.   567

Vater war zeitweilig auch in Baranowitsche. Immer denke ich: Er hat davon gewußt. – 1943 war er in Anklam Beisitzer beim Militärgericht. Da wurden auch Todesurteile gefällt. Einmal hat er von einer Erschießung erzählt, an der er teilnehmen mußte. Daß der Delinquent, ein einfacher Soldat, bereits an der Wand stehend, immer wieder den Pfarrer herangerufen habe, er möchte da eben noch eine Auskunft haben über das Leben nach dem Tod. Auf diese Weise habe der Mann versucht, sein Leben um einige Minuten zu verlängern. – Und was tun wir mit unseren Minuten?

*

Weiter mit den Sowtschick-Notizen. In Hausjacke und Pantoffeln schrieb ich Hunderte von Zetteln voll. Der Roman erhebt sich aus dem Sumpf.

TV: «Meine Tochter lebt in Wien.» Ein Moser-Film mit dem herrlichen Olden und Elfriede Datzig. Wie der Moser als kleiner Krämer den Hering aufs Papier legt... also da sitzt jeder Handgriff.

«Schwarz auf Weiß» gehört zu den Filmen dieses Genres, die ich mir immer wieder ansehen kann. «Ungeküßt soll man nicht schlafen gehen», und natürlich die «Feuerzangenbowle».
Die Familie schüttelt den Kopf. Wenn ich sie von vorne kommen höre, schalte ich den Apparat schnell aus und klemme mich hinter den Schreibtisch.

Lit: Grimms Märchen. Habe neulich die Studenten gebeten, alle Märchen aufzuschreiben, die sie kennen. Sie kamen insgesamt auf vier! Einer nannte «Max und Moritz». Andererseits: Vergessen wir nicht den jungen Mann, der hier in unserm Seminar das Märchen von Jorinde und Joringel *auswendig* hersagte. Wortwörtlich!

Mus: Übte ein wenig am c-Moll-Impromptu von Schubert.

Nartum Do 22. Dezember 1983

Zur Einstimmung auf das Weihnachtsfest las ich die engagierte Nachdichtung eines bekannten Weihnachtsgedichts vor:

> «... Ich muß euch sagen, es startbahnet sehr.»

Das lyrische Meisterwerk hat eine Dichterin namens Karin Trützschler ersonnen, es steht in dem rororo-Buch «Heilig Abend zusammen!»*

*

TV: Literatur im Kreienhoop: Mascha Sievers. Sie hat ein merkwürdig nach oben verschobenes Gesicht.

> Allende hat den chilenischen
> Kindern jeden Tag einen
> halben Liter Milch gegeben...

---

* Der Rowohlt Verlag hat mir leider untersagt, das Gedicht hier abzudrucken.

Wir bekommen laufend Post von jungen und älteren Dichtern und Dichterinnen, die auch gern im Fernsehen auftreten möchten. Die Vermittlung von Dichtern an die Medien könnte eine Hauptbeschäftigung sein. Meist loben sie mich über den grünen Klee, haben aber leider noch nie etwas von mir gelesen. Die Flüche, mit denen sie mich belegen, wenn ich sie nicht lobe, liegen ihnen schon auf der Zunge. Oft werde ich von Besuchern um Freiexemplare angehauen, weil sie denken, daß mich das milde stimmt. ... Oder ich werde gefragt, wo man meine Bücher kaufen kann, was besonders verbitternd wirkt. Die denken wohl, die gibt es in Kaffeegeschäften dazu?
Ich setze mich sehr gern für jemanden ein, der es wirklich verdient. So zum Beispiel für Ebeling. Aber alle Menschen, denen ich seine Gedichte zeigte, schüttelten den Kopf, nein, so geht es nicht. Hier ein Beispiel:

    Promenade

    ja ich:
    ach
    tach!
    aber sie:
    achlos
    tachlos...

Also, ich finde das gut. Aber es ist *komisch* – und das ist unverzeihlich.
Das Echo auf die Kreienhoop-Lesungen im Fernsehen ist sehr positiv. Es muß offensichtlich ein Bedürfnis nach Literatursendungen vorliegen.

*

Den ganzen Tag Material für Sowtschick herausgeschrieben. Titel: «Hundstage». Allerhand nachgeschlagen im Meyer und Brockhaus.

Hans Leip, «Das Tanzrad». Über die Angriffe auf Hamburg. – Zufällig fand ich beim Durchblättern des Buchs den Vers

Pape ist mir piepe.
Ich pupe auf Pape.

Demzufolge stammt dieser Spruch, den mein Vater sehr oft zitierte, aus dem «Simplizissimus».

TV: «Wiener Blut» mit Moser und Lingen. Sehr gelacht.

Nartum Fr 23. Dezember 1983

Die Hunde wissen das Gute zu schätzen. Ich habe mir grade Beethovens Violinkonzert angestellt – da kommen sie angelaufen, der Große vornweg, und schmeißen sich auf den Fußboden. In Musik ist etwas, das sich auf die Kreatur wohltuend überträgt. Das kann man von der Literatur nicht gerade sagen. Und die Malerei? Ich habe ihnen das Bild einer hübschen Afghanenhündin hingehängt, sie gehen achtlos daran vorüber (obwohl es sich um ein signiertes Original handelt! «Alfred Antoine Huguet» 1937).
Als KF noch sehr klein war, hatten wir mal Freunde zu Besuch,
und wir saßen in der Gartenlaube und sangen. Er war davon so angerührt, daß er mir den Mund zuhielt, er konnte es nicht aushalten. – Ich glaube, das hat was mit physikalischen Gesetzen zu tun. Quarten und Quinten. Aber wie will man eine Melodie erklären? Bei atonaler Musik stellt sich selten ein sympathetischer Effekt ein.

Den ganzen Tag mit Materialsuche für die Hundstage beschäftigt. Es ist unglaublich, was sich so alles anfindet in den Kästen und was mir dazu einfällt. Machte auch eine neue Gliederung. Das Tagebuch gibt eigentlich wenig her. Aber es war richtig, die Sommerereignisse nicht auf eine Notierbarkeit hin zu erleben.

※

Gestern waren wir in Hamburg, im «Heurigen», zu Knaus' Weihnachtsfest. Eine kleine Runde von Autoren, nett. Knaus hat es geschafft, in den wenigen Jahren ein ansehnliches Programm zusammenzubringen.

1990: *Ein sehr schönes Buch hat er 1986 herausgegeben, von Frau Hannsmann: «Pfauenschrei». Ein Bericht über den chaotisch-gutmütigen, selbstzerstörerischen Grieshaber. Dessen Illusion, den sogenannten Frieden betreffend, die westdeutschen Miseren. Unvergeßlich die Schilderungen des Albgrundstücks, auf dem er wohnte, die vielen Tiere. Der Pfau, der seinen Kopf in seine Hand schmiegte. – Ein anderes, interessantes Buch, das Knaus verlegt hat, sind die Volkow-Memoiren von Schostakowitsch, die angeblich nicht echt gewesen sein sollen, es aber natürlich doch sind.*

Das verführerische Lachen der Karin Struck

Frau Quadflieg schrie mich an: Sie macht nie wieder ein Buch mit mir! – Keine Ahnung, weshalb. Wir waren doch immer alle so zufrieden miteinander? Ob da irgendeiner was «zwischengetragen» hat?

※

TV: Fortsetzung der Kreienhoop-Sendung. Heute war Stephanie Rudolph an der Reihe mit ihren Ablutschereien.

Lit: Noch etwas im «Tanzrad». Er hat's schlau gemacht, er ist an den Chiemsee gezogen. Schöner Gedanke, am Chiemsee zu wohnen. Aber ich hätte nicht mit ihm getauscht! Wenn man sich die Touristenhorden vorstellt!

Nartum So 24. Dezember 1983

Die ganze Familie ist beisammen. KF nun mit ganz kurzem, Renate mit allmählich wieder länger werdendem Haar. Die sogenannte «Bombe», die ich in Bautzen hatte, war mir nie unangenehm, ich fühlte mich auch nicht ehrlos gemacht. Den Haarwuchs hat sie allerdings nicht befördert.
Am Nachmittag hatte ich leider wieder einen meiner häßlichen Ausfälle, den die Kinder sicher ihren Urenkeln überliefern werden. Irgendwo waren keine Lichter angezündet, und es fehlte auf den Kekstellern Tannengrün. Nachdem sich die Gemüter beruhigt hatten, tranken wir zur D-Dur-Suite im Turm Kaffee. Ein angenehmer Raum! Die Schiffe der verarmten Vorfahren, die Friedenstaube als frommer Wunsch und der hölzerne Mond, Zeuge von Waghalsigkeiten, schaukelten sanft im Ölheizungsaufwind. Und wir griffelten am Gesprächsstoff herum, was sich nun wohl eignet zu so einem feierlichen Moment, ohne daß es einen von uns auf die Palme bringt. «Er ist ganz anders zu mir, wenn ihr nicht da seid», sagte Hildegard.
Zum Abendbrot (in der Halle) gab es Kassler mit Grünkohl, dazu Rotwein vom Verleger. Robert und KF hatten den Baum vorbereitet. Wir sind ja jetzt Selbstversorger, haben dreitausend Bäume zur Auswahl. Merkwürdigerweise neigt Hildegard dazu, den kümmerlichsten auszusuchen.
«Nun hat man tausendmal die Christmette gehalten und kann sie immer noch nicht auswendig», sagte mal ein Priester zu mir.
Im Lauf des Abends gewann die Mildheit in mir Oberhand, und als

Eine hochherrschaftliche Lametta-Kaskade

dann die Geschenke verteilt wurden, war ich doch baß erstaunt, daß man sich so etwas Schönes für mich ausgedacht hatte! Nicht etwa ein Buch über Eselsbrücken, das mir grade noch gefehlt hätte, sondern eine echte neapolitanische Krippenfigur bekam ich, eine Magdalena. Sie ist vielleicht nicht so rührend wie meine Ulmer Figuren, aber wesentlich wertvoller. Ich freute mich jedenfalls. Die Familie weiß nun, wie sie in den nächsten zehn Jahren mit dem Schenken weitermachen kann, und die Nachfahren haben was zu verscherbeln. Noch mehr freue ich mich über Hildegards Scherenschnitte.

Aus Ravensburg bekam ich zwei rundplastische Wachsengel, die ich, in doppeltem Sinn erinnerungsnachdenklich, in den Baum hängte. Zu Hause hatten wir auch welche, denen waren die Beine angeschmolzen.

Ich schenkte Robert eine alte goldene Taschenuhr mit Sprungdeckel, als Ersatz für die, die ihm die Russen wegnahmen. Ich hatte sie ihm in zerknülltes Zeitungspapier gewickelt und weidete mich an seiner Verblüffung. – Auf Hildegard machte der caramelfarbene Eier-Kochapparat einigen Eindruck. Er gibt schnarrende Geräusche von sich, wenn die Eier gar sind.

Die Katze Susi und der Hund Robby von Hildegard aus freier Hand geschnitten

Ich kann mich noch daran erinnern, daß Robert als Kind zeitweilig Laubsägearbeiten machte, Aschenbecher und Lampenschirme mit Jägern drauf, die auf Hirsche schießen. Einmal sägte und leimte er mir für meine «Renners» (wie das Dienstmädchen die Märklin-Autos nannte) eine Tankstelle, das war noch in der alten Wohnung.

Auf dem Dach standen die Buchstaben SHELL. Das S war abgebrochen, und Robert hatte es verkehrtrum wieder angeklebt: ƧHELL. Kleinigkeiten, die haften bleiben.
Die Tankstelle ist dahin, das Haus ist dahin (es wurde fünf Jahre später durch eine Sprengbombe völlig zerstört), die Eltern sind gestorben, aber die kleine Liebe, die der Bruder in die Bastelei hineingesteckt hat, wirkt noch immer nach.

※

Im übrigen scheint es so, als ob die Familie das Wahnsinnstheater, das ich in diesem Jahr mit den Lesungen wieder auf mich nehmen mußte, dieses Hin- und Hergerase, gar nicht mitgekriegt hat. Meine totalen Erschöpfungsausbrüche halten sie für cholerisches Erbgut.
Gedanken an Rostock, ausgelöst durch den Duft kokelnder Tannenzweige. Das Beharrungsvermögen hält uns in Kindheitserinnerungen gefangen, das Bewußtsein aber ist hiesig und läßt nichts mehr aufkommen von jener Stimmung.
Bevorzugtes Lied meiner Mutter war:

> Süßer die Glocken nie klingen,
> als zu der Weihnachtszeit,
> 's ist als ob Engelein singen
> wieder von Frieden und Freud,
> wie sie gesungen in seliger Nacht.
> Glocken mit heiligem Klang,
> klinget die Erde entlang!

Mein Vater liebte das kräftig zu intonierende:

> Tochter Zion, freu-heu-heu-heu-heue dich,
> Jau-hau-hau-hau-hauchze laut Jeru-hu-hu-salem!

Dieses Lied trennte mich in Bautzen von Detlev, der es nicht kannte und infolgedessen mit dem Chor nicht einüben wollte. Er konnte nicht den Erinnerungszauber nachvollziehen, den es auf mich ausübte. Als ich noch Dorfschulmeister war, setzte ich mich zur Adventszeit an unsern alten Neumann-Flügel und sang für KF, der sich dabei an mich schmiegte, die sonderbarsten Lieder, von denen eins den folgenden Text hatte:

> Was bringt der Weihnachtsmann unserm Otto?
> Eine Peitsche und ein Hotto
> bringt der Weihnachtsmann unserm Otto!

Ein anderes liebte er auch sehr:

> Juchheihi! Juchheiho!
> Hängt am Baum ein Eskimo!

Renate war für dieses gemeinsame Singen nicht zu haben, jedenfalls erinnere ich mich nicht, daß sie dabeigewesen wäre. – Wir waren uns damals der Komik der Lieder voll bewußt, wir sangen sie trotzdem oder gerade deshalb besonders gern.

*

Ich hab' bei mir drüben meinen eignen kleinen Baum; ich setzte mich in der Nacht ins Ledersofa und sah ihn mir an, ohne Rührung, aber doch in süßen Gefühlen. – Das Außerordentliche unserer Existenz.
> Holder Knabe im lockigen Haar

In Bautzen hatte sich die Verwaltung auch mal durchgerungen, uns einen Weihnachtsbaum in den Hof zu stellen. Gutartige Maurer hatten ihn mit Gips bepudert. Das war ein sonderbarer Anblick.

*

Lit: Im Bett nahm ich mir mal wieder Grimms Märchen vor. Die Kutsche des Königs kommt herangerast, es wird mit einem weißen Tuch «Gnade!» gewunken.

Weihnachtsfotos aus dem Archiv

Nartum So 25. Dezember 1983

T: Heute habe ich im Traum meiner Mutter und meinem Bruder etwas erzählt, und es gleichzeitig erlebt: «Stellt euch folgendes vor: Im Bundestag, und das ist so ungefähr das Tollste, was ich je erlebt habe, kurz vor den Ferien – mir blieb die Spucke weg, bis zu meinem Tod werde ich daran denken, es war das Ungeheuerlichste, was ich je erlebt habe – öffnete sich die Tür, und die Insassen mehrerer Altersheime, über hundert Leutchen, schlurfend, an Krücken zum Teil, ich seh' es noch vor mir, strömten in den großen Sitzungssaal, feingemacht. Und der Sprecher sagt: ‹Jetzt haben sich die Hausmeister und Saaldiener für die Herren Abgeordneten und die Damen etwas Besonderes ausgedacht: ein allgemeines Tanzvergnügen.›» – Die Alten schlurften in die Gänge hinein, Musik würde gleich ertönen (ich habe sie nicht gehört) und der Tanz beginnen (ich habe ihn nicht gesehen)... Die Erbitterung der Abgeordneten – aber wegen der Wahl mußten sie tanzen, mit diesen Alten, da half nun nichts.

Nachdem ich schubweise aufgewacht war, beschloß ich im Halbschlaf: Heute bleibst du mal den ganzen Tag im Bett! – Drei Minuten später stand ich auf, ganz automatisch. Zögerte das Waschen und Rasieren hinaus, um unten den gedeckten Frühstückstisch vorzufinden. Dies war leider nicht der Fall, gab mir jedoch Gelegenheit, zu beweisen, was für ein fabelhafter Familienvater ich bin!

*

In der Bibliothek aufgeräumt. Mit den Hunden gespielt. Die Corgies haben nun schon allerhand gelernt. Ich habe in der Bibliothek einen Stock als Sprunghindernis festgemacht. Sie warten in Sitzposition auf der einen Seite des Ganges, und wenn ich sage «Kommt!», dann kommen sie angewetzt, springen über die Stange und bauen sich vor mir in Häschenhaltung auf. Und dann bekommen sie natürlich ihren Froki als «Lobesmarke». Aus eigenem Antrieb würden sie dieses Kunststück nicht vollbringen.

Zu Weihnachten bekamen sie je ein Würstchen. Dem Bauschan warfen wir es hin (weil er kein Männchen macht), und es rutschte unter einen Heizkörper. War das ein Theater!

Nartum Mo 26. Dezember 1983

Den ganzen Tag an den Sowtschick-Notizen gesessen. Abends Klavier gespielt. Bedürfnis, allein zu sein. In den Familienpapieren herumgeschnüffelt, dabei fand ich einen Brief von Großvater Collasius, in dem er das Weihnachtsfest 1943 in Rostock schildert.

Der gute Karl war reizend! Brachte 1 Koffer voll Sachen an: 1 Pute, 1 Gans, 1 Ente, Äpfel, 1 ff Mettwurst, getrocknete Erbsen, etwas Speck, Zucker usw., was er sich gespart hatte! Wir hatten also reichlich! Grethe hat alles Ia zubereitet – sie versteht es – Resultat = Magenstörungen!

Lit: Am Abend hörten KF und ich Th. Mann «Tonio Kröger». Danach sahen wir uns einen schlimmen Western an.
Anachronismen: Die Kinder sagen zu Robert noch immer: «Onkel Robert». So etwas wird in der nächsten Generation nicht mehr zu hören sein.

Nartum Di 27. Dezember 1983 Sturm/Regen

Heute wieder Sowtschick. Ich müßte in dem Roman ziemlich indiskret werden, das ist die Schwierigkeit. Mehrgleisigkeit erprobt, Marianne auf ihrer Frankreichreise. Sehr schwierig, ich weiß nicht genug über sie und über Frankreich. Sie denkt über Sowtschick nach, dadurch wird er, von fern angestrahlt, noch mehr Mittelpunkt des Ganzen.

Lit: In einem DDR-Geschichtsbuch geblättert. Wer soll all die Verdrehungen der Kommunisten jemals richtigstellen. Diese Lügerei hat was mit Umweltverschmutzung zu tun. Am besten ist es, die Verfasser dieser Geschichtsfälschungen werden später einmal,

wenn alles vorbei ist, für die Richtigstellung ihrer Lügen mit herangezogen. Aktion Sühnezeichen.
In der DDR-«Geschichte der Literatur der Bundesrepublik» sind mir immerhin sieben Zeilen gewidmet: «Kempowskis Unverständnis für die revolutionären Umgestaltungen im Osten Deutschlands und der DDR mündet in seinen ... Romanen in antikommunistischen Tendenzen.» (S. 639) – Dankeschön! Das ehrt mich.

Mus: Flötensonaten von Bach, auf Traversflöte geblasen, etwas seltsam.

TV: «Die teuflische Falle». Die Leichtigkeit des englischen Humors. In Deutschland hätte ein solcher Film nicht gedreht werden können: Daß der Mörder sein Opfer zerstückelt und in einem Säurebad auflöst. Und wenn, dann wäre das eine bittere Zeitkritik geworden und hätte irgendwie was mit den Nazis zu tun gehabt.

Nartum   Mi 28. Dezember 1983 Sturm/Regen

Morgens noch an den «Hundstagen» gesessen, von vorn her alles logischer gemacht und eingeebnet.
Es besteht ein deutlicher Widerspruch zwischen meinen Gedächtnisausfällen und der Totalität und Vollständigkeit, mit der sich der neue Roman aus dem Sumpf erhebt. Da arbeitet der Brägen noch einwandfrei.
Schon jetzt ist sicher, daß man mich mit dem Herrn Sowtschick verwechseln wird. Das wird wieder endlose Fragereien geben.
Jungs Anima-Theorie läßt sich in den «Hundstagen» leider nicht direkt durchspielen.
Vielleicht Kriminalfälle einarbeiten?
Auch die Parallelwelt der Tiere wäre schilderswert: die Hundewelt, die Kaninchenwelt neben der Menschenwelt. Wie bei Fritz Reuter, Hanne Nüte, die «Vagel- un Minschengeschicht».

✳

T (nach dem Mittagsschlaf): Ein Mauerklavier, auf dem ich spiele, in einer Nische einer gefängnisartigen Mauer, herausklappbar. Irgendwie hat das was mit Friedrich dem Großen zu tun. Ich weine.

*

Mit zunehmendem Alter ändert sich das Publikumsverhalten mir gegenüber. Ich habe meistens ausverkaufte Säle, und wenn ich hereinkomme, wird mir bereits applaudiert. Die Wärme des Empfangs ist augenfällig, sie scheint eine Reaktion auf meine Heiterkeit zu sein, auf das, was die Leute «sonniges Gemüt» nennen. Leider treibt mich das in unwillkürliche Eitelkeit hinein, greisenhaftes auf die Bühne schreiten (die Last der Jahre) oder jugendliches Hüpfen (er ist noch gut auf dem Dampfer!), je nach Stimmung.

*

TV: Literatur im Kreienhoop: Hengstler (Herausgeber der «manuskripte»). Er las eine mir zunächst ganz indiskutabel vorkommende Sache, die mich aber jetzt, beim zweiten Hören, doch interessierte. Ein Roman, an dem er schon seit dreizehn Jahren arbeitet, wie er sagt, und der aus sieben Kapiteln besteht. Jedes Kapitel entspreche einer anderen (fiktiven) Landschaft. Mich stört, daß den fiktiven Landschaften keine sinnliche Erfahrung zugrunde liegt. Das heißt, seine Gestaltungskraft reicht nicht aus, originäre Landschaften aus der Phantasie zusammenzusetzen.
Michaelis ging als einziger ernsthaft auf den Text ein. Ein Teil der Autoren war bereits abgereist (Rudolph, Kunert, Kirsch, Roth). Der ruppige Roth ist eigentlich ganz sympathisch, stammt wohl aus der Grazer Gegend, wo die Leute immerzu die Fäuste ballen und sich anschreien, anders als die Wiener Schmalzheinis.

1990: *Jetzt, also weitere sieben Jahre später, ist Hengstlers Roman noch immer nicht erschienen. Wir werden ihn wohl nicht mehr zu sehen kriegen. Eigentlich ungehörig, daß er uns unnötig bemüht hat.*

Nartum Do 29. Dezember 1983 trüb

Schlecht geschlafen. Morgens kam der Klavierstimmer noch einmal, da der Flügel durch die Heizerei bereits wieder völlig verstimmt ist. – Er stammt aus Ostpreußen und erzählte schaurige Geschichten von der Flucht. Er gehört zu den Millionen Zeugen, deren Zeugnis niemand hören will.

1990: *Im Echolot werden wir noch einmal darauf zurückkommen. Vor ein paar Tagen bekam ich die genaue Beschreibung einer Vergewaltigung geschickt. So etwas habe ich noch nie gelesen!*

Gleichzeitig war der Tischler da. Wenn zwei verschiedene Handwerker aufeinandertreffen. Klavierstimmer und Tischler, die nehmen sich gegenseitig nicht für voll. Gucken sich so spöttisch an.

*

Ich fuhr nach Zeven und gab den Wagen beim Autohändler ab. Schade! Es war ein wunderschönes Auto! Achatblau metallic! Audi 200! mit Digitaluhr und elektrischen Fensteröffnern. Als ich im neuen Sparbewußtsein mit dem frisch erworbenen Golf davonfuhr und den alten Gesellen stehenließ, war es mir, als hätte ich einen alten Freund im Stich gelassen. Ein oft beschriebenes Erlebnis, nichtsdestoweniger echt empfunden. (Bis zu Tränen reichte es nicht.) Der Golf ist unser achtes Auto, wenn ich richtig rechne. Mit dem VW-Standard fing es an, dann kam der Sparkäfer an die Reihe. Danach kauften wir den De-Gaulle der Autoindustrie (VW mit Fließheck). Dann einen wundervollen Audi 100, rot mit viel Chrom, schwarze Sitze, unser schönstes Auto überhaupt. 160000 Kilometer ohne große Reparatur. Dann wieder einen Audi 100, was ein Reinfall war, ein irgendwie geändertes Modell, anstrengend-laut laufend und häßlich im Design. Dann kam die große Zeit der drei Autos gleichzeitig: Audi 200, VW-Käfer und Polo. Für den Käfer kauften wir einen Golf, den KF sofort zu absolutem

Schrott fuhr. Ich hatte noch gesagt: «Weißt du, KF, wir haben bisher noch nie einen Unfall gebaut, wollen wir diesmal nicht Vollkasko buchen?» Und das war unser Gewinner.

1990: *Jetzt fahren wir einen bordeauxfarbenen Passat, bleifrei mit Katalysator. Ein wunderbares Auto, das schönste seit unserm roten Audi 100. Nachts, von Oldenburg zurückfahrend, auf der leeren Autobahn, und dann eine Lesung im Radio: «Literatur heute» oder Monteverdi. Ah! kann man da nur sagen. Am interessantesten sind immer die sogenannten «Wortsendungen». Es gibt ja unglaublich kluge Leute.*

✢

Ich kaufte allerhand Zeitungen für die Feiertage, Zigaretten für Hildegard, die ab sofort nicht mehr rauchen will, dann aber doch immer alle Kästen und Schubladen durchsucht. Sie weiß, daß ich Zigaretten vorrätig habe, meistens sogenannte Rachenputzer, aus der DDR. Wenn uns Leute besuchen und die DDR in den Himmel heben, dann biete ich ihnen davon an (dazu gibt es Rostocker Doppelkümmel, der nach Brennspiritus riecht).
Dann saß ich noch ein wenig an HW, in das ich die Hamburg-Impressionen von Anfang Dezember einarbeitete, meine Gedanken waren bei den Hundstagen.

✢

Lit: Goethes Tagebücher.
Als vor Jahren einmal Rühmkorf bei uns schlief, noch drüben, in der Schule, nahm er ein Buch mit nach oben. Ich dachte, es wäre etwas Progressives. Gomringer vielleicht oder Brinckmann, aber nein: Goethes Tagebücher waren es.
«Man kommt doch immer wieder auf das Alte, Gute zurück», sagte er.

1990: *Und vor einigen Jahren sahen wir uns zusammen den Bremer Dom an. Das konnte Kipphardt überhaupt nicht verste-*

hen: «*Ihr seht euch eine Kirche an?*» – *Kipphardt war es, der an mir eine Psychose diagnostizierte, weil ich gegen das Regime da drüben war.*

Nartum Fr 30. Dezember 1983 trübe/Sturm

Leider fuhr Renate schon heute ab, wir hatten viel Spaß mit ihr. Sie erzählte wieder haarsträubende Geschichten von Karlsruhe: Sie hat einen französischen Freund und stöhnt dauernd so komisch auf vor Liebesweh. – KF und Marion «dibbern» viel, wie meine Mutter es ausgedrückt hätte, streiten so vor sich hin. Jetzt müssen wir das aushalten, was die Kinder damals aushalten mußten, wenn wir uns stritten.

*

Weitere Durchsicht von HW. Sieht nicht schlecht aus. Noch ein paar Korrekturen. In der Nacht dann eben doch noch an den «Hundstagen» gearbeitet.

*

Ich kriegte im Turm plötzlich einen Lachanfall von neun Minuten Länge: Daß alles so gekommen ist.
Ich rase mein Leben zu Ende.

*

Lit: Noch einmal in den Grimms Märchen.

Haus Kreienhoop

Nartum 31. Dezember 1983, Silvester

Allez hopp! Das verflossene Jahr brachte die Abordnung nach Oldenburg, eine Reise nach Burgund, einen verrückten Sommer, einen Zaun ums Grundstück, ein Steuerfiasko, einen neuen Hund, «Böckelmann II», vier Literaturseminare, das große Autorentreffen, den Lehrauftrag in Hamburg, die Beendigung von HW (und damit die Vollendung der Chronik!) und die Idee für ein neues Buch. Und 57 Lesungen.
Und den Tod eines Menschen, dem wir nicht halfen.

✻

Aus einem alten Rezeptbuch, handschriftlich:

Rpt.: Glühwein zu machen
Auf 3 Maaß guten Franzwein, nimmt ¼ Pfund Zucker, etwas Zimmt, Nelken und Zitronenschaale; läßt solchen kochend heiß werden, zündet

ihn alsdann mit einem brennenden Pappier an und läßt ihn so lange brennen, bis er von selbst erlöscht; hierauf läßt man ihn durch eine Serviette laufen. Nr. 1648

Wir werden es mal ausprobieren und testen, ob ich danach auch wieder so ausfallend werde. Wenn ich bloß wüßte, was ein «Maaß» ist!

*

Es geht ein nihilistischer Zug durch diese Aufzeichnungen, das geb' ich zu. An was könnte ich glauben? – Da ist es mit der Menschenliebe schon was anderes.
Ein paar ernsthafte Momente hatte ich in diesem Jahr. Aber ich habe sie vergessen.
Geräusche. Farben.

Bild- und Quellennachweis

Eine große Anzahl von Textstellen und Abbildungen entstammt Walter Kempowskis Archiv unveröffentlichter Biographien und seinem umfangreichen Fotoarchiv. Autor und Verlag danken den zahlreichen Privatpersonen, die freundlicherweise die Abdruckgenehmigung bisher unveröffentlichter Textpassagen und Fotos in diesem Buch erteilt haben.

Der Abdruck folgender Texte und Abbildungen erfolgt mit freundlicher Genehmigung der genannten Personen beziehungsweise Institutionen.
Texte: S. 54: Bundesarchiv/Militärarchiv, Freiburg, Archivsignatur 3008; S. 69 f. aus: Helmut Thoma, Mein Leben – eine Collage. Selbstbiographische Niederschriften. Herausgegeben von der Pressestelle der Hochschule der Künste, Berlin 1990; S. 86 aus: Sinn und Form, Heft 2/1953 (Sonderheft), © Aufbau-Verlag, Berlin; S. 88 u. 89 aus: Günter Caspar (Hrsg.), Die Welt im Licht. J. W. Stalin im Werk deutscher Schriftsteller, © 1954 Aufbau-Verlag, Berlin; S. 143 aus: Jürgen Syberberg, Der Wald steht schwarz und schweiget, © 1984 Diogenes Verlag, Zürich; S. 205 f. aus: LuHsün (LuSsün), Morgenblüten – Abends gepflückt, © 1958 Verlag Rütten & Loening, Berlin; S. 210 aus: Erich Weinert, Gesammelte Gedichte, Bd. 6, © 1976 Aufbau-Verlag, Berlin und Weimar; S. 220 aus: Hans Windekilde Jannasch, Pädagogische Existenz. Ein Lebensbericht, © 1967 Vandenhoek & Ruprecht, Göttingen; S. 290 f. aus: Meyers Konzertführer, Band I von Ernst Schumann, © 1937 Bibliographisches Institut Leipzig; S. 292 aus: Hell klingt unser Lied, © 1967 Verlag Volk und Wissen, Berlin; S. 473: © Rose Nyland, DDR-Lieder-Magazin, 1. Edition Peters, Leipzig; S. 493 f. aus: Alma Mahler-Werfel, Mein Leben, © Alma Mahler-Werfel 1960, S. Fischer Verlag, Frankfurt a. M.; S. 608 aus: Hans Wysling, Narzißmus und illusionäre Existenzform. Zu den Bekenntnissen des Hochstaplers Felix Krull (Thomas-Mann-Studien, Bd. 5), © 1982 A. Francke Verlag, Bern; S. 615 aus: Aufbau, Heft 12/1949, © Aufbau-Verlag, Berlin.
Abbildungen: S. 66: Rolf Ambor, Hamburg; S. 261 und 584: Siegfried Wittenburg, Rostock; S. 263: Axel Strencioch, Hamburg; S. 478: © Stuttgarter Versicherung; S. 515 aus: Adolf Glaßbrenner, Sprechende Tiere. Mit 18 kolorierten Bildern von Carl Reinhardt. Nachdruck nach einer Ausgabe aus dem Jahr 1854, © 1966 Edition Leipzig.

Der Verlag konnte nicht alle Inhaber der Rechte an den zitierten Textpassagen und reproduzierten Bildern ausfindig machen. Er bittet, ihm bestehende Ansprüche mitzuteilen.

Inhalt

Januar 7
Februar 46
März 84
April 121
Mai 180
Juni 222
Juli 298
August 356
September 411
Oktober 461
November 516
Dezember 584

Bild- und Quellennachweis 636

btb

Walter Kempowski bei btb

Alkor · Tagebuch 1989
(73093)

Aus großer Zeit · Roman
(72015)

Der rote Hahn · Dresden im Januar 1945
(72842)

Heile Welt · Roman
(72650)

Herzlich willkommen · Roman
(72190)

Schöne Aussicht · Roman
(72103)

Tadellöser & Wolff · Roman
(72033)

Weltschmerz · Kinderszenen fast zu ernst
(72202)

Das Echolot
(72076)

Das Echolot · Unternehmen Barbarossa '41
(73175)

Die deutsche Chronik
(90870)

Außerdem: Dirk Hempel
Walter Kempowski · Eine bürgerliche Biographie
(73208)

Aus Freude am Lesen